HISTOIRE DE
L'EMPIRE MONGOL

DU MÊME AUTEUR

La Mort chez les peuples altaïques anciens et médiévaux, Adrien-Maisonneuve, 1963.

Islam, Rencontre, Lausanne, 1964.

Faune et flore sacrées dans les sociétés altaïques, Adrien-Maisonneuve, 1966. (Thèse pour le doctorat d'État.)

Turquie, Éditions du Seuil, Petite Planète, 1968 (septième édition revue et mise à jour, 1979.)

Les Traditions des nomades de la Turquie méridionale, Bibliothèque de l'Institut français d'archéologie d'Istanbul, Adrien-Maisonneuve, 1970.

Turquie, Arthaud, 1979.

La Chaussure, Atelier Hachette-Massin, 1980, 2ᵉ éd., Hachette, 1986.

Études d'iconographie islamique, Peeters, Louvain, 1982.

Les Barbares, Bordas, 1982.

Mustafa Kemal et la Turquie nouvelle, Maisonneuve et Larose, 1982 (en collaboration avec Jean-Louis Bacqué-Grammont).

La Religion des Turcs et des Mongols, Payot, 1984 (couronné par l'Académie française).

Histoire des Turcs, Fayard, 1984.

Les Explorateurs au Moyen Age, Fayard, 1985 (nouvelle édition entièrement refaite).

Babur. Histoire des Grands Moghols, Fayard, 1986.

Le Sang. Mythes, symboles et réalités, Fayard, 1988.

Jésus, Fayard, 1989.

Tamerlan, Fayard, 1991.

JEAN-PAUL ROUX

HISTOIRE DE L'EMPIRE MONGOL

Fayard

A Andrée,
à Jean-Pascal, Sylvie-Anne, Jean-Louis, Myriam,
à Aude, Nicolas, Pierre-Louis et Jean-Philippe,
et à tous ceux que j'attends.

Les cartes ont été réalisées
par Études et cartographie, Lille.

Au ciel, il n'y a qu'un seul Dieu éternel et, sur la terre, qu'un seul maître, Gengis Khan [...]. Le monde entier sera uni dans la joie et la paix.

MONGKA, Grand Khan, lettre à Saint Louis.

En vérité, il ne peut y avoir meilleure chose que la concorde.

OLDJAÏTU, Ilkhan, lettre à Philippe le Bel

Ils ont tout exterminé, les hommes, les femmes, les enfants.

IBN AL-ATHIR.

Avant-propos

L'histoire de l'Empire mongol offre au lecteur des difficultés qu'il ne rencontre pas avec celle de l'Europe : d'abord parce que ses acteurs et les lieux où elle se déroule lui sont moins familiers, ensuite parce qu'elle utilise un vocabulaire et des notions qui ne sont pas les siens.

Par suite de son exceptionnelle extension, l'Empire mongol met en scène un grand nombre de personnages dont beaucoup, par leurs talents ou leurs actions, mériteraient de retenir l'attention et qu'on ne manquerait pas de citer dans un ouvrage s'adressant à des spécialistes. Pour faciliter la lecture et pour que les premiers rôles puissent être mieux mémorisés, nous tairons bien des noms, ce qui, nous en avons conscience, ne manque pas d'être frustrant. Les noms géographiques sont tout aussi nombreux, peu connus ou inconnus de l'honnête homme et aisés à confondre, quand bien même il ne s'agit pas d'homonymes. Nous essaierons de les situer aussi soigneusement que possible, mais il importe de savoir que plusieurs n'ont pas encore été identifiés.

Pour faciliter la lecture, l'index prend la forme d'un glossaire, précisant, pour les personnes, leur fonction et, quand on les sait, leurs dates de naissance et de mort ; pour les lieux, leur nature et leur situation au moins approximative.

La seconde difficulté découle de l'emploi par les Mongols d'un vocabulaire technique que l'on ne peut pas toujours rendre par des équivalents – noms de cérémonies, de titres, d'outils religieux ou laïques – et de la manipulation de concepts qui nous sont étrangers. Nous nous sommes efforcé de les éclairer au fur et à mesure qu'ils apparaissent dans le texte ; nous avons toutefois jugé utile de donner en annexe un glossaire des mots techniques et, pour les concepts, un index thématique. Nous y avons joint des tableaux chronologiques et généalogiques.

On pourra sans doute déplorer l'absence d'appareil critique, mais les travaux sont parfois si abondants qu'il aurait fallu, pour la moindre assertion, s'appuyer sur une longue série d'ouvrages – ce qui eût alourdi le livre – et citer des articles hautement spécialisés, en général d'accès difficile pour le non-spécialiste.

Il va sans dire que la datation des événements – qui peut d'ailleurs varier selon les sources, et que l'historien doit alors tenter d'établir – relève des systèmes calendériques en usage dans les différents pays auxquels appartiennent les informateurs : calendrier chinois des Douze Animaux, adopté très anciennement par les Turcs, et par les Mongols, selon toute vraisemblance, en 1201 ; calendrier hégirien de l'islam ; calendriers arménien, syriaque, julien... Sauf exception, nous nous en sommes tenu au calendrier grégorien devenu universel, tout en sachant qu'il est plus élégant d'écrire : « année du chien, Hégire 759 = 1357 ».

Les noms géographiques ont souvent changé au cours des siècles, et ils changent encore. Dans la plupart des cas, et au risque de commettre des anachronismes, nous avons choisi d'utiliser ceux qu'on emploie aujourd'hui. Parfois, il n'est pourtant pas sans intérêt de donner une forme archaïque (ainsi Pékin, sous les Mongols, se nommait Khanbaliq, « la ville du Khan », terme qu'on peut difficilement éliminer), ou d'adopter une appellation disparue : l'ancienne ville de Gurgendj a par exemple été rebaptisée Urgendj par les Mongols et porte maintenant le nom de Kunya-Urgendj. C'est tout aussi anachroniquement que nous userons de noms tels que « Mongolie » pour le XIIe siècle et les siècles antérieurs, alors que le pays n'a pas encore été mongolisé, ou « Afghanistan », alors que cet État ne verra le jour que bien plus tard.

TRANSCRIPTIONS

Les transcriptions posent des problèmes embarrassants. D'une part, elles concernent des mots de langues différentes et écrites dans des alphabets différents (ouïghour, chinois, arabe, arménien, syriaque, cyrillique, etc.). D'autre part, la forme même des mots, notamment mongols, non seulement varie selon qu'ils sont prononcés par des bouches mongoles, turques, arabes, persanes, russes..., mais encore n'est pas toujours certaine pour les XIIe et XIIIe siècles, et dépend des échanges qui ont pu s'effectuer entre le mongol et le turc. C'est ainsi qu'au turc timur *(prononcer* timour*), « fer », correspond le mongol* temür*, et que le troisième successeur de Gengis Khan est appelé aussi bien Möngke (prononcer* meungke*) que Mongka, pour ne pas parler de formes plus aberrantes dont les principales sont Mengü et Mangu (prononcer* mengu *et* mangou*), ou encore du nom que lui donnèrent les Chinois, Hien-tsong (en pinyin : Wiangzong). Disons à ce propos que nous renoncerons tout simplement, même pour les Mongols de Chine, les Yuan, à utiliser le nom qu'ils ont porté dans ce pays, et que nous conserverons leur nom mongol. Nous connaîtrons ainsi Khubilaï, et non Cha-tsou (Shizu). Nous unifierons naturellement en cherchant à employer la forme la plus usuelle en français, même quand elle n'est pas la plus satisfaisante.*

La plupart des mots turco-mongols parvenus en Occident à date ancienne sont passés par le truchement de l'arabe ou du persan. Tel est le cas pour khan, *qui, en mongol comme en turc ancien, s'écrit* qan. *Malgré l'incorrection, et la gêne qu'elle nous cause, nous avons préféré garder la forme la plus familière :* Qutula Khan *plutôt que* Qutula Qan, Gengis Khan *plutôt que* Gengis Qan. *Mais nous avons conservé* qaghan, *« empereur », et* qatun *« impératrice », « dame » (devenu souvent* khatun, kadin, *etc.).*

La mode tend à traduire maints noms propres et à parler d'un « Faucon » plutôt que d'un « Toghril », d'une « Pointe de flèche » plutôt que d'un « Djebe ». Nous ne jugeons pas cette démarche heureuse, même quand elle se borne à traduire un des éléments du nom, celui auquel on donne la valeur d'adjectif qualificatif, car rien ne prouve qu'il l'ait. Deï-Setchen est bien Deï le Sage, mais nous ne savons pas quelle valeur attribuer au mot « sage ». Un exemple permettra peut-être d'éclaircir notre propos : Philippe le Bel sera en anglais Philip the Fair, mais un M. Lebel restera dans cette langue un Mr. Lebel. En outre, si l'on voulait traduire, il faudrait tout traduire, ce qui nous est impossible puisque nous ignorons ce que signifient bien des mots et hésitons pour d'autres. Il demeure cependant utile de connaître le sens de certains termes (Gengis, en mongol Tchinggis, veut dire « océan »), et nous ne manquerons pas, si besoin est, de le donner.

Pour tous les mots passés en français, nous observons l'orthographe française admise par l'usage : nous dirons Gengis Khan et non Tchinggis Qan, Gobi et non Govi, Tiflis et non Tbilissi.

Pour les mots chinois, malgré l'emploi de plus en plus courant, et devenu officiel depuis le 1ᵉʳ janvier 1979, de la transcription pinyin (abusivement étendue à des noms qui ne sont pas chinois et qui s'en trouvent mutilés), nous conservons la transcription ancienne, dite de l'École française d'Extrême-Orient, en usage dans les ouvrages antérieurs et notamment dans les atlas un peu anciens, quitte à donner le pinyin entre parenthèses. Ainsi continuerons-nous à écrire T'ouen-houang au lieu de Dunhang et à nommer le premier Empire turc T'ou-kiue, quand il est devenu Tujüe.

Pour les mots arabes, nous avons renoncé à tout signe diacritique et ne notons même pas les longues par des accents circonflexes : les transcriptions savantes ne servent pas beaucoup aux spécialistes et déroutent l'honnête homme. Nous n'effectuons pas l'assimilation de la dernière lettre de l'article al *qui se produit devant* t, th, d, dh, r, z, s, ch. *Nous écrivons Rachid al-Din ce qui, en arabe classique, se prononce Rachid ad-Din. Pour les mots d'origine arabe passés en persan et en turc, nous gardons la graphie arabe, sauf quand l'usage impose une autre forme ou quand il convient d'éviter une confusion.*

En arabe, mongol, turc et quelques autres langues, nous écrivons u *(sans tréma) pour rendre le son* ou *(mais conservons* ou *pour le chi-*

nois). *Pour rendre le son* u *français, nous notons* ü *(avec tréma)*. *Le son* eu *est transcrit* ö, *et non* oe *comme dans certains travaux (*Ögödeï, *et non* Oegoedeï*)*. *Le* o *sans tréma rend le son* o *français. Le* e *est ouvert, le* e *muet n'existe pas, et, de façon générale, toute lettre se prononce. Il n'y a pas de nasales : la terminaison* an *se prononce* ann' *(en faisant sonrer le* n*)*. *Les diphtongues* a-i *et* a-u *seront respectivement notées* aï *plutôt que* ay *(*Husaïn, *et non* Husayn*) et* au (daulat, *qui se prononce* daoulat*)*. *Le* s *est toujours dur et n'a donc jamais le son* z *(lire* yassaq, *et non* yazak, *ce qui est écrit* yasaq*)*. *Nous ne voyons pas de raison de suivre l'anglais et de transcrire* sh *et* j *ce que nous écrivons en général* ch *et* dj *(on trouvera donc* Djebe – *plutôt que* Jebe – *chaman,* chah...*)*. *On hésite fréquemment entre les sons* dj *et* tch, *ainsi que le prouvent les formes concurrentes «* djaghataï *» et «* tchaghataï *», «* seldjoukides *» et «* seltchoukides *» : nous avons opté pour ce qui semblait le plus courant dans notre lexicographie.*

Les gutturales posent des problèmes particuliers, auxquels nous devons par exemple les versions Qubilaï, Kubilaï, Khubilaï. *L'arabe distingue entre* q *et* k *(le premier,* qaf, *étant une occlusive arrière vélaire sourde, le second,* kef, *une palatale occlusive sourde), ce que font aussi, à date ancienne, le turc et le mongol. Par ailleurs, ces deux gutturales sont traitées de façon différente dans les langues musulmanes (nous avons vu le* q *devenir* kh *avec le passage de* qan *à* khan*). De même, le* g *change de son devant certaines voyelles et on a l'habitude d'employer, pour faire la distinction, à côté du* g, *le* gamma *grec ou* gh *(*gaghan, Toghril*), qui n'a pas la même valeur que le* gh *utilisé pour transcrire le* ghayn *arabe, son grasseyé (que l'on trouve dans* Maghreb, *aujourd'hui parfois noté* Marhreb*). Le* kh *rend un son voisin du* ch *allemand (dans* Achtung*) ou de la jota espagnole (*Juan*).*

Quant à la transcription des mots provenant de la plupart des autres langues, nous suivrons l'usage qui nous paraît le plus fréquent dans nos sources.

Introduction

Qu'il ne lui apprenne pas tant les histoires qu'à en juger.

MONTAIGNE, Essais.

Ce livre raconte ce que le grand orientaliste Pelliot a nommé « l'aventure la plus prodigieuse que le monde ait connue » : celle d'un homme qui, parti de rien, a posé les fondements du plus grand empire de la terre, celle de ses compagnons et de ses successeurs qui l'ont aidé dans son œuvre et l'ont achevée.

L'Empire mongol est loin d'être inconnu du grand public et Gengis Khan, son fondateur, vit encore de façon plus ou moins obscure dans toutes les mémoires. Il ne s'agit donc pas, en écrivant son histoire, de combler à proprement parler une lacune, bien que nous soyons un des premiers – et nous en mesurons l'audace – à essayer d'en présenter une synthèse. L'histoire définitive et complète de l'Empire mongol, à supposer qu'une telle expression ait un sens, n'a pas encore vu le jour. Elle ne le verra probablement pas de sitôt. Ces pages ont l'ambition de constituer une mise à jour, et d'être le reflet d'une vision que je crois autorisée par les longues études que j'ai menées et en Orient musulman, et chez les nomades, et chez les peuples de l'Asie centrale.

Une histoire exhaustive et détaillée reste à écrire. Les compétences qu'elle demande dépassent largement celles d'un seul homme. Les sources sont innombrables et relèvent des langues les plus diverses. Qui peut posséder à la fois le chinois et le japonais, le coréen et le birman, le turc et le mongol, l'arabe et le persan, l'arménien et le syriaque, le russe et le latin médiéval, pour ne pas évoquer d'autres idiomes nécessaires à qui voudrait tout embrasser, comme le grec, le géorgien ou le tibétain ? On peut certes recourir aux traductions (dans la mesure où elles existent), mais c'est là reconnaître son impuissance à vérifier les sources. Serait-on d'ailleurs ce polyglotte exceptionnel qu'une vie humaine ne suffirait pas à confronter les documents les uns aux autres.

Dans l'état actuel de la science, seule une équipe pourrait s'atteler à une tâche qui se révélerait de toute façon longue et difficile. Mais la constituer est sans doute un projet irréalisable. Pour les spécialistes de certaines civilisations, l'Empire mongol est une affaire essentielle ; pour d'autres, il n'est qu'un épisode. Si les mongolistes et les turcologues sont directement concernés par lui, si les latinistes, les slavisants, les sinologues et les iranistes sont peut-être assez nombreux, on ne peut guère espérer trouver, pour des langues moins étudiées, de bonnes volontés disposées à abandonner des recherches qu'elles jugent, avec raison, plus utiles à leur propre discipline.

Il faut aussi avoir cette connaissance intime des hommes et des lieux qu'exige toute véritable compréhension d'un sujet. Il faut bien sûr être altaïsant*, mais également sinologue pour appréhender les Mongols de Chine, islamologue pour examiner ceux du Proche-Orient, slavisant pour suivre l'histoire de la Horde d'Or. Jamais un iraniste ne se trouvera à l'aise dans l'empire du Milieu ; jamais un sinologue ne s'aventurera sans crainte dans le monde iranien ; et l'Inde paraît lointaine à celui qui fait profession d'étudier le Caucase. Une étude signée par un seul homme – la nôtre ne fait pas exception – ne pourra ni accorder la même importance aux pays d'Extrême-Orient et à ceux de l'Asie antérieure, ni offrir dans les deux domaines la même crédibilité. Nous avouons à quel point nous nous sentons faible et désarmé, malgré tous les soins que nous avons apportés à la question, quand nous abordons l'Asie orientale.

Nous ne sommes pas convaincu que les Mongols d'Iran, les Ilkhans, se soient fondamentalement comportés comme des empereurs persans, ni que les Mongols de Chine, les Yuan, aient tout à fait agi en héritiers des Fils du Ciel des époques han et t'ang. Il n'en demeure pas moins vrai que, en dépit de leurs vues universelles, de leur prétention à l'unité et de leur attachement aux traditions, qu'on sous-estime en général, leur politique fut bien ici en partie iranienne et là en partie chinoise, et que les problèmes les plus immédiats qui se posaient aux uns et aux autres étaient des problèmes iraniens ou chinois. Nous n'oublierons pas qu'un des rameaux les plus durables de l'Empire, celui de la Horde d'Or ou khanat de Qiptchaq, maître de la Russie, n'hésita pas à s'allier aux ennemis irréductibles des Mongols, les Mamelouks égyptiens, contre un autre rameau voisin, celui des Mongols d'Iran. Disons, sous réserve d'une analyse plus fine, que, dès l'avènement de Khubilaï, le jeu devint double. C'est encore l'histoire mongole, mais c'est aussi celle des grands *ulus* (« khanats ») qui, sous la fiction de l'unité, se sont partagé l'Empire.

---

* On nomme « altaïque » la famille linguistique composée des Turcs, des Mongols et des Toungouso-mandchous.

*
**

Faut-il donc attendre le temps où il serait possible de constituer une équipe, pour se hasarder à écrire ? Nous ne le pensons pas. L'histoire ne progresserait pas si, au fur et à mesure des découvertes, elle n'en livrait pas les résultats, et si, de temps à autre, elle ne faisait pas le point. On le sentait déjà au XVIIIe siècle et au début du XIXe quand un Gaubil, un Guignes, un Ohsson et d'autres Rémusat composaient leurs grandes sommes historiques. On le savait encore quand un Grousset, en 1939, éditait son *Empire des steppes*, dont plus du tiers est consacré à l'Empire mongol. C'est grâce à ces ouvrages que notre mémoire s'est entretenue et que d'autres ont pu être écrits.

Nous sommes aujourd'hui mieux armés. En un demi-siècle, on a édité, traduit, fouillé ; on a trouvé des documents inconnus ; on a éclairé bien des zones d'ombre. L'histoire événementielle n'en a pourtant pas été bouleversée. Elle était établie dans ses grandes lignes. Les précisions apportées, pour importantes qu'elles soient, touchent pour une bonne part à des points de détail et représentent en définitive peu de chose à l'aune des incertitudes qui demeurent. Si notre propos s'était limité à cette histoire événementielle, nous y aurions probablement renoncé.

Non que nous n'accordions pas d'intérêt aux événements. Les faits, quels qu'ils soient, sous-tendent l'histoire et la font. Sans eux, elle n'existe pas. Nous ne minimisons certes pas leur signification. Nous croyons au rôle déterminant de l'individu, de ses pensées, de ses volontés, de ses passions ; au rôle des personnages d'exception, mais aussi des plus humbles, dont nous ne pouvons malheureusement pas percer l'anonymat, et qui pourtant changeraient peut-être notre vision des choses. Présenter en raccourci l'histoire événementielle comme nous le faisons, ne serait-ce qu'en reprenant – d'une façon plus actuelle – ce qu'ont pu dire d'autres avant nous, ne nous paraît d'ailleurs pas dépourvu d'intérêt. Nous aurions évidemment aimé dissiper tous les brouillards. Il n'y fallait pas songer. Nous aurions peut-être souhaité accorder plus de place à des épisodes qui avaient jusqu'ici peu retenu l'attention, mais les raisons demeurent qui les avaient fait rester dans un demi-oubli : déficience de l'information, absence d'études préliminaires, intérêt secondaire pour le lecteur européen. En soi, la campagne de Birmanie importe sans doute autant que celle de Hongrie, mais elle nous concerne beaucoup moins. Pour que l'ouvrage conservât des dimensions raisonnables, il fallait choisir. Nous ne pouvions pas tout raconter avec la même prolixité. L'histoire, on le sait, implique le résumé, faute duquel il faudrait autant de temps pour l'écrire que pour la vivre.

On remarquera que nous nous penchons souvent avec minutie sur des anecdotes et que nous brossons à grands traits des pages d'épopée. Nous croyons en effet que l'anecdote est révélatrice et que la page d'épopée peut perdre de sa valeur quand on ne l'embrasse pas d'un seul coup d'œil. On comprendra que nous ne nous attardions pas outre mesure sur les mouvements de troupes ou sur les scènes d'égorgement, toutes choses extrêmement répétitives et, dans le second cas, quelque peu déprimantes, d'autant plus qu'elles ont certainement été exagérées. Plutôt que de trop décrire, nous avons préféré expliquer ou du moins poser les problèmes, quitte à ne pas toujours pouvoir les résoudre. Il faut bien constater que ce ne fut pas là le choix le plus fréquent. Dans les livres, tout se passe comme si les Mongols avaient entrepris la conquête du monde sans but et au hasard, dans la plus totale anarchie, alors que toutes les campagnes ont été pesées, méditées, ont eu leur raison d'être et se sont déroulées selon des plans prévus. Et les rares fois que l'on a voulu expliquer ce qui s'était passé, on a mis en avant des motivations hautement fantaisistes et ne résistant pas à l'examen. Il paraissait utile de mettre de l'ordre dans le fatras des faits, de les considérer avec un peu de recul, de raisonner sur eux, bref, de clarifier nos idées. Pour l'histoire événementielle, c'est là notre principale ambition.

Nous essayons, en adoptant une méthode contraire à celle de nos rares prédécesseurs, de présenter les faits dans leur ordre chronologique, sinon année par année, du moins par tranches de temps aussi courtes que possible, alors que d'ordinaire on éprouve le besoin de traiter séparément, comme s'il s'agissait d'affaires différentes, l'histoire des divers khanats, ceux de Chine (Yuan), de Russie (Horde d'Or ou Qiptchaq), d'Asie centrale (Djaghataï) et d'Iran (Ilkhans). On pourra ainsi mieux sentir l'unité mongole qui à nos yeux, au moins pendant un siècle, l'emporte sur la diversité, et mieux contempler l'étonnant spectacle de cette expansion simultanée aux quatre orients de la Terre. Prenons une année au hasard : en 1259, les Mongols envahissent la Syrie, font des incursions en Pologne et en Lituanie, mettent fin à la résistance coréenne et portent les premiers coups à l'Empire chinois des Song !

Cette démarche comporte des risques, dont celui d'occasionner des redites – mais l'autre démarche en entraîne aussi, et souvent plus fréquentes – et celui de transporter en quelques pages le lecteur d'une extrémité à l'autre de l'Eurasie. Grâce aux intertitres et à l'index, le lecteur qui le souhaite pourra toutefois facilement suivre les événements qui se produisent sur un même espace géographique.

Notre principal effort porte sur la civilisation, la religion, les traditions, les mœurs, la culture, bref, tout ce qui a toujours fait figure de

parent pauvre dans les études sur l'Empire mongol. Malgré ses collaborateurs chinois, iraniens, tibétains, alains ou arméniens, l'Empire
mongol, c'est un truisme de le dire, est avant tout un empire fondé par
des Mongols, dirigé par des Mongols, existant selon des principes
mongols et régi par un ensemble de lois mongoles. Que des turcophones aient, dans une large mesure, contribué à son édification et y
aient tenu un rôle sur l'importance duquel on peut discuter, mais qui
de toutes façons fut considérable, n'y change rien par suite de la
parenté des Turcs et des Mongols, qui, en ce temps-là, passaient pour
relever de la même ethnie. Si on les distingue mieux aujourd'hui, on
continue à accepter leur proche cousinage. Pour notre part, nos
recherches depuis des décennies, bien qu'entreprises dans l'optique du
seul turcologue, n'ont jamais pu se dispenser de porter sur les deux
peuples à la fois.

C'est cette longue étude des mentalités et des religions qui nous a
amené à nous familiariser avec les peuples altaïques dans ce qu'ils
avaient de plus original, à savoir leur civilisation ancienne, que leurs
conversions respectives à l'islam et au bouddhisme n'ont certes pas
annihilé, mais sensiblement altérée.

Non seulement nous avons fréquenté assidûment leurs mythes, leurs
croyances, leurs pratiques magico-religieuses – notamment le chamanisme – et leurs arts, qui expriment leurs aspirations, mais nous avons
étudié leurs conditions d'existence, leur armement, leurs techniques,
leur économie, leur vie sociale... Nous avons été en contact étroit avec
eux, parcourant sinon tous leurs pays, du moins plusieurs d'entre eux,
vivant parfois de leur vie, mangeant leur nourriture, couchant dans
leurs tentes, expérimentant, juste avant qu'il ne tombe en désuétude,
ce qu'était leur nomadisme. Cet acquis sur le terrain a considérablement enrichi et rendu concrète la culture textuelle et archéologique qui
était d'abord la nôtre.

Bien que René Grousset ait consacré une grande partie de son
Empire des steppes à l'empire gengiskhanide, le fait qu'il ait étudié
celui-ci dans un ouvrage qui aborde d'autres réalisations politiques
antérieures et postérieures, comme celles d'Attila et de Tamerlan, tend
à le faire apparaître comme un phénomène semblable à d'autres, alors
qu'il est unique, et à lui retirer ce qu'il a de vraiment exceptionnel.

Il y avait eu, avant l'Empire mongol, des formations unissant les
nomades de haute Asie, et il y en aurait encore après lui. C'est vrai.
Mais il n'y en avait jamais eu, et il n'y en aurait jamais plus après lui,

d'aussi vaste et d'aussi féconde. Bien plus : le qualifier d'« empire des steppes », n'est-ce pas lui enlever sa vraie physionomie, le ramener à une norme qui ne lui convient pas ? Certes, il a été fondé par des hommes de la steppe, il les a rassemblés, mais il a aussi été un empire sédentaire, installé sur des terres de grandes civilisations.

Trois caractéristiques essentielles lui donnent sa valeur insigne. Tout d'abord, son étendue sans égale. Déjà, du fait de son seul fondateur, Gengis Khan, il recouvre à sa mort toute l'Asie centrale, de la Caspienne au Pacifique, y compris la Transoxiane, le Khorassan, l'Afghanistan, la Mandchourie, une partie de la Chine septentrionale et les régions méridionales de la Sibérie. La Corée reconnaît sa suprématie. L'Iran ne lui résiste plus. Il a lancé 20 000 hommes dans une extraordinaire chevauchée qui les a menés jusqu'au Caucase, au nord de la Crimée et au royaume des Bulgares de la Kama. Plus tard, avec les fils du fondateur, il ajoute à ce domaine, à l'est, toute la Chine, la Corée, le Tibet, le nord et l'est de l'Indochine, la Birmanie ; à l'ouest, l'Iran, l'Iraq, l'Arménie, la Géorgie, la majeure partie de l'Anatolie, toutes les steppes au nord de la Caspienne et de la mer Noire, la totalité des principautés russes ; au sud, le Cachemire et les provinces du nord-ouest de l'Inde.

Deuxième caractéristique : la rapidité avec laquelle cet empire s'est constitué, sans que cela nuise à sa solidité. Là encore, l'histoire n'offre rien de semblable. Si Alexandre a traversé l'histoire comme un météore, pour une construction infiniment moins vaste, ce qu'il avait édifié s'est écroulé au lendemain de sa mort. Ce que Napoléon a conquis – une misère – n'a même pas attendu son décès pour se libérer. Et l'œuvre de Tamerlan, toujours inachevée, ne durera pas beaucoup plus que lui. Avec les Mongols, en trois quarts de siècle, tout est fait. Il avait fallu un peu plus aux Arabes ; il faudra bien plus aux Européens pour bâtir leurs empires coloniaux.

On parle beaucoup du caractère éphémère de l'Empire mongol. Il est vrai que, très tôt, dès l'avènement de Khubilaï (1260), il ne présente plus qu'une unité de façade et connaît des guerres civiles. Il est également vrai qu'il ne dure pas très longtemps en Iran ou en Chine : dès 1335, le pouvoir mongol dans ce premier pays n'est plus que nominal et, dès 1368, les conquérants sont expulsés du second. Un siècle ici, un siècle et demi là, c'est peu. C'est cependant plus que le régime soviétique dans l'ancien empire des tsars ! Mais, dans d'autres régions, il s'est prolongé plus avant. Il a dominé la Russie pendant deux cent cinquante ans ; dans l'antique Transoxiane, il a poussé ses ultimes ramifications pendant un demi-millénaire. Et sa destruction n'est pas venue du manque de solidité de l'édifice, mais de sa démesure.

Troisième et dernière caractéristique de l'Empire mongol : la disproportion entre la médiocrité des moyens mis en œuvre et l'ampleur des conséquences. Le fondateur de l'Empire, Gengis Khan, n'était rien, ou bien peu. Il était fils d'un chef de tribu, peut-être apparenté à d'anciens souverains (khans) qui n'étaient pas grand-chose eux-mêmes et qui, depuis un certain temps déjà, avaient été renversés. Avec la mort de son père, survenue quand il était enfant, il avait tout perdu. Il avait été condamné à la jeunesse misérable d'un exclu. Il avait dû tout acquérir, par lui-même et grâce à une mère qui semble avoir été admirable : le droit de vivre, la force physique et morale, peut-être même le courage qui n'était pas son apanage. Il avait lentement gravi tous les échelons, d'abord pour entrer dans son héritage, puis pour se faire admettre de ceux autour desquels il gravitait, enfin pour s'imposer à la Mongolie. Cette lente ascension lui avait demandé environ cinquante ans. Alors seulement il s'était fait proclamer souverain et avait pu commencer la conquête du monde.

Les Mongols, dont il était issu, ne valaient guère plus que lui. Ils n'avaient pas la conscience d'exister ; c'est Gengis Khan qui fera d'eux un peuple. Jadis, ils avaient fait parler d'eux, seuls ou mêlés à d'autres, mais sous d'autres noms que le leur. C'étaient de purs barbares, des gens arriérés, les moins évolués sans doute de tous ceux qui vivaient dans le pays qui ne s'appelait pas encore la Mongolie. Ils ne savaient ni lire ni écrire. Ils ne pratiquaient pas l'agriculture, mais seulement l'élevage et la chasse. Ils ignoraient la ville et n'habitaient que sous la tente, ou plutôt dans ces sortes de huttes démontables que nous nommons des yourtes. Ils avaient renoncé à se laisser séduire par les religions universelles, par ce christianisme nestorien qui progressait alors si vite en Asie centrale et avait entamé presque tous les peuples qui les entouraient. Bref, bien moins évolués que leurs prédécesseurs aux mêmes endroits, les T'ou-kiue, les Ouïghours, voire les Kirghiz, ils vivaient comme on le faisait mille ans plus tôt.

C'était sans doute un outil magnifique que ce matériau brut dont disposait Gengis Khan, mais il fallait le dégrossir, le façonner et, pourrait-on dire, lui donner une âme. Gengis Khan l'avait fait. Il avait révélé son peuple à lui-même ; tel un démiurge, il lui avait insufflé la vie. Il avait imposé une idéologie simple, mais forte. Il avait forgé un code de lois, le *yasaq*, en puisant surtout dans le stock des interdits et des obligations coutumières qu'il assaisonnait de sobres principes moraux et politiques. Il avait brisé l'ancien système clanal. Il avait donné aux Mongols la conscience de leur identité et assuré ainsi leur pérennité, il avait fondu en un bloc toutes les tribus et tous les peuples nomades, et imprimé une impulsion telle qu'elle durerait le temps nécessaire au parachèvement de son œuvre par ses descendants.

A vrai dire, cette œuvre ne fut pas menée à son terme, du moins à celui que les Mongols prétendaient lui assigner, puisqu'ils proclamaient – c'était leur idée directrice – que, de même qu'il y avait un seul Dieu dans le ciel, il devait y avoir un seul souverain sur la Terre.

Leur but était de faire accepter cette monarchie universelle et d'y soumettre toutes les nations pour qu'elles pussent enfin jouir de la paix.

Cet idéal était évidemment irréalisable. Pourtant, il ne faudrait imaginer ni qu'ils envisageaient son accomplissement comme lointain, ni qu'ils s'en servaient comme d'une excuse ou d'une ruse. Nous gardons surtout en mémoire leurs effrayantes déprédations, les ruines qu'ils accumulèrent, les millions d'hommes qu'ils firent périr. Les grands songes ont souvent, au revers de la médaille, les moyens inhumains jugés utiles à leur réalisation. Cependant, à mesure qu'ils détruisaient, ils s'efforçaient de reconstruire, d'édifier ce royaume idéal dans les terres où ils dominaient déjà, ils y parvenaient souvent, et ce siècle de désolations fut en définitive un siècle d'or. Nous le voyons mieux aujourd'hui que les contemporains, mais ceux-ci ne manquaient cependant pas de le pressentir. Que l'on compare les jugements émis par les Latins dans les années 1240, quand ils subissaient les premiers assauts, et ceux qu'ils formulèrent un peu plus tard. « Des démons, des monstres, une race abominable vomie par l'enfer, des êtres qui n'ont rien d'humain », disaient-ils au milieu du XIIIe siècle. Et déjà, un peu avant le commencement du XIVe siècle, Marco Polo, évoquant le décès de Gengis Khan, osait affirmer : « Il mourut, ce qui fut grand dommage, car il était prud'homme et sage. » Quelques années plus tard, notre Joinville renchérissait : « Il tint le peuple en paix. » Et si c'étaient Joinville et Polo qui avaient raison ?

Il y eut dès la fin du XIIIe siècle, et plus encore au XIVe, un renouveau culturel, tant en Chine qu'au Proche-Orient, dont portent encore témoignage de belles architectures, un des plus grands observatoires que l'Asie ait construits, des écrivains, des artisans, des peintres. Il y eut un extraordinaire brassage de populations, qui conduisit des Caucasiens à Pékin, des musulmans au Yun-nan, qui permit à l'Iran de féconder la Chine, et la Chine, l'Iran. Il y eut ce flot continuel de gens qui traversèrent l'Asie, un flot comme on n'en avait jamais enregistré et comme on n'en enregistrerait plus avant l'époque moderne. Il y eut enfin ce règne de la tolérance, notion presque partout inconnue en un temps où chrétiens se battaient contre musulmans et bouddhistes contre taoïstes, en un temps où, au sein même des Églises, on ne pouvait s'entendre, qu'on soit catholique, orthodoxe ou nestorien, qu'on soit sunnite ou chiite ; c'est en effet une vraie tolérance qui prévalut, celle qui reconnaît à chacun le droit de croire ce qu'il veut, de pratiquer ouvertement, et qui ne lui retire aucun droit ni ne le soumet à aucune vexation du fait de sa confession.

Le succès inouï de l'épopée, la *pax Mongolorum* qui laissa un souvenir presque égal à la *pax Romana*, la création dans la fierté du peuple mongol, furent essentiellement attribués à Gengis Khan. Il est vrai que, même si tous les autres y contribuèrent eux aussi largement, c'est à lui que reviennent en priorité ces mérites. Dès le lendemain de sa mort, de son vivant, peut-être, les Mongols lui vouèrent un véritable culte, et celui-ci n'est pas périmé. Le conquérant devint l'esprit protecteur des siens, puis bientôt un demi-dieu. Le pacifique bouddhisme, loin de manifester sa réprobation envers le guerrier, n'a fait qu'exalter sa mémoire. Tout au long des siècles, à Edjen-khoro, dans l'Ordos, la boucle du fleuve Jaune, le clan des Darkhat eut la charge du site où furent réunies ses reliques. On y célébrait quatre fêtes annuelles et, de partout, on s'y rendait en foule. Nulle puissance étrangère, nulle idéologie n'osa durablement y toucher : ni les Chinois, ni les Japonais, ni le Kouo-min-tang (Guomindang), ni le communisme. Après une brève condamnation officielle, Mao Tsé-toung (Mao Zedong) y fit ériger le « palais de Gengis Khan ». En 1962, le huit centième anniversaire de sa naissance* fut célébré avec éclat, tant en Mongolie-Intérieure (Mongolie chinoise) qu'en République populaire. En 1980, le sept cent cinquante-troisième anniversaire de sa mort donna lieu à davantage encore de faste. Et c'est à une explosion de ferveur que nous assistons au moment même où le communisme se meurt chez les Russes « protecteurs des Mongols ». C'est autour de Gengis Khan, plus qu'autour du bouddhisme, que se cristallise l'actuelle « renaissance » nationale.

Rien n'explique vraiment l'Empire mongol. Il a fallu un concours de circonstances exceptionnelles pour qu'il fût. Les Mongols du XIIIᵉ siècles n'étaient pas fondamentalement différents de leurs devanciers, de ceux qui avaient fondé les empires des steppes, si ce n'est qu'ils aient un peu moins civilisés. Rien ne prouve que leur armement ait été sensiblement supérieur, qu'ils aient été meilleurs archers et cavaliers. Aucun indice ne permet de supposer que les conditions climatiques aient été ou bien spécialement favorables, ce qui aurait pu entraîner un croît particulier du cheptel, ou bien spécialement défavorables, ce qui aurait pu rendre l'émigration nécessaire. On a pu montrer que la quasi-totalité de l'Eurasie, à quelques nuances près, en était arrivée avec l'agriculture à un stade comparable d'évolution matérielle, alors que les steppes étaient demeurées en marge de la civilisation, n'avaient pas participé à son essor et conservaient presque partout des modes d'existence abandonnés ou dépassés. Le décalage chronologique est en effet évident entre des gens qui, comme le disait Grousset, « étaient

---

* Selon les données chinoises, que nous récusons. Voir *infra* p. 62.

restés en quelque sorte au IIIe millénaire av. J.-C. et des gens de notre Moyen Age ». Mais, loin d'être une explication, cette remarque me semble plutôt souligner toute l'invraisemblance de l'affaire.

On ne peut arguer d'une défaillance des sédentaires. La Chine des Song était forte, et celle des Kin capable de résistance. L'Islam était au sommet de sa gloire. Des États comme la Géorgie et la Hongrie brillaient d'un vif éclat. Nulle maladie générale des civilisations ne rongeait les Chinois et les Birmans, les Iraniens et les Polonais.

La razzia périodique constitue le régime normal entre nomades et sédentaires ; la conquête, un accident rare. L'Empire mongol, quant à lui, reste unique. Il est inutile de chercher une raison à cette unicité là où il ne peut pas y en avoir une. L'exceptionnelle réussite tient sans doute à un nombre infini de petites causes secondaires ; elle découle surtout du génie mongol et de celui de Gengis Khan. L'un des aspects les plus excitants de l'histoire que nous racontons réside dans cette rencontre entre le génie d'un individu et celui d'un peuple. L'homme est un produit de son temps, de son milieu. Mais ce produit est à son tour producteur. Il rend au centuple ce qu'il a reçu. Sans les Mongols, pas de Gengis Khan ; sans Gengis Khan, pas de Mongols ! L'un sans l'autre est inconcevable, mais les deux sont distincts. L'individu finit toujours pas transcender la collectivité qui le porte. Gengis Khan n'a rien inventé, mais il a tout hissé au sublime. La force existait ; il lui a donné son efficacité. L'idéologie, il ne l'avait pas imaginée ; mais, présentée par lui, elle devenait irrésistible.

Ses successeurs brillèrent par le talent. Parmi eux figurèrent peut-être des génies, un Ögödeï, un Güyük, un Mongka, un Khubilaï, pour ne citer que ceux qui détinrent le pouvoir suprême, et avec eux plusieurs membres de leur famille, un Batu, un Hülegü, une Börte, une Sorgaqtani et d'autres encore. Mais si l'histoire de l'Empire se continua après la mort de Gengis Khan, c'est que celui-ci l'avait trop bien lancée. Tout autant sans doute que par sa création, l'Empire, par son développement, propose de grands sujets de méditation : que la conquête ait repris quelques années après la disparition du fondateur ; que quelque 150 000 cavaliers mongols ayant vaincu le monde aient pu le conserver ; que partout se soient présentés des collaborateurs dévoués et talentueux ; que les peuples ne se soient pas soulevés ; que des dizaines de millions d'hommes aient accepté la domination ; que les mercenaires et les auxiliaires aient servi avec fidélité...

Les Mongols ne quittèrent pas leur pays, ou y revinrent. L'un des plus grands d'entre eux, Sübötei, après avoir parcouru le monde et gagné cent batailles, s'en retourna finir ses jours comme il les avait commencés, dans la pauvreté de la Mongolie. S'ils l'avaient voulu, lui et les autres, sur quels trônes ne se seraient-ils pas assis ? Ils furent bien peu à le faire. Et l'on se prend à se demander si, en définitive, plus que tout autre chose, le secret de leur réussite ne tint pas seulement à ce que les Mongols ne recherchaient pour eux ni la puissance, ni la richesse, ni les honneurs. Ils aimaient l'air léger de leurs plateaux, les longs fleuves gelés, les grands espaces, leurs yourtes, la chasse, la guerre, le vin, les filles et les chevaux – et ils étaient, pour longtemps encore, incorruptibles.

PREMIÈRE PARTIE

Gengis Khan

Dieu s'est adressé à notre aïeul, Gengis Khan, son fils.

HÜLEGÜ, Ilkhan, lettre à Saint Louis.

C'est avec l'aide et la protection du Ciel éternel que j'ai atteint le rang suprême.

GENGIS KHAN, Histoire secrète des Mongols.

CHAPITRE PREMIER

La Mongolie

L'ENFANT QUI A PEUR DES CHIENS

Un jour de la seconde moitié du XIIe siècle, un homme et un enfant voyageaient ensemble dans la steppe, quelque part entre les fleuves Onon et Kerülen, dans la partie septentrionale de ce qu'on nomme aujourd'hui la Mongolie. L'homme, le père, appelé Yesügeï, était jeune et robuste. Il avait cette noblesse naturelle que donne la naissance, et l'autorité qu'on acquiert par soi-même. L'enfant, Temüdjin, était encore petit, âgé de neuf ans, dit-on, ce qui équivalait à huit ans chez nous*. Le père et le fils se rendaient au campement de la tribu Olqunu'ut, dans laquelle, naguère, Yesügeï avait pris femme, avec l'intention de demander pour Temüdjin une fille à ses oncles maternels. Chez ces grands nomades illettrés, chez ces « barbares du Nord », comme les nommaient les Chinois, on tenait aux règles et il était dans les habitudes de pratiquer l'exogamie et les mariages croisés.

Non que ce fût déjà le temps du mariage – quoiqu'on s'unît jeune, souvent à la quinzième ou seizième année –, mais il était bon de prévoir l'avenir longtemps à l'avance, et de longues fiançailles officielles devaient précéder l'union. Dans un univers semé de périls, déchiré par des rivalités de familles et de clans, mieux valait saisir toute occasion de nouer de nouvelles alliances ou d'en resserrer de plus anciennes. D'ailleurs, huit ans n'était-ce pas l'âge auquel un garçon quittait la petite enfance, celui où, s'il arrivait malheur, il devait pouvoir affronter les difficultés de la vie, sans être obligé pour survivre de supporter l'humiliante adoption par un agnat, frère aîné ou oncle paternel, bref, l'âge où il devenait un petit homme ?

Comme ils chevauchaient dans une vallée qui se glissait entre les

---

* On comptait l'année de la naissance comme la première : à trois ou à six mois, on avait un an.

monts Tchektcher et Tchiqurqu, sur les premiers contreforts du Khanghaï, ils rencontrèrent sur leur chemin un chef de la tribu des Qonggirat, nommé Deï-Setchen. Les Qonggirat, que l'on appelait aussi
Onggirat, descendaient, selon leur mythe d'origine, de trois enfants nés
d'une cruche*. Ils n'avaient cependant pas encore fait beaucoup parler
d'eux, bien qu'au début du siècle ils aient joué un rôle politique
qu'attestent les sources.

Deï-Setchen, apercevant les deux voyageurs, vint naturellement à
eux. Les rencontres dans ces étendues immenses et peu peuplées, sans
être rarissimes, fournissaient une occasion de bavarder. Il leur
demanda ce qu'ils faisaient par là. Ils le lui expliquèrent. Deï-Setchen
loua alors beaucoup l'enfant : « Ses yeux ont du feu, son visage a de
l'éclat », puis il se mit à raconter un rêve qu'il venait de faire :

> « Parent Yesügeï, cette nuit j'ai eu un rêve. Un gerfaut blanc portant
> à la fois le soleil et la lune est venu en volant et s'est posé sur ma main.
> J'ai raconté aux miens ce rêve et j'ai dit : "Jusqu'à présent, j'avais vu
> de loin le soleil et la lune. Voilà que ce gerfaut blanc, en les tenant, me
> les a apportés et s'est posé sur ma main. Et il était blanc ! Qu'est-ce que
> cela peut me faire présager de bon ?" Parent Yesügeï, ce rêve m'a
> annoncé que tu allais venir en amenant ton fils. J'ai fait un bon rêve. »

C'en était un, en effet, chargé de vieilles images et de symboles
mythologiques qui faisaient résurgence.

Avec ses yeux de chat, son large front et ses jambes déjà arquées de
petit cavalier, l'enfant plaisait décidément à Deï-Setchen, à moins que
celui-ci ne recherchât seulement l'amitié du père. Il reprit la parole,
chantant les mérites des siens, se vantant beaucoup, avec cette faconde
qu'enseignent les conteurs aux veillées près des feux :

> « Chez nous, de vieille date et sans qu'on le conteste, les fils sont bien
> faits et les filles sont belles. Nos filles aux jolies joues [...] nous les
> faisons asseoir à tous les sièges des souverains [...]. Notre peuple est
> connu pour la bonne mine de ses fils et pour la beauté de ses filles.
> Parent Yesügeï, allons chez moi ! Tu verras ma fille. Elle est encore
> petite. »

La fille avait dix ans, un de plus que le garçon. Très belle, ayant
comme lui « de l'éclat au visage et du feu dans les yeux », elle se
nommait Börte, la « Céruléenne », la « Bleue » ou, peut-être, la
« Grise ». Ce nom plongeait lui aussi aux abysses des mythes, puisqu'il
évoquait le « loup gris » (ou le « loup bleu »), le Börte Tchino. Le
Börte Tchino était le grand ancêtre des anciens Turcs qui avaient

---

* N'en déplaise à Rachid al-Din, qui, trouvant cette allégorie inepte, imagina qu'elle
exprimait l'intelligence et la grande instruction de leur mère, cette naissance renvoyait
à des concepts déjà vivants dans la préhistoire et qu'illustrent les enterrements dans des
jarres, symboles de la matrice et gages de la résurrection.

dominé l'Asie centrale ; c'était aussi celui de ces Mongols qui festoyaient dans la tente de feutre, autour du foyer, alors que la nuit
descendait. L'image de Börte s'inscrivit dans le cœur et du père et du
fils. Le lendemain, dès qu'ils se réveillèrent, ils demandèrent sans
détour sa main à Deï-Setchen.

Selon l'usage, le père de la fille faisait en général des manières,
refusant plusieurs fois avant de donner son consentement ; il faisait
monter les enchères, imposait des délais ; les honneurs de toute façon
lui revenaient puisqu'il n'était pas solliciteur et demeurait toujours
libre de ne pas accepter. Mais Deï-Setchen accorda son enfant sans se
faire prier, aussi simplement qu'on la lui avait demandée. C'était de
bon compagnonnage. « Le destin d'une fille, dit-il seulement, est de ne
pas vieillir dans la famille au sein de laquelle elle est née. »

Il fut convenu que Temüdjin resterait dans la maison de sa jeune
fiancée en qualité de futur gendre. Son père donna en cadeau le cheval
de main qu'il avait avec lui : le présent prénuptial était rituel, et l'on
ne pouvait s'en dispenser. Puis le père fit ses adieux. Comme il partait,
il se retourna vers Deï-Setchen : « Mon fils a peur des chiens. Ne le
laisse pas effrayer par tes chiens. » Ce furent les derniers mots que
l'enfant entendit de son père.

Ce garçon de neuf ans qui avait peur des chiens allait devenir
Gengis Khan, le plus grand conquérant de l'histoire. Ainsi commençait, tel un conte, la plus prodigieuse aventure que le monde eût
connue.

Les Mongols

Yesügeï et son fils Temüdjin, de la tribu des Bordjigin, comme
Deï-Setchen le Qonggirat et Börte, la petite fiancée, appartenaient à ce
peuple mongol qui donne des hommes de taille moyenne, trapus, à la
peau tirant sur le cuivre, au système pileux peu développé, aux cheveux raides, épais, noirs ou châtains. Leur visage est large, un peu
plat, avec des pommettes saillantes, un petit nez droit, des yeux dont
l'iris est en général foncé, à l'épicanthus bien marqué, ce pli qui, en le
bridant, rend le regard noir et mystérieux, et dont la fente, droite ou
oblique, laisse passer juste ce qu'il faut des sentiments, l'enthousiasme,
la joie ou la colère. En outre, à la naissance, les Mongols portent assez
souvent au bas du dos une tache que l'on dit mongolique ou bleue.

Les Mongols n'étaient pas un peuple bien puissant. On mentionne
leur nom pour la première fois dans les Annales chinoises de l'époque
t'ang (VIIIᵉ-IXᵉ siècle) sous la forme Mong-wa ou Mong-wou, transcriptions régulières de Mongghol, pour désigner un groupe de tribus
vivant sur le cours supérieur de l'Amour. Ces tribus s'étaient déplacées

vers le sud-ouest au cours des xᵉ et xiᵉ siècles et avaient gagné la région arrosée par l'Onon et le Kerülen, pour occuper finalement celle de l'actuelle Mongolie orientale.

Les Mongols, dont l'idiome était déjà du mongol ou allait le devenir, avaient joué un rôle important dans les steppes, au sein de vastes confédérations qui regroupaient à côté d'eux des turcophones, des Indo-Européens et des Hyperboréens, soit sous l'égide de pré-Turcs ou de proto-Turcs, soit, ce qui est plus remarquable, sous leur propre direction. Leur présence est à peu près certaine dans les empires turcs des Hiong-nou qui assaillirent la Chine du iiᵉ siècle av. J.-C. jusqu'au iiiᵉ siècle ap. J.-C., peut-être des T'o-pa (Tabgatch) qui fondèrent en Chine du Nord vers 400 de notre ère la dynastie des Weï, voire des Huns d'Occident. Par ailleurs, selon toute vraisemblance, ils prirent la tête des Hephthalites ou Huns blancs qui, vers l'an 500, vinrent s'abattre sur l'Afghanistan, des T'ou-yu-houen du Koukou-nor (ivᵉ siècle-669) et des Jouan-jouan ou Avares* (402-553) qui réussirent à s'étendre sur tout le territoire ayant appartenu aux Hiong-nou. Les Jouan-jouan avaient comme vassaux, dans les monts Altaï, des forgerons nommés T'ou-kiue par les sources chinoises, appellation sous laquelle transparaît pour la première fois le mot « Turc », promis à un si bel avenir.

Plus tard, à la veille des temps dont nous allons nous occuper, c'étaient encore eux qui, mêlés peut-être à des Toungouses, constituaient le peuple khitan (au pluriel khitaï) qui s'installa au xᵉ siècle dans la Chine septentrionale, où il prit rang parmi les dynasties chinoises sous le nom de Leao (Liao). Les Khitan s'y maintinrent jusqu'en 1125, date à laquelle leur puissance fut ruinée par les Joutchen ou Djürtchet, ancêtres des Mandchous. Expulsés par ces nouveaux venus, ils traversèrent toute l'Asie centrale pour aller fonder au Turkestan le royaume des Qara Khitaï, les « Khitan noirs ». Ils laissaient comme principal souvenir de leur domination en Chine le nom de Cathay, par lequel tous les Occidentaux du Moyen Age désigneront le nord du pays.

Turcs et Mongols – le fait est d'une importance capitale –, bien que parlant des langues différentes que l'on apparente au sein de la famille dite altaïque (qui comprend aussi le toungouso-mandchou), vécurent ainsi pendant plus d'un millénaire en étroite symbiose. Ils menaient la même existence : le nomadisme pastoral pour la majorité d'entre eux, installés dans les steppes ; la chasse et la cueillette pour ceux qui étaient demeurés dans les forêts sibériennes. Ils pratiquaient la même religion, à laquelle on donne abusivement le nom de chamanisme alors qu'elle n'en est qu'une des expressions. Ils échangeaient leurs techni-

---

* Parents ou non des Avares qui envahirent l'Europe.

ques et leur vocabulaire et mêlaient sans doute leur sang, à tel point qu'il est difficile d'établir une frontière précise entre les deux ethnies et de savoir dans quelle mesure l'une ou l'autre domine dans les formations qui se créent et se dissolvent. Il faut donc envisager l'existence de Mongols turquisés et de Turcs mongolisés, voire d'un bilinguisme plus généralisé qu'on n'ose l'imaginer.

Ce continuel brassage de peuples et les épopées auxquelles quelques chefs de haut vol conviaient les masses de la haute Asie en les faisant sortir pour un temps de leurs zones d'habitat traditionnel en vue de participer à quelque action d'éclat n'empêchaient cependant pas que chaque groupe linguistique occupât une région bien définie. Au premier millénaire de notre ère, les Toungouses ou proto-Toungouses habitaient l'actuelle Mandchourie ; les Mongols ou les proto-Mongols, la Mandchourie occidentale et la Mongolie orientale ; les Turcs, la plus grande partie de la Mongolie et les régions situées à l'ouest en direction du lac Balkach et au-delà, déjà très loin vers le couchant.

Les Mongols, nous l'avons dit, étaient demeurés extrêmement primitifs. Non qu'ils fussent incapables, si besoin, de se civiliser, mais ils ne le souhaitaient pas. Ils avaient l'âme conservatrice. Ils aimaient leur mode de vie, la liberté des grands espaces. Ils refusaient d'écrire, conservant avec soin dans leur mémoire leurs traditions, leurs épopées, leurs contes qu'ils se répétaient de père en fils, avec cette étonnante fidélité des illettrés qui savent ne pas pouvoir compter sur le support des textes. Restant attachés à leurs représentations religieuses, sans doute héritées des Jouan-jouan et des T'ou-kiue qui eux-mêmes les tenaient de plus lointains ancêtres, ils ne se laissaient pas séduire par les religions universelles qui les sollicitaient de toutes parts et pénétraient chez leurs plus proches voisins. En cela, ils différaient considérablement des anciens Turcs : ceux-ci, très tôt, s'étaient engoués de toutes les religions qui sillonnaient l'Asie et se disputaient les cœurs – le bouddhisme, le manichéisme, le mazdéisme, le christianisme nestorien, le judaïsme ; ils avaient adopté l'écriture dès le VIᵉ siècle et, au VIIIᵉ, avaient rédigé en turc, sur des pierres, quelques-unes des belles pages de leur histoire. Ce rejet de l'écriture était chez les Mongols un trait de caractère aussi étonnant que leur attachement passionné à la terre natale. Ils auront bien du mal à s'en défaire : au milieu du XXᵉ siècle, on le retrouvera encore chez les Bouriates lorsque, après plus de dix ans d'alphabétisation, souvent accueillie avec enthousiasme, ils refuseront de confier au papier ce qui leur tiendra le plus à cœur, à savoir leurs traditions et leurs textes épiques, comme si les noter les eût en quelque sorte profanés.

Peu avant le XIIIᵉ siècle, avec une grande timidité, les Mongols commencèrent à donner par écrit quelques échantillons de leur langue. Celle-ci paraît alors très archaïque, bien moins évoluée que sa cousine, la langue turque, qui elle-même n'aime guère se transformer. Or ce sont ces farouches conservateurs qui vont être les artisans d'une des plus grandes révolutions de l'histoire !

Les Mongols sont donc « primitifs », avec cette complexité que l'on dénote toujours chez les moins évolués, avec cet attachement aux rites, aux interdits, avec cette façon naïve de s'exprimer ; et aussi « sauvages », si l'on veut ; et « barbares » bien sûr, comme le disent les Chinois, puisque ce terme ne fait pas que définir l'étranger, mais charrie des idées de violence et d'agressivité. Pourtant, ils sont capables de se civiliser, en surface, par une couche de vernis, comme en profondeur. Ils viennent d'en donner la preuve avec les Khitan, qui ont promu une civilisation originale, et cela sans vraiment se siniser, sans se diluer dans la masse confuse et déjà imposante en nombre de leurs vassaux, puisqu'ils finirent par se faire expulser de Chine. Ils sont aussi « civilisés », sous certains rapports, même dans leur pays d'origine, dans leurs terres isolées : ils se montrent capables de proposer des idées simples et grandioses, de manier des concepts difficiles, de se livrer à des réalisations techniques avancées aussi bien dans la science de l'armement que dans celle de l'élevage du cheval ou dans l'art de fabriquer des objets prestigieux, ne serait-ce que ces tapis de haute laine, ces tapis noués dont, avec les Turcs et les Iraniens, ils ont seuls le secret et qu'ils offrirent au monde, par eux définitivement séduit.

LA MONGOLIE AVANT LES MONGOLS

La Mongolie riche (relativement), la Mongolie peuplée (toutes proportions gardées), c'est celle du nord, celle que baignent les fleuves, tandis qu'au sud, c'est le désert, le Gobi, une sorte de Sahara d'Asie. Non loin du lieu où campait Deï-Setchen, un peu au sud-ouest, dans la boucle supérieure de la rivière Orkhon, là même où Gengis Khan établira sa capitale, et dans la partie orientale de la chaîne des Khanghaï, les empires des steppes ont toujours eu leur cœur. Ce fut d'abord le centre névralgique de la puissance des Hiong-nou, l'emplacement des camps de leurs empereurs que l'on nommait *chan-yu*, le pilier autour duquel gravitaient les immenses manades qui formaient les escadrons légers et lourds grâce auxquels ils purent amasser les richesses et, par suite, faire grande figure en Asie. De leur puissance ne témoignent pas seulement leurs raids, mais aussi les laques, les soieries, les tapisseries, les harnais, les miroirs en bronze qu'ont livrés aux fouilleurs les tombes de Noïn Ula. On inscrit à leur actif d'avoir posé les fondements d'une culture nomade, d'avoir contribué dans une large mesure à asseoir sur toute la haute Asie la supériorité des Altaïques, aux dépens des plus anciens Indo-Européens, propriétaires des lieux, qu'ils obligèrent à refluer vers l'ouest. Les Turcs, non sans raison, se réclameront d'eux.

Aux Hiong-nou, et sur les mêmes sites, succèdent, après une assez longue solution de continuité, les Jouan-jouan ou Avares (402-552). Ils reconstituent à peu près dans son intégralité l'empire de leurs devanciers, de la Corée à l'Irtych et à Karachahr, mais sans parvenir à donner à leur domination ni le même éclat ni la même durée.

Puis viennent les T'ou-kiue, les premiers Turcs historiques, qui, d'abord enfermés dans l'Altaï où ils travaillaient le fer pour le compte des Jouan-jouan, se soulèvent contre eux, les renversent et s'installent à leur place (552-744). Ils fixent naturellement leur capitale aux mêmes lieux que leurs prédécesseurs, sur le Khanghaï, cette montagne qu'ils nomment Ötüken ou la « forêt sacrée d'Ötüken ». Là, dit l'inscription turque, « si tu habites, tu demeureras détenteur d'un empire éternel ». Près des rives de l'Orkhon notamment, ils dressent des stèles funéraires sur lesquelles ils racontent leur histoire en caractères dit runiques et dans leur langue propre (début du VIIIe siècle). Ils exportent leur alphabet, d'origine sogdienne, chez les peuples forestiers du haut Iénisseï, les Kirghiz et les indigènes de l'actuel Tuva, et avec lui un embryon de civilisation. Cet alphabet y sera utilisé pour de courtes épitaphes, au moins jusqu'à la fin du Ier millénaire. Leur apport ne se limite d'ailleurs pas à véhiculer leur science de l'écriture. D'une manière générale, par leurs dons littéraires évidents, par leur sens artistique qu'expriment le décor mural des tombes de Nalaïkh, les monuments en pierre, avec de belles têtes de marbre, leurs statues funéraires *(baba)*, mais aussi par leur ouverture sur l'extérieur – ils furent tentés d'embrasser le bouddhisme – et par leur admirable tolérance, ils haussent très sensiblement le niveau culturel de la Mongolie septentrionale et préparent l'essor que lui donneront les Ouïghours.

Les T'ou-kiue sont suivis par d'autres Turcs, les Ouïghours, qui se prétendent leurs successeurs (744-840), célèbrent l'Empire par de belles inscriptions et continuent l'antique habitude des nomades qui consiste à lancer des raids contre la Chine. Au cours d'une expédition couronnée de succès, ils découvrent le manichéisme (762) et l'adoptent avec enthousiasme. Ils construisent une ville, Ordu Baliq, « la ville du camp », à l'emplacement de l'actuelle Qara Balgasun, et y installent superbement les religieux manichéens, de langue sogdienne, donc iranienne, qu'ils ont ramenés avec eux. Toujours adonnés à l'élevage, ils pratiquent aussi le commerce et cultivent la terre ; métallurgistes, ils travaillent le fer, l'étain, l'or et l'argent. Il serait excessif de dire avec eux que leur conversion au manichéisme et à la semi-sédentarisation transforma de fond en comble le vieux pays sacré des Turcs, la haute Mongolie, et de prendre à la lettre le texte de la fameuse inscription de Qara Balgasun : « Ce pays aux mœurs barbares et rempli de fumée de sang devint un pays où l'on se nourrissait de légumes ; ce pays où l'on tuait, un pays où l'on apprit à faire le bien. » Du moins, avec le manichéisme, un grand pas en avant fut franchi vers ce que nous convenons d'appeler la civilisation. Un idéal plus pacifique commença à se dessiner, et les peuples des steppes firent leur première entrée dans le concert des nations autrement que par les armes.

Peut-être les Ouïghours perdirent-ils un peu de leur combativité. En tout cas, ils ne tardèrent pas à être chassés par d'autres Turcs, les Kirghiz, sortis pour une fois de leur vallée iénisséienne. Ces derniers ne sauront rien édifier sur ce qu'ils venaient de détruire, ni même se maintenir dans leur conquête. Ils seront expulsés en 924 par les Khitan.

Quant aux Ouïghours, réfugiés au Turkestan chinois, l'actuel Sinkiang (Xinjiang), ils s'y acclimatèrent en quelque cinquante ans. Toujours en quête de religions, ils ajouteront au manichéisme le bouddhisme, le nestorianisme, et certains d'entre eux adopteront même le judaïsme et le mazdéisme, toutes confessions avec lesquelles ils développeront une brillante culture, héritière de celle qui avait fleuri avant eux dans les oasis du Tarim et du Kan-sou (Gansu). Nous les retrouverons comme protagonistes dans l'histoire mongole.

La Mongolie n'intéressa pas les Khitan, qui l'abandonnèrent à son sort. Alors qu'elle avait connu tant d'heures de gloire, elle sombra dans l'anarchie et connut une effrayante régression. Elle fit retour à la barbarie, on pourrait dire à la préhistoire puisqu'on ne sait désormais plus rien à son sujet.

LA MONGOLIE AU XIIᵉ SIÈCLE

L'expulsion des Kirghiz et la victoire retentissante que remportèrent sur eux les Khitan, des mongolophones, même si ces derniers n'occupèrent pas le pays, durent faire le jeu des Mongols. Jusqu'alors, et depuis les derniers siècles avant notre ère, le pays des fleuves était peuplé de gens qui parlaient turc. A l'hémorragie qu'avait déjà occasionnée la propension des Turcs à émigrer vers l'ouest s'en ajoutait une autre. Le vide créé par la fuite des Ouïghours, puis des Kirghiz, ne pouvait qu'être comblé par ces hommes habitant plus à l'est et exerçant une forte pression. La progression qu'ils avaient commencé à effectuer en remontant le cours du Kerülen s'accéléra.

Les Mongols proprement dits, ceux qui parlaient le mongol et se définissaient comme tels (s'ils se définissaient déjà), à l'exclusion des Khitan et de quelques autres, formaient une kyrielle de petites tribus qui se disputaient dans une alternance de prospérité et de misère. Elles se battaient entre elles et contre leurs voisins, Tatars surtout, mais aussi Kereyit, Naïman ou peuples forestiers. L'*Histoire secrète* exprime

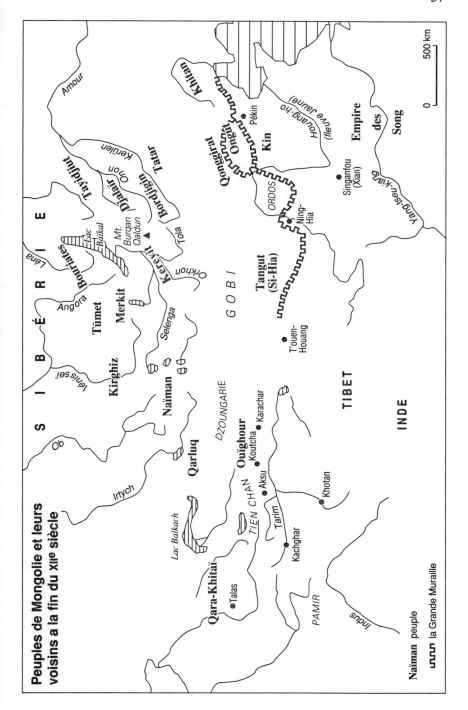

Peuples de Mongolie et leurs
voisins a la fin du XIIe siècle

Naïman peuple
ᴜᴜᴜᴜ la Grande Muraille

ainsi la situation du pays : « Le ciel étoilé tournait sur lui-même ; l'épiderme de la terre tournait et se retournait », ce qui signifie que ce qu'il y avait de plus stable, le ciel et la terre, ne l'était plus, ou bien encore, comme on le disait, que les deux zones cosmiques n'étaient plus en harmonie. Tout le monde jugeait cette situation intolérable. D'instinct, on comprenait qu'on était fait pour un autre destin, et on l'attendait.

Nous ne connaissons pas tous ceux qui sont engagés dans la lutte, ou du moins pas tous aussi bien les uns que les autres : les seuls sur lesquels nous disposions de véritables informations sont ceux qui joueront un rôle important dans l'histoire des XIIe et XIIIe siècles. Ce sont les Bordjigin, la tribu à laquelle appartiennent Yesügeï et Temüdjin, le futur Gengis Khan ; les Qonggirat, d'où est issue la petite Börte, l'épouse du futur conquérant ; les Djadjirat, qui, entre 1123 et 1130, en s'appuyant plus ou moins sur les Khitan, semblent avoir été assez entreprenants et qui donneront naissance à Djamuqa, un homme que nous aurons souvent l'occasion de rencontrer ; les Djalaïr, d'où sortiront le brillant général Muqali et, jusqu'au XIVe siècle, en Iran, quelques autres personnages remarquables ; les Barlas ou Barulas ; les Dörben ; les Saldji'ut... La plupart nomadisent dans une zone assez étroite, celle qui s'étend sur le haut Kerülen, la vallée de l'Onon, les pentes nord-ouest du Khinghan ; certains descendent assez loin vers le sud-est. Plus au nord, dans la zone occidentale du lac Baïkal, des mongolophones, assez éloignés culturellement des précédents, mènent encore, sous les noms d'Oïrat et de Bouriates, la vie de chasseurs forestiers dans les forêts du haut Amour et les confins sibériens.

A l'est de ces Mongols, les Tatars occupent toute la vallée du Kerülen et débordent sans doute largement vers le nord-ouest jusqu'aux rives de l'Onon. On les a longtemps dits toungouses, mais ils parlaient en fait une langue mongole. Connus de longue date – les T'ou-kiue avaient aux VIIe et VIIIe siècles mené contre eux de difficiles campagnes –, sans doute divisés parfois en trente tribus, les Otuz Tatar, parfois en neuf, les Doquz Tatar, ils ont la réputation d'être particulièrement primitifs et sauvages. Peut-être leur nom s'est-il déjà répandu à travers le monde pour désigner tous les peuples inconnus et terrifiants qui hantent les steppes de l'Asie, à moins que, comme on le pense le plus souvent, cette diffusion du nom ne se produise que plus tard, au temps de l'Empire gengiskhanide. Si nous constatons bien l'ampleur de ce phénomène, nous en suivons mal la genèse. Aussi bien en Chine qu'en Europe, le mot « Tatar », transformé chez nous en « Tartare » sous l'influence du mot « barbare » et par contamination avec le fleuve infernal de l'Antiquité, sera utilisé pour désigner d'abord les Mongols, à la grande ire de ces derniers, puis tous les nomades de l'Asie, du Caucase et de l'Europe orientale. On le retrouve encore aux temps modernes quand on parle des Tatars de Kazan et de ceux de Crimée.

Au sud-ouest, sur le haut Onon et jusqu'à proximité de la haute Selenga, sont installés les Kereyit ou Keraït, un peuple qui jouit d'un atout important puisqu'il occupe les régions de la Tola et de l'Orkhon, qui constituèrent le centre des grands empires des steppes : ils peuvent en revendiquer l'héritage et tirer bénéfice d'une position stratégique qui n'a jamais cessé de se révéler remarquable. On les dit chrétiens nestoriens, mais s'ils ont été touchés par le christianisme (ils auraient été convertis au début du Xe siècle, 200 000 des leurs l'ayant adopté en bloc), celui-ci ne fit que les effleurer, et ils conservent, autant qu'on puisse en juger, une part majeure de leurs traditions et maints traits de la vieille religion de leurs ancêtres, le chamanisme. Ils ne se trouvent d'ailleurs pas seulement en porte à faux entre deux cultures, mais aussi entre deux appartenances linguistiques, la mongolophonie et la turco-phonie (sans qu'on puisse décider s'il s'agit de Turcs en voie de mongolisation ou de Mongols subissant fortement l'influence turque). Ils sont alors dirigés par un prince dont le nom, Toghril, qui signifie « Faucon », est évidemment totémique ou para-totémique : les Occi-dentaux verront en lui une des incarnations possibles du célèbre et mystérieux Prêtre Jean, personnage de légende qui hantera les imagi-nations des Latins, dans leur espoir de rencontrer dans l'Asie lointaine un roi chrétien susceptible de prendre à revers l'Islam, et dont l'image, comme le phénix, ne cessera de mourir pour renaître de ses cendres.

A l'ouest, les Kereyit ont comme voisins les Naïman, installés sur un vaste territoire étendu des sources de la Selenga jusqu'au Tarbagataï et à la vallée de l'Irtych. Chrétiens nestoriens, également, ils portent un nom purement mongol qui signifie « les Huit », ce qui laisse à penser qu'ils sont divisés en huit grandes tribus, mais leur titulature est turque. On incline à voir en eux des Turcs mongolisés (Pelliot), mais certains savants (Hambis) les considèrent comme purement turcs, et d'autres (Barthold) comme intégralement mongols. Quoi qu'il en soit, ils n'ont pas perdu le contact avec la turcophonie et subissent même très fortement l'influence de la culture ouïghoure avec laquelle ils sont en contact par-delà la chaîne de l'Altaï, comme ils sont en relation avec les Turcs Qarluq, du haut Irtych et de l'est du lac Balkach, bien moins évolués que les Ouïghours. Comme celui des Kereyit, leur sou-verain porte un nom d'animal qui dénonce son attachement aux tradi-tions païennes – Taï Buqa, « le Poulain-Taureau » – mais il est plus connu par son titre de Tayang Khan, prononciation mongole du chinois *Ta-wang*, « Grand Roi ».

Au nord, entre le lac Baïkal et la Selenga, campent les Merkit, Mongols ou Turcs selon l'opinion divergente des spécialistes. Le chris-tianisme les a eux aussi atteints plus ou moins superficiellement, sans pénétrer semble-t-il la totalité de leurs clans ; il se peut en outre qu'ils aient compté parmi eux quelques musulmans.

Au nord des Mongols proprement dits, au voisinage de la tribu des Djalaïr et s'avançant assez profondément dans les régions situées à l'est du lac Baïkal, un groupe important de mongolophones, celui des Tayidji'ut, relève des peuples forestiers, mais se trouve à un moment de son histoire où, subissant l'attrait des steppes, il commence à changer son économie de chasse et de cueillette pour intervenir dans les activités et la politique pastorales.

Au-delà des Tatars, les Öngüt, chrétiens – mais d'un christianisme plus conscient et mieux ancré que chez les autres peuples de la steppe –, pâturent près des frontières chinoises, le long de la Grande Muraille, depuis le nord de l'Ordos (nord du Hoang-ho) jusqu'au Leao-ho.

La vallée de ce fleuve est aux mains de ceux des Khitan qui n'ont pas émigré vers l'ouest quand la dynastie des Leao a été renversée et soumise à la souveraineté des Kin (Jin/Tsin).

Assez loin au nord, les forêts sibériennes sont occupées par des peuples turcs et mongols forestiers, les Tümet ou Tumat, les Oïrat (« les Fédérés »), les Kirghiz de l'Iénisseï, les Djürtchet et quelques autres de moindre importance.

Ainsi divisée et en proie aux luttes intestines, la Mongolie ne présente pas un grand danger pour ses voisins. L'histoire a plus d'une fois démontré que les peuples de ce pays ne peuvent assaillir les régions alentour que s'ils sont unis. Mais les risques que se constitue une union, souvent passagère, parfois durable et fréquemment réalisée avec une stupéfiante promptitude, ne cessent d'éveiller la méfiance ; au premier chef celle des Chinois, qui se sentent particulièrement menacés. Comment discerner si, dans l'ombre, quelque personnalité plus forte ou plus chanceuse que les autres ne travaille pas à rassembler les clans ? Quand cela se produit, les cavaliers déferlent sur les terres sédentaires, les ruines s'accumulent, les sols retournent à la steppe ; ce sont des guerres longues, épuisantes, quand ce n'est pas l'occupation pure et simple de provinces entières. Aussi ne faut-il jamais perdre de vue ce que font les « barbares du Nord ».

Les trois Chine

C'est à quoi s'occupaient, en ce XIIe siècle, les maîtres de la Chine septentrionale, du Cathay, les souverains Kin (Jin/Tsin). Ils étaient bien placés pour savoir à quoi s'en tenir, puisqu'ils étaient issus de l'une de ces tribus barbares et qu'ils avaient naguère tenté et réussi à s'installer dans la région en conquérants (1125). Aussi intrigants que les Chinois, leurs maîtres en ce domaine, ils semaient la zizanie entre peuples et tribus des steppes, dressaient les Tatars contre les Mongols et les Kereyit, puis suscitaient l'alliance de ces derniers quand les premiers risquaient de devenir trop puissants. C'était une politique délicate, usante, génératrice de mille et une déceptions, mais il n'y avait pas d'autre choix possible. Aussi la Chine s'y résolvait-elle depuis plus d'un millénaire. Elle y était très habile.

Les Kin – ou, pour les appeler par leur nom ethnique, les Joutchen ou Djürtchet – étaient des Toungouses, c'est-à-dire de lointains parents des Turcs et des Mongols, qui avaient vécu primitivement dans le nord de la Mandchourie. Incultes, grossiers, agressifs, ils y avaient été de vrais barbares dont le roi vivait assis sur des peaux de tigres sibériens : « des barbares semblables aux loups et aux tigres », disaient les Coréens, qui les connaissaient bien.

Au début du XIIᵉ siècle, ils avaient été sollicités dans le fin fond de leur province par les Song, les empereurs chinois de la Chine du Sud, celle que Marco Polo nommera le Mengi, pour les débarrasser des proto-Mongols Khitan. Les Song, en s'adressant à eux, reprenaient la vieille tactique qui avait fait ses preuves d'appeler des barbares éloignés pour faire pièce à d'autres barbares plus proches. Ils ne pouvaient tomber mieux. Le chef des Djürtchet, A-hou-te (1113-1123), un homme énergique et ambitieux, était précisément en train de les réorganiser. Ceux-ci répondirent avec enthousiasme et, en neuf ans, ils chassèrent les Khitan et prirent leur place.

C'était donc eux maintenant qui étaient assis sur le trône, veillant au destin du Cathay, cherchant comme tous ses conquérants non pas tant à se siniser qu'à se faire adopter, à prendre place dans la série officielle des dynasties chinoises. Pour se nommer, ils avaient choisi le mot « or », *altan*, en chinois *kin (jin/tsin)*, l'or représentant plus qu'un métal précieux, une image d'éternité, une matière divine, lumineuse, « jaune » et liée pour cette raison à la lune, au soleil, au ciel. Ainsi les souverains mongols parleront-ils également de leur « vie d'or », de leur « siège en or », de leur « camp d'or »...

Les Song n'avaient rien gagné à les faire intervenir. Ils n'avaient pas pu rétablir l'unité chinoise, ni même élargir leur territoire. Les Kin avaient en Chine des possessions plus vastes que celles des Leao (Khitan), et sans doute une puissance supérieure. Les Song restaient cantonnés dans les régions méridionales. Il y avait donc encore deux Chine que tout séparait : l'une étrangère, l'autre nationale ; l'une « barbare », l'autre « civilisée » ; l'une qui relevait du monde obscur du septentrion, l'autre du monde lumineux du sud.

En fait, il y en avait même trois. Étendu des confins orientaux de l'Ouïghourie, notre Sin-kiang, jusqu'à la boucle du fleuve Jaune (Ordos), gisait depuis 990 le royaume si-hia (xixia), dit parfois qachin (ou minyak) et plus souvent tangut, du nom des gens encore un peu mystérieux qui le dirigeaient. Les Tangut étaient, croit-on, un peuple tibétain ou proche des Tibétains, que l'on aurait bien tort, en songeant aux lamasseries du Tibet contemporain, d'imaginer se consacrant à la méditation, aux rêveries spirituelles ou aux rites tantriques. Puissant, actif, il était redoutable et représentait un danger constant, au moins pour la province song du Chan-si, qu'il convoitait.

PREMIÈRES TENTATIVES D'UNITÉ MONGOLE

Les Kin n'avaient pas tort de s'inquiéter de ce qui pouvait se passer chez les « barbares du Nord ». Les peuples s'agitaient. Sans doute imprégnés des récits de leurs glorieuses actions passées au sein des empires nomades, les Mongols aspiraient à affirmer leur existence propre, c'est-à-dire à s'unir. Ils s'y étaient employés tant bien que mal, sans doute pendant tout le XIe siècle et certainement dès le début du XIIe. Leurs traditions, qui semblent sur ce point influencées par les aventures du cycle gengiskhanide ultérieur, rapportent qu'à la suite d'un massacre des siens un chef mongol nommé Qaïdu parvint, à la fin du XIe siècle, à regrouper sous son autorité la plupart des clans mongolophones, y compris ceux qui se trouvaient éloignés des autres, tel celui des Djalaïr. Il est difficile de faire ici la part du mythe, de la légende épique et de la réalité, et par suite d'évaluer l'ampleur de son succès. Que Qaïdu soit nommé *qaghan* par l'historiographie mongole ne prouve rien. Ce titre, très prestigieux, que l'on pourrait traduire par « empereur » et que les Latins rendront par « Grand Khan », avait été porté dans les temps anciens par les souverains des T'ou-kiue et des Ouïghours, qui l'avaient sans doute emprunté aux Jouan-jouan (Avares). Il n'est pas exclu qu'il ait été repris en ces circonstances, mais peu d'arguments plaident en faveur de cette thèse, et il est plus vraisemblable que Qaïdu portait seulement le titre de *khan (qan)*, plus humble, et dont *qaghan* n'est peut-être qu'une amplification. Ce serait alors par une pieuse anticipation que les sources le lui auraient attribué après coup. Au reste, Qaïdu sort à peine des nébuleuses de la légende et on a l'impression que seul son petit-fils, Qabul, entre les années 1135-1139 et 1147, fut réellement considéré comme un souverain et exerça une autorité de fait. Qabul Qan (Khan) se révéla d'ailleurs un prince assez brillant, et ce qu'on a nommé le « premier Empire mongol » atteignit vite avec lui son apogée – un apogée modeste. On voit le monarque entrer en relations amicales avec la Chine, entendons avec les Djürtchet ou Kin, et être invité dans leur capitale, où ses mœurs grossières font scandale dans une cour qui n'est pourtant pas renommée pour son raffinement. Grisé peut-être par son succès, ou en butte à la suspicion des Chinois, Qabul ne tarda pas à avoir maille à partir avec eux. Ceux-ci montèrent contre lui deux expéditions, l'une en 1139 qui resta vaine, l'autre en 1147 qui ramena les orgueilleux Mongols à la raison.

Qabul mourut en laissant six fils qui se donnèrent – ou auxquels on donna – le nom de Qiyat, « torrent », parce qu'ils étaient « forts, impétueux et emportaient tout sur leur passage ». Ce fut pour eux et pour leurs descendants une sorte de nom de groupe tribal ou d'honneur, aux applications peu claires mais incontestablement glorieuses. Toutefois, aucun des fils du prince ne fut appelé à lui succéder. La couronne, si l'on peut employer ce terme dans un monde qui ne connaît pas le couronnement, revint à un cousin du défunt, Ambaqaï, le chef de la tribu forestière des Tayidji'ut. Très naturellement, par suite des intrigues chinoises, le nouveau souverain fut entraîné dans une guerre contre les Tatars, guerre que les Mongols n'oublieront pas et dont ils oublieront encore moins l'issue. Ambaqaï, trahi, fut livré à ses ennemis qui l'envoyèrent à la cour des Kin (« à Pékin »), où on le fit mourir en l'empalant sur un âne. Cet outrage visait à impressionner les barbares. Il eut pour résultat de les déchaîner. Ils proclamèrent khan un des fils de Qabul, Qutula.

C'était une brute énorme, une sorte d'ogre, capable d'avaler chaque jour un mouton entier et des outres de lait de jument fermenté, le *qumis*, la boisson nationale, qui ne parvenaient pas à le soûler. Son élection avait été superbe, sur les rives de l'Onon, au pied d'un arbre fourchu sous les branches duquel les Mongols dansaient « à y faire un sillon où l'on entrait jusqu'aux côtes, à soulever la poussière qui montait aux genoux ». On n'élisait un khan que pour faire la guerre. Sinon, à quoi bon se donner un maître ? On préférait l'anarchie quand il ne s'agissait pas de se battre. Mais on avait à se venger. On partit donc en campagne contre les Tatars et contre les Kin. On livra treize batailles. On ne remporta pas de victoire décisive, mais on fit un riche butin. Avec lui, on se consolait. On se donnait l'illusion de la vengeance et du succès, on se montrait triomphaliste.

Un jour de 1155, un neveu réel ou supposé de Qutula Khan, Yesügeï, qui participait activement aux combats et qui s'était emparé d'un chef tatar du nom de Temüdjin-üge au moment où sa femme accouchait d'un fils, donna à l'enfant le nom de celui qu'il venait de capturer, Temüdjin. Ainsi, par le truchement de ses vainqueurs, le souvenir du vaincu passa – et de quelle façon ! – à la postérité.

Tout finit pourtant bien mal. Malgré tous les cris de victoire qui sortaient inlassablement des bouches mongoles, les Kin et les Tatars coalisés acculèrent Qutula près du lac Buir (Buir nor). C'était probablement en 1161, date à laquelle les sources chinoises situent une opération menée en Mongolie. Aussi soudainement qu'il s'était formé, le premier Empire mongol disparut. Les bulletins de victoire ne pouvaient plus camoufler l'évidente défaite. On sentait depuis quelques années déjà que les clans en avaient assez d'être unis, de poursuivre un effort qui ne menait à rien. Déjà, peu avant, des hommes de la tribu des Dörben, ayant surpris Qutula, avaient failli le tuer. Le bruit de sa mort s'était répandu et, dans son camp, avec hâte, on avait commencé à préparer les cérémonies funèbres et les mets pour le repas qui clôturerait les obsèques. Ce n'était pas bon signe.

Il ne restait rien d'un moment de gloire (relative), sinon une grande amertume dans les cœurs, un sentiment profond de frustration, une haine qui englobait les deux perfides ennemis, le Tatar et le Kin, qui avaient conjugué leurs forces pour empêcher que naquît un peuple mongol. Il demeurait un souvenir qui, les années passant, ne cesserait de mûrir jusqu'au jour où il porterait ses fruits.

La terre mongole

Ce pays que les Mongols aiment avec passion, leur pays, est une terre d'altitude, une vaste pénéplaine usée qui étend à perte de vue ses collines arrondies aux pentes douces que séparent brusquement des montagnes géantes. On s'y trouve à une altitude moyenne de 1 500 à 1 600 mètres, mais tantôt l'on plonge dans des dépressions, véritables fosses à peine élevées de 550 mètres au-dessus du niveau de la mer, tantôt l'on se hisse dans des chaînes accidentées à des hauteurs qui peuvent atteindre 4 650 mètres : l'Altaï mongol, avec ses pics et ses glaciers, qui s'abaisse doucement vers l'Altaï du Gobi ; les monts Khanghaï, parallèles à celui-ci, aux flancs amollis et aux larges vallées ; les monts Khenteï, couverts de forêts et de marécages. Tout l'Est appartient au haut plateau ; tout le Sud, le Gobi, aux cuvettes semi-désertiques de cailloux à végétation clairsemée.

Les mers sont lointaines, inconnues de ceux qui n'ont pas entrepris de vastes randonnées, et la vision que l'on en a se ramène souvent à celle des grands lacs, immenses réserves d'eau potable. On imagine qu'elles entourent le monde comme un fleuve infranchissable*, le « fleuve-océan », vers où courent les rivières, nombreuses dans le Nord, qui descendent des monts. Celles-ci se dirigent, comme l'Onon et le Kerülen, vers le Pacifique, ou, comme la Selenga et ses affluents, l'Orkhon et la Tola, vers le lac Baïkal qui les absorbe dans ses profondeurs sans fin avant de les rendre à la terre pour qu'elles puissent s'écouler vers l'Arctique. Dans les monts Khenteï, les sources voisines, nées d'une même mère, de la Tola, de l'Onon et du Kerülen, consti-

---

* Concept presque universel, notamment celui de l'Occident médiéval.

tuent la région dite « des Trois Rivières », centre politique, économique et religieux du pays. Toutes ont leurs mythes, leurs légendes, et leurs rives sont encore bordées des vestiges de leur antique histoire.

L'éloignement maritime, l'altitude et la formation presque continuelle d'une zone anticyclonique au nord-ouest déterminent un climat continental excessif, aux amplitudes diurnes et annuelles extrêmes, pouvant atteindre 95 °C et plus en différences absolues. En hiver, le thermomètre peut descendre à − 45° ; en été, il lui arrive de monter jusqu'à + 40°. Dans un même nycthémère, quand le climat veut éprouver les hommes – et il semble y prendre un malin plaisir –, la température varie de 20 à 30°. La moyenne annuelle est basse, proche de 0° et souvent inférieure quand les saisons sont rudes. Nulle part il ne pleut d'abondance et les précipitations se produisent presque exclusivement en été (à 70 %), surtout en juillet (de 400 millimètres par an dans le Nord-Ouest à moins de 100 dans le Sud).

Ce qu'ailleurs on nomme la belle saison n'existe guère. Dès la fin d'août, c'est l'hiver, ou du moins un automne aux nuits déjà glaciales. Le ciel est bleu, intense. Les sols sont couverts d'un fin manteau de neige qui donne à boire aux bêtes sans les empêcher d'atteindre l'herbe. Lacs et rivières gèlent sur une épaisseur d'un à deux mètres, et deviennent de magnifiques routes pavées de blanc. Le printemps ne sourit guère. Il y fait sec, mais encore froid, et la terre durcie, impénétrable, n'offre plus au bétail la moindre nourriture. L'été ne fleurit qu'en juin, subitement, avec un jaillissement – extraordinaire dans ce pays qui semble mort – de fleurs multicolores. On y souffre rarement de la chaleur, à cause de l'altitude. Sur les hauteurs, les glaciers fondent et les fleuves débordent, parfois avec une impétuosité d'autant plus grande que les orages sont violents et grossissent les eaux. On les redoute : les hurlements du ciel, les lueurs qui le déchirent présagent des malheurs. Aussi l'éclair est-il considéré comme une puissance dangereuse, et la foudre comme une malédiction de Dieu quand elle frappe les biens ou les hommes. En toutes saisons, l'air est léger, grisant. Mais le vent souffle avec une extrême violence, de façon presque continuelle, et, dans les solitudes sauvages, les gorges, les défilés, les cols, quand il redouble de force, on songe au déchaînement d'esprits malveillants.

La terre porte la plus belle steppe du monde sur au moins les deux tiers du territoire. Boisée de mélèzes à feuilles persistantes, de pins, de cèdres, voire de sapins et d'épicéas au nord, de bouleaux et de trembles sur les longues pentes des monts (8 % du territoire), elle devient presque uniquement herbeuse dans tout le centre et l'est du pays. Les graminées et les plantes à stipes sont si variées et si riches qu'il ne paraît pas exister au monde une région mieux adaptée à la vie des troupeaux et, par là même, à celle des hommes. L'arbre, ici, a disparu, mais parfois, de loin en loin, surgit un bouquet verdoyant qui retient le regard et permet de mesurer les distances.

Dans les régions semi-désertiques où la végétation tend à s'évanouir, la vue se perd à l'infini dans la pierraille, sauf lorsque de rares points d'eau donnent l'occasion aux ormes et aux peupliers de se grouper en oasis. On a retrouvé là le plus grand échantillonnage de fossiles, et notamment, vieux de quelque soixante millions d'années, des œufs et des ossements de dinosaures.

La steppe n'est pas conçue comme un milieu, mais plutôt comme un espace. Elle n'a pas d'individualité. Rien ne la personnifie. Elle n'a pas de dieux particuliers qui la stimulent ou la protègent, et par conséquent ne fait pas l'objet d'un culte, si ce n'est de façon vague et informelle. Tout au contraire, la colline qui la gonfle, le mont qui la surplombe, le cours d'eau qui la traverse, les arbres solitaires ou groupés qui la parsèment, retiennent l'attention, reçoivent des noms, sont animés par des esprits puissants et suscitent le rite. Dans la steppe résident et fusionnent les deux aspirations du nomade, les deux éléments nécessaires à sa vie : l'étendue infinie où il peut librement assouvir son goût de la mobilité, l'herbage abondant qu'exige son troupeau. Que l'un ou l'autre vienne à lui manquer, il meurt – de faim ou de désespérance. Le Mongol est prisonnier de sa steppe.

Les grands dieux chtoniens, tous inférieurs au Ciel divinisé que l'on nomme Tengri (ou Tenggeri*) et à la Terre-mère – qui, dans une mesure que l'on n'arrive pas bien à déterminer, forme avec lui un couple –, sont d'une part ceux de la montagne, la plus grande figure, celle qui domine l'étendue des prairies, la rythme et lui fixe ses bornes ; d'autre part ceux, indivis, de « la terre et des eaux sacrées », sortes de « maîtres-possesseurs », ou, comme on le dit aussi, « d'esprits-maîtres », en général localisés dans des régions précises du territoire de nomadisme, mais également perçus comme englobant tout ce dernier, délibérément choisis ou s'imposant d'eux-mêmes, et dont on n'attend pas le croît des animaux, mais celui de l'herbe qui, seule, donne la vie.

L'été est la période la plus difficile à vivre. Après les premières pluies, après les orages dévastateurs, la sécheresse peut s'installer. L'eau manque. L'herbe se dessèche. Les animaux faits pour le froid souffrent de la chaleur. Le vent soulève la poussière, envahissante, exaspérante. Pour peu que le soleil chauffe un peu trop, la viande pourrit, le lait tourne, alors que la nourriture est déjà moins abondante puisqu'il faut partager le lait avec les petits animaux qui tètent encore. L'hiver, la vie est plus facile, malgré le froid sévère et bien que le cheptel ait à supporter d'autres souffrances. On peut plus aisément

---

* Le mongol classique (XIIIᵉ siècle) note *Tenggeri*, mais la forme *Tengri* est la plus répandue, raison pour laquelle nous la conservons.

se déplacer, partir pour la guerre, pour la chasse, pour des voyages. Les marais ne sont plus des terrains malsains où l'on s'embourbe. La neige a rendu le sol lisse ; les fleuves ne sont plus des obstacles. On a, en automne, dès les premières gelées, abattu une partie du bétail pour éviter que le troupeau ne soit trop chargé à la mauvaise saison et pour constituer des réserves de viande, que sont venues accroître les grandes chasses collectives organisées à la même saison : il est bien entendu interdit de chasser en été, et l'on ne tire que quelques espèces au printemps.

L'ÉLEVAGE

Comme leurs prédécesseurs et les prédécesseurs de ces derniers, les Mongols sont des nomades éleveurs. Dès une époque très reculée, l'élevage du bétail s'est révélé l'activité la mieux appropriée aux conditions géographiques et climatiques de la Mongolie ; et, du fait de la végétation steppique, il a imposé le nomadisme.

Ce mode de vie n'est pas, en dépit de ce qu'on imagine parfois, un vagabondage sans frein ni loi. Tout au contraire, chaque groupe compétiteur a ses propres terres de pâturage – les unes pour l'hiver, les autres pour l'été – et suit un parcours bien déterminé pour aller des unes aux autres. S'il change de territoire, c'est à l'issue d'une bataille dont il est sorti victorieux et qui lui a permis soit d'acquérir de meilleurs herbages, soit d'élargir son secteur et par conséquent d'accroître le nombre de ses bêtes. Il faut des événements graves pour que des tribus ou des peuples entreprennent de grandes migrations. Ils ont les moyens de les accomplir, mais elles impliquent une multitude de conflits. L'histoire prouve que de telles migrations ne se produisent qu'une fois tous les deux ou trois siècles.

Le cheptel a lui-même ses zones d'habitat. En montagne, on trouve le bœuf et le yack ; en plaine steppique, les chevaux, le mouton et la chèvre ; en région semi-désertique, le chameau à deux bosses, dit bactrien. Ce dernier, indispensable sur les sols pauvres et secs, tient une place secondaire dans l'économie des pasteurs. Monté ou attelé, il est surtout utilisé par les caravanes à long rayon d'action, et sert peu dans la Mongolie septentrionale. Lent, ne parcourant que quatre ou cinq kilomètres à l'heure, il peut marcher longtemps, de dix à douze heures, soit une cinquantaine de kilomètres dans la journée avec une charge de deux cents kilogrammes. En marche, il peut rester trois jours sans boire ; au repos, dix-sept.

Le cheval joue un tout-autre rôle. Il est à l'origine de la fortune des

Turcs et des Mongols. C'est un animal de très petite taille* qu'on nomme parfois poney (« double poney »), à la crinière touffue et abondante, et dont la queue, chez l'étalon, pend jusqu'au sol. Crinière et queue – la première surtout par esthétique, la seconde par nécessité –, sont nouées ou tressées, comme on le voit sur les peintures d'Asie centrale. Ce cheval se nourrit n'importe où, n'importe quand et de n'importe quoi. Vigoureux et résistant, il peut parcourir jusqu'à cent kilomètres par jour, à condition qu'on lui laisse le temps de paître et de se reposer avant et après l'effort. Un vrai Mongol ne conçoit pas (et c'est encore vrai au milieu du xxᵉ siècle) que l'on puisse effectuer à pied le moindre trajet. Filles et garçons chevauchent dès le premier âge, comme s'ils étaient du même sexe, car ils reçoivent la même éducation. On voit monter des femmes portant leur bébé, une gamine sauter d'une monture au galop, quatre ou cinq garçons juchés sur la même bête, un homme porter en croupe un gosse à peine sevré.

Les chevaux sont marqués au fer de *tamga* – signes abstraits, souvent géométriques, de propriété individuelle ou plutôt clanale, variés de formes et de dimensions. Au printemps, on châtre les mâles arrivés dans leur troisième année, et l'on garde ceux choisis pour la reproduction. Le premier dressage a lieu à deux ans et se révèle très dur pour l'animal. Au printemps, on coupe la crinière des poulains pour en faire des longes et des cordes. La jument qui a pouliné en mai (saillie en juin et gestation de trois cent quarante jours) donne de trois à quatre litres de lait quotidien en sus de ce que boit le poulain. On en fait de l'*aïraq*, breuvage plus connu sous le nom de *qumis*, qui titre quatre à cinq degrés d'alcool.

Indispensable à l'homme, auquel il apporte laine et viande, le mouton se déplace avec une lenteur désespérante. Dans ses moments de fatigue, il ne parcourt que quatre à cinq kilomètres par jour, et, s'il fait chaud, parfois moins encore. La migration d'un troupeau d'ovins demande donc un temps considérable et il est d'usage d'en confier le soin à quelques bergers et bergères pendant que le reste du camp va à son propre rythme. Plus rapides en dépit de leur passivité, les bovidés sont pourvoyeurs de viande, de lait et de bouses – utilisées pour le chauffage –, et servent à tracter les charrettes à hautes roues.

Avant l'introduction de l'économie moderne, le territoire de la Mongolie steppique pouvait nourrir environ 3,9 millions d'unités animales, une unité équivalant à un cheval, un bovidé, cinq moutons ou cinq chèvres. Aujourd'hui, alors que l'élevage est plus intensif, le nombre des chevaux – malgré l'attachement que le Mongol continue de leur porter – a diminué, tandis que celui des bovidés et des ovins

---

* La hauteur au garrot est en général inférieure à 1,30 mètre, la longueur moyenne de 1,45 mètre, et le poids ne dépasse pas 350 kilogrammes chez le mâle, 300 chez la femelle.

a crû. Il s'élève toutefois encore à 2 millions, soit 8 % du cheptel. Il était très supérieur autrefois, quand les Mongols avaient surtout vocation militaire, et pouvait représenter jusqu'à 40 % du troupeau, ce qui, compte tenu de l'impossibilité de se passer des bœufs pour la traction des voitures, tendait à l'élimination presque totale des moutons. Il paraît sage d'admettre qu'au XIIIᵉ siècle, et à d'autres époques d'expansion, le troupeau mongol comptait 2,5 millions de chevaux, un million de bovidés et près de 2,5 millions d'ovins, soit pour ces derniers un demi-million d'unités animales. Cette évaluation n'en a pas empêché d'autres, moins vraisemblables mais qu'on ne peut catégoriquement repousser, et qui avancent un nombre effarant de 4, voire 12 millions de chevaux. Sans aller jusqu'à ces excès, il n'en reste pas moins qu'il y avait assez de montures pour satisfaire aux besoins d'une armée mongole forte de 300 000 hommes, armée qui eût été colossale pour l'époque et qui en réalité ne devait pas dépasser la moitié de ces effectifs, puisque chaque cavalier pouvait disposer de 12 à 15 chevaux – 3, à la guerre, étant de l'avis unanime un strict minimum.

La faiblesse d'une économie d'élevage dans un climat rigoureux tient à son extrême sensibilité aux intempéries et aux épizooties. Un froid trop intense, une sécheresse de trop longue durée peuvent se révéler ruineux. L'histoire en fournit maint exemple. Ainsi, pendant le dur hiver dont souffrit la Mongolie-Intérieure en 1934-1935, les pertes en animaux furent si considérables que, dans les districts les plus touchés, certains éleveurs ne purent sauver que 10 % de leurs moutons et 1 ou 2 % de leurs vaches. Il va sans dire que les chevaux, malgré leur résistance, sont plus vulnérables sous des cieux qu'ils ignorent. Les maladies contagieuses qui peuvent les frapper sont l'un des dangers majeurs qui menacent les cavaliers dans les campagnes lointaines.

Le troupeau fournit presque tout ce qui est nécessaire à la subsistance : la nourriture avec les produits laitiers, la viande fraîche ou coupée en lamelles, séchée ou congelée dans des silos de glace en hiver ; la boisson avec le lait et l'alcool de lait, notamment le *qumis* ; les vêtements avec la laine et les peaux ; les couvertures, les tapis, les cuirs, les feutres de tente ; les moyens de locomotion, montures ou bêtes de trait ; les cordes et les lanières avec les crins et les boyaux ; la bouse séchée, qui sert au chauffage dans des régions où le bois (fourni par les monts arborés) est rare et doit être gardé pour la fabrication des arcs, des flèches, des armatures de tente et des chars.

AUTRES ACTIVITÉS ÉCONOMIQUES

La cueillette des baies et des racines, surtout des oignons et des aulx nécessaires à un régime carné, ainsi que la chasse, activité essentielle, pourvoyeuse de viandes et de fourrures, apportent un supplément de ressources. La pêche est-elle pratiquée ? Il y a des témoins pour affirmer qu'on ne s'y livre sous aucun prétexte. S'ils sont véridiques, voilà qui dénote un trait de culture assez surprenant dans une région de rivières abondantes et poissonneuses. En revanche, on chasse et on mange toutes les espèces : l'ours, le sanglier, le cerf, le daim, la gazelle, le renne, l'élan, le chevreuil, le lièvre, mais aussi les « rats », c'est-à-dire les divers rongeurs des steppes, les renards et les loups (?), et bien entendu les innombrables oiseaux : oies, canards, sarcelles, grives, bécasses, hérons, faisans, coqs de bruyère, perdrix, qui hantent soit les cours d'eau et les lacs, soit les forêts et les bois.

Les échanges commerciaux pourraient être nuls que le pays n'en souffrirait pas. Mais les habitants de la Mongolie commercent avec leurs voisins. Ils vendent leur production pastorale et notamment leurs chevaux, même quand les sédentaires n'en ont pas besoin : ceux-ci savent en effet qu'en ne les achetant pas ils augmenteraient les risques d'agression. Ces ventes permettent d'obtenir en échange du vin, introduit depuis longtemps dans la Chine du Nord, du thé, conditionné en pavés ou briquettes, des céréales et des métaux.

A certaines époques, une agriculture encore rudimentaire assurait au pays une autosuffisance encore plus complète. Elle semble avoir disparu au XIIᵉ siècle. Avec cette régression générale qui a suivi l'effondrement de l'Empire ouïghour ont sans doute aussi cessé l'extraction et la transformation des métaux, qui avaient souvent joué un grand rôle et qui relevaient d'une antique tradition. L'art des steppes était apparu en Sibérie entre 1200 et 700 avant notre ère. Il était ensuite vraisemblablement passé en Chine à l'époque chang, en Ordos (boucle du fleuve Jaune) et en haute Mongolie, d'où il s'était répandu vers l'ouest. L'art de Tagar I (700-400) et Tagar II (400-100), en devenant bien plus élaboré qu'auparavant, a représenté le triomphe du fer sibérien. Il ne disparaîtra plus. Les productions artistiques des Hiong-nou, qui se prolongent après eux pendant des siècles et qui ne forment qu'une des provinces de ce qu'on nomme l'art animalier des steppes, montrent la maîtrise des anciennes populations de Mongolie en matière de métallurgie. Dans l'Ordos, à Minousinsk en Sibérie méridionale, à Noin Ula dans le nord de la Mongolie, on a retrouvé quantité d'armes, de plaques de ceinturon, d'agrafes et de boutons, de harnachements, de surmonts, de terminaisons de hampes. Plus tard, les T'ou-kiue tirèrent une partie de leur puissance du fait qu'ils exerçaient le métier de forgeron dans l'Altaï, non seulement parce qu'ils fournissaient des produits désirés, mais encore parce qu'ils possédaient la science du fer et du feu, parce qu'ils manipulaient ces forces mystérieuses et douées de vertus numineuses. La pauvreté ou l'absence de la métallurgie chez les Mongols des XIIᵉ-XIIIᵉ siècles explique l'intérêt que ceux-ci porteront plus tard aux ouvriers allemands spécialisés qu'ils auront capturés en Europe et déportés en Asie centrale.

LES HOMMES

Façonnés par un climat terrible, les hommes qui survivent aux hécatombes de la naissance et des difficiles premières années sont d'une vigueur d'autant plus exceptionnelle qu'ils sont les produits d'une sélection naturelle. Nous ignorons le taux de mortalité infantile au Moyen Age, mais nous pouvons sans peine le supposer égal ou supérieur à celui du début du XXᵉ siècle, où il était encore, pour les trois premières années de la vie, de l'ordre de 50 %. Épidémies, épizooties, conflits inter-tribaux, auxquels n'échappent que ceux qui parviennent à fuir, accroissent encore périodiquement ce taux pourtant déjà très élevé. Une fois franchi le seuil de la quatrième année, on a davantage de chances de survivre, mais il disparaît encore quelque 10 ou 15 % des enfants avant qu'ils atteignent l'adolescence. Une constitution particulièrement robuste est indispensable pour supporter ce que le pays exige de ses habitants. Comme le disaient simplement les anciens Turcs, il faut « être fort » – ils avaient d'ailleurs pris cet adjectif pour se nommer. Depuis des siècles, le mode de vie façonne non seulement des corps capables de résister au chaud et au froid, au vent et à la poussière, à l'alcool qui grise et à la faim qui fait tourner les têtes, aux coups et aux blessures, mais aussi des âmes inflexibles susceptibles de soutenir ces corps en cas de besoin.

Les maladies sont rares, car le climat, quoique rude, est sain, et surtout, elles ont depuis longtemps déjà emporté leurs proies. Elles n'en effraient que plus. On les considère comme des maléfices, comme des signes de la présence d'esprits qui viennent s'emparer de l'âme, la dérober ; les spécialistes de l'au-delà, les chamans, s'emploient à lutter contre eux, à les chasser, c'est-à-dire à guérir. On isole toutefois le malade, pressentant qu'il est contagieux, et un petit drapeau que l'on place sur la tente signale à qui l'ignore que là réside le danger, et qu'il faut se tenir à l'écart.

Les soins à prodiguer aux troupeaux, qui constituent la principale occupation des hommes, leur laissent de longues heures d'oisiveté. On les passe à cheval, au milieu du cheptel, à ne rien faire, à fixer l'horizon dans l'attente de la venue toujours possible d'un prédateur, fauve ou plus souvent homme. Quand on s'ennuie trop – et il faut croire qu'on s'ennuie beaucoup –, on guerroie ou on chasse. D'immenses battues ont lieu en automne. Hormis quelques jeux de veillée et, à toute heure, les osselets, les dés, les devinettes, les cerfs-volants, l'audition sans fin de contes et d'épopées ainsi que d'une musique à demi sauvage « mais charmant l'oreille et réjouissant le cœur », comme la définissaient déjà plusieurs siècles auparavant les Chinois, les activités récréatives sont violentes.

Tout va aux excès. On se livre à tout avec la même ardeur qu'à la chasse ou à la guerre. Quand on le peut, on ne mange pas, on s'empiffre ; on ne boit pas, on s'enivre. On aime sans retenue. Tous les sports sont brutaux : le football, qui paraît d'autant plus amuser qu'il s'agit d'un jeu purement profane, les courses de chevaux, les concours de tir à l'arc ou au javelot, la lutte, qui promeut des champions honorés, les combats à main nue contre des bêtes, toutes activités que sacralisent plus ou moins des rites et qui donnent à l'homme dans sa vie quotidienne cette dimension sacrée sans laquelle il n'est pas lui-même. La vie religieuse est d'ailleurs intense : elle s'organise, au niveau familial, autour du culte du foyer et des pénates, idoles de feutre ou de bois, « supports d'âmes » représentant mille choses et auxquels on donne le nom d'*ongon* (au sens propre, « bénis »).

Rien n'indique que l'on parte pour de lointains voyages d'affaires. L'activité commerciale, jadis florissante, semble des plus réduites. Mais on se déplace beaucoup, pour aller en pèlerinage à des lieux saints, pour visiter ses alliés, peut-être pour le simple plaisir de bouger.

On ignore la ville. On la méprise. Alors que la vie citadine avait tenté dès le VIIIᵉ siècle les anciens Turcs de Mongolie, qui n'avaient pourtant pas cédé à son appel, et qu'elle avait séduit plus tard les Ouïghours, on sait maintenant à peine qu'elle existe, et on la considère comme une aberration. On vit dans la tente ou, pour être plus exact, dans ce que nous nommons la « yourte » et que les Mongols désignent par le mot *ger*, qui signifie à la fois (comme le breton *ker*, qui peut être de même origine) la demeure et le lieu où elle se trouve. La « yourte », terme turc qui correspond au mongol *nutuq*, est à l'origine le territoire sur lequel vit un groupe social, et par extension le pays. C'est un contresens commis par les Russes qui lui a donné le sens erroné de « tente » ; comme il est entré dans le vocabulaire, nous le conserverons toutefois.

La yourte

C'est une habitation sur plan circulaire (dont le prototype est peut-être à rechercher dans la hutte en bois des chasseurs) utilisée par les nomades de la steppe de la mer Noire au Pacifique, et depuis une époque très reculée puisque Hérodote la mentionne déjà. Hormis quelques modifications mineures, elle a peu évolué depuis les origines jusqu'au xx⁰ siècle et, quoique légèrement modernisée, elle existe encore aujourd'hui. Elle a été décrite à l'époque de l'hégémonie mongole par la plupart des voyageurs médiévaux, et de façon particulièrement remarquable par Guillaume de Rubrouck. Très légère, simplement posée sur le sol, non rivée – ce qui lui permet de tenir sur tout terrain, même glacé – et cependant stable, apte à résister aux plus fortes tempêtes grâce à sa forme circulaire aussi bien qu'à la souplesse de son armature, elle est constituée par une charpente formée d'un treillis en lattes de saule articulées, aisément repliables et munies de charnières en cuir, d'une hauteur variant entre 1,30 et 1,50 mètre, et couvrant une surface moyenne de 18 à 20 mètres carrés.

L'emplacement de la porte est délimité par un cadre de bois et un seuil dont tient lieu une branche épaisse ou une planche. Le seuil et l'encadrement sont le siège d'une divinité très respectée, protectrice de la demeure.

Le treillis est maintenu en place par une corde qui lui donne sa rigidité et lui permet de supporter le poids de la toiture. Celle-ci est hémisphérique, formée par un faisceau rayonnant de perches de sapin réunies à leur sommet par une couronne évidée, également en bois, située à environ 3 mètres du sol. Cet oculus sert à l'aération et à l'évacuation de la fumée, ce qui lui vaut son nom technique de « trou à fumée » (*dünglük* ou *tünglük*), mais on l'appelle aussi la « fenêtre du ciel ». Il peut être fermé par un couvercle amovible. Exactement sous lui, au centre de la yourte, se situe le foyer, autre divinité familiale, plus significative encore que celle de la porte et dont l'entretien souligne la pérennité de la famille ; de subtiles nuances le distinguent du dieu ou de la déesse feu. Le foyer et le trou à fumée constituent un axe cosmique qui permet la communication spirituelle entre le ciel et la terre, et autour duquel s'organise la vie de la cellule sociale de base.

L'armature, la voûte et le couvercle en bois sont recouverts de pièces de feutre imperméable et assez isolant, souvent en plusieurs épaisseurs, que maintiennent quelques courroies, et éventuellement de tapis légers, tissés plus que noués *(kilim)*, de broderies et d'étoffes bariolées. Sur le sol gît un matelas de feuilles, d'herbes sèches et de petits branchages sur lequel on pose des tapis ou des feutres épais.

Comme, loin de décamper tous les jours, on demeure parfois une saison entière au même endroit, peu importe le temps que prennent le montage et le démontage de l'habitation. Il ne dépasse d'ailleurs guère deux heures, mais ce serait tout de même trop pour un déménagement quotidien. En revanche, le matériel est volumineux et assez lourd. L'ensemble des bois pèse quelque 60 kilogrammes, celui des feutres environ 150. Un chameau peut suffire à porter le tout, mais la charge est en général confiée à deux bêtes. Plus simplement, aux époques anciennes et encore au Moyen Age, on préférait ne pas plier la yourte, mais la charger telle qu'elle sur de grosses charrettes.

Ces voitures, tirées par des chameaux et plus souvent par des bœufs, et qu'on nomme *tereg* (dont les Russes feront « télègue »), sont une des célébrités de la steppe. Venue tout droit de la préhistoire, l'une d'elles a été retrouvée par les Soviétiques dans un tumulus de Pazyryk, en Altaï. Haute de 3 mètres et large de 3,35, armée de grandes roues de 2,15 mètres de diamètre, elle est l'ancêtre de celles que l'on rencontrera encore sur les routes de l'Ukraine au XVIIIe siècle et dont l'*Histoire secrète* a tant parlé. Après Hésiode, Hippocrate et Eschyle qui les avaient évoquées, les voyageurs du Moyen Age en ont fait de bonnes descriptions. Rubrouck, qui les a utilisées et qui les trouva si belles qu'il aurait aimé pouvoir les peindre, voit en elles un moyen peu rapide de voyager, mais commode parce qu'il évite de charger et de décharger les chevaux. Il parle de leur multitude, de la facilité avec laquelle « une seule femmelette mène vingt à trente chars », et des « vingt-deux bœufs qui peuvent être attelés à l'une d'elles » quand elle porte une maison. Exagère-t-il ? C'est un maître observateur ; pourtant, Jean de Plan Carpin semble mieux décrire la réalité moyenne quand il mentionne des attelages de « trois ou quatre bœufs et même davantage ». Mais quel spectacle, sous la plume d'Ibn Battuta, que ce défilé de quatre cents chars qui accompagnent une princesse en route vers Byzance !

L'intérieur de la yourte, véritable microcosme, est organisé avec rigueur, non seulement pour les commodités de la vie, mais aussi en vue du respect de la hiérarchie, du protocole et du rituel religieux. L'axe du monde, comme nous l'avons dit, est celui que constitue la colonne invisible (sauf quand le feu brûle) qui part du foyer pour monter vers le zénith à travers le trou à fumée. La voûte céleste est représentée par la demi-sphère de la couverture. Elle abrite et protège la totalité de l'espace familial. Mais comme sa base est circulaire et que la terre forme un carré dans lequel celle-ci s'inscrit, les « quatre coins de la terre », régions déshéritées puisque non situés « sous le ciel », sont exclus de la yourte.

La porte s'ouvre toujours au sud, davantage pour rendre hommage au soleil qui y passe à midi, au moment où il atteint son maximum de force et d'éclat, que pour s'abriter des vents du nord. C'est une nouveauté : à une époque antérieure, elle était tournée vers l'orient, « par respect pour le lieu où l'astre se lève ». Face à elle, donc au nord, là où figurent les idoles domestiques *(ongon)*, se tient le maître de maison ; à sa droite se trouvent les places d'honneur, celles où s'assoient les hôtes. La moitié occidentale de la yourte est réservée aux hommes, et la moitié orientale aux femmes. Les zones les plus éloignées de l'entrée étant les plus honorables, les serviteurs et les petites gens se cantonnent entre la porte et le foyer.

LES DOMINANTES IDÉOLOGIQUES

Il y a dans la Mongolie des XIIe et XIIIe siècles beaucoup plus d'animaux que d'hommes, beaucoup plus d'espaces vides que de lieux habités. Les Mongols, comme leurs voisins, n'ont donc pas tendance à tomber dans l'anthropocentrisme, à considérer que la terre a été créée pour eux et que l'espèce à laquelle ils appartiennent est réglée par des lois singulières. Ils ont une conscience aiguë de l'unité de la vie et du fait que tout ce qui les entoure ne diffère d'eux que par les apparences. Animaux, végétaux, minéraux, corps célestes, mais aussi tout ce qui existe sans que leurs sens le perçoivent, et que pour simplifier nous nommerons « esprits », sont organisés comme les hommes, obéissent aux mêmes lois, possèdent leurs chefs, leurs saints, c'est-à-dire des êtres privilégiés, doués de certaines vertus susceptibles de les mettre en rapport avec le sacré. Ainsi se groupent-ils comme eux en familles, en clans, en tribus, et peuvent-ils, comme eux, constituer des empires.

Entre chaque individu et entre chaque groupe, les rapports sont ceux-là mêmes qui existent dans la société des hommes, et ils sont encore identiques entre les sociétés humaines et les autres sociétés, notamment animales. Les animaux peuvent être ou bien soumis aux hommes, comme le cheptel, ou bien leurs alliés, comme les chiens de garde et les autours de chasse, ou bien leurs ennemis, comme les prédateurs et le gibier. Dans tous les cas, ils sont liés à eux par des conventions qu'il importe de respecter. Même à la guerre, il y a des lois : celles qui obligent à déclarer ouvertes les hostilités, à anéantir l'adversaire, ou encore à préserver les derniers survivants. Plus puissants qu'eux, les animaux protègent les hommes, mais attendent leurs hommages ; moins puissants, ils les servent à condition que soit observé l'accord de vassalité, c'est-à-dire les lois de l'élevage. L'alliance est toujours précaire, un rien suffit à la dénouer, et la notion de neutralité n'existe guère. On est pour ou contre, et si l'on n'est ni l'un ni l'autre, ce n'est que momentané.

L'ennemi représente le mal, ou plutôt la manifestation d'un mal, en soi peu différent de la maladie puisque son propos est le même : faire souffrir et tuer. Tout ce qui nuit apparaît comme anormal et monstrueux. Aussi traite-t-on celui qui est hostile de la même façon que les troubles physiques, par l'acte d'*arilgoxa* qui signifie à la fois « purifier » et « faire disparaître ». C'est la clé qui permet de comprendre la vie des Mongols et leur comportement, que l'on juge – à juste titre – très inhumain.

L'individu compte. On reconnaît son importance et sa valeur, et on le sait capable d'atteindre une stature hors du commun. Mais tant qu'il n'est pas parvenu à s'élever très au-dessus des autres, il compte moins que le groupe. La vie collective l'emporte sur la vie individuelle, la multiplicité sur l'unité. En chaque être, en chaque chose, réside une force (et sans doute plusieurs, dont une sorte de viatique de vie donné par le grand Dieu, le Ciel) qui s'accroît naturellement quand elle s'additionne à d'autres pour finir par devenir une force collective démesurée qui, à son tour, peut se manifester en un seul individu, dès lors transcendant, par exemple l'empereur. Un grand arbre, un bel arbre, un arbre singulier peut être remarquable et vénéré en tant que tel. Un bosquet, une forêt le sont plus encore, jusqu'à ce que le grand arbre en vienne à incarner tous les bois et toutes les forêts. La pierre, puissante, car inaltérable, « éternelle », quand elle est amoncelée avec d'autres pour former un cairn (que l'on nomme *obo*), acquiert plus de numinosité, mais une grande pierre, choisie selon des critères assez mystérieux, peut finir par représenter plus que le cairn. L'eau ou les eaux, créatrices et purificatrices, peuvent constituer, comme on le disait en vieux turc, des « amas » – lacs, rivières, fleuves, mers – qui atteignent par leur concentration une force insigne, mais une goutte d'eau peut valoir plus encore puisque, la partie valant le tout, elle est capable d'évoquer toutes les eaux.

Depuis plus d'un millénaire, les Mongols et tous ceux qui les avaient précédés en Mongolie ou qui avaient mené ailleurs l'existence des pasteurs nomades n'avaient cessé de passer alternativement de l'état de parcellisation anarchique à celui d'unification dictatoriale. Quand ils n'étaient pas inclus dans quelque empire des steppes, ils vivaient repliés sur eux-mêmes en unités rivales, plus ou moins petites. Cette alternance dans leur destinée fut sans doute ce qui les amena à concevoir à la fois l'unité et la diversité des choses. Pour eux, il y a un Dieu suprême, le Ciel, Tengri, « haut », « éternel », « omnipotent », et une multitude de dieux secondaires à la fois séparés du Dieu céleste et faisant partie de lui, à la manière dont, au sein du firmament, le soleil, la lune et les étoiles lui appartiennent et en sont pourtant distincts. Quand l'unité impériale s'affirme, Tengri prend plus d'importance, revient à l'actualité, estompe les divinités secondaires. On conçoit mieux son universalité et, du même coup, celle de son représentant sur la terre, l'empereur.

Tout au long de l'histoire turco-mongole, on entendra comme un leitmotiv qu'il ne peut y avoir sur la terre qu'un seul souverain comme il n'y a qu'un Dieu dans le Ciel. Quand l'Empire s'effondre, on n'oublie ni l'empereur ni Tengri, mais comme l'un n'est plus, l'autre semble aussi ne plus être. Tous deux s'éloignent, sortent des préoccupations immédiates pour céder la place aux divinités tribales et aux chefs coutumiers. De même, selon le processus inverse, les mythes tribaux qui fourmillent dans la société parcellaire s'effacent devant le mythe impérial dans la société unifiée ; les animaux totems (qui n'en sont peut-être pas tout à fait, mais qui sont au moins des ancêtres), innombrables ou du moins aussi nombreux qu'il y a de peuples, de clans, peut-être de familles, sont oubliés au seul profit de l'animal totem du clan ou du peuple qui accède au pouvoir, lequel devient celui de tous. On peut à bon droit soupçonner ces parvenus de s'enter sur un aïeul illustré par quelque grande famille antérieure et que la dynastie nouvelle confisque pour se donner une noblesse qu'elle n'a pas. Ainsi feront les Mongols avec le loup, totem des T'ou-kiue et de quelques autres avant eux, qui ne sera pas seulement le géniteur de Gengis Khan, mais de tous les siens, et qui occultera totalement les autres animaux qui auraient pu être ses rivaux.

Le système semble fort quand on le voit fonctionner, et d'une redoutable efficacité. Il est faible dans la réalité, bien qu'il parvienne à créer, au-dessus des phratries, de véritables peuples – hier celui des Turcs sous l'impulsion des T'ou-kiue, demain celui des Mongols sous celle de Gengis Khan. Les espaces sont trop grands, les hommes trop différents, la géographie trop sévère. Tout ce qui a été édifié avec tant de difficultés, en payant un prix élevé, peut s'écrouler – et s'écroule – du jour au lendemain. L'alternance est constante entre les grands empires dévastateurs et l'éparpillement peut-être plus dévastateur encore, et il n'y a pas de tierce solution. Devant une pression démographique toujours supérieure aux ressources, il faut s'entre-tuer ou tuer ses voisins sédentaires pour élargir son espace vital. Dans l'un et l'autre cas, les exigences sont les mêmes : une rigueur absolue, l'ordre, la discipline, l'obéissance aux lois et aux chefs dont on hérite ou que l'on a choisis, le respect – chez des peuples menteurs et versatiles par nature – de la parole donnée quand elle est solennelle. Le moindre manquement peut provoquer le drame, l'anéantissement du groupe ou de l'immense édifice que l'on construit. Aussi les hommes de la steppe multiplient-ils les précautions, les interdits, les rites : aussi s'enferment-ils dans un véritable carcan de prescriptions tatillonnes et qui souvent ne nous paraissent irrationnelles que parce que nous avons perdu le sens du sacré dans lequel ils baignent au plus haut point.

CHAPITRE II

Les temps mythiques

LE PÈRE

Yesügeï, l'homme que nous avons vu conduire son fils Temüdjin dans la tribu des Qonggirat pour lui trouver une fiancée, était le chef du clan *(yasun)* des Qiyat, subdivision de la grande tribu *(oboq)* mongolophone des Bordjigin. C'était, dit la tradition, un bon guerrier, vaillant et actif, rallié à son oncle, vrai ou supposé, le khan Qutula. On joignait à son nom de naissance le qualificatif de *bagatur* ou *ba'atur*, « le preux », ce qui n'était pas un surnom, mais un titre militaire dont l'importance semble avoir été assez considérable si l'on en juge par la parenté dont il s'honorait et par le rôle qu'il avait joué en Mongolie.

Sans que l'on sache ni comment ni pourquoi, Yesügeï avait dû rassembler autour de lui bon nombre de gens dont, semble-t-il, les Tayidji'ut. Ce peuple forestier, qui devait alors aspirer à la vie des steppes, était du moins représenté dans l'entourage du jeune chef par les veuves et les descendants de l'ancien khan Ambaqaï.

Il était de surcroît fort lié, politiquement et personnellement, avec les Kereyit. Ceux-ci, quelques années auparavant, avaient traversé une crise majeure. Leur roi, un certain Gurdjaguz, était mort en laissant le pouvoir à son fils Toghril (« Faucon »), mais la succession avait été contestée par les deux autres enfants du souverain défunt, Taï Temür (Poulain Fer) et Buqa Temür (« Taureau Fer »). L'héritier désigné avait connu une enfance difficile. Tout jeune encore, il avait été enlevé par les Merkit et, réduit en esclavage, il avait passé de longues années à « moudre du grain » pour ses maîtres. Plus tard, il était tombé aux mains des Tatars et les avait servis comme pâtre. Il en avait gardé une profonde amertume, un caractère faux, retors, une âme dans laquelle l'orgueil le disputait à la servilité et la haine, à l'absence de scrupules.

Ainsi avait-il fait tuer ses deux frères qui lui barraient l'accès au trône. Mais c'était mal calculer. Ce double meurtre avait suscité l'indignation générale chez les Kereyit. Ses oncles avaient voulu venger leurs neveux assassinés dans le sang de leur neveu assassin. Ils envisageaient peut-être de substituer leur descendance à celle de leur frère. Ils avaient pris la tête de la révolte dirigée contre Toghril et l'avaient obligé à s'enfuir, accompagné seulement d'une poignée de fidèles. Toghril, alors, avait cherché en vain à s'attirer le concours du chef merkit Toqto'a-beki en lui proposant sa fille en mariage, puis il s'était adressé aux Bordjigin. Yesügeï l'avait accueilli avec faveur, lui avait offert son aide, ce qui lui avait finalement permis de rentrer en possession de son héritage.

L'alliance avec les Kereyit, qui, rappelons-le, occupaient les régions stratégiques et sacrées du haut Onon, de l'Orkhon et de la Tola, n'était pas un faible atout et Yesügeï avait vu tout le bénéfice qu'il pouvait en tirer. Pour la rendre indissoluble, il avait profité des bonnes intentions de Toghril, qui débordait alors de reconnaissance, pour aller en sa compagnie sur les rives de la Tola, « dans la forêt noire », où les deux hommes s'étaient unis par une fraternité de sang.

Nous nommons « frères de sang », en traduisant mot à mot l'expression turque *qan qardech*, qui met l'accent sur l'aspect rituel, ce que les Mongols appellent « frères jurés » (*anda*, terme dérivé de *ant*, « serment ») et qui insiste donc davantage sur l'aspect moral. Sous ce double vocable se cache une seule et même réalité qui implique un engagement solennel appuyé sur un échange de sang ou, à défaut, de quelque substitut, notamment quand on n'a pas encore atteint la puberté. C'est en effet seulement à cette période de la vie que, après avoir effectué de façon quasi sacramentelle son premier meurtre, celui d'un animal ou d'un homme, on acquiert le droit de manipuler ce liquide sacré et dangereux qui emplit le corps et qui est siège de l'âme ou de l'une des âmes.

Bien que le rite établissant la fraternité soit stable, il n'en présente pas moins des originalités parfois aberrantes et dont nous percevons mal les raisons, mis à part celles qui découlent de l'extrême jeunesse des acteurs. En règle générale, deux adultes qui entendent s'unir par un lien théoriquement indissoluble, un lien qui, comme le dit l'*Histoire secrète*, fait « qu'à eux deux, ils n'ont plus qu'une seule vie », doivent absorber chacun un peu du sang de l'autre. Pour ce faire, soit ils se tailladent le poignet et juxtaposent leurs blessures, soit ils se piquent une veine ou le bout du doigt, recueillent quelques gouttes de sang, le mêlent à une boisson enivrante dans une coupe – parfois faite d'un crâne scié au-dessus des arcades sourcilières – et le boivent en commun.

Les frères jurés sont plus que des frères naturels. Ce qui unit ces derniers ne découle que des hasards de la naissance, et il ne paraît pas d'une gravité extrême de rompre ce lien, même par le fratricide, comme l'aventure de Toghril vient de le montrer et comme l'histoire en fournit des centaines d'exemples. Au contraire, ce qui unit les frères jurés est voulu et rituel, et la rupture du lien est un acte redoutable qui, dans l'absolu, devrait entraîner la mort des parjures.

A peu près à l'époque où il rétablissait Toghril dans ses droits, Yesügeï, si l'on suit la source persane, avait épousé une femme du clan Olqunu'ut, de la tribu mongolophone des Derlükin, qui était déjà en puissance de mari. Il avait contracté là un mariage d'amour, un de ces mariages décidés sur un coup de tête, sous l'emprise d'une passion violente et qui refuse de considérer les conséquences à venir de l'acte accompli. Yesügeï ne pouvait pas ignorer que l'adultère était réprimé avec sévérité. C'était même un crime si grave que, pour l'éviter, on avait l'habitude de tuer au préalable l'homme dont on convoitait l'épouse. Un meurtre devait cependant faire réfléchir. Yesügeï était brave et assez jeune pour apparemment ne pas s'en soucier.

Un jour qu'il chassait au faucon dans la région de l'Onon, avec cette passion qu'éveille toujours dans l'âme des vrais chasseurs le lâcher d'un oiseau sur une proie, il avait vu venir un homme du peuple des Merkit qui voyageait avec sa femme Hö'elün. Elle était jeune et belle, ou du moins Yesügeï l'avait-il jugée telle. Il devait la connaître, la désirer déjà. L'autourcerie l'avait mis hors de lui. Son sang battait plus vite de par l'excitation du sport. Cette charrette où était la femme avait achevé de lui faire perdre la tête. Il avait appelé ses frères et, avec eux, s'était lancé au galop vers ceux qui arrivaient.

Le Merkit avait eu peur. Il avait pris la fuite. On s'était jeté à sa poursuite. On avait franchi une colline. Alors le fugitif, peut-être, avait eu des regrets, des remords d'avoir abandonné sa compagne ; peut-être avait-il eu honte de sa lâcheté, ou encore avait-il retrouvé son courage en voyant qu'il n'avait affaire qu'à trois hommes. Il était revenu à la charrette où, calme, Hö'elün attendait. Elle lui avait dit :

> « T'es-tu rendu compte de ce que sont ces trois individus ? Leur mine n'a rien d'ordinaire. Elle est celle de gens qui en veulent à ta vie. Si tu gardes au moins la vie, il y a des filles à l'avant de toutes les voitures, il y a des femmes dans toutes les charrettes. Si tu gardes la vie, tu pourras trouver des filles ou des femmes. Une d'un autre nom ? Tu pourras tout de même la nommer Hö'elün. Sauve ta vie. Respire mon odeur et va. »

Sur ces mots, elle avait ôté sa chemise. L'homme l'avait prise sans même descendre de cheval.

A ce moment, Yesügeï et ses frères, « ayant doublé la pointe montagneuse, s'en venaient et approchaient. Frappant la cuisse de son rapide alezan, [l'homme] s'enfuit en hâte en remontant le cours de l'Onon ». On ne pouvait pas le laisser échapper. Il risquait d'alerter les siens, de leur représenter qu'ils devaient sur-le-champ tirer vengeance. On repartit derrière lui au galop. Il allait vite. On ne put pas le rejoindre. On se lassa. On retourna au char abandonné. On captura la femme et Yesügeï fit avancer les bœufs en les tenant par le licol. Hö'elün geignait, se lamentait si fort « qu'elle soulevait des vagues dans le fleuve Onon et que les vaux boisés résonnaient de ses cris ». Un des frères de Yesügeï lui faisait des remontrances : « S'il te cherchait, il ne trouverait pas tes traces. S'il t'entendait et regardait en arrière, il ne te verrait plus. » On l'amena au camp.

Yesügeï la prit dans sa demeure et l'épousa. Ce n'était certainement pas régulier, puisqu'il n'était pas parvenu à tuer le mari. Il ne pouvait ignorer que jamais les Merkit ne lui pardonneraient.

C'était pourtant une belle prise que cette femme. Devenue l'épouse d'un chef de clan qiyat, Hö'elün, malgré tous les hurlements qu'elle avait poussés lors de son enlèvement, se révéla non seulement une mère féconde et dévouée, mais une personne remarquable. Elle aura de son mari quatre fils et une fille (sans compter probablement quelques autres enfants qu'elle perdit à la naissance ou en bas âge) : Temüdjin, puis, de deux ans en deux ans, Djötchi-Qasar, Qatchi'un, Temüge et Temülün, la fille. D'une concubine, Yesügeï aura encore, ou avait déjà eu, deux autres fils : Bekter et Belgüteï.

Naissance de Temüdjin

Temüdjin, le premier-né de Yesügeï et de Hö'elün, vint au monde quand sa mère campait au Deli'un-boldaq (« le tertre ou la colline de Deli'un »), lieu non identifié proche de l'Onon, au moment même où Yesügeï, poursuivant avec Qutula Khan la guerre contre les Tatars, venait de faire captif un de leurs chefs, Temüdjin-üge.

Ce prisonnier n'était sans doute pas le premier venu, puisque Yesügeï choisit son nom pour son fils. Il est vrai qu'on ne se souciait pas beaucoup des noms qu'on donnait à la naissance ; un esclave, un ustensile de ménage, le premier objet qui tombait sous les yeux pouvaient faire l'affaire. On connaît, à l'époque mongole, des quantités de « M. Chien » qui ne doivent rien au totémisme. Les noms nobles, quand il y en avait, étaient attribués plus tard, à la puberté selon toute vraisemblance, à moins que d'antiques traditions bien attestées ne soient tombées en désuétude. Qui plus est, la racine *temü-* qui forme la première partie du nom de l'enfant se retrouve chez l'un de ses deux frères, Temüge, et chez sa sœur, Temülün : ce ne doit pas être un hasard.

Si l'on en croit les historiens persans, cette naissance eut lieu en

l'année chinoise du porc* correspondant à l'an 1155 de notre calendrier, mais Rachid al-Din avoue que de son temps on n'était pas sûr
de la date à laquelle Gengis Khan vit le jour et il se contente de
donner comme possible celle de Zulkada 548 (Hégire), qui couvre le
mois grégorien allant du 7 janvier au 5 février 1155. Si l'on écoute les
sources chinoises, que reprend la tardive chronique mongole de
Sagang Setchen, Gengis Khan naquit en l'année du cheval 1162. Il y
aurait pourtant deux textes chinois anciens, l'un des environs de 1275
et l'autre des environs de 1340, qui mettraient en avant la date de
1167. Pour Paul Pelliot, qui les a étudiés, ils refléteraient l'idée qu'on
s'était faite à la cour des Yuan, les Mongols de Chine, où l'on savait
seulement que Gengis Khan était né une année du porc, et ils seraient
plus crédibles, car toute autre date antérieure rend l'enfance et l'adolescence trop longues pour le peu d'événements qui y sont survenus.
Nous ne pouvons pour notre part nous rallier à cette thèse à partir de
laquelle il est pratiquement impossible, sauf au prix de grandes invrai-
semblances, d'établir une biographie cohérente du conquérant. Puisqu'il doit bien s'agir en définitive d'une année du porc, il y a toutes
les raisons de penser qu'il convient de retenir celle qui correspond à
1155. C'est ce qu'ont fait avec nous de nombreux spécialistes.

L'enfant était né sur un tertre – sans doute une de ces buttes sur
lesquelles on aime encore dresser la yourte pour s'isoler du cheptel, se
mettre à l'abri d'éventuelles inondations et mieux surveiller les alen-
tours – et au bord d'un fleuve sacré, l'Onon. C'étaient là deux situations favorables, l'une suggérant toutes les idées d'élévation qui s'attachent aux moindres hauteurs, images en réduction de la montagne,
l'autre évoquant la puissance créatrice et purificatrice de l'eau. Si les
signes particuliers entourant la naissance de Gengis Khan s'étaient
limités à cela, ou même au fait que, selon Rachid al-Din, on voyait
comme des rayons sur son visage, ils eussent été d'une rare modestie,
en comparaison de toutes les merveilles qui accompagnent presque
sans exception la venue sur terre des grands de ce monde. Mais il y
avait autre chose : quand il sortit du ventre de sa mère, l'enfant tenait
dans sa main droite fermée un « caillot de sang qui ressemblait à un
osselet ».

Ce détail peut paraître infime, mais il est riche de signification et
l'on ne s'y est pas trompé. Il a été si largement divulgué que d'autres
héros turco-mongols des temps ultérieurs présenteront à leur naissance
la même particularité, que les informateurs l'ont relevé à satiété et que
les chercheurs s'en sont sérieusement occupés. Toutefois, il a été mal
compris parce qu'on a accordé plus d'attention au sang qu'à l'osselet,

---

* Dans le calendrier des Douze Animaux, chaque animal a « son année » tous les
douze ans.

sans doute à cause de la carrière sanglante de Gengis Khan, que ce sang semblait annoncer. Or, plus que le sang, c'est l'osselet qui compte ici. La richesse de ce petit os qui, chez tant de peuples, deviendra un jeu après avoir été un objet divinatoire, est infinie (songeons aux osselets peints en rouge, couleur de sang, de nos jeux de société d'hier). Plus petite partie conservable du squelette, aisé à manipuler, il contient toute l'essence de l'être, il est, comme os essentiel, l'être lui-même, au moins dans ce qui véhicule le principe de filiation patrilinéaire, alors que la chair, ici vraisemblablement évoquée par le sang, relève de l'ascendance maternelle. Comme tout ce qui est mâle, il vient du ciel (alors que tout ce qui est femelle vient de la terre) et personnifie tout particulièrement ce que les Turcs nomment le *qut* et les Mongols le *su*, que l'on traduit en général par « bonheur », « chance », « fortune », et qui est un viatique de vie, un don du Ciel, une sorte d'âme d'origine divine appelée à survivre à la mort et proche de celle que charrie le sang, voire confondue avec elle. Elle se matérialise, selon les cas, de plusieurs façons et notamment, comme le croient les Kirghiz, sous forme d'une matière gélatineuse rouge foncé. Bien qu'il diffère de lui d'une certaine manière, on a pu mettre en rapport le *su* mongol avec le *khvarenah* de l'Iran ancien en quoi le grand iraniste Corbin voyait la « force victorielle », la « lumière de gloire ». Le *su* de Gengis Khan s'incarnera dans sa bannière ; on lui rendra un culte et il protégera les siens. Ses successeurs s'y référeront quand ils promulgueront leurs décrets : « Par le *su* impérial, notre parole », diront-ils. Nous pensons qu'il gît déjà dans la main de l'enfant.

LE FORGERON

Le nom donné au futur Gengis Khan, Temüdjin, veut presque sûrement dire « forgeron ». Il dérive du mot « fer », qui se dit en mongol *temür* et en turc *timur*. Et c'est bien ainsi que les Turcs les premiers et bien d'autres à leur suite l'ont compris. Il en naquit une légende selon laquelle il aurait appartenu à une famille de métallurgistes et aurait exercé dans son adolescence le métier par lequel il était nommé. Quoique totalement infondée puisque l'enfant dut son nom à un prisonnier tatar que son père avait fait, cette légende est ancienne et connut une large audience. On la trouve chez des informateurs d'origines fort diverses et qui ne peuvent pas avoir puisé à une seule source : ainsi, dès le milieu du XIIIᵉ siècle, chez le franciscain Guillaume de Rubrouck, l'Arménien Hethum, le Persan Nuwairi, le Grec Pachymère et le Marocain Ibn Battuta.

Il est indéniable que les Mongols contemporains de Gengis Khan connaissaient ses origines et l'histoire de sa jeunesse, au moins dans ses grandes lignes, et il est tout aussi certain que le grand conquérant n'a jamais été forgeron. Or le sens du mot *temüdjin* n'a pas pu à lui seul inspirer les imaginations, puisque sa compréhension implique une bonne connaissance des langues turques et mongoles que n'avaient ni les Latins, ni les Grecs, ni un Arabe du Maghreb. Il importe donc de se demander pour quelles raisons les Mongols ont propagé cette légende ou l'ont laissée s'accréditer*.

Il n'est pas impossible qu'ils aient été inspirés par le mythe de l'Erkene Qon et par l'histoire des origines des anciens T'ou-kiue**, qui mettent en scène des forgerons. Mais il est plus vraisemblable qu'ils se soient montrés sensibles aux affinités existant entre ces derniers et les chamans, affinités cent fois affirmées et que souligne encore un proverbe yakoute*** contemporain déclarant que les uns et les autres sont « du même nid ».

Les forgerons, comme les chamans, sont spécialistes du fer et du feu. Du fer : les premiers le façonnent et les seconds en usent comme d'un outil spécifique, en tant que matière « grande », c'est-à-dire sacrée, en quelque sorte éternelle (ce qui avait incité les anciens Turcs à comparer au fer leur « empire éternel ») puisque inaltérable, sauf au contact de l'eau qui le rouille comme elle éteint le feu. Du feu : pour les uns, il est indispensable à l'exécution de leur travail ; quant aux autres, ils calquent leurs mouvements sur les siens dans les moments aigus de leur vie, c'est-à-dire quand ils entrent en transe. Comme lui, les chamans semblent couver sous la braise, puis ils frémissent et s'exaltent, se tordent, se projettent en tous sens, bondissent comme la flamme et s'élèvent au ciel comme la fumée ; puis ils s'apaisent, comme éteints, retombent, et pourtant vivent encore, tel le feu sous les cendres, prêts à repartir à la première occasion.

Faire de Gengis Khan un forgeron, au mépris de toute vérité historique, c'était un peu en faire un chaman, et il ne manquait pas de raisons pour cela. Le XII⁰ siècle est l'époque où se développe l'ambition des chamans, où commence leur irrésistible ascension vers le pouvoir suprême auquel, depuis longtemps peut-être, ils aspirent. Sous le nom de *beki*, « pontifes chamaniques », ils accèdent à la chefferie chez la plupart des peuples forestiers de la Sibérie méridionale et, dans une moindre mesure, chez les pasteurs nomades. On observe bien leur réussite et la double fonction magico-religieuse et politique qu'ils assument chez les Tayidji'ut et les Tumat, les Merkit, les Kirghiz, puis, un peu plus tard, chez les Naïman, les Tatars ou les Qonggirat. Il serait intéressant, pour l'histoire du chamanisme médiéval comme

---

* On peut naturellement penser que l'histoire du captif fait par Yesügeï n'est pas authentique, mais on ne voit pas pour quelles raisons les Mongols l'auraient inventée.
** Voir *infra*, pp. 66-67.
*** Peuple turc de Sibérie orientale.

pour celle des Gengiskhanides, d'avoir la certitude que le dernier khan du premier Empire mongol, Qutula, grand-oncle prétendu ou réel de Gengis Khan, fut bien l'un de ces parvenus. Un doute subsiste, malgré le témoignage de Rachid al-Din à son sujet :

> « Les nuits d'hiver, il avait l'habitude de lancer tous les arbres sur le feu et de se coucher près de lui. Comme le bois brûlait, les cendres tombaient sur lui et roussissaient sa peau, mais il n'y faisait pas attention et, s'il s'éveillait de son sommeil, il pensait qu'il avait été piqué par un insecte. »

Cette insensibilité au feu est certes un phénomène secondaire dans le chamanisme, mais elle frappait les esprits et est encore signalée comme caractéristique chez les *baba* (« pères »), religieux musulmans du Turkestan et d'Anatolie, héritiers reconnus des chamans, voire chamans déguisés à l'islamique. Elle est attestée presque dans les mêmes termes à propos de Kökötchü, le premier grand chaman de l'Empire mongol.

Si un ou plusieurs chamans avaient pu se hisser au sommet de la hiérarchie mongole, on comprendrait mieux la quasi-nécessité dans laquelle on se trouvait de sacraliser Gengis Khan en ajoutant, au besoin après coup, des fonctions sacerdotales à ses fonctions souveraines. Tout se passe en tout cas comme si on en avait conscience. Moins encore que forgeron, Gengis Khan n'a jamais été chaman – et nous n'en voulons pour preuve que la lutte qu'il livrera contre le pontife chamanique et l'asservissement final de celui-ci –, et pourtant on n'hésita pas davantage à dire qu'il le fut. Le responsable de cette légende pourrait être l'historien Djuzdjani, qui écrivit quelque trente ans après la mort du conquérant. Selon son témoignage, Temüdjin aurait pratiqué la magie et se serait lié d'amitié avec les démons. Il aurait eu l'habitude d'entrer en transe et, dans cet état, de prononcer toutes sortes de paroles inspirées par ces démons, et notamment de prédire ses victoires. Nous ne sommes pas certains du bien-fondé de l'information, mais elle n'est nullement aberrante dans la civilisation des steppes : elle sera à nouveau diffusée, dans un contexte plus musulman, à propos de Tamerlan, et répond à ce que répètent à l'envi chrétiens et musulmans quand ils affirment, lorsqu'ils lui sont favorables, que le conquérant est guidé par des anges ou, quand ils lui sont hostiles, par des démons.

Le comportement de Gengis Khan se prête effectivement à ces interprétations. Entré en lutte avec le pouvoir chamanique et contraint de l'asservir pour ne pas être lui-même asservi, Gengis Khan devait démontrer que sa puissance était supérieure à celle de ses rivaux et puisait aux mêmes sources, mais à un niveau plus élevé et par conséquent avec plus d'efficacité. Alors que le chaman, spécialiste du voyage cosmique, peut interroger les esprits célestes, voire les obliger

à le servir, le souverain en général et Gengis Khan en particulier
entretient des relations privilégiées avec le Ciel lui-même, Tengri, le
grand Dieu suprême. Il se considère comme son agent, son représentant sur la terre et, nous le verrons, son fils.

Il ne se contentera pas de le faire croire. Il ne pourra en effet le faire
croire qu'en le croyant lui-même. Il aura ainsi l'absolue conviction
d'être chargé d'une mission. Ce froid calculateur, cet homme qui ne
voudra rien laisser au hasard, se comportera comme s'il obéissait à
une puissance supérieure à la sienne. Ses actions seront conduites,
après une analyse attentive de la situation et des moyens à sa disposition, selon ce que lui dictera son intelligence aiguë, mais elles seront
décidées comme par une force extérieure à lui qui s'impose à sa conscience, par ce que ses prédécesseurs en Mongolie nommaient la « pression du Ciel ».

LE MYTHE DE L'ERKENE QON

Si Temüdjin, le futur Gengis Khan, naît d'un père et d'une mère qui
sont tous les deux humains et sans que se produisent des merveilles
annonçant sa future grandeur, c'est que les mythes – sans doute très
tôt formés – dénonçant son origine surnaturelle sont reportés dans un
passé lointain. Le phénomène, sans être singulier, est rare. Il doit
prendre ses racines dans le réalisme très prononcé des Mongols, nullement soucieux de magnifier des personnages bien connus, et désireux
de faire participer nombre de leurs tribus à ce qui n'aurait pu être que
l'aventure d'un seul homme. Ainsi se révélerait totalement fausse la
théorie des Soviétiques, assez bien accueillie par le monde savant, qui
veut que l'épopée gengiskhanide ait été une affaire de grands à laquelle
le peuple n'avait été associé que forcé et contraint, et dont il n'aurait
tiré aucun avantage.

Le mythe connu sous le nom d'Erkene Qon, mentionné par des
sources diverses et raconté dans son entier par Rachid al-Din, n'est
pas celui d'un individu, mais d'un peuple. Selon l'auteur persan, à une
époque très ancienne, quelque deux mille ans avant son temps, dit-il,
les Mongols furent exterminés à l'issue d'un conflit qui les avait mis
aux prises avec leurs voisins. Seuls deux hommes et leurs épouses
avaient échappé au massacre. Réfugiés dans la fertile vallée de
l'Erkene Qon, vallée fermée de tous les côtés par de hautes montagnes
et des forêts impénétrables, ils y avaient fait souche et s'y étaient
multipliés ; ils y avaient vécu longtemps repliés sur eux-mêmes. Quand
ils furent devenus si nombreux que la terre ne put plus les nourrir, ils
comprirent qu'ils devaient la quitter. Ils se mirent en quête d'un
passage, mais ils n'en découvrirent pas. Quelque part dans la mon-

tagne se trouvait une mine de fer. Comme ils pratiquaient un peu la métallurgie, ils se dirent que, s'ils parvenaient à faire fondre suffisamment de minerai, ils pourraient se frayer un chemin. Ils tuèrent soixante-dix chevaux et soixante-dix bœufs pour fabriquer avec leur peau soixante-dix grands soufflets. Ils amassèrent une grande quantité de bois, le mirent en tas, l'enflammèrent, puis, tous ensemble, ils soufflèrent pour attiser les flammes. Après de longs efforts, le métal entra en fusion et il se forma une brèche « juste assez large, dit Abu'l Ghazi Bahadur Khan, pour y faire passer un chameau chargé ». Leur roi, Börte Tchino, « le loup gris » – d'autres disent « le loup bleu » et il s'agit évidemment d'un loup céleste –, se mit à leur tête. Sous sa conduite, ils franchirent le défilé et allèrent s'installer dans les régions de l'Onon, du Kerülen et de la Tola.

Il y a dans cette légende, avec le loup gris ou bleu que nous retrouverons dans un autre mythe, un élément qui peut lui être étranger, un très ancien souvenir historique mongol, celui de la lente progression en direction de la Mongolie septentrionale, et probablement une réminiscence des anciens T'ou-kiue qui exerçaient dans l'Altaï le métier de forgerons pour le compte des Jouan-jouan.

Quelle que soit l'origine de l'humanisation du loup devenu roi des Mongols, il est clair que le thème de l'animal-guide est ici essentiel. Depuis l'Antiquité, les peuples de la steppe, Germains, Iraniens, Turco-Mongols, s'y réfèrent inlassablement. Déjà, on croyait que les Huns avaient traversé le Maéotis sous la conduite d'un daim. Procope racontait la même histoire à propos des Germains, et, plus tard, d'autres le feront de façon plus précise à propos des Goths. A l'époque des Mongols encore, et malgré le triomphe du loup bleu ou gris, d'autres légendes couraient dont certains informateurs recueillirent des échos. C'est ainsi que Ricold de Monte Croce relate qu'un lièvre se fit leur guide jusqu'à un certain château, « situé aux abords de la montagne », sur lequel ils trouvèrent une hulotte qui, en chantant, leur apporta la preuve que la voie était libre. Cette légende et d'autres comparables ne parvinrent pas à s'imposer durablement, tant le culte du loup était devenu ou redevenu essentiel chez les peuples de la steppe aux XIIᵉ et XIIIᵉ siècles. C'est lui seul qui se manifeste tout au long de l'*Oghuz name* (épopée turque qui, sous prétexte d'exalter le héros turc éponyme des Oghuz, démarque l'histoire gengiskhanide) depuis le moment où « à la pointe du jour, dans la tente d'Oghuz Khan, entra une lumière semblable au soleil d'où sortit un loup au pelage bleu et à la crinière bleue [qui lui dit] : Oghuz, je vais marcher devant toi [pour te conduire à la conquête du monde] ».

LE MYTHE DU LOUP BLEU

C'est encore le loup, le même, Börte Tchino, qu'on retrouve dans un secono mythe, mais il est alors associé à un autre animal, et le récit entend prendre l'histoire des Mongols beaucoup plus en amont, à sa source même, c'est-à-dire à la création de ce peuple, alors qu'il ne s'agissait dans le premier mythe que de sa résurgence après une destruction presque totale. Par ailleurs, bien que dépassant encore largement le seul Gengis Khan pour s'étendre à une fraction de mongolophones, il se veut davantage axé sur lui et se réfère nommément à lui. Il est très brièvement rapporté au début de l'*Histoire secrète* :

> « L'origine de Gengis Khan est Börte Tchino [...] né du Ciel qui est en haut, par mandat céleste. L'épouse de celui-ci est Qo'ai Maral. Il vint en traversant la mer. Alors qu'il avait fixé son camp à la source du fleuve Onon, au Burqan Qaldun, naquit Batadji Khan. »

La richesse mythologique de ces quelques lignes est considérable. On y trouve l'évocation discrète, mais facile à déceler, de plusieurs éléments : le couple que forment le ciel et la terre, représentés ici par les couleurs des animaux, l'un bleu, gris ou céruléen *(börte)*, l'autre fauve ou blanchâtre *(qo'ai)* ; l'eau en tant que symbole de l'infini et de l'universel (la mer), de la naissance et de la fécondité (la source qui contient en elle toute la future rivière) ; la montagne, axe de l'univers, lieu de communication entre les zones cosmiques, déjà le Burqan Qaldun, centre du futur Empire mongol, soit parce que ayant été valorisé par Gengis Khan il a été introduit après coup dans le texte, soit plus vraisemblablement parce qu'il l'était avant même les aventures que celui-ci y connut et le culte qu'il lui rendit. On y trouve aussi, et c'est là l'assise du mythe, la présence d'un couple animal constitué par les représentants de deux espèces naturellement opposées, un prédateur et une proie, le loup (Tchino) et la biche (Maral), c'est-à-dire une des plus anciennes images des peuples nomades de l'Asie. L'art animalier des steppes avait été hanté par cette conjonction de deux animaux antagonistes, ou plutôt par ce « combat » qu'ils semblent se livrer, et qu'on a bien du mal à expliquer parce qu'il ne faut pas y voir un « combat », mais une union sexuelle, comme le prouvent, à côté de notre mythe mongol, maints autres mythes en même temps que tout un folklore et toute une littérature.

Le choix du loup comme géniteur n'est évidemment pas arbitraire et ne découle pas seulement de son omniprésence dans les steppes. Il s'est imposé, pour des raisons inconnues, en milieu indo-européen dès avant l'ère chrétienne (ce qui permettrait un rapprochement encore assez hasardeux avec la louve romaine), puis, à nouveau, déjà par tradition, chez les Hiong-nu et chez les T'ou-kiue. L'exceptionnelle réussite de ces peuples a permis à leur mythe d'origine d'être largement diffusé dans les steppes. C'est ainsi qu'il atteignit les Mongols, qui lui donnèrent un nouvel essor. Il ne disparaîtra plus. Nous le retrouverons plus tard, ainsi dans l'épisode d'Er-Töshtük du cycle de Manas où le héros est présenté comme « semblable au loup bleu » et son épouse décrite comme faisant « les mouvements étonnés et hésitants de la femelle du bouquetin », et encore dans les berceuses mongoles étudiées par Roberte Hamayon qui laissent percer le souvenir précis de la fonction d'ancêtre qu'a tenue le fauve.

Le mythe t'ou-kiue, attesté par un relief de l'inscription sogdienne de Bugut, rédigée vers 581, au moment de la naissance du premier empire turc, apparaît dans les Annales chinoises avec quelques variantes, mais peut, pour l'essentiel, se ramener au schéma suivant. Après avoir anéanti les T'ou-kiue, un certain peuple qui vivait dans leur voisinage trouva un enfant âgé de dix ans, le prit, lui coupa les mains et les pieds et le jeta dans un marais. Là, l'enfant fut recueilli par une louve qui le nourrit et l'éleva. Il grandit. Devenu adulte, il s'unit avec elle et la rendit grosse. Comme on voulait tuer la future mère, elle s'enfuit dans une caverne de la montagne et y donna le jour à dix garçons qui furent les ancêtres des T'ou-kiue.

Ce récit, certainement quelque peu défiguré, notamment parce que l'animal ancêtre est une femelle, n'est pas sans présenter une parenté avec celui de l'Erkene Qon et de l'origine de Gengis Khan. Il prouve, si besoin était encore, à quel point le milieu culturel dans lequel va naître et se développer l'Empire mongol est proche de celui des Turcs. On n'insistera jamais trop sur ce point.

ALAN QO'A

Le Batadji Khan né de Börte Tchino et de Qo'ai Maral est à la tête d'une longue généalogie qui prétend rendre compte de l'origine de plusieurs tribus mongoles et aboutit, pour le rameau qui nous intéresse, à deux frères : Duwa Soqor et Dobun Mergen.

Duwa Soqor, le Cyclope, qui, grâce à son seul œil, pouvait voir « à une distance de trois étapes », doit être le résidu d'un autre mythe perdu, car on n'invente pas un monstre pour lui faire tenir un rôle anecdotique. Un jour, tandis qu'il se trouvait sur la montagne sacrée Burqan Qaldun, celle-là même où, jadis, Börte Tchino avait établi son camp, il aperçut au milieu d'une troupe de gens en transhumance « une belle fille assise à l'avant d'une charrette », et dit : « Si elle n'a pas encore été donnée à un homme, nous la demanderons pour toi, mon cadet Dobun Mergen. » « C'était, poursuit le texte, en réalité une très belle fille de grand renom, appelée Alan Qo'a et qui était encore vierge. » Dobun Mergen l'épousa et elle lui donna deux fils.

Après la mort de Dobun Mergen, Alan Qo'a, « tout en étant sans mari », engendra encore trois fils. Ses deux aînés, jaloux de ces naissances ou veillant à l'honneur de leur défunt père, se dirent en cachette :

> « Notre mère, qui n'a ni [beaux]-frères cadets ou aînés ni cousins germains [si elle en avait eus, elle aurait dû, selon la loi, épouser l'un d'eux en secondes noces], et alors qu'elle est sans mari, a mis au monde ces trois fils. Dans la maison, il n'y a qu'un seul homme [...] ces trois fils ne seraient-ils pas de lui ? »

Alan Qo'a, au courant de ces accusations, voulut se justifier et raconta son histoire.

> « Chaque nuit, un homme jaune brillant entrant par l'ouverture supérieure de la tente [le trou à fumée], par l'interstice lumineux du linteau, frottait mon ventre et son éclat lumineux s'enfonçait en lui. Quand il partait, il rampait, tel un chien jaune, dans les rais du soleil et de la lune. A quoi bon vous répondre en paroles ? Pour qui comprend, le signe est évident que [ces trois enfants] doivent être les fils du Ciel [...]. Qu'ils deviennent rois universels, alors le peuple comprendra. »

Plus que celui de Börte Tchino et de Qo'ai Maral, le mythe d'Alan Qo'a fut considéré comme le grand mythe gengiskhanide, bien que, il importe à nouveau de le souligner, il n'intéresse pas seulement Gengis Khan, mais avec lui une masse de tribus, toutes celles auxquelles on donna le nom de Nirun, « enfants de la lumière » : les Bordjigin d'abord, mais aussi les Tayidji'ut, les Barulas, les Derben, les Saldji'ut et quelques autres encore.

L'audience dont il jouit fut immense, et, d'une façon ou d'une autre, tous les informateurs l'évoquent. Les moins bien renseignés, comme l'*Altan Tobtchi*, se contentent de dire qu'Alan Qo'a est née « de manière pure ». D'autres, avec l'Arménien Kiragos, situent mal l'événement dans le temps et, supprimant toute généalogie intermédiaire, affirment que Gengis Khan « n'est pas né de semence humaine, mais d'une lumière venue de l'invisible et entrée par la lucarne dans la maison de sa mère ». L'intervention de la lumière est ce qui retint le plus l'attention, sans doute parce que le message qu'elle transmettait était plus universel ou, si l'on veut, plus spirituel. C'est déjà ce que prouve le nom collectif Nirun donné à tous les descendants d'Alan Qo'a. C'est encore ce que mettront en évidence la plupart des sources non mongoles, les persanes avec Rachid al-Din et Mirkhwand, les arméniennes, les chinoises avec le *Mong Koucho-hi-p'ou*, les timourides et le tardif historien turc Abu'l Ghazi Bahadur Khan. Chez Mirkhwand, on lira que Gengis Khan est l'œuvre d'une « lumière qui, de nuit, entra en Alan Qo'a par la bouche et ressortit par le sexe ».

Souvent, on refusera de croire à la matérialité du fait et préférera que l'événement se soit déroulé en rêve. Rachid al-Din, comme les Chinois, dira que la jeune femme vit en songe « une lumière blanche qui couvrait son corps ». Plus indécis, ou plus prudent, Abu'l Ghazi, tout en demeurant très inspiré par le grand historien iranien, reflète l'opinion que l'on pouvait avoir dans les milieux musulmans du XVIIe siècle où il avait pris soin de mener son enquête.

> « Après le veuvage d'Alan Qo'a, quelques années s'écoulèrent, puis, un matin, au moment où le jour allait poindre, alors qu'elle sommeillait, elle fut réveillée par un rayon de lumière qui pénétra dans la tente par l'ouverture supérieure et vit distinctement un homme au visage blanc et aux yeux bleu foncé sortir de ce rayon de lumière et descendre vers elle... [En vain, elle voulut crier, fuir.] L'homme s'approcha d'elle doucement, se plaça à côté d'elle sur sa couche où il usa des droits d'un époux, puis il partit en sortant par la même ouverture [...]. Il revint cinq à six jours après et continua ainsi de temps à autre à la visiter. Cependant, dès la première nuit, elle portait en elle un gage de cette union. »

Abu'l Ghazi raconte alors comment l'événement étonna, suscita le doute, éveilla la curiosité et poussa les proches de la femme à s'assurer de sa réalité. On posta des guetteurs près de la yourte. Et voilà qu'un jour « celui qui était de garde vit un rayon brillant comme ceux du soleil descendre dans la tente par l'ouverture supérieure. Il réveilla aussitôt ses compagnons. Quelques-uns seulement purent voir ce rayon entrer, mais tous le virent sortir quelque temps après sans pouvoir néanmoins reconnaître en lui une forme humaine ».

Les deux mythes de Börte Tchino et d'Alan Qo'a, quoique de formulation assez différente, ne sont pas sans se faire écho et je serais tenté de voir en eux le résultat de l'éclatement d'un troisième, antérieur à eux et plus complexe. On sait l'audience que rencontra le cycle de la vierge mère et on en trouve encore ici la trace dans l'insistance du texte à parler de la virginité de la femme lors de son mariage avec Dobun Mergen. Pourtant, quand elle reçoit la visite nocturne et va être fécondée, elle n'est non seulement plus vierge, mais déjà vieillissante. Ce simple fait permet de supposer que l'auteur de l'*Histoire secrète* et bien d'autres après lui ne comprennent plus très bien de quoi il s'agit. Le nom Alan Qo'a (Alan la Blanche, la Belle) rappelle en partie celui de Qo'ai Maral. Le loup est devenu un chien jaune, lui-même avatar de l'homme jaune brillant qui entre par le trou à fumée, mais, malgré l'existence d'une mythologie du chien et de mythes d'ascendance canine, notamment chez les Kirghiz, la conscience populaire a refusé la substitution et a vu un loup dans l'animal. C'est ce que prouve, parmi d'autres documents, une miniature timouride du XVe siècle représentant côte à côte les ancêtres de Gengis Khan, Alan Qo'a et, très clairement, un loup.

Alan Qo'a est incontestablement une figure féminine majeure de la mythologie universelle, et, comme telle, elle a donné lieu à de nombreuses études. Par malheur, celles-ci ont été effectuées à une époque où l'on ne connaissait pas encore la religion des peuples altaïques, laquelle permet aujourd'hui de voir que cette figure n'est pas isolée. On lui a donc cherché des prototypes dans les civilisations les plus diverses. On a naturellement proposé en premier lieu la mère du Christ, en se fondant sur la diffusion en Asie centrale du christianisme nestorien. Khwandemir et Mirza Haïdar l'avaient déjà fait : ils avaient au moins l'excuse du manque d'informations, ce qui n'est pas le cas des contemporains qui les ont suivis, à commencer par Vernadsky. Plus intelligemment, on a évoqué la naissance miraculeuse de Zoroastre (Blochet), du Bouddha (Howorth), ou encore d'Alexandre le Grand, ce qui séduisit le grand historien britannique Toynbee et l'incita à voir dans le nom Alan Qo'a une corruption d'Olympias. Même s'il y a eu des interférences, aucune de ces hypothèses ne peut être retenue et la raison veut que nous nous en tenions à une origine purement turco-mongole.

La misère des aïeux

Selon Rachid al-Din, soucieux en bon historien de situer dans le temps les événements qu'il relate, Alan Qo'a aurait vécu vers la fin du IXᵉ siècle de notre ère, soit quelque trois siècles avant la naissance de Gengis Khan. Or celle-ci avait dit : « Que ces enfants deviennent rois universels, alors le peuple comprendra. » Le peuple dut attendre longtemps avant de comprendre. Non seulement les fils d'Alan Qo'a ne devinrent pas des souverains puissants, mais ils menèrent une existence obscure et plutôt misérable.

« Quand elle ne fut plus » – on répugne souvent à évoquer la mort en des termes plus francs –, ils se partagèrent leur héritage, mais, jugeant l'un d'eux, Bodontchar, « sot et stupide », ils ne lui donnèrent pas sa part et refusèrent de le tenir pour un membre de la famille. L'homme monta donc sur un vieux cheval pelé et, se confiant à lui, alla s'installer, solitaire, dans une hutte d'herbages. Pendant un an, il disputa sa pitance aux loups (c'est-à-dire en se comportant en loup), se nourrissant des morceaux de viande dont ils n'avaient pas voulu. Il survécut. Alors un de ses frères, pris de remords, ou mieux instruit à son sujet, vint le chercher. Avec son aide, il parvint peu après à enlever une femme, qui le rendit père. Il n'en fut pour cela ni plus heureux ni plus glorieux et, pendant sept générations successives, rien ne vint illustrer sa descendance. Alors seulement naquit de son sang Qabul, le « fondateur du premier Empire mongol ».

Cette histoire terne relève encore du mythe, mais d'un mythe plus dégradé que les précédents et qui peut rappeler, quoique d'assez loin, celui du garçon aux pieds et aux mains coupés qui aurait fondé l'empire turc en s'unissant à une louve. C'est au moins un thème folklorique familier que celui de l'enfant abandonné, nourri par les fauves et faisant souvent retour chez les siens comme héros civilisateur.

MORT DU PÈRE

Lorsque Yesügeï quitta son petit garçon de neuf ans après l'avoir confié comme « futur gendre » au chef qonggirat Deï-Setchen, il fit route pour retourner chez lui. Or, sur son chemin, au mont Tchektcher, il rencontra un groupe de Tatars qui festoyaient. Les Tatars étaient, on le sait, ses ennemis, et, peu auparavant, il leur faisait encore la guerre. Mais il était fatigué ; il avait faim. Il savait que les nomades ne refusent pas l'hospitalité et que pour eux l'hôte est sacré. Il s'arrêta à leurs feux. On lui servit à manger.

Peu après être reparti, Yesügeï se sentit mal. Il comprit aussitôt ce qui lui arrivait. Les Tatars l'avaient reconnu et, violant la loi la plus sainte, faisant fi de l'honneur, ils avaient cédé à la haine viscérale qui les dressait contre les Mongols. Ils avaient versé du poison dans le breuvage qu'ils lui avaient donné.

Yesügeï souffrait. Il se sentait mourir. On devine l'effort qu'il dut faire pour regagner son camp. Il lui fallut trois jours. Quand il mit pied à terre, il était épuisé. « La maladie est en moi », dit-il.

Il n'était pas permis à n'importe qui d'entrer dans la tente d'un malade, surtout quand il était à toute extrémité. Yesügeï ne voulait pourtant pas mourir seul, sans parler. C'était un jeune père qui avait charge de famille. Il demanda qui, dans le voisinage, pouvait venir le voir. On lui nomma Mönglik, un Qongqotaï, fils d'un vieil homme que l'on appelait affectueusement Tcharaqa Ebügen, le « grand-père Tcharaqa », un chaman qui appartenait presque certainement à une famille dans laquelle – c'était souvent le cas – le chamanisme était héréditaire. Espérait-il de lui la guérison ? Y eut-il une séance pour tenter de ramener l'âme qui quittait le corps ou d'expulser l'esprit étranger qui était entré en lui et le rongeait ? Peut-être, mais nous n'en savons rien.

C'est sur un tout autre plan que se place notre source. On y voit le moribond, tout plein de la pensée de ses jeunes enfants, navré de les abandonner et soucieux de leur avenir, parler à Mönglik comme à quelqu'un qui lui est très proche, avec des mots presque tendres, de ceux qui naissent si aisément sur les lèvres quand elles sont près de se taire à jamais :

« Mönglik, mon enfant, j'ai des fils qui sont petits. Comme je revenais après avoir laissé mon Temüdjin comme [futur] gendre, j'ai été mis à mal par les Tatars. Au-dedans de moi, je suis mal. Charge-toi de prendre soin de tes frères cadets que je laisse derrière moi et de ta belle-sœur veuve. Fais venir mon fils Temüdjin, ô Mönglik, mon enfant ! »

Puis, sur ces mots, il mourut.

Mönglik, comme le lui avait demandé Yesügeï, partit chercher Temüdjin en prétextant auprès de Deï-Setchen que son père ne pouvait s'habituer à être privé de l'enfant qu'il aimait. Prudent, il se garda de parler de ce qui était arrivé. Il eût pu en découler une rupture de fiançailles, ou pire. Deï-Setchen se montra compréhensif – tout ce chapitre se déroule sur le mode noble – et accepta que le futur gendre retournât chez les siens.

A neuf ans, Temüdjin restait seul avec sa mère, trois jeunes frères, une petite sœur et deux demi-frères. Bien qu'il fût fils aîné de chef et protégé par un chaman influent, son existence ne s'annonçait pas facile.

CHAPITRE III

La pitoyable enfance

L'ABANDON

Yesügeï, neveu de Qutula, le dernier khan, devait avoir son camp sur les rives de l'Onon. Au moment de sa mort, il jouissait d'une certaine autorité. Près de lui étaient venues s'installer des tribus qui s'étaient ralliées à lui, ou leurs représentants, dont plusieurs relevant des Tayidji'ut parmi lesquels avait naguère été choisi le khan Ambaqaï. Son assassinat, succédant de quelques années aux désastres qu'avaient causés les Tatars en 1161 et qui avaient entraîné la disparition du khanat, allait provoquer la rupture de ce qui pouvait encore demeurer de la fragile union des peuples mongols. Plus rien ne retenait, souvent loin de leur pays, des gens que seule une allégeance de personne à personne avait mobilisés. De tous, les Tayidji'ut – qui, autant qu'on en puisse juger, tenaient le haut du pavé – étaient sans doute les plus pressés de reprendre leur liberté. Ils ne tardèrent pas à en trouver l'occasion.

Au printemps, les deux *qatun*, « les impératrices » ou peut-être plus simplement « les dames », Orbaï et Soqotaï, veuves du défunt Ambaqaï, entreprirent selon la coutume de célébrer le sacrifice que l'on nommait *qadjara inerü* et que les Chinois glosaient ainsi : « dans la terre brûler de la nourriture et l'offrir », ce qui explique en quoi consistait le rite, mais ne traduit pas l'expression, qui demeure peu claire.

C'était un sacrifice solennel qui prenait place tous les ans « après le premier jour de la deuxième lune ». Alors on donnait ordre à un officier mongol d'emmener avec lui des chamans afin d'invoquer les noms des princes défunts en creusant un trou dans la terre pour y brûler de la viande avec des liqueurs spiritueuses et du lait de jument, puis en organisant une sorte de repas communiel au cours duquel on consommait la partie de nourriture qui n'avait pas été incinérée et qu'on nommait « la part des grands ».

Comme elle était en droit de le faire, d'autant plus que son époux était décédé peu avant et qu'on devait évoquer ses mânes, Hö'elün se rendit au lieu du sacrifice et assista à celui-ci. Mais, comme on en venait à distribuer la viande, on ne lui en donna pas. C'était au moins une injure, peut-être une menace, et en tout cas une manière de lui signifier qu'on ne lui reconnaissait pas son rang, qu'on l'excluait de la classe dirigeante. Elle aurait pu faire semblant de l'ignorer : on ne l'aurait peut-être pas chassée, elle n'aurait pas tout perdu. Mais elle n'aurait pas été la mère de Gengis Khan. Elle eut une réaction immédiate et violente. Aux deux *qatun*, elle cria avec colère : « Vous êtes-vous dit que mon mari est mort et que mes enfants ne sont pas grands ? Vous en êtes venues au point que, sous mes yeux, vous mangez et levez le camp sans m'en informer. » Les dames le prirent de haut. Qui était cette péronnelle, cette jeune veuve qui osait parler ainsi aux épouses de l'ancien khan ? La dispute s'envenima. Les Tayidji'ut avaient fait naître le prétexte de la rupture et comptaient bien l'exploiter. Les deux *qatun*, d'une seule voix, déclarèrent : « Le mieux serait d'agir ainsi : abandonnez ceux-ci, mère et fils dans le campement ! Transhumez ! Ne les emmenez pas ! » Et le lendemain, à l'aube, les Tayidji'ut partirent en suivant le cours de l'Onon.

Quelques fidèles tentèrent d'empêcher la débandade, et notamment Tcharaqa Ebügen, le vieux chaman, le vieil ami de la famille. Les sources situent mal son intervention dans le temps et on ignore si elle survint sur-le-champ, comme le laisse entendre l'*Histoire secrète*, ou un peu plus tard comme le dit Rachid al-Din. Selon la première source, Tcharaqa Ebügen aurait été blessé d'un coup de lance dans le dos, fait inouï si, ainsi que nous le supposons, il était bien chaman. Tandis qu'il gisait, assez mal en point, Temüdjin serait allé vers lui, et le vieillard lui aurait dit : « Comme ton peuple, tout le peuple que ton père avait rassemblé, était parti en transhumance, j'ai voulu retenir ceux-là, et voilà comment j'ai été traité. » L'enfant pleura. Il aimait l'homme et ses larmes coulaient pour lui. Mais elles coulaient aussi sur son propre sort, car il comprenait qu'autour de lui le monde s'effondrait.

Hö'elün-eke, « la mère » Hö'elün, se révéla une maîtresse femme. On l'a vu quand Yesügeï l'a enlevée à son premier mari. Elle a crié, certes, mais n'a pas perdu la tête. Depuis, elle avait mûri et se sentait encore plus sûre d'elle-même. Elle leva le *tugh*, l'étendard du clan à queues de yack ou de cheval, enfonça sur sa tête le *boqtaq*, le haut bonnet en forme de hennin que portent les femmes mariées, et, ceinturant court sa jaquette, monta à cheval. Elle se lança à la poursuite des fugitifs, entraînant avec elle quelques indécis qui demeuraient encore là. De ce qu'il advint, l'*Histoire secrète* ne dit rien. Mais c'est alors que Rachid al-Din place l'action qui provoqua la blessure du chaman.

Selon lui, Hö'elün rejoignit les Tayidji'ut, les harangua en vain, échangea avec eux quelques flèches dont l'une atteignit Tcharaqa Ebügen.

Le plus clair de l'affaire, c'est que Hö'elün se retrouva seule, abandonnée de tous, c'est-à-dire que ses derniers fidèles ne virent plus de raisons valables de continuer à lui accorder leur appui*. Il lui restait ses cinq enfants – qui ne constituaient pas une aide –, la seconde épouse ou la concubine de son mari et les deux fils que celle-ci avait eus de lui, lesquels ne représentaient semble-t-il pas un meilleur soutien : cette femme paraissait démunie sinon de qualités, du moins d'esprit d'initiative et de sens des responsabilités.

LES TEMPS OBSCURS

Nous entrons dans la période la plus obscure de la vie de Gengis Khan, un temps mort, un temps où il semble se passer si peu d'événements qu'un maître comme Pelliot n'a pu le croire aussi long et, quitte à le rendre infiniment trop court, a préféré le réduire de douze ans.

Quoi ? Pendant des années et des années, rien que la solitude ? Plus personne autour de la famille ? Pas un ami ? Pas un serviteur ? Pas un de ceux qui ont suivi Yesügeï, qui l'ont aimé et qui lui doivent peut-être tout ? Le bon sens se refuse à le croire, même quand il ne nourrit plus d'illusions sur l'ingratitude humaine. Et d'ailleurs, imprécis, flous, des souvenirs émergent, des retours en arrière lèvent parfois un coin du voile. Alors ? Le texte, formel, nous ment-il sciemment ? Veut-il à dessein assombrir une enfance et une adolescence pour rendre encore plus éclatant l'âge adulte, qui n'en a pourtant nul besoin ? On pourrait sans doute le soutenir. Nous croyons cependant que la secrète pensée n'est pas de camoufler le fait que la famille gengiskhanide n'a pas toujours été seule, mais de montrer à quel point elle ressentit douloureusement les longues heures où elle le fut, dans un désert si cruel que même les oasis humaines n'ont pas suffi à l'abreuver.

Solitude fondamentale, oui. Solitude physique souvent, et morale plus encore. Mais solitude qui n'empêche pourtant pas les contacts avec les autres hommes. Les enfants et la femme de Yesügeï, personne ne s'en occupe vraiment, certes, et ils doivent pour l'essentiel se débrouiller par eux-mêmes. Mais ce ne sont pas des hors-la-loi ; ils

---

* On remarquera l'absence significative des parents de Temüdjin, notamment des frères de son père, Daritaï et Nekun-taïchi. Il est difficile de penser que leurs rapports avec Yesügeï étaient mauvais, puisqu'ils étaient à ses côtés quand il avait enlevé Hö'elün. Daritaï rejoindra tardivement Gengis Khan, de même que le fils de Nekuntaïchi, Qutchar.

n'ont pas besoin de se cacher ; nul ne songe à leur nuire, à les tuer. Sans doute même les aide-t-on à l'occasion. On devine Mönglik présent, simplement un peu dans l'ombre. Il n'accomplit pas la tâche de bon tuteur que lui avait confiée Yesügeï sur son lit de mort, parce que la vie est difficile et qu'il faut faire effort pour penser aux autres. Il doit se comporter un peu comme un parrain qui voudrait bien s'occuper d'un filleul orphelin, mais qui se montre négligent et ne va pas au-delà du strict minimum. Dans les immenses étendues de la steppe, aux points d'eau, on se rencontrait et on faisait compagnie pendant quelques jours ou quelques mois. Nous dirons plus loin quelle étroite amitié lia Temüdjin au fils d'un chef qui avait son âge. Par ailleurs, si Hö'elün et sa famille étaient pauvres, ils n'étaient pas totalement démunis. Ils possédaient quelques chevaux : huit mâles, que l'on avait châtrés puisqu'il n'était pas question pour deux femmes encombrées d'une famille de faire de l'élevage, et une jument. Ils avaient au moins une servante, que nous verrons vigilante, habile, dévouée.

La vie n'en fut pas moins pénible, au début surtout, lorsque tout vint subitement à manquer, qu'il fallut faire face à tout et que la femme se retrouva seule, les enfants étant encore trop petits pour aider. On errait à la recherche d'une maigre pâture. On n'avait pour se nourrir que les pommes et les cerises sauvages que l'on cueillait, le genièvre, les aulx, les oignons, des sanguisorbes et des tubercules de scirpes.

Pourtant, les aînés grandissaient. On ne tardait pas à devenir de petits hommes dans la Mongolie d'alors. A dix ans, à onze ans, on était parfaitement apte à soigner les montures, et, même si légalement on n'avait pas le droit de chasser, on était capable de le faire. Avec leurs arcs et leurs flèches, ils s'essayaient à attraper des oiseaux. On dit qu'ils avaient fabriqué des hameçons et qu'ils pêchaient. Chez ce peuple presque omnivore mais qui répugne à manger du poisson – sauf s'il est gros au point de donner l'illusion de la viande, dira Guillaume de Rubrouck –, le fait est assez remarquable pour laisser à penser qu'il n'a été noté que pour souligner la pauvreté dans laquelle ils se trouvaient.

Dans ce dur pays où il était déjà si difficile à chacun de survivre dans des conditions normales d'existence, une telle vie ne pouvait que développer à l'extrême des dons naturels, physiques et moraux : la robustesse du corps et celle de l'âme, l'endurance, l'énergie, la ténacité, la ruse. Voilà qui n'explique pas le génie du futur Gengis Khan, mais qui a contribué à le former ou à lui imprimer certains de ses aspects.

LE FRATRICIDE

Il faut cependant croire que nos jeunes chasseurs n'étaient pas encore très habiles et que la faim se faisait souvent pressante. Il est vrai que le meurtre, même celui d'un petit animal, engageait la responsabilité de celui qui avait tué et tissait entre ce dernier et sa proie un lien subtil.

Un jour (vers 1167 ?) que Temüdjin et son frère Djötchi-Qasar avaient tué une alouette, leurs demi-frères la leur ravirent. Un autre jour, à quelque temps de là, comme les premiers avaient pêché un poisson, les seconds le leur dérobèrent à nouveau. C'en était trop. Quand les deux jeunes chasseurs revinrent chez eux, ils se plaignirent à leur mère. Ils estimèrent profondément injuste que celle-ci prît la défense des coupables, ces deux chenapans qui n'étaient même pas ses fils, et ne comprirent pas – ou ne voulurent pas comprendre – qu'elle pensait moins à la justice qu'à la nécessité dans laquelle ils se trouvaient de demeurer étroitement unis : il ne convenait pas de se quereller pour ce qui n'en valait pas la peine, dans une situation où il n'eût même pas fallu le faire pour des motifs graves. Temüdjin et Djötchi-Qasar étaient furieux. Dans leur cœur plein de colère, ils jurèrent de se venger.

Alors que leur demi-frère Bekter était assis sur une butte et surveillait leur petit troupeau – neuf chevaux hongres isabelle, dit le texte, qui reflète le souci du détail exact qu'ont tous les cavaliers quand il s'agit de chevaux* –, ils s'approchèrent de lui en se dissimulant, l'un par-devant, l'autre par-derrière, et sortirent leurs flèches de leur carquois. Bekter devina aussitôt leur intention et comprit qu'il allait mourir. Il ne se troubla pas. Il leur fit remarquer qu'il eût mieux valu tirer vengeance des Tayidji'ut qui les avaient trahis que de lui, et, impassible, il ajouta : « Du moins n'anéantissez pas mon foyer. Ne tuez pas mon frère Belgüteï. » Tranquille, bras croisés, il attendit la mort. Tirant ensemble comme sur une cible, Temüdjin et Djötchi-Qasar le tuèrent. Puis ils s'en retournèrent chez eux. Quand ils arrivèrent à leur yourte, Hö'elün, à la seule vue de leur visage, comprit ce qui s'était passé. Elle entra dans une vive colère :

> « "Comme le chien qui mord son placenta, comme la panthère qui se jette sur un rocher, tel le lion qui ne peut réprimer sa colère, tel le boa [...], tel le tigre [...], tel le chameau mâle en rut [...], tel le loup [...], vous vous êtes épuisés. Alors que nous n'avons pas d'autre *nöker* ** que

---

* Mais qui se trompe puisque, plus haut, il parle de huit mâles et d'une jument : erreur minime, il est vrai.

** « Homme lige », peut-être ici « serviteur » ou « compagnon ».

notre ombre, d'autre fouet que la queue [de notre cheval], quand, ne
pouvant accepter l'insulte des Tayidji'ut [...], nous nous demandons qui
la vengera [...] voilà comment vous agissez les uns envers les autres !"
Et ce disant, reprenant les paroles des anciens, citant les mots des
vieillards, elle parlait durement à ses fils. »

Cependant, il fallait bien pardonner et continuer à vivre. Ce qui est
plus étonnant, c'est que Belgüteï ne tint aucune rigueur à Temüdjin et
à Djötchi-Qasar du meurtre qu'ils avaient commis. Plus que les autres
membres de la famille, il sera proche de Gengis Khan : il sera longtemps son meilleur compagnon et, plus tard, quand il y en aura bien
d'autres, il lui demeurera fidèle et cher. La loi morale et les ressorts
psychologiques de ces hommes de la steppe sont parfois bien éloignés
des nôtres.

TEMÜDJIN CAPTIF

Quand ce drame arriva, Temüdjin devait entrer dans l'adolescence.
Qatchi'un, encore considéré comme inapte à combattre, ne devait pas
avoir plus de douze ou treize ans, et sans doute moins, ce qui donne
à Djötchi-Qasar quatorze ou quinze ans et à leur aîné tout au plus
seize ou dix-sept ans.

Sur ces entrefaites, en été, un des chefs des Tayidji'ut, fils ou petit-
fils d'Ambaqaï Khan, s'en vint à la tête d'une escouade au camp de
Hö'elün, avec ces mots : « Les morveux ont grandi. » Prise de peur, la
famille partit en toute hâte se réfugier dans la forêt. Belgüteï fit une
barricade avec des arbres. On cacha dans des grottes Qatchi'un ainsi
que ses jeunes frère et sœur, Temüge et Temülün. Djötchi-Qasar, qui
se révélerait par la suite un invincible archer, commença à tirer. Les
Tayidji'ut ne tenaient pas tellement à se battre. Ils crièrent qu'ils ne
nourrissaient aucun noir dessein contre la famille et demandaient
seulement qu'on leur livrât Temüdjin. Mais il n'en était pas question.
On le mit en selle et il partit à bride abattue. Les Tayidji'ut l'aperçurent. Ils se jetèrent à sa poursuite. Comme les fourrés étaient épais, le
jeune homme se dissimulait aux regards et ils ne parvenaient pas à le
trouver. Ils établirent un cordon de surveillance pour le prendre quand
il serait obligé de débucher.

Temüdjin avait conscience du danger. Trois jours durant, il demeura
caché, immobile, sans presque rien manger. Puis il se décida à sortir.
Comme il avançait, guidant par la main son cheval, la selle se détacha
et tomba, « alors même que le poitrail et la sangle étaient mis ».
« C'est le Ciel qui doit me retenir », dit-il. Il se renfonça dans les taillis
et y resta encore trois longues journées. Las d'attendre, il se remit en

route, cherchant à se frayer une voie aussi discrète que possible. Il se heurta à un roc qui obstruait la sente. Il ne s'agissait sans doute pas d'un obstacle insurmontable, mais il était superstitieux et il y vit un signe : « N'est-ce pas le Ciel qui me retient ? » se demanda-t-il. A nouveau, il rebroussa chemin.

Il y avait neuf jours qu'il patientait, somnolant parfois, et il devait souffrir cruellement de la faim. Il sentit que ses forces l'abandonnaient. Il fallait en finir. Tentant sa dernière chance, il prit en plein dans les bois, se taillant un passage à travers arbres et buissons. Les branches brisées faisaient du bruit. Les Tayidji'ut furent alertés. Ils ne tardèrent pas à le voir et se saisirent de lui. Ils lui passèrent la cangue, un lourd appareil en bois qui prenait le cou et l'avant-bras, et l'emmenèrent. La vie errante, les multiples déplacements interdisaient à la fois de le mettre en prison et de lui entraver les pieds. On se contentait de surveiller le prisonnier et, comme c'était une tâche fastidieuse, on se relayait à ce poste. Ils le conduisirent chez eux, le promenèrent de camp en camp, de clan en clan, de famille en famille. Chaque soir, c'était un nouvel homme qui en avait la garde, comme si on s'en disputait l'honneur, alors qu'on se déchargeait de la corvée.

Le 16 de la première lune d'été – ce qui, selon la méthode chinoise adoptée par les Mongols de déterminer les saisons en plaçant solstices et équinoxes non à leur début, mais en leur milieu, devait correspondre à une date voisine du 20 mai – était célébrée la fête du « Disque rouge », une des plus solennelles de l'année. Tous réunis sur les rives de l'Onon, les Tayidji'ut festoyaient. Jusqu'au coucher du soleil, ils burent et ils mangèrent. La nuit venue, ils étaient ivres de nourriture, de fatigue et d'alcool. Ils s'étaient habitués à avoir leur captif parmi eux. Leur vigilance diminuait, alors qu'en Temüdjin, comme en tout prisonnier, croissait le désir aigu de recouvrer la liberté.

Il avait ce soir-là, pour le garder, un garçon quelque peu malingre. Il y vit une occasion. Elle était hasardeuse, mais rien ne prouvait que de sitôt il s'en présenterait une autre. D'un geste brusque, il arracha ses entraves. Avec sa cangue, il porta un violent coup sur la tête du jeune homme et s'enfuit aussi vite que possible. Il n'eut pas de peine à gagner les ombrages qui bordaient le fleuve. Certain cependant qu'ils ne lui offriraient pas un abri suffisant, il entra dans un « repli d'eau calme » et se coucha sur le dos, supporté par le bois qui flottait, le visage affleurant la surface.

Le garçon qu'il avait assommé était revenu à lui et criait : « J'ai laissé échapper le prisonnier ! » Ivres, lourds, à moitié endormis, les Tayidji'ut accoururent de tous côtés. La lune brillait, éclairant la nuit autant que l'aurait fait le soleil. Ils fouillèrent la forêt. L'un d'eux, du clan des Süldüs, nommé Sorqan-chira, aperçut le fugitif, mais fit mine de ne pas le voir. Il s'approcha de lui. Passant sans s'arrêter de marcher, il murmura : « Reste couché. Je ne te dénoncerai pas. »

On ne comprenait pas où Temüdjin pouvait être. On voulait élargir le champ des recherches. Sorqan-chira, maintenant qu'il s'était engagé, ne voulait plus faire machine arrière. Il prit la parole et demanda, non sans bon sens : « Où pourrait aller un homme entravé ? » Et il incita ses compagnons à repasser aux mêmes lieux qu'ils avaient déjà explorés, mais en prenant cette fois la peine de scruter chaque cachette éventuelle. Quant à lui, il retourna vers Temüdjin et lui dit : « Quand nous aurons achevé de fouiller, va chercher ta mère et tes frères. Si en chemin quelqu'un te voit, ne dis pas que tu as été aperçu par moi, de manière qu'on ne puisse pas établir que c'est moi qui t'ai vu. » Fatigués, les Tayidji'ut se lassèrent et décidèrent d'aller dormir : ils reprendraient leurs recherches le lendemain. Après tout, un homme entravé ne pouvait aller bien loin...

Temüdjin sortit de l'eau. Il avait froid, était mouillé et portait la cangue : il ne pouvait songer à entreprendre une longue étape. Il se souvint alors qu'au cours de sa captivité il avait trouvé de la bienveillance chez les deux fils de Sorqan-chira. Un jour qu'ils étaient venus le voir, ils avaient relâché ses entraves afin qu'il fût plus à l'aise pour dormir. L'idée lui vint qu'il n'y aurait pas de meilleur refuge que leur demeure. C'était leur faire courir un risque et, s'ils l'accueillaient, rendre bien lourde sa dette à leur égard. Mais comme il ne voyait pas d'autre issue, il se décida. Encore fallait-il retrouver leur yourte. Temüdjin avait observé un trait original de la famille : celle-ci avait coutume de « battre le *qumis* pendant la nuit jusqu'au jour blanchissant ». Le bruit du moussoir le guida donc. Il entra.

Sorqan-chira était bien disposé, et avait en quelque sorte sauvé la vie à Temüdjin. Mais il ne fallait sans doute pas trop lui en demander. Il eut peur : « Que fais-tu là ? Ne t'avais-je pas dit de te rendre chez ta mère ? » Ses deux fils le désapprouvèrent : « Quand un tiercelet poursuit un petit oiseau dans un buisson, le buisson le cache. Comment peux-tu donc parler ainsi à notre hôte ? » Ils enlevèrent la cangue de Temüdjin, la brûlèrent et firent cacher le jeune homme dans une charrette pleine de laine qui se trouvait à côté des chevaux. Et, recommandant à leur jeune sœur de n'en pas souffler mot, ils la chargèrent de veiller sur lui.

Le troisième jour, les Tayidji'ut, qui ne parvenaient toujours pas à découvrir où était caché Temüdjin, se demandèrent s'il n'avait pas trouvé refuge chez l'un d'entre eux. Ils ordonnèrent que l'on fouillât les campements. Quand ils furent chez Sorqan-chira, ils visitèrent les coins et les recoins, puis commencèrent à jeter par terre la laine qui était dans la charrette. Sorqan-chira leur dit : « Comment, par une telle chaleur, pourrait-on demeurer enfermé sous de la laine ? » Ils eurent le tort de se fier à cette évidence. Ils cessèrent de décharger le char et partirent.

Sorqan-chira avait été très effrayé : « Tu as failli nous faire disperser au vent comme de la cendre », dit-il à Temüdjin. « Maintenant, va chez ta mère et tes frères cadets.» Il lui donna une jument blanche brehaigne à la bouche blanche, deux seaux en peau, de la viande d'agneau, un arc, deux flèches, mais ni selle ni briquet*, et il le fit aller. Temüdjin se rendit d'abord à l'endroit où il avait laissé sa famille, là où ils s'étaient barricadés. Elle n'y était plus. Alors il suivit leurs traces dans l'herbe foulée et les rejoignit aux abords de la rivière Kimurqa, un affluent de l'Onon.

VOLEURS DE CHEVAUX

Une fois réunis, ils partirent tous ensemble chercher abri dans une montagne qui faisait contrefort au mont sacré du Burqan Qaldun, et ils y chassèrent des marmottes. Le temps passa.

Un jour, pendant que Belgüteï était à la chasse, une troupe de brigands aperçut la petite manade de la famille – toujours huit chevaux hongres isabelle – et l'enleva. Faute de monture, il fut impossible de se lancer à la poursuite des voleurs. Il fallut attendre le soir et le retour du chasseur. Belgüteï revint à pied. La chasse avait été bonne. Il tenait par le licol son cheval « chargé de marmottes bringueba-lantes ». La bête n'était pas fatiguée. Ils pouvaient l'utiliser et, comme ils étaient bons pisteurs, essayer de retrouver ceux qui avaient eu le temps de prendre une bonne avance. Avoir perdu ses chevaux, c'était presque avoir tout perdu. On se disputa. Chacun des trois aînés se proposait d'agir. Temüdjin se jugea le plus capable et parvint à en convaincre ses frères. Il monta l'alezan et « suivit à la piste les chevaux isabelle par les foulures de l'herbe ». Il alla trois jours. Le quatrième, au matin, il rencontra sur sa route un jeune homme gardant un vaste troupeau de chevaux et s'employant, pour l'heure, à traire une jument. Il se dirigea vers lui et lui demanda quand étaient passés ceux qu'il poursuivait. Le garçon répondit : « Ils sont passés ce matin, avant le lever du soleil. Viens ! Je te guiderai. » Il invita Temüdjin à changer sa monture, qui avait besoin de repos, contre un cheval bai clair au dos noir, puis, sans même aller chez lui, sans prévenir les siens, laissant tout sur place, y compris son seau en peau et son boisseau, il partit avec lui en déclarant : « Ami, tu es venu ici avec de grands soucis. Les soucis d'un homme sont toujours les mêmes. Je lierai amitié avec toi. Mon père se nomme Naqu-bayan et je suis Bo'ortchu, son fils unique. »

---

* Nous aimerions comprendre ce que signifient ces précisions de l'*Histoire secrète*. Il y a là un sens technique, ou plutôt symbolique, mais il nous échappe totalement.

Les deux jeunes gens marchèrent encore trois jours, tenaces, attentifs, ne perdant pas la piste, puis, un soir, au coucher, ils arrivèrent à
un enclos. Ils y virent les chevaux. Temüdjin remercia son compagnon
et dit qu'il allait s'occuper maintenant de reprendre son bien.
Bo'ortchu protesta : « Nous le ferons ensemble. » Alors ils ouvrirent
l'enclos, lancèrent leurs chevaux au galop et les hongres isabelle qui
avaient été volés partirent devant eux.

Cela ne se fit pas sans bruit. Le camp s'agita. Un homme, plus vif
que les autres, sauta en selle et se prépara à lancer le lasso. Temüdjin
lui décocha une flèche, mais le manqua. L'homme se figea, attendant
des renforts. Bo'ortchu et Temüdjin purent continuer leur fuite. Ils
allèrent bon train, trois jours et trois nuits encore. Ils arrivèrent au
camp de Naqu-bayan. « Ami, dit Temüdjin, sans toi je n'aurais pas
repris mes chevaux. Partageons-les. » C'était juste, mais c'était aussi,
pour des gens si pauvres, une folle prodigalité, cette générosité presque
irréfléchie qui restera toujours dans le caractère de Gengis Khan.
L'autre se récria : « Je me dis ton ami. Je ne prendrai rien. Un service
n'en serait pas un si on le faisait payer. »

Le père n'était pas content de l'escapade du fils. Il grondait et
pleurait*. Bo'ortchu lui raconta l'affaire. On tua un agneau. On
mangea et on but. On donna des provisions à Temüdjin. Quand
celui-ci partit, Naqu-bayan lui dit : « Vous êtes deux jeunes gens qui
vous êtes remarqués l'un l'autre ; à l'avenir, ne vous nuisez pas. »
Temüdjin rejoignit les siens, qu'il avait laissés dans l'angoisse.

L'anecdote est célèbre et son souvenir traversa les siècles. On la
trouve encore rapportée avec fidélité par Sagang Setchen. Probablement est-elle un peu stylisée, avec ces séries de trois qui se répètent
comme dans l'aventure précédente, mais son fonds ne peut guère faire
de doute. Elle brosse un tableau assez remarquable de la vie dans la
steppe.

On aura remarqué comment Temüdjin exerçait son ascendant,
comment il faisait d'un seul coup la conquête des cœurs. Il n'aura fallu
qu'une soirée passée auprès de Sorqan-chira pour qu'il touche à la fois
cet homme et ses fils. Il aura suffi de quelques mots échangés avec
Bo'ortchu pour qu'il l'entraîne dans une folle aventure. Et ceux qu'il
aura conquis lui demeureront fidèles pour la vie.

---

* Tout cela souligne bien la jeunesse des deux garçons.

LE MARIAGE AVEC BÖRTE

Temüdjin n'avait pas oublié Börte, la petite fille avec laquelle il avait été fiancé à l'âge de neuf ans. Nous ne dirons pas qu'il l'avait aimée, ou alors d'une de ces amours enfantines qui tiennent dans l'âme la place d'un rêve. S'il pensait à elle, c'est qu'elle était une ancre qui pouvait lui servir à se fixer dans l'océan de la vie, et c'est qu'il savait la force des engagements pris.

Il n'était plus enfant. Il était sans doute homme, et peut-être déjà homme mûr : la date de son mariage est l'une des plus difficiles à déterminer*. Pouvait-il se marier ? Ce n'était plus le fils d'un chef. Mais il avait toujours cette ardeur dans les yeux qui naguère avait plu à Deï-Setchen. Il était pauvre, certes, mais il se sentait fort et avait l'orgueil d'une naissance qui n'était pas humble. Il décida donc de rendre visite à celui dont il avait été le futur gendre et de lui demander s'il aurait à cœur que se réalisât l'alliance qui avait été projetée. Emmenant avec lui son demi-frère Belgüteï, il partit pour le pays des Qonggirat.

Quand Deï-Setchen vit Temüdjin, il en éprouva, dit-on, une grande joie. Il n'avait pas été sans entendre parler du comportement des Tayidji'ut envers lui et avait souvent craint pour sa vie. Pourtant, il n'avait rien fait pour lui. Pourquoi ? C'est le genre d'interrogations qui restent sans réponses. Il n'était pas question de revenir sur la parole donnée. Le mariage aurait lieu. « Il conduisit le jeune homme à sa fille », dit l'*Histoire secrète*. Comme cadeau de noces, il offrit une pelisse de zibeline noire. C'était la plus précieuse des fourrures. Temüdjin saurait en faire usage. Le père de la mariée fit un bout de conduite au jeune couple et la mère les accompagna jusqu'au pays des Bordjigin, à leur camp.

Temüdjin avait maintenant une épouse et, comme tout homme marié, le droit de tenir sa place dans la société. Il s'était fait un ami et il pensait à lui. Il aurait aimé l'avoir à ses côtés. Il envoya Belgüteï chercher Bo'ortchu. Celui-ci, endossant sa chemise de laine bleue, sans hésiter et sans même prévenir son père (c'était chez lui, on le voit, une habitude), rejoignit celui qui le mandait. Tous deux se lièrent d'amitié solennelle.

---

* Sagang Setchen situe le mariage en 1178, donne dix-sept ans à Temüdjin et treize à Börte, mais il n'est pas crédible. Nous pensons pour notre part que l'union dut avoir lieu au plus tard vers 1180-1181.

TOGHRIL LE KEREYIT ET DJELME L'URIANGQAÏ

Le succès qu'avait rencontré auprès de Deï-Setchen sa demande effectuée au nom des jours anciens fortifia Temüdjin dans sa croyance en l'amitié et en la pérennité des engagements, et l'incita à tenter une autre entreprise. Celle-ci n'était pas moins délicate, mais elle avait plus de chances de réussir parce qu'il avait acquis un statut social depuis qu'il était marié et parce qu'il ne se présentait pas les mains vides. Il pouvait offrir la pelisse de zibeline noire, cadeau modeste à l'aune d'un grand chef, mais vrai cadeau tout de même.

Temüdjin n'avait pas oublié – on avait dû tant de fois le lui rappeler ! – que son père avait naguère contribué à rétablir Toghril à la tête du peuple kereyit et qu'il s'était uni à lui par la cérémonie qui rend *anda*, frères de sang. Il emmena avec lui Belgüteï et, pour la première fois, Djötchi-Qasar (parce qu'il était alors devenu homme, ce qui interdit de dater l'événement avant 1172-1173, mais ne précise rien pour une datation postérieure), et rencontra Toghril sur les rives boisées de la rivière Tola. En se présentant à lui, il lui dit tout simplement : « Jadis, tu t'es déclaré *anda* avec mon père. Tu es donc comme mon père. Une épouse étant venue chez moi, je t'apporte comme à mon père le cadeau de mariage. » Toghril fut flatté et ému de cette évocation du passé. Il répondit : « En retour de la pelisse de zibeline, je réunirai ton peuple dispersé. Je rassemblerai les tiens. Cette pensée demeurera dans mes reins, au diaphragme de ma poitrine. »

Orgueil de Toghril, orgueil de Temüdjin, ou loi naturelle de la steppe ? Avec Deï-Setchen et Toghril, voilà successivement deux hommes, dont le second au moins était fort puissant, que l'orphelin n'avait jamais sollicités dans ses heures de misère où il aurait tant eu besoin de leur aide, deux hommes qui jamais auparavant n'avaient paru se souvenir de lui, et dont l'un lui donnait sa fille, et l'autre son appui ! Fallait-il donc qu'il fût devenu un homme pour qu'il prît place dans la pensée des hommes ? Ou était-ce déjà la puissance de sa personnalité qui s'affirmait et qui lui permettait de réaliser ce dont aucun autre n'eût même osé rêver ?

Tout changeait. Ces succès diplomatiques si inattendus n'en constituaient pas les seules preuves. Temüdjin n'avait même plus besoin de solliciter autrui. Les autres venaient à lui. On eût dit qu'un vent léger faisait frissonner la steppe, comme à l'aube, comme à ces minutes où, dans le calme encore, on sent quelque chose qui fait pressentir l'orage. Temüdjin était à peine revenu de son voyage chez les Kereyit qu'un forgeron de la tribu des Uriangqaï arriva dans la région du Burqan Qaldun, où il campait alors, en amenant avec lui son fils Djelme. Il déclara : « Quand vous vous trouviez au Deli'un boldoq de l'Onon, lors de la naissance de Temüdjin, je lui ai donné des langes de zibeline et mon fils Djelme. Mais, me disant qu'il était petit, je l'ai emmené. Je le ramène. Fais-lui mettre ta selle. Fais-lui ouvrir tes portes. » En prononçant ces mots, il le lui offrit. Comme Bo'ortchu, Djelme serait un fidèle du khan.

Enlèvement de Börte

Temüdjin était installé sur un escarpement qui dominait la source du Kerülen. Un matin de bonne heure, à l'aurore, la servante de Hö'elün fut réveillée par un bruit insolite. La terre tremblait. On ne pouvait en douter : ce sourd grondement du sol annonçait l'approche d'un fort parti de cavaliers. La femme cria : « Mère ! Mère ! Lève-toi, vite ! » Hö'elün évalua aussitôt la situation et, sans s'émouvoir plus que de coutume, donna l'ordre à sa servante de réveiller ses fils. L'une et l'autre pensaient que ceux qui arrivaient étaient des Tayidji'ut. C'étaient des Merkit.

Jadis, on s'en souvient, Yesügeï leur avait enlevé par un audacieux coup de force celle qui appartenait à l'un d'eux et dont il allait faire sa femme. C'était un acte qui ne s'oubliait pas. Non que la chose fût rare, mais parce qu'elle était grave. Roberte Hamayon a très bien montré que, dans l'optique des Mongols, être privé de son épouse, de celle qui assure la descendance, c'est, de la même façon que lorsqu'on est privé de son chef, être symboliquement éliminé en tant qu'entité sociale et obligé de se soumettre au vainqueur ou de se faire oublier par la fuite et l'isolement, jusqu'au jour incertain où l'on pourra se venger. Yesügeï était mort. C'était Temüdjin qui paierait pour lui. Il n'y avait rien à dire. En justes représailles, le fils subirait le préjudice que le père avait fait subir. Les Merkit venaient pour enlever Börte. Le péril était pressant. Il fallait faire face. On ne le pouvait, hélas ! qu'en se dérobant, une fois encore, s'il était possible.

> « Hö'elün se leva en hâte. Ses fils, Temüdjin et les autres, se levèrent aussi en hâte et saisirent leurs chevaux. Temüdjin monta un cheval. Hö'elün monta un cheval. Djötchi-Qasar monta un cheval. Qatchi-un monta un cheval. Temüge, le cadet, monta un cheval. Bo'ortchu monta un cheval. Djelme monta un cheval. Hö'elün prit [sa fille] Temülün sur sa poitrine. On prépara un cheval de main. Il manqua un cheval pour Börte. »

Il n'eût pas été possible de prendre un air plus innocent pour avouer, sans le dire, qu'on fit la part des choses. On aurait pu emmener Börte. On la laissa. Puisque c'était à elle qu'on en voulait et qu'il n'y avait sans doute pas moyen de se tirer d'affaire autrement, on la livrait en toute sérénité. La servante qui avait éveillé le camp fit

monter la jeune femme dans une charrette et attela un bœuf, puis
partit avec elle. C'était tout de même faire un effort ou, qui sait, ruser
dans l'espérance de gagner du temps.

Le jour blanchissait. Les Merkit virent la charrette, et l'entourèrent.
C'était à craindre, ou à prévoir. C'était peut-être aussi ce que l'on
espérait. On demanda à la bonne femme qui elle était. Elle répondit :
« J'appartiens à Temüdjin. Je suis venue à la grande tente tondre les
moutons et maintenant je retourne chez moi. » On lui demanda encore
où Temüdjin avait dressé son camp et s'il y était. « Pour ce qui est de
la demeure, elle est près, dit la femme, mais j'ignore si Temüdjin y est
ou non. » Sans méfiance, les Merkit partirent. C'était inattendu. La
servante put se croire sauvée. Et elle forçait le bœuf à avancer vite,
comme si un bovidé pouvait hâter sa marche. Un essieu cassa. Les
Merkit, qui n'avaient trouvé dans le campement que la mère de
Belgüteï – on l'y avait donc aussi laissée ! –, revinrent à la servante et
la questionnèrent de plus près : « Que transportes-tu là ? » Elle dit :
« De la laine. » Le chef de l'escouade donna l'ordre de mettre pied à
terre et de regarder ce qu'il y avait dans le char. On souleva la por-
tière, et l'on vit à l'intérieur la jeune femme assise. On la fit descendre
et on l'emmena en même temps que la mère de Belgüteï, en les portant
en croupe.

L'histoire ici se tait. Elle sera bien obligée de parler plus tard. On
comprend son silence : ce ne sont pas là des faits sur lesquels on aime
à s'arrêter quand on écrit la biographie d'un grand homme. Nul, au
reste, ne pouvait l'ignorer : on ne capturait pas les femmes jeunes et
belles pour en tirer rançon ou pour la gloire. Tout comme dame
Hö'elün avait été destinée à la couche de Yesügeï, Börte l'était à celle
d'un Merkit. Mais cette dernière était l'épouse de celui qui allait se
nommer Gengis Khan. Aussi l'affaire ne pouvait-elle avoir la même
fin.

SUR LE BURQAN QALDUN

Temüdjin et les siens fuirent en direction du Burqan Qaldun. Grâce
au temps que les Merkit avaient perdu à le chercher et à s'emparer de
Börte, ils avaient pris quelque avance. Ils purent donc se réfugier sur
cette haute montagne, sur ce mont sacré où, à l'aube des temps, Börte
Tchino et Qo'ai Maral s'étaient unis. Prudents, voulant éviter que la
vendetta ne se perpétuât, les Merkit avaient bien l'intention de se saisir
du mari et de le mettre à mort. Il y avait parmi eux des hommes de
renom, Dayir-usun, Qa'atai-Darmala et surtout Toqto'a, que nous
retrouverons. C'était plus qu'il n'en fallait pour s'acharner à la tâche.
Pourtant, soit que la montagne fût aussi sacrée pour eux, soit qu'elle

présentât trop de difficultés d'accès, ils n'osaient pas s'y aventurer. Ils tournèrent autour d'elle, « tantôt dans un sens, tantôt dans l'autre ». Finalement, ils se lassèrent. Ils se dirent : « Nous avons pris leurs femmes et nous sommes vengés. C'est assez. »

Temüdjin se doutait que les Merkit avaient levé le camp, mais il n'en était pas sûr. Pour se renseigner, il envoya en éclaireur Belgüteï, Bo'ortchu et Djelme. Tous trois, ils suivirent les ravisseurs pendant plusieurs jours, voulant acquérir la certitude qu'ils ne feraient pas demi-tour, ou espérant quelque hasard qui leur donnerait l'occasion de délivrer les femmes. Comme ils ne revenaient pas, Temüdjin descendit de la montagne. Parvenu aux pieds de celle-ci et voyant l'horizon libre, il commença à chanter les louanges de la servante qui l'avait protégé en permettant sa fuite : « Devenue belette, elle a entendu comme une belette. Devenue martre, elle a vu comme une martre... » Puis il poursuivit :

> « "Quant à moi, échappant avec un cheval entravé au moyen de la longe, cheminant par des sentiers de cerfs, faisant une demeure en minces branches d'orme, je suis monté sur le Burqan Qaldun. Par le Burqan Qaldun, j'ai pu sauver ma vie qui ne valait guère plus qu'un pou. Prenant en pitié ma tout unique vie, avec un seul cheval, en cheminant par le sentier des élans [...] je suis monté sur le Burqan Qaldun. Par le Burqan Qaldun, ma vie qui n'était pas autant qu'une sauterelle a été protégée. Chaque matin, je sacrifierai au Burqan Qaldun. Chaque nuit je l'invoquerai [...]. Que les fils de mes fils comprennent." Ce disant, tourné vers le soleil, il accrocha sa ceinture à son cou, il suspendit son bonnet à sa main et, frappant sa poitrine et se prosternant neuf fois dans la direction du soleil, il fit des libations et des prières. »

On sent, dans ce beau passage de l'*Histoire secrète*, l'émotion profonde de l'écrivain et l'on ne peut douter qu'elle ne traduise celle de Temüdjin. L'heure est d'ailleurs solennelle. Si, de tout temps, Turcs et Mongols ont voué un culte à la montagne, s'ils ont choisi tel ou tel sommet impressionnant pour en faire un dieu qui les protège, si le Burqan Qaldun était situé en un lieu tel qu'il semblait destiné à figurer au cœur de ce qui serait l'Empire, s'il était déjà revêtu – de par sa position ou par suite de quelque hiérophanie qui s'y était produite – des caractères de la sacralité, l'hymne et le sacrifice de Temüdjin ne pouvaient que renforcer ceux-ci et leur donner la valeur que, sans eux, ils n'auraient sans doute jamais eue.

Il n'empêche, la dévotion de Temüdjin est ambiguë. Il dit bien qu'il sacrifie au Burqan Qaldun, qu'il l'invoque et l'invoquera toujours, et laisse entendre que ses descendants devront le faire comme lui. Mais il prie tourné vers le soleil, qui est aussi une divinité primordiale : soit parce qu'il l'associe au mont, soit parce qu'il le prend comme une manifestation essentielle de Tengri*. Rien n'interdit d'envisager que c'est à lui que s'adressent les libations, les prières et les prosternations, répétées neuf fois comme il se doit – le chiffre neuf étant sacré, notamment pour tout ce qui est don, tribut, offrande ou cadeau. Dénouer sa ceinture, l'accrocher à son cou et retirer son bonnet de sa tête sont les actes rituels qu'on accomplit pour aliéner sa liberté, pour se reconnaître vassal d'une divinité – en premier lieu de Tengri – ou d'un chef auquel on se rend après la lutte, afin de lui faire entendre qu'il peut disposer de votre vie et qu'on n'attend le salut de rien d'autre que de sa clémence. Réciproquement, se coiffer et se ceinturer, c'est affirmer sa liberté, se débarrasser des liens de sujétion. Lorsque Hö'elün se trouva exclue du camp, on l'a vue enfoncer son *boqtaq* sur sa tête et ceinturer court sa jaquette, avant que de lever l'étendard du commandement.

LES DEUX *ANDA*

Temüdjin n'entendait pas en rester là. Il avait reçu des promesses de Toghril le Kereyit, l'*anda* de son père : « Je te rendrai ton peuple ! » Il jugea le moment venu de les lui rappeler.

Accompagné de Djötchi-Qasar et de Belgüteï, il se rendit chez le puissant prince et lui exposa comment les trois chefs des Merkit étaient venus à l'improviste piller son camp et enlever sa femme. Il fut bien accueilli. Toghril lui déclara en substance : Je tiendrai ma promesse ; faudrait-il détruire tous les Merkit que je sauverai et te rendrai ta Börte. Et il ajouta : « Envoie prendre langue avec Djamuqa. Je formerai l'aile droite avec 20 000 hommes. Il formera l'aile gauche. Qu'il fixe le lieu de la réunion. J'y serai. »

Djamuqa, un Mongol du clan des Djadjirat, était un vieil ami de Temüdjin. Plus que cela, il était son *anda*, comme Toghril avait été celui de son père. Quand les deux jeunes gens s'étaient-ils connus ? Quand s'étaient-ils liés ? Combien de temps avaient-ils passé ensemble ? Les sources n'en disent rien, mais comme elles insistent avec force sur leur fraternité de sang et décrivent la façon dont, à deux reprises, ils l'établirent et la renouvelèrent, nous ne pouvons pas douter qu'ils avaient vécu, au moins momentanément, dans une grande proximité. Même si leurs relations avaient été courtes, elles avaient été intenses, et, comme nous l'avons dit, elles prouvent que la solitude de Temüdjin pendant son adolescence ne fut pas absolue.

---

* L'Arménien Hethum saura que des Mongols adressent leurs prières au « Dieu immortel », « neuf fois tournés vers le soleil ».

Temüdjin était encore enfant, âgé de onze ans suivant l'*Histoire secrète* – ce qui, selon la chronologie que nous adoptons, situerait le fait en 1165 ou 1166 –, quand, pour la première fois, il s'était déclaré *anda* avec Djamuqa en lui donnant un osselet de cuivre et en recevant de lui un osselet de chevreuil. Ensuite, tous deux avaient joué ensemble sur la glace.

Le serment était solennel, même s'il n'avait pas été effectué de la façon la plus classique et s'il avait eu lieu entre enfants. Il demandait seulement à être confirmé à des stades ultérieurs de la vie. Il le fut au printemps, dit le texte, sans nous préciser s'il s'agit de la même année ou d'une année suivante, mais en tout cas avant la puberté puisque les deux protagonistes n'usent encore que de « petits arcs », ce que ne feraient pas des adultes. Donc, tandis qu'ils chassaient ensemble avec de petits arcs de bois, ils avaient échangé des flèches, Djamuqa offrant « une flèche sonore faite de deux cornes trouées d'un jeune taureau », et Temüdjin « une flèche qui se terminait par un bouton de genévrier, puis, pour la seconde fois, ils s'étaient déclarés *anda* ».

Il a été démontré que, si la fraternité jurée était le plus souvent réalisée par un échange de sang, il arrivait qu'elle le fût par un échange de cadeaux. Ce seront encore des objets, et non du sang, que Temüdjin et Djamuqa échangeront quand, devenus hommes, ils renouvelleront à nouveau leur serment de fraternité. Le fait semble donc établi, mais on n'a pas encore pu dire pourquoi des cadeaux pouvaient remplacer le sang. Au moins la chose est-elle facile à comprendre avec des enfants inaptes à manipuler le sang. Du reste, en ces deux circonstances, il s'agit d'objets très significatifs : des osselets et des flèches.

Nous avons déjà rencontré les osselets à la naissance de Gengis Khan et ce ne doit pas être un hasard si nous les retrouvons ici où, une nouvelle fois, ils représentent l'essence de l'être. Quant aux flèches, objets divinatoires comme les osselets, elles sont elles aussi étroitement liées à l'individu : elles portent sa marque, des signes distinctifs qui permettent de reconnaître, après un meurtre à la chasse ou à la guerre, celui qui les a lancées. On dit alors qu'elles sont « lues » (« lire », en turc, se dit *oq*, mot qui signifie aussi « flèche »).

Préparatifs

Temüdjin suivit le conseil de Toghril et envoya à Djamuqa ses deux messagers habituels, Belgüteï et Djötchi-Qasar, pour le mettre au courant de la situation et lui demander de participer à l'action envisagée contre les Merkit. En bon frère de sang, celui-ci s'engagea à s'allier à Toghril, jurant de délivrer Börte et de venger l'honneur de son *anda*.

Djamuqa était un homme violent, méprisant, injurieux, enclin aux rodomontades et pour qui les paroles comptaient peut-être plus que les actes. Il n'eut pas de mots assez durs pour les trois chefs merkit qui avaient effectué le rapt :

> « Ce Toqto'a qui prend peur quand on tape sur un chaudron, car il croit entendre le bruit d'un tambour ! Ce Dayir-usun qui abandonne ses alliés quand on touche un carquois ! Ce Qa'atai-Darmala qui, lorsque des pieds de soude [déracinés] sont apportés par le vent, gagne au plus vite la forêt noire [pour s'y cacher] ! De ce Toqto'a, nous ferons écrouler la charpente de sa tente, nous détruirons jusqu'au dernier ses femmes et ses fils, nous anéantirons tout son peuple. »

Et, s'adressant aux deux messagers, il leur dit encore :

> « J'ai sacrifié à mon *tugh* [comme on doit le faire quand on part en campagne], j'ai frappé mon tambour sonore. J'ai monté mon cheval noir rapide. J'ai revêtu mon armure courtepointée de cuir, j'ai pris en main mon sabre, je me suis saisi de ma lance. »

Et il fixa le lieu de rassemblement à Botoqan-bo'ordji, à la source de l'Onon.

Tout était prêt pour la guerre. Pour la première fois, Temüdjin allait prendre part à une bataille, et elle aurait lieu pour lui.

CHAPITRE IV

Les premières luttes

L'opération projetée par Toghril et Djamuqa pour aider Temüdjin à reconquérir son épouse était d'importance. Il ne s'agissait pas d'une simple escarmouche ni même peut-être de ce que l'on pourrait appeler une guerre tribale, mais de la véritable campagne d'un peuple, les Kereyit, contre un autre, les Merkit, entreprise destinée à venger l'honneur d'un troisième, les Mongols, ce pour quoi il fallait impérativement que ces derniers fussent représentés par d'autres que par la seule famille déliquescente de Temüdjin, en l'occurrence par les Djadjirat de Djamuqa. L'*Histoire secrète* insiste sur la minutie des préparatifs, sur les cérémonies qui précédèrent le départ au combat, donne maints détails de topographie et souligne l'importance des forces mises en œuvre par les alliés : elles s'élèvent, dit-elle, à quatre *tümen*, ce qui correspondrait à 40 000 hommes si, à cette époque et en cette occasion, chaque *tümen* était bien constitué par dix régiments de 1 000 hommes comme il est de règle.

La guerre merkit

Djamuqa, sans doute en tant que représentant du parti offensé, avait fixé le lieu et la date du rendez-vous. Tous les avaient acceptés. Mais Toghril et Temüdjin étant – pour des raisons inconnues – arrivés trois jours en retard, il était furieux. On échangea des mots, mais les retardataires finirent par présenter leurs excuses.

On partit. On traversa le Kilqo sur des radeaux. On pensait surprendre Toqto'a, mais des hommes à lui, chasseurs et pêcheurs qui se trouvaient sur la rivière qu'on venait de franchir, le prévinrent de l'arrivée de ses ennemis. Il n'était pas prêt à combattre, ignorant peut-être qu'on allait l'attaquer. Il n'était pas en position de se défendre. Il quitta en hâte son camp avec une faible escorte pour aller rejoindre Dayir-usun, puis, en sa compagnie, il continua son mouvement de repli en suivant le cours de la Selenga. Comme Djamuqa l'avait dit, les coalisés firent écrouler sa tente, brûlèrent son sanctuaire familial, pillèrent son peuple et « jusqu'au dernier ses femmes et ses fils ». Puis, de nuit, ils se lancèrent à la poursuite des fugitifs en ravageant tout le pays merkit.

Dans le campement affolé, Temüdjin arriva en criant : « Börte ! Börte ! » Quelques guerriers essayèrent d'emmener la jeune femme. En entendant la voix de son mari, celle-ci sauta de la charrette et courut vers lui. « Ils tombèrent dans les bras l'un de l'autre » et, ajoute le texte sans préciser si ce fut dans le ciel ou dans leur cœur, « il y eut clair de lune ». On cessa la poursuite pour dormir.

Telle est du moins la version assez lyrique de l'*Histoire secrète*. Elle n'est pas invraisemblable et le froid historien n'a peut-être pas ici l'exacte vision du chroniqueur : Rachid al-Din préfère raconter que Börte fut rendue à son mari à la suite d'une négociation menée par Toghril en personne.

Quelque neuf mois s'étaient écoulés depuis qu'elle avait été enlevée, neuf mois pendant lesquels elle avait partagé la couche de Tchilger-bökö. On ne sut jamais précisément si l'enfant qu'elle mit au monde quelques jours plus tard, son premier-né, que l'on appela Djötchi, « l'Hôte » – ce nom était du reste courant et sans nuance péjorative, et c'était l'un de ceux que portait le frère de Gengis Khan –, était le fils de Temüdjin ou celui du Merkit. Gengis Khan ne semble avoir conçu aucun doute sur sa paternité, ou du moins n'en laissa-t-il rien paraître. Il était pourtant jaloux et en donnera témoignage. Mais l'amour surpassait la jalousie, ou plutôt la vue perçante portait au-delà de l'événement singulier, aussi déplaisant, odieux et peut-être lourd de menaces pût-il être. Börte, toute souillée qu'elle fût, n'était pas coupable, et elle était sa femme. Cela seul comptait, puisqu'il l'avait reprise. Il était trop grand pour s'arrêter à ce qui n'eût été qu'une mesquinerie. On ne se montra toutefois pas aussi large que lui dans son entourage. Il y eut des sceptiques, des railleurs. Les doutes sur la légitimité de l'enfant, tout étouffés qu'ils fussent par l'autorité du père, cheminèrent sournoisement. Rien n'empêcha les racontars, qui trouvèrent crédit jusque dans la famille impériale. Ils surgiront au grand jour, impétueux comme une rivière qui fait résurgence, dans la bouche même d'un des frères de Djötchi. Ils empoisonneront, croit-on, sa vie et pèseront ultérieurement lourd dans l'histoire.

Tchilger-bökö, à qui on avait donné Börte, se lamentait : « Le feu du désir qui me dévorait a attiré le malheur sur les Merkit. Pour eux, j'ai été un fléau. » Désespéré, il s'enfuit, bien décidé à ne pas accepter de devenir prisonnier des vainqueurs. L'*Histoire secrète* dit : « Il entra en dissidence. »

On fit prisonnier Qa'ataï-Darmala. On lui mit le carcan et on le fit partir en direction du Burqan Qaldun. Dans l'espoir d'adoucir son sort, il révéla où se trouvait la mère de Belgüteï, qui, comme Börte, avait été capturée par les Merkit. On alla à sa recherche. On la trouva. Son fils se précipita vers elle. Mais, elle, vêtue d'un manteau de mouton en lambeaux, sortit en hâte avec ces mots : « J'ai été unie à un mauvais homme. Comment pourrais-je regarder le visage de mon fils ? » Elle disparut dans la forêt et on ne la revit plus. Belgüteï, furieux, fit mettre à mort les 300 Merkit qui étaient venus jadis les attaquer. Quant à leurs femmes et à leurs filles, « il prit sur sa poitrine celles qui étaient propres à être prises sur la poitrine et il fit franchir la porte à celles qui étaient propres à franchir la porte » : autrement dit, il usa des plus jeunes et des plus belles comme concubines, et des autres comme esclaves.

On trouva dans le camp un enfant de cinq ans nommé Kütchü. Ce n'était pas un petit garçon banal : ses yeux contenaient du feu et ses vêtements, constitués de dépouilles de divers animaux, en faisaient un véritable mât totémique vivant. On le donna comme *sauga* (traduisons provisoirement par « cadeau ») à Hö'elün, qui l'adopta. Puis chacun s'en alla chez soi. Toghril partit en direction de la Tola – sans doute pour y perdre bientôt son trône –, Temüdjin et Djamuqa ensemble en direction du Qoronaq-djubur.

LES ENFANTS DE GENGIS KHAN

Après Djötchi, Börte donna encore à Temüdjin trois fils – Ögödeï, Djaghataï et Tului – et des filles. Eux seuls furent les enfants légitimes. Les bâtards, les enfants des concubines, ne comptaient pas.

Il est extrêmement difficile de préciser la date de naissance des princes impériaux. Trois indications concordantes permettent pourtant de fixer celle du dernier-né, Tului. Celui-ci mourut en 1232, âgé selon l'avis général de trente-neuf à quarante ans, et il avait cinq ans quand il faillit être assassiné par les Tatars, en 1198 : ces deux faits situent sa naissance en 1193. Cette année-là, Börte, qui avait un an de plus que Gengis Khan et était donc née en 1154, atteignait ses quarante ans, âge possible de la ménopause. Si toutefois elle resta féconde pendant quelques années encore, elle put mettre au monde une fille (Gengis Khan en eut plusieurs dont nous ignorons à peu près tout) ou des garçons qui ne vécurent pas. Il y a cependant deux objections qui ont incité certains mongolistes à faire naître Tului en 1190 au plus tard. La première est que, Ögödeï étant comme nous allons le voir né en 1186, Börte n'aurait pas eu de fils pendant sept ans (sauf si elle les avait perdus petits). La seconde, que Tului aurait lui-même été père pour la première fois à l'âge de seize ans, Mongka étant né en 1208. Or c'est tôt, mais non impossible*.

On peut estimer vraisemblable qu'Ögödeï soit né en 1186, puisqu'il avait cinquante-cinq ans quand il mourut en 1241. Il avait été blessé au combat en 1203, soit à dix-sept ans, et avait été père de Güyük en 1206, à dix-neuf ans, puisque ce dernier mourut en 1248, âgé de quarante-trois ans. Djaghataï n'a donc pas pu naître après 1184, et Djötchi après 1182, et peut-être naquirent-ils bien avant.

LES *ANDA* SE SÉPARENT

Arrivés au Qorqonaq-djubur, probablement à l'endroit même où jadis Qutula avait été élu khan puisqu'on parle ici d'un arbre « touffu » alors qu'on parlait là d'un arbre « feuillu », Temüdjin et Djamuqa décidèrent de renouveler leur union d'*anda*. Ce devait être au début de l'hiver.

> « Temüdjin prit la ceinture d'or qu'il avait enlevée à Toqto'a et la fit ceindre à Djamuqa ; il lui fit monter la jument baie, stérile depuis plusieurs années. Djamuqa prit la ceinture d'or qu'il avait enlevée à Dayir-usun et la fit ceindre à Temüdjin et il le fit monter sur le cheval blanc [...] également de Dayir-usun. »

Ils se réjouirent avec des festins et « ils pernoctèrent ensemble sans autre compagnon que leur couverture ». Au même lieu, mais sans doute un peu plus tard, le Djalaïr Muqali rappellerait l'intronisation du dernier khan, la joie qu'elle avait occasionnée, et annoncerait que bientôt le Ciel en susciterait un autre.

Djamuqa et Temüdjin étaient hommes maintenant, et l'union fraternelle qu'ils établissaient entre eux pour la troisième fois les engageait pour la vie, si tant est que les précédentes ne l'aient fait que pour l'enfance et l'adolescence. Comme auparavant toutefois, ils ne se tailladèrent pas pour se faire saigner, mais échangèrent des cadeaux. L'anecdote présente d'ailleurs plus d'une obscurité. Si l'on comprend encore le don réciproque des ceintures, celui des chevaux échappe d'autant plus à notre entendement que le texte parle d'une jument stérile, ce qui ne semble pas de bon augure. Tous les mongolistes ont avoué ne savoir que penser de ces nuits passées ensemble sous une couverture, sauf à y voir une très improbable allusion à quelque pratique, rituelle ou non, d'homosexualité.

Le renouvellement de l'union fraternelle des deux hommes s'impo-

---

* Des inscriptions très antérieures de la même région disent : « Ô mon épouse prise à l'âge de quinze ans » (âge de l'épouse ou du mari ?).

sait. Vainqueurs ensemble, ils étaient conjointement les hérauts du peuple mongol ; leur autorité sur les tribus était incontestable et sans doute incontestée ; mais elle était toute nouvelle et évidemment précaire. Ils devaient affirmer qu'ils s'entendaient pour partager le pouvoir, et s'entendre effectivement pour le conserver. Or cette dualité était impossible. Le duumvirat a rarement bien tourné dans l'histoire, et il avait encore moins de chances de réussir chez des peuples de la steppe à qui le partage des responsabilités était inconcevable. Pourtant, les deux hommes s'aimèrent et restèrent ensemble pendant dix-huit mois. Puis, soudain, ils se séparèrent le jour de la fête du Disque rouge, qu'on célébrait, comme nous l'avons dit, le 16 du mois de mai.

C'était pendant qu'ils transhumaient. Djamuqa, tout à coup, sans raison apparente, proposa une halte. Il ne s'expliqua pas. Temüdjin, qui aimait y voir clair, en conçut un soupçon. Sans faire dresser le camp, il attendit que le rejoignissent les femmes qui venaient en arrière, sans doute sur les chars à bœufs plus lents que les chevaux. Il voulait consulter sa mère. Ce fut Börte qui prit la parole. Énergique comme Hö'elün, sage, avisée, elle commençait à exercer cet ascendant qui avait jusque-là si bien caractérisé sa belle-mère. Elle développa l'idée que Djamuqa était versatile, homme à se lasser de tout, qu'il n'était pas impossible qu'il en eût assez de ce compagnonnage et qu'il nourrît quelque noir dessein. « Le mieux, dit-elle, serait que nous profitions de cette circonstance pour nous séparer franchement et que nous mettions entre lui et nous une grande distance, fût-il nécessaire de marcher nuitamment. » On écouta son conseil.

Telle est la version officielle. On n'est pas obligé de la suivre et il ne manque pas de raisons pour penser que l'initiative de la rupture entre les deux hommes vint de Temüdjin. Djamuqa n'était certainement ni une personnalité de premier ordre ni un individu susceptible de poursuivre longtemps un grand projet. Son *anda* pouvait l'aimer : il ne devait pas s'abstenir de le juger. Il était trop intelligent pour ne pas comprendre qu'il n'irait pas loin en continuant avec lui. Déjà, il ne pouvait manquer de se nouer autour d'eux des intrigues. La victoire contre les Merkit leur avait rallié nombre de gens, de clans, voire de tribus entières, qui avaient nécessairement leurs préférences, soit affectives, soit d'intérêt, et pour qui il était tentant de jouer l'un des chefs contre l'autre. Ils voyaient qu'un astre se levait et, sans pouvoir en mesurer la magnitude, ils allaient vers lui comme on va de la nuit vers une lumière qui perce l'obscurité. Les plus clairvoyants, ceux que n'aveuglait pas la passion, ceux que ne retenaient pas, dans ce qui eût pu être une inclination naturelle, des alliances matrimoniales ou fraternelles, se rendaient bien compte que Temüdjin pesait plus lourd que Djamuqa. Ils sentaient qu'il voyait grand, qu'il avait le sens de l'universel, que son regard n'était pas arrêté par ces barrières que dressent les familles, les origines tribales ou les rangs sociaux, qu'il les franchissait hardiment pour atteindre l'horizon, un horizon de la steppe que rien ne limitait, qui s'étendrait toujours davantage au fur et à mesure que Temüdjin avancerait. Si quelqu'un devait faire l'unité de la Mongolie, restaurer l'Empire, ce serait lui. Djamuqa en était incapable.

Ils furent nombreux cependant qui rallièrent Djamuqa. Dans les semaines qui suivirent la rupture, on vit s'établir un clivage. Les Tayidji'ut, ceux qui avaient naguère porté les armes contre la malheureuse famille de Yesügeï et enlevé son fils, n'eurent pas de peine à choisir leur camp : ils ne devaient pas se sentir à l'aise en présence de Temüdjin. Ils prirent peur et « se dirigèrent en désordre du côté de Djamuqa ». Il y eut certainement bataille. On ne sait ni comment ni pourquoi « un de leurs clans fut pillé » – et probablement presque anéanti, puisque, pour la deuxième fois, un petit garçon, Kökötchü, fut capturé et donné en cadeau *(sauga)* à Hö'elün. Comme Kütchü, elle l'éleva « comme s'il avait été son fils ».

Parmi ceux qui prirent le parti de Temüdjin, il y eut des Djalaïr, des Tarqut, des Barulas, des Mengqüt, des Uriangqaï, des Besüt, des Süldüs, des Dörben, des Ba'arin, et bien d'autres encore ; non pas sans doute des clans entiers, mais plutôt des individus qui optèrent pour lui à titre personnel. Parmi eux se trouvait Süböteï, frère de Djelme, de la tribu Uriangqaï, un des futurs commandants en chef de Gengis Khan et l'un des plus grands hommes de guerre de l'histoire.

Qortchi, des Ba'arin, déclara en arrivant :

> « Avec Djamuqa, nous sommes nés du même ventre, mais d'une semence différente. Nous ne voulions pas le quitter, mais un signe céleste est venu que nous avons vu de nos yeux [...]. Nous nous sommes dits que le Ciel et la Terre en étant d'accord, Temüdjin serait le maître du peuple [...]. Les signes célestes [qui sont concrétisés par l'action déconcertante et encore fort obscure à nos yeux d'une vache et d'un bœuf] nous ont avertis. Temüdjin, si tu deviens le maître, quelle récompense me donneras-tu pour l'avoir prédit ? »

Temüdjin lui promit que, s'il disait vrai, il lui donnerait à commander un *tümen*. Un *tümen* ? Qortchi se montra dédaigneux :

> « Qu'est-ce donc que commander un *tümen* ? Ce que je souhaite, c'est que tu me laisses choisir trente filles belles et bonnes, et, de plus, que tu écoutes favorablement mes conseils. »

Temüdjin comprit et promit. Qortchi voyait grand, ce qui ne pouvait lui déplaire. Commander 10 000 hommes, c'était beaucoup. Avoir l'oreille du chef, c'était plus, mais cela impliquait qu'il eût plus d'une armée à diriger. Quant à posséder trente belles filles, c'était là un idéal tout naturel, celui que chacun partageait, celui qui serait un des mobiles de tous et auquel Gengis Khan lui-même n'échapperait pas.

D'autres vinrent encore, dont beaucoup n'étaient pas de minces personnages. Il y eut ainsi deux princes chamans, Setche-beki des

Djürkin, arrière-petit-fils de Qabul Khan, Qutchar-beki, l'un de ses cousins germains*, Daritaï, son oncle paternel, et Altan, fils cadet du dernier khan Qutula à qui l'on donnait le titre d'*otchigin*, le « prince du feu » (du turc *ot*, « feu », et *tegin*, « prince »), parce que en tant que puîné il était chargé de garder la maison paternelle et d'entretenir son foyer. C'était, avec eux, la haute noblesse qui passait à Temüdjin. Les Soviétiques en ont conclu qu'il représentait le parti aristocratique, tandis que Djamuqa aurait incarné celui du peuple, et ils ont imaginé dans la Mongolie du XIIᵉ siècle une véritable lutte des classes. Mais cela ne résiste pas à l'examen, et est manifestement inspiré par l'idéologie communiste alors en vigueur. Ce qui est vrai, c'est que les Mongols souhaitaient la restauration monarchique et que celle-ci passait, en partie au moins, par les parents des anciens souverains et par les chefferies. Quant à Temüdjin, qui ne s'était encore illustré en rien, ce n'était pas à ses succès qu'il devait la faveur dont on l'entourait, mais à son ascendant naturel et à sa parenté avec les anciens monarques.

L'ÉLECTION AU KHANAT

Tout conspire en la faveur de Temüdjin. D'instinct, les Mongols sont en quête d'un chef. Sauf à s'entre-déchirer, ils en ont un impérieux besoin. Voilà un siècle qu'ils en cherchent sans avoir pu en rencontrer un seul. Les temps changent. Le génie de la race se réveille. Ils ne le savent naturellement pas encore, mais ils en ont obscurément le pressentiment. Des figures apparaissent en pleine lumière ; des personnages se dressent au-dessus des autres. Il leur faut cependant choisir et ne pas se tromper. Il faut reconnaître celui qu'offre le destin. On conçoit qu'ils hésitent et que certains fassent le mauvais choix, même si aujourd'hui, puisque l'histoire a eu lieu et que nous sommes à même de jauger le poids des hommes, nous comprenons plus difficilement qu'ils aient pu balancer entre un Temüdjin, un Toghril ou un Djamuqa. Quand ils y verront clair, quand ils auront reconnu Temüdjin, ils se donneront à lui sans réserve. Nous n'en sommes pas encore là, mais nous en approchons.

Tout semble aller vite, avec une facilité extrême dont nous ne devons toutefois pas être dupes. On perçoit en effet mal ce qui se passa, le temps que cela prit, les efforts qu'il fallut consentir. On devine des palabres, des promesses, une longue préparation psychologique et religieuse. Les prédictions de Qortchi le Ba'arin et de Muqali le Djalaïr annonçant l'avènement de Temüdjin et sa future grandeur,

* Le fils de Nekun-taïchi, frère aîné de Yesügeï, sans doute mort depuis longtemps.

même si elles ont été arrangées après coup, témoignent de l'atmosphère quasi mystique qu'on a voulu établir. Il faut donc renoncer à
fixer l'élection au khanat au lendemain de la rupture avec Djamuqa.
A quelque date que cette dernière ait eu lieu (au plus tôt en 1175, mais
sans doute plus tard, peut-être vers 1182-1185), il s'écoule plusieurs
années entre les deux événements. L'opinion la plus répandue veut que
l'avènement de Temüdjin se soit produit dans la dernière décennie du
XIIe siècle, et certains ont proposé la date presque sûrement trop basse
de 1197. C'est de toute façon une longue solution de continuité, de
près d'une dizaine d'années ou plus, qu'il est impossible de combler.
Force nous est de l'accepter : la biographie de Gengis Khan présente
bien des lacunes que ne suffit pas à remplir le temps qu'il fallut à la
diplomatie pour porter tous ses fruits*. Quand on peut renouer le fil
de l'histoire, Temüdjin est arrivé à la force de l'âge. Il a quarante-deux
ans. Sa marche a été lente. On ne construit rien de solide dans la hâte.
Ce n'est pas un homme pressé.

Si l'on en croit la chronique, son élection au khanat fut l'œuvre des
plus hauts représentants de l'aristocratie mongole, et en particulier
d'Altan, fils de Qutula, de Setche-beki, chef de la tribu djürkin, et de
Qutchar-beki, son cousin germain, le fils du frère aîné de Yesügeï. Ce
seraient eux qui auraient convoqué le *quriltaï*, l'assemblée générale des
chefs, seule habilitée à désigner le monarque et, plus généralement, à
prendre les décisions qui engagent la collectivité, et ce seraient encore
eux qui auraient proclamé le résultat de la consultation et peut-être
présidé au rituel de l'intronisation. Ils auraient déclaré :

> « Nous te ferons khan. Quand tu seras khan, nous élançant contre les
> ennemis, nous t'amènerons [...] leurs filles et leurs femmes : nous ferons
> trotter vers toi les chevaux à la croupe excellente, nous sortirons du
> cercle de chasse les animaux sauvages et te les donnerons. Nous te
> serons fidèles à la guerre et à la paix, et si nous ne l'étions pas, aban-
> donne-nous à la terre sans maître. »

Sur ces mots, ils élurent Temüdjin khan et « lui donnèrent le nom
de Tchinggis Qaghan », c'est-à-dire Gengis Khan.

Ils avaient pourtant eux-mêmes été candidats, soit parce que tout
n'était pas joué et qu'ils voulaient éviter une manœuvre de diversion,
soit pour respecter les formes, soit encore, comme le prétend l'*Histoire
secrète*, parce que Gengis Khan les avait proposés aux suffrages sous
prétexte qu'ils étaient mieux placés que lui pour régner – ce qui eût été
habile, puisqu'ils ne pouvaient que refuser et que ce refus pourrait leur
être rappelé le jour où ils manifesteraient quelque velléité d'insubordi-
nation.

---

* C'est la raison pour laquelle Pelliot fut séduit par l'idée que Gengis Khan pouvait
être né en 1167. Voir ce que nous concluons, p. 62.

Leur déclaration est révélatrice des intentions des congressistes. Les Mongols désignèrent un souverain pour que cessât l'anarchie et que se fît l'union des tribus. Mais ils désiraient l'union et refusaient l'anarchie pour en tirer un profit immédiat : tel était le seul but avoué, et peut-être le seul vraiment perçu. L'horizon était court : guerroyer et chasser, et maigre l'ambition : posséder en abondance filles et femmes, chevaux et gibier. Ainsi, chez les anciens Turcs, on évoquait la pleine félicité par ces mots : « Mangeant du cerf et du lièvre, nous régnons », ou encore : « Le gosier du peuple était plein. » Le khan n'était qu'un chef de bande auquel on jurait obéissance pour maintenir l'ordre, auquel on était prêt à donner la première part du butin pourvu qu'il y en eût, et parce qu'on était certain qu'avec lui il y en aurait. De royaume, il n'était pas question ; d'expansion, pas davantage. N'imaginons pas un *quriltaï* réunissant, comme ceux qu'on verra sous l'Empire, des centaines de princes, ni un cérémonial éblouissant. Tout était modeste, si modeste qu'il faudrait tout recommencer en 1206, le jour où Temüdjin serait devenu véritablement puissant et où se ferait vraiment l'unité de la Mongolie.

Bien entendu, le titre de *qaghan*, si tant est que Gengis Khan l'ait jamais porté – ce dont doutent maints savants –, ne lui fut pas octroyé à cette occasion. Il n'est même pas certain qu'on le nommât *tchinggis* à ce moment-là : ce terme a en effet un sens si fort qu'on le voit mal porté par ce qui n'est encore, en définitive, qu'un chef modeste, au voisinage de chefs plus orgueilleux. N'en déplaise à ceux qui, en leur temps, et suivant Rachid al-Din qui donne à ce mot le sens de « fort », avaient proposé d'autres interprétations, il signifie quelque chose comme « océan » ou « océanique ». Comme l'a établi Paul Pelliot, c'est une forme palatalisée du turc *tengiz* (turc occidental moderne : *deniz*) qui veut dire « mer », « océan ». Tchinggis Khan est bien le khan « océan » ou le khan « océanique », ainsi nommé parce que l'eau évoque l'immensité, voire l'infini, et supporte la sagesse du monde. Déjà les anciens Turcs, pour la même raison, appelaient certains de leurs princes *köl*, « lac », et désignaient comme *köl irkin*, « lac amas d'eaux », des souverains ayant une intelligence « vaste comme le lac ». De la même façon, les Tibétains recevraient des Mongols pour leur pontif suprême le titre de *dalai lama*, le « lama océan », et d'autres peuples d'Asie centrale useraient de l'expression *gur khan*, « khan universel », pour des rois auxquels ils voulaient donner un relief singulier. Les musulmans ne s'y tromperont pas qui traduiront le titre par *padichah*, c'est-à-dire « empereur », ou mieux par *padichah-i djahan*, « empereur du monde (entier) ». Le même concept sera repris par le Grand Khan, Güyük, deuxième successeur de Gengis Khan, dans l'expression purement mongole de *dalayin qaghan*, « *qaghan* océan », titre attesté par son sceau et par la lettre qu'il écrira au pape Innocent IV. Jean de Plan Carpin confirmera sa signification en précisant

qu'il se nomme *omnium hominum imperator* et les Chinois le gloseront :
« empereur qui est le Seigneur et le Maître suprême de tout ce qui se
trouve à l'intérieur des mers » (censées former les limites du monde et
le circonscrire).

Par cette nomination, Temüdjin – que, au risque de faire un anachronisme, mais en suivant les sources, nous pouvons désormais
nommer Gengis Khan – est bien plus qu'un chef tribal. C'est un
souverain, le roi de tous ceux sans doute qui ont jadis fait partie de
la première monarchie mongole du XII° siècle, sinon déjà celui de tous
les Mongols. Et il agit en tant que roi. A peine élu, il assure les
fondements d'un État militaire nomade centralisé, même si ses cadres
ne sont pas encore mis en place et ne le seront que progressivement,
et s'il ne s'organise que peu à peu. Il distribue des rôles, répartit les
tribus et crée, peut-être de toutes pièces, des fonctions nouvelles :
grand palefrenier *(atagtchi)* – charge qu'il confie à son demi-frère
Belgüteï –, échanson, maître des charrettes, premier pâtre des moutons... Il se donne une garde du corps, recrutée parmi les meilleurs
archers, certes encore réduite mais dont les effectifs s'accroîtront par
la suite, et qui jouira de privilèges enviés. Il fait des nobles, des
tarkhan, des princes, des *noyan*. Il élève ses fidèles, récompensant ceux
envers lesquels il se sent redevable, et en tout premier lieu Bo'ortchu
et Djelme :

> « Vous deux, leur dit-il, alors que je n'avais pas d'autre compagnon
> que mon ombre, vous êtes devenus mon ombre et vous avez donné le
> calme à ma pensée. Vous deux, pour vous être trouvés les premiers à
> mes côtés, ne devez-vous pas être à la tête de tous ? Je vous mets en
> charge de tout. »

GUERRE AVEC DJAMUQA

Les principales puissances avec lesquelles Gengis Khan avait à
compter étaient celle que dirigeait Toghril – auquel il demeurait politiquement inféodé, mais qui, nous le verrons, était moralement sous son
influence – et celle de Djamuqa, à la fois son allié et son rival. Il
s'empressa d'envoyer au premier une ambassade pour le mettre au
courant de son avènement. Toghril réagit favorablement : « C'est très
bien, dit-il. Que deviendraient les Mongols sans un khan ? »

Gengis Khan dépêcha en même temps des messagers auprès de
Djamuqa. Celui-ci était plus susceptible. Il chargea d'abord les
envoyés de faire part de son étonnement à deux des principaux agents
de l'élection de Temüdjin, Altan et Qutchar, leur reprochant notamment d'être à l'origine de sa brouille avec son *anda*, mais leur recom-

mandant, puisque l'affaire était faite, de lui rester au moins fidèles. Il était clair qu'il ne se jugeait d'aucune façon engagé par une élection qui avait eu lieu sans lui et à laquelle, chose inouïe, il n'avait même pas été convié. Pour en donner la preuve, ou par insouciance, il permit – ou ordonna – à son frère cadet de razzier des chevaux qui appartenaient à un Mongol de Gengis Khan. Le raid ayant réussi par surprise, sa victime, sans plus attendre, se lança seul à la poursuite des ravisseurs, les rejoignit, tua d'une flèche le frère de Djamuqa et rentra en possession de son troupeau.

Le meurtre appelle le meurtre, même s'il châtie l'un des crimes suprêmes, le vol de montures. Djamuqa ne pouvait taire la vengeance du sang. Il savait cependant que sacrifier à la loi de la vendetta signifiait entrer en guerre contre Gengis Khan. Par prudence, il s'allia donc avec treize tribus voisines et leva une trentaine de milliers d'hommes dans l'intention de marcher contre son *anda*. Gengis Khan fut prévenu. En hâte, il parvint à rassembler un contingent à peu près égal à celui de son adversaire et se mit en route sans l'attendre. Il y eut bataille. On ne sait pas avec certitude qui la remporta. Certains (Rachid al-Din) disent Temüdjin, d'autres (l'*Histoire secrète*) Djamuqa. Ces derniers ont presque certainement raison. Gengis Khan se replia alors dans un défilé près de l'Onon.

Les sources placent ici une action d'autant plus singulière qu'elle est attribuée dans tous les cas au vainqueur, donc à Gengis Khan pour Rachid al-Din et à Djamuqa pour l'*Histoire secrète* (que nous suivons). Au cours de cette rencontre, Djamuqa, après avoir tué un des fidèles compagnons de Gengis Khan et accroché sa tête à la queue de son cheval, s'empara d'un groupe de Tchinos, fit bouillir leurs chefs (ou leurs fils) dans soixante-dix marmites et les mangea (du moins Rachid al-Din mentionne-t-il cette scène de cannibalisme). Le mot *tchinos* veut dire « loup », mais on ignore ce qu'il désigne. On a pu supposer que l'on nommait ainsi les soldats de la garde, comme l'auraient fait les anciens Turcs, ou encore qu'on se référait aux animaux totémiques des Mongols. Dans le premier cas, il faudrait comprendre qu'on mangeait les chefs de la garde ; dans le second, les « fils des loups », les Bordjigin. Dans les deux cas, il s'agirait bien d'anthropophagie, et non de consommation rituelle de la viande de loup. Quoi qu'il en soit, le caractère rituel de cette opération ne peut faire de doute, d'autant moins qu'il se trouve corroboré par le nombre soixante-dix, éminemment sacré, et par l'utilisation de chaudrons, objets qui ne le sont pas moins.

Contre toute attente, et c'est ce qui explique sans doute l'erreur de Rachid al-Din à propos du sort de la bataille, la défaite de Gengis Khan tourna à son avantage. Outrés peut-être par l'attitude de Djamuqa, soit parce qu'il avait accompli cette barbare cérémonie, soit plutôt parce qu'il avait rompu le pacte d'*anda*, plusieurs clans qui s'étaient primitivement donnés à lui l'abandonnèrent et passèrent à Temüdjin. Un personnage de puissante stature, Mönglik le Qongqotaï, qui s'était placé avec ses sept fils dans le camp de Djamuqa, fit de même. Cela se produisait bien tard, et même, pourrait-on dire, scandaleusement tard en regard des liens qui unissaient jadis sa famille à celle de Gengis Khan. Il est presque certain que Mönglik, ce Mönglik qui avait naguère été chargé par Yesügeï mourant d'aller chercher son fils et de veiller sur lui, après avoir assez mal rempli ses devoirs de parrain, avait fini par l'abandonner, sans doute au moment où Djamuqa et Temüdjin s'étaient séparés. Son retour signifiait beaucoup si, comme on est en droit de le penser, il avait déjà la réputation d'être un très grand chaman. Après l'aristocratie, le « clergé » ralliait Gengis Khan. Celui-ci s'en réjouit : « Le pays vient à moi », dit-il. En fait, on commençait à se rendre compte de ses hautes vertus. On le voyait loyal, généreux, impitoyable certes mais juste, et, par là, il s'opposait à bien des petits chefs fourbes, égoïstes, tyranniques, versatiles, et en premier lieu à Djamuqa, qui semble avoir à peu près cumulé tous ces défauts. « Ce Temüdjin ôterait son vêtement pour vous le donner. Il descendrait de son cheval pour vous l'offrir. C'est vraiment un homme qui sait posséder un pays, nourrir ses guerriers, tenir son État *(ulus)* en ordre », disait-on unanimement puisque les sources chinoises aussi bien que persanes le répètent à l'envi.

C'était sans doute exagérer que de parler d'ordre : on ne pouvait en effet affirmer que la concorde régnait et que le pays ne connaissait pas de troubles. Gengis Khan devait souvent intervenir dans les querelles locales, et les principaux autocrates de la steppe, ceux-là mêmes qui l'avaient porté au pouvoir, regrettaient parfois de s'être choisi un maître. La liberté perdue se parait d'un prestige qu'elle n'avait pas quand elle n'apportait que misère et deuils. On s'estimait beaucoup. On tenait à son rang. On acceptait de plier devant le khan, non devant les autres. Les susceptibilités étaient sans cesse chatouillées dans cet ordre nouveau où les places de chacun n'étaient pas forcément de tradition. A tout moment, des incidents éclataient qui ne manquaient pas d'engendrer de véritables petits drames. Parfois même, ils se produisaient en chaîne.

Au cours d'un festin organisé à l'occasion du ralliement de Mönglik et des autres dans les forêts de l'Onon, conformément au protocole – particulièrement sévère quand il s'agissait de boire –, on servit d'abord le *qumis* à Gengis Khan et, dans l'ordre, à Hö'elün, à Djötchi-Qasar, à Setche-beki, puis à d'autres, mais quand on en vint à présenter la coupe aux deux épouses de ce dernier personnage, celles-ci jugèrent qu'elles n'étaient pas honorées comme leur rang le méritait. Elles se fâchèrent. Elles entrèrent dans une telle fureur qu'elles se mirent à rosser l'écuyer de la bouche. Celui-ci pleura, gémit, poussa des cris. Il se plaignait que, du temps de Yesügeï, on n'aurait pas agi ainsi. On mesure par là la température du camp et les limites de l'autorité, même morale, de Gengis Khan.

Ce même jour, durant la même fête, eut lieu un autre incident, mais plus grave. Un individu fut surpris par Belgüteï en train de voler un cheval. Nous l'avons dit, c'était un délit avec lequel on ne badinait pas. Nul n'aurait dû l'excuser. Or il se trouve qu'un neveu de Qutula Khan du nom de Büri Bökö prit la défense du voleur. Belgüteï fut indigné. Il le dit, et les deux hommes en vinrent aux mains. Dans le feu de l'action, Büri Bökö tira son sabre et blessa à l'épaule le demi-frère du khan. Temüdjin dut intervenir. Il voulut châtier le coupable. Belgüteï, dont le sang coulait, déclara alors : « C'est sans importance, n'en parlons plus. » Il calma le jeu, conscient du danger. Mais le souverain écumait de rage et tomba à bras raccourcis sur le coupable.

De cette atmosphère d'un primitivisme très sauvage et qui frôle l'anarchie, l'histoire mongole a gardé le souvenir quand, avec le plus grand luxe de détails, elle rapporte ces anecdotes. Elle montre ce qu'était dans la réalité ce fameux despotisme oriental, réputé inéluctable en Asie, et dont Gengis Khan paraît un parfait exemple. Elle met en évidence d'une part l'impérieuse nécessité dans laquelle l'empereur se trouvait d'assurer son autorité, de ramasser les énergies, de les tendre vers un but, pour qu'elles cessent de s'éparpiller au plus grand dommage de tous, et d'autre part le temps que tout cela dut lui demander. Peut-on encore s'étonner qu'il ne soit pas allé plus vite en besogne ? Ce travail minutieux et tenace n'avait rien de spectaculaire qui pût intéresser les chroniqueurs, mais il était indispensable.

MÉSAVENTURES DE TOGHRIL

Les nouvelles mésaventures de Toghril, le roi des Kereyit, sont malaisées à dater, mais nous inclinerions à les situer vers 1194-1195. On se souvient que, pour accéder au pouvoir après la mort de son père, ce prince avait fait assassiner deux de ses frères, qu'une révolution en avait découlé, et qu'il n'avait pu rentrer dans ses droits que grâce à Yesügeï. Un autre de ses frères, Erke-Qara, s'était réfugié auprès d'Inantch Bilge Khan, roi des Naïman, qui avait pris cause pour lui. On ne sait ni quand ni comment Inantch Bilge Khan parvint à chasser Toghril et à installer à sa place son protégé, mais Toghril avait à nouveau dû prendre le chemin de l'exil. Il avait essayé de s'établir au Turkestan occidental, dans le royaume des Qara Khitaï dont le roi portait le titre orgueilleux de Gur Khan, le « khan universel », et résidait à Balasaghun, mais il s'était aussitôt brouillé avec lui, avait été expulsé et s'était remis à errer lamentablement en haute Asie, d'abord aux confins des pays ouïghours, puis du pays tangut, en se nourrissant de lait de brebis et du sang qu'il suçait en collant sa bouche à la veine ouverte d'un chameau. Il cherchait en vain des secours, quêtait à toutes les portes. Ainsi pouvait-on, du jour au lendemain, choir de la puissance à la misère.

Arrivé au dernier degré de l'épuisement, presque mort de fatigue et de faim, il avait fini par s'adresser à Gengis Khan en se rendant, au prix de mille difficultés, aux sources du Kerülen où celui-ci se trouvait alors. C'était, dit Rachid al-Din, en 1196. Avec noblesse, Temüdjin l'avait accueilli, lui avait ouvert les bras et son cœur, le laissant se reposer une année entière dans ses pâturages. Ils y vivaient dans l'intimité, presque dans l'amour. « Ils devinrent comme père et fils. » Puis il l'avait rétabli au pouvoir, ce qui n'avait pas dû s'effectuer sans négociations, ni peut-être sans campagnes, dont nous ne savons rien. Rachid al-Din dit seulement qu'en 1197, ayant enlevé du butin au chef merkit Toqt'oa, Gengis Khan l'avait donné à Toghril, et que l'année suivante ce dernier avait recouvré son autorité et sa puissance. Dans ces conditions, même s'il avait été du tempérament le plus vil et le plus ingrat, le fier Kereyit aurait eu bien du mal à refuser quelque chose à l'humble Mongol.

On se venge des Tatars

La chronologie est malaisée à suivre, mais on peut supputer que c'est peu après l'opération contre Djamuqa, sans doute en 1198, l'année même du rétablissement de Toghril, que Gengis Khan fit son entrée sur la scène internationale en commençant la guerre contre les Tatars.

Les Mongols avaient eu beaucoup à souffrir de ce peuple qui, en 1161, avait détruit leur ancienne et éphémère dynastie et avait livré aux Kin leur roi pour qu'ils le suppliciassent. Les Bordjigin n'en avaient pas moins pâti puisque Yesügeï, le père de Temüdjin, avait été traîtreusement empoisonné par les Tatars. Gengis Khan avait donc une double vengeance à tirer d'eux, en son nom propre et au nom de son peuple. C'était en grande partie pour qu'il l'exécutât qu'on l'avait élu. La fin de son père avait paru un gage suffisant pour se persuader qu'il épouserait les sentiments de tous. On l'avait hautement proclamé au *quriltaï* : « Tu seras khan pour nous venger de nos ennemis les Tatars et tu exalteras la gloire mongole ! »

L'occasion s'en présenta alors que Gengis Khan était loin d'avoir rallié à lui tous les peuples de la Mongolie, et qu'il ne pensait peut-être même pas à le faire. Encouragés jadis par les Kin de Chine septentrionale à lutter contre le premier Empire mongol, les Tatars étaient devenus redoutables et pillaient maintenant les territoires frontaliers de leurs anciens alliés. Il devenait nécessaire pour les Chinois d'effectuer un renversement d'alliance et de trouver chez ceux qu'ils nommaient les « barbares du Nord » des auxiliaires susceptibles de contrebalancer la puissance tatare ; en d'autres termes, ils devaient reprendre leur politique millénaire de balance consistant à utiliser les peuples les plus éloignés contre les plus voisins, les moins forts contre les plus forts.

Les Bordjigin étaient, par-delà les territoires des Tatars, les plus proches des Chinois. C'est à eux que tout naturellement ceux-ci s'adressèrent, les chargeant de convaincre Toghril de se joindre à l'alliance, un Toghril qui avait, lui aussi, à venger la mort de son grand-père et qui, nous venons de le voir, n'avait rien à refuser à Gengis Khan. Unifiés, nombreux, plus puissants que les Mongols, les Kereyit devaient former une pièce maîtresse de la coalition.

Gengis Khan déclara : « Depuis les jours anciens, le peuple tatar a fait périr nos aïeux et nos pères. C'est un peuple contre lequel nous avons des griefs. Voilà l'occasion de le prendre en tenailles. » Chacun y trouvait son intérêt, et la coalition ne tarda pas à se constituer. Gengis Khan battit le rappel. On vint en masse. Seuls s'abstinrent les deux chefs des Djürkin, Setche-beki et Taïdju. On les attendit en vain plusieurs jours, puis on partit sans eux. Leur absence fit très mauvais effet dans la Mongolie qui s'enflammait pour la guerre.

La partie semblait inégale, malgré la vaillance et l'audace reconnues des Tatars. Ils se trouvaient pratiquement encerclés. On en vint facilement à bout. La victoire fut totale. On tua leurs chefs ; on pilla leur pays et leur camp. On y prit un jeune garçon, Chiqi-qutuqu, qui avait « un anneau d'or dans les narines et portait un plastron de soie doublé de zibeline ». On l'apporta à Hö'elün, qui le prit en charge et l'éleva comme elle l'avait déjà fait avec ceux qu'on lui avait donnés auparavant. Elle avait le cœur large. Au reste, le khan l'aima et le considéra comme un fils. Il en administrera la preuve plus tard, quand l'enfant eut quinze ans et qu'un *noyan* lui permit de s'élancer dans la neige à la suite d'une harde. Le soir, comme il n'était pas revenu, Gengis Khan s'enquit de lui et, quand on lui dit où et comment il chassait, il entra dans une si vive colère qu'il se laissa aller à frapper le *noyan* en criant : « Cet enfant va périr de froid ! » Il ne fut pas tranquille jusqu'à son retour, puis, apprenant qu'il avait réussi à abattre vingt-sept bêtes, il en manifesta une grande joie.

Toute la gloire de la victoire contre les Tatars revint à Toghril. Le général chinois lui conféra le titre de *wang*, « roi », que les Mongols prononcent *ong*, et il fut désormais connu comme l'Ong Khan, le roi-khan. Bien que méprisant les Chinois, tous les barbares ne cessaient de quémander auprès d'eux des titres ou des épouses, et, quand ils en recevaient, ils s'en montraient fiers. Gengis Khan reçut un grade plus modeste. Il n'en tint aucun compte.

Cependant, un Tatar, sous prétexte de demander l'aumône, s'était

introduit dans la tente de Hö'elün. Tului, le plus jeune fils de Gengis
Khan, alors seulement âgé de cinq ans, y entra sur ces entrefaites. Le
Tatar se saisit de lui et l'entraîna dehors en le tirant par le bras. Il
sortait son couteau. Hö'elün cria. L'épouse de Bo'ortchu se trouvait
là. Elle se jeta sur le Tatar, le saisit par les cheveux et parvint à lui
faire lâcher l'arme. Deux hommes qui passaient à proximité accoururent, attrapèrent le ravisseur et l'abattirent à coups de hache et de
poignard*.

AFFAIRES INTERNES

Setche-beki et Taïdju des Djürkin avaient eu tort de ne pas se
joindre à une campagne qui s'était déroulée si facilement. Dans l'allégresse qui suivit la victoire, ils se trouvèrent isolés, presque tenus en
marge de la société. Ils sentaient de toutes parts réprobation et danger.
Cela les affola et leur fit bientôt perdre la tête. Des querelles éclataient
qui dégénéraient en bagarres. Au cours de l'une d'elles, une dizaine de
Mongols furent tués. Gengis Khan, qui entendait qu'on ne touchât
pas aux siens, partit sur-le-champ en campagne. Il rejoignit les Djürkin
près du Kerülen et les écrasa. Leurs chefs purent toutefois s'échapper.
Il les poursuivit et les rattrapa, soit au bout de quelques jours, soit
quelques semaines plus tard s'il y eut, comme le disent certaines
sources, deux opérations de représailles entreprises contre eux. Il les fit
prisonniers, leur rappela leur serment de fidélité et les obligea à reconnaître qu'ils y avaient manqué. Setche-beki et Taïdju tendirent leur
cou, qu'il trancha lui-même. Les Djürkin cessèrent d'exister en tant
que formation tribale. Ils furent si étroitement mêlés aux autres
Mongols que l'*Histoire secrète* put dire que Gengis Khan fit d'eux
« son bien propre ». Les Djalaïr, qui étaient très liés aux Djürkin, lui
firent un hommage solennel.

Du camp djürkin, on avait encore amené un jeune garçon nommé
Boroqul pour le donner à Hö'elün. C'était le quatrième enfant qu'on
lui apportait ainsi en « cadeau » et, comme ceux qu'on lui avait déjà
offerts, elle l'aima. Elle les éleva tous dans sa maison, « les surveillant
de jour avec ses yeux, de nuit avec ses oreilles ».

La répétition de ce fait est troublante et mériterait d'être pleinement
éclairée. Mais nous ne pouvons que proposer une interprétation incertaine. Ces adoptions successives ne sont pas de hasard. Elles répondent
à une volonté précise, à une loi, à une coutume ou à un rite. C'est un

---

* Cet épisode célèbre semble avoir été situé lors de l'élimination des Tatars en 1202,
ce qui est trop tardif : cette date ne cadre pas avec ce que l'on sait de la vie et de la
mort de Tului. Il permet de dater plus sûrement de 1198 la première guerre tatare.

étrange « cadeau » que de donner à une mère de famille des enfants à élever, une charge plus qu'un plaisir. Nous avons dit que nous traduisions par « cadeau » le terme technique *sauga* employé au sujet de ces dons d'enfants. Celui-ci désigne au sens premier « la part du gibier que le chasseur heureux doit offrir à la première personne qu'il rencontre sur son chemin pour qu'elle partage avec lui la responsabilité du meurtre de l'animal », ce que les Mongols nomment *chirolga* et les Turcs *pay vermek*, « donner le morceau ». L'enfant offert par le guerrier serait donc un « morceau » de l'ennemi tué. Mais pourquoi ce « morceau » échoit-il à Hö'elün ? Il faut ici faire appel à une autre conception. Le chasseur et le guerrier ne tuent que sur mandat de leur supérieur, en son nom, et ne sont donc pas directement concernés par le meurtre. Donner une part essentiellement symbolique, comme peut l'être un jeune enfant sans valeur marchande, reviendrait à reconnaître l'autorité morale de celui qui le reçoit, à confesser que l'on tue sur son ordre. Hö'elün, la mère Hö'elün, ancien chef de famille, aurait pu garder cette prérogative alors même que son fils aîné était depuis peu devenu khan. Ce sera d'ailleurs sa dernière adoption, preuve possible qu'elle s'efface ensuite devant un nouveau pouvoir.

Gengis Khan n'oubliait rien. Quand Büri Bökö, « le lutteur de son peuple », avait blessé Belgüteï à l'épaule, il avait paru lui pardonner après un moment de forte colère. Il gardait cependant sa rancune enfouie dans son cœur, attendant l'instant propice pour s'en soulager. La lutte était alors, comme encore aujourd'hui, un sport national. On devait, de temps à autre, à l'occasion des fêtes, organiser des combats qui passionnaient les foules. C'est l'un d'eux qui fournit au khan l'occasion d'exercer sa vengeance – peut-être devrait-on dire sa justice. Il suggéra que son demi-frère et Büri Bökö se mesurent à bras-le-corps. Buri Bökö, « qui était invincible », pensant flatter la famille souveraine ou se faire pardonner, se laissa mettre à terre. Belgüteï, à cheval sur lui, croisa ses mains sur son cou et posa son genou sur son dos. Il lança un coup d'œil à son frère pour s'assurer qu'il l'avait bien compris. Gengis Khan mordit sa langue. A ce signe, Belgüteï lui brisa la colonne vertébrale. Büri Bökö dit en expirant : « Je n'ai pas été vaincu. Par peur du khan, je me suis laissé tomber en feignant et, hésitant, j'y ai laissé ma vie. » C'était un petit-fils de Qabul Khan. Gengis Khan frappait haut et faisait le ménage dans sa propre famille.

C'est après avoir raconté cette anecdote que l'*Histoire secrète* donne pour la première fois une date dans un calendrier international, celui des Douze Animaux qu'utilisent les Chinois et quelques peuples qui le leur ont emprunté, y compris les Turcs ; sans doute est-ce à ce moment que les Mongols commencent eux-mêmes à le connaître. Il s'agit en l'occurrence de l'année de la poule, qui ne peut correspondre qu'à celle qui dans notre propre calendrier s'ouvre le 5 février 1201 et se clôt le 26 janvier 1202. Nous entrons véritablement dans l'histoire.

La chronologie n'en est malheureusement pas pour autant plus facile. En effet, les sources chinoises et les sources persanes d'une part – qui, pour cette époque encore archaïque, utilisent de toute évidence une source mongole commune perdue – et l'*Histoire secrète* d'autre part divergent quant au déroulement des opérations, sans que nous trouvions des raisons de suivre les unes plutôt que l'autre. Le choix que nous ferons renvoie à une analyse qui demeure subjective et donc conjecturale. Nous l'adoptons avec toutes les réserves qui s'imposent.

DJAMUQA KHAN

Donc, dans l'année de la poule 1201, quelques-uns des principaux peuples de la Mongolie, les Saldji'ut, les Qadagin, les Dörben – qui avaient à leur tête un *beki*, c'est-à-dire un prince chaman –, les Qonggirat et des fractions de plusieurs autres, des Merkit, des Oïrat – eux aussi dirigés par un *beki* –, des Tayidji'ut et même des Naïman et des Tatars, se réunirent en *quriltaï* et jurèrent d'élever Djamuqa au khanat. Selon une vieille coutume des peuples de la steppe, si répandue que Joinville lui-même en entendit parler, leur serment fut solennisé par le sacrifice d'un étalon et d'une jument qu'ils fendirent ensemble à grands coups par le travers (chez d'autres, notamment chez les Turcs comans ou qiptchaq du nord de la mer Noire, on eût, de la même manière, sacrifié un chien). Cette immolation signifiait, comme l'a bien compris Joinville, qu'ils entendaient « être découpés [de la même façon] s'ils se manquaient les uns aux autres ». Ainsi, contre une monarchie mongole encore toute récente s'en dressait une seconde qui ralliait les mécontents, les jaloux, les frustrés, les orgueilleux, ceux qui ne voulaient pas servir un vrai chef et ne craignaient pas de s'en donner un faux en élisant un falot personnage.

L'élection se déroula peu après, en un lieu favorable, au confluent du Kem (le haut Iénisseï) et de l'Arghun. Djamuqa fut élevé au-dessus de ses partisans et reçut le titre de Gur Khan, « khan universel », que portait le Qara Khitaï, un titre qui faisait écho à celui qu'avait pris Temüdjin.

Il pouvait à la rigueur y avoir plusieurs khans, comme il y avait plusieurs dieux. Il arrivait que ce titre encore prestigieux se trouvât dévalué par l'ambition de quelque roitelet prétentieux. Mais il était aussi impossible qu'il y eût deux khans universels que deux dieux suprêmes. Le pouvoir absolu sur terre, comme dans le ciel, revenait à un seul. Temüdjin fut considéré comme un usurpateur. Avec ce *quriltaï* souverain, il perdait sa légitimité et ses droits. Il n'était plus rien.

Il restait à rendre concret ce qui n'était encore que théorique. C'était plus difficile, d'autant qu'on était en droit de penser qu'on aurait affaire par la même occasion à un troisième larron, au Kereyit Toghril, l'Ong Khan.

Gengis Khan fut aussitôt averti de ce qui était arrivé et de ce qui se tramait. Il prévint Toghril. Les deux princes réunirent leurs forces et prirent l'offensive aussi vite que possible. Ils dépêchèrent des avant-gardes. Ils placèrent des guetteurs sur les monts d'alentour. Le gros de leur armée ne tarda pas à prendre contact avec Djamuqa. La nuit tombait. Les hommes des avant-postes crièrent : « Il se fait tard, nous nous battrons demain. » On s'installa pour la nuit. La populace, venue en masse, fit de même.

Le lendemain, les troupes se mirent en ordre de bataille. Pendant que les régiments prenaient place, dans les rangs de Djamuqa des *yadadji* employèrent leur science à produire un orage magique. C'étaient des sorciers efficaces que ces *yadadji*, ces hommes qui survivaient aux temps si anciens des Hiong-nou et des Jouan-jouan. Ils usaient de la « pierre à pluie » *(yada tach)*, un bézoard ou une concrétion osseuse extraite du corps d'un animal, qui avait entre leurs mains expertes la particularité de déclencher en toute saison des orages, de faire tomber des trombes d'eau ou de neige de telle sorte que les incendies s'éteignaient, que les ruineuses sécheresses cessaient, que les sols où manœuvraient les troupes se transformaient en bourbiers et en marécages, que les cordes des arcs, détendues par l'humidité, devenaient incapables de lancer leurs traits. Ces hommes avaient la réputation d'être infaillibles et ne pouvaient échouer que si leur entreprise, qui se voulait bienfaisante, n'allait pas dans le sens du bien et se heurtait à la volonté divine. On comprend dès lors leur intervention en cette rencontre qui devait ouvertement prouver qui était le vrai khan, et qui l'usurpateur. Elle prenait valeur de jugement de Dieu.

Le jugement ne se fit pas attendre. Alors même que se produisait l'orage magique, celui-ci se retourna contre les partisans de Djamuqa. Les tourbillons de neige furent si violents que beaucoup eurent les membres gelés. Dans l'obscurité de la nuit, hommes et chevaux roulèrent au fond des précipices. Ils ne purent plus manœuvrer et tombèrent dans des fondrières. Ils dirent ensemble : « Nous ne sommes pas aimés du Ciel. »

Les sources chinoises et persanes se montrent plus prosaïques en rapportant que tout le mérite de la victoire revint à Gengis Khan, ce qui doit être vrai. Bien qu'elles ne refusent pas le merveilleux – puisqu'elles signalent l'orage magique dans une autre circonstance, lors d'une campagne ultérieure, à l'automne de 1202 –, elles lui enlèvent l'essentiel de ce qui lui donne sa profonde signification et sa valeur probatoire.

Les vaincus se dispersèrent : on n'élisait pas un khan pour qu'il fût défait. Djamuqa, furieux, si l'on en croit la source mongole, se retourna follement contre ceux-là mêmes qui l'avaient élu, ce qui ne contribua pas à rétablir son prestige au moment où Toghril se lançait à sa poursuite. Quant à Gengis Khan, il partit aux trousses des Tayidji'ut. Ceux-ci réunirent ce qui leur restait de forces et firent front sur l'Onon. Le combat dura toute une journée sans départager les adversaires, et, le soir venu, les uns et les autres dormirent sur le champ de bataille.

Gengis Khan blessé

Gengis Khan avait été blessé au cou. Son sang coulait en abondance sans qu'il pût l'arrêter. On craignait pour sa vie. L'émotion parmi les siens était intense. L'*Histoire secrète* la décrit admirablement dans un de ses passages les plus dramatiques, les plus touchants et les plus révélateurs des conditions morales et matérielles des forces gengiskhanides. On voudrait pouvoir recopier en son entier ce passage qui vaut d'être lu.

Djelme suçait et suçait le sang qui s'échappait de la blessure de Gengis Khan. Il était assis là à le veiller, sans demander l'aide de personne.

« Jusqu'au milieu de la nuit, remplissant sa bouche de sang, il l'avala et le cracha. Quand minuit fut passé, Gengis Khan, retrouvant ses esprits, dit : "J'ai soif." Alors Djelme, enlevant son bonnet, ses bottes et ses vêtements, nu et dévêtu, n'ayant rien d'autre que son caleçon, courut au camp ennemi. Montant dans les charrettes, il y chercha en vain du lait de jument. Épuisés par l'action du jour, les Tayidji'ut avaient laissé leurs bêtes s'éparpiller sans les traire [...]. Il prit un grand seau de lait caillé et revint. »

Personne ne l'avait vu. « Ayant rapporté le seau, il alla chercher de l'eau, la mélangea au lait et fit boire le khan. » Au petit jour, Gengis Khan s'assit et leva la tête. « Il vit tout autour de lui le sang que Djelme avait sucé et craché, le sang en marécage, tout autour de lui », ce sang impur qu'il avait perdu et qui l'impressionnait. Il dit, osant un reproche tant sa crainte était grande :

« "Si tu avais craché au loin, n'aurait-ce pas été mieux ?" Et Djelme : "Tu étais dans une situation si pressante que si je m'étais éloigné j'aurais eu peur pour toi. Avalant ce que j'avalais, crachant ce que je crachais, je me suis bien pressé." »

Doutant, méfiant, déprimé ou ne pouvant croire à tant de dévouement, en tout cas honteusement inférieur à lui-même, Gengis Khan reprit :

« "Pourquoi as-tu couru ainsi nu chez ces gens ? Si tu avais été pris, n'aurais-tu pas dénoncé que j'étais dans cette situation ?" Djelme dit : "En y allant nu, ma pensée a été que si j'étais pris, j'aurais dit : J'avais l'intention de déserter, mais on m'a surpris et dépouillé de mes vêtements. J'ai bien eu du mal à me sauver. On m'aurait cru, on aurait pris soin de moi et on m'aurait habillé. Il m'eût été ensuite facile de dérober un cheval et de revenir." Le blessé se rendit : "A présent, que puis-je dire ? Autrefois, quand les trois Merkit sont venus et qu'ils ont tourné autour du Burqan Qaldun, tu es sorti et m'as sauvé. De nouveau aujourd'hui, en suçant avec ta bouche le sang qui séchait, tu as sauvé à nouveau ma vie et tu as sacrifié la tienne en pénétrant chez nos ennemis pour m'apporter à boire et faire ainsi rentrer la vie en moi. Ces trois services que tu m'as rendus resteront dans ma pensée." »

Il faisait jour. On constata que l'ennemi s'était dérobé à la faveur de l'obscurité, abandonnant le peuple. Malgré sa faiblesse, Gengis Khan monta à cheval. Sur une butte, il aperçut une femme qui criait son nom. C'était l'épouse de ce Sorqan-chira qui jadis l'avait vu dans l'eau, lui avait enlevé la cangue, l'avait caché et lui avait permis d'échapper aux Tayidji'ut. Elle appelait parce que son mari était tombé aux mains des Mongols et qu'elle redoutait qu'on ne le tuât. Gengis Khan, navré, voulut intervenir en sa faveur. On lui dit qu'il était trop tard. Il emmena la femme dans ses bras et la fit installer près de lui.

Le lendemain, vivant en dépit de ce qu'on avait cru, Sorqan-chira se présenta au khan, en compagnie d'un autre individu. Gengis Khan lui dit : « Vous étiez des amis, alors pourquoi n'êtes-vous pas venus plus tôt vous joindre à moi ? » L'homme répondit avec simplicité qu'il l'eût volontiers fait, mais qu'il n'avait pas pu renoncer à ses biens et qu'il avait craint pour sa famille.

Cependant, le khan voulait savoir qui, « du haut de ces croupes », avait tiré une flèche dont la première vertèbre cervicale de son destrier avait été brisée. L'homme qui était avec Sorqan-chira dit : « C'est moi. » Et il ajouta : « Tue-moi ou laisse-moi entrer à ton service. Je te serai fidèle et tu verras comment je te servirai. » Gengis Khan déclara : « L'ennemi veut retenir sa langue sur ce qu'il a fait en ennemi. Quand un homme ne cache rien de ce qu'il a fait comme ennemi, mais le proclame, il est digne qu'on lie avec lui compagnonnage. » L'homme s'appelait Djirqo'adai. Gengis Khan le baptisa Djebe, « Pointe de flèche », et lui confia 10 hommes. Content de lui, il lui en remit bientôt 100, puis 1 000 et, plus tard, 10 000. Il s'immortalisera sous ce nom comme un des plus grands généraux de tous les temps.

Tarqutaï, le chef tayidji'ut qui avait jadis en personne capturé Temüdjin et l'avait mis à la cangue, avait été blessé et avait fui dans les bois. Deux hommes de sa tribu, eux aussi fugitifs, le rencontrèrent, s'en emparèrent et le firent monter dans une charrette. Ils hésitaient à le tuer. Et lui, il disait :

« Temüdjin ne me tuera pas. Même s'il dit qu'il me fera mourir, il ne devrait pas être capable de le faire. J'ai dit quand il était petit : "Il y a dans ses yeux du feu, il y a de l'éclat dans son visage." Temüdjin ne me tuera pas. Il suppliait ses fils et ses frères, mais nul ne l'écoutait. »

Ceux qui l'avaient fait prisonnier se dirent :

« Si nous amenons Tarqutaï à Gengis Khan, il se dira : "Comment puis-je faire confiance à des gens qui ont porté la main sur leur maître légitime ?" Laissons-le aller et déclarons : "Nous sommes venus pour donner notre force à Gengis Khan. Nous nous sommes dit que nous ne pouvions pas causer la perte de notre maître légitime [...] que nous ne pouvions en aucune manière le faire périr." »

Ils se décidèrent donc à le laisser aller et se rendirent seuls chez Gengis Khan pour faire leur soumission. Celui-ci leur dit :

« Si vous étiez venus après avoir porté la main sur Tarqutaï, votre khan, je vous aurais fait trancher la tête, à vous et à votre descendance. Votre pensée de n'avoir pas pu causer la perte de votre maître légitime est bonne. »

Et il leur témoigna sa faveur.

La longue affaire avec les Tayidji'ut était terminée et il semblait qu'avec elle s'achevait la jeunesse de Gengis Khan, même si celle-ci appartenait biologiquement déjà au passé. L'homme allait enfin donner sa pleine mesure.

CHAPITRE V

La Mongolie unie

ÉLIMINATION DES TATARS

La première guerre tatare n'avait pas été décisive et avait été accomplie à la demande des Chinois. Les Mongols ne se sentaient pas vengés des Tatars et le danger d'un redressement de ce peuple orgueilleux demeurait. Il fallait en finir : tel était le sentiment général.

Selon la plupart des sources, la grande expédition contre les Tatars eut lieu au printemps de l'année du chien 1202. Cette même année, Toghril, l'Ong Khan, avait lancé une campagne contre les Merkit. Il avait tué le fils aîné de Toqto'a, s'était emparé de ses autres fils, de ses filles, de ses épouses et de son peuple. L'*Histoire secrète*, amère, fait remarquer que, du butin amassé, il n'avait absolument rien donné à Gengis Khan. Ce n'était toutefois pas le moment de se plaindre.

Tout était prêt. Cependant, avant de se mettre en route, Gengis Khan fit promulguer un décret – un *yasaq*, dit l'*Histoire secrète* en employant le mot qui désigne plus généralement la loi fondamentale de l'Empire – qui ordonnait :

> « En écrasant l'ennemi, on ne s'arrêtera pas pour le butin. Quand nous aurons fini de l'écraser, nous prendrons le butin et nous le répartirons. Celui qui aura été ramené en arrière vers ses compagnons fera volte-face vers le lieu d'où il s'était primitivement élancé. S'il ne fait pas volte-face, il aura la tête tranchée. »

C'était d'une part déclarer qu'il fallait vaincre ou mourir, d'autre part instituer cette discipline qui donnera leur force aux armées mongoles et suscitera l'admiration de tous les observateurs de l'époque. Gengis Khan la fera respecter, quoi que cela pût lui coûter. Il était inflexible, convaincu qu'il valait mieux sévir, même contre les plus puissants et les plus dévoués, que d'accepter la désobéissance, laisser la moindre porte ouverte à l'anarchie, ne pas appliquer avec rigueur la justice. Il en donnera la preuve le jour même, après la victoire, en reprenant le butin qu'ils avaient fait à de grands seigneurs – dont deux étaient ses parents, l'un son oncle et l'autre son cousin, Altan, Qutchar et Daritaï – parce qu'ils avaient cessé le combat pour aller piller. Ils ne le lui pardonneraient pas. Qu'importe !

Comme Gengis Khan l'avait voulu, la bataille fut décisive. Les Tatars « furent écrasés, pillés, anéantis ». « Ils devinrent rien », comme le disaient jadis les anciens Turcs quand ils avaient subjugué quelque voisin. Il ne faut bien sûr pas entendre par là qu'ils furent tous massacrés, mais qu'ils perdirent leur autonomie, qu'ils cessèrent d'exister en tant que peuple libre. Les prisonniers furent innombrables, et plus nombreuses encore ces populations de femmes, d'enfants, de vieillards, de serviteurs qui n'avaient pas pris part au combat.

Des premiers, on ne savait que faire. Gengis Khan tint conseil avec les membres de sa famille pour décider de leur sort. On proposa : « Tuons-les tous ! De ceux qui resteront, nous ferons des esclaves et nous les disperserons. » La sentence, brutale, se révélait quelque peu contradictoire dans sa formulation : si on les tuait tous, il ne pouvait guère en rester de vivants pour en faire des esclaves... Il faut donc faire la part des choses.

Belgüteï, par humanité ou pour toute autre raison, se crut autorisé à dire à Yeke Tcharan, l'un des chefs tatars prisonniers, ce qui avait été décidé. Ce dernier fit circuler le mot : Puisque nous devons périr, « que chacun prenne dans sa manche un couteau de façon qu'il emporte avec lui un coussin dans sa mort ». « Se faire un coussin », c'était, par anticipation, venger sa propre mort en tuant au moment de mourir un ennemi que l'on placerait, au moins symboliquement, sous sa tête, de telle façon qu'il puisse dans l'au-delà être utilisé comme serviteur, chose d'autant plus nécessaire qu'il n'y aurait pas d'obsèques rituelles avec égorgement d'esclaves. On croyait que la victime d'un meurtre demeurait éternellement au service de son meurtrier. Belle stimulation pour tuer !

Peut-être par simple étourderie, Belgüteï avait commis là une faute grave, presque une trahison. A cause de lui, les Mongols « avaient subi de grandes pertes ». Gengis Khan l'aimait. Il avait été le compagnon de son enfance. Avec lui, il avait supporté bien des heures difficiles. Il lui avait servi de porte-parole. Il avait accompli pour lui nombre d'actions importantes. Il fallait pourtant sévir. Temüdjin lui retira, pour un temps, le droit de prendre part aux conseils de famille : « Qu'il règle ce qui est au-dehors et juge les querelleurs, les voleurs, les menteurs », dit-il.

Que devinrent les Tatars ? Il est malaisé d'en décider. Sans doute furent-ils incorporés en masse dans les armées gengiskhanides, exposés aux plus grands dangers, ce qui n'était pas pour effrayer ces hommes de haut courage, peut-être lancés en éclaireurs, ce qui, nous l'avons dit, pourrait expliquer l'audience universelle que connut leur nom. Ce n'est pas un mince paradoxe que, de la Chine à l'Extrême-Occident, tous les étrangers aient fini par désigner les Mongols du nom de ce peuple vaincu par eux... Ils se montreront entièrement fidèles, ce qui peut stupéfier si l'on ignore les mentalités des hommes qui vivent dans les steppes. Non seulement ils ne garderont pas rancune à Gengis Khan de leur anéantissement, mais ils le secoureront dans un des moments les plus critiques qu'il aura encore à vivre, quand il devra se replier sur leurs territoires. Ils l'aimeront sans doute comme l'aimera la femme tatare dont il fera sa favorite et qu'il ne quittera guère.

UNE TRAGIQUE HISTOIRE D'AMOUR

Gengis Khan trouva en effet chez les Tatars une belle fille nommée Yesügen qatun, et la prit pour épouse. Elle était précisément née de ce Yeke Tcharan avec lequel Belgüteï s'était laissé aller à bavarder si dangereusement, et appartenait donc à la haute noblesse de la steppe. Ces mariages entre vainqueurs et vaincus n'avaient rien à voir avec les rapts accompagnés du meurtre de l'époux et de l'esclavage de l'épouse. Ils faisaient oublier l'inimitié et tissaient des liens étroits entre les adversaires d'hier. La chair s'unissait aux os pour former un être nouveau. L'échange de sang dans la mêlée nuptiale effaçait l'effusion sanglante de la mêlée guerrière. Yesügen était séduisante et séduisit son nouveau maître, qui la traita avec honneur. Comme elle était auprès de lui, elle dit : « Si le khan daigne m'accorder sa faveur, il prendra soin de moi, me considérant comme un être humain et un objet. Celle qui se nomme Yesüi ma sœur aînée, est meilleure que moi. Elle convient à un khan. » Étonnante déclaration où chaque mot pourrait être glosé, si la glose ne devait, hélas ! trop souvent se faire à l'aveuglette ! Étonnante réponse aussi que celle de Gengis Khan : « Si ta sœur aînée est encore mieux que toi, je vais la faire chercher [...]. Mais t'effaceras-tu devant elle ? » A quoi elle déclara : « Dès que j'aurai vu ma sœur, je m'effacerai devant elle. »

Yesüi était mariée. Elle et son époux avaient disparu dans la débâcle. On les trouva cachés dans la forêt. L'homme s'enfuit. La femme fut prise et conduite à Gengis Khan. Yesügen, en voyant sa sœur, se leva devant elle, lui céda le siège qu'elle occupait et s'installa sur un autre plus bas. Yesüi était ravissante : « Gengis Khan la fit entrer dans son cœur, la prit et la fit asseoir dans la série des épouses impériales. »

A peu de temps de là, un jour que Gengis Khan buvait en plein air avec ses compagnons et ses deux nouvelles femmes, Yesüi soupira. Traîtrise ou tristesse ? Gengis Khan en comprit aussitôt la raison. Il donna ordre qu'on rassemblât tous les hommes des Tatars et qu'on les fît mettre en rang, clan par clan. Quand cela fut fait, il se trouva qu'un beau garçon, vif et alerte, restait seul sur la place. On lui demanda qui il était. Il avoua qu'il était l'ancien mari de Yesüi et que, poussé par l'amour, il était venu la voir de loin, avec la conviction que, perdu dans l'immense foule du camp, on ne le reconnaîtrait pas. Gengis Khan dit : « C'était un ennemi. Il devint un brigand errant. Maintenant, c'est un espion. Qu'on le rejette en arrière de mes yeux. » Et, sur-le-champ, il lui fit trancher la tête.

GUERRE CONTRE LES NAÏMAN

Soit avant la destruction des Tatars si l'on en croit Rachid al-Din et le *Yuan-che*, soit après si l'on se fie à l'*Histoire secrète*, Toghril et Gengis Khan firent campagne contre les Naïman. L'Ong Khan aurait soudain été attaqué par eux, fort malmené, réduit presque à rien, et, malgré l'attitude égoïste dont il avait fait montre après sa campagne contre les Merkit (quand il n'avait donné aucune part du butin aux Mongols), il avait osé appeler Gengis Khan à son secours. Celui-ci était accouru et, selon toute apparence, par une franche victoire, n'avait eu aucune peine à rétablir la situation.

Toghril aurait alors éprouvé une grande joie de pouvoir compter sur un compagnon aussi fidèle que le khan mongol et il aurait chanté ses louanges : « Comme son père, après m'avoir sauvé, m'avait rendu mon peuple, ainsi le fils me sauve et me rend mon peuple. Pour récompenser de tels bienfaits, que la protection du Ciel et de la Terre en décide. » Puis il aurait réfléchi qu'il atteignait un âge avancé, qu'il n'avait qu'un fils – Ilqa ou Nilqa, que l'on nommait par le titre chinois de *tsiang-kiun*, prononcé en mongol *senggün* – et que, s'il adoptait Gengis Khan, il « en aurait alors deux et serait tranquille ». N'avait-il pas d'ailleurs pour lui des sentiments paternels ? N'avaient-ils pas vécu ensemble comme s'ils étaient nés de même ventre et de même semence ? N'était-il pas déjà presque son fils puisque lui-même, il y avait déjà bien longtemps, était devenu l'*anda* du père de Temüdjin ?

Alors, s'étant réunis dans la forêt noire de la Tola, Ong Khan et Gengis Khan se déclarèrent père et fils, et jurèrent de ne jamais laisser quelqu'un ou quelque chose les séparer.

A ces liens anciens et nouveaux, Gengis Khan voulait en ajouter un autre. Il conçut l'idée de faire épouser à son frère Djötchi-Qasar la sœur cadette du Senggün et de donner en échange l'une de ses filles au fils du Senggün.

Chez nous, la politique fondée sur les mariages s'est rarement révélée viable. En allait-il de même en Asie ? On ne saurait l'affirmer sans hésitation. Elle y était en tout cas de tradition ancienne. Déjà Alexandre le Grand, lors des « noces de Suse », l'avait utilisée pour unir fraternellement Grecs et Perses. La Chine la pratiquait avec les « barbares du Nord », même si souvent elle trichait en ne leur offrant, sous le nom de princesses du sang, que des concubines ou des courtisanes. Gengis Khan, comme tout autre, et avec le succès qui couronnait à peu près toutes ses entreprises, tissera à son tour un réseau dense et complexe de liens matrimoniaux. Dans un univers si largement structuré par des allégeances personnelles, cela avait un sens. Temüdjin, il ne l'oubliait pas, avait dû au clan des Qonggirat, où il avait pris femme, ses premiers pas hors des chemins de la misère. Ainsi, par cette proposition faite à Toghril, avançait-il ses pions sur un échiquier qu'il connaissait bien et dont tout un chacun usait. Il avait toutes les raisons de croire que le double mariage serait agréé et se révélerait heureux.

Rupture avec les Kereyit

Ce ne fut pas le cas. La vie dans la steppe n'a rien de fixe. On dirait qu'elle change avec les saisons, comme les hommes changent de pâturages, ou comme la lumière rend tour à tour gris et bleu le ciel, semblable au loup totem. La famille de Toghril n'avait certes pas eu à se plaindre de celle de Gengis Khan. Temüdjin, dans sa jeunesse, était venu lui rendre hommage, lui demander secours et protection, puis, quand Toghril avait connu la disgrâce et n'avait plus été qu'un vagabond abandonné de tous, il l'avait à son tour secouru. Il venait encore de lui prêter main-forte, et l'Ong Khan avait chanté ses louanges et avait fait de lui son fils adoptif. S'il avait eu une dette envers lui, Temüdjin l'avait depuis longtemps payée et c'était lui maintenant qui se trouvait le créditeur. On lui devait bien plus qu'il n'avait jamais dû. C'est là une chose qu'un orgueilleux ne pardonne pas. Le Senggün, infatué de lui-même, refusa avec hauteur la proposition de mariage que lui faisait Gengis Khan. Il le blessa ainsi profondément.

Djamuqa ne tarda pas à comprendre que le cœur de Gengis Khan s'était détourné de Toghril et jugea le moment venu de prendre sa revanche. L'occasion était bonne. Les princes de l'ancienne famille royale, Altan et Qutchar, que Gengis Khan avait humiliés quand, à l'issue de la guerre contre les Tatars, il leur avait repris le butin qu'ils s'étaient injustement attribué, étaient venus le rejoindre. Habilement, il se mit à attiser chez les uns et chez les autres méfiance et ressentiment. Il dit aux Kereyit : « Mon *anda* a pris langue avec les Naïman. »

Et il leur promit de leur apporter son secours s'ils étaient à nouveau attaqués.

Toghril, tout d'abord, protesta : « Comment pouvez-vous avoir de telles pensées envers mon fils Temüdjin alors que depuis si longtemps nous nous appuyons sur lui ? Si nous avons maintenant de telles mauvaises pensées envers mon fils, nous ne serons pas chéris du Ciel. »

Le grand mot était lâché. On croyait depuis toujours, puisque le pouvoir venait de Dieu, qu'il fallait être aimé de Lui et pour le conquérir et pour le conserver. Il donnait Son mandat et pouvait le retirer si l'on n'agissait pas conformément à Sa volonté. Toghril le savait. Il convenait donc de lui faire entendre que ce n'était pas trahir la volonté divine que de ne pas respecter ses alliances solennelles ; mais, sur ce point, il était peu malléable. Djamuqa se mit alors à circonvenir le fils, qui était de moindre résistance. Il lui fit observer que l'adoption de Gengis Khan par l'Ong Khan était un premier pas vers son déshéritement. Le Senggün pouvait le redouter. Il alla trouver son père et s'ouvrit à lui. Toghril ne cédait pas, déchiré entre sa conscience et son amour paternel. Enfin, las, triste, il finit par capituler : « Même au prix de ne pas être aimé du Ciel, comment abandonnerais-je mon fils ? [...] Agissez comme vous l'entendez. »

Au printemps de 1203, les Kereyit feignirent d'accepter le mariage proposé et invitèrent Gengis Khan à un festin. Comme il s'y rendait, il s'arrêta chez Mönglik. Soupçonneux, le grand chaman conseilla vivement à son hôte de demeurer sur ses gardes et, à tout le moins, de différer sa visite. L'avis était sage, et d'autant plus crédible qu'il émanait d'un grand initié, d'un homme qui faisait profession de connaître l'avenir. Gengis Khan l'écouta.

Les Kereyit comprirent qu'ils avaient été percés à jour. Craignant l'orage, ils décidèrent de précipiter les événements et de se saisir de celui qui ne s'était pas jeté dans leur piège. Deux gardiens de chevaux avaient ouï la chose. Ils galopèrent pour prévenir Gengis Khan, et arrivèrent de nuit à son campement. L'ennemi, disaient-ils, les suivait. Gengis Khan éveilla ses gens et prit la fuite, en laissant son fidèle Djelme en arrière-garde. Il prévoyait tout, mais il n'avait pas prévu une telle trahison. Il avait foi en Toghril. Que celui-ci ait pu si subitement faire volte-face était à ses yeux inconcevable, et ce l'est encore aux nôtres. De ce jour, Gengis Khan se jugea libéré de toute sujétion envers l'Ong Khan et autorisé à employer contre lui tous les mensonges et toutes les ruses.

Les fugitifs prenaient quelque repos quand des palefreniers aperçurent la poussière soulevée par l'armée kereyit. Ils ne la croyaient pas si proche. Il fallut sauter en selle. Avant d'avoir eu le temps de se mettre en ordre de bataille, avant même d'avoir pu se rendre compte de la situation, l'ennemi débouchait, Djamuqa et Toghril en tête. Il y eut un moment d'arrêt. C'était une chose de fanfaronner, de se moquer de Dieu, de nourrir des projets contre Gengis Khan ; c'en était une autre de passer à l'action. Ni l'un ni l'autre des deux alliés ne l'osait, pétrifiés qu'ils étaient malgré eux par le sacré qu'ils allaient violer. L'Ong Khan crut s'en tirer en donnant le commandement de ses forces à Djamuqa. Il ne fit qu'accroître son désarroi. Djamuqa se retira à l'écart avec quelques-uns de ses compagnons et leur déclara : « L'Ong Khan me dit de commander cette armée alors qu'elle est la sienne. Je n'ai jamais été capable de me battre contre mon *anda*. Quand l'Ong Khan me dit de commander cette armée, c'est qu'il en est encore moins capable que moi [...]. Je vais faire prévenir mon *anda* afin qu'il prenne garde. » Il envoya donc à Gengis Khan un messager pour le tenir au courant de ce qui se passait dans ses rangs et l'avertir de l'imminence de l'attaque.

On aurait dit que les deux hommes jouaient à qui serait le plus fourbe. Toghril s'était déchargé de l'affaire, ou du moins croyait-il n'en plus porter la responsabilité en cessant d'en être le chef. Djamuqa n'avait pas cette ressource et la fraternité de sang qui le liait à Gengis Khan, par laquelle « à eux deux ils n'avaient plus qu'une seule vie », voulait que les coups qu'ils lui donneraient fussent des coups qu'il s'infligerait à lui-même, une sorte de suicide. On comprend qu'il y ait regardé à deux fois.

La mêlée fut longue, indécise. Des deux côtés, il y eut des tués et des blessés en nombre. Chez les Gengiskhanides, le commandant d'une des ailes, Quyildar, avait été gravement atteint ; chez les Kereyit, le Senggün lui-même avait subi ce sort. On passa la nuit sans rompre les rangs.

Le matin, on s'aperçut que le troisième fils de Gengis Khan, Ögödeï, manquait à l'appel, ainsi que deux des fidèles parmi les fidèles, Boroqul et Bo'ortchu. On ne s'affola pas outre mesure. Ils étaient égarés. Ils allaient revenir. Trois hommes de cette importance ne disparaissaient pas de la sorte sans qu'on sût comment ! Ögödeï était encore très jeune : peut-être était-ce son premier combat ; mais les amis de son père dont on déplorait aussi l'absence avaient dû veiller sur lui.

Bo'ortchu revint le premier. Il avait eu sa monture tuée sous lui. Il avait dû courir à pied jusqu'à ce qu'il rencontrât un cheval de bât auquel il avait retiré sa charge, et, sur son dos, il s'était éloigné du combat. Ensuite, il avait trouvé et suivi à la piste le chemin pris par les siens, et les avait enfin rejoints. Il ne savait rien des deux autres. L'angoisse montait quand on vit arriver Ögödeï, qui avait été blessé à la veine du cou. Boroqul lui avait donné les premiers soins en suçant son sang et il le ramenait juché sur son propre cheval. Gengis Khan, à leur vue, « laissa couler ses larmes de ses yeux et son cœur souffrit ». Il fit allumer du feu, cautériser la plaie de son fils et apporter de quoi étancher sa soif.

Les deux armées avaient été très éprouvées et ne tenaient plus à combattre. Les Gengiskhanides ne se sentaient pas en situation de force. Ils craignaient de nouveaux assauts qu'ils ne pourraient pas soutenir. Ils jugèrent prudent de mettre le plus de distance possible entre eux et leurs adversaires. Ils se replièrent loin, très loin, jusqu'à l'extrémité orientale de la Mongolie, en direction du Buir-nor et du Dalaï-nor, dans l'ancien pays tatar.

COMPLAINTE DE GENGIS KHAN

Toghril regrettait l'action qu'il avait entreprise, peut-être tout simplement parce qu'il n'avait pas remporté une victoire décisive qui eût pu faire taire les cris de sa conscience. Il en voulait à son fils de l'avoir entraîné, à Djamuqa de ses paroles perfides, à tous. Un de ses lieutenants lui dit :

> « Khan ! Khan ! Laisse cela ! En secret, quand nous désirons un fils, nous faisons des banderoles [propitiatoires] et récitons des invocations. Prenons maintenant soin de ce fils qui est déjà né tout à fait. Quant aux Mongols, dans leur majorité ils sont chez nous, avec Djamuqa, avec Altan, avec Qutchar. Ceux qui sont partis en dissidence avec Temüdjin, où iront-ils ? Ils ont juste le cheval qu'ils montent et les arbres sont leurs toits. »

On ne pouvait dire mieux. La partie semblait jouée. Aux yeux de tous, le khan des Mongols, c'était Djamuqa, et le rebelle, Gengis Khan. Et c'était un rebelle – un dissident, comme disait le Kereyit – en bien fâcheuse posture. Pendant la retraite, Quyildar, mal remis de ses blessures, avait voulu chasser et il était mort. Gengis Khan avait pris la peine de le faire enterrer sur une montagne ainsi que le voulait la coutume, au moins pour les grands. Combien d'autres avec lui mouraient ou se traînaient, ramassant leur énergie pour surmonter leur mal ?

Le khan fit le recensement de ses hommes. On en compta 2 600. Hier encore, il en avait dix fois plus. Il fallait trouver des alliés. On en trouva : comme il passait sur le territoire des Qonggirat, ce peuple d'où était issue Börte, Gengis Khan leur demanda de se joindre à eux et ils le firent. On en demeure pantois. Il fallait aussi se reposer et, à défaut d'agir par les armes, user de la diplomatie. On s'installa sur la rive d'un cours d'eau inconnu où l'herbe était bonne et où les chevaux pouvaient refaire leurs forces.

De là, Gengis Khan dépêcha des ambassadeurs à Toghril avec un long message. Ce fut sans doute un texte célèbre que cette complainte – la complainte du khan, comme on la nomme parfois –, et on devait la réciter le soir aux veillées, et se la remémorer quand, solitaire, monté sur son cheval, on gardait les troupeaux dans le grand silence de la steppe. Elle est parvenue jusqu'à nous à travers des sources multiples – l'*Histoire secrète*, l'histoire de Rachid al-Din, le *Yuan-che* –, avec certes quelques variantes, mais en conservant, par-delà la variété des langues, des phrases entières sans qu'un seul mot soit changé. Dans le texte mongol, c'est le passage le plus long, et c'est aussi l'un des mieux écrits.

« Ô khan mon père ! A cause de quels griefs m'as-tu effrayé ? S'il fallait que tu m'effraies, pourquoi ne l'as-tu pas fait en laissant au moins dormir tous leur soûl tes mauvais fils et tes mauvaises brues [mes enfants] ? Abaissant le banc sur lequel ils s'asseyaient [...] dispersant la fumée qui montait vers le haut, pourquoi les as-tu effrayés de cette façon ? Khan mon père [par qui donc as-tu été excité contre moi ?] N'étions-nous pas convenus de ceci : Nous ne nous abandonnerons pas à la division. Nous croirons uniquement ce que nous vérifierons [...]. Khan mon père, que j'aie peu ne doit pas te faire chercher qui a beaucoup. Que je sois misérable ne doit pas te faire chercher qui est puissant [...]. Si une charrette à deux roues brise l'une d'entre elles, elle ne peut plus se déplacer : ne suis-je pas ta seconde roue ? Si nous devons évoquer les anciens jours... »

Et Gengis Khan, en des termes émouvants, simples, directs, rappelle à l'Ong Khan tout ce qui depuis le temps de Yesügeï a uni les deux familles, tous les liens qui se sont noués, toujours plus étroits entre Toghril et Temüdjin, son fils. Puis il reprend les mots que le premier avait prononcés il y a si peu de temps quand il voulait témoigner son ultime reconnaissance : « Grâce à mon fils Temüdjin, mon peuple et mes foyers qui étaient tous partis ont été sauvés et m'ont été rendus... », et il poursuit : « Ainsi disais-tu. A présent, ô khan mon père, quels griefs as-tu contre moi ? »

En entendant cela, Toghril fut navré. Il fit serment solennel de n'avoir plus de mauvaises pensées contre celui qu'il appelait son fils :

« "Hélas ! Me séparer de mon fils ? [Je l'ai fait, mais par là] je me suis séparé de mon devoir. M'éloigner de lui ? [...] Je me suis éloigné de mes obligations. A présent, si j'ai une mauvaise pensée, qu'on fasse couler tout mon sang comme ceci." En prononçant ce serment, il piqua l'extrémité de son petit doigt avec son couteau à entailler le bout des flèches, fit couler son sang, en remplit un petit seau en écorce de bouleau [et le fit porter à Gengis Khan]. »

En même temps qu'il adressait cette longue plainte à Toghril, Gengis Khan envoyait un messager à Djamuqa, son *anda* parjure, au Senhgün, et d'autres encore aux princes Altan et Qutchar, leur reprochant de l'avoir jadis élu pour ensuite l'abandonner.

« Si vous aviez été élus khan [... moi] je vous aurais amené et donné filles, dames et femmes aux belles joues, chevaux à la croupe excellente

[...]. Si vous m'aviez fait le premier rompre les rangs du cercle de chasse et entrer dans le cercle, je vous aurais donné les bêtes des rochers [...] des falaises [...] et des plaines. »

Et il ajouta cette phrase, perfide car elle devait fouetter l'orgueil des princes mongols en soulignant leur soumission à l'étranger : « A présent, ayant lié compagnonnage avec le khan mon père, servez-le bien. » Simultanément, un second message à Toghril, plus court que le premier, lui faisait remarquer que jamais Altan et Qutchar ne le laisseraient, lui Kereyit, gouverner le peuple mongol.

DISPARITION DE TOGHRIL

Fidélité à l'Ong Khan répétée, et jeu sur toutes les notes tendres de la gamme qui peuvent l'émouvoir ; honte aux Mongols qui s'étaient parjurés et rappel des devoirs élémentaires acceptés par eux ; insinuations subtiles, remarques pertinentes : Gengis Khan, par ses courriers, faisait vibrer toutes les cordes, celle de sa bonne foi comme celles de la vanité de ceux qui s'alliaient contre lui, et il se montrait d'une habileté consommée. Toutefois, le Senggün se révéla intraitable. Les choses étaient allées trop loin. Il n'avait pas de mal à se rendre compte que son adversaire misait sur une future et presque inévitable division de ceux que le hasard et l'occasion avaient pour un temps rapprochés. Il dit : « L'artifice de ces paroles a été compris. Ce sont là des mots qui annoncent le combat. Dressez le *tugh*, engraissez les chevaux ! » Déployer l'étendard tandis qu'on faisait résonner les tambours, c'était commencer les hostilités. Il n'était plus possible ensuite de revenir en arrière.

Gengis Khan fut averti : il avait encore des agents. Craignant d'être surpris, ne se jugeant pas encore assez loin, pesant ses forces et les jugeant insuffisantes, il dut à nouveau décamper. Alors qu'il se trouvait dans une région fertile, il se réfugia sur une terre qui ne l'était pas, dans les environs du lac Baldjuna, sans doute vers l'Arghun. Là, les eaux étaient bourbeuses, les pâturages trop maigres pour le bétail. Il n'y avait même pas assez à boire pour les hommes. Gengis Khan y passa néanmoins l'été de 1203. Il était touché de la constance de ceux qui ne l'avaient pas abandonné. Il reprenait courage, à supposer que cet homme de fer en eût besoin, en voyant ceux qui venaient le rejoindre, des individus, voire des clans entiers et des tribus, comme celle des Qorulas, si l'on en croit l'*Histoire secrète*, ou une autre naguère vaincue par les Qorulas, si l'on écoute d'autres sources. Malgré l'échec, le repli, les difficultés de la vie et la quasi-misère, Gengis Khan savait qu'il n'avait rien perdu et peut-être tout gagné.

Chaque jour le fortifiait dans cette idée. Lentement la situation s'améliorait, comme il avait pu l'escompter, surtout par la détérioration de celle de ses ennemis. Toghril était resté, semble-t-il, seul maître de la Mongolie. Cela déplaisait aux Mongols, qui s'étaient donné un khan, puis deux, et qui se retrouvaient, de fait sinon de droit, assujettis. Où était le jour qu'ils avaient cru retrouver leur honneur en vainquant les Tatars ? Ce n'était pourtant pas si vieux ! Et n'était-ce pas à Gengis Khan, à ce proscrit d'aujourd'hui, qu'ils l'avaient dû ? En fait, tous pensaient à lui, tous aspiraient à le voir revenir. Son éloignement ne faisait que mieux regretter son absence.

Les Mongols, les oncles et les cousins de Gengis Khan, Djamuqa lui-même ne se sentaient pas liés à Ong Khan ni à ces étrangers qu'étaient en définitive les Kereyit. Ils complotèrent contre eux. Le complot fut éventé, mais tous les conjurés purent s'enfuir. Djamuqa, Qutchar et Altan se réfugièrent chez les Naïman. Daritaï rejoignit Gengis Khan. Le plus dur était passé. Il fallait s'y attendre : toutes ces hordes ne s'alliaient que pour se désunir tant qu'elles n'étaient pas tenues fortement en main, et ce n'était pas le vieux, faible et indécis Toghril qui pouvait le faire, et encore moins Djamuqa et les princes. Gengis Khan avait eu raison d'attendre. Son calcul s'était révélé exact. Le génie militaire savait, quand son étoile semblait l'abandonner, se révéler politique génial.

Il crut pouvoir enfin renoncer à l'exil, quitter son refuge et faire marche vers ses territoires de l'Onon.

Il y fut rejoint par Djötchi-Qasar, son frère, forcé d'abandonner sa famille chez l'Ong Khan – qu'y faisait-elle, qu'y faisait-il ? Il était exsangue, épuisé, s'étant nourri de peaux crues et de tendons. Gengis Khan vit tout de suite l'avantage qu'il pourrait tirer de cette évasion en faisant croire qu'elle n'avait pas réussi. Il fit partir vers l'Ong Khan un émissaire qui devait se dire envoyé par Djötchi-Qasar afin de négocier son retour dans le camp kereyit où se trouvaient donc sa femme et ses enfants. Ce retour, expliquerait-il, était rendu nécessaire parce qu'il n'avait pas pu retrouver son frère et qu'il était à bout de forces. Toghril n'était pas sot au point de ne pas se demander s'il y avait là vérité ou mensonge, mais le ralliement de Djötchi-Qasar, s'il était véridique, ne constituait pas pour lui un avantage mineur. Il opta pour la sincérité du messager et le chargea de répondre à celui qui était censé l'avoir dépêché qu'il était attendu avec joie. En même temps, il lui faisait porter du sang dans une corne de bœuf.

Pendant ce temps, Gengis Khan avait atteint le Kerülen. C'est là que le prétendu émissaire de Djötchi-Qasar conduisit l'ambassadeur de l'Ong Khan. Apercevant de loin le campement mongol, ce dernier comprit qu'il était tombé dans un piège et voulut tourner bride pour aller prévenir son maître. En vain. Il fut capturé et amené à Gengis Khan, qui se contenta de ces mots : « Remettez-le à Qasar. » Il fut abattu à coups de sabre. L'émissaire de Gengis Khan lui dit : « L'Ong Khan est sans soupçon. Il a fait dresser la grande tente d'or, l'*altun ordu*, le « camp d'or » [c'est-à-dire la tente impériale de fête], et il festoie. » Toghril était trop sûr de lui.

Par une marche forcée de jour et de nuit, les Mongols se portèrent sur les Kereyit. Effectuant un mouvement d'encerclement, celui-là même qu'on utilise à la chasse, ils tombèrent sur eux, sans doute quelque part entre les sources de la Tola et du Kerülen. On se battit trois jours et trois nuits. Finalement, couverts par un officier, Toghril et son fils s'enfuirent, on ne sait comment. Les Kereyit déposèrent les armes. La bataille avait été chaude. C'était une grande victoire, et d'autant plus brillante que Gengis Khan, bien que bénéficiant de l'effet de surprise, s'était trouvé en sensible infériorité numérique. Elle se révéla décisive. Comme naguère les Tatars, les Kereyit n'existaient plus. Gengis Khan estima son succès à sa juste valeur : « Avec l'aide et la protection de l'Éternel Ciel bleu, j'ai vaincu les Kereyit et atteint le rang suprême. » Il n'était pas encore le maître de l'univers, même pas celui de toute la Mongolie, mais, en ce pays, il apparaissait comme la première puissance. Cela garantissait l'avenir.

L'officier qui avait assuré la fuite de l'Ong Khan et du Senggün vint peu après se présenter à Gengis Khan et ne cacha pas le rôle qu'il avait joué au service de son maître. Il conclut : « A présent, si on me fait mourir, je mourrai. Si Gengis Khan m'accorde sa grâce, je lui donnerai mes forces. » Non seulement Gengis Khan ne lui prit pas la vie, mais il le félicita et le combla de bienfaits. On sait déjà qu'il n'aimait pas les traîtres et ne louait rien plus que la fidélité.

Selon toute apparence, les Kereyit furent bien traités, mais leurs clans et leurs tribus furent disloqués et répartis dans diverses unités à commandement mongol. Le frère cadet de l'Ong Khan avait deux filles. Gengis Khan en épousa une et donna l'autre, Sorgaqtani, à son plus jeune fils, Tului, tout jeune encore*. Femme remarquable, celle-ci jouera un rôle important dans l'histoire mongole. Quant à celle que Gengis Khan avait épousée, il s'en sépara plus tard, à la suite d'un rêve qui l'avait vivement impressionné. Une nuit qu'il dormait à ses côtés, son sommeil fut troublé par un cauchemar qui le laissa plein d'effroi. A son réveil, il déclara à la jeune femme qu'il avait toujours été content d'elle, mais que, dans le songe qu'il venait d'avoir, Tengri lui avait donné l'ordre de la céder à un autre. Il la pria de ne pas lui en vouloir, mais il ne pouvait pas faire autrement que d'obéir aux prescriptions divines. Il demanda qui commandait la garde cette

---

* Il devait avoir dix ou onze ans. Ce mariage précoce (s'il ne fut pas différé) montre à quel point Gengis Khan désirait que Mongols et Kereyit nouent des liens étroits.

nuit-là. Un *noyan* se présenta. Il la lui donna, non sans la combler de largesses. Le prince n'en revint certainement pas.

Toghril, qui s'en allait chercher refuge chez les Naïman, ses anciens ennemis, fut assassiné alors qu'il s'était arrêté pour boire près d'une fontaine. Il avait trop pris Dieu à témoin de ses engagements. En mourant, il dut penser que maintenant son sang coulait comme il l'avait lui-même ordonnancé. On le décapita. Sa tête fut apportée au Tayang, le roi des Naïman. Celui-ci, désolé de la mort du vieillard, « ce grand roi », la fit enchâsser d'or (à moins que, selon un usage qui remontait à l'époque des Scythes, il ne fît scier et dorer la calotte crânienne) pour qu'on lui rendît un culte. On lui sacrifia et, en son honneur, on joua de la musique. On traitait la tête de l'Ong Khan comme celle d'un animal tué à la chasse. Cette dépouille cynégétique, on avait coutume, avant de l'exposer dans la forêt, de l'apporter à la demeure des chasseurs, où on la nourrissait, l'abreuvait et la remerciait afin que son âme allât dire aux siens qu'elle avait été bien traitée et les encourageât ainsi à venir se faire tuer à leur tour. Alors la tête de l'Ong Khan sourit – ou, selon Rachid al-Din, tira la langue, ce qui est plus merveilleux encore, mais ne repose que sur l'incompréhension du rite par l'auteur iranien. Le Tayang y vit un mauvais présage. Il prit la tête, la jeta par terre et la foula aux pieds. Mais les chiens se mirent à hurler : c'était pire, le hurlement des chiens annonçant immanquablement un désastre. Étrange anecdote : ce sourire et ce piétinement échappent totalement à notre sagacité.

CAMPAGNE CONTRE LES NAÏMAN

Le ralliement des Kereyit rendait Gengis Khan maître de la Mongolie orientale et septentrionale, et privait son rival Djamuqa de son principal appui. En revanche, la Mongolie occidentale, c'est-à-dire le pays des Naïman, lui échappait encore. Le christianisme y avait pénétré, mais son souverain, le Tayang Khan, demeurait selon toute apparence chamaniste : il avait une solide réputation de sorcier, parce que « les génies le nourrissaient d'aliments succulents ».

On aurait dit une terre d'asile que celle des Naïman. Vers elle étaient allés la plupart des vaincus qui n'avaient pas voulu accepter leur défaite et ceux qu'inquiétait maintenant le pouvoir grandissant de Temüdjin : un Djamuqa, un Toqto'a le Merkit, parmi bien d'autres. Cette situation aurait rendu la guerre inévitable entre Gengis Khan et ceux qui accueillaient ses pires ennemis, si la division de la Mongolie en deux États n'y avait elle-même suffi. Malgré leur force, les Naïman étaient inquiets. Ils ne manquaient pas de raisons de l'être. Après les

Merkit, après les Tatars, après les Kereyit, n'était-ce pas leur tour d'être vaincus par les Mongols ?

Ils cherchèrent des alliances. La seule qui leur parut possible fut celle des Öngüt, ces Turcs installés dans l'actuelle province du Chan-si (Shanxi), où ils gardaient les frontières chinoises pour le compte des Kin. Ils prirent langue avec eux, mais le souverain des Öngüt se hâta de prévenir Gengis Khan de leur demande. C'était se déclarer son allié. Il le fut, et le resta. On apprécia son geste, et l'on saura s'en souvenir quand le temps viendra de donner des récompenses. Les Öngüt représenteront un pion important sur l'échiquier mongol.

Les Naïman n'étaient puissants qu'en apparence. La famille régnante n'était pas unie et, depuis longtemps, maint de ses membres entretenait des relations plus ou moins étroites avec les Mongols. Le Tayang Khan croyait à la guerre et voulait la préparer. La reine mère en détournait, mais accablait les Mongols de son mépris : « Peut-être qu'en faisant venir leurs élégantes brus et filles et leur faisant laver les mains, nous pourrions leur faire traire nos brebis et nos vaches. » *Si vis pacem, para bellum.* Elle était de ces pacifistes dont la stupidité conduit aux catastrophes. Tayang Khan dit, recourant à cette phrase extraordinaire qui court tout au long de l'histoire des Turcs et des Mongols, qui resurgit de siècle en siècle dans une formulation presque inchangée et qui traduit parfaitement leur conception du monde : « Il peut y avoir au ciel un soleil et une lune, mais il ne peut y avoir qu'un seul roi sur la terre. »

A la fin de l'hiver 1203-1204, à l'issue d'une grande battue au gibier qui avait occupé les dernières semaines et entraîné son armée, Gengis Khan convoqua un *quriltaï* pour décider de la guerre. La plupart de ses généraux firent observer que l'époque n'était pas favorable, les chevaux étant amaigris par la mauvaise saison, et qu'il valait mieux attendre l'automne. Belgütei – il était donc revenu au conseil –, Daritaï, l'oncle de Gengis Khan, et Temüge, son plus jeune frère, se prononcèrent en revanche pour l'ouverture immédiate des opérations :

> « N'attendons pas leur offensive. C'est à nous de les surprendre. Les Naïman se sont vantés de nous enlever arcs et carquois. N'est-il pas bon qu'un homme, après sa mort, soit couché avec son carquois et son arc auprès de ses ossements ? Ils ne font que professer fanfaronnades en se disant qu'ils ont un grand empire et une population nombreuse. Comment le supporter ? Leur pays est riche en chevaux et en bétail. Tout cela est à nous ! »

Et, si l'on en croit le *Yuan-che*, Gengis Khan se serait alors exclamé : « Avec de tels compagnons, comment douterait-on de la victoire ? »

L'enthousiasme était utile, mais non suffisant. Avant de s'engager dans ce qui n'était pas une guerre tribale, mais une opération de grande envergure, une guerre aussi difficile que celle qu'on avait livrée aux Tatars, il fallait se préparer. Gengis Khan ne voulait rien laisser au hasard. Il dénombra ses hommes, inspecta leur équipement, nomma de nouveaux *noyan* pour commander les unités de mille, des centurions et des dizainiers. Il réorganisa sa garde, portant ses effectifs à 60 hommes pour le jour et à 80 pour la nuit...

Le 17 mai 1204, Gengis Khan fit déployer l'étendard, offrit un sacrifice au *sülde*, le génie protecteur de l'armée fixé dans la bannière à queue de yack ou de cheval, ce support d'âmes qui garantit la prospérité du groupe tant qu'il est intact. On l'abreuva du sang de prisonniers pour qu'il se nourrît de leur force et, surtout, pour qu'il prît le goût d'en boire, autrement dit pour lui communiquer l'ardeur à la guerre. Puis Gengis Khan partit en remontant la vallée du Kerülen, précédé de Djebe et de Khubilaï (qu'il ne faut pas confondre avec le futur grand empereur gengiskhanide qui portera le même nom), conduisant l'avant-garde. Sa progression fut lente.

Tayang Khan, de son côté, accompagné de Djamuqa, avançait à sa rencontre et établissait son camp près de la rivière Altaï, on ne sait pas exactement où, aux confins du Khanghaï. Un grand officier de Gengis Khan donna au Mongol des conseils de prudence et suggéra une ruse : « Nous sommes peu nombreux. Nos chevaux sont maigres. Allumons cinq feux pour chaque guerrier de façon à faire croire que nous sommes nombreux. » Le Tayang Khan s'y laissa prendre. Il dit à son fils Kütchlüg : « Leurs chevaux sont maigres, mais ils ont autant de feux qu'il y a d'étoiles dans le ciel ! » Il était d'avis de se dérober, selon la tactique des nomades, pour entraîner les Mongols à sa suite, les harceler, les épuiser et les surprendre dans quelque défilé des monts. Le fils se permit de traiter son père de vieille femme lâche. Des officiers prenaient parti pour lui et insultaient aussi le prince : « Tu as peur [...]. Il eût mieux valu que nous prissions l'impératrice pour nous conduire, car une femme aurait eu plus de cœur que tu n'en as. » L'orgueil blessé contraignit Tayang Khan à marcher. Il descendit le Tamir jusqu'au haut Orkhon, le franchit et atteignit la région d'Ulan Bator (Urga). Là, il rencontra les avant-gardes mongoles.

Au premier contact avec leurs escadrons, les Naïman se replièrent sur des escarpements. Le gros des forces gengiskhanides surgit. Tayang Khan demandait à Djamuqa qui se trouvait à ses côtés : « Quels sont ces gens qui poursuivent les nôtres ? » Et Djamuqa, en qui, tout traître qu'il était, parlait le sang mongol et en qui, tout parjure qu'il était, vivait le souvenir de sa fraternité avec Gengis Khan, ne pouvait s'empêcher de chanter les louanges de ses ennemis, et par là de terrifier son allié :

> « Ce sont les quatre chiens de mon *anda*, Djebe, Khubilaï, Djelme, Sübötéï. Ils sont nourris de chair humaine [...]. Pour fouets, ils ont des

sabres courbes. Ils boivent la rosée. Ils vont comme le vent. Dans la bataille, ils dévorent le corps des hommes. Les voilà détachés de leurs chaînes. La bave coule de leur bouche. »

Le Tayang frémissait, avec cette extrême sensibilité aux mots et aux images qui caractérise les semi-primitifs. Djamuqa pourra plus tard, à juste titre, se vanter de les avoir démoralisés. Certes, il ne s'exprima sans doute pas ainsi et il s'agit ici d'une reconstitution littéraire, mais elle rend bien le fond de sa pensée : ce sont déjà les phrases que la propagande mongole ne cessera pas de marteler pour terrifier la terre entière, établissant avec force, sinon avec vérité, la réputation d'anthropophage de ce peuple.

Tayang Khan avait peur. Il était d'ailleurs pressé de toutes parts et débordé. Il fit reculer ses hommes ou, plutôt, il les fit escalader les monts de degré en degré, et, à chaque pose dans l'ascension, il demandait encore : « Qui sont ceux-là ? » Et à chaque pose, comme s'il ne voulait pas qu'il fît front, Djamuqa déversait à nouveau sur lui le flot de ses paroles, écrivant un hymne à la gloire des futurs héros. Qui est-ce ?

> « C'est Djötchi-Qasar, le fils de la mère Hö'elün, nourri de chair humaine. Son corps est comme celui de trois hommes. Il mange en une fois un bœuf de trois ans. Il est vêtu d'une triple cotte de mailles. Il peut dévorer un homme tout entier. [...]. D'un bout à l'autre de l'horizon, sa flèche abat tout guerrier qui se présente. C'est un être surhumain. C'est Djötchi-Qasar. – Qui est-ce ? mais qui est-ce donc ? – C'est mon *anda*, c'est Temüdjin. »

On sent la volonté du narrateur d'excuser Djamuqa, de montrer que son cœur reste malgré tout mongol. Et c'est peut-être vrai. Comme naguère il n'a pas pu servir Toghril contre Gengis Khan, il ne peut, contre lui, servir le roi des Naïman. Il quitte son camp. Il déserte en plein combat. Il rejoint Temüdjin, ou du moins l'informe du désarroi de ses adversaires :

> « Tayang Khan perdant la tête par suite de mes paroles est monté en hâte sur des hauteurs, épouvanté [...]. *Anda*, attention ! Ils sont montés sur la montagne. Ils n'ont pas l'air de vouloir faire front. Quant à moi, je me suis séparé d'eux. »

La nuit vient. Les Naïman, juchés sur la montagne, cherchent à s'enfuir. Les sentes sont étroites par où il faut passer sans se laisser voir et dans la bousculade qu'amène tout repli devant l'ennemi. Ils s'égarent. Ils s'épuisent. Ils s'affolent. Beaucoup tombent dans des précipices. Quand le jour point, le Tayang Khan est tout couvert de blessures. Ses *nöker* disent : « Qu'au moins dans son dernier regard il nous voie bien mourir. » Ils se lancent dans la mêlée, cherchant à s'offrir aux coups. Ils montrent, avec le courage du désespoir, un spectacle admirable, et Gengis Khan l'admire. Il voudrait leur sauver la vie, mais il ne peut pas le faire contre leur volonté. Ils préfèrent mourir. Ils sont tués, armes à la main, jusqu'au dernier.

Quand le dernier fut tombé sur le champ de bataille, quand la défaite fut consommée, le pays naïman se soumit. Seul, têtu, irréductible, Kütchlüg, le fils du roi, qui s'était enfui avant le désastre final, s'obstina à tenir le maquis dans les lointains de l'ouest.

DERNIÈRES RÉSISTANCES

La Mongolie tout entière tombait aux mains de Gengis Khan. Il ne restait pour continuer la résistance que quelques chefs que ne soutenait même plus l'espoir : Toqto'a le Merkit et Djamuqa le Mongol. Le premier fut rattrapé dans la région de l'Altaï à l'automne de l'année 1204 ; vaincu, abandonné des siens, il alla rejoindre le Naïman Kütchlüg. Les Merkit se rallièrent : ils étaient las d'un combat qui durait depuis si longtemps et dont ils n'avaient tiré aucun profit. Ils furent amalgamés aux vainqueurs. Gengis Khan, poursuivant sa politique matrimoniale, s'allia avec le chef d'un des principaux clans, Dayirusun, en demandant en mariage sa fille, la belle Qulan.

Un officier fut chargé de la lui amener. Le voyage fut long. Il fallait se cacher, faire des détours, car le pays fourmillait de ces pillards qui sont les parasites des guerres. Aussi, quand il se présenta à Gengis Khan, celui-ci fut-il certain que l'homme avait abusé de Qulan. L'accusé protesta de son innocence : « J'ai constamment été fidèle au khan. Toujours je lui ai ramené de loin les plus belles filles et les plus beaux chevaux [...]. Si je l'ai touchée, que je meure ! » On envisagea de le mettre à la torture, tant on était persuadé qu'il mentait. Qu'on y regarde donc ! On regarda. La fille était vierge. Gengis Khan fit amende honorable : « C'est un garçon sûr. On peut lui confier des affaires importantes. »

Poursuivant Toqto'a, Gengis Khan arriva à l'Altaï. L'hiver survenait. C'était une saison propice à la guerre, mais non dans ces montagnes immenses, écrasées sous la neige et que, de surcroît, on ne connaissait pas. Il décida de surseoir aux opérations.

On les reprit quand le printemps fleurit (1205). Toqto'a et Kütchlüg ne tardèrent pas à être rejoints. On se battit sur un affluent du haut Irtych. Toqto'a fut tué d'une flèche. Comme on ne pouvait pas emporter son corps, ses fils lui tranchèrent la tête, à la fois pour qu'elle ne tombât pas comme trophée aux mains de ses ennemis et pour lui rendre les derniers devoirs. Kütchlüg s'enfuit dans la région de Bechbaliq et de Kutcha, d'où il gagna le Tchou, dans l'Empire qara-khitaï.

Les Naïman étaient plus civilisés – disons moins sauvages et plus teintés de culture – que, sinon les Kereyit, du moins les Tatars et les Merkit. Vivant aux confins des Ouïghours, ils avaient noué des relations avec eux, subi leur influence, notamment en adoptant leur écriture, et engagé certains de leurs administrateurs. Parmi le personnel qu'ils avaient recruté chez eux se trouvait un haut fonctionnaire ouïghour exerçant les fonctions de chancelier et que nous ne connaissons que par la transcription chinoise de son nom, T'a-ta T'ong-a. Fait prisonnier par les Mongols, il intéressa vivement Gengis Khan parce qu'il gardait avec lui le grand sceau en or du royaume. Le khan lui demanda à quoi pouvait servir cette pièce. L'Ouïghour lui expliqua que le sceau marquait les ordres de son maître pour garantir leur authenticité. Gengis Khan en comprit aussitôt l'importance. Il engagea le personnage à son service pour qu'il écrivît ses ordonnances et leur apposât le sceau dont il lui confia la garde. Depuis lors, cet objet fut considéré comme sacré par les Mongols. De plus, voyant toute l'utilité qu'il y avait à savoir écrire, il le pria d'enseigner cette science à ses quatre fils et de recruter pour lui plusieurs de ses compatriotes qui constitueraient l'embryon de son administration. Les Ouïghours exerceront une influence déterminante sur les Mongols : ils leur fourniront une chancellerie, qui bientôt se révélera nécessaire ; ils leur transmettront leur écriture, avec laquelle seront transcrits les mots mongols.

Saluons ! Avec T'a-ta T'ong-a, avant le déluge, arrive la colombe porteuse du rameau d'olivier. Le flot dévastateur pourra se répandre sur le monde, la promesse de salut est déjà là. Un sceau, ce n'est pas grand-chose, rien de plus que la branche fleurie de l'oiseau, mais c'est l'assurance que des décombres émergera une terre nouvelle. C'est la pierre angulaire, la première ancre sur laquelle s'arrimera l'arche.

UNIFICATION DE LA MONGOLIE

Rien ne permet de décider si c'est aussitôt après la mort de Toqto'a, comme le dit l'*Histoire secrète*, ou bien plus tard, en 1217, comme l'affirment Rachid al-Din et le *Cheng-wou T'sin Tcheng Lou*, que le général mongol Sübötei opéra contre les dernières bandes des Merkit qui voulaient encore mener campagne et mit fin à leur résistance. René Grousset inclinait à suivre Rachid al-Din, mais évoquait en même temps la haine tenace de Gengis Khan à l'égard de ceux qui avaient jadis enlevé Börte. Parce que Temüdjin n'était pas homme à négliger ses vengeances, et pour d'autres raisons encore, je pencherais plutôt pour la première version. Celle-ci prête à Gengis Khan un intéressant discours qu'il aurait tenu à Süböteï et qui reprend un symbole ancien et presque devenu un leitmotiv chez les Turcs : « Prends-les. S'ils s'envolent au ciel, fais-toi gerfaut. S'ils se cachent dans la terre comme des marmottes, déterre-les avec tes pieds. S'ils se font poisson, pêche-les au filet. » Et il conclut : « Épargne tes gens. Ne fais pas d'inutiles battues et punis ceux qui désobéissent. » Les Merkit furent poursuivis, traqués, tués. Le dernier fils de Toqto'a, conduit devant le khan, fut mis à mort malgré l'intervention de Djötchi-Qasar qui s'intéressait à lui.

Quant à Djamuqa, bien mal en point, ayant perdu tout espoir, réfugié dans les monts Tanglu avec ces cinq derniers hommes, il ne vivait que de rapines. Un jour qu'il avait tué un bélier sauvage ou un mouflon et qu'il le mangeait, il dit à ses compagnons qui ne cessaient de se plaindre : « Estimez-vous heureux de pouvoir manger du mouflon, alors que tant de gens doivent se contenter de mets plus médiocres. » Mais ils n'étaient pas de cet avis : leur sort ne leur paraissait pas enviable. Croyant que Djamuqa se moquait d'eux, ils se jetèrent sur lui et le livrèrent à Gengis Khan. Comme ils auraient dû s'y attendre, ils n'en furent pas récompensés. Outré de ce qu'ils eussent trahi leur maître légitime, le souverain les fit mettre à mort.

Après tant d'amitié et tant d'animosité, la rencontre entre le vainqueur et le vaincu ne devait pas manquer de pathétique. L'un était découragé, arrivé à ce point où l'âme n'aspire plus qu'à la mort. L'autre se rappelait les jours heureux de leur jeunesse. Gengis Khan proposa de tout oublier et ouvrit ses bras à son *anda*. Comment le frère parjure aurait-il pu s'y jeter ? Qu'on lui pardonnât ne suffisait pas : il aurait fallu qu'il s'absolve lui-même. Or il ne le pouvait pas. Son échec ne lui permettait pas de refouler ses remords comme il eût pu le faire dans le succès. C'était un traître, certes, un ambitieux, un homme faible et versatile, mais il ne devait pas manquer de qualités – sinon, comment Gengis Khan l'eût-il aimé ? Devant l'amitié qui lui était offerte et qu'il méritait si peu, il montra une noblesse certaine. Il tint un long discours que l'*Histoire secrète* charge d'une réelle beauté :

> « En me souvenant de tout cela, je deviens rouge de honte et je n'ai pas le courage de regarder mon *anda*. Tu m'offres de redevenir ton compagnon, mais je sens que ce n'est plus possible [...]. A cause de moi, tu ne dormirais plus jamais tranquille [...]. En tout, tu m'as dépassé. Maintenant, il faut que je meure sans tarder pour que ton cœur soit en paix. Mais tue-moi sans verser mon sang, ô *anda* ! A cette condition, je procurerai jusqu'au petit-fils de tes petits-fils une protection et je serai pour eux une éternelle prière. »

La prescription de ne pas verser le sang des animaux, des « religieux » – c'est-à-dire des hommes possédant des accointances avec les esprits et les dieux – et des puissants ou, comme on le dit souvent, des membres de la famille royale, est ancienne et très générale dans le monde turco-mongol, et elle survivra, au moins à titre de souvenir, jusqu'à l'époque contemporaine et même dans des formations politiques qui auront renoncé à leurs coutumes pour embrasser l'islam. On l'a relevée de nos jours dans la Sibérie chamaniste, je l'ai moi-même observée dans les tribus très conservatrices d'Anatolie, et, dans l'Empire ottoman, il était de règle de mettre à mort les princes en les étranglant avec une corde d'arc. C'est que le sang est sacré, considéré comme une âme ou comme un de ses sièges, et que la survie dans le Ciel (pour les humains) ou sur la terre (pour les animaux qui, en quelque sorte, se réincarnent) dépend à la fois du sort qui lui est réservé (il doit impérativement demeurer dans le corps) et des soins que l'on accorde aux os (qui ne doivent pas être brisés). Sauf au combat, car la guerre valorise tout, la mort sanglante est celle qu'on redoute le plus. Quand on exécute quelqu'un, ne pas répandre son sang signifie lui manifester son respect ; en retour, on peut attendre de la victime qu'elle entre, dans l'au-delà, au service de son meurtrier et devienne son génie protecteur. C'est immanquable, semble-t-il, quand elle s'offre volontairement aux coups. C'est la raison pour laquelle la mort de Djamuqa est présentée comme un auto-sacrifice, à la fois d'expiation et de rachat.

On le mit à mort sans répandre son sang et on célébra ses obsèques.

Il serait intéressant de savoir pourquoi Rachid al-Din donne une version entièrement différente de la mort de Djamuqa : à l'entendre, il aurait été dépecé – ce qui, autant que je sache, est un mode d'exécution inconnu des peuples de la steppe et fait appel à de vieilles conceptions cosmogoniques presque universelles dont je n'ai pas davantage trouvé trace dans les mythologies altaïques. Peut-être évoque-t-il quelque rite chamanique de mort et de résurrection en rapport avec le squelette qu'il n'aurait pas bien compris et qui aurait eu pour raison d'être de grandir Djamuqa, dont il transmet par ailleurs une image somme toute très élogieuse.

La mort presque simultanée de Toqto'a et de Djamuqa faisait disparaître les deux seuls personnages de quelque surface qui n'avaient pas encore été éliminés. La défaite des Naïman réduisait de même le dernier peuple indépendant de la Mongolie. Il n'y avait plus ni homme, ni tribu, ni prince qui fût à même de s'opposer à Gengis Khan. Il était vraiment khan, et l'on aurait pu dire grand khan, comme le seraient ses successeurs, si cette expression n'était pas alors anachronique. Pour l'horizon borné des Bordjigin, il était bien devenu vaste comme l'océan. Mais, au fur et à mesure qu'il s'était avancé vers l'Orient ou vers l'Occident, il avait vu le ciel s'élargir, il avait mieux pris conscience de l'ampleur du monde. S'il voulait devenir lui-même à ses mesures, il devait aller beaucoup plus loin, jusqu'à cette ligne qui semblait limiter la vue, mais qui n'en finissait pas de reculer devant qui marchait vers elle. Il allait pouvoir commencer la conquête de la terre.

Ce n'était plus un jeune homme. Il avait épuisé sa belle jeunesse et les meilleures années de sa vie, tout d'abord à survivre, puis à s'imposer aux siens et à ceux qui n'étaient pas des siens, mais vivaient près de lui et appartenaient à son univers familier. Il avait cinquante ans s'il était bien né, comme nous le pensons, en 1155. Il lui en restait vingt et un à vivre.

DEUXIÈME PARTIE

Le conquérant du monde

Dieu m'a dit : J'ai donné à Temüdjin et à ses enfants toute la surface de la terre.

KÖKÖTCHÜ, Grand Chaman.

Les Tartares, fils de l'enfer, surgissent tout à coup comme la colère divine ou l'éclair.

FRÉDÉRIC II, empereur, lettre à Henri III d'Angleterre.

CHAPITRE VI

Fondation de l'Empire

LE *QURILTAÏ* DE 1206

Gengis Khan était devenu le maître de la Mongolie. Il avait mis longtemps à y parvenir. Nous éprouvons parfois quelque difficulté à comprendre que la conquête du pouvoir lui ait demandé tant de peines et qu'il paraisse en avoir eu si peu à le conserver et à étendre son empire aux quatre coins du monde, bref, qu'ensuite tout lui ait été si facile. C'est que nous ignorons les mécanismes qui régissent les empires des steppes. Chez les « barbares du Nord », s'imposer était le plus difficile. Une fois ce point acquis, on n'avait plus guère à craindre les trahisons, les ingratitudes, l'inconstance des foules. Le serment solennel qui liait les masses au chef, chez ces gens habitués à renier leurs paroles, était de ceux sur lesquels on ne revenait pas. Il unissait, de par la volonté du Ciel et sous sa terrible garantie, qui commandait à qui obéissait, au point qu'il n'y avait plus qu'un être. Pour que l'un disparût, il fallait que l'autre disparût aussi. On disait indifféremment, pour évoquer la fin d'un peuple, qu'on l'avait tué ou qu'on avait mis à mort son *qaghan*. Et pour éviter que tout ne reposât sur la vie d'un seul, que pouvait éliminer une flèche égarée ou le crime d'un fou – un vrai suicide –, le sentiment monarchique était assez fort pour reporter sur la famille ce qui aurait pu n'aller qu'au chef. L'échec seul, quand il était cuisant, définitif, et parce qu'il amenait la mort, pouvait rompre les liens. On disait alors : « Il mourut, car il n'était plus aimé du Ciel », ou bien : « Dieu, le Ciel, ne lui avait pas renouvelé son mandat. »

Il restait à Gengis Khan à donner une assise légale à son pouvoir. Au printemps de 1206, une grande assemblée, un *quriltaï*, fut convoquée sur les rives de l'Onon. Ses proches, les chefs des clans et des tribus qui avaient reconnu sa suprématie, y assistèrent. On hissa le *tugh*, le *tugh* blanc *(tchagan)*, l'étendard à neuf queues de yack ou de cheval dont l'étoffe, selon Meng-hung, portait en son centre l'image d'une lune noire.

Pour le reste, on est mal renseigné sur ce qui s'y passa, mais on n'a guère de mal à imaginer les fastes sauvages de cette solennité. Ce dut être un spectacle inouï que cet immense rassemblement de yourtes blanches ou bigarrées, aux formes si harmonieuses, ces *tugh* plantés dans le sol, ces milliers de chevaux errant autour du camp, avec le bruit étourdissant des tambours, l'ivresse de l'alcool et l'excitation populaire. On dut y pratiquer ces rites que nous verrons plus tard aux *quriltaï* qui désigneront les Grands Khans ses successeurs, à ceci près – sauf si l'on évoqua fictivement la parenté de Gengis Khan avec les anciens souverains mongols – qu'il n'y eut ni référence dynastique, ni surtout – et ce point est essentiel – débat sur le choix de celui auquel on allait donner le pouvoir.

La première démarche de l'homme que les suffrages avaient désigné était de refuser à plusieurs reprises l'honneur qui lui était fait, ainsi que nous l'avons vu lors de la première intronisation de Gengis Khan, avant que de sembler céder aux sollicitations. Alors les assistants se levaient, retiraient leur chapeau, suspendaient leur ceinture à leur épaule pour signifier qu'ils se soumettaient, renonçaient à toute préro- gative, abandonnaient leur liberté. Un des membres de la famille impériale, ou l'un des grands, prenait la main droite de l'élu, un autre sa main gauche, un troisième sa ceinture, et tous ensemble le condui- saient au trône pour qu'il s'y assît. On lui présentait la coupe et, quand il avait bu, chacun buvait à son tour. Puis tous s'agenouillaient ou, plutôt, ployaient neuf fois le genou, comme s'ils l'adoraient. A un moment ou à un autre, on le plaçait sur un feutre blanc avec son épouse, la *qatun*, et on les élevait en l'air « pour les présenter au Ciel ». Ainsi les anciens Gaulois hissaient-ils leurs chefs sur le pavois.

Certains auteurs ont nié que cette élévation, bien attestée à une date antérieure, ait été encore pratiquée en ce début du XIIIᵉ siècle. Elle n'est en effet pas explicitement décrite, mais on voit mal comment elle serait tombée en désuétude pour revenir plus tard dans les usages, tant avec Tamerlan qu'avec Babur, le fondateur de l'empire des Indes. De sur- croît, elle est mentionnée par Simon de Saint-Quentin et par Hethum, l'historien arménien. Ce dernier, interrogeant les Mongols à ce propos, s'entendra répondre qu'il s'agissait d'une tradition remontant à Gengis Khan.

Moins certain est le serment sur l'épée que d'aucuns signalent en ces termes : « Ils mettent une épée devant le khan qui déclare : "Mon commandement sera mon épée." » Je ne saurais dire s'il engageait le souverain promettant fidélité à son peuple ou le peuple jurant fidélité à son souverain.

Quand la cérémonie était achevée, commençaient les « réjouis- sances », qui duraient plusieurs jours. Sans doute comprenaient-elles toutes celles qui passionnaient les nomades : luttes, courses de chevaux, combats d'animaux... On mangeait et on buvait à en rendre l'âme.

En dehors même des incertitudes relatives à son déroulement, le *quriltaï* de 1206 n'est pas sans soulever maintes questions. Elles portent surtout sur les liens qu'il faut établir entre cette cérémonie et celle, antérieure, au cours de laquelle Temüdjin avait été élu khan pour la première fois. S'agissait-il seulement de confirmer la première consécration ? Jugeait-on que celle-ci avait été annulée par l'élection de Djamuqa, qui avait été parfaitement légale ? Voulait-on plutôt, comme nous inclinerions à le croire, porter Gengis Khan à un niveau plus élevé et lui donner une autorité plus étendue que celle qu'il avait obtenue auparavant ? Il avait naguère été élu souverain des seuls Mongols, alors qu'il l'était maintenant de tous les peuples de la Mongolie. Si tel est le cas, on peut envisager qu'on lui ait décerné un nouveau titre, supérieur au précédent, peut-être celui de *qaghan*, mais Paul Pelliot et quelques autres ont avancé de solides arguments pour affirmer qu'il ne l'avait jamais porté. Il est vrai qu'il ne recherchait guère les titres ronflants, et qu'il répugnera à la titulature ampoulée et sonore que lui proposera sa chancellerie ouïghoure ; mais il ne pouvait ignorer que les anciens maîtres de la Mongolie s'étaient nommés ainsi dès que leur pouvoir avait été assez étendu pour qu'ils pussent y prétendre. On peut au moins admettre, avec le *Yuan-che*, que c'est seulement alors qu'on le désigna comme « océanique », *tchinggis*, et qu'il devint Gengis Khan.

Il n'est pas aisé de déterminer s'il entendait tenir sa puissance et son autorité de lui-même, du peuple, de l'aristocratie ou de la seule volonté divine. Le système électif semble le faire dépendre des grands, les électeurs, mais eux-mêmes émanent de leurs gens, la chefferie ne paraissant pas strictement héréditaire. *Vox populi, vox Dei* ? Peut-être, ou plutôt, comme dans les conclaves qui élisent les papes, les grands sont inspirés par Dieu. Un vieux général turc, faiseur de khans, l'avait jadis proclamé : « Je dis : vais-je le faire *qaghan* ? Je réfléchis [...]. Puis, parce que Tengri me donna la sagesse, moi-même je le sacrai *qaghan*. » C'est qu'il était dans la norme que le souverain fût considéré comme « venu du Ciel », « envoyé par le Ciel », « semblable au Ciel », comme « ayant reçu [de lui] son mandat et agissant en [son] nom », qu'il se dît « divin » ou « céleste ». On parlait, chez les anciens T'ou-kiue, du « divin Bilge qaghan », et, chez les Ouïghours, on appelait le prince « mon divin khan ». C'était le Ciel qui l'instituait, qui lui donnait l'Empire : « Tengri qui donne l'Empire, ce Tengri m'établit moi-même comme *qaghan* », disait un prince dans les inscriptions paléo-turques de l'Orkhon.

Il n'y a aucune raison de croire que ces concepts se développèrent tardivement dans la pensée gengiskhanide ou dans celle des Mongols.

Ils appartenaient en effet à leur héritage. Après la victoire contre Toghril, Gengis Khan, nous l'avons vu, avait parlé comme l'auraient fait tous ses ancêtres quand il s'était écrié : « C'est avec l'aide et la protection de l'Éternel Tengri que j'ai vaincu les Kereyit et atteint le rang suprême. » De pareilles déclarations, il aura bien souvent l'occasion de les rééditer, et ses successeurs après lui.

Les mythes établissant l'origine surnaturelle de Gengis Khan, qu'ils fussent ou non déjà formés et divulgués, étaient au moins en gestation. Temüdjin se croyait issu de Dieu. On l'a longuement nié, avec Paul Pelliot, bien que la croyance soit banale, et on a nié plus fermement encore que quiconque en dehors des Chinois, habitués à ce que leurs empereurs fussent des Fils du Ciel, ait pu se laisser convaincre par cette très incertaine foi, si d'aventure il l'avait eue, sous prétexte qu'elle n'était pas exprimée dans les sources mongoles, mais seulement sous la plume des étrangers. C'était faire bon marché des témoignages de Simon de Saint-Quentin qui écrivait *Chingiscan filius Dei*, de Kiragos disant que les descendants de Djötchi étaient considérés comme « des fils de Dieu », pour ne pas parler des affirmations de Baïan le Ba'arin recueillies par le *Yuan-che*. Une découverte récente enlève aujourd'hui tout doute à ce sujet. Dans une lettre envoyée à Saint Louis, Hülegü, vice-roi d'Iran, écrivait en toutes lettres : « Tengri s'est adressé à notre aïeul Gengis Khan [...] son fils. »

LE GRAND CHAMAN KÖKÖTCHÜ

Un rôle important échut, dans le *quriltaï* de 1206, au grand chaman Kökötchü qui avait pour nom sacerdotal Teb-Tenggeri, où *teb* est une particule de renforcement accolée à *Tenggeri* (forme mongole de *tengri*) et donnant le sens de « très divin », « très céleste »*. Cet homme était le quatrième des sept fils de Mönglik-Etchige, « le père Mönglik », auquel Yesügeï mourant avait confié Temüdjin, qui l'avait plus ou moins délaissé, puis l'avait rallié et lui avait rendu le service signalé de l'empêcher de tomber dans le piège tendu par les Kereyit au moment de la malheureuse affaire du mariage manqué. C'était non seulement un chaman fameux, mais un grand chaman, un pontife.

Il jouissait de pouvoirs remarquables. Il avait l'habitude « de se promener nu dans les déserts et les montagnes au plus dur de l'hiver mongol » (Djuvaïni), « de s'asseoir au milieu des rivières glacées dont sa chaleur faisait fondre la glace au point que de la vapeur s'élevait de

---

* Et non, contrairement à l'intelligente mais irrecevable hypothèse de F. W. Cleaves, un ancien *tev* signifiant « savant », « habile ».

l'eau » (Rachid al-Din). Comme tout chaman, mais avec une autorité plus grande qu'aucun d'entre eux, il donnait des informations sur ce qui était inconnu et sur ce qui arriverait dans le futur. Il disait : « Dieu parle avec moi et m'élève jusqu'au ciel. » Rachid al-Din évoquera ses dons en racontant qu'il s'envolait dans les nuées monté sur un cheval blanc. Cela signifie que, comme tout chaman, il exerçait ses fonctions chamaniques, accomplissant le voyage cosmique avec l'aide d'esprits auxiliaires et malgré les embûches des esprits hostiles ; ou encore, plus simplement, qu'il était en relations étroites avec l'au-delà et, parce qu'il était grand, parce qu'il était un pontife, avec Dieu lui-même.

Kökötchü, dont la famille était liée de longue date à celle de Gengis Khan, en dépit des vicissitudes de leurs rapports, avait annoncé, « faisant par miracle connaître les événements », que le Ciel avait la volonté que Temüdjin régnât, que par sa propre voix il s'était adressé à Gengis Khan en ces termes : « Je t'ai mis à la tête des peuples et des royaumes et j'ai fait de toi le roi de la terre tout entière », et qu'Il lui avait choisi son nom : « Je l'ai nommé Tchinggis Qan. » En somme, il prétendait que la filiation divine de Gengis Khan passait par lui et dépendait de lui. C'était, à tout le moins, établir ou préciser les relations privilégiées de Dieu et du souverain, ces relations qui allaient de soi, comme nous venons de le dire, mais qu'il n'était pas inutile de mettre en évidence et de relier au chamanisme par la personne du grand chaman.

Dès lors, les Mongols se trouvaient parfaitement autorisés à dire qu'ils agissaient « par la force du Ciel éternel et par le *su* de l'empereur », mot que les Latins traduiront par *virtus* et qui désigne la « fortune divine », l'âme impériale. Ils étaient obligés de considérer que les ordres du khan étaient ceux de Dieu même, et ils ne manquaient en effet pas de dire parfois : « Le commandement de Tengri l'Éternel a été donné à Gengis Khan. » Qu'importe alors l'intervention des messagers divins puisque, dans la conscience profonde du peuple, malgré celle-ci, la volonté céleste s'exprimait par une étroite communion entre le prince et le Ciel, par la « pression divine », c'est-à-dire par le jeu de ressorts psychologiques.

Il n'est pas impossible qu'une autre tradition ait existé, sinon à propos de la désignation de Gengis Khan par le Ciel, du moins en ce qui concerne le choix de son nom, puisqu'une source tardive comme Sagang Setchen s'en fait l'écho et qu'il serait douteux que celui-ci l'ait inventée. Selon cet auteur, une alouette serait venue trois matins de suite se poser sur une pierre devant la porte de Temüdjin et l'aurait appelé Tchinggis. De même, pour Hethum l'Arménien, ce serait un chevalier armé montant un cheval blanc qui aurait ordonné à Gengis Khan, au nom de Dieu, de libérer les Mongols et de devenir leur roi. Nous serions tenté de voir dans ces récits, et dans d'autres qui vont dans le même sens, de vaines tentatives pour réduire le rôle du puissant chaman. On peut cependant admettre aussi que les informateurs se sont inspirés des multiples histoires comparables qui touchent à l'adoption du *yasaq*, la loi fondamentale des Mongols : selon les uns, il aurait été apporté du Ciel par un ange aux ailes d'or ; selon les autres, par un aigle.

LE *YASAQ*

Le code des lois gengiskhanides, le *yasaq*, parfois transcrit *yasa* et plus rarement désigné par le mot turc *yarliq* (au sens propre « décret », « ordre »), a dû progressivement s'enrichir à mesure que des problèmes nouveaux se posaient, mais son noyau était certainement constitué en 1206 quand il reçut, comme le souverain, une consécration officielle. Dater sa promulgation de 1219, c'est refuser de voir l'évidence, à savoir qu'il n'est – sous réserve de dispositions politiques et militaires en effet peut-être tardives – que la codification des traditions, des lois et des interdits, souvent millénaires, des peuples de la steppe. La seule grande innovation, mais elle est capitale, tient à la suppression de l'organisation tribale et des prérogatives que celle-ci impliquait.

Le *yasaq* ne nous a pas été conservé, ce qui ne laisse pas d'étonner quand on sait à quel point les Mongols y accordaient de l'importance, y étaient attachés et jugeaient criminel de ne pas l'observer. Rachid al-Din, rapportant la réponse de chefs mongols à Özbeq, khan de la Horde d'Or (Qiptchaq) converti à l'islam et cherchant à le propager, montre qu'il était considéré à l'égal d'un livre saint et avait pour eux une valeur religieuse*.

Il ne nous est pourtant pas totalement inconnu. On en trouve des fragments dans Rachid al-Din et, en nombre plus réduit, dans Bar Hebraeus, Mirkhond, voire dans les récits des voyageurs occidentaux. Maqrizi, pour sa part, a cru le donner en entier, mais n'en cite en réalité qu'une partie. Tous savent en tout cas sa force impérative. Touchant à tout, réglementant tout, il était la référence essentielle. Les Mongols sentaient profondément, et ils n'avaient pas tort, qu'il était le fondement même de leur société, qu'il garantissait leur personnalité et que l'abandonner était s'abandonner soi-même.

Comme il couvrait la totalité de la vie des hommes, dont il fixait l'éthique, le comportement dans la vie privée, familiale et sociale, en temps de guerre et en temps de paix, pour le sacré et pour le profane, on peut dire que chaque action que l'on accomplissait ou dont on s'abstenait dépendait de lui. Ce sont souvent ses aspects les plus

---

* Voir *infra*, p. 443.

pittoresques – en apparence les plus anecdotiques, mais qui ne manquaient pas d'être contraignants et d'avoir leurs conséquences – qui
retinrent prioritairement l'attention des observateurs. Ils se plurent à
souligner, probablement sans être exhaustifs, les interdits relatifs à
l'eau, dans laquelle on ne devait ni uriner, ni s'immerger pendant le
jour, ni laver ses vêtements si elle était torrentueuse, et qu'on ne
pouvait pas verser sur de la vaisselle en or ou en argent ; ceux relatifs
au feu, dans lequel il ne fallait pas introduire une lame « pour ne pas
le couper », et d'autres semblables, irrationnels, comme de ne pas
déployer ses vêtements lavés sur la plaine, ne pas s'appuyer sur une
cravache, ne pas frapper un cheval avec la bride, tous interdits que
nous aurons parfois l'occasion de rencontrer.

La loi morale éveilla aussi largement l'intérêt, soit qu'elle différât de
celle des observateurs et leur parût en conséquence cocasse ou scandaleuse, soit au contraire qu'elle leur rappelât leur propre éthique :
punition sévère du meurtrier, du voleur de chevaux, du violeur de
vierges, de l'adultère tant homme que femme, étant entendu que le
premier n'était coupable que s'il entretenait des relations sexuelles avec
l'épouse d'un autre ; coutumes matrimoniales fort complexes, puisque
fondées sur la polygamie et le libre commerce avec des concubines,
mais reconnaissant une épouse, la première, comme seule « dame »
(qatun), et ses enfants comme seuls légitimes.

Ce qu'il y avait de plus intéressant et de plus novateur dans le *yasaq*
échappait davantage à la sagacité – relative – de ceux qui n'en vivaient
pas. Outre ce qui relevait du règlement militaire très strict (la sentinelle
inattentive, par exemple, méritait la peine de mort) et qui permit de
forger une troupe sans égale, deux prescriptions devaient orienter de
façon décisive l'Empire mongol et le sort d'une partie de l'Asie, même
après sa disparition. L'une, qui concernait également l'armée, exigeait
le respect sans réserve au chef et l'obéissance à ses ordres, obéissance
aveugle, aussi totale que celle d'un esclave – ou, pour mieux dire, d'un
cheval ou d'un chien – à son maître. L'autre édictait le mépris de la
ville et l'attachement au nomadisme. Quant à la loi de tolérance, qui
plus encore que les autres sera un des facteurs essentiels de l'Empire,
il n'est pas évident qu'elle ait été inscrite dans le *yasaq*. Aucune loi
n'ordonne ce qui va de soi. On n'exige pas de l'homme qu'il mange,
qu'il boive et qu'il dorme. Nous sommes autorisés à croire qu'on
n'avait pas à prescrire au Mongol de respecter les convictions des
autres. C'était un besoin inné en lui, tout comme celui de respirer.

ÉLOGES ET NOMINATIONS

Un des moments les plus pathétiques du *quriltaï* fut celui où Gengis Khan, se penchant sur son passé, fit l'éloge de ceux qui l'avaient secouru dans sa détresse, qui l'avaient aidé quand il était faible, qui lui étaient demeurés fidèles. Il montrait qu'il n'avait rien oublié et qu'il était capable de reconnaissance. C'est souvent plus par des mots prononcés en temps opportun que par des récompenses que l'on s'attache les cœurs. Gengis Khan n'était chiche ni de ceux-ci ni de ceux-là. De chacun il soulignait les qualités et les mérites, à chacun il disait ce qu'il fallait dire. « Voici Qunan qui a la vigilance du loup mâle ! Voici Boroqul, Muqali, Bo'ortchu, Tchila'un bagatur, mes quatre chiens féroces ! Voilà Sorqan-chira qui m'a caché, sauvé, rendu la liberté ! » Il eut des mots particulièrement affectueux pour les enfants adoptés par Hö'elün, Chiqi Qutuqu, Boroqul, Kütchü et Kökötchü : « Vous m'avez déjà remboursé en fidélité le bienfait des soins que ma mère vous a donnés. » A Qortchi, qui avait méprisé le commandement d'un *tümen* et qui avait souhaité recevoir trente jolies filles et avoir l'oreille du khan, il dit : « Voici les meilleures femmes et les meilleures vierges de ce peuple qui a fait soumission. Choisis trente d'entre elles. »

Il procéda à de nombreuses nominations à des postes d'honneur ou de responsabilité. Il créa maints *tarkhan* dotés de privilèges inouïs. Chiqi Qutuqu, qui se plaignait de n'avoir pas été assez récompensé, fut appelé par Gengis Khan son sixième frère et reçut les fonctions de grand juge :

> « Maintenant que j'ai établi mon pouvoir sur tous les peuples, tu seras mes yeux et mes oreilles. Que nul ne contrevienne à tes décisions. Juge toutes les affaires de vol et de tromperies. Punis de mort ceux qui le méritent. Absous ceux qui doivent l'être. Après avoir tranché, inscris ton jugement sur les cahiers bleus. »

Une tradition tardive (Sagang Setchen) mais touchante, qui montre peut-être ce qu'était Gengis Khan et sûrement comment on le vit, veut qu'en distribuant postes et éloges il ait oublié Bo'ortchu. Börte lui en fit le reproche. « Je n'ai fait que paraître l'oublier pour confondre les envieux et je suis certain que, même en ce moment où il pourrait me croire ingrat, il dit encore du bien de moi. » On alla épier sa conversation. Bo'ortchu répondait à sa femme, moins désintéressée que lui et qui se plaignait amèrement : « Ce n'est pas pour des récompenses que je sers le khan. Même s'il me laissait mourir de faim, je continuerais à le servir de toutes mes forces. » Gengis Khan, rayonnant de joie, déclara le lendemain en public : « Écoutez bien ! C'est lui que j'élève au-dessus de tous. »

Ensuite il réorganisa l'armée. Il conserva l'antique division en corps de 10, 100, 1 000 et 10 000 hommes (*tümen*), mais en mêlant au sein de mêmes unités des gens issus de tribus différentes, voire déjà des membres de peuples non mongols ralliés. Il créa 93 commandants de milliers, parmi lesquels on trouve Muqali, Mönglik, Bo'ortchu, Qortchi, Djelme, Boroqul, Sorqan-chira, Djebe, Süböteï, bref, tous ceux que nous avons déjà rencontrés et que nous rencontrerons encore, et même un Öngüt. L'armée fut divisée en aile droite, aile gauche et centre. A sa garde, il accorda tous ses soins :

« Jadis, dit-il, je n'avais que 70 gardes de jour et 80 gardes de nuit. Maintenant que Tengri m'a ordonné de gouverner toutes les nations, il faut que l'on recrute [...] 10 000 archers et autres pour être ma garde personnelle. Ces hommes qui seront attachés à ma personne doivent être levés parmi les fils de nobles (*noyan*) ou d'hommes libres (*tarkhan*) et doivent être agiles, bien bâtis et intrépides. »

Il les choisit tous personnellement et s'octroya le droit exclusif de les punir si nécessaire. La garde fut répartie en quatre sections, dont chacune restait en service trois jours et trois nuits. Nul ne devait chercher à savoir l'heure des relèves. Des règles strictes furent édictées pour la surveillance nocturne de la tente du khan : une fois le crépuscule tombé, les veilleurs de nuit devaient arrêter toute personne en approchant et nul ne pouvait y entrer sans être escorté par un soldat. La discipline était sévère. Celui qui ne se présenterait pas au moment de prendre son service recevrait trente coups de fouet la première fois, soixante-dix la deuxième, et la troisième, plus énergiquement battu encore, il serait expulsé de son corps : les châtiments corporels n'avaient rien d'humiliant et c'est pourquoi Gengis Khan les utilisait, car il avait le plus grand souci de ne pas blesser la susceptibilité de ceux qui le servaient.

Si la discipline était dure, les privilèges étaient exorbitants. Les hommes de la garde occupaient un rang égal à un chef de millier s'ils étaient combattants, à celui d'un centurion s'ils ne combattaient pas. Ils formaient non seulement un corps d'élite, mais aussi une pépinière de cadres supérieurs : la plupart des généraux en seront issus, de telle sorte que tous les commandants d'unité auront été éprouvés par Gengis Khan et entretiendront avec lui des rapports souvent intimes.

Les princes, *noyan*, constituaient la haute aristocratie. C'étaient tous les membres de la famille de l'empereur, y compris les enfants de ses frères, et, semble-t-il, un certain nombre d'autres personnages éminents. Les *tarkhan* formaient une noblesse de plus commune extraction, à laquelle on accédait non par la naissance, mais par le mérite. Non seulement ils étaient exemptés de taxes, mais ils avaient le droit de conserver tout le butin qu'ils faisaient. Ils pouvaient se présenter chez Gengis Khan à toute heure. Ils n'étaient responsables qu'après avoir commis neuf fautes. Aux fêtes, ils occupaient des places d'honneur et recevaient un gobelet de vin.

A cette époque où sa puissance vient tout juste d'être établie, et malgré le dévouement sans bornes de ses fidèles, Gengis Khan doit encore compter avec des hommes qui n'ont pas perdu leurs réflexes tribaux, qui veulent bien reconnaître un maître – comment pourraient-ils faire autrement ? – mais qui entendent converser avec lui. Ils veulent être associés aux décisions. Ils les discutent. Tout en sachant le temps que font perdre ces palabres, et qu'elles ne servent à rien, le souverain les accepte. Il explique. Il se justifie. Comme le fait que les gardes de nuit soient exemptés de campagnes militaires suscite des murmures, il réplique :

> « Les gardes de nuit veillent sur ma vie d'or. Quand nous allons à la chasse au faucon et faisons des battues, ils se donnent de la peine en même temps que moi. Étant chargés de l'administration du camp (*ordu*) quand celui-ci transhume ou est en repos, ils prennent soin des chars. Passer la nuit à veiller sur ma personne, est-ce facile ? Prendre soin des chars qui portent les tentes quand le camp transhume ou est établi, est-ce aisé ? »

Et il conclut : « Voilà pourquoi nous avons décidé qu'ils n'aillent pas en expédition armée. »

INVENTION DE LA MONGOLITÉ

Ces promotions, cette organisation annoncent un grand fait historique : l'unification militaire, politique et morale de la Mongolie, la naissance d'un peuple.

Nous avons déjà dit que le nom « Mongol » n'était pas inconnu de l'histoire, mais qu'il n'avait acquis un statut officiel que sous le khan Qutula, avant de disparaître à nouveau. C'est au cours du *quriltaï* de 1206 qu'il redevint à l'honneur et c'est seulement alors qu'il fut utilisé comme terme officiel, sans qu'on puisse bien dire s'il désignait uniquement les mongolophones ou s'il s'étendait à tous les peuples de la Mongolie, y compris aux turcophones. Il se chargea d'une forte connotation valorisante, et le porter fut ressenti par tous comme un honneur. Aussi réfuterons-nous à nouveau la théorie selon laquelle l'Empire fut essentiellement une affaire de nobles et laissa le peuple indifférent. Tout prouve au contraire que celui-ci y fut étroitement associé. Si l'empereur et sa famille étaient divins, tous les Mongols l'étaient en quelque sorte aussi, au moins de par la grâce du prince, puisque, à l'instar des anciens Turcs qui s'étaient qualifiés de « bleus », c'est-à-dire de « célestes » (les *Kök Türk*), ils se diront « Mongols bleus », « Mongols célestes » *(Köke Mogghol)*. Ce fut « le Grand Peuple des Mongols », ou « le peuple des Grands Mongols », comme je le croirais plutôt du fait de la résurgence de l'expression en Chine en 1516, à l'époque ming, et en Inde, également au xvie siècle, avec les Timourides qui fondèrent l'empire portant ce nom. Il semble en effet n'y avoir aucune raison de traduire de la première façon plutôt que de la seconde l'expression *yeke mongol ulus*, assez fréquemment employée et qu'on lit notamment sur le sceau du Grand Khan Güyük, malgré la version latine de Guillaume de Rubrouck « *Per magnum mundum Moallorum* ».

LA CONQUÊTE DE LA SIBÉRIE MÉRIDIONALE

Quelque temps après la tenue du *quriltaï*, en 1207, Gengis Khan confia à son fils aîné Djötchi l'aile droite de l'armée pour aller soumettre les tribus forestières du Nord. Pourquoi s'engagea-t-il dans cette opération qu'il savait ingrate et difficile ? Cherchait-il seulement à occuper une partie de ses hommes ? Craignait-il une brusque irruption de ces peuples sauvages et misérables qui habitaient la Sibérie (l'histoire prouve qu'elles n'étaient pas rares) ? Convoitait-il les précieuses fourrures qui ornaient les vêtements d'apparat et tenaient chaud en hiver ? On sait en effet que zibelines, hermines, arcolins, vairs et renards noirs y abondaient, qui constituaient une marchandise recherchée du monde entier. Fut-il appelé par quelque tribu qui sollicitait son arbitrage ? Ajoutons que le chamanisme était particulièrement puissant en Sibérie et qu'on enviait les chamans de la région, ce qui peut ne pas avoir été étranger à l'affaire.

La progression en Sibérie n'est pas facile. Le pays est couvert de forêts épaisses et protégé par de hautes montagnes d'où descendent fleuves et rivières qui sont ici plus souvent des barrières que des voies d'accès comme en Mongolie. Les bêtes sauvages y pullulent : loups, onces et surtout le redoutable et splendide tigre qui effraie et en qui l'on est tenté de voir « une divinité couchée dans les roseaux ». En revanche, l'élevage est presque inconnu : il faut se nourrir de gibier, de baies et de racines qu'on déterre. Les habitants sont sauvages, indisciplinés. Ils vivent dans des huttes en écorces de bouleau, et, pour se déplacer, transportent leurs bagages sur des « cerfs blancs », évidemment des rennes, dont ils tirent le lait. En hiver, ils se servent de « chevaux de bois » pour aller chasser : c'est ainsi que le *Yuan-che* désigne les skis. Peu nombreux, rusés, habitués à leur indépendance, ils se font facilement insaisissables en se cachant dans les taillis profonds.

La tâche de Djötchi eût été presque impossible à accomplir s'il n'avait très vite eu partie liée avec le roi-chaman des Mongols Oïrat, Qutuqa-beki, qui vivait à l'ouest du lac Baïkal, dans la région de l'actuelle Irkoutsk et sur le cours supérieur de la Léna, ce qui laisse penser que l'opération avait été bien préparée. Le pays oïrat s'offrit ainsi à lui sans qu'il eût à combattre. Il restera dans l'orbite gengis-khanide, sans faire parler de lui et ne fournissant, semble-t-il, que de faibles effectifs à l'Empire.

Qutuqa se fit le guide des Mongols. Il les conduisit dans le pays des Turcs Kirghiz. Les Kirghiz étaient de redoutables soldats. Ils l'avaient jadis montré en occupant provisoirement la Mongolie, mais ils éprou-vaient un tel amour pour leur pays – le cours supérieur de l'Iénisseï, qu'en ce lieu on nommait le Kem – qu'il leur était pour ainsi dire physiquement impossible de le quitter, et qu'ils furent peut-être le seul peuple turc à rester, depuis l'Antiquité jusqu'au seuil des Temps modernes, accroché à son sol : il faudra l'invasion russe et la perspec-tive de perdre leur liberté pour qu'ils émigrent et traversent l'Asie.

Après la soumission des Kirghiz, l'armée mongole entra dans le pays des Tümet ou Tumat qui vivaient, autant qu'on puisse le savoir, dans la vallée de l'Ouda, au sud-est de l'actuelle ville de Krasnoïarsk. Boroqul, qui commandait en avant-garde sur un étroit sentier serpen-tant dans une forêt dense, tomba dans une embuscade et fut tué*. Quand la nouvelle de sa mort parvint à Gengis Khan, il en conçut une grande peine, une grande fureur, et jura de le venger. Depuis tant d'années ce quatrième enfant qu'avait adopté Hö'elün était cher à son cœur ! Il fit partir une colonne de représailles. On ignore si les Tümet se soumirent peu après, ou bien plus tard, en 1217, comme le pense Rachid al-Din. Très généreusement, leurs femmes et leurs filles furent distribuées à titre de butin aux officiers mongols et aux hommes des peuples oïrat et kirghiz.

D'autres tribus furent encore soumises dont l'*Histoire secrète* nous donne les noms – les Barqun, les Ursut, les Qapqanas, les Tubas... –, mais que nous n'identifions pas toujours et qui ne nous renseignent pas sur les limites de l'expansion mongole en direction du nord. La pénétration au-delà de la forêt vers la toundra est possible, mais elle ne dut pas aller jusqu'au cercle polaire et l'océan Arctique, contraire-ment à ce que d'aucuns prétendent.

On devait beaucoup aux Oïrat. Gengis Khan offrit une de ses filles, Tchatchayigan, au fils aîné de Qutula, et Djötchi la sienne à un cadet de la famille.

---

* Une information contradictoire porte à une date ultérieure la mort de Boroqul, donc la fin de l'expédition chez les forestiers.

LA PUISSANCE CHAMANIQUE

De tout temps, les chamans avaient été puissants et, bien que leur rôle fût essentiellement bénéfique (les chamans noirs des temps modernes ne devaient pas encore exister), on les craignait autant qu'on les respectait. Plus que les autres magiciens qui utilisaient diverses techniques, surtout divinatoires, ils disposaient de prodigieux moyens d'action qui ne reposaient pas sur la manipulation d'objets, mais sur une sorte d'expérience mystique. Spécialistes de la transe – après un long apprentissage impliquant de multiples exercices, et non sans avoir hérité des dons paternels (chamanisme héréditaire) ou en avoir acquis par commerce avec les esprits (chamanisme électif) –, ils se servaient d'elle pour accomplir le voyage cosmique, c'est-à-dire pour escalader le ciel en s'aidant d'esprits auxiliaires, généralement zoomorphes, voire, si cela existait déjà, pour descendre aux enfers. Au ciel, et éventuellement aux enfers, ils interrogeaient l'avenir et retrouvaient les âmes des malades, qui étaient censées quitter le corps, pour les y ramener, c'est-à-dire pour les guérir. A ces dons essentiels, et surtout à celui de la « guérison magique » qui leur a fait donner par les Anglo-Saxons le nom un peu trop exclusif de *medicine men*, ils en joignaient d'autres, secondaires, et leur ambition les portait même, comme on l'a dit, à viser la chefferie. Sans doute dès le XIIᵉ siècle, et peut-être plus tôt, sous le titre de *beki* (et quelle que soit à l'origine la signification de ce mot, dont on discute), ils accédaient au pouvoir politique, surtout chez les forestiers, mais également chez les éleveurs des steppes.

Même quand ils demeuraient confinés à leur rôle magico-religieux, ils étaient des personnages importants, influents et considérés comme plus ou moins sacrés. Ils avaient l'oreille du peuple aussi bien que celle des grands. Par leurs interventions, ils exerçaient sur les esprits de tous un véritable envoûtement. Il est vrai qu'ils rendaient à la communauté des services dont elle ne pouvait guère se passer. Les divers remèdes que l'on utilisait ne valaient pas la cure chamanique, et les scapulo-mantiens ou haruspiciens ne prédisaient pas aussi sûrement qu'eux l'avenir. Mais ce qui les faisait peut-être encore plus redoutables et respectés, comme l'étaient tous les prêtres de toutes les religions (dans la mesure où, à cette époque, on en connaissait), c'était leur grande intimité avec les esprits et les dieux, les relations qu'ils entretenaient avec le Ciel (Tengri), puisque sans celui-ci – et à plus forte raison contre lui – on ne pouvait rien.

Il est très remarquable que le chaman, quelle que fussent ses aspirations, dans quelque circonstance qu'il se trouvât, n'employait jamais ses pouvoirs spécifiques pour son profit personnel. Il se contentait d'impressionner, ce qui était déjà beaucoup, et de se fier à son statut pour se croire intouchable. Entrer en conflit avec lui était presque impensable. Si l'on était obligé de le faire, ce n'était pas sans crainte. On frémissait à l'idée de le tuer. C'était non seulement ébranler la société, prendre le risque de mécontenter un peuple reconnaissant, mais encore s'exposer à la vengeance du chaman – qu'il fût vivant ou mort, puisque le trépas ne l'affaiblissait pas – et à celle des esprits protecteurs, des divinités et de Dieu lui-même. Il fallait une singulière audace pour s'opposer à lui. Gengis Khan l'avait eue quand il avait affronté et mis à mort des *beki*, un Toqto'a, un Setche (nous ignorons s'il dut faire violence à ses sentiments religieux), mais ces hommes, en accédant à la chefferie, avaient peu ou prou perdu de leur sacralité et étaient pour ainsi dire redevenus des personnages presque semblables aux autres ; à tout le moins pouvait-on considérer qu'on ne visait pas en eux le religieux, mais le politique.

La situation allait devenir tout autre dans les semaines ou les mois qui suivirent le *quriltaï*.

La famille de Mönglik, par suite de la tradition déjà ancienne d'un siècle de rois-chamans, et de ses actions ponctuelles, aspire au pouvoir. Elle croit pouvoir y accéder à travers Gengis Khan. Sans doute, l'aide qu'elle lui a apportée n'a pas été déterminante, mais elle n'en a pas moins été réelle, et la famille ne manque pas de la juger supérieure à ce qu'elle a été. Comment ne concevrait-elle pas qu'elle a fait l'essentiel en annonçant que Dieu lui-même voulait l'élection de Gengis Khan et en lui donnant ainsi la caution de l'autorité magico-religieuse ?

Mönglik était vieux et il aimait sans doute le khan. S'il avait été seul, il n'y eût probablement pas eu de conflit. Mais ce n'était plus lui qui menait le jeu. C'était son fils Kökötchü, le pontife chamanique, celui qui avait parlé au nom du Ciel.

Kökötchü, dit Teb-Tenggeri, le fils de Mönglik, ne cachait ni son indépendance vis-à-vis du pouvoir, ni ses ambitions. Entouré de ses six frères et de son père, il se présentait à tout moment dans la yourte impériale, se permettait de donner des avis à Gengis Khan et de lui adresser des recommandations. Il lui parlait avec hauteur. Son poids, son influence ne faisaient qu'augmenter : il attirait le peuple à lui et comptait de plus en plus de partisans. L'empereur, excédé, finit par lui dire : « Vous vous êtes mis à vouloir vous égaler à moi. » L'affrontement commençait, il n'y avait plus lieu de le dissimuler. Alors Kökötchü attaqua ouvertement la famille impériale. Ses frères se querellèrent avec Djötchi-Qasar et le rossèrent comme plâtre. Djötchi-Qasar se plaignit au khan, mais il fut éconduit. Kökötchü franchit un pas de plus en effectuant une nouvelle prédiction : « Un jour, le Ciel éternel m'a dit que Temüdjin devrait prendre en main l'Empire. Maintenant, il me dit que c'est Qasar. Si tu ne devances pas Qasar, on ne sait pas ce que sera le destin. »

Et Gengis Khan écouta son pontife. Entre son frère et le chaman, il choisit le chaman. Malgré sa supériorité intellectuelle, il demeurait prisonnier des représentations dans lesquelles il avait été élevé – et dont il ne se débarrasserait que plus tard – et il croyait à l'accomplissement inéluctable des prophéties. Il fut convaincu que son frère cherchait à l'évincer pour se mettre à sa place. La nuit qui suivit, il se présenta chez lui et le fit arrêter. La nouvelle émut. On alla en hâte prévenir Hö'elün.

Nous nous sommes déjà fait une idée de cette femme. Elle n'était pas de celles qui se laissent démonter. Elle fit atteler sa charrette et se rendit chez son fils. Elle arriva à l'aube. Djötchi-Qasar avait les mains liées. Il était tête nue et déceinturé, plus captif par le retrait de ces deux pièces d'habillement que par les cordes qui retenaient ses bras*. Gengis Khan l'interrogeait sur le prétendu complot dont il aurait été l'âme. Quand il vit sa mère pleine de fureur faire irruption dans sa yourte, il fut tout décontenancé. Hö'elün alla à Djötchi-Qasar, le détacha, lui remit son bonnet sur la tête et sa ceinture autour des reins. Puis elle s'assit, défit son corsage, montra sa poitrine plate et flétrie :

« Voilà les seins qui vous ont nourris. Quel crime a donc commis Qasar pour que tu veuilles détruire ta propre chair ? Quand vous étiez petits, toi, Temüdjin, Qatchi'un et Temüge, vous avez tété un de mes seins, mais Qasar avait assez de force pour téter les deux et me soulager de mon lait. Aujourd'hui Temüdjin a le génie, mais Qasar a l'adresse au tir à l'arc et la force physique. Nos ennemis, Qasar les a tous abattus avec son arc et ses flèches. Maintenant qu'ils sont tous détruits, n'as-tu donc plus besoin de lui ? »

C'était vrai qu'ils étaient étroitement unis par la vie depuis le premier meurtre, le fratricide, qu'ils avaient commis. C'était vrai que Djötchi-Qasar était fort, qu'il pouvait « casser un homme en deux comme on brise une flèche », comme le dira Rachid al-Din, et qu'il était un prodigieux archer : un jour, à la demande de Gengis Khan, il avait atteint en plein vol un vautour qu'il avait frappé, ainsi qu'on le lui proposait, entre deux raies jaune et noire. Mais c'était vrai aussi qu'il n'avait pas le génie !

Les yeux de Hö'elün flamboyaient de colère, si vifs que Gengis Khan ne pouvait en soutenir le feu. Il sortit et fit grâce.

C'était une première victoire qu'il remportait contre le chaman, et surtout contre lui-même, mais elle n'était pas complète : jamais l'intimité des deux frères ne redevint ce qu'elle avait été. Le khan garda au fond du cœur une suspicion qui ne permit plus à Djötchi-Qasar de rentrer en grâce. On raconta – tardivement, ce qui enlève bien du crédit au fait – qu'à plusieurs occasions ce dernier tenta de se soulever

---

* Voir *supra*, p. 90.

contre le pouvoir impérial. Peut-être cette médisance – cette calomnie ? – émana-t-elle des milieux favorables au grand chaman. Kökötchü n'était pas parvenu à désunir la famille impériale, mais il l'avait troublée. Il ne s'en tint pas là. Il choisit une nouvelle cible, Temüge, le plus jeune frère de Gengis Khan. Par des insinuations continuelles, des promesses, des menaces, il arriva à détourner de lui ses compagnons. Puis, avec ses six frères, il l'accusa publiquement et se fit si insistant qu'il obligea le prince à lui demander pardon en se mettant à genoux de fautes qu'il n'avait pas commises. Le lendemain, Temüge alla se confier à Gengis Khan. L'empereur semblait frappé de stupeur, prostré, comme si toute force, toute lucidité l'avait abandonné. On mesure par son absence de réaction à quel point il jugeait grave la situation et combien la crainte du chaman agissait sur lui. Il avait peur.

Cette fois, ce fut sa femme, Börte, qui intervint. Elle invectiva son époux, les larmes aux yeux : Qu'est-ce que cela ? Les sept frères Qonggirat ont battu Qasar et humilié Temüge. Si, de ton vivant, on peut faire cela, « vraiment, plus tard, quand ton corps pareil à un vieil arbre tombera, par qui laisseront-ils gouverner ton peuple ? [...] Des gens qui, de cette façon, nuisent secrètement à tes frères cadets [...] comment permettront-ils que [mes fils] gouvernent ? » Et elle pleurait.

CHUTE DE TEB-TENGGERI

Tout se jouait ici, en ces quelques heures, bien plus que sur les champs de bataille d'hier et de demain. Gengis Khan pouvait perdre devant un grand sorcier tout ce qu'il avait gagné devant ses ennemis. Mais il comprit. Quel que fût le danger qu'il courait en affrontant la puissance chamanique, quelle que fût la reconnaissance qu'il devait à la famille de Mönglik, il lui fallait intervenir. Il parla à son frère Temüge : « Lorsque Teb-Tenggeri viendra, fais-en ce que tu voudras. »

Temüge sortit et s'en alla quérir trois lutteurs réputés. Quand Mönglik et ses sept fils vinrent, comme ils en avaient l'habitude, visiter Gengis Khan dans sa yourte, Temüge saisit Kökötchü au collet : « Hier, tu m'as forcé à m'humilier. Aujourd'hui, battons-nous. » Il chercha à l'entraîner hors de la tente. Le bonnet du chaman tomba. C'était un mauvais présage. Gengis Khan leur cria de sortir. Dès qu'ils furent dehors, les trois lutteurs sautèrent sur le grand chaman et lui brisèrent la colonne vertébrale, puis ils jetèrent son corps à l'extrémité de la rangée de charrettes. Temüge rentra dans la tente et raconta ce qui venait de se passer, s'exprimant par euphémisme car il n'était pas bon de prononcer le mot « mort », surtout à propos d'un grand chaman : « A peine avons-nous commencé [à nous battre] qu'il s'est couché par terre, et maintenant il ne veut plus se relever. » Mönglik comprit et pleura. Puis il dit au khan : « J'ai été ton ami bien avant ton avènement et je le resterai quand même. »

Les six frères prirent moins bien l'affaire. Ils barrèrent la porte et se placèrent autour du foyer. Quand « ils eurent retroussé leurs manches, Gengis Khan prit peur ». Pressé par eux, il dit : « Faites place ! Je veux sortir. » On pouvait l'assassiner. On ne le fit pas. Quand il fut dehors, ses gardes aussitôt l'entourèrent.

Il fit apporter une grande tente (funéraire) et la fit disposer au-dessus de Kökötchü*. On laissa trois jours le cadavre dans la yourte, dont on verrouilla la porte et dont on obtura le trou à fumée. On y mit une garde, sans doute d'honneur. Et le troisième jour, à la nuit tombante, « celle-ci vit tout à coup Teb-Tenggeri sortir par l'ouverture du toit et disparaître dans les airs ». Gengis Khan donna publiquement une explication :

> « "A la brune, Kökötchü ouvrit l'ouverture supérieure de la tente et sortit ensemble avec son corps. Quand on examina avec soin, il fut constaté que c'était bien Teb que l'on voyait à cet endroit-là de la tente, au-dessus de l'ouverture supérieure." Et, se tournant vers Mönglik, il poursuivit : "Parce que Teb-Tenggeri avait porté la main sur mes frères cadets et que, pour mettre la discorde entre nous, il avait répandu parmi mes frères cadets des calomnies sans fondement, il n'était plus aimé du Ciel et sa vie, avec son corps, a été emportée." Puis il invectiva le vieil homme : "En ne refrénant pas la nature de vos fils, comme vous vous êtes mis à vouloir vous égaler à moi, vous en êtes venus [à le payer] de la vie de Teb-Tenggeri. Si je m'étais aperçu que vous aviez un tel naturel, vous auriez été traités de la même façon que Djamuqa, Altan, Qutchar et les autres." Enfin, soulagé, il dit : "N'en parlons plus." »

De ce jour cessa l'arrogance de la famille.

Gengis Khan fit introniser un nouveau grand chaman, Usun (« Eau »), un homme âgé et calme, du clan Ba'arin, le plus ancien de la branche aînée issue du légendaire Bodontchar et qui, de ce fait, pouvait se considérer comme particulièrement lié à l'ancêtre mythique et à l'aristocratie des steppes. Son nom n'était pas sans intérêt, puis-

---

* On avait en effet coutume d'abandonner le cadavre dans la tente pendant plu-sieurs jours, souvent trois ou sept, peut-être le temps nécessaire à ce que l'âme céleste quittât le corps. Ce délai devait servir à l'accomplissement d'un premier jeu de cérémo-nies plus ou moins complet, et notamment à l'aménagement d'une yourte funéraire, différente de celle qui avait servi de demeure au défunt et que, semble-t-il, on brûlait avec ceux des objets personnels qui n'étaient pas enterrés avec lui. Cette tente mor-tuaire était ou n'était pas celle qui, par la suite, était utilisée pour le culte des aïeux et où, dit le *Yuan-che*, « on servait les ombres comme si c'étaient des êtres vivants ». L'importance qu'elle revêtait dans la civilisation turco-mongole et les similitudes de plan et de forme indiquent de façon quasi certaine qu'elle est à l'origine des mausolées couverts d'une toiture tronconique du monde musulman.

qu'il faisait en quelque manière écho à celui de Gengis Khan (qui était « océan »). « Il doit être *beki*, dit-il. [...]. Il sera paré d'un vêtement blanc, montera un cheval blanc. La meilleure place lui sera assignée et on lui rendra les honneurs. Il estimera les années et les mois favorables. » Les plus hautes marques de respect, en effet, l'entourèrent. « Dans le camp, écrit Rachid al-Din, il est assis plus haut que les autres, placé à main droite [la place d'honneur] de même que les princes du sang. Son cheval marche à côté de celui de Gengis Khan. »

Gengis Khan avait traversé la crise la plus grave de sa carrière, celle où il avait dû surmonter ses craintes ancestrales pour affirmer son autorité contre le pouvoir magico-religieux. A plusieurs reprises il avait failli s'effondrer, et il l'eût peut-être fait sans sa mère et sa femme. Il s'était déchargé sur Temüge du plus lourd de la responsabilité. Ce n'est sans doute pas l'ampleur de l'enjeu qui finalement le décida, mais cette conviction qu'il avait, et qui dut alors se renforcer considérablement, d'être venu du Ciel et par conséquent d'en être plus proche que le grand chaman lui-même. Que l'opération se terminât bien eut certainement une influence déterminante sur sa foi en la supériorité de son essence et en sa destinée.

L'institution chamanique, quant à elle, ne sortit pas diminuée de l'affaire. Les chamans furent uniquement écartés de la vie politique et ramenés à leur rôle originel. On les combla pour mieux les asservir. Ils furent peut-être moins craints, mais ils conservèrent leur audience et on les verra souvent non seulement opérer à la cour, mais littéralement envoûter certains de ses membres. Qui plus est, tout fut fait pour que la famille de Kökötchü oubliât le drame. On y réussit. Deux de ses frères au moins occupèrent des postes de commandement dans l'Empire : Sögetü tcherbi et Tolun tcherbi. Le second combattra en Chine, prendra part aux sièges de Gurgendj et de Nichapur, et jouera un rôle important à la fin de la campagne contre les Tangut. Par ailleurs, on ne chercha pas à faire disparaître Kökötchü des mémoires. Un petit-fils de Gengis Khan, le souverain de l'Iran, Hülegü, écrivant en Europe, rappellera encore que ce fut par la voix de Teb-Tenggeri que s'était exprimé le mandat du Ciel. De même, le chroniqueur syrien Bar Hebraeus ne se contentera pas de rapporter quelques-uns des dons reconnus au chaman, il saura qu'il allait proclamant : « Dieu a dit : "J'ai donné toute la terre à Temüdjin et à ses fils et je l'ai appelé Gengis." » Nombreux seront les auteurs, tels Mirkhond et Abu'l Ghazi encore, qui en parleront sans rien dissimuler d'essentiel.

TURCS ET MONGOLS UNIS

La naisance de l'Empire gengiskhanide amena une profonde révolution dans la Mongolie, non pas tant du fait de son unification que de la volonté impériale de détruire l'ancien système tribal qui impliquait la décentralisation et se révélait générateur de luttes intestines, voire d'anarchie. Quand les textes nous disent par exemple que les Tatars furent anéantis, il s'agit évidemment d'une destruction non pas physique, mais sociale et politique. Les familles et les clans ne disparurent pas, mais perdirent dans une très large mesure leurs prérogatives, virent leurs divinités tutélaires affaiblies au profit du Grand Dieu, du Dieu unique – la divinité de l'Empire, de qui toutes les autres n'étaient que des émanations ou des manifestations –, et leurs totems oubliés alors que celui de la famille souveraine, le loup, était promu grand ancêtre de tous. Dans l'armée, des hommes de toute provenance furent incorporés à des unités à l'origine purement mongoles. Ainsi le polythéisme s'estompa-t-il pour céder la place à un monothéisme à dieux multiples ; le totémisme classificateur et diviseur fut condamné et, nous venons de le voir, les autorités magico-religieuses furent non seulement asservies, mais encore jugées moins autorisées que l'empereur à parler au nom de Dieu.

Il ne semble pas que les historiens se soient préoccupés d'une question qui nous paraît pour le moins intrigante. Malgré leur parenté, les langues turque et mongole sont différentes, et savoir l'une n'est pas savoir l'autre. Or, en Mongolie même, Turcs et Mongols coexistent, voisinent, entretiennent des rapports étroits et entrent maintenant dans le même système politique. Peuvent-ils donc se comprendre ? La logique voudrait que l'on répondît par la négative, mais toute l'histoire semble imposer une réponse positive.

Temüdjin converse trop familièrement avec Toghril le Kereyit pour que leurs entretiens se déroulent par un truchement : on peut en conclure que les Kereyit parlent le mongol. Mais ni lui ni aucun autre ne paraissent avoir plus de difficultés à dialoguer avec un Merkit, un Tatar ou un Naïman. Sauf à admettre un bilinguisme généralisé ou l'existence d'un idiome commun, il y a là un mystère qui n'est pas éclairci.

Voulue par Gengis Khan, mais déjà inscrite depuis longtemps dans la réalité des faits, notamment au sein des grands empires nomades du passé – et elle n'ira qu'en s'accentuant –, l'union des Turcs et des Mongols est si étroite que tout un chacun juge qu'ils constituent une seule et même nation. Le grand savant Nasir al-Din Tusi dira en toute simplicité : « Les Mongols sont une tribu turque » ; et Muhammad Haïdar affirmera : « Turcs et Mongols forment un même peuple. » Rachid al-Din, que la question préoccupe beaucoup, sera plus nuancé :

« Bien que les peuples des nations turques et mongoles se ressemblent et portent à l'origine le même nom, cependant les Mongols sont une classe de Turcs et il y a maintes différences et distinctions entre eux. » Il explique par ailleurs :

> « Les peuples que l'on appelle aujourd'hui Mongols n'étaient pas nommés ainsi dans l'Antiquité et ce terme a été inventé après leur époque [...]. Aujourd'hui même la nation mongole n'est qu'un des peuples turcs. C'est à cause de la gloire et de la puissance que les Mongols ont acquises que toutes les autres tribus turques ont reçu leur nom. C'était la même raison qui avait fait donner auparavant à ces mêmes tribus le nom de Tatars. Les Tatars étaient eux-mêmes l'une des plus célèbres des tribus turques. »

Une légende généalogique islamo-biblique tardive que l'on trouve dans Abu'l Ghazi Bahadur Khan laisse entendre le même son de cloche quand elle fait de Turc un fils de Japhet, et des jumeaux Mongol et Tatar des hommes de sa descendance. On pourrait ajouter que, lors des luttes entre les Mongols et les Turcs mamelouks d'Égypte, le monde musulman unanime considérera ces derniers comme de la « même race » que leurs adversaires. L'accroissement prodigieux des effectifs turcs dans les armées gengiskhanides, qui fera si largement de l'épopée mongole une épopée turque, sera justifié par cette équation, à moins qu'il n'ait servi à la rendre plus crédible.

CHAPITRE VII

Les premières offensives

La Mongolie était en paix depuis 1204, et l'on pourrait presque dire depuis 1203 et la chute des Kereyit, car la guerre contre les Naïman avait été en partie une affaire extérieure. Le pays prospérait dans des conditions climatiques normales. Il n'y avait ni sécheresse, ni épidémies, ni épizooties. Les enfants devenaient des adolescents et s'exerçaient aux armes. Bœufs et moutons ne manquaient pas. Les chevaux abondaient. Il n'y avait plus de ces conflits internes qui occupaient les hommes et réduisaient la surpopulation endémique. On s'ennuyait peut-être. Plus sûrement, on prenait conscience que l'avenir était bouché. Huit ans sans anarchie, voilà qui n'advenait que rarement. Gengis Khan se trouvait dans la force de l'âge et il avait forgé une formidable arme de guerre. Il n'était pas encore entré dans l'histoire.

Ce que les Mongols avaient voulu en se donnant à lui, c'était la paix, mais seulement la paix interne. Ils n'aspiraient nullement à ne plus se battre. Comme la chasse, la guerre faisait partie de leur vie. Ils en avaient assez d'être humiliés par les Chinois et les Tatars, assez d'user leurs forces – dont ils sentaient l'ampleur – dans des conflits stériles de clans et de tribus. Ils avaient désiré cette unité qu'ils avaient jadis entrevue pour qu'elle leur profitât, pour qu'ils pussent tirer vengeance de ceux qui leur avaient nui. Dans leur cœur où le sang bouillonnait, dans leur âme épique qui se nourrissait de chansons de geste transmises par la tradition orale, sans doute avaient-ils confusément l'espérance d'écrire une grande aventure. Comme leur chef, ils allaient à la grandeur, bien plus pour la grandeur elle-même que pour ce qu'elle pouvait leur apporter et qui leur serait donné de surcroît. Quoi que cela leur coutât, ils étaient prêts à la guerre. Ils l'attendaient. Elle était inévitable.

Gengis Khan avait bien organisé cette campagne contre les Sibériens, mais elle n'avait exigé que des forces réduites. Dans les forêts du Nord, on ne pouvait pas en engager beaucoup. Il avait en outre lancé, en 1205 et 1207, quelques raids contre le royaume des Tangut ou Si-hia (Xixia), sans obtenir grand succès, car il s'était heurté aux obstacles des villes dont, purs nomades, ses hommes n'avaient nulle expérience. Tout cela restait dérisoire. Quant à la prétendue occupation du Tibet qui aurait été réalisée en 1206-1207 si l'on en croit les sources tibétaines et l'historien Sagang Setchen, elle relève de l'affabulation. On devine sans peine comment elle a été imaginée de toutes pièces par les bouddhistes, en un temps où les Mongols avaient adopté leur foi, pour donner à leur conversion des lettres de noblesse en antidatant celle-ci très largement et en faisant d'elle la conséquence d'une prétendue conquête. Il est toutefois possible que le retentissement du *quriltaï* de 1206 ait éveillé l'attention des Tibétains et les ait incités à prendre langue avec les Mongols. Mais cela n'alla sans doute pas bien loin.

Öngüt et Ouïghours

C'est à ce retentissement du *quriltaï* que sont dus les ralliements bien réels, et d'importance, des Ouïghours et des Öngüt, qui, les uns et les autres, étaient déjà entrés en relation avec Gengis Khan.

Depuis 1204 et la campagne contre les Naïman, les meilleurs rapports existaient entre les Mongols et les Öngüt, ces Turcs chrétiens nestoriens campant au nord de la Grande Muraille sur les frontières du Chan-si. On se souvient que leur roi, sollicité par le Tayang Khan de prendre les Mongols à revers, avait refusé de le faire et avait prévenu Gengis Khan. Celui-ci, reconnaissant et mesurant l'importance de leur position statégique, lui avait donné sa fille Alaghai-beki (ou Alaga) en mariage. D'après Rachid al-Din, le souverain, alors âgé, l'aurait refusée en prétextant de son grand âge et aurait proposé qu'on mariât la jeune fille avec son neveu et successeur désigné, Chiku. Quoi qu'il en soit de cette affaire matrimoniale assez embrouillée et que certains reportent à 1225 et veulent voir conclue avec Pa-yai-ho, la jeune femme, digne fille de son père, finira par exercer le pouvoir dans l'État öngüt, renforçant davantage encore sa sujétion à l'Empire mongol.

Des liens étroits s'établiront dès lors entre les deux cours et il deviendra d'usage pour les Gengiskhanides d'épouser des princesses öngüt et de donner aux princes öngüt des filles de leur sang. On verra encore le petit-fils de Khubilaï marier deux de ses petites-filles au prince Körgüz, c'est-à-dire Georges.

Les Öngüt, profondément christianisés – bien mieux en tout cas que les autres peuples de Mongolie –, se firent les champions du christianisme dans l'Empire mongol et lui ouvrirent les portes d'une carrière qui aurait pu être belle ; en même temps, ils apportèrent aux « barbares du Nord » des éléments culturels proches des leurs, mais plus raffinés. Dans l'immédiat, le résultat le plus concret de leur allégeance fut que Gengis Khan se trouva par leur intermédiaire en contact direct avec la Chine, proie habituelle des nomades dès qu'ils cessaient de s'entre-déchirer. Il ne fallait pas beaucoup de clairvoyance pour prévoir ce qui allait se passer.

Le ralliement de T'a-ta T'ong-a à Gengis Khan, sa nomination comme chancelier de l'Empire, avec possession du sceau, et l'intérêt que le maître de la Mongolie avouait porter à la civilisation ouïghoure quand il lui demandait d'apprendre à écrire et à lire à ses fils – évidemment en turc et avec le système graphique qui notait cette langue – excercèrent une double attraction : celle des Mongols envers l'Ouïghourie, celle de l'Ouïghourie envers les Mongols. Ce pays, c'est-à-dire le Sin-kiang (Xinjiang) actuel, doué d'une antique et brillante civilisation – surtout littéraire, artistique et religieuse, mais aussi marchande –, n'avait pas de vocation militaire et ne se souciait pas de s'opposer par les armes aux Mongols. L'aventure belliqueuse ne le tentait pas. Or des bandes de Merkit et de Naïman en fuite le parcouraient, dont il espérait que les Mongols le débarrasseraient. C'était pour lui une raison supplémentaire qui l'incitait à entrer doucement et sans doute progressivement dans leur zone d'influence, puis sous leur protectorat, d'autant plus que l'Empire naissant, qui ne manquait pas de soldats mais d'administrateurs, offrait à ses populations des perspectives de carrières déjà satisfaisantes et qui deviendraient extraordinairement vastes.

Le roi ouïghour Bartchuq, que l'on nommait par son titre *Idi-qut* – quelque chose comme « force sacrée », « âme sacrée », librement traduit « Sa Sacrée Majesté » –, envoya des émissaires à Gengis Khan pour le féliciter de ses succès. Le khan, en retour, l'invita. Il vint, apportant or, bijoux, tissus précieux. Il fut magnifiquement reçu et on lui promit de lui donner en mariage l'une des filles de l'empereur. On peut admettre qu'en 1209 l'Ouïghourie était complètement passée dans la sphère gengiskhanide. Elle n'en sortirait plus, mais jouirait du privilège, rarement refusé en Asie centrale et en Iran, de conserver ses princes. Au moment où l'Empire mongol allait ne plus se cantonner dans la steppe de la haute Asie, mais commencer la conquête des terres de grandes cultures sédentaires, il se trouvait ainsi heureusement doté du personnel sans lequel il n'eût jamais pu les diriger.

DÉBUT DE LA GUERRE CONTRE LES SI-HIA

Le royaume des Tangut ou Si-hia (Xixia), souvent nommé empire de Minyak et que constituait un peuple plus ou moins sinisé d'origine tibétaine, avait été fondé au XIᵉ siècle aux confins de la Chine du Nord, de l'Empire kin (jin/tsin). Cet État, solide et prospère, couvrait la boucle du fleuve Jaune, du Houang-ho (Huanghe), que l'on nomme le pays ordos, tout le cours supérieur de ce fleuve, et s'étendait au sud jusqu'au Tibet, à l'ouest jusqu'à l'Ouïghourie. Entièrement sédentarisé, enrichi par le commerce, muni d'une puissante armée, il avait su donner de l'éclat à sa capitale, l'actuelle Ning-hia (Ningxia), et à une pléiade de cités vastes et florissantes.

Gengis Khan ne tarda pas à entrer en conflit avec lui. On est en droit de supposer qu'il le fit pour répondre à des sollicitations qui auraient pu émaner des Ouïghours. Ces derniers tenaient en effet toute la partie médiane de la route de la Soie, épine dorsale du commerce eurasiatique et source d'immenses profits, mais les Tangut avaient en main sa partie orientale, les lieux où elle prenait naissance et donc, par la même occasion, la clé qui l'ouvrait et pouvait la fermer. C'était pour les Ouïghours un lourd handicap.

La première razzia effectuée par les Mongols en 1205 fut timide et se borna à faire quelques prisonniers ; celle de 1207 n'eut guère plus d'importance, bien qu'on mentionne la destruction d'une ville, Wo-lo-hai (Wulahai), prise grâce à une ruse rocambolesque. Installés devant les murailles qu'ils ne pouvaient faire tomber, les Mongols auraient proposé aux défenseurs de lever le siège s'ils leur remettaient tous les chats et tous les oiseaux de la ville. Stupéfaits d'une si faible exigence, les Tangut se seraient empressés de la satisfaire. Alors les Mongols auraient attaché des morceaux d'étoupe à la queue des chats et aux pattes des oiseaux, les auraient enflammés, puis auraient lâché les animaux. Effrayés, torturés par les flammes, ceux-ci auraient immédiatement regagné leurs nids et leurs paniers, mettant le feu aux greniers et aux caves. L'anecdote est invraisemblable et a dû être très enjolivée par ceux qui la racontèrent, mais elle doit reposer sur un fond de vérité. Il existe d'une part, dès l'époque des Huns, nombre de récits relatifs à des interventions miraculeuses d'oiseaux, d'autre part une technique bien attestée qui consiste à lancer sur les rangs des ennemis de gros quadrupèdes – chevaux, chameaux, bovidés – traînant ou portant des matières inflammables.

La guerre commença vraiment en 1209. Ce devait être la plus longue et une des plus difficiles que les Mongols auraient à mener. Elle durera vingt-quatre ans, avec des interruptions, mais sans que s'établisse une véritable paix, et c'est au cours de la dernière campagne que Gengis Khan y dirigera qu'il trouvera la mort.

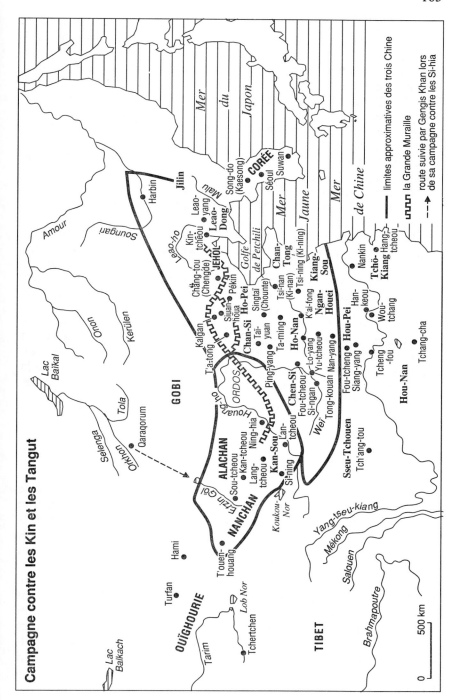

Campagne contre les Kin et les Tangut

Légende:
- limites approximatives des trois Chine
- ⌐⌐⌐ la Grande Muraille
- --→ route suivie par Gengis Khan lors de sa campagne contre les Si-hia

C'était, cette fois, une grande armée mongole qui envahissait le pays. Le roi tangut Li An-ch'ouan – Li Ngan-ts'iuan – (1206-1211) dépêcha contre elle le prince héritier, qui se fit battre. La ville de Wo-lo-hai fut à nouveau saccagée, une autre prise. Le siège fut mis devant la capitale, l'actuelle Ning-hia, que l'*Histoire secrète* nomme Eriqaya. Gengis Khan, incapable de s'en rendre maître, tenta de détourner le cours du fleuve Jaune pour l'inonder, mais il ne réussit pas à faire construire une digue digne de ce nom par la masse des captifs qu'il avait faits : les premières pluies automnales, grossissant les flots, l'emportèrent et inondèrent le propre camp mongol. Il fallut lever le siège.

Cependant, les hordes dévastaient les campagnes et le roi tangut préféra demander la paix. Il crut assurer sa tranquillité en donnant en mariage à l'empereur sa fille Tchaqa, dont le visage « avait un tel éclat que la nuit il n'était pas besoin de flambeaux », et en déclarant qu'il voulait être son bras droit. En fait, la soumission était de pure forme, et les promesses de fidélité des plus vagues. Les Tangut se contenteraient de payer un simple tribut de chameaux, de faucons de chasse, de laine et de soieries, comme les sédentaires avaient l'habitude de le faire pour calmer l'ardeur belliqueuse des nomades.

Li An-ch'ouan déclarait bien haut que, si les Mongols en avaient un jour besoin, il enverrait sa cavalerie pour les aider : il lui paraissait invraisemblable que cela se produisît jamais. Cela se produira et, naturellement, il ne tiendra pas parole. Cette défaillance provoquera la colère de Gengis Khan et le décidera à ne jamais déposer les armes avant de l'avoir punie.

DÉCLARATION DE GUERRE À LA CHINE DU NORD

En mars 1211, Gengis Khan convoqua un grand *quriltaï* sur le Kerülen pour déclarer la guerre à la Chine ou, plus précisément, à la Chine du Nord, qui appartenait depuis un siècle environ aux Djürtchet, ou Joutchen, dont le souverain était connu sous le nom chinois de Kin (Jin/Tsin), « or », mot que les Mongols traduiront par Altan Khan, « le khan d'or ».

Les Joutchen, peuple d'origine toungouse, apparentés d'assez loin aux Mongols dans la famille linguistique et culturelle altaïque, avaient supplanté les proto-Mongols khitan – ou Leao (Liao), selon le nom dynastique chinois qu'ils avaient adopté –, eux-mêmes envahisseurs étrangers en terre chinoise, dont la classe dirigeante, après son expulsion, était allée se réfugier sur les terres du monde musulman oriental où elle avait fondé une dynastie bouddhique, celle des Qara Khitaï, les Khitan noirs.

Depuis que dans sa jeunesse Gengis Khan s'était allié aux Kin pour lutter contre les Tatars, il était considéré par eux comme leur vassal et leur payait tribut. Il en était d'autant plus humilié qu'il n'avait reçu d'eux qu'un titre modeste, alors que Toghril le Kereyit avait été nommé roi, *wang*, et s'en était montré si fier qu'il avait désormais été connu comme le roi-khan, Ong Khan. Sa nouvelle dignité ne lui permettait plus de subir ce joug, même léger, et comme précisément le souverain auquel il avait prêté hommage était mort, il s'estima libéré de ses engagements, ceux-ci ne pouvant lier que de personne à personne.

Le nouvel empereur kin envoya sur ces entrefaites aux Mongols pour notifier le changement de règne. L'étiquette voulait qu'on reçût l'ambassadeur à genoux. Le khan non seulement refusa de le faire, mais cracha avec mépris en direction de la Chine : « Un tel imbécile ne mérite pas d'hommages », aurait-il dit. C'était une déclaration de guerre, même si les Kin faisaient semblant de ne pas le comprendre.

Gengis Khan n'entendait pas se borner à effectuer une ou deux razzias comme celles que les nomades lançaient dès qu'ils en avaient les moyens et dont ils remettaient l'issue à la chance : quelque butin ou un établissement dans une province selon la tournure des événements. C'est la raison pour laquelle il avait convoqué un *quriltaï*. Tous les vassaux s'y rendirent, et notamment l'*iduqut* des Ouïghours et Arslan Khan (« le khan lion »), chef de la puissante confédération tribale des Turcs Qarluq qui étaient déjà installés très loin à l'ouest, au-delà du pays des Naïman et des Ouïghours, et jusqu'au sud du lac Balkach.

Nomades et païens pour l'essentiel, les Qarluq avaient commencé à se civiliser et possédaient au moins une ville, Qayaliq, où, selon Guillaume de Rubrouck, qui aura l'occasion lors de son voyage d'y séjourner douze jours, les habitants professaient dans leur majorité l'islam, malgré la présence d'une communauté bouddhique disposant de trois pagodes et d'un certain nombre de nestoriens, surtout dans les villages alentour. L'activité devait y être assez intense, si l'on en juge par « son marché très animé ».

Que ceux-là se soient ralliés prouve que les années de paix n'avaient pas été des années d'inaction.

Rachid al-Din nous montre les Mongols préparant leur campagne avec un soin extrême, et nous avons toutes les raisons de le croire : Gengis Khan n'aimait pas s'engager à la légère, il avait appris chez les Si-hia qu'on ne faisait pas la guerre en pays sédentaire comme en pays nomade, et, enfin, l'affaire était de taille. C'était, pour les Mongols, une entreprise nationale dont les perspectives de profit immédiat n'étaient sans doute pas absentes, mais qui visait avant tout à effacer par la vengeance une double humiliation : la leur, récente, et celle des Khitan, qui, rappelons-le, étaient comme eux des mongolophones – on peut supputer que Gengis Khan s'en souvenait fort à propos. Ce dernier objectif, tout aussi inattendu qu'il fût, exaltait sûrement les sentiments mongols que Gengis Khan était en train d'inculquer à ses hommes, mais il répondait aussi à des intentions tactiques. On pouvait espérer rallier ceux des Khitan, assez nombreux, qui n'avaient pas été expulsés, en admettant qu'on n'eût pas déjà noué avec eux des relations pour s'assurer de leur concours.

Quand la guerre fut décidée – comment un *quriltaï* à la botte de l'empereur ne l'aurait-il pas votée ? –, Gengis Khan se mit à prier Tengri. Ayant retiré son bonnet et dénoué sa ceinture, gestes que nous l'avons déjà vu accomplir, il fit l'ascension d'une haute montagne et s'adressa à Dieu :

> « Ô Éternel Tengri, je me suis armé pour venger le sang de mes oncles que les Altan Khan [les Kin] ont fait périr ignominieusement. Si tu m'approuves, prête-moi d'en haut le secours de ton bras et ordonne qu'ici-bas hommes et dieux s'unissent pour m'aider. »

Telle est du moins la version persane d'un texte qui devait être un peu différent, mais dont nous pouvons à coup sûr voir là le sens général.

L'ascension d'une montagne et les prières dites à son sommet avant de partir en campagne appartiennent au rituel des Mongols, et nous les rencontrerons encore souvent, mais il ne faut pas s'imaginer qu'elles donnent à leur guerre le visage d'une guerre de religion, notion qui leur demeure entièrement étrangère. En revanche, il s'agit bien d'une guerre religieuse, c'est-à-dire d'une guerre entreprise au nom de Dieu, le Ciel, pour étendre sa souveraineté à tous les peuples qu'il abrite sous sa demi-sphère.

Nous avons déjà évoqué la place considérable qu'occupe la montagne dans les représentations gengiskhanides. Les cérémonies qui s'y déroulent en cette occasion font irrésistiblement songer à un autre rite pratiqué par les Mongols (tourner autour d'un mont, ce qu'ils nomment « faire le tour du ciel »), et au voyage ascensionnel du chaman pour atteindre le ciel. Dans le premier cas, il s'agit d'intégrer, par l'intermédiaire de la montagne, une partie à un tout, en l'occurrence la Chine à l'Empire ; dans le second, de faire participer le Ciel (Tengri) à l'entreprise (la conquête de la Chine). On peut ajouter que le rituel de l'ascension, avec tout ce qu'il comporte de symbolisme – s'élever, dominer, élargir son horizon, se rapprocher des dieux ouraniens – et d'efforts demandés – l'air se raréfie en altitude, le souffle se fait court, on peine sur les sentes et dans les rocs –, peut préfigurer cette autre ascension – avec tous les efforts qu'elle implique – qu'est à un niveau supérieur le développement de l'Empire.

L'INVASION

Au printemps de 1211*, l'armée mongole, probablement divisée en petites colonnes empruntant des pistes différentes pour que chacun pût trouver à boire aux sources et aux puits, traversa le désert de Gobi. C'était la voie habituelle des invasions et les renseignements à son sujet se transmettaient de père en fils depuis des siècles. En avant-garde, les éclaireurs détectaient les points d'eau, inspectaient les passages difficiles, s'assuraient que les uns et les autres n'étaient pas occupés et, s'ils l'étaient, s'en rendaient maîtres. A l'arrière-garde devaient aller les charrettes portant les vivres, les tentes, un matériel rudimentaire et l'immense troupeau des chevaux de remonte.

L'approche de la Grande Muraille se fit sans difficulté. Les Kin, qui disposaient de forces considérables, peut-être un demi-million d'hommes – des cavaliers recrutés chez les divers nomades fédérés, Öngüt, Khitan et autres Joutchen, ainsi que des fantassins pour la plupart chinois –, étaient décidés à attendre les envahisseurs à l'abri de leurs puissantes fortifications.

Les Öngüt les contraignirent à l'action. Ils avaient depuis longtemps partie liée avec Gengis Khan, et, dès son arrivée, ils se déclarèrent pour lui. D'un seul coup, le glacis protecteur au nord-ouest de Zhong-du, l'actuelle Pékin, tomba entre les mains des Mongols. La route de l'invasion était ouverte. Les Chinois se résolurent donc au combat. A peu près à mi-chemin entre leur capitale et Kalgan, en chinois Tchang Kia-keou (Zhandji Kou), au lieu-dit Ye Hu Ling (« les Sommets du renard sauvage »), leur armée rencontra le gros des forces mongoles et se fit écraser (février ou mars 1211). Ce fut, dit-on, une bataille terrible. Les hommes tombèrent comme des blés sous les faux. Les cadavres jonchèrent le sol. Ils furent si nombreux que, neuf ans plus tard, lorsqu'il passera par là, le moine taoïste Tch'ang-tch'ouen (Chang Chun) pourra contempler à l'infini les ossements humains blanchis par le soleil.

Pour des raisons inconnues, les Mongols ne purent pas exploiter leur victoire. Pendant tout l'été de 1211 et l'hiver de 1211-1212, ils piétinèrent dans la région de Siuan-houa (Xuanhua) et le Jehol sans remporter le moindre succès notable. La Grande Muraille opposait aux cavaliers des obstacles qui demeuraient infranchissables.

La Grande Muraille, c'est sur quelque 6 000 kilomètres un ensemble complexe de fortifications à double ou triple enceinte, des bastions, des tours ponctuant un mur haut de 7 à 8 mètres qui sinue au gré des déclivités du sol, montant à l'assaut des crêtes et plongeant dans les

---

* Selon les modes chinois : printemps du 7/8 février au 7/8 mai.

vaux. De proche en proche, des guetteurs sont là, avec leurs feux qu'ils allument, avec leurs gongs et leurs tambours pour donner l'alerte quand le danger se fait jour, pour appeler des renforts dès qu'une position est menacée. Devant cette barrière ininterrompue, dépourvus d'instruments de siège, les nomades courent, sans autres ressources que de décocher des flèches et de tenter une escalade avec des cordes et des échelles de bois.

Ne pouvant s'ouvrir la Chine par la force, Gengis Khan va essayer de le faire par la diplomatie. Ses espions, ses agents, tous ces agitateurs que l'on verra plus tard agir avec une telle efficacité constituaient-ils déjà cette armée d'élite, égale ou supérieure – s'il est possible – à ses cavaliers ? Peut-être. Mais peut-être aussi les Khitan étaient-ils acquis à sa cause. Quoi qu'il en soit, à la fin du rude hiver 1211-1212 ou tout au début du printemps, un descendant de l'ancienne famille impériale des Leao (Liao), Ye-liu Liou-ko (Yelü Liuge), se révolta contre les Kin dans la province du Jilin, fit appel aux siens, les rassembla – quelque 100 000 hommes, dit-on – et passa aux Mongols.

Conquête de la Mandchourie

Il est possible que Gengis Khan ait, quelque temps auparavant, envoyé Djebe dans le Nord avec une armée de secours pour préparer l'affaire. Il se peut également que celle-ci ne soit partie que plus tard pour la soutenir. Toujours est-il que Djebe tourna la Grande Muraille et pénétra dans la province de Leao-dong (Liaodang). Il franchit le Leao-ho (Liaoho) pris par la glace et mit le siège devant Dong-jing (Leao-yang), l'ancienne capitale khitan, au sud de la Mandchourie. Comme la cité résistait et que Djebe ne savait comment s'y prendre pour la forcer, il attaqua, puis feignit d'être pris de panique et, abandonnant son camp et ses bagages, s'enfuit dans un apparent désordre. Pour les habitants qui avaient eu si grand-peur, piller les pillards constituait une tentation à laquelle ils ne purent pas résister. Ils ouvrirent les portes, sortirent de l'enceinte, se ruèrent sur tout ce qu'ils trouvaient. Alors Djebe surgit avec sa cavalerie, entra dans la place, puis se retourna contre ceux qui étaient dehors et les massacra (4 février 1212). Après quoi les nomades se répandirent comme un essaim de guêpes dans toute la plaine et, par mer interposée (mer Jaune), touchèrent à l'océan Pacifique ou, pour parler comme eux, au Fleuve-Océan qui entoure la Terre.

Ye-liu Liou-ko fut proclamé roi de Leao sous protectorat mongol. On célébra de grands sacrifices et on prêta serment. Une principauté fidèle à Gengis Khan fut ainsi créée au nord des États kin, dans le Jilin, et isola ces derniers de la Mandchourie.

La situation n'était pas pour autant réglée, même au Jilin, et le nouveau pouvoir rencontrait bien des difficultés. Il devait s'installer à la place de l'ancien et n'y parvenait pas par ses propres moyens. Toute l'année 1213 se passa dans les incertitudes. Ye-liu Liou-ko finit par solliciter des Mongols une aide accrue. Gengis Khan décida à la fin de 1214 de répondre aux demandes pressantes de son allié et vassal en envoyant à son secours deux armées, l'une dirigée par son frère Djötchi-Qasar, l'autre par un de ses meilleurs officiers, Muqali.

La Mandchourie est un pays qui convient aux Mongols, avec ses vastes plaines herbeuses et propres à l'élevage que borde la taïga. Djötchi-Qasar s'en empara presque sans pertes, progressant dans un premier temps jusqu'à la vallée de la Sungari, dans la région de l'actuelle Harbin, plus tard jusqu'à l'Amour et peut-être plus au septentrion encore, au moins jusqu'aux extrémités du pays des Solon. La seule opposition vint du sud, du Leao-dong, où Muqali dut livrer sinon une grande bataille, du moins une multitude de combats épuisants, et où les villes résistaient avec acharnement. Quand Kin-tcheou (Jinzhou) tomba, à une date indéterminée (pour certains en mai 1215, pour d'autres en septembre de la même année), il ne restait plus qu'à occuper la presqu'île qui ferme le golfe de Leao-dong. Ce sera fait à la fin de 1216 avec la prise de Lushun, située à peu près à l'endroit qui abritera un jour Port-Arthur.

C'était quelque chose comme un million de kilomètres carrés, près de deux fois la France, qui passait sous la souveraineté mongole ! Les hasards de la guerre amenèrent – soit alors, soit plus tard, vers 1216-1218 comme le pense C. Ledyard – à franchir la rivière Yalu et à pénétrer en Corée, non pas avec des intentions belliqueuses contre les Coréens, mais pour poursuivre certains de leurs adversaires en déroute. Toutefois, les Mongols virent là une occasion à ne pas manquer de réclamer non seulement l'héritage des districts du royaume du Matin Calme qui avaient dépendu des Kin, mais encore la vassalité de tout le pays. Impressionné par les succès de Gengis Khan et pensant qu'il ne s'engageait pas à grand-chose, le roi accepta de verser un tribut à ses nouveaux et redoutables voisins. Loin d'accomplir une démarche mineure, il entrait par là dans un processus qui devait le conduire à des difficultés sans fin. Ainsi s'inaugurèrent des relations qui seront à la fois dramatiques et étroites – certainement pas d'amour, sûrement de passion.

ON FORCE LA GRANDE MURAILLE

Dans le courant de l'année 1213, par ruse, et surtout grâce à la complicité et à la trahison, les Mongols parviennent enfin à franchir la Grande Muraille en plusieurs points. Une première bourgade chinoise, peu peuplée mais défendue par une forte garnison, tombe aux mains du plus jeune fils de Gengis Khan, Tului, pendant que Djebe progresse, bouscule une armée chinoise et s'engage dans un étroit défilé, long de 22 kilomètres et bien gardé. Comme il lui paraît impossible d'y aventurer son armée, le général recourt à nouveau à la ruse, qui lui a naguère si bien réussi et qui réussira immanquablement dans toutes les guerres mongoles. Il dépêche une avant-garde avec ordre de fuir au premier contact. Les Kin, croyant tenir la victoire, abandonnent leurs positions, se lancent à la poursuite du détachement et tombent dans l'embuscade que le général a préparée. Les Mongols peuvent alors avancer sans encombre et débouchent à quelques kilomètres de Pékin.

La Chine s'affole. Elle rend la cour responsable des revers. Elle s'en prend aux généraux, aux ministres. Au lieu de resserrer les rangs, elle se déchire. A la fin de l'été, une révolution de palais renverse l'empereur et les conjurés mettent sur le trône Siuan-tsong – Utubu – (1213-1223). La confusion profite à Gengis Khan, qui y voit l'occasion de forcer le succès. Sur-le-champ, il monte une vaste action offensive, divise ses forces en trois corps, prend le commandement du centre, confie l'aile droite à ses fils Djötchi, Djaghataï et Ögödeï, l'aile gauche à ses frères Djötchi-Qasar et Temüge. Tandis que les princes impériaux pénètrent d'une part dans le Chan-si (Shanxi) et remontent de l'autre le long du golfe de Petchili (golfe de Bohaï) en direction de la Mandchourie, il s'enfonce dans le Ho-pei (Hebei). Partout fuient les populations effrayées qu'accompagnent souvent des officiers déserteurs et de petits fonctionnaires qui cherchent à sauver ce qu'ils peuvent. Cet immense exode engendre une gigantesque pagaille. Les cavaliers se vengent. C'est pour cela qu'ils sont venus faire la guerre. La panique des autres les grise, les entraîne à se laisser aller à leurs instincts. Ils incendient, pillent, enlèvent du butin et des filles.

Ils ne conquièrent pas. Ils n'ont aucune visée annexionniste. Celles-ci viendront plus tard, bien plus tard. Alors ils ne cherchent pas tellement à s'emparer des villes. Ils ravagent les villages, les champs... Mais les cités étouffent. Elles meurent de faim. Elles sont paralysées par la peur. Elles s'ouvrent. Elles se donnent. Finalement, elles ne défendent pas mieux leur virginité que les filles. Les gros bourgs provinciaux sont les premiers à céder, puis c'est Ping-yang et la grande ville de Taï-yuan. Cela ne change rien. Elles sont trop nombreuses, comme l'est déjà cette population de la Chine du Nord – quelque 60 millions d'habitants, croit-on, mais bien plus à mon avis. Les Mongols sentent qu'ils ne pourront jamais en venir à bout, ni tout tuer, ni tout détruire, ni tout contrôler. Ils se sont engagés dans une aventure dont ils ne voient pas l'issue.

A toutes fins utiles, ils emploient la main-d'œuvre locale ; ils lèvent des troupes indigènes, sans être certains qu'elles leur seront fidèles. Mais eux-mêmes souffrent du manque de pâturages – qui oblige à ménager de longs moments de repos aux montures – et, déjà, d'un climat, d'une végétation qui les déroutent et ne leur conviennent pas.

Prendre Pékin ? Les généraux le souhaitent. Gengis Khan regroupe ses forces, marche sur la métropole et dresse son camp sous ses murs, mais il comprend vite qu'il n'a pas les moyens de s'emparer d'une aussi grande cité et que, s'il doit attendre qu'elle se rende, il risque d'être épuisé avant elle. L'été viendra, le lourd été pékinois, qu'il sera encore là, immobile, et que la faim et la maladie frapperont ses chevaux. Il faut conclure la paix. Il la propose aux Kin au printemps de 1214. Ceux-ci l'acceptent d'enthousiasme. Ils offrent or, soieries, 500 garçons et 500 filles, 3 000 chevaux et, pour la couche du souverain, une des princesses du sang, celles qu'on nommera assez mal « l'impératrice chinoise ». Gengis Khan lève le siège, sonne le repli et repasse la Grande Muraille avec ses hordes.

Unanimes, les historiens ont jugé le tribut énorme : 1 000 adolescents des deux sexes, alors qu'ils auraient pu en ramener cent fois plus ! 3 000 chevaux, pour un peuple qui en avait des millions ! Pour ma part, je l'estime dérisoire. Je crois qu'il faut considérer les choses telles qu'elles sont : la campagne se solde en Chine par un échec et Gengis Khan est bien content de trouver une porte de sortie.

DEUXIÈME CAMPAGNE DE CHINE

Le résultat le plus tangible était que la Chine du Nord était ébranlée et que la cour demeurait très inquiète : elle craignait un retour des nomades. Elle crut habile, au début de l'été de 1214, de quitter sa capitale septentrionale pour aller se mettre à l'abri du fleuve Jaune, à K'ai-fong (Kaifeng), dans le Hou-nan (Hunan). Ce départ fut perçu comme une désertion face au danger, comme une lamentable reculade, et il porta un grand tort à la dynastie. Une partie des troupes, sans doute d'origine khitan, voire joutchen (car, après tout, les Joutchen, anciens nomades, ne se sentaient pas si éloignés des Mongols), abandonna le souverain au cours du lent voyage qui le conduisit au sud et décida de revenir à Pékin. Là, elle se déclara pour Gengis Khan.

A cette nouvelle, en janvier 1215, Gengis Khan revint en hâte. Les Chinois envoyèrent à sa rencontre tout ce qu'ils pouvaient trouver,

40 000 hommes, mais ils traînaient avec eux des tonnes de vivres destinées aux assiégés et étaient commandés par un général ivrogne et incapable. Les forces de couverture du khan ne dépassaient pas 3 000 hommes. Étonnante bataille ! A Pa-tche'ou, au sud de la capitale, l'armée chinoise subit une totale défaite. Les Kin se résignèrent à abandonner Pékin.

Il fut facile de s'en emparer. Des deux commandants de la place, l'un avait mis fin à ses jours, l'autre était parvenu à fuir et était allé se faire exécuter comme traître et parjure. Leurs adjoints n'avaient plus eu de raisons de continuer la lutte. C'était en mai ou en juin de 1215. Plein de mépris pour la grande cité, Gengis Khan ne la visita pas. Il monta vers le nord pour y trouver de la fraîcheur. Et pourtant, quel spectacle n'offrait pas alors Pékin avec ses immenses murailles de 43 kilomètres, sa douzaine de portes, ses palais, ses parcs, ses jardins, ses innombrables manufactures et ses échoppes où se vendaient soieries et porcelaines qui faisaient l'admiration du monde ! Rien de cela n'intéressait le khan.

Djuzdjani rapporte que 60 000 femmes s'étaient jetées du haut des murailles pour ne pas tomber aux mains des vainqueurs. On dit que la famine était telle que les gens se mangeaient entre eux. On raconte que les Mongols forcèrent les caves pour y trouver des vivres et du vin. Ils ne durent guère en découvrir si la disette était telle qu'on le dit, mais les auxiliaires khitan et chinois des Mongols s'en vengèrent en passant des milliers d'hommes au fil de l'épée, en éventrant les magasins, en pillant les œuvres d'art, les soieries, les bijoux. On mit tout cela sur le compte des « barbares du Nord » mais il apparaît de plus en plus évident qu'ils ne furent pas responsables, ou bien peu. Ils regardaient de tous leurs yeux de sauvages ce que pouvaient être des civilisés. Ils ne comprenaient rien à la ville, à ses richesses, et ils faisaient – ou laissaient faire – non par sadisme, mais, comme le disait Grousset, « faute de savoir mieux faire ». Pour eux, ils se contentaient de faire porter les cadavres sur les places où ils s'amoncelaient, ce qui leur permettait de dénombrer les victimes – comme il était de règle, comme on le faisait à la chasse – et de nettoyer les rues. Leur innocence, au moins partielle, à Pékin devrait nous inciter à réfléchir sur leur culpabilité ailleurs, que, à tort et à travers, les sources veulent prouver.

La chaleur qui s'abat habituellement en cette saison sur la plaine pékinoise précipita la putréfaction des corps. Les chiens errants, les rats, les charognards à plume et à poil ne suffisaient pas à épurer la ville. Plusieurs mois plus tard, des cadavres gisaient encore dans les décombres. Le typhus sans doute, peut-être aussi d'autres maladies épidémiques se déclarèrent au sein d'une population de plusieurs centaines de milliers d'âmes, réduite à la misère, sans abri, sans eau potable, qui essayait de survivre, de sauver des souvenirs des jours heureux, de réparer ce qui pouvait encore l'être – nous avons vu tout cela, et sans doute pis, de nos jours. Pendant des semaines, les incendies firent rage. C'était probablement nécessaire. Après avoir tué et pillé tout leur soûl, les Mongols durent finalement s'enfuir pour échapper à une mort qui les frappait comme elle frappait les vaincus.

Chiqi Qutuqu, « frère adoptif » du khan, et deux officiers de la garde furent chargés de faire l'inventaire du butin. Le grand trésorier des Kin crut habile d'y prélever au préalable de quoi offrir aux Mongols des cadeaux de bienvenue. Les officiers, avides comme tous les Mongols, et ne voyant pas bien de quoi il s'agissait, les acceptèrent, mais Chiqi Qutuqu fut indigné : « Auparavant, dit-il, cet or et ces tissus précieux appartenaient à l'Altan Khan. Maintenant, ils sont à l'empereur. Comment peut-on y toucher sans sa permission ? »

La prise de Pékin fit plus pour la réputation de Gengis Khan que tout ce qu'il avait pu accomplir auparavant.

Un malheur n'arrivant jamais seul, pendant que Pékin s'agitait dans les convulsions, la famine se déclara au Hou-nan et les habitants, pour ne pas périr de faim, durent abandonner leurs terres. Ils retrouvèrent sur les routes tous ceux qui fuyaient éperdus devant les barbares. On a évalué à un million d'hommes au minimum le nombre de ceux qui furent ainsi jetés hors de chez eux : un immense exode comme on n'en reverra pas avant nos jours. Il fallut s'occuper des réfugiés, ne pas les laisser errer indéfiniment. On réquisitionna des propriétés pour les y installer – ce ne fut pas bien vu de tous, notamment des spoliés. Partout régnait le plus complet désordre. La concussion s'affichait au grand jour et les intérêts particuliers s'opposaient à ceux de la collectivité. On commença à murmurer, puis on cria. Bientôt éclata une jacquerie que l'histoire connaît sous le nom de « révolte des Manteaux rouges ». Le gouvernement fut obligé de dépêcher son armée, qui eût été mieux employée ailleurs : elle massacra, dit-on, 30 000 insurgés sans parvenir à rétablir le calme. La guerre civile durera jusqu'en 1223.

Sur ces entrefaites, les Si-hia, bien plus pour leur compte personnel que pour répondre à une invite de Gengis Khan, attaquèrent l'Empire kin dans le Kan-su (Gansu) et le Chen-si (Shaanxi). C'était plus que n'en pouvait supporter la Chine. En effet, si les Mongols avaient été contraints d'observer un long repos après la prise de Pékin, ils avaient fini par repartir à l'attaque. En septembre 1215, une armée chinoise sous le commandement de Shi Tianni, ralliée aux envahisseurs et opérant pour eux, avait enlevé Pingzhou, puis, après avoir rejoint le corps mongol de Tolun Tcherbi, Ta-ming (Damingfu). A l'automne de 1216, les forces de Samuqa traversèrent la Weï devant Tong-kuan (Tongquan), au confluent de ce fleuve avec le Houang-ho. Elles ne purent prendre la ville, mais celle-ci fut incapable d'empêcher leur progression vers le sud. Peu après, elles pénétrèrent dans le Chan-tong (Shandong) et le ravagèrent. Ayant parcouru 1 200 kilomètres en deux

mois, elles firent leur apparition devant K'ai-fong (Kaifeng), la capitale des Kin (décembre 1216-janvier 1217). Sans insister davantage,
elles se replièrent alors en direction de Ping-yang.

De toutes parts, les Chinois étaient débordés. Si les grandes villes
n'avaient pas tenu, tout aurait été fini depuis longtemps. Jamais le
génie militaire de Gengis Khan ne s'était montré plus souple, plus
inventif, plus habile à exploiter toutes les situations, à doser si justement l'audace et la prudence. Les Kin durent se résigner à ordonner
une levée en masse. Il en résulta des troupes sans formation, sans
entraînement, récalcitrantes et auxquelles, dans l'intention de les
empêcher de déserter, on avait permis d'emmener leur famille avec
elles ; bref, elles se révélaient plus encombrantes qu'utiles.

L'issue semblait proche. Les Mongols n'avaient plus qu'un petit
effort à fournir pour en finir avec l'Empire kin. Et voici que, soudain,
Gengis Khan se lassa, soit qu'il jugeât le résultat acquis, soit qu'il fût
sollicité par d'autres problèmes, soit que ses troupes eussent besoin de
repos, soit enfin que la Chine ne l'intéressât pas réellement. Il décida
de retourner en Mongolie. En septembre 1217, il confia la direction
des opérations à Muqali, lui laissant la moitié de ses effectifs –
23 000 hommes selon Barthold (ce qui semble peu) et autant d'auxiliaires chinois, sans doute surtout des Khitan et des Öngüt.

YE-LIU TCHOU-TSAI

Au moment de la prise de Pékin, les Mongols avaient fait une recrue
de marque en la personne d'un aristocrate khitan, Ye-liu Tchou-tsai
(Yelü Chucai), qui avait servi les Kin comme conseiller royal. Bien que
d'origine barbare et mongolophone, il avait acquis une culture chinoise sans perdre ses traditions et se trouvait ainsi au confluent des
deux univers qui s'affrontaient. On l'amena à Gengis Khan, qui le
reçut en lui faisant remarquer qu'il voyait devant lui le vengeur des
siens. Ye-liu Tchou-tsai répondit avec calme que lui et sa famille,
depuis trois générations, servaient les Kin et qu'il n'était pas homme
à changer de fidélité en changeant de maître. C'était, nous le savons,
la réponse qui pouvait le mieux plaire à Gengis Khan. Il s'attacha
donc le personnage, qui l'avait séduit par sa déclaration, « par sa
haute stature, sa belle barbe, sa sagesse et le son imposant de sa
voix ». Le Khitan jura fidélité en sacrifiant, monté sur une hauteur, un
cheval et un taureau blanc, « se tourna vers le nord, brisa une flèche
et fit serment ». Il tiendra ses engagements et sera d'une grande utilité
à l'empereur dans tout ce qui concernera les rapports des Mongols
avec la Chine. Ainsi, après les Ouïghours, des sinisés ralliaient
l'Empire naissant et mettaient à sa disposition leur savoir.

Plus éloignés des Mongols par la pensée et la culture que les Ouïghours – dont la structure mentale, malgré leur haut niveau de civilisation, demeurait altaïque –, ils leur apportèrent en outre des stimulations nouvelles qui, dans une mesure plus ou moins grande, infléchiront leur pensée. Le monde gengiskhanide, pour la première fois, cessait d'être une forteresse purement turco-mongole.

Ayant appris à ses dépens les problèmes que posait la nourriture des chevaux en pays agricole, Gengis Khan voulait détruire la Chine pour la transformer en vaste pâturage. C'était la réaction normale d'un éleveur qui ne connaissait pas la vie du cultivateur, qui ignorait tout de l'activité urbaine – par ailleurs diamétralement opposée à son idéal d'espace, de liberté, de solitude – et qui avait à trouver des solutions immédiates à une question urgente. Ye-liu Tchou-tsai lui expliqua que « loin de détruire les villes, il fallait les encourager à se développer, car elles constituaient des sources de richesses », et il affirma que l'impôt que l'on pouvait en tirer serait autrement profitable que les pauvres pâturages qui les auraient remplacées*. C'était une première leçon d'économie politique que recevait le Grand Khan. Il la comprit d'emblée, comme tout un chacun le reconnaît, et cela prouve que son extraordinaire intelligence pouvait s'élever bien au-dessus de son champ ordinaire d'application. Si la civilisation y gagna – puisque la Chine fut ainsi sauvée de la destruction dont elle aurait eu du mal à se relever –, les Mongols y perdirent, et l'on peut dire que, dans leur seul intérêt, Gengis Khan eut tort. Si l'empire du Milieu était devenu une grande steppe, les conquérants l'eussent sans doute plus aisément soumis et conservé.

Bien entendu, la décision prise ne changea pas radicalement le comportement des nomades. Ils ne perdirent ni l'instinct qui les poussait à détruire, ni le désir, souvent inconscient, d'élargir au détriment de l'agriculture la zone de pastoralisme : les terres cultivées reculèrent partout devant la steppe, des villes furent ruinées. Mais les destructions furent spontanées plus que systématiques, et, quand elles furent organisées, mûrement décrétées, elles constituaient un moyen et non une fin.

Ye-liu Tchou-tsai avait la réputation d'être un remarquable spécialiste de la divination par les omoplates – la scapulomantie ou omoplastoscopie *(dalladji)* –, et il paraît, tout aussi étrange que cela nous paraisse, que ces dons plaidèrent en sa faveur. Que les Mongols aient accordé une très grande importance à la divination ne peut cependant pas nous surprendre, en un temps où les souverains du monde entier consultaient ouvertement leurs devins et leurs astrologues. Outre le chamanisme, qui représentait pour eux une source exceptionnelle

---

* Cette intervention est souvent située plus tard, apparemment contre toute logique.

d'interrogation de l'avenir, puisque le chaman tirait directement ses connaissances des esprits et des dieux, voire de Tengri, ils possédaient nombre d'autres techniciens auxquels ils ne manquaient pas de faire appel, vraisemblablement parce qu'ils étaient moins coûteux et plus disponibles que les chamans, ou, tout simplement, parce qu'ils disposaient d'une certaine puissance et que toute puissance était bonne à utiliser. On ne pouvait d'ailleurs pas mettre quotidiennement à contribution les chamans pour guérir et pour vaticiner : on les gardait en réserve pour les grandes occasions. Mais il fallait savoir comment se comporter tous les jours.

Le scapulomantien était un devin parmi d'autres. On nommait *tölge* la mantique non chamanique et *tölgedji* celui qui la pratiquait, mais le *tölge* ne recouvrait pas tout, puisque l'*Histoire secrète* dit occasionnellement : « Cela n'entre pas dans le *tölge*. » L'éventail des moyens divinatoires semble donc avoir été très large et il est certain que nous n'en connaissons qu'une partie. Les sources évoquent la manipulation des baguettes de saule et des flèches, le jet d'osselets et de dés, l'oniromancie, l'aruspicie – bien que celle-ci ait été refusée aux Mongols par Paul Pelliot, auquel des attestations pourtant incontestables ont échappé. Toutefois, la scapulomantie surpassait toutes les autres techniques, tant par la confiance qu'on lui accordait que par la fréquence de son utilisation. Entrée dans les usages depuis la nuit des temps (elle est attestée chez les Huns), elle constituait, autant qu'on puisse en juger, un art spécifiquement mongol, et l'on savait que les Khitan, avec une grande détermination et une totale efficacité, s'en étaient régulièrement servis « pour décider de la paix ou de la guerre ». La position sociale de Ye-liu Tchou-tsai en faisait donc un maître parmi les maîtres. A une époque où le chamanisme se révélait ambitieux et venait de subir une humiliation en la personne de Kökötchü, il n'était pas inutile de promouvoir, en face d'Usun, le nouveau pontife chamanique mongol, un *tölgedji* mongolophone.

Retour de Kütchlüg

En 1208, le fils de Tayang Khan, le Naïman Kütchlüg, après la défaite de son père devant Gengis Khan et une longue errance, était venu demander asile aux Qara Khitaï, ces anciens Khitan maîtres de la Chine qui avaient choisi l'exil et avaient fondé, sous l'autorité d'un roi qu'ils nommaient Gur Khan, une monarchie bouddhique en pays musulman. D'abord installés dans les régions de l'Isiq Köl et du Tchou, ils s'étaient ensuite étendus jusqu'aux confins occidentaux de l'Ouïghourie, du Syr-Darya (l'ancien Iartaxe) et du lac Balkach à Kachghar. Quand Kütchlüg s'était présenté à Balasaghun, la capitale du Gur Khan, il avait été bien accueilli et avait reçu en mariage une fille du souverain.

Présomptueux, fier de s'être ainsi rétabli, Kütchlüg profita de la générosité dont on faisait montre envers lui pour réunir à ses côtés les Naïman et les Merkit fugitifs, et pour nouer des relations avec le puissant voisin des Qara Khitaï, Muhammad, le chah du Kharezm, le maître de l'Iran dans sa quasi-totalité. Encouragé par lui – mieux, avec son aide directe –, il se révolta contre son bienfaiteur sous le prétexte (d'ailleurs fondé) que celui-ci était vieux et amoindri, il le renversa, ou plutôt le réduisit au rôle d'un fantoche envers lequel il se contenta de manifester les plus grandes marques de respect et d'honneur, et il gouverna à sa place (1211).

C'était un pur nomade et, s'il avait la réputation d'être christianisé, le nestorianisme qu'il professait l'avait si superficiellement marqué qu'il ne changeait rien à son atavisme, à ses idées et à ses agissements. Il y renoncera peut-être pour embrasser le bouddhisme, qui ne l'imprégnera pas plus profondément.

Il n'était à l'évidence pas fait pour gouverner un pays à majorité musulmane qui se partageait à peu près à égalité entre des sédentaires et des nomades, et où la civilisation urbaine avait pris son essor. La vieille Kachgharie, pénétrée de culture islamique, avec ce que cela implique de vie citadine, et qui était fief de seigneurs qarakhanides, ne put le supporter. Elle ne tarda pas à manifester son mécontentement par des actions qui relevaient de la rébellion ouverte. Pour la mater, Kütchlüg lança contre elle ses forces et la ravagea pendant deux ou trois ans, tout en se livrant à une persécution religieuse intense. Le premier *imam* de Khotan fut crucifié à la porte d'une *madrasa* (école supérieure) pour avoir crié son indignation. Kütchlüg n'aimait manifestement pas l'islam, et son épouse khitan, qui était bouddhique, ne l'aimait pas davantage.

Il n'était pas rare de voir des mouvements de fanatisme musulman dans les régions d'Asie centrale où l'islam avait pénétré, c'est-à-dire à l'ouest de l'Ouïghourie, dans la région de Kutcha. Ils étaient fondamentalement contraires à l'éthique des chamanistes comme à celle de tous les Turcs qui avaient embrassé le bouddhisme, le manichéisme ou le christianisme, mais qui demeuraient attachés à leurs traditions de tolérance et étaient habitués à une longue cohabitation pacifique. Tout comme jadis son comportement avec le vieux prince, les persécutions de Kütchlüg firent scandale, même auprès de ceux qui en profitaient.

Tandis qu'il s'aliénait les musulmans, il dressait contre lui les nomades de l'Ili qui, à l'instar des Qarluq hier, regardaient vers la Mongolie. Le roi d'Almaliq, Buzar, s'était mis sous la protection de Gengis Khan et était devenu (ou deviendra) le gendre de Djötchi. Aux yeux de Kütchlüg, c'était, au moins indirectement, une intrusion des Mongols dans ses affaires intérieures, et d'autant plus mal venue qu'elle émanait d'un homme dont il avait gravement pâti et qu'il haïssait. Il surprit Buzar à la chasse et le fit assassiner (1211 ou, selon Djuvaini, 1217, ce qui est plus vraisemblable), puis il mit le siège devant Almaliq.

A peine revenu en Mongolie, Gengis Khan était obligé de porter secours à son protégé. Il envoya Djebe avec 20 000 hommes pour débloquer Almaliq. Quand celui-ci arriva, Kütchlüg était parti. Il entra dans la ville. Toutes les populations de Kachgharie se donnèrent à lui. Les Mongols étaient partout reçus en libérateurs. Partout, Djebe publia des édits autorisant les musulmans à pratiquer publiquement leur culte, ce qui leur avait été interdit par Kütchlüg. L'armée était disciplinée. Elle ne commettait aucun excès ; elle ne pillait pas, ne tuait pas. On la disait « une bénédiction d'Allah ». Seuls les nomades furent maltraités : ils livrèrent un assez beau butin, de celui qui plaisait aux Mongols.

Kütchlüg ne pouvait se maintenir nulle part. Comme il fuyait vers le Pamir, il fut rejoint par des coureurs mongols et tué près de la rivière de Sari (Sari köl). Selon le *Yuan-che*, il aurait été mis à mort par un certain Ismaïl, ancien confident du dernier khan naïman, sur ordre de Djebe qui lui prescrivit de promener sa tête dans les diverses villes de ce qui avait été l'Empire qara-khitaï. Tout le Turkestan oriental, la Kachgharie, le bassin de l'Isiq köl, les vallées de Tchou et de l'Ili se trouvaient, comme par enchantement, rattachés à l'Empire mongol.

Gengis Khan craignit-il alors, comme le prétend Rachid al-Din, de voir Djebe, grisé par sa victoire, tenter de reconstituer à son profit le royaume des Qara Khitaï ? C'est parfaitement incroyable. Tout porte à penser que l'historien persan s'est fondé sur une mauvaise interprétation des conseils de modération que le khan adressa à son lieutenant, qui ne pouvait guère être plus fidèle. Il en donna une preuve fort touchante. Dans sa jeunesse, quand il servait dans les rangs des ennemis de Gengis Khan, on s'en souvient, Djebe avait tué d'une flèche le cheval au museau blanc du khan. Il avait été absous et de ce jour datait sa fortune auprès de l'empereur, mais il en gardait des remords. Il fit chercher, dans le pays où il eût pu être vice-roi, mille chevaux à museau blanc, tous semblables à celui qu'il avait abattu, et il les envoya à son maître. Les brutes et les soudards peuvent eux aussi se montrer délicats...

LE KHAREZM

Les Mongols étaient devenus frontaliers de l'empire du Kharezm, empire turco-iranien à la brillante et antique civilisation où s'étaient illustrées des villes comme Gurgendj, Samarkand, Bukhara, Hérat, Ghazni... C'était un État immense, récent et mal assis. Immense : il dépassait largement le pays dont il portait le nom – le Kharezm était en effet, au sens propre, le delta de l'Amu-Darya (l'ancien Oxus), une vallée du Nil ou de Mésopotamie en miniature –, couvrait presque tout l'Iran, la Transoxiane, l'Afghanistan, et s'étendait du golfe Arabo-Persique aux rives du Syr-Darya, de la Caspienne aux abords de l'Inde. Récent : il avait été fondé par une famille turque qui s'était installée dans le delta de l'Amu-Darya, au Kharezm, dont elle avait pris le nom, et avait profité de la dislocation de l'empire des Grands Seldjoukides pour s'étendre à ses dépens. Mal assis : il y avait juste quelques années que son souverain, Muhammad Chah (1200-1220), avait assuré sa domination en s'emparant de Samarkand (1212), de l'Afghanistan (1215), et en contraignant les grands féodaux à le reconnaître (1217). Il faisait grande figure, mais se révélait des plus fragiles, n'ayant eu le temps ni de s'affirmer ni même de s'organiser. Il manquait encore de toute fondation solide et, chose infiniment plus grave, Muhammad Chah, qui avait rassemblé toutes ces terres non par ses talents, mais grâce au vide politique et à l'absence de tout compétiteur, n'avait aucune des qualités qui font un grand prince.

Le bruit de la chute de Pékin était parvenu au Kharezm. Depuis longtemps, la Chine occupait l'imaginaire musulman. Le chah, pour savoir ce qu'il en était et recevoir des informations autorisées sur les Mongols, se décida à envoyer une ambassade à Gengis Khan. Elle arriva alors que l'empereur se trouvait encore en Extrême-Orient, et fut bien reçue. Le khan dit qu'il considérait le chah comme le maître de l'Ouest, et lui comme le maître de l'Orient. Il désirait que de bonnes relations s'établissent entre les deux États, que les marchands eussent liberté d'aller et de venir. Le commerce international était alors essentiellement aux mains des Ouïghours et des musulmans, ces derniers ne craignant pas de s'aventurer fort loin à l'est et assurant une partie des échanges entre le Levant, la Mongolie et la Chine. Les intérêts du chah et du khan étaient donc les mêmes, mais Muhammad voyait en Gengis Khan plutôt un rival qu'un associé commercial et il se souciait peu alors d'économie.

En réponse à l'ambassade de Muhammad, Gengis Khan en envoya une autre en compagnie d'une caravane de marchands. Ils arrivèrent de concert en Transoxiane au printemps de 1218. Le chah interrogea de près l'ambassadeur et montra de la hauteur. Si l'on en croit Bar Hebraeus, qui rapporte ses paroles, l'envoyé mongol ne demeura pas en reste : « Nous ordonnons que désormais il y ait paix entre tous les pays de la terre et que les marchands puissent aller et venir sans crainte, que les riches et les pauvres puissent vivre en paix et prier Dieu. » On a, à le lire, quelque peu l'impression que le ton est déjà celui des lettres ultérieures. Anachronisme de l'historien syrien? En définitive, Muhammad accepta de signer un traité d'alliance.

On en était là quand, en 1218 encore, une immense caravane, composée dit-on de 450 hommes, tous musulmans, et de 500 chameaux portant or, argent, soieries, fourrures et pelleteries, fut arrêtée à la frontière du Kharezm, à Otrar, par le gouverneur de la ville. Pour certains, celui-ci agit par cupidité et de sa propre initiative ; pour d'autres, sur ordre du souverain, à qui il avait fait dire que les caravaniers comptaient parmi eux des espions. La plupart, ou tous sauf un chamelier qui parvint à s'enfuir jusque chez Gengis Khan, furent exécutés.

Muhammad Chah prenait une grave responsabilité aux yeux de l'histoire. Il avait commis deux crimes, tué un ambassadeur des Mongols et rompu le traité commercial qu'il avait passé avec eux. Le premier au moins était impardonnable selon l'éthique du *yasaq*. La loi gengiskhanide considérait la personne d'un diplomate comme inviolable, et lui manquer devait être châtié par la mort. Quant au second, il survenait sans doute peu après la conclusion de l'accord, alors que l'ambassadeur mongol venait tout juste de quitter le Kharezm. Face à cette grave offense, Gengis Khan ne perdit pas son sang-froid. Il dépêcha une nouvelle mission de trois membres pour demander réparation. Un des hommes fut mis à mort et les deux autres renvoyés en Mongolie le crâne rasé. La situation devenait irréversible. Les Mongols ne pouvaient pas se dispenser de venger les meurtres et leur humiliation.

Aucun des deux adversaires ne le souhaitait pourtant, et jamais conflit plus désastreux ne commença avec une telle ambiguïté. La défaite de Kütchlüg – qui, peu avant de tomber, avait infligé de sérieux revers aux Kharezmiens, sans doute pour les remercier de lui avoir facilité l'accès au pouvoir – avait vivement impressionné le chah. Ce dernier, en outre, ne pouvait guère appeler à la guerre sainte *(djihad)*, cette ultime et éternelle ressource de l'islam : la catastrophe d'Otrar, à l'origine du conflit, n'avait frappé que des musulmans et les Mongols étaient acclamés comme les restaurateurs des libertés islamiques dans les pays qara khitaï.

De son côté, Gengis Khan n'envisageait pas sans crainte de s'engager en Iran, pays très éloigné de ses bases et qui lui était totalement inconnu, bien plus inconnu encore que ne l'avait été la Chine, avec laquelle les rapports de voisinage, bons ou mauvais, étaient constants. D'où il se trouvait, la puissance de Muhammad lui paraissait plus considérable qu'elle ne l'était, et, quoiqu'il suffît d'abattre la personne du chah pour faire payer le prix du sang et de la honte, il fallait d'abord, et par la même occasion, abattre son royaume. C'était une lourde affaire, alors même qu'il avait encore sur les bras celle de Chine.

Muqali, obéissant aux ordres, avait repris l'offensive contre les Kin. Il avait certes obtenu des succès remarquables, mais ne pouvait les exploiter faute de forces suffisantes. A peine nommé au commandement de l'armée, en septembre 1217, il avait enlevé Ta-ming (Daming-fu), que d'ailleurs il reperdit peu après et dut reconquérir en 1220, et, en 1218, il avait repris Tai-yuan et P'ing-yang, que les Mongols avaient déjà momentanément occupés, mais qu'ils avaient dû évacuer. Les années suivantes, il avait opéré au Chen-si (Shaanxi) et au Chan-tong (Shandong), où il s'était emparé de Tsi-nan (Jinan), puis de Ho-tchang (P'ou-tcheou), qui fut reperdu au lendemain de sa mort.

Lutter sur deux fronts à la fois n'a jamais enchanté les hommes de guerre. Le temps n'était pas encore venu où les Mongols se battraient simultanément aux quatre orients du monde.

Gengis Khan prépara la guerre d'Iran avec la même minutie qu'il avait préparé celle de Chine, et plus efficacement encore, car celle-ci lui avait beaucoup appris.

Il réunit une immense armée que le grand orientaliste Barthold estime de 150 à 200 000 hommes, mais à laquelle les sources musulmanes attribuent des effectifs bien plus considérables, presque illimités, parlant de 600 à 700 000 cavaliers. Il envoya demander aux Si-hia de lui dépêcher les auxiliaires qu'ils s'étaient engagés à fournir le jour où les Mongols en auraient besoin. Le roi tangut, dit-on, était désireux de tenir la promesse de son prédécesseur, mais la cour ne partageait pas unanimement son avis. De hauts fonctionnaires affirmaient que céder aux exigences mongoles serait faire montre d'une grande faiblesse, que les deux dynasties chinoises – celle des Kin au nord et des Song au sud, qui leur étaient l'une et l'autre hostiles – pourraient en prendre ombrage ou y voir l'occasion de les attaquer à revers, et enfin qu'il n'y avait rien à espérer d'une expédition qui les aurait conduits aux extrémités de la terre. Le roi finit par se rendre à ces arguments et refusa son assistance militaire. Les Mongols considérèrent – à juste titre – qu'il manquait à sa parole et en furent indignés. Ils crièrent à la trahison, et auraient voulu sur-le-champ en tirer vengeance. Mais c'était bien sûr hors de question, au moins pour l'instant.

LE PROBLÈME DE LA SUCCESSION

Gengis Khan n'était pas le seul à être inquiet. Tous les Mongols l'étaient. La belle Yesüi, la Tatar, une des femmes préférées du khan et qui l'avait accompagné dans son expédition, se fit l'interprète de tous – on mesure par là la respectueuse crainte que l'empereur inspirait – et lui demanda qui lui succéderait s'il devait lui arriver malheur : « Pour les êtres vivants venus au monde, il n'y a pas d'éternité. Quand ton corps, pareil à un vieil arbre, tombera [...] qui, parmi tes quatre fils, nommeras-tu ? »

Gengis Khan songeait déjà à ne pas mourir. Il se rêvait immortel. Quant à sa succession, il ne s'en était apparemment jamais occupé. Il trouva toutefois la question pertinente : « Tu n'es qu'une femme et tu viens de me dire des paroles judicieuses, des paroles que ni mes frères, ni mes fils, ni Bo'ortchu, ni Muqali ne m'ont jamais dites. » C'est une chose bien étrange que de voir dans cette histoire d'hommes l'extraordinaire influence des femmes : Hö'elün d'abord, puis Börte, et maintenant Yesüi.

Il n'y avait de règle de succession bien établie ni chez les Mongols ni, de façon plus générale, dans aucune tradition des peuples de la steppe. C'était là une de leurs faiblesses. Dans les familles, dans les clans, dans les royaumes, il était fréquent que le fils aîné reçût assez tôt sa part, du vivant de son père, et il s'en allait au loin. C'était en revanche une règle que le plus jeune, le « prince du feu », l'*otchigin*, demeurât à la maison et devînt l'héritier non pas de la totalité des biens, mais du foyer paternel. A l'origine, l'*otchigin* était en quelque sorte le prêtre familial, mais il avait depuis longtemps perdu toute fonction sacerdotale pour ne plus être que le gardien de la maison, des femmes et des concubines, de ce que le père conservait en propre après avoir fait le partage de ses biens. Son rôle n'en demeurait pas moins prestigieux, et son titre soigneusement respecté : on le verra notamment porté par le plus jeune frère de Gengis Khan, Temüge, et par son plus jeune fils, Tului.

Dans ce système, l'idée du partage (de l'État ou de la propriété) reste prépondérante, et, sans doute pour pallier les difficultés qu'elle entraîne, elle suscite en même temps une notion d'indivision et de propriété collective qui, en surimpression avec l'autre, ne manque pas d'ambiguïté. On reconnaît ouvertement qu'il faut préserver le patrimoine des dangers du fractionnement – qui appauvrit chacun sans enrichir personne – et l'unité de l'État en plaçant, au-dessus de chacun de ses usufruitaires, un monarque qui exerce sur eux l'autorité suprême. Ce roi des rois, le *qaghan*, est à la fois membre de la famille impériale et choisi en son sein par les princes et les grands ; le système combine donc les régimes électif et héréditaire. La belle Yesüi le percevait-elle mal, ou, en suggérant à son époux de désigner un successeur, voulait-elle abolir, avec une grande audace de pensée, le régime d'élection qui portait en germes tant de difficultés à venir ? On frôla l'établissement du droit d'aînesse. Il eût pu voir le jour si un doute n'avait pas existé sur la naissance de Djötchi.

Quand Yesüi l'eut interrogé, Gengis Khan, presque à l'étourdie, se tourna vers son aîné. Celui-ci n'ouvrit pas la bouche. Alors le second, Djaghataï, dit en montrant le prince silencieux : « C'est donc à lui que tu veux laisser ton héritage ? » Et, sans ménagement, il rappela l'incertitude qui planait sur la légitimité du prince : « Il nous a été apporté du pays des Merkit. Il ne peut pas commander ». Djötchi bondit sous l'outrage. Les deux frères en vinrent aux mains. Comme toujours quand il s'agissait de problèmes de famille, le khan semblait incapable de réaction. Un de ses vieux serviteurs intervint heureusement, trouvant des mots apaisants et conjurant Djaghataï de témoigner plus de respect à sa mère :

« Le pays était en pleine insécurité. La sainte dame ta mère, enlevée par les Merkit, ne le désirait pas [...]. Sortant d'un même sein, n'êtes-vous pas nés d'un même ventre ? [...] Notre sainte dame en vous élevant avait un cœur lumineux comme le soleil et vaste comme la mer. »

Tout finit par se calmer, mais les deux frères ne purent jamais se réconcilier. Depuis longtemps déjà ils nourrissaient l'un contre l'autre une sournoise antipathie ; elle n'ira qu'en grandissant. Gengis Khan rappela que Djötchi restait l'aîné. Il décida que, si quelque difficulté surgissait entre lui et Djaghataï, ils devaient avoir recours à l'arbitrage d'Ögödeï. Puis, non sans nostalgie peut-être, il leur dit : « Le monde est vaste [il commençait sans doute à en pressentir les dimensions]. Vous ne devez pas rester ensemble. Que chacun de vous occupe un royaume. » Il obéissait ainsi aux désastreuses traditions du partage. Il morcelait son empire.

Ce que Gengis Khan appelait des royaumes, c'étaient des apanages, des *ulus*, « nations », ce que nous nommons des khanats. Depuis longtemps, il avait distribué de grands territoires aux membres de sa famille. Le premier à en bénéficier avait été Djötchi, l'aîné, celui qui devait partir au loin. Après la campagne qu'il avait menée en Sibérie, il lui avait confié « tous les peuples vivant dans les pays d'Ibir-Sibir », c'est-à-dire tout le nord-est du pays kirghiz, au-delà de l'Angara. Plus tard, il lui donnera, comme la loi le voulait, un nouveau domaine, les terres les plus lointaines, celles de l'ouest, des confins européens et de l'Europe. Nous ignorons en revanche quand Djaghataï et Ögödeï furent à leur tour apanagés, mais l'*ulus* de Djaghataï existait au moins en 1221. En faisant rois Djötchi et les autres, Gengis Khan entendait bien les voir demeurer non seulement ses vassaux, mais ses choses. En morcelant son empire, il veillait à ce qu'il restât un.

Si l'on en croit l'*Histoire secrète*, Gengis Khan aurait ensuite désigné son troisième fils, Ögödeï, pour lui succéder. Le dernier-né, Tului, aurait promis de l'aider, de le réveiller s'il dormait, de lui rappeler ses devoirs s'il faiblissait, de servir fidèlement sous ses ordres. Mais ces mots ne sonnent pas juste. On a pu supposer qu'ils avaient été interpolés, d'autant plus que le texte, écrit dans un milieu tuluide, poursuit en disant que si les descendants d'Ögödeï se montraient par hasard incapables, il faudrait mettre à leur place ceux de Tului – justification après coup du détournement de l'héritage gengiskhanide par la branche cadette de la famille.

DÉSIR D'IMMORTALITÉ

Il est difficile de ne pas mettre cette conversation en rapport avec la décision que prit Gengis Khan, à l'automne de la même année, d'envoyer quérir un célèbre moine taoïste, Tch'ang-tch'ouen (Chang Chun), qui, d'après ce qu'on avait entendu dire de lui, était capable de lui faire boire une drogue donnant l'immortalité.

Choisir son successeur ? Soit. Mais ne pas mourir, vivre éternellement sur cette terre, n'était-ce pas assurer son œuvre, abolir l'angoisse qu'il ressentait, comme tout homme, devant la mort ? Les chamans parlent de vie plus que de survie. Ils guérissent. Ils vont chercher les âmes qui s'égarent dans les voies menant à l'au-delà. C'est bien. Mais ils ne promettent pas l'immortalité. Peu leur chaut que l'existence continue dans le ciel à peu près semblable à ce qu'elle est sur la terre. Ce n'est pas leur affaire. Ils entretiennent les hommes dans l'amour de l'existence terrestre, mais jamais ils n'oseraient prétendre que leurs cures sont infaillibles et qu'il est possible, grâce à eux ou par tout autre moyen, de ne pas mourir un jour. S'il est quelque part une personne susceptible de posséder la médecine d'immortalité, Gengis Khan ne se doit-il pas de la contacter ? Je doute qu'il espère beaucoup de Tch'ang-tchouen, mais un peu d'espoir n'est pas négligeable.

Gengis Khan le décide : il fera venir Tch'ang-tch'ouen. N'est-ce pas de toute façon un être éminent, un être qu'on ne peut que gagner à connaître ? Comment le persuade-t-il ? Pourquoi le vieux maître accepte-t-il de répondre à l'invitation ? Il n'est plus jeune (il est né en 1146). Il va devoir faire un long voyage et suivre Gengis Khan dans la guerre qui commence.

CHAPITRE VIII

Une campagne exemplaire

Préparatifs

A l'automne de 1219, pour prendre en personne le commandement de l'armée, Gengis Khan arriva à Qayaliq, au sud-est du lac Balkach, chez les Qarluq dont le roi, Arslan Khan, son vassal, s'était joint à lui avec 6 000 hommes. Le souverain d'Almaliq et les Ouïghours, à la tête de contingents plus faibles encore, vinrent l'y retrouver. La concentration des troupes s'effectua sur le haut Irtych. Instruit par l'expérience chinoise, l'empereur amenait avec lui du matériel de siège et des techniciens du génie qui avaient été recrutés en Extrême-Orient.

Il avait laissé pour gouverner la Mongolie son plus jeune frère, Temüge, l'*otchigin*. Le prince avait une lourde responsabilité, et pourtant on ne parle jamais de lui : il demeure quasi inconnu. Comme les peuples, les hommes heureux n'ont sans doute pas d'histoire.

Le choix que Gengis Khan avait fait en lui confiant ce gouvernement était normal, puisque la tradition voulait que le plus jeune enfant prît en charge le foyer paternel. Il fut aussi bénéfique. Pendant six ans, Temüge dirigea en maître presque absolu un pays qui n'avait pas encore l'habitude de rester uni, dont toutes les réactions allaient à l'anarchie et où il devait assurer la jonction entre les deux ailes de l'Empire, l'Extrême et le Moyen-Orient. Pas une fois, durant ces six ans, on n'entendit dire que les communications furent coupées, que les courriers ne passèrent pas ; pas une fois on n'évoqua le moindre incident dans cette Mongolie dont Gengis Khan se trouvait si éloigné et où – c'est la seule information que l'on ait –, épisodiquement, les soldats fatigués d'une trop longue campagne, d'une trop longue absence, ou simplement pris du mal du pays qui est le mal chronique des Mongols, du besoin de revoir les leurs qui est le besoin le plus enraciné dans leur cœur, revenaient couverts de blessures et de gloire, alors que d'autres, de nouvelles générations, partaient pour les remplacer. Temüge l'*otchigin* n'était pas n'importe qui.

Tout était prêt pour la guerre. Gengis Khan monta sur une haute montagne, comme il l'avait fait avant de partir pour la Chine. « La tête découverte, la ceinture jetée sur son cou » (Rachid al-Din), « il mit son visage sur la terre et il demeura là trois jours sans manger ni boire » (Bar Hebraeus), implorant le secours du Ciel pour sa juste vengeance. L'oraison de Gengis Khan fit grand bruit en pays musulman. Elle frappa les esprits. Elle a été représentée sur une miniature célèbre d'époque timouride que conserve un manuscrit de Téhéran.

A Gengis Khan s'ouvrait un champ d'action à sa mesure. Son esprit allait toujours à ce qui était grand. Il n'aimait pas les petits théâtres ; il lui fallait de vastes scènes. Celle-ci, plus encore que la Chine bornée par ses champs, lui permettait de déployer avec génie tous ses talents de metteur en scène et tous ses dons d'acteur. Il abandonnait à jamais les mesquineries des querelles de clans qui le faisaient étouffer, et n'avait pas encore en vue celles de disputes de hobereaux qu'il rencontrera dans les terres de haute civilisation et qui l'étoufferont autant ! Mais là, ce seront les hommes qui se montreront petits, alors qu'auparavant ce n'étaient que les enjeux.

Les Kharezmiens étaient terrifiés par la perspective de l'invasion. Les caravaniers avaient parlé dans le pays de la nouvelle puissance mongole et peut-être Gengis Khan avait-il envoyé des agitateurs pour travailler les campagnes et les villes. Les populations, prudentes, commençaient à fuir. Elles étaient sceptiques sur le sort de la guerre. Le chah avait levé trois fois l'impôt pour financer les travaux défensifs, mais rien n'avait été fait. Il avait gardé l'argent pour lui.

Plus d'un avait conseillé à Muhammad de prendre l'offensive. D'autres étaient d'avis d'empêcher le franchissement du Syr-Darya. D'autres encore suggéraient d'attendre l'invasion de la Transoxiane, où les villes devaient faire obstacle et où l'on pourrait harceler l'ennemi qui s'accrocherait à elles. Les plus pusillanimes voulaient qu'on se repliât derrière l'Amu-Darya, voire sur Ghazni et l'Inde.

Le souverain décida en définitive de couvrir le nord et le nord-est de son empire en plaçant des troupes pour défendre les passes du Ferghana et la ligne du Syr-Darya, mais d'installer son dispositif central au cœur de la Transoxiane en prenant Samarkand comme plaque tournante. Il y concentra ses principales forces, des mercenaires recrutés au hasard dans le vaste royaume, sans cohésion ni loyauté : 110 000 hommes, dont 60 000 Turcs et 50 000 Tadjiks* appuyés par

---

* Nom donné aux Iraniens orientaux (dits aussi Sartes), habitant l'Afghanistan, la Transoxiane, le Khorassan. Le terme, souvent vague, peut désigner les Iraniens en général.

20 éléphants, selon Djuvaini ; bien moins pour d'autres sources, 60 000 hommes pour Djuzdjani, 50 000 pour Ibn al-Athir, 40 000 pour Nesawi. C'était une erreur, car même si, au total, ses forces étaient numériquement supérieures, elles devaient se trouver en infériorité quel que fût le lieu où Gengis Khan attaquerait – il ne savait malheureusement pas où. Une autre erreur, plus grave encore psychologiquement, l'amena à s'établir lui-même aussi loin qu'il le pouvait, en Afghanistan oriental, non sans avoir fortifié Balkh (Bactres), chargée de faire écran devant lui.

LA CAMPAGNE DE TRANSOXIANE

Gengis Khan attaqua sur Otrar, là où la caravane de marchands musulmans avait été massacrée : tout un symbole ! Si ses ennemis l'avaient connu, s'ils avaient seulement réfléchi, ils eussent pu s'y attendre, d'autant plus que la place était une position stratégique remarquable. C'était, croit-on, en septembre 1219 : malgré l'importance de l'événement, les sources musulmanes ne le datent pas avec précision.

La ville résista. La résistance des villes irritait au plus haut point les Mongols, qui étaient faits pour se battre en rase campagne. Mais ils ne la détestaient pas, car elle immobilisait leurs adversaires. Gengis Khan laissa devant Otrar ses fils Djaghataï et Ögödeï ainsi que le roi ouïghour avec plusieurs dizaines de milliers d'hommes, et, pour éviter une contre-attaque sur ses flancs, il envoya Djötchi avec deux *tümen* vers le bas Syr-Darya et un petit détachement sur le cours supérieur du fleuve, en direction de Khodjent. Avec le gros de ses forces et secondé par Tului, il se mit en route pour Bukhara. Il franchit apparemment sans encombre le fleuve, vraisemblablement gelé. Un vizir, dont les parents avaient exercé les fonctions de juge *(cadi)* et avaient été persécutés par Muhammad Chah, le rallia et lui donna les informations qui lui manquaient sur la Transoxiane. Des marchands l'accompagnaient aussi qui connaissaient les routes et les provinces. La sûreté de sa marche prouve qu'il était au courant de la topographie, ce qui retirait aux Kharezmiens un atout essentiel.

Sur sa route, Zarnuq, travaillée par les émissaires musulmans que le khan y avait envoyés, se rendit. On y réquisitionna les hommes jeunes pour les utiliser aux travaux de siège. Nur fut capturée par surprise. Les habitants s'attendaient si peu à voir surgir les Mongols qu'ils crurent, quand leur avant-garde parut, à l'arrivée de quelque caravane. La ville ouvrit ses portes. On y recruta encore du personnel – quelques dizaines d'hommes seulement ? – pour grossir le corps du génie. On imposa la population d'une somme égale à la moitié de ce qu'elle

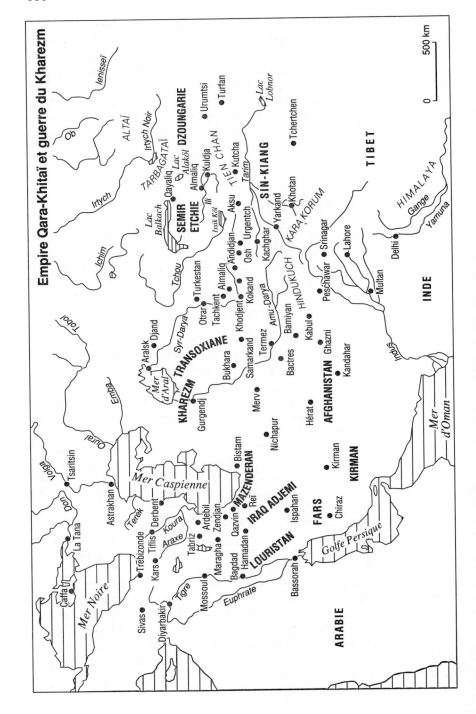

Empire Qara-Khitaï et guerre du Kharezm

payait au chah ; une partie du tribut fut fournie par les boucles d'oreilles des femmes. Une tradition douteuse veut que les maisons aient été pillées après qu'on eut ordonné à leurs propriétaires de les abandonner.

Gengis Khan arriva devant Bukhara en janvier 1220. La cité était défendue par une garnison que les sources estiment de 12 à 30 000 hommes, essentiellement des Turcs. Dès que la place fut investie, ses défenseurs tentèrent de s'enfuir, mais furent décimés. La population, démoralisée, capitula le 10 ou le 16 février. Toute la garnison fut passée par les armes. On obligea les marchands à rendre ce qui avait naguère été confisqué à la caravane d'Otrar. Il y eut pillage, mais peu de meurtres, pas d'extermination systématique. Un incendie, presque certainement accidentel, détruisit pourtant une partie de la ville. Au XIVᵉ siècle, selon Ibn Battuta, « mosquées, *madrasa* et marchés, à l'exception d'un petit nombre, étaient encore en ruine et il ne restait plus d'hommes possédant quelque connaissance ». Plusieurs *imam* furent tués, ce qui permit au chah du Kharezm de répandre le bruit que Gengis Khan était un ennemi de l'islam et avait entrepris une guerre de religion.

C'était la première fois que Gengis Khan entrait en personne dans une grande ville. Il dut en ressentir une profonde impression. On regrette de n'en rien savoir. L'étrange récit de Djuvaini qui nous le montre en train de parler aux musulmans réunis dans la Grande Mosquée et de les terrifier en se présentant comme le fléau de Dieu est pour le moins exagéré, et probablement sans fondement.

De Bukhara, l'empereur marcha sur Samarkand. Il y arriva en mars, traînant derrière lui une masse énorme de captifs. Ibn al-Athir et d'autres décrivent leurs pitoyables conditions de vie ; elles devaient en effet être effroyables. Le pays était très peuplé, avec beaucoup de villes qui, à l'exception de deux, n'avaient pas résisté. Le khan y fut rejoint par ses fils, qui venaient de faire tomber Otrar. Il leur avait fallu cinq mois pour la réduire, puis un mois encore pour s'emparer de sa citadelle. Les Mongols avaient jugé qu'il fallait faire un exemple. Ils avaient massacré les défenseurs, expulsé et pillé les habitants. Ils y avaient fait d'innombrables prisonniers qui venaient accroître la foule de ceux ramassés à Bukhara et ailleurs.

Muhammad Chah avait donné ordre à Samarkand de se battre jusqu'à la dernière extrémité. Il y avait concentré le gros de ses forces, comme nous l'avons dit, pour qu'elles pussent contre-attaquer là où les Mongols seraient accrochés. Elles n'avaient pas bougé et se trouvaient maintenant prises au piège : elles s'étaient laissé enfermer dans les murailles de la ville. En l'absence du chah, elles manquaient de mordant. Gengis Khan avait une grande armée. Elle parut énorme. Il avait formé les captifs en unités de combat. Dépouillés de leurs habits nationaux et déguisés en Mongols, groupés par dix autour d'un étendard, il les lançait à l'assaut et ils étaient obligés d'avancer sous peine de tomber sous les coups des Mongols qui venaient derrière eux. Les vagues, l'une après l'autre, passaient sur les corps qui jonchaient le sol. C'était la première fois, sauf erreur, qu'il usait de ce moyen atroce qui deviendrait bientôt de règle*.

La garnison tenta une sortie, mais elle se solda par un tel désastre qu'on évalua le nombre de ceux qui y laissèrent la vie entre 50 et 70 000. Cela acheva de décourager l'adversaire. Cinq ou six jours plus tard, soldats et habitants, d'un commun accord, offrirent leur capitulation (peut-être le 17 mars). C'était un formidable succès acquis en quelques jours. Les forces principales de Muhammad étaient hors de combat et elles n'avaient servi à rien. Seul un millier de guerriers qui tenaient la citadelle purent forcer les lignes et rejoindre leur maître.

On commença par détruire les murailles. Puis on fit sortir les habitants de la ville et on pilla leurs maisons. Les *cadi*, les *ulema*, les *imam* et leurs clients – 50 000 personnes – furent tenus à l'abri de toute exaction. Il y aurait eu 100 000 familles dans la cité, soit quelque 700 à 800 000 âmes ! Cette protection accordée aux théologiens, aux juges et au personnel religieux des mosquées donnait un démenti aux leçons de Bukhara, démontrait que les Mongols ne faisaient pas une guerre de religion et enlevait une partie de leur crédit aux tentatives de Muhammad pour prêcher la guerre sainte. Il n'y avait d'ailleurs là aucun opportunisme, aucun souci de propagande, mais la stricte application d'une idéologie. Comme les chamans, ceux que les Mongols appelaient les prêtres des musulmans étaient des hommes de Dieu, des personnes censées entretenir avec Lui des relations privilégiées. On les respectait. On les épargnait. On n'attendait d'eux que des prières.

On épargna de même les artisans qualifiés, 30 000 dit-on, que l'on donna aux fils et aux parents du khan. Cette mesure, comme la précédente, répondait à une vocation, celle qui consistait à drainer les hommes de connaissance et d'art pour les faire servir à la gloire de l'Empire.

Tous les autres habitants purent retourner chez eux après la fin du pillage et le paiement d'une rançon. On prétend qu'il en restait à peine assez pour peupler un quartier de la ville. Celle-ci eut donc beaucoup à souffrir, mais elle ne fut pas systématiquement détruite. Quand Ibn Battuta la visitera, elle portera encore des traces de ses blessures, mais aussi la marque évidente d'une remarquable renaissance et de la prospérité.

On raconte que les éléphants intriguèrent Gengis Khan. On le comprend. Il aurait demandé ce qu'ils mangeaient, et, effrayé de leur

---

* Pour plusieurs auteurs, Gengis Khan y aurait déjà eu recours en Chine. Je n'ai pas compétence pour en décider.

appétit, il les aurait fait chasser dans la steppe, où ils seraient morts de faim. On en doute.

La plupart des Turcs de Transoxiane manifestaient leur désir de quitter le service du chah pour entrer à celui des Mongols. Bien que musulmans, ils faisaient passer la fidélité à leur race bien avant l'attachement à l'islam. C'était là une carte que Gengis Khan aurait pu jouer. Les Turcs, il en avait déjà eu, en Mongolie, pléthore dans son armée et ils ne cessaient de croître en nombre depuis le ralliement des Ouïghours, des Qarluq et des autres peuples de haute Asie. Avec eux tous, il se sentait, comme chacun alors, au sein d'une grande famille, et il ne craignait pas qu'avec l'augmentation de leurs effectifs leur influence crût. Pourtant, il refusa avec indignation les services des Turcs de Transoxiane et fit mettre à mort ceux qui passaient à lui, les considérant comme traîtres et déserteurs. A court terme, voilà qui pouvait paraître folie. Non seulement il se privait d'auxiliaires de valeur, mais il fortifiait Muhammad Chah en lui attachant, contre leur gré, des gens qui n'avaient dès lors plus de raisons de l'abandonner, mais au contraire grand intérêt à lui rester fidèles. A long terme, cela se révéla payant, car c'était là une haute leçon d'honneur et de discipline qu'il leur donnait.

Après la prise de Samarkand, Gengis Khan laissa le gros de ses forces prendre du repos. Les hommes n'avaient pas beaucoup combattu, mais ils avaient parcouru des distances considérables et les montures étaient fatiguées. Il y avait près de la ville des régions montagneuses où les pâturages étaient bons. Le riant pays de Nasaf était réputé : Babur le vantera. Il s'y installa.

Il n'était pas inutile de ménager hommes et chevaux, mais là ne résidait pas la raison essentielle de l'estivage. Gengis Khan ne pouvait pas poursuivre son offensive. Devant lui, c'était à nouveau l'inconnu, avec la présence d'un fils de Muhammad, Djalal al-Din Manguberti, qui ne cachait pas ses intentions de bouter les Mongols hors du royaume, qui s'était toujours opposé au défaitisme de son père, qui avait l'esprit offensif, de hautes vertus militaires et qui disposait de forces dont le khan ignorait l'importance. Derrière lui, c'était la Transoxiane abattue, dont les grandes villes étaient tombées, mais où, dans les campagnes, grouillaient les brigands, des bandes patriotes guettant l'occasion d'effectuer des coups de main. Sur ses flancs, à l'est et à l'ouest, aucun succès décisif n'avait encore été obtenu. La petite force qu'il avait envoyée en direction du haut Syr-Darya avait bien pris Banakath, à l'ouest de Tachkent, l'avait rasée de fond en comble, au point qu'elle sera encore en ruine au temps de Tamerlan, mais n'avait pu aller plus loin. La puissante armée qu'il avait confiée à Djötchi pour s'assurer du bas Syr-Darya et des rives de la mer d'Aral jusqu'au delta de l'Amu-Darya, le Kharezm au sens propre du terme, était loin d'avoir rempli sa tâche. Elle avait enlevé Sighnak, en face de l'actuelle ville de Turkestan, où la population avait été massacrée pour avoir tué le plénipotentiaire qui lui avait été dépêché, puis Uzgend, Barchinligkant, Ashnar et enfin Djand, près de l'actuelle Perovk, qui fut pillée, mais dont les habitants furent épargnés. Elle avait ensuite dû s'arrêter par suite de la mauvaise condition physique des chevaux (fin avril ou début mai). Devant elle, Gurgendj demeurait puissante, menaçante, au point qu'un raid qu'elle tenterait dans le courant de l'été lui permettrait de reprendre provisoirement Yeni Kent.

FUITE DE MUHAMMAD CHAH

Muhammad Chah était resté pratiquement inactif. Il avait bien envoyé deux petites armées de secours pour débloquer Samarkand, l'une de 10 000 hommes et l'autre de 20 000, mais toutes deux, à tour de rôle, avaient été refoulées avant d'avoir atteint la ville assiégée.

Gengis Khan n'avait pas oublié que l'unique objet de cette guerre était de s'emparer de Muhammad et de lui faire payer sa trahison. Le moment était venu. Il décida de dépêcher trois *tümen* sous le commandement de son gendre Toqutchar et de ses généraux Djebe et Süböteï pour le capturer. Il leur ordonna de ne pas perdre leur temps à enlever les forts et les cités qu'ils pourraient rencontrer, sauf en cas d'absolue nécessité, mais de poursuivre sans relâche le souverain du Kharezm jusqu'à sa prise. Djebe et Süböteï vont alors se lancer à ses trousses et écrire une des pages les plus fantastiques de l'histoire militaire. Toqutchar, sans doute renforcé plus tard par d'autres escadrons, établit des postes de garde au Khorassan pour surveiller le chah à l'articulation des deux parties occidentale et orientale de son empire.

Muhammad apprend la chute de Samarkand quand il est près de Balkh (Bactres) ; en même temps, on l'informe qu'une forte colonne mongole marche vers lui. Comme il manque en Bactriane de forces pour s'opposer à elle, il décide de se replier en toute hâte sur le Khorassan. Quand il atteint Nichapur, le 18 avril 1220 (pour d'autres, en mai), on lui signale que les Mongols ont franchi l'Amu-Darya et ne tarderont pas à arriver. Il ne les attendra pas. Il envoie sa famille se mettre à l'abri dans la forteresse de Qarun et expédie son trésor à Ardahan, réputée alors la plus forte place d'Iran, ce qui n'empêchera pas ce dernier de tomber peu après aux mains de ses poursuivants. Quant à lui, il gagne Bistam, puis Reï, dans la banlieue de l'actuelle Téhéran, enfin Qazvin, où se trouve un de ses fils avec 30 000 hommes. Ce sont des troupes fraîches et largement suffisantes pour faire face aux 20 000 cavaliers de Djebe et de Süböteï, opérant en pays inconnu, loin de leurs bases et déjà fatigués par leur marche forcée. Il peut les attendre ou, mieux, aller à leur rencontre, les surprendre : il a pour lui toute les chances de l'emporter. Mais il est si démoralisé qu'il craint plus de tout perdre en une rencontre où subsiste toujours quelque part de hasard que de gagner presque à coup sûr. A dire vrai, il a pris l'habitude de la fuite ; il est entré dans la logique de la défaite. Il repart, s'arrête encore et repart à nouveau, de plus en plus pressé, croyant toujours sentir derrière lui l'haleine des petits chevaux de la Mongolie. Il gagne le Louristan. Il est loin. Il a le temps et les moyens, comme l'a bien remarqué Barthold, de réunir quelque 100 000 hommes avec lesquels il ne risquerait pas de subir un échec, d'autant plus qu'il a brouillé les pistes, que les Mongols ont perdu sa trace dans la région de Hamadan et s'en sont retournés vers Zendjan, vers Qazvin. Mais tout se passe comme s'il était devenu fou. Quand il apprend que ses poursuivants sont parvenus jusqu'au Kurdistan, il se juge perdu. Il n'est plus que panique. Il quitte son armée, court à toutes jambes vers la mer lointaine, va se cacher dans une petite île de la Caspienne*. Démuni de tout, il finit par y mourir d'épuisement et de désespoir, en décembre 1220 ou janvier 1221.

La poursuite avait duré neuf mois. Les généraux mongols n'étaient pas parvenus à attraper Muhammad, mais ils avaient obéi aux ordres. Ils n'avaient « pas fait halte sur leur route ni pour piller ni pour tuer » (Ibn al-Athir), ils n'avaient « causé aucun dommage aux villes » (Djuzdjani), sauf à deux ou trois qui leur auraient opposé une trop vive résistance – et ce n'est même pas sûr ! Ils avaient peut-être livré une bataille, une seule (encore son authenticité demeure-t-elle douteuse), dans la plaine de Daulatabad, près de Hamadan, là où ils avaient perdu la trace de Muhammad. A nos yeux, l'opération avait pleinement réussi. A ceux de Gengis Khan, elle avait échoué. Il aurait pu être satisfait, et il ne l'était pas entièrement. Pour que son châtiment – ou, si l'on veut, sa vengeance –, eût été complet, il aurait fallu que le chah, ou du moins son cadavre, tombât entre ses mains. Tant que ses os n'étaient pas brûlés, le personnage conservait un restant de vie et demeurait dangereux. On les brûlera plus tard, quand on saura sur quel rivage l'avait déposé le courant de démence qui l'avait entraîné.

FIN DE LA GUERRE OU NOUVELLE OFFENSIVE ?

A l'automne de 1220, Gengis Khan était à peu près tranquille sur ses arrières. Pendant que son armée se reposait à Nasaf, il avait envoyé 20 000 Mongols accompagnés par 50 000 indigènes, auxiliaires ou prisonniers, en direction de Khodjent et du Ferghana pour achever

---

* Ile proche d'Abaskun, à trois jours de marche de Gurgan.

ce qu'avait commencé la prise de Banakath. Il s'était assuré sans peine de la région. Un fait d'armes remarquable, un acte d'héroïsme comme les guerres en font naître avait marqué l'expédition. Tandis que Khodjent tombait, un millier d'hommes s'étaient réfugiés dans une île du Syr-Darya, trop éloignée du rivage pour essuyer le tir des assaillants. En vain, les Mongols avaient essayé de faire construire par leurs captifs une jetée qui y menât en amoncelant des pierres dans l'eau. D'un côté, on enrageait. De l'autre, on commençait à mourir de faim. Alors la petite troupe qui se tenait dans l'île s'embarqua sur des canots et descendit le cours du fleuve sous le regard ébahi de ses ennemis qui occupaient les rives. Seul ou à peu près, leur chef finit par débarquer dans la région de Djand à bout de forces et gagna Gurgendj. On chanta son exploit et on le chante encore : il fut choisi comme héros par un romancier moderne. Son nom, Timur Malik, mérite de passer à la postérité.

Gengis Khan décida donc de quitter Nasaf pour se rapprocher de la Bactriane, menacer Balkh (Bactres), qui était censée verrouiller les possessions orientales des Kharezmiens, et prendre le contrôle du cours supérieure de l'Amu-Darya. Il se présenta devant Termez, réduisit en onze jours la ville, massacra ses habitants et en fit un tel amas de ruines qu'il faudra, quand on voudra la reconstruire, en transférer le site à quelques kilomètres du fleuve. Il s'installa ensuite pour hiverner dans les plaines que baigne le bassin supérieur du fleuve.

Il est clair qu'il ne voulait pas continuer la guerre. Pourtant, il ne pouvait pas y mettre fin tant que ses troupes engagées à Gurgendj n'avaient pas pris la ville et éliminé les forces qui pouvaient le menacer sur son flanc occidental, tant que Muhammad n'était pas mort, tant que Djebe et Sübötéï n'avaient pas rejoint l'armée. Ce n'est qu'une hypothèse, mais je n'en vois pas d'autres qui puissent expliquer son comportement : il avait l'intention de retourner en Mongolie et il le ferait dès que ces résultats seraient acquis, après avoir établi son protectorat sur tout le Turkestan occidental.

Les événements en décidèrent autrement.

Gurgendj n'était pas encore tombée (sa chute n'aura lieu qu'au printemps de 1221), Muhammad n'était pas encore mort, lorsqu'il fut entraîné bien plus loin qu'il ne le voulait sans doute.

La division de Toqutchar, chargée de surveiller le Khorassan et d'assurer les arrières de Djebe et de Sübötéï, et les autres escadrons que Tului avait envoyés pour le soutenir, incapables de réduire les villes immenses et prospères de la province* – qui, depuis que l'islam s'était répandu dans le monde, en constituait un des plus beaux fleu-

---

* Aujourd'hui partagé entre l'Iran (région de Mechhed et de Nichapur), l'Afghanistan (province de Hérat) et le Turkménistan (district de Merv ou de Mari).

rons –, causaient les pires dévastations dans les campagnes, ruinaient l'agriculture et, en conséquence, affamaient les villes. Le prince héritier du Kharezm, Djalal al-Din Manguberti, faisait ce qu'il pouvait pour les secourir. Courageux, il ne cédait pas à la panique qui frappait d'une étrange et totale paralysie les populations du royaume. Audacieux, il ne craignait pas d'attaquer les Mongols en quelque circonstance que ce fût. Il réussissait des coups heureux. Un jour, à la tête d'un petit détachement de 300 hommes, il surprit un escadron de 700 Mongols cantonnés à Nasa et l'anéantit presque complètement. C'était le pire revers que Gengis Khan eût encore connu. Le terrible châtiment infligé à la ville ne cautérisa pas la plaie ouverte dans sa chair et dans son orgueil, mais il est révélateur de l'incroyable passivité dans laquelle étaient plongées les populations du Khorassan. Les habitants furent réunis dans la campagne et reçurent l'ordre de se lier les uns les autres. Quand ils l'eurent fait, leurs geôliers les tirèrent comme à la cible. S'ils avaient eu le courage de fuir, observe un chroniqueur local, la plupart eussent pu échapper à la mort.

Un autre incident survint, plus grave encore. Toqutchar n'avait pas obéi aux consignes de modération qu'avait données Gengis Khan à ses généraux chargés d'opérer en Iran. Il s'était livré à des exactions et à des pillages. Son beau-père, furieux, aurait voulu l'en punir par la mort – nul ne devait être au-dessus de la loi – et ne lui aurait pardonné que devant les supplications et les larmes de sa fille ; il le laissa en tout cas dans une semi-disgrâce. C'est alors que Toqutchar, en novembre 1220, fut tué par une flèche en vue de Nichapur. Sa veuve cria vengeance.

La mort au combat d'un prince de la famille impériale, un revers militaire honteux, le risque que ces événements bien exploités par l'ennemi ne lui rendissent courage, étaient des raisons suffisantes de continuer la guerre. Gengis Khan comprit que la mort de Muhammad Chah ne résolvait rien et que laisser invaincu derrière lui un prince comme Djalal al-Din rendait largement illusoires toutes les conquêtes effectuées en pays musulman.

La situation, à la fin de l'hiver 1220-1221, avait changé. L'armée, presque inoccupée depuis bientôt un an, entraînée plutôt que fatiguée par des opérations mineures, était au mieux de sa condition. Les rives supérieures des deux fleuves qui limitent la Transoxiane, avec Khodjent au nord et Termez au sud, étaient aux mains des Mongols. Après des heures difficiles, la guerre dans le delta de l'Amu-Darya, autour de Gurgendj, n'était pas finie, mais son issue ne faisait plus de doute : l'ennemi agonisait. On pouvait songer à attaquer, à porter les derniers coups à l'empire du Kharezm.

Ce sera terrible. Ce sera, sur l'Afghanistan et ses villes superbes, ses villes qui n'avaient rien à envier à celles du Khorassan – Bactres, Bamiyan, Ghazni –, ce sera, sur le Khorassan et l'Iran oriental, un déferlement comme l'histoire en a bien peu connu et qui, même à l'époque mongole, pourtant fertile en holocaustes, semble ne pas avoir d'équivalent. Aucun mot, aucune image ne pourront en rendre compte. Il serait vain de parler d'incendies, de meurtres. L'horreur sera telle que ses excès finiront par faire douter de la réalité. Ata Malik Djuvaini dira qu'après le passage de la tornade la population ne se hissait même plus au dixième de ce qu'elle avait été.

Rien n'explique cette fureur. Les soldats ne sont pas doux, mais ils mettent tôt ou tard un frein à leur soif de sang. Les Mongols sont des barbares, mais ils peuvent avoir, ils ont des sentiments humains. Gengis Khan est en tout un homme réfléchi, pondéré. Il y avait eu des massacres, mais aussi des mesures de clémence. Alors ? Faut-il invoquer la propagande de l'islam blessé à mort et qui hurle sa haine ? Faut-il croire à une fantastique exagération ? On le voudrait, mais il n'est pas certain qu'on le puisse. Doit-on penser que le grand empereur, dans son impatience d'en finir, dans sa hâte de retourner chez lui, dans son désir d'épargner la vie des siens, a, comme les révolutionnaires français, inventé la Terreur en voyant en elle une arme absolue ? Et si... on n'ose point le dire. Et si seulement il avait peur ! Peur, Gengis Khan ? Pourquoi pas ! Souvenons-nous : l'enfant qui avait peur des chiens... Quoi qu'il en soit, on pense irrésistiblement aux bombes atomiques qui anéantirent des innocents pour que la guerre finît plus tôt, pour que fussent au bout du compte épargnées des vies humaines. Oui, c'est bien la solution définitive des bombes qu'avec huit siècles d'avance Gengis Khan appliqua. Capitulez ou vous serez détruits ! L'alternative était simple. Ce qu'il y a d'étonnant, c'est que si peu, pour l'instant, capitulèrent.

PRISE DE GURGENDJ

Barthold, dont on ne saurait minimiser les jugements, a considéré la prise de Gurgendj comme un des événements les plus importants de l'histoire.

Après avoir connu un grand passé dû à l'exceptionnelle fertilité du sol qu'arrosait le delta de l'Amu-Darya, Gurgendj et sa province, le Kharezm, demeuraient l'un des premiers foyers économiques et culturels de l'Orient. Le géographe Yaqut, qui les visita en 1219, à la veille de l'invasion gengiskhanide, est un témoin ultime et sûr de leur grandeur et de leur prospérité. Moins créatif que dans les siècles antérieurs, l'islam kharezmien du début du XIIIᵉ n'a rien perdu de ses traditions, et son élan ne semble pas amoindri. Le commerce y est intense, l'argent y abonde et le mécénat y attire plus d'un maître, notamment dans une bibliothèque célèbre et que l'on dit sans pareille. Elle disparaîtra dans la tourmente, non sans que Nesawi, qui y travaillait, ait tenté de sauver nombre de ses plus précieux manuscrits. Dans son exil, il aura ce mot « De tout ce que j'ai laissé, je regrette seulement les livres. »

La reine Turkhan Qatun* était la mère de Muhammad Chah et elle n'aimait guère son fils. Gengis Khan lui avait envoyé un ambassadeur pour lui dire qu'il ne lui voulait pas de mal, qu'il n'en avait qu'à celui qu'elle avait mis au monde, et qu'il ne comptait pas envahir son fief : il connaissait sa prospérité, sa puissance, il savait à quel point le Kharezm pouvait lui donner du fil à retordre et, répétons-le, il n'envisageait qu'une guerre limitée. La reine préféra ne pas répondre. Elle s'enfuit au Mazanderan, cette province septentrionale de l'Iran que baigne la Caspienne, avec les filles et les plus jeunes fils du chah. Elle était convaincue que le Moyen Orient n'essuyait qu'un orage – un orage d'été, violent mais bref. Il suffisait à ses yeux de faire le gros dos et d'attendre.

Elle se leurrait. Elle fut rejointe et assiégée par les Mongols. Il ne pleuvait pas, et le manque d'eau obligea la forteresse à se rendre (été 1220, ou tout autre moment). La reine fut déportée en Mongolie, où elle vécut jusqu'en 1232-1233, les princes impériaux mis à mort, les princesses distribuées aux bâtards gengiskhanides ou, selon d'autres, aux « musulmans renégats » – entendons ceux qui étaient entrés au service des Mongols.

Gurgendj est une ville énorme qui demande, pour être investie, un déploiement considérable de moyens et de forces. Venant de Bukhara avec l'aile droite de l'armée, Djaghataï dispose autour d'elle 100 000 hommes. Ce n'est pas assez, mais Djötchi arrive du bas Syr-Darya avec de très importants renforts. Cette collaboration des deux frères est sans doute nécessaire, mais elle peut susciter des heurts puisque ceux-ci ne s'entendent pas. Si l'on en croit Nesawi, qui hait les Mongols et qu'on ne peut donc accuser d'indulgence, l'aîné de l'empereur, dès son arrivée, aurait fait dire à la population :

> « Gengis Khan m'a donné votre cité. Il tient à ce qu'elle fasse partie de ses États et il désire la conserver. Vous en avez la preuve dans le fait que ses troupes n'ont opéré aucune destruction dans ses environs. Les bourgs de la banlieue n'ont pas été eux-mêmes molestés. »

Il doit y avoir du vrai dans cette déclaration, d'abord parce que Gengis Khan, fort soucieux du commerce international, n'ignorait pas que la ville était une de ses plaques tournantes, ensuite parce qu'il avait déjà manifesté à la reine sa volonté de l'épargner, enfin parce qu'elle devait en effet revenir à Djötchi, qui avait alors en apanage les territoires les plus éloignés de la Mongolie vers l'ouest. Mais il n'est

---

* Je conserve la forme *qatun*, qui, naturellement, devrait ici être *khatun*.

pas exclu que le prince, par politique, ait attribué à son père, comme l'a pensé Barthold, des actions et des intentions qui lui étaient personnelles. Le Kharezm restera une pomme de discorde entre sa famille et celle de son frère Djaghataï, qui, toutes deux, ne cesseront jamais de le revendiquer comme relevant de leur patrimoine.

Djötchi entendait négocier. Djaghataï voulait prendre de force la place. Gurgendj trancha la question en refusant de se rendre et en repoussant toute discussion sur une éventuelle annexion par les Gengiskhanides, même si elle devait devenir le plus beau fleuron de leur empire. Il fallait se battre. Les Mongols manquaient de pierres pour leurs catapultes. Ils firent des projectiles avec des troncs d'arbre qu'ils laissaient imprégner d'eau pour les durcir. Ils employèrent les prisonniers à combler les digues pendant dix jours consécutifs sous une grêle de projectiles et les obligèrent ensuite à miner les murailles. Ils lancèrent assaut sur assaut. On pénétrait dans la ville, mais on en était chassé. Quand on s'y maintenait, il fallait conquérir maison par maison. Chaque habitant se faisait soldat. Un jour, 3 000 Mongols qui avaient établi une solide tête de pont périrent. On voulut détourner les canaux d'irrigation pour inonder la ville. On n'y parvint pas. On alluma des incendies pour en dénicher les habitants comme des renards de leur tanière. Le seul résultat positif fut que le défenseur de la place se rendit aux Mongols. Cela déprima les bourgeois, mais leur résistance n'en continua pas moins.

Djötchi se montrait peu pugnace, indécis, médiocre dans le secteur dont il avait la responsabilité. Djaghataï en était exaspéré. La mésentente entre les deux frères éclata au grand jour. Gengis Khan en fut averti. Il jugea l'affaire assez grave pour envoyer Ögödeï trancher leur différend.

Le siège dura longtemps, sept mois selon Rachid al-Din, plus vraisemblablement cinq comme le pense Ibn al-Athir, qui fixe la fin de la résistance au mois d'avril 1221. Les habitants furent chassés. Si l'on en croit Ibn al-Athir, il n'en restait guère que la moitié, les autres ayant péri au cours des assauts. La plupart des hommes furent passés au fil de l'épée ; on épargna les femmes et les enfants. 100 000 artisans (?) furent déportés vers l'Extrême-Orient : on a vu en eux, mais il s'agit là d'une hypothèse, les ancêtres des Dungan*. Ce qui avait été une des plus belles métropoles de l'Islam disparut sous les eaux, soit que les Mongols eussent à dessein détruit les barrages, soit que ceux-ci se fussent rompus dans les années suivantes parce qu'ils n'étaient plus entretenus.

Gurgendj avait une trop grande importance commerciale pour que

---

* Dungan (Doungans) : nom des Chinois musulmans en Asie centrale. Ces mêmes Chinois musulmans sont, en Chine, plutôt nommés Hui.

les Mongols la laissassent longtemps ruinée. Elle fut vite reconstruite sur un site voisin sous le nom d'Urgendj*, et elle retrouva sa situation économique, mais sa région resta longtemps désolée. Ibn Battuta, au XIVᵉ siècle, la jugera « la plus belle et la plus grande ville des Turcs », et il ajoutera : « Elle possède de jolis marchés, de vastes rues, de nombreux édifices et se recommande par sa beauté remarquable. Ses habitants sont si nombreux qu'elle tremble pour ainsi dire sous leur poids et qu'ils la font ressembler à une mer agitée. »

Il y avait à Gurgendj un grand mystique, Nadj al-Din Kubra, issu de l'ordre des Suhrawardi et fondateur de sa propre congrégation, les Kubrawiyya (1145-1221). Sa réputation avait, dit-on, atteint Gengis Khan, qui aurait pris ses dispositions pour qu'il pût quitter la ville, mais le chaïkh aurait affirmé que, bon ou mauvais, il subirait le sort réservé à ses concitoyens, et il aurait péri dans le sac. Encore une légende ? Les grands drames en font naître et il ne manque pas d'indices portant à croire qu'il mourut peu avant le début du siège.

GUERRE AU KHORASSAN

Gurgendj prise ou sur le point de l'être, Gengis Khan pouvait repartir à l'assaut. En février 1221, ou un peu après s'il attendit de connaître et la mort de Muhammad Chah et la fin des combats dans le delta de l'Amu-Darya, il franchit ce fleuve en face de Balkh et occupa la ville. On dispute pour savoir s'il la détruisit sur-le-champ ou un peu plus tard, après qu'elle eut essayé de se révolter – ce qui paraît le plus vraisemblable. Quoi qu'il en soit, elle fut entièrement rasée. Il n'en resta rien. De sa splendeur ne témoigne plus qu'une petite mosquée récemment découverte, un des joyaux de l'art musulman médiéval. Puis le khan assiégea la forteresse de Nusrat, dans les environs de Talqan. C'est là que Djaghataï et Ögödeï, revenant de Gurgendj, le rejoignirent. Ils furent assez mal reçus, parce qu'ils s'étaient octroyé tout le butin sans réserver la part qui, selon la loi, revenait à leur père. Pendant trois jours, l'empereur refusa de les voir. Quand il les admit enfin en sa présence, il les réprimanda si sévèrement que les princes furent pétrifiés d'effroi, à tel point « qu'ils faillirent s'enfoncer dans le sol là où ils se trouvaient debout et n'arrivaient pas à essuyer la sueur de leur front ». Seules les ardentes plaidoiries de plusieurs grands seigneurs, notamment de Tchormagan et du fidèle Bo'ortchu, leur permirent de rentrer en grâce.

---

* La reconstruction commença sans doute en 1231. L'actuelle Kunya-Urgendj date seulement du XIXᵉ siècle.

De Talqan, ou déjà de Termez, Gengis Khan envoya Tului avec de faibles forces (si l'on suit Djuvaini, un dixième seulement de celles dont il disposait) pour réduire les villes du Khorassan : il devait les juger épuisées par les raids effectués dans les campagnes, terrorisées et incapables d'opposer la moindre résistance. Tului semble cependant avoir levé un grand nombre d'auxiliaires, sans doute parmi les Turcs, puisque son armée est estimée à 70 000 hommes. Il n'y avait plus aucune autorité depuis le départ de Muhammad Chah, et chaque gouverneur, chaque général agissait selon ce qu'il croyait être son intérêt.

Tului arriva le 17 ou le 25 février devant Merv. Pendant six jours, il examina les positions adverses, fit en personne le tour des murailles et, le septième jour, lança l'assaut. La population, dans l'espoir de se dégager, tenta deux sorties, puis perdit toute velléité de résistance. 500 artisans et quelques enfants furent réduits en esclavage, tout le reste massacré. On raconte que chaque soldat dut tuer personnellement de 3 à 4 000 personnes. Ibn al-Athir, pourtant sérieux et soucieux de ne pas se laisser entraîner pas l'emphase, parle de 700 000 victimes. Djuvaini porte ce nombre à près du double et explique comment beaucoup de gens se cachèrent dans les caves ou se réfugièrent dans les villages voisins, pour être tués à leur tour dès qu'ils purent en sortir. Les habitants musulmans de la ville voisine de Sarakhs, qui avaient un contentieux à régler avec ceux de Merv, contribuèrent au massacre de leurs coreligionnaires. Il fallut treize jours et treize nuits pour dénombrer leurs victimes, opération indispensable aux yeux des Mongols, comme elle l'était à la chasse. Le magnifique mausolée du sultan seldjoukide Sandjar fut détruit, les corps sortis de terre et incinérés : nous avons déjà parlé de cette incinération des os, qui visait à détacher à jamais le défunt de la terre. Pourtant, un noble local fut nommé gouverneur sous la surveillance d'un officier mongol, ce qui prouve que tout le monde ne périt pas. Il dut en fait y avoir beaucoup de survivants, puisque la ville pourra plus tard se révolter et que la répression fera encore 100 000 victimes.

Tului marcha ensuite sur Nichapur, bien décidé à venger son beau-frère. Il ne pouvait guère faire pire qu'à Merv. De partout, les populations rurales et nomades fuyaient épouvantées. Ce serait alors qu'une tribu turque qui pâturait par là aurait émigré en Asie Mineure : elle allait devenir celle des Ottomans.

Nichapur voulait négocier. Tului voulait compléter sa démonstration. Il repoussa les avances. Dès le 7 avril 1221, il lança un premier assaut. La place succomba à l'un des suivants, le 10. La population fut chassée hors des murs et tout fut mis à mort, « y compris les chiens et les chats ». La veuve de Toqutchar veilla elle-même à l'holocauste pour faire à son mari de grandioses funérailles. Les têtes furent séparées des corps et entassées, d'un côté celles des hommes, de l'autre celles des femmes et des enfants. Ce serait là l'origine de la sinistre invention khorassanienne, un peu plus tardive, des fameuses tours ou minarets de crânes, qui gagna tout l'Orient turc jusque dans les Balkans à l'époque de la domination ottomane. Comme à Termez, quand on reconstruira la ville, il faudra l'édifier à bonne distance de l'ancienne ; elle retrouvera d'ailleurs vite sa prospérité, malgré un tremblement de terre survenu en 1280. Aujourd'hui, on laboure encore sur le sol de l'antique cité. Ainsi disparut la plus grande ville du Khorassan, une des plus brillantes du monde musulman.

Tului arriva peu après devant Hérat, la troisième métropole du Khorassan. Par suite d'une erreur d'interprétation de l'historien Djuzdjani, qui prit part à la défense d'une place voisine, on a parfois écrit que la ville résista. Une chronique locale affirme qu'elle ouvrit immédiatement ses portes et que son occupation se déroula sans sévices notables. Sa population était trop effrayée pour songer à manifester la moindre hostilité. Saïfi, qui écrivit entre 1308 et 1321, relate cependant que Tului envoya un messager au *malik*, « le roi » (tel était le titre que portait et porterait encore le prince de Hérat), pour lui demander sa reddition, que celui-ci la refusa, que les Mongols furent obligés d'attaquer la ville, qu'elle tomba au bout de huit jours et que ses vainqueurs firent grâce, sauf aux 12 000 soldats de sa garnison qui furent passés par les armes. Quoi qu'il en soit exactement, Tului installa un nouveau *malik* près duquel il laissa un gouverneur, un de ses fidèles amis, puis alla rejoindre son père à Talqan.

GUERRE EN AFGHANISTAN

Djalal al-Din Manguberti devenait menaçant. Il avait reconstitué une armée importante au sud de l'Hindu Kuch. Il ne fallait pas lui laisser le temps de reprendre l'initiative. A peu près tranquillisé par la conquête du Khorassan, qui couvrait la Transoxiane et son flanc occidental, Gengis Khan résolut de franchir les monts pour aller l'attaquer. La masse montagneuse était énorme, avec ses sommets qui dépassaient 5 000 mètres, ses gorges étroites où deux cavaliers pouvaient à peine passer de front et ses cols élevés qui semblaient conduire au ciel, parfois à plus de 3 000 mètres d'altitude. Ses villages, accrochés aux pentes, si bien intégrés à la nature que, de loin, ils se confondaient avec elle, et où vivait une population fière et ombrageuse, follement éprise de liberté, constituaient autant de petites forteresses à prendre, tandis que, sur les cimes, des tours et des murailles ressemblaient aux nids des grands rapaces.

Gengis Khan déboucha devant le grand gîte d'étape qu'avait été pour les bouddhistes Bamiyan, où, déjà mutilées, veillaient les statues gigantesques des bouddhas creusés dans le roc. Il y avait là, à quelque 17 kilomètres de distance, deux orgueilleuses cités dans un cadre éblouissant de monts sauvages et escarpés : la ville forte de Bamiyan, qui porte aujourd'hui le nom de Chahr-i Golgola, la « ville des Soupirs », située à proximité des falaises, et, au confluent des deux rivières, Chahr-i Zohag, la « ville Rouge », sur les falaises de pourpre sombre aux strates verticales.

On se battit avec une ardeur farouche. Les Afghans n'étaient pas hommes à capituler. Une flèche tua le fils de Djaghataï, Mütügen, le petit-fils préféré de Gengis Khan. Celui-ci en conçut une effroyable douleur ; mais n'aime-t-on pas plus particulièrement ceux que l'on perd ? L'assaut fut lancé. Gengis Khan, contrairement à son habitude, le mena lui-même. Tout fut détruit. De Chahr-i Zohag, il reste des vestiges de murs crénelés et de tours qui surplombent les gorges étroites, et Bamiyan n'est plus qu'un gros village que dominent les grottes des anachorètes, et qui porte bien son nom.

Les historiens persans racontent que Djaghataï était absent quand son fils fut tué. Il revint pendant qu'on procédait au sac de la ville. Gengis Khan convoqua ses enfants. Il feignit la colère, leur reprochant de ne pas être dociles à ses ordres. Il fixait des yeux Djaghataï. Alors celui-ci se mit à genoux devant son père, lui assurant qu'il mourrait plutôt que de lui désobéir. « Tiendras-tu ta parole ? – Si j'y manque, je veux périr – Eh bien ! ton fils Mütügen a été tué. Je te défend de le pleurer. » Pourtant frappé par la foudre, Djaghataï ne pleura pas.

Djalal al-Din, installé au débouché méridional du Koh-i Baba, à Ghazni, avec quelque 60 ou 70 000 hommes (d'autres disent 20 000 et d'autres encore 90 000), défit un corps mongol qui assiégeait Waliyan, au Tokharestan (octobre 1221 ?). Gengis Khan dépêcha contre lui une armée considérable, plusieurs *tümen* sous les ordres de Chiqi Qutuqu, le troisième fils adoptif de Hö'elün. La bataille fut livrée près de Perwan, site qu'on hésite à localiser – soit sur la route de Bamiyan à Ghazni, dans la vallée du Pandchir, soit vers les sources du Kabul. Elle dura deux jours. Pour paraître encore plus nombreux qu'ils ne l'étaient, les Mongols firent placer des mannequins sur les chevaux de main. Les Kharezmiens, effrayés de ne pas détenir la supériorité du nombre comme ils le croyaient, voulaient décrocher. Djalal al-Din les persuada de n'en rien faire. Il les fit combattre à pied. La cavalerie mongole, devant cette piétaille, s'en donna à cœur joie et oublia de ménager ses montures. Quand les chevaux furent fatigués d'avoir du sang jusqu'au poitrail, les Kharezmiens montèrent en selle et n'eurent pas de peine à prendre le dessus. En vain Chiqi Qutuqu cherchait-il à galvaniser ses hommes en leur montrant le drapeau. Voyant qu'ils allaient être encerclés, ils prirent la fuite. Ils furent rejoints dans les gorges et subirent de lourdes pertes.

C'était le premier véritable échec des Mongols. Il ne tira d'ailleurs pas à conséquence. Gengis Khan ne s'en émut pas outre mesure. Venu sur le champ de bataille, il consola son général. Il lui fit remarquer qu'il n'avait jamais encore été vaincu et que c'était une leçon dont il tirerait profit. Il se fit expliquer la tactique employée, en effectua la critique et montra ce qu'il eût fallu faire.

Malgré son succès, Djalal al-Din n'osait pas attaquer Gengis Khan et battait en retraite devant des forces mongoles maintenant trop nombreuses et qui le menaçaient de toutes parts. Ce n'était pas mal calculer : il pouvait supposer que l'empereur n'aurait pas l'audace de s'aventurer plus avant.

La bataille de Perwan réveilla l'ardeur belliqueuse. Elle fit naître un espoir disproportionné. Les musulmans exaltés, cherchant à se venger à bon compte, se livraient à d'odieuses cruautés sur leurs prisonniers : ils les torturaient, leur enfonçaient des clous dans les oreilles. Et Djalal al-Din regardait tout cela avec volupté : ce n'était pas un barbare qui tuait vite et beaucoup ; c'était un civilisé, un raffiné qui se plaisait aux souffrances humaines. Plus grave, un peu partout se produisirent des soulèvements, des révoltes. Quand la victoire des Kharezmiens fut connue, dans la seconde moitié de l'année 1221 – et elle fut démesurément amplifiée par la joie qu'elle procura –, le Khorassan pensa peut-être avoir une chance de se débarrasser des Mongols, ou plutôt les populations crurent spontanément le danger écarté et voulurent assouvir leur haine. En automne, Merv s'insurgea, puis Hérat. Tout le Khorassan semblait perdu.

Gengis Khan, dès qu'il fut averti, détacha une armée de 80 000 hommes sous le commandement d'Eldjigideï*, bientôt renforcée par une levée de 50 000 indigènes servant d'auxiliaires. Hérat, qui était intacte, se trouvait seule à même de tenir tête. Elle le fit avec une belle énergie, pendant huit mois, sans doute rendue folle de la folie qu'elle avait commise, mais sachant désormais qu'elle n'avait plus rien à espérer en dehors d'une hypothétique victoire. Enfin, épuisée, mourant de faim, ne voyant pas venir les troupes kharezmiennes victorieuses sur lesquelles elle comptait, elle s'effondra en juin 1222. Le châtiment fut, comme elle s'y attendait, atroce. Toute sa population fut massacrée, « pas une tête ne fut laissée sur un corps, pas un corps ne conserva une tête ». La tuerie, qui dura sept jours, fit, pour Saïfi, 1,6 million de victimes et pour Djuzdjani, près de 2,5 millions ! Même si nous ne doutons pas de l'ampleur des villes de l'Islam médiéval, nous éprouvons plus qu'une réticence à accepter ces estimations.

Saïfi raconte que 16 rescapés, après avoir erré dans l'espoir de trouver quelque terre d'asile dans un pays où la vie avait disparu, finirent par revenir à Hérat et s'établirent dans ses décombres. Quel-

---

* A ne pas confondre avec son homonyme qui commandera en Iran.

ques autres Khorassaniens (une quarantaine en tout) les ayant rejoints, ils auraient formé, au cœur même de la grande cité morte, un village. Il faudra attendre vingt-cinq ans pour qu'un millier d'ouvriers, jadis déportés, soient autorisés à s'y réinstaller. Ils recommenceront à donner vie à la ville, qui recouvrira progressivement sa prospérité. Tandis que Nichapur était à jamais rayée de la carte, Hérat était promise à un bel avenir.

LA BATAILLE SUR L'INDUS

Après avoir envoyé Eldjigideï rétablir la situation au Khorassan, Gengis Khan se mit à poursuivre Djalal al-Din qui battait en retraite. La plus grande confusion règne dans les sources à propos des événements subséquents, et il est à peu près impossible de les suivre. Du moins sait-on que les Mongols arrivèrent à Ghazni quinze jours seulement après que le prince kharezmien en fut parti. Ce devait être vers la fin de l'été, avant que les neiges ne bloquent les routes si étroites qui se faufilaient dans les monts, notamment dans la riante vallée du Meidan, que, selon toute vraisemblance, le khan dut emprunter. La cité où Firdusi avait écrit le *Livre des rois (Chah-name)*, le chef-d'œuvre littéraire de la langue persane, où avait travaillé Biruni, le plus grand savant de l'Islam, la ville qui, par son ampleur, sa richesse et son activité, avait été la rivale de Bagdad, fut saccagée et sa population mise à mort, à l'exception des artisans qui furent déportés et sans doute du personnel religieux des mosquées. Seuls quelques-uns de ses monuments demeurent, comme des épaves après un naufrage – deux minarets tronconiques découronnés, le mausolée de Mahmud le Ghaznévide qui avait été le vrai fondateur de la cité –, mais les fouilles ont livré, rares encore, de merveilleux trésors. Le tombeau de Mahmud fut pourtant profané : pour enlever à la ville l'aura que lui donnait, dans l'optique des Mongols, la présence sous la terre des restes du grand roi, on le déterra et on fit brûler ses os. Nesawi dit à ce propos que « c'était dans leur habitude de brûler les os de tout sultan enterré dans quelque pays que ce fût ». Il a certainement raison : on a déjà vu les Mongols le faire, et on les reverra. La coutume de déterrer les morts, avec l'idéologie qui la sous-tend, traversera victorieusement les siècles. Elle sera encore pratiqué au xvir siècle par le Turc Chah Ismail, fondateur de la première dynastie nationale de l'Iran, les Séfévides.

A Ghazni, Gengis Khan se trouvait dans une situation extrêmement délicate. Djalal al-Din, par un chemin que nous ignorons, était descendu des hauts plateaux afghans et avait atteint l'Indus. Le laisser fuir, c'était n'avoir rien fait. Des victoires qui n'étaient pas décisives n'étaient pas des victoires. Gengis Khan savait qu'il ne fallait pas humilier son adversaire en lui donnant l'occasion de ruminer son humiliation, et la chance d'en tirer revanche. Mais il prenait un risque énorme à se lancer à sa suite. De Ghazni à l'Indus la distance était grande, et, déjà, à Ghazni, le Mongol s'était aventuré bien loin de ses bases. Il ignorait où en étaient les affaires du Khorassan. Eldjigideï pouvait être vaincu, à tout le moins retenu dans un imbroglio iranien. Malgré l'épuisement du pays, les révoltes pouvaient s'étendre. Était-il même bien sûr que ses officiers tenaient solidement la Transoxiane ? Ne pouvait-il y avoir revirement des Qarluq et des autres Turcs nomades de l'Ili ? Avoir anéanti deux ou trois villes de l'Afghanistan oriental ne suffisait pas pour réduire des populations guerrières, nomades ou paysanes, au courage à toute épreuve et qui trouvaient refuge dans des montagnes presque inaccessibles. Elles pouvaient menacer ses arrières, lui couper la route, même s'il était victorieux. Mieux valait ne pas songer à ce qu'il adviendrait s'il y avait défaite. Il n'y songeait d'ailleurs pas ; elle était en effet improbable. Selon son habitude, il pesa sans doute soigneusement les risques courus et les bénéfices escomptés. Les seconds l'emportaient largement sur les premiers.

Selon Nesawi, il rencontra son ennemi le mercredi 24 novembre 1221 dans une bataille décisive sur la rive droite de l'Indus, on ne sait pas du tout où. Gengis Khan commandait en personne son centre et avait en face de lui, également au centre, Djalal al-Din. Le choc fut violent. Les musulmans le subirent sans fléchir. Grâce au courage de leur chef, ils prirent même l'avantage et l'on aurait pu croire qu'ils tenaient la victoire. Alors Gengis Khan, qui avait placé sur son aile droite un escadron d'élite – un *tümen* de *bagatur*, de « braves », probablement sa garde, bien que celle-ci ne dût pas être engagée –, se résolut à le faire donner. Prenant les Kharezmiens de flanc ou de revers, il soulagea le centre, sema le désordre chez l'ennemi, l'obligea à se replier et décida du sort de la journée.

Le fils aîné de Djalal al-Din, un enfant de sept à huit ans, avait été capturé. Il fut tué. Le prince fit noyer sa mère, ses épouses et les autres femmes du harem pour éviter de les voir tomber aux mains des ennemis. Il se lança ensuite à cheval dans le fleuve au milieu d'une masse de ses cavaliers, le traversa à la nage sous des volées de flèches qui ne l'atteignirent pas. Seuls 4 000 des siens purent toucher avec lui la rive gauche de l'Indus.

Gengis Khan était victorieux, mais Djalal al-Din avait échappé et il survivait à sa défaite. Il y avait probablement peu de risques pour que, réfugié à l'étranger, il pût un jour reparaître sur la scène, mais ce n'était pas exclu. L'avenir prouvera avec quelle facilité le fugitif reconstituera son empire. La faible part que Gengis Khan accordait au hasard jouera contre lui.

C'est là que l'on peut juger de l'audace de l'homme et des limites dans lesquelles il sut la contenir. Il était imprudent de venir sur l'Indus. C'eût été une folie que de s'engager en Inde. Gengis Khan devait s'arrêter là. L'Inde était immense. Il en ignorait tout. Le sultanat de Delhi, sous la direction d'un prince éminent, El Tutmich (1210-1235), disposait de forces considérables ; c'était une réelle puissance. Gengis Khan ne franchit pas l'Indus.

Ce ne fut que l'année suivante qu'il envoya deux *tümen* au-delà du fleuve. On raconta que c'était pour rattraper le fugitif. Nous ne le croyons guère : ce devait être pour impressionner le sultan de Delhi ou tester sa capacité de résistance. C'était l'été. La chaleur était écrasante. Dans ce pays, elle était, disait-on, pareille à celle de l'enfer. Les Mongols prirent une ville que nous n'identifions plus et en massacrèrent la population, puis se tournèrent vers Multan. Ils l'attaquèrent avec des catapultes. Les murailles croulaient et la ville était sur le point de se rendre. Il y avait quarante jours que le siège durait. Mais les assaillants, accablés par la température, se replièrent, en ravageant la province et celle de Lahore. Puis ils refranchirent le fleuve pour retrouver un climat plus clément.

Après la longue marche sur les traces de Djalal al-Din, après la dure bataille, l'armée de Gengis Khan était épuisée. Les chevaux n'avaient pas assez à manger. Les nouvelles qui provenaient du Khorassan n'étaient pas des meilleures, puisque Hérat tenait toujours. En Afghanistan, en Transoxiane même, les brigands continuaient à entretenir l'insécurité. Il fallait revenir aussi vite que possible. Selon Djuvaini, il fallut se débarrasser des captifs. L'information a été mise en doute. Elle n'est pas nécessairement fausse, puisque le ravitaillement manquait et qu'on était pressé.

Gengis Khan songea à regagner son pays par la route du Cachemire, celle qu'empruntaient traditionnellement les caravanes se rendant vers la haute Asie et la Chine. Il aurait débouché en Kachgharie et, de là, il lui était facile de rejoindre la Transoxiane ou la Mongolie ; mais si la distance était plus courte, les difficultés n'étaient pas moindres par les chemins de montagne, et elles devenaient à peu près insurmontables en hiver. Il renonça donc à son projet et repartit par où il était venu.

Arrivé sur le haut plateau afghan, il s'arrêta aux pieds de l'Hindu Kuch. C'était au plus fort de la mauvaise saison. Hommes et bêtes n'en pouvaient plus. Franchir les monts, dans ces conditions, était trop leur demander. Il dut attendre le printemps – on peut aisément le penser – non sans inquiétude.

Organisation de la conquête

Il y avait deux ans et quelques mois que Gengis Khan avait attaqué le vaste empire du Kharezm. Lui et ses généraux avaient beaucoup détruit. On ne comptait plus les morts et les ruines. A les voir ainsi passer dans un galop de chevaux, on croit encore sentir l'effroi que les cavaliers de l'apocalypse avaient partout semé ; on a l'impression d'un immense raz de marée qui a tout emporté, laissant seuls subsister, ici et là, au caprice des flots, des pans de murs tremblant sur leurs assises. On ne songe pas à une conquête, mais à un anéantissement, à une fin du monde.

Pourtant, Gengis Khan avait beaucoup conquis. Il avait annexé non pas des steppes et des déserts, mais des pays riches et fertiles, des terres de haute civilisation, des provinces qui avaient nourri le génie de l'islam et produit quelques-unes de ses plus belles récoltes, la Transoxiane et le Kharezm, le Khorassan et l'Afghanistan. Certes, ces pays n'étaient pas encore entièrement pacifiés. Il ne manquait pas, surtout dans les montagnes, d'irrédentistes, qu'il faudrait faire entrer dans le rang. Pour les atteindre on ouvrirait notamment des routes : nous savons comment, en 1220-1221, l'empereur désigna trois ingénieurs chargés de percer des voies d'accès dans le massif de Ghor et le Khorassan. Certes, ces royaumes ne présentaient plus rien du riant visage qu'ils avaient eu et il eût été fou d'espérer, si même on l'avait souhaité, leur redonner l'éclat de leurs belles années. Mais le souverain n'entendait pourtant pas s'en désintéresser. Il voulait les faire vivre.

Dès le printemps de 1220, quand il avait été vraiment maître de la Transoxiane, Gengis Khan avait pris des mesures pour la restaurer. Cette restauration ne pouvait pas être l'œuvre des militaires, et il comprit qu'elle passait par l'administration. Il en avait apprécié l'efficacité à Almaliq, à l'issue de la campagne contre Kütchlüg, lorsqu'il avait nommé une sorte de préfet, un fonctionnaire civil non mongol qui portait le titre de *darugatchi*. Il lui suffirait d'appliquer la même formule dans la nouvelle province qui lui était échue. Il mit donc en place des bureaux dirigés par des *darugatchi* où travaillait un secrétariat capable de tenir des registres en persan et en ouïghour, d'établir le cens des habitants, de lever l'impôt, de recruter des soldats et des ouvriers militaires parmi les indigènes, de créer des relations postales, d'acheminer le tribut au camp impérial et d'informer celui-ci de ce qui se passait. Dès 1221, aux dires du taoïste Tch'ang-tch'ouen, le système fonctionnait de façon satisfaisante.

C'est que, outre les Ouïghours et les Khitan de culture chinoise, comme celui qu'il avait nommé gouverneur de Samarkand, Gengis Khan avait trouvé en Transoxiane aussi bien qu'au Kharezm de remarquables collaborateurs, notamment deux musulmans khorassaniens, Mahmud et Mas'ud Yalawatch, respectivement père et fils, qui reçurent, avec Bukhara, Samarkand, Gurgendj, Khotan et Kachghar, la responsabilité administrative d'une immense région. Quand, dans les années 1240, Mahmud sera amené à quitter son poste pour prendre les fonctions de gouverneur de Pékin, ville où il mourra en 1254, Mas'ud poursuivra son œuvre. Les deux hommes exercèrent une influence en tout point bénéfique, sauvèrent tout ce qui pouvait être sauvé et permirent aux provinces sur lesquelles ils veillaient, d'abord de prospérer, ensuite de trouver les forces utiles à leur redressement. Grousset a raison de dire que leur émergence marque peut-être le tournant de l'histoire gengiskhanide, « le moment où le conquérant nomade, complètement ignorant jusque-là des conditions de la civilisation urbaine, commence à en concevoir l'existence et à s'en occuper. De ce jour, l'Empire des steppes allait s'adapter aux conséquences de sa victoire, se mettre à l'école des vieux empires civilisés dont il était devenu, presque malgré lui, le continuateur ».

Ces hommes qui avaient embrassé la cause et de l'ennemi et de l'occupant auraient pu paraître cautionner leurs crimes, auraient pu être considérés comme des traîtres par les Iraniens – et ils l'étaient en quelque sorte. Mais ils se révélèrent en définitive utiles et pour l'iranisme, et pour l'islam, et pour la civilisation. Ce sont eux qui permirent aux pays dévastés de se relever, ou du moins d'échapper à la ruine totale. L'*Histoire secrète* reconnaît leurs mérites : « Ils exposèrent au khan les méthodes pour gouverner les villes. » En somme, ils jouèrent, sur un échiquier plus vaste et avec un talent supérieur, le même rôle que les premiers civilisés qui s'étaient ralliés à Gengis Khan, l'Ouïghour, T'a-ta T'ong-a et le Khitan sinisé Ye-liu Tchou-tsai.

Gengis Khan ne donnait pas là une moindre preuve de son génie. La campagne du Kharezm avait été techniquement exemplaire ; elle force l'admiration. Mais, venant de ce barbare, la mise en place immédiate d'une administration qui n'était pas moins exemplaire suscite encore plus d'admiration.

CHAPITRE IX

Le repos du guerrier

DJEBE ET SÜBÖTEÏ ATTAQUENT À L'OUEST

Quand les généraux mongols qui étaient à la poursuite de Muhammad, le chah du Kharezm, apprirent qu'il était mort en décembre 1220 ou en janvier 1221, ils se trouvèrent déchargés de leur mission. Normalement, ils auraient dû rejoindre le gros des forces de Gengis Khan par là où ils étaient passés en venant, par la route directe du nord de l'Iran. Ils ne le firent pas. Que je sache, on n'a jamais expliqué leur motivation. Avaient-ils reçu d'autres ordres, avaient-ils carte blanche, agirent-ils de leur propre initiative ? On l'ignore. Du moins n'avaient-ils pas consigne de revenir, sinon ils auraient obéi. Ils n'avaient pas perdu contact avec l'empereur : ils devaient lui envoyer des messagers et en recevoir de lui. Comme s'ils étaient grisés par les espaces qu'ils avaient parcourus, ils poursuivirent leur raid, ils se lancèrent dans une folle aventure qui eût pu les conduire au désastre.

Il faut mesurer leur audace. Ils étaient peu nombreux. Ils avaient chevauché pendant sept à huit mois, combattu souvent – même s'ils n'avaient pas livré de grandes batailles –, franchi plusieurs milliers de kilomètres. Ils avaient dû éprouver des pertes, même si elles étaient légères. Les chevaux devaient être fatigués, amaigris, même si les hommes s'étaient montrés capables de tout endurer sans en pâtir. Ils étaient seuls, entourés d'ennemis de tous les côtés, dans un pays qu'ils avaient certes terrorisé et dont, par suite, la capacité de résistance était diminuée, mais qui n'en restait pas moins hostile. Ils devaient tout ignorer de la géographie régionale, même si les caravaniers les avaient certainement renseignés sur les grands caractères topographiques et si, de gré ou de force, les indigènes avaient parlé (ils savaient notamment, contrairement à l'Europe de l'époque, que la Caspienne était une mer fermée). Ils ne pouvaient peser la force de ceux qu'ils allaient affronter les uns après les autres, bien que l'on demeure pantois devant ce qu'ils avaient appris sur des peuples dont ils n'auraient jamais dû rien entendre. Oui, de leur audace, l'imagination reste confondue et comme en suspens devant ce qui paraît défier l'impossible.

Pour éclairer le mystère de leur stupéfiante réussite, on a imaginé qu'ils avaient joué des rivalités iraniennes, qu'ils s'étaient tour à tour servis du sunnisme contre le chiisme et du chiisme contre le sunnisme (ainsi en prenant et en rasant pour le compte de ce dernier la ville sainte de Qum). Mais ce n'est là que rendre plus obscur ce qui l'est déjà tant. Car enfin, ces Mongols que l'on voit tout ignorer de l'islam peuvent-ils, du jour au lendemain, entrer dans les subtilités de ses divisions ? Partout et toujours, l'histoire nous les montre au contraire absolument fermés aux imbroglios religieux, et bien longs à distinguer, par exemple, ce qui sépare le taoïsme du bouddhisme ou les diverses confessions chrétiennes. Tout, du début à la fin, paraît irréel, et l'on croirait à un conte si nous n'étions pas si bien renseignés.

Ils avaient perdu la trace de Muhammad dans la région de Hamadan, en Iran occidental, au Kurdistan iranien. La ville avait préféré se soumettre plutôt que de risquer une résistance qui eût pu entraîner sa ruine. Maintenant qu'il n'était plus question, et pour cause, de n'avoir d'autre but que la capture du chah, les généraux s'en donnaient à cœur joie : ils brûlaient, tuaient, pillaient. Après Qum, c'étaient Zendjan, Qazvin qui s'effondraient comme des châteaux de cartes. A prix d'or ensuite, l'atabeg* de l'Azerbaïdjan les avait écartés de sa capitale, Tabriz, ce qui ne les avait pas empêchés de ravager la province. Ils étaient aux pieds du Caucase. Ils y firent des incursions.

Les Géorgiens étaient des soldats et appartenaient à la fine fleur de la chevalerie chrétienne du Moyen Age. Ils venaient de faire entrer leur royaume dans son âge d'or. Depuis David le Constructeur (1089-1125), la Géorgie s'étendait sur toute la chaîne caucasienne, de la Caspienne à la mer Noire, et la reine Thamar (1184-1213) avait acquis, avec Trébizonde, les côtes orientales du Pont-Euxin. Économie, philosophie, lettres, sciences, tout était à son apogée. Au premier choc, en plein hiver (février 1221), ils furent écrasés près de leur capitale, Tiflis. Sans insister davantage, Djebe et Süböteï revinrent alors en Azerbaïdjan, saccagèrent Maragha (mars 1221), puis redescendirent au sud vers Hamadan. Cette fois, la ville leur résista. Ils la prirent, égorgèrent sa population et y mirent le feu.

Vers où allaient-ils porter leurs pas ? Bagdad n'était pas loin. Bagdad était la capitale du monde musulman. Bagdad fascinait. Pendant quelques semaines, on put croire qu'ils allaient se diriger vers elle.

---

* Atabeg, « père-bey », précepteurs des princes chez les Seldjoukides qui détinrent vite le pouvoir provincial et purent fonder de vraies dynasties.

Mais les Géorgiens se sont ressaisis. Ils se préparent soit à se défendre si une nouvelle invasion se présente, soit même à contre-attaquer. Les Mongols marchent à leur rencontre, pillent Ardebil, puis pénètrent dans leur royaume. Sübötei lance l'attaque pendant que Djebe, à quelque distance de là, se place en embuscade. Les Géorgiens résistent. Les Mongols reculent. Les Géorgiens les pressent. Sübötei fait mine de fuir. Les Géorgiens se lancent à sa poursuite et tombent dans le piège que leur a dressé Djebe. Ils sont taillés en pièces.

Par la passe de Derbent, les deux généraux entrent dans la plaine qui s'étend au nord des monts. Le pays, la vallée du Terek, est aux mains des Alains, des peuples relevant de la famille iranienne, mais chrétiens, issus de la grande fédération de même nom détruite par les Huns à la fin du IVe siècle. Eux aussi, ce sont des soldats, et ils n'ont que peu à envier aux Géorgiens.

A leur septentrion, dans la steppe d'Ukraine, vivent les Turcs Qiptchaq. Ils peuvent être leurs alliés ou leurs ennemis. Ils resteront neutres. Ibn al-Athir raconte comment, avant d'attaquer l'Alanie, les généraux mongols prirent langue avec eux : « Vous et nous, auraient-ils dit, nous ne formons qu'une seule race », et ils leur promirent, pour prix de leur neutralité, une partie du butin qu'ils feraient. Les Alains n'opposèrent qu'une faible résistance. Nous les retrouverons plus tard, en Chine, où ils formeront des bataillons d'élite dans l'armée du Grand Khan.

LES QIPTCHAQ ET LES RUSSES

Toute la steppe qui s'étend de la Russie kiévienne aux rivage septentrionaux de la Caspienne appartenait aux Qiptchaq, que les Russes nomment Polovtses et les Grecs, Comans. C'étaient les héritiers directs d'un vieux peuplement turc qui avait été dominé successivement par les Khazar (626-1016), dont la classe dirigeante s'était convertie au judaïsme, entraînant à sa suite maints individus, puis par les Petchénègues (fin IXe-1122), purs païens. Dès le milieu du XIe siècle, ces derniers avaient eu maille à partir avec les Qiptchaq, qui n'avaient pas tardé à les supplanter. Les nouveaux venus étaient aussi chamanistes, mais, très ouverts, ils comptaient parmi eux un certain nombre de musulmans, avaient recueilli les juifs, scories de l'Empire khazar, et commençaient à se laisser toucher par le christianisme. Doués d'une forte personnalité, ils avaient donné leur nom à la steppe qu'ils occupaient, le Dest-i Qiptchaq, et ils le donneront plus tard à l'*ulus* mongol de Djötchi, le « khanat de Qiptchaq » qu'on appellera Horde d'Or (*Altun ordu*).

Les Alains et les autres peuples locaux – comme les Tcherkesses

(Circassiens) – une fois soumis, les Qiptchaq, malgré la déclaration de fraternité que venaient de faire Djebe et Süböteï, et pour des raisons qui ne sont pas claires, ne tardèrent pas à subir à leur tour les attaques des Mongols. La partie paraissait inégale, car les Qiptchaq étaient comme les Mongols des cavaliers et des nomades, pratiquaient les mêmes méthodes de combat qu'eux et leur paraissaient infiniment supérieurs par le nombre et la complicité du sol, même si, ainsi qu'il semble nécessaire de l'admettre, les généraux mongols avaient entraîné avec eux dans l'aventure de nombreux auxiliaires, toutes sortes de fugitifs, d'errants, slaves ou turcs, les ancêtres des Cosaques et des Kazak qu'animait une rancune farouche contre les États organisés désireux de les gérer et de leur faire payer l'impôt.

Les Qiptchaq devaient donc aisément l'emporter. Contre toute attente, ils se montrent incapables de faire face. Défaites, affolées, les populations plus ou moins sédentarisées du sud refluent vers le nord, sur la terre des grands nomades, espérant y trouver des secours. Elles y sèment surtout la panique. Les Qiptchaq sentent que, seuls, ils ne pourront pas vaincre. Leur khan, Kotian, fait appel au prince de Galitch, Mstislav le Brave, son beau-père, qui, justement alarmé, parvient à convaincre quelques-uns de ses pairs qu'il y a danger.

Les Russes ne savent rien de sûr. Ils ignorent même qui sont les nouveaux venus.

> « D'eux, rien n'est connu, ni d'où ils viennent, ni qui ils sont, ni quelle est leur langue, ni quelle est leur race, ni quelle est leur foi ! [...] Dieu seul sait qui ils sont. Mais nous avons ouï dire qu'ils ont réduit en servitude nombre de pays [...] et exterminé une multitude d'infidèles Polovtses. »

Ils se décident à intervenir. A côté du prince de Galitch, ceux de Smolensk, de Tchernigov, de Peresopnik, de Volynie, de Kiev se mettent en marche. Mais le plus puissant, le prince de Vladimir et de Souzdal, ne bouge pas.

Avertis de leur mouvement, Djebe et Süböteï leur envoient aussitôt une ambassade :

> « Nous apprenons que vous avez prêté oreille aux appels des Polovtses [...]. Nous n'avons pourtant pris ni vos terres, ni vos villes, ni vos villages et ne marchons pas contre vous, mais, suscités par Dieu, contre nos esclaves [...]. Si les mécréants Polovtses s'enfuient chez vous, châtiez-les, chassez-les et gardez pour vous leurs biens. »

Pour toute réponse, les Russes font exécuter les envoyés mongols, puis reprennent leur progression avec une armée estimée à 80 000 hommes, que viennent renforcer des contingents qiptchaq. Djebe et Süböteï battent en retraite, évitent la rencontre. Deux fois ils se font accrocher et deux fois se dérobent. Il y a dix-sept jours que les

Russes avancent et que les Mongols reculent. Combien de temps le jeu durera-t-il ? Jusqu'où les orgueilleux envahisseurs entraîneront-ils leurs poursuivants ? Chez les Russes, on se rengorge. C'est alors qu'arrive une seconde ambassade mongole chargée de proposer à nouveau la paix, mais sans faire montre de faiblesse :

> « Vous avez écouté les Polovtses et tué nos envoyés. Maintenant, vous marchez contre nous. C'est vous qui nous attaquez et Dieu est témoin que nous ne vous avons causé aucun tort. »

Les Russes comprennent que ceux qu'ils nomment les Tatars ont peur. Ils refusent de négocier. Du moins cette fois laissent-ils repartir les ambassadeurs.

Les Russes, à cette époque, ne forment pas un État et sont loin d'être unis. Des princes, qui s'entendent bien ou mal, se sont groupés pour faire face au danger. Chacun a sa tactique et veut la faire adopter par les autres. Tous piaffent d'impatience, se hâtent, s'épuisent, d'autant plus que leurs forces sont surtout d'infanterie, tandis que les Mongols attendent, se ménagent. Les princes ne parviennent pas à se mettre d'accord. Ils sont trop mous ou trop fougueux, trop jeunes ou trop vieux. Mstislav le Brave, prince de Galitch, et Mstislav de Kiev divergent d'opinion sur la façon de conduire les opérations. Le premier, avec le jeune Daniel Romanovitch – « audacieux et vaillant de la tête aux pieds », âgé de dix-huit ans – qui le suit et l'admire, ne veut partager avec personne la gloire de la victoire, victoire évidente et comme déjà acquise. Le résultat est désastreux. Les plus lents se laissent distancer par les plus rapides, les plus réfléchis par les plus ardents. Les Russes ne constituent plus une armée organisée, mais un ensemble de corps qui s'étirent sur de longues distances. Le 31 mai 1222, les Mongols font volte-face et attaquent sur la Kalka, un petit fleuve qui se jette dans la mer d'Azov. Daniel, au premier choc, est gravement blessé et les Qiptchaq s'enfuient en semant le désordre dans les rangs de leurs alliés. Le prince de Kiev, loin de prêter main-forte aux autres combattants, se retranche sur une colline, ce qui permet à Djebe et à Sübötéï de détruire l'un après l'autre leurs deux principaux adversaires. La bataille dure trois jours. Une partie seulement de l'armée russe parvient à franchir le Dniepr. Le reste tombe les armes à la main ou se rend pour être exécuté. Les princes captifs, si l'on en croit les chroniqueurs russes, sont placés sous des planches et foulés aux pieds. Par respect pour son haut rang, Mstislav de Kiev est enroulé dans un tapis et étouffé de manière que son sang ne se répande pas sur la terre.

La bataille de la Kalka était incontestablement un grand désastre, mais elle n'eut pas de conséquences immédiates pour le monde slave. Après avoir lancé un raid en direction de Kiev et pillé les comptoirs génois de la mer Noire, les Mongols se mirent en route vers la Volga.

De toute évidence, ils ne pouvaient exploiter leur succès pour s'engager plus avant en Europe orientale, ni même pour rester sur place. Les Russes, pourtant, firent de cette journée l'une des plus sinistres de leur histoire. C'est d'elle qu'ils datent le début de la *tatartchina*, l'asservissement aux Tatars, qui durera plus de deux siècles et demi, mais qui, au vrai, ne commencera que quinze ans plus tard. Ils se lamenteront dans leurs chansons de geste et dans leurs chroniques :

> « Il a péri, dit la *Chronique de Novgorod*, une immense quantité de gens et il y a des pleurs et des lamentations et des tristesses dans les villes et dans les villages. Et les Tatars [...] sont repartis sans que nous sachions d'où ils venaient et vers où ils s'en sont allés. »

Djebe et Süböteï avaient maintenant hâte de rentrer chez eux. Ils décidèrent d'emprunter à cet effet la route la plus courte, celle qui passe par le nord de la mer Caspienne. Ils marchèrent vers la Volga et la franchirent dans la région de l'actuelle Tsaritsine, à l'endroit où le fleuve se rapproche le plus du Don. Les populations locales ne voulaient pas les laisser passer. Ils furent obligés de s'ouvrir le chemin par la force. Ils bousculèrent et soumirent les tribus turques des Qangli, et furent probablement encerclés par les forces du riche et puissant royaume turcophone des Bulgares de la Kama, que, par opposition à la Bulgarie slavisée et christianisée des Balkans, on nommait la Grande Bulgarie. Ils subirent, croit-on, de lourdes pertes et furent peut-être amenés à remonter assez loin vers le nord en direction de la capitale du royaume, Bolghar. Rien dans l'affaire n'est encore très clair et il est plus que douteux, contrairement à ce que certains ont pensé, qu'ils se rendirent maîtres de la ville. Quoi qu'il en soit, les Bulgares furent vaincus, les Mongols passèrent et, dans les derniers mois de 1223 ou dans les premiers de 1224, ils rejoignirent Gengis Khan au nord du Syr-Darya, dans la vallée de l'Irtych.

Il y avait quatre ans qu'ils étaient partis. Ils avaient parcouru peut-être 20 000 kilomètres, avaient combattu contre des forces toujours supérieures aux leurs, n'avaient jamais été vaincus, avaient porté des coups terribles à deux grands royaumes, celui des Géorgiens et celui des Bulgares de la Kama, coups dont ils auraient bien du mal à se remettre, et à trois grands peuples, les Alains, les Qiptchaq et les Russes, pour ne pas parler des Iraniens. Ils avaient beaucoup appris sur l'Occident, et leurs connaissances ne seraient pas perdues. Gibbon a eu raison de conclure qu'une aussi fantastique chevauchée « n'avait jamais encore été tentée et ne serait jamais renouvelée ».

L'OISIVETÉ DE GENGIS KHAN

Si Gengis Khan n'avait été qu'un grand capitaine, on l'aurait peut-être vu à Gurgendj, presque certainement à Nichapur et à Hérat comme on le vit à Balkh, à Bamiyan, à Ghazni ou sur l'Indus. Il ne détestait sans doute pas se battre, mais il n'en faisait pas sa raison d'être. Il pouvait confier à ses fils ou à ses adjoints les plus hautes responsabilités. Il savait que le rôle d'un commandant en chef n'était pas de s'exposer, mais de diriger la bataille ; non d'entraîner une armée, mais de coordonner l'action des diverses divisions. Ses forces étaient engagées sur trop de fronts à la fois – sur les confins de l'Inde et en Chine, dans les montagnes d'Afghanistan et au Khorassan – pour qu'il se consacrât aux unes au détriment des autres. Il était général, et général de génie, mais il était plus encore homme d'État. On l'a vu organiser la Transoxiane et l'Ili. Il organisait de même, dans la mesure du possible, les marches de l'Inde, le Khorassan et l'Afghanistan. Son principal souci était pourtant de garder le contact avec ses sujets, ses vassaux, ses alliés ; et Dieu sait qu'ils étaient dispersés, des Öngüt aux Qarluq, des Kirghiz et Bouriates de Sibérie aux Ouïghours du Tarim.

N'imaginons toutefois pas Gengis Khan obligé de compter avec une opinion publique, d'envoyer des bulletins de victoire pour remonter le moral de l'arrière, de regarder avec inquiétude sa capitale comme le faisait Napoléon quand il s'en éloignait, ou de craindre de se voir renversé par quelque insurrection populaire ou par une poignée de généraux. Qu'on ait ou non des nouvelles de lui, en Mongolie comme à Pékin ou à Samarkand, on lui demeurait fidèle. On ne spéculait pas sur sa disparition ou sa défaite. Rien n'indique que le vice-roi Temüge ait jamais eu le moindre souci, ni qu'il en ait jamais causé à son frère.

Gengis Khan, après avoir passé l'hiver 1221-1222 au sud de l'Hindu Kuch, franchit la chaîne au tout début du printemps, dès que les conditions climatiques le lui permirent, et s'installa, à nouveau immobile, dans les plaines au sud de l'Amu-Darya, où il dressa son camp à quelque quatre jours de marche du fleuve. Cette nouvelle position n'était peut-être pas meilleure pour la tâche qui l'occupait alors, mais elle lui permettait d'entretenir des contacts plus étroits avec ses gouverneurs provinciaux et, si besoin en était, d'intervenir plus vite. Le pays, on l'a dit, n'était pas pacifié, et il devait se consacrer à soumettre les dissidents. Ce n'était pas une mince affaire sur un sol aussi tourmenté où les habitants, par nature irréductibles, bénéficiaient de toutes les facilités pour le rester. De ses relations avec Tch'ang-tch'ouen, que nous allons voir bientôt, il ressort qu'il n'avait guère le temps de demeurer oisif.

La pacification des Afghans dut être effective ou au moins assez avancée en automne 1222 pour que, le 6 octobre, il jugeât pouvoir franchir l'Amu-Darya et venir s'installer dans les environs de Samarkand. Il se trouvait alors particulièrement intéressé par les questions religieuses, auxquelles l'avait ouvert Tch'ang-tch'ouen et qui se situaient au cœur des problèmes administratifs devenus sa préoccupation première.

Passant par Bukhara, il eut un jour la curiosité de se faire expliquer l'islam par des *ulema*. La rencontre entre le conquérant et les docteurs de la loi dut faire grand bruit. Bien des siècles plus tard, elle paraîtra un événement significatif à l'historien de Khiva, Abu'l Ghazi Bahadur Khan, qui la raconte ainsi.

Gengis Khan demanda d'abord à ses interlocuteurs ce que signifiait le mot « musulman ». « Les musulmans, lui répondirent-ils, sont les serviteurs du Dieu unique et sans égal. » « C'est aussi ce que je reconnais », dit le khan. Puis ils parlèrent du Prophète et Gengis Khan approuva son rôle d'intermédiaire, le prenant certainement pour un grand chaman. Abordant la question des pratiques religieuses, les *ulema* dirent : « Les musulmans doivent adorer Dieu et le prier cinq fois par jours. » « C'est juste », acquiesça le khan. Il approuva de même le jeûne du *ramadan*. « Mais, à propos du *hadjdj* (le pèlerinage à La Mecque], il dit : "L'univers entier est la maison de Dieu, à quoi bon désigner un lieu particulier pour s'y rendre ?" » Il avait pourtant lui-même ses lieux saints, ne serait-ce que le Burqan Qaldun, et il ne l'avait certainement pas oublié. Pragmatique, il tira la conclusion suivante : puisque le prône du vendredi (la *khutba*) était prononcé au nom du souverain légitime, il ordonna qu'il le fût en son nom. Cela, bien entendu, n'en faisait en rien un prince musulman.

L'intérêt que Gengis Khan manifestait en même temps pour l'islam et pour le taoïsme n'était ni un hasard ni, au fond, une chose nouvelle. Djuvaini indique qu'il « respectait, aimait et honorait les hommes instruits et les moines de chaque religion et les considérait comme des intercesseurs auprès de Dieu ». Sempad, connétable d'Arménie, rapportera que, les chrétiens « étant allés en sa présence », il les avait reçus « avec beaucoup d'honneurs et leur avait accordé la liberté [...] et fait interdire à qui que ce fût de faire ou de dire ce qui eût pu [...] les contrarier ». De telle sorte, précise ce grand seigneur, que « les Sarrasins qui les avaient jusque-là humiliés reçurent d'eux au double ce qu'ils leur avaient fait ». On voit poindre ici toutes les difficultés à venir. Pourtant, Maqrizi affirme que le Grand Khan avait ordonné que toutes les confessions soient respectées et qu'aucune préférence ne soit montrée à l'une d'elles. Et il ajoute : « Tout cela, il l'ordonna comme un moyen d'être agréable à Dieu. » Très tôt, dit Bar Hebraeus, et il ne doit pas parler sans être bien informé, « ayant appris que les Cathayens [c'est-à-dire les Chinois] avaient des images et des prêtres [...] il en fit venir. Il ordonna qu'il y eût un débat sur la religion entre

eux et les *qam* [les chamans].» Ces derniers, peu habitués à la rhéto-
rique, eurent le dessous. Leur, prestige n'en fut pas diminué pour
autant, mais celui des prêtres bouddhiques crût.

RETOUR EN MONGOLIE

Au printemps de 1223, poursuivant sa marche de retour, Gengis
Khan traversa le Syr-Darya et tint un grand *quriltaï* dans les steppes
du Talas et du Tchou. Ses fils, y compris Djötchi qui depuis longtemps
n'était pas venu voir son père, tout occupé qu'il était des marches
occidentales de l'Empire, y participèrent.

Au début de 1224 au plus tard, après avoir continué à migrer lentement vers le nord-est, il se trouvait dans la région de l'Irtych, où Djebe
et Süböteï le rejoignirent. Avec eux, il reprit le chemin de la Mongolie.
Il y arriva soit au printemps, soit à l'automne de 1225. On prétend
qu'en franchissant les limites de son pays il pressa dans ses bras son
petit-fils Khubilaï et déclara : « Faites attention aux paroles de ce
petit.» Prédiction, certainement après coup, du destin du futur Grand
Khan.

Il ramenait ses troupes, ses tribus, tous ceux qui avaient pris part à
l'épopée, à l'exclusion seulement de quelques-uns qu'il avait laissés
pour gouverner les provinces, et tous étaient heureux de rentrer. C'est
là un fait essentiel. Les Mongols n'ont pas émigré. Ils ne sont pas allés,
comme tant d'autres, comme tant et tant de Turcs notamment,
conquérir des terres lointaines pour s'y installer. Ils sont demeurés
attachés à leur pays. Ils y sont revenus.

Quant à Gengis Khan, il a conscience de l'œuvre qu'il a accomplie.
Lucide, fier, mais un peu amer aussi, c'est alors qu'il aurait prononcé
cette phrase célèbre qu'on lit dans Rachid al-Din :

> « Nos fils et nos petit-fils se vêtiront de soie, ils mangeront des mets
> délicieux et gras, monteront d'excellents coursiers, ils presseront dans
> leurs bras les plus belles femmes et les filles les plus jolies et ils ne se
> souviendront plus que c'est à nous qu'ils le doivent.»

Le retour effectué si lentement, par étapes successives, semble
échapper à toute analyse. Nous nous étonnons exactement comme si
Gengis Khan ne pouvait faire que se presser, comme s'il était toujours
impatient de se battre quelque part. On interroge la situation internationale : le satisfait-elle donc ? Quoi ! La guerre de Chine n'est pas
finie ; elle s'enlise. La Corée cause mille soucis. Les Si-hia, qui ont
refusé de fournir des contingents à la campagne et que les Mongols
avaient juré de châtier, vivent dans la quiétude. Alors, que fait-il ?
Qu'est-ce qui le retient, qu'est-ce qui lui interdit de marcher plus vite ?

Et de nous dire qu'il dispose pourtant d'une force extraordinaire, qu'il a toujours et partout été victorieux, qu'avec les ruines qu'il a accumulées en Iran, en Transoxiane et en Afghanistan, et avec les administrateurs qu'il y a laissés, il ne peut guère redouter une insurrection. Et nous voudrions encore le voir entreprendre quelque grande chose. Nous voudrions qu'il ne s'arrêtât pas !

Le fracas des armes fait oublier le reste. Qu'on y regarde seulement de près. Depuis qu'il est empereur, depuis le *quriltaï* de 1206, vingt ans se sont écoulés, vingt ans de guerres presque continuelles. Mais Gengis Khan n'a pas mené la campagne en Sibérie, il n'a pas été de celle contre les Qara Khitaï. Il a confié les troupes de Chine à Muqali après six ans de commandement personnel. Il n'a pas couru d'un bout à l'autre du Kharezm pour être toujours là où l'on échangeait des coups. Chaque fois qu'il l'a pu, il a laissé ses lieutenants opérer. Il n'a combattu que pendant dix ans et demi, à peine plus de la moitié du temps, et, au cours de ces dix ans, combien en a-t-il passé à surveiller, à réfléchir, à attendre ! Et si Marco Polo ne se trompait pas tant qu'on le pense en disant qu'il fut « prud'homme et sage », et si Joinville n'avait pas complètement tort de parler de son amour de la paix ?

Sage, il l'est. Il ne veut pas bâtir sur du sable. Détruire a pu être sa politique. Construire l'est davantage. Dans toutes ces années que l'on dit d'oisiveté, et que nous connaissons si mal, et qui répondent aux années creuses de sa jeunesse (que l'on n'explique pas mieux), il ne perd pas son temps. Il prévoit. Il tire des plans. Il organise. Il administre. Il réglemente. Rachid al-Din témoigne, au moins pour l'année 1225, de la multitude de ses ordonnances détaillées.

Il ne se hâte pas. Il ne s'est jamais hâté. Il sait qu'on ne fait rien de durable à la va-vite. Il profite certes de la vie, de la boisson, des mets, des femmes, de tous les autres plaisirs que l'existence peut offrir, mais il le fait avec modération. S'il avait dépassé en quoi que ce soit les limites, s'il s'était usé dans les débauches, il n'aurait pas vécu si longtemps – ses héritiers, plus excessifs, en fourniront la preuve.

LA GRANDE CHASSE DE 1224

Une des rares informations que nous ayons sur les occupations de Gengis Khan pendant ces longues années qui le conduisent des Indes en Mongolie concerne les chasses, et particulièrement une grande battue qui eut lieu en 1224 et dura deux mois.

Je n'ai guère parlé jusqu'ici de la chasse. C'est pourtant une des activités essentielles des Mongols et, avec eux, de tous les peuples de la steppe. Elle joue chez eux un triple rôle : économique, sportif et symbolique.

Rôle économique : elle ne contribue pas dans une faible mesure à l'alimentation, notamment des troupes en campagne, et plus spécialement des petites unités qui sont détachées du gros des forces armées et donc du cheptel qui peut les accompagner. Elle procure des fourrures, marchandises de prix, plus élégantes et plus pratiques, sinon plus confortables, que les peaux de mouton.

Rôle sportif : elle entretien la forme physique des hommes, les entraîne à la guerre, par les efforts qu'elle demande, par l'adresse au tir qu'elle développe, par les ruses qu'elle exige, par les enseignements qu'elle dispense.

Rôle symbolique enfin : pour ces éleveurs dont la vie dépend essentiellement des animaux, elle représente le second volet des rapports qu'ils entretiennent avec eux, le premier étant évidemment la domestication.

Les Mongols considéraient la chasse comme l'exact équivalent de la guerre – ou plutôt comme une guerre menée non pas contre des hommes, mais contre d'autres compétiteurs – et comme son meilleur apprentissage. Djuvaini disait qu'elle était pour eux « une occupation convenable à un commandant d'armées » grâce à « tout ce qu'elle contenait d'enseignements pour les soldats ». En effet, les animaux n'étaient pas vus comme des créatures inférieures ; ils possédaient au contraire des dons qui manquaient aux humains – celui de voler, de nager, le flair – et touchaient de plus près qu'eux au monde surnaturel. Ils ne différaient d'eux, qui étaient eux-mêmes zoomorphes – des oiseaux – avant leur naissance et après leur mort, que par les apparences. Ils étaient organisés comme eux en familles, clans, tribus, voire empires ; ils avaient leurs chefs et leurs saints. Aussi les rapports que l'on entretenait avec les différentes sociétés animales étaient-ils les mêmes que ceux que l'on avait avec les sociétés humaines. On leur faisait la guerre comme on la faisait aux hommes – ou, plutôt, on guerroyait comme on chassait, en employant les mêmes tactiques, en obéissant aux mêmes lois, en suivant les mêmes rites. Djuvaini observait déjà ce que l'on observera plus d'une fois, que « la guerre, avec ses meurtres, son dénombrement des victimes et l'épargnement des survivants, est en vérité semblable et analogue [à la chasse] dans chaque détail ». Il exagérait un peu, mais à peine. On devine comment le comportement à la chasse peut servir à expliquer le comportement à la guerre. Quand on sait que le chasseur tue sans animosité à l'égard de l'animal – et peut-être en l'aimant –, parce que la chasse implique le meurtre, on comprend comment le soldat tue à la guerre et pourquoi.

Il y a une époque pour chasser, comme il y en a une pour guerroyer, mais on s'y tient plus strictement, car la guerre entraîne souvent au-delà de ce qu'on voudrait. L'année débute à l'apparition des Pléiades dans le ciel, à la jonction de l'automne et de l'hiver, période

d'apogée des laitages qui permet les grands rassemblements, préludes
à l'ouverture de la chasse. C'est aussi de préférence en hiver que l'on
part en campagne. Il est interdit, sauf absolue nécessité, de chasser
entre mars et fin octobre pour ne pas empêcher les animaux de croître
et de se multiplier, comme il est interdit de tuer les jeunes animaux. La
logique du système voudrait donc que l'on s'abstînt également de tuer
les enfants, mais le réalisme incite à la suppression de ces derniers, car
autant l'on souhaite que l'espèce animale ne disparaisse pas pour
permettre d'autres chasses, autant l'on désire que l'espèce humaine
ennemie ne soit plus à même de livrer d'autres guerres. Néanmoins, le
massacre des enfants n'est pas systématique, et, à y regarder de près,
on peut conclure qu'il est rare. Quand il a lieu, on sauve l'un d'entre
eux dans une intention symbolique : nous l'avons vu à quatre reprises
avec l'adoption par Hö'elün de petits garçons.

Il est interdit de tuer un homme ou un animal avant la puberté, sauf
à permettre aux jeunes de s'entraîner sur des belettes et des rats.
Notons que cette puberté pouvait être fictivement prématurée pour les
fils de princes. On devient adulte par le premier meurtre, ou, en inver-
sant les propositions, quand on le devient, on doit verser pour la
première fois le sang. On accomplit ainsi un rite de passage qui
s'accompagne de diverses manifestations cultuelles. Chez les Mongols
de l'époque gengiskhanide, le seul rituel que nous connaissions (mais
il ne devait pas être le seul) se pratique encore aujourd'hui. Il devait
être d'origine turque – comme tend à le prouver son nom, *yaglamichi*,
formé sur le verbe turc *yagla*, « graisser » – et consistait, quand un
adolescent avait pris part à sa première chasse, « à enduire ses doigts
de graisse et de chair de l'animal ». Rachid al-Din le mentionne deux
fois : la première, quand Gengis Khan y présida pour honorer ses
petits-fils Khubilaï et Hülegü, respectivement âgés de onze et de neuf
ans, qui avaient tué pour la première fois, l'un un lièvre, l'autre une
chèvre sauvage ; la seconde, à propos de Ghazan Khan, arrière-petit-
fils de Hülegü, alors âgé de huit ans (1280).

Nul ne pouvait donner la mort sans en avoir reçu mandat, à moins
d'être un assassin. On ne tuait pas en son nom propre, mais au nom
du chef de famille, de clan ou de tribu, qui portait la responsabilité du
meurtre. Marco Polo l'exprime un peu maladroitement quand il écrit :
« Nul baron, chevalier ou noble n'oserait chasser sans être enrôlé sous
le capitaine des fauconniers ou avoir reçu un pertinent privilège. »
Verser le sang était toujours une affaire dangereuse, que l'individu seul
avait du mal à assumer, dont il se dispensait quand il le pouvait, dont
il essayait de partager la responsabilité avec d'autres et dont il aimait
mieux voir le souverain se charger. C'est pourquoi le chef tire souvent
le premier (le premier sang étant le plus dangereux), prend de sa main
le premier animal enfermé dans le cercle de chasse. C'est aussi pourquoi, dans la chasse individuelle – ce que l'ethnographie appelle la

« petite chasse » –, on évite de verser le sang, préférant au tir à l'arc le piégeage, la massue, le fouet, le lasso, les pierres. C'est enfin pour-quoi le chasseur doit donner à un tiers, au premier personnage qu'il rencontre, une partie du gibier qu'il vient d'abattre – ce que les Turcs contemporains appellent *pay vermek*, « donner le morceau ». Cette coutume, alors nommée *chiralga* ou *chirolga*, est bien attestée à l'époque gengiskhanide, et, contrairement à ce que pensait Pelliot, elle n'a pas disparu. On la retrouve notamment de nos jours dans l'Altaï sous le nom d'*udja*, « pointe ». Radlov la signale en ces termes : « Quand on rencontre un chasseur et qu'on dit *udja*, celui-ci est tenu de donner une part du gibier. » Elle est décrite pour la première fois dans l'*Histoire secrète*, qui évoque les temps mythiques :

> « Dobun Mergen était sorti un jour pour chasser [...]. Il rencontra sur sa route un homme Uriangqaï qui, ayant tué un cerf âgé de trois ans, était en train de rôtir ses côtes et ses entrailles. Dobun Mergen dit : "Ami, [donne-moi] de ton rôti. – J'en donnerai, [dit l'homme]." Et prenant pour lui la peau de la poitrine avec les poumons, il donna toute la viande du cerf de trois ans. »

Le texte mongol est plus allusif que descriptif et veut sans doute simplement faire entendre que le chasseur a donné bien plus que de droit.

A côté de la « petite chasse », qui ne joue pas un rôle essentiel, les Mongols pratiquent la chasse collective, la « grande chasse », infini-ment plus significative. C'est une vaste affaire qui mobilise des effectifs considérables, peut durer très longtemps, se déroule sur une aire immense et fait vraiment penser à la guerre. Celle à laquelle se livre Gengis Khan en 1224 occupe 100 000 hommes, se poursuit pendant deux mois et couvre un cercle d'un rayon de 500 à 600 kilomètres.

Elle impliquait une préparation qui avait peu à envier à celle de la guerre. Avant de partir, les chasseurs « envoyaient des éclaireurs pour se rendre compte si [...] le gibier était abondant ou rare ». Une fois renseigné, le khan mettait ses troupes en marche après les avoir divi-sées en aile droite, aile gauche et centre. Les chasseurs effectuaient alors un grand mouvement tournant, celui-là même qui assurera si souvent les victoires des Mongols sur les champs de bataille, et « pen-dant un mois ou deux, voire trois, ils formaient un cercle de chasse (*tcherge*) et conduisaient lentement et graduellement le gibier devant eux. Si des chasseurs inattentifs ou malheureux laissaient échapper quelque animal, ils étaient punis avec sévérité, souvent par la mort. Pendant deux ou trois mois, de jour et de nuit, ils menaient le gibier de cette façon comme un troupeau de moutons et dépêchaient des messagers au khan pour l'informer ». Quand le cercle était assez étroit pour que les animaux affolés, épuisés, viennent se jeter sur les hommes et cherchent à nouveau à prendre la fuite pour se heurter à d'autres dans un vacarme assourdissant de cris et de sabots, le souverain, parfois, entrait dans le cercle et prenait le premier animal de sa main ; plus souvent, il commençait le tir, puis cédait la place à ses grands et enfin au tout-venant. Il allait s'asseoir sur une hauteur, d'où il surveillait la tuerie. Chaque homme tirait trente flèches par jour, des flèches marquées pour qu'il pût les reconnaître, les reprendre et savoir ce qu'il avait tué. On apportait au prince les belles pièces. C'était là lui rendre hommage, comme le concevaient bien ces premiers hommes qui se ralliaient à Gengis Khan et lui disaient : « Quand nous chasserons les animaux sauvages, en tête, nous sortirons des cercles de battues et nous te les donnerons. »

> « Quand il ne restait plus de gibier dans le cercle de chasse si ce n'est quelques blessés et traînards épuisés, poursuit Djuvaini, des hommes âgés à barbe grise [des chamans ?] s'approchaient humblement du khan, lui offraient des prières pour son "bonheur" [son *su*] et intercédaient pour la vie des animaux restants, demandant qu'on les laissât fuir dans des lieux riches en herbes et en eaux. »

On reconnaît dans cet épargnement des survivants la préoccupation bien connue des sociologues de ne pas épuiser l'« essence », la « force vivifiante ». « C'est, dit Mircea Eliade, de la même manière qu'on ne cueille jamais les derniers fruits d'un arbre, qu'on laisse toujours quelques fils de laine sur le dos des moutons. »

Mais, et cela paraît plus subtil, il semble bien que s'établisse un rapport entre le « bonheur » du souverain et la pitié qu'il manifeste aux animaux. Quel mécanisme joue-t-il alors, à quel moment le khan sent-il qu'il doit faire grâce pour s'épargner lui-même ? Le mystère recouvre ici les sentiments intimes de l'homme. La raison qui pousse le khan à épargner une ville alors qu'il en anéantit une autre est souvent aussi peu compréhensible que celle qui, par exemple, incitera son successeur Ögödeï à organiser une chasse et à ne pas tuer les animaux rassemblés dans le cercle, ainsi que le rapporte Ata Malik Djuvaini :

> « Un ami m'a relaté comment, pendant le règne du khan [Ögödeï], ils chassaient un hiver de cette façon [par battue]. Le khan, pour voir la scène, s'était assis au sommet d'une colline. Sur quoi, les bêtes de chaque ordre tournèrent leur tête vers son trône et, du pied de la colline, il monta des pleurs et des gémissements semblables à ceux des gens implorant la justice. Le khan commanda qu'elles fussent laissées libres et que tout mal leur fût épargné. »

LE VOYAGE DE TCH'ANG-TCH'OÚEN

Des années silencieuses de Gengis Khan nous possédons un témoin privilégié, le moine taoïste Tch'ang-tch'ouen (Chang Chun). C'était un homme de la province du Chan-tong (Shandong) qui s'était fait moine à l'âge de dix-huit ans, avait suivi les enseignements d'un maître renommé et avait acquis très vite une si grande célébrité dans la Chine du Nord qu'il avait été invité en 1188 à se rendre à la cour des Kin, dont il avait eu bien du mal à se dégager pour retourner à la vie solitaire. Gengis Khan avait entendu parler de lui. On a vu pourquoi, dès le printemps ou l'été de 1219, il lui avait demandé de venir le voir.

La lettre d'invitation qu'il lui expédia fut plus tard (en 1259) gravée sur une stèle dans un style fort sinisant :

> « Le Ciel a abandonné la Chine à cause de son orgueil et de son luxe extravagant. Moi qui vis dans le Nord sauvage, je n'ai pas de passion désordonnée. Je déteste le luxe et j'exerce la modération. Le gouvernement des Kin est inconstant, c'est pourquoi le Ciel m'a assisté pour obtenir le trône... »

Tch'ang-tch'ouen, comme il ressort de certaines de ses déclarations, outre qu'il lui était sans doute difficile de se dérober, espérait, en se rendant à l'invitation, agir favorablement pour, sinon faire disparaître, du moins atténuer les instincts sanguinaires du khan. Il se mit en route et arriva à Pékin en avril 1220. Le Chinois chargé d'organiser son voyage voulut l'adjoindre à un convoi de femmes destinées aux plaisirs impériaux, mais, indigné, il se récusa. Ce n'était plus un jeune homme. Il était septuagénaire. « Bien que je ne sois qu'un sauvage des montagnes, je ne voyagerai pas dans une telle compagnie ! » Il obtint satisfaction et, le 19 mai, il quitta Pékin avec une escorte plus digne. Il dut cependant attendre fort longtemps, jusqu'en mars 1221, dans le Ho-pei (Hebei), que lui parvinssent les ordres du gouverneur de la Mongolie, Temüge.

Il se mit finalement en route accompagné de son disciple Li-tche Tch'ang, qui se fit le chroniqueur du voyage. Pendant plus d'un mois, il marcha dans un pays « sans arbre où l'on ne voyait que des nuages de poussière et la prairie aux herbes agonisantes », et arriva au camp de Temüge le 24 avril. « Il y avait là plusieurs milliers de chariots et de tentes disposés en longues files. » On le présenta à l'*otchigin*, qui mit à sa disposition cent bêtes de trait et de selle, bœufs et chevaux, pour la dure traversée de l'Asie centrale, le long voyage vers l'Iran oriental. Le 18 mai, il passa le Kerülen, en remonta le cours, atteignit la Tola et le haut Orkhon puis, le 19 juillet, le camp des épouses de l'empereur, près du lac Tchagan Olan. De là, il se rendit à une ville située non loin d'Uliassutaï, vers le sud-ouest, où, par ordre du khan, Tchinqaï avait installé des artisans chinois déportés.

Ce Tchinqaï était un Kereyit chrétien que Gengis Khan s'était attaché et qui occupera le poste de chancelier, ce que Plan Carpin nommera un protonotaire, un homme déjà important, qui le deviendra plus encore et qui exercera longtemps son influence puisque Marco Polo dénoncera encore, vers la fin du siècle, son rôle dans le nord de la Chine. Tchinqaï, pour presser la marche du moine, se joignit à lui.

On était entre Altaï et Khanghaï. Les monts, dont les sommets étincelaient de neige, se révélèrent si difficiles à escalader qu'on renonça, pour ne pas perdre de temps, à nombre de charrettes. Ainsi Xénophon avait-il fait abandonner par les Dix Mille une part de ses bagages. On voyait un peu partout des tumuli et des traces de sacrifices offerts aux esprits des hauteurs. Pour franchir l'Altaï, il n'y avait qu'une route étroite, récemment tracée par Ögödeï. Pour traverser sans encombre une région de dunes hantées par les démons, il fallait les éloigner en barbouillant de sang la tête des chevaux. A l'horizon se dessinait « comme une ligne d'argent irréelle », les T'ian-chan.

A la fin de septembre, les voyageurs atteignirent la ville ouïghoure de Bechbaliq, où la population vint en foule saluer le maître. A Djambaliq, un vieil ami de Tchinqaï leur offrit vieux vin et jeunes melons. A partir du lac Saïram, ils suivirent la voie que Djaghataï avait ouverte en 1219 et qui conduisait à la vallée de l'Ili par les passes de Talki : des ponts de bois enjambaient torrents et cascades, assez larges pour que deux charrettes pussent les franchir de front.

Le 14 octobre 1221, Tch'ang-tch'ouen était à Almaliq, la ville des pommes, un véritable verger. Le roi et le *darugatchi* vinrent à sa rencontre. C'est peu après qu'arriva la nouvelle que Gengis Khan était parti pour les Indes. Le moine n'en continua pas moins sa route. Le 22 novembre, il traversa le Syr-Darya sur un pont flottant pour entrer en Transoxiane. Là encore, dans cette province, dans tous les bourgs où il passait, les autorités musulmanes venaient à sa rencontre et le recevaient avec honneur. Il atteignit Samarkand après dix mois de voyage. La ville, selon notre voyageur, avait perdu les trois quarts de sa population, mais la vie continuait. Il remarqua que les hommes et les femmes, à l'appel du muezzin, se rendaient ensemble à la mosquée pour la prière, ce qui dénote un libéralisme de l'islam depuis longtemps perdu, ou un attachement tenace à la relative – mais ancienne – égalité des hommes et des femmes dans les sociétés turques. Il admira les vergers, plus beaux que ceux de la Chine elle-même.

Il fallait rester là, car on ignorait les projets de l'empereur. On prit ses dispositions pour l'hiver. La vie n'était pas facile : les brigands se manifestaient souvent et le peuple ne mangeait pas toujours à sa faim.

CONVERSATIONS AVEC UN SAGE

Gengis Khan eut la courtoisie d'écrire à Tch'ang-tch'ouen :

> « Saint homme, tu viens du pays où le soleil se lève. Tu as fait un bien
> dur et bien fatigant voyage. Je reviendrai prochainement, certes, mais je
> n'ai pas la patience d'attendre. Viens ! Viens vite ! »

Il se remit en route le 26 avril 1222, sans doute accompagné de
Bo'ortchu avec un millier de soldats mongols et musulmans. Après
avoir franchi les Portes de Fer et Balkh, il arriva au camp impérial le
16 mai 1222, à quatre jours de marche au sud de l'Amu-Darya, dans
l'Afghanistan septentrional. Il fut presque aussitôt reçu en audience.
L'empereur, après un bref compliment de bienvenue, lui demanda tout
de go : « Saint homme, possèdes-tu la drogue d'immortalité ? »
Tch'ang-tch'ouen répondit : « Il y a beaucoup de moyens de prolonger
sa vie, mais il n'y en a pas qui empêchent de mourir. » Gengis Khan
dut être un peu déçu. Il l'eût beaucoup été si son bon sens ne lui avait
pas dit qu'il avait peu de chances d'obtenir une autre réponse. Il
apprécia néanmoins le courage et la franchise de l'homme. Il fit
dresser sa tente à côté de la sienne – rare privilège, cela va sans dire,
et qui fera école. Il fut convenu qu'on parlerait de religion et de
philosophie. Un jour fut fixé. Gengis Khan, engagé dans des opérations de police contre les rebelles, ne put maintenir son rendez-vous.
Tch'ang-tch'ouen lui demanda alors la permission de retourner à
Samarkand. La ville, disait-il, lui convenait mieux que la rumeur des
camps. Elle lui fut accordée. Il repartit donc et resta dans la capitale
de la Transoxiane de la mi-juin a la mi-septembre. Il y fut traité,
comme la première fois, avec la plus grande déférence, et il semble
qu'il y ait lié des relations amicales avec les lettrés musulmans.
Le 15 septembre, Gengis Khan le manda à nouveau. Il était à l'est
de Balkh. Le moine reprit la route, encore mieux escorté, ce qui
prouve que la pacification du pays n'était pas achevée. A Balkh, où
il put observer à loisir l'état de délabrement de la ville, il fit remarquer
que les maîtres du taoïsme avaient droit de ne pas mettre genou à terre
devant les souverains. Gengis Khan, qui tenait à l'étiquette – utile au
moins dans ce monde civilisé qui jugeait plus selon l'apparence que
selon la réalité – mais qui ne pouvait rien refuser aux religieux, accepta
la requête. Il lui offrit à boire du *qumis*. Le moine n'en voulut pas. Il
lui proposa de dîner tous les soirs avec lui. Le moine, poliment,
déclina l'invitation. Le grand homme de guerre, le vainqueur qui
aurait pu tout se permettre, permettait tout au grand spirituel. Il
n'avait pas besoin de lui montrer sa puissance autrement qu'en lui
montrant sa bienveillance. Tch'ang-tch'ouen devait comprendre que

c'est en agissant ainsi qu'il se mettait le mieux au-dessus des autres hommes.

Quand, en automne 1222, le khan commença à remonter vers le nord, le taoïste le suivit. Il passa pour la troisième fois à Samarkand et y resta deux mois, novembre et décembre. L'empereur, de temps à autre, lui faisait apporter des jus de fruits et des friandises. C'est sur le chemin de Samarkand, au cours de ce voyage, que fut dressée un soir, le 21 octobre, une tente spéciale où le maître devait exposer les leçons du Tao, et l'empereur les entendre. Cette maison nomade de la philosophie est probablement le prototype de toutes ces salles d'oraison et de conférences que nous verrons si souvent par la suite jusqu'à l'*Ibadat Khane*, la « maison d'adoration » du Grand Moghol Akbar, aux Indes.

« L'empereur fut édifié et les paroles du maître charmèrent son cœur. » On en doute ? Mais alors pourquoi Gengis Khan organisa-t-il une nouvelle réunion le 25, puis une autre le 29, et pourquoi exigea-t-il que les paroles qu'il avait ouïes fussent écrites en chinois et en mongol, pour cette dernière langue évidemment en ouïghour ? On pense que Gengis Khan ne comprit pas grand-chose ? Voilà ce dont il faut douter. Il était superbement intelligent, et n'était pas homme à perdre son temps à écouter un discours qui ne l'eût pas profondément intéressé.

Le 10 novembre, Tch'ang-tch'ouen se présenta chez Gengis Khan pour demander son congé. Il lui dit à peu près : « Je suis un solitaire qui aime la solitude. Ici, je n'entends que tumulte et ne peux pas me recueillir. » Gengis Khan accepta qu'il partît. Tch'ang-tch'ouen distribua tout ce qu'il possédait aux pauvres de la ville et se prépara à reprendre le chemin de la Chine. Mais le temps devint exécrable. La route était dure pour un vieillard. Gengis Khan lui dit : « Moi-même, je rentre. J'attends seulement l'arrivée de mes fils. Ne veux-tu pas cheminer avec moi ? » Et, malicieux, il ajouta : « Il y a encore quelques points de doctrine que je n'ai pas bien compris. »

Tch'ang-tch'ouen parlait clair et avec simplicité. Il disait des vérités que tout esprit infiniment moins délié que celui du khan aurait pu comprendre, des vérités que tout autre que lui aurait pu mal prendre. Il lui disait par exemple : « Essayez de dormir seul tout un mois. Vous serez surpris de l'amélioration de vos ressources spirituelles et de votre énergie. » Gengis Khan écoutait, opinait, et ne réformait pas sa vie. Il continuait à boire, avec raison, et à aimer, on ne sait pas comment. Surtout, il chassait.

Un jour, le 10 mars 1223, dans la région de Tachkent, au cours d'une battue, il fit une chute de cheval. Il fut blessé. Les chroniqueurs racontent, sans doute pour rendre l'épisode plus épique, qu'il se redressa pour faire face à un sanglier ou à un ours qui le chargeait et qu'il échappa de peu à la mort. On dut le ramener sur une civière.

Tch'ang-tch'ouen en profita pour lui montrer les dangers de la chasse à son âge avancé. Le khan lui dit qu'il appréciait sa leçon, mais que chasser était pour lui un si grand plaisir que jamais il ne pourrait y renoncer.

La commotion de Gengis Khan devait être plus sérieuse qu'on ne le croyait. Alors qu'il voulait tant voyager en compagnie du moine, il lui conseilla subitement de s'en aller sans lui. C'était le 11 avril. Il y avait un mois qu'il avait été blessé. Lui-même ne se mettra en route qu'un an plus tard.

Tch'ang-tch'ouen repartit par la voie qu'il avait empruntée en venant, à ceci près qu'il ne remonta pas vers le nord de la Mongolie, mais traversa le Gobi dans toute sa longueur. Il arriva en Chine en juillet de la même année. Il n'avait mis que quatre mois, ce qui constituait un record, et prouve que la poste mongole marchait bien.

UN ÉDIT D'IMPORTANCE

Avant que Tch'ang-tch'ouen le quittât, Gengis Khan promulgua en sa faveur un édit, marqué du sceau, qui avait pour objet d'exempter d'impôts le maître du taoïsme (11 avril 1223). Ce fut le premier de toute une longue série de décrets, dits *soyurgal* ou *yarliq*, visant à le confirmer, puis à accorder les mêmes privilèges, ou d'autres comparables, aux dignitaires des diverses religions de l'Empire. Tous ceux que prendront ses successeurs s'y rattacheront plus ou moins directement ou en découleront. Tous ou presque – du moins ceux qui concerneront le taoïsme – se référeront à lui. C'est donc une pièce d'une importance insigne. En voici le texte :

> « Gengis Khan. Édit. Il est interdit aux fonctionnaires de tous lieux ceci : Dans tous les édifices religieux et les habitations où l'on suit la Voie [le Tao] et qui dépendent du solitaire divin Kieou [Tch'ang-tch'ouen] sont des hommes qui passent leurs jours à réciter les livres saints et à invoquer le Ciel. Ce sont des gens qui demandent pour l'empereur une longévité de dix mille fois dix mille années. C'est pourquoi toutes les réquisitions et toutes les taxes, grandes ou petites, j'interdis qu'on les leur applique. »

L'idée que les religieux, en rapport avec le Ciel, doivent être protégés n'est certes pas nouvelle et nous l'avons déjà plusieurs fois rencontrée. Ce qui l'est peut-être davantage, c'est la volonté de légaliser la protection qu'on leur accorde et d'affirmer qu'ils prient pour la longévité du souverain. Ce dernier point est pour Gengis Khan une évidence. Ce le sera peut-être moins plus tard. La proposition première : « Ils prient pour l'empereur et doivent donc être récompensés », sera parfois maintenue ; mais elle sera aussi remplacée par une autre : « Ils seront récompensés à condition qu'ils prient pour l'empereur. » L'inquiétude provoquée par les pouvoirs attribués aux prêtres succède à une volonté de canaliser ce pouvoir pour le faire servir à la cause impériale. Sans qu'on l'eût sans doute cherché, car je ne sache pas qu'il y ait eu là d'autre propos que religieux, les résultats politiques en seront fort appréciables, car les prêtres, premiers bénéficiaires du nouveau régime, deviendront de fidèles serviteurs des Mongols et leurs meilleurs agents de propagande auprès des masses.

Tch'ang-tch'ouen reçut en outre « la direction générale dans l'Empire de tous les hommes de bien qui étaient sortis du monde » : « C'est vous qui les gouvernerez. » L'empereur n'était pas très au fait des complexités religieuses de l'Empire. En donnant à son ami taoïste cette autorité considérable, il ne lui soumettait pas seulement ses coreligionnaires, mais tous ceux qui, au moins en Chine, étaient entrés en religion. Tch'ang-tch'ouen pouvait, en toute bonne foi, prétendre exercer aussi son autorité sur les bouddhistes. Lui, ou d'autres après lui, ne manqueront pas de le faire. Il en découlera bien des difficultés.

CHAPITRE X

La fin du règne

Depuis qu'en 1216 Gengis Khan avait quitté la Chine en laissant le commandement de ses troupes à Muqali, les Mongols n'étaient pas parvenus à détruire la puissance kin ni même à obtenir des résultats significatifs. Ils piétinaient. Ils s'enlisaient. Le général en chef n'avait pourtant pas ménagé ses efforts, et il en était mort à la peine en 1223. Mais s'il avait pu, en sept ans, réduire les possessions de ses adversaires à peu près à la seule province du Ho-nan (Henan), ceux-ci, contre toute attente, la défendaient avec une énergie farouche.

Dès 1217, dans le sud de l'actuel Ho-pei (Hebei), Muqali avait acquis un grand avantage en s'emparant de Ta-ming (Damingfu), mais, comme il arrivait souvent, il n'avait pas tardé à perdre la place et avait été obligé de la reconquérir en 1220. En revanche, plusieurs autres cités importantes étaient définitivement tombées entre ses mains, notamment la capitale du Chan-si, Tai-yuan, en 1218, et celle du Chan-tong, Tsi-nan (Jinan), en 1220.

Toutefois, si Gengis Khan comparait les succès absolus qu'il avait obtenus dans le monde musulman à ceux que ses généraux obtenaient en Chine, force lui était de constater que les seconds étaient, et de loin, inférieurs aux premiers. On ne pouvait guère le mettre sur le compte des capacités supérieures des Chinois, de la densité sans doute plus grande de la population, du nombre plus élevé des villes, ni même de la nature du sol. En réalité, la lenteur des opérations découlait de la faiblesse des effectifs mongols, de l'absence de troupes fraîches assurant la relève, du manque de combativité des auxiliaires chinois, voire khitan et öngüt.

Gengis Khan ne s'en souciait pas. Du moins ne faisait-il rien pour remédier à la situation. Moins encore qu'en 1216, il n'eût pas fallu grand-chose pour terminer l'affaire. On savait, par la relative facilité avec laquelle on réduisait maintenant les villes, par l'ordre nouveau qui se mettait en place, qu'on pouvait toucher à la fin. Le manque d'intérêt pour la Chine qui avait amené Gengis Khan à la quitter était donc bien réel.

La situation n'était pas meilleure en Corée. Après l'annexion de la Mandchourie, assez tard peut-être (1218-1219), on s'en souvient, les Mongols avaient dû franchir le Yalu et avaient imposé aux Coréens le paiement d'un tribut annuel. Leur vassalité, qui avait dès le début été plus théorique que réelle, était devenue purement symbolique et le versement de l'impôt, qui leur faisait pousser des cris de cochon qu'on égorge, n'avait pas toujours lieu. Il était en principe encaissé par un agent du fisc qui les visitait chaque année. Or, en 1225, celui-ci était mort mystérieusement au cours de son voyage d'affaires, et on avait naturellement accusé les Coréens de l'avoir assassiné. C'était un *casus belli*. Cependant, exactement comme si la Chine et la Corée n'existaient pas, Gengis Khan partit pour le royaume si-hia.

LE CHÂTIMENT DES TANGUT

Gengis Khan avait été profondément mortifié quand, au moment d'entreprendre la campagne contre les royaumes de l'ouest, les Tangut, manquant à leur parole d'envoyer des auxiliaires, avaient fait défaut. Engagé alors dans une opération qui requérait tous ses soins, il n'avait pas pu s'en distraire pour punir l'affront et rappeler le souverain à une meilleure observation de ses devoirs.

A peine revenu en Mongolie, il jugea le moment venu de régler la question. Il n'oubliait rien, il demeurait aussi fidèle aux offenses qu'aux services rendus. Il ne pouvait d'ailleurs tolérer aucune défaillance, aucun reniement de promesse, aucune rupture de pacte, sous peine d'assister à leur multiplication et de voir s'écrouler tout ce qu'il avait construit. Ne visait-il cependant que le seul châtiment d'un parjure ? Déjà, jadis, il avait envahi le royaume tangut pour complaire aux Ouïghours et assurer la libre circulation sur la route de la Soie. A présent qu'il contrôlait celle-ci jusqu'au nord de l'Iran, pouvait-il laisser ses bases de départ à des mains étrangères ? S'il avait fait la guerre du Kharezm pour des raisons commerciales, ne devait-il pas faire, pour les mêmes raisons, la guerre tangut ?

Il se mit en marche soit à l'automne de 1225, soit au printemps de 1226, accompagné par la *qatun* tatar Yesüi. La campagne commença sous de mauvais auspices. Comme Gengis Khan chassait l'hémione, il fut, pour la seconde fois, désarçonné. On dut le relever. Il souffrait de douleurs sourdes dans l'abdomen. A la nuit, il fut pris d'une forte fièvre. Inquiète, Yesüi prit sur elle de convoquer aussitôt princes et nobles pour les avertir de l'accident et de la faiblesse de l'empereur. Un des généraux, Tolun Tcherbi, proposa de différer la campagne. L'état-major l'approuva. On allait plier bagages quand Gengis Khan s'y opposa : « Si nous nous retirons, les Tangut diront que nous avons eu peur. » Il avait raison.

C'est peut-être dans l'espoir d'ouvrir des négociations et de pouvoir partir sans perdre la face que l'empereur envoya une ambassade aux Si-hia pour leur demander réparation. N'oublions toutefois pas que Gengis Khan n'aimait pas attaquer tant qu'il restait une chance d'obtenir par la diplomatie ce qu'on pouvait devoir à la guerre. Le roi était favorable à la paix. Il voulut ouvrir des pourparlers. Mais son ministre, Achagambou, l'en dissuada. Pour hâter la rupture, à l'insulte qu'il avait déjà lancée aux Mongols en 1220, il ajouta le mépris : « Si les Mongols veulent la bataille, qu'ils viennent devant mon camp et nous nous mesurerons. S'ils veulent de l'or, de l'argent, de la soie, qu'ils s'avancent pour les prendre. » Gengis Khan, que la fièvre continuait à miner, déclara : « Maintenant, nous ne pouvons plus nous retirer. Dussé-je en mourir, je tirerai vengeance de ces paroles. » Et il prit à témoin de son serment l'Éternel Tengri, afin de le rendre irrévocable. Les Mongols distinguaient entre les serments dont on pouvait à la rigueur se délier et ceux, inviolables, dont on était prisonnier. Pour prêter les seconds, il fallait, quand on était souverain, prendre à témoin le Ciel (parfois le Ciel et la Terre) ; quand on ne l'était pas et puisque le recours au Grand Dieu était alors interdit, il fallait s'engager sur le sang.

Gengis Khan pensa-t-il alors aux paroles que Tch'ang-tch'ouen avait prononcées quand, pour la première fois, il avait chu de sa monture ? Y vit-il un présage ? Fut-il psychiquement malade de ce qu'il pouvait considérer comme un arrêt du destin ? C'était déjà peu croyable qu'il fît successivement deux chutes de cheval, même si, comme nous le pensons, il avait soixante-dix ans, car il était un cavalier de race. Il devait être atteint de quelque maladie, de celle qui allait bientôt l'emporter. Plus tard, les historiens mongols du XVIIᵉ siècle le montreront vivant ses dernières années dans une sorte de langueur, dans la prescience de sa mort imminente. Sur la route de sa dernière conquête, dit-on, il avait des cauchemars, se réveillait suant de peur. Un de ces rêves atroces et qui semble l'avoir particulièrement effrayé sera encore rapporté par Abu'l Ghazi Bahadur Khan, ce qui prouve à quel point on dut en parler.

Les Mongols prirent l'offensive. Venant du haut Orkhon, ils avaient dû franchir le Khanghaï et traverser le Gobi, là où il présente sa moindre largeur, puis rencontrer le cours de l'Edzeni Göl (Etzin-gol), qui se perd dans un petit lac des sables, et se diriger vers les Nan-chan. Ils n'avaient rien eu de plus pressé que de s'emparer des deux gîtes d'étape de Sou-tcheou (Suzhou) et de Kan-tcheou (Ganzhou), où se trouvaient certes d'importantes réserves de ravitaillement, mais qui surtout se situaient sur la grande route marchande intercontinentale. Comme la chaleur devenait accablante, l'empereur s'installa pour un temps « dans les monts neigeux », pendant que ses officiers menaient vigoureusement l'offensive contre Achagambou dans l'Ala Chan. C'est à ce moment-là que les sources chinoises placent la délibération de son entourage sur la nécessité de transformer la Chine en steppe et l'intervention de Ye-liu Tchou-tsai. En fait, même si la question revint alors sur le tapis, elle s'était certainement posée bien avant, et l'on peut penser qu'elle avait été mieux résolue : les destructions gengiskhanides au Minyak ont la réputation, juste ou usurpée, d'avoir définitivement ruiné cette troisième Chine qui aurait été prospère.

A l'automne, Gengis Khan se remit en route et continua à enlever plusieurs places dans la région de Lang-tcheou (Liangzhou), mais on suit mal les opérations dans des sources confuses et parfois contradictoires. Il semble cependant certain que, ayant assuré ses arrières, il franchit le Houang-ho à proximité de la capitale, Ning-hia (Ningxia), et vainquit, en une ou deux rencontres, l'armée d'Achagambou. On parle comme toujours de 300 000 cadavres qui jonchèrent le champ de bataille. Peu après, il investit la ville. Située sur le cours du Houang-ho, elle était au nord de la route venant de Si-ngan (Xian). L'empereur, laissant le gros de ses troupes devant elle, retraversa le fleuve en février 1227 pour se porter vers le grand centre caravanier de Lan-tcheou (Lanzhou), chef-lieu du Kansou (Gansu). Entre le 14 mars et le 17 avril, il prit Si-ning, à l'est du Koukou nor.

C'est à ce moment-là qu'il aurait reçu une ambassade des Kin, menacés jusque dans leur capitale du Sud, lui proposant de mettre fin à la guerre de Chine qui durait depuis seize ans et lui apportant nombre de cadeaux précieux, dont de grosses perles que l'empereur fit distribuer à ceux de ses officiers qui portaient des boucles d'oreilles. Gengis Khan aurait alors expliqué à son entourage qu'il ne souhaitait ni le pillage ni les massacres, et que le moment était venu de réaliser un vœu qui depuis longtemps lui était cher. Si nous ne devons pas rejeter cette information – que peuvent en effet corroborer les ouvertures de paix des Kin et l'influence de Ye-liu Tchou-tsai renchérissant sur les grandes leçons de Tch'ang-tch'ouen –, nous devons néanmoins la recevoir avec prudence quand on sait à quel point les auteurs musulmans qui nous renseignent ici aiment à montrer les grands conquérants finissant leur vie dans la voie du repentir et dans le désir de faire enfin le bonheur de leurs peuples en leur donnant la paix.

L'ambassade des Kin n'est pas douteuse, mais ce qui la concerne peut avoir été confondu par les chroniqueurs et les historiens avec ce qui relèverait d'une ambassade des Khitan, que les Mongols avaient rétablis et qui leur demeuraient fidèlement soumis. La veuve du roi khitan, la créature de Muqali, morte en 1220, avait été intronisée par

Temüge, qui gouvernait la Mongolie en l'absence de son frère. Lorsque Gengis Khan était revenu du Proche-Orient, elle était allée le visiter pour lui demander d'accorder le trône à son fils, ce qui avait été accepté. L'empereur lui avait fait l'honneur de lui donner – par neuf, comme c'était la coutume mongole – des chevaux, des lingots d'or, des pièces de soie, et de lui offrir à boire la coupe. Or, à peu près à cette époque, en 1226 ou au début de 1227, le nouveau roi khitan vint à son tour voir Gengis Khan. Il n'arriva certainement pas les mains vides, les présents étant rigoureusement indispensables aux relations sociales chez les peuples de la steppe. Les paroles que Gengis Khan adressa au prince souverain mettent bien en évidence comment, en ce début de l'Empire, se superposent les grands apanages mongols et les royaumes vassaux :

> « Ton père, lui dit-il, t'avait remis entre mes mains comme gage de sa fidélité. J'ai toujours agi avec toi comme s'il avait été mon frère cadet et je t'aime comme un fils. Commande mes troupes avec mon frère Belgüteï et vivez ensemble dans une étroite unité. »

Ning-hia, sur la rive du fleuve Jaune, était une place puissante et bien défendue, dure à prendre. Le siège dura longtemps. Les Mongols pillèrent toute la province, y accumulant les ruines, comme ils l'avaient fait au Khorassan, de telle sorte qu'au début de l'été les vivres vinrent à manquer et que la situation des assiégés fut rendue impossible. Le roi si-hia, Li Yan, sortit de sa capitale pour capituler. Il amenait par neuf « des images de Bouddha, des coupes et des bassins d'or et d'argent, des jeunes gens et des jeunes filles, des chevaux et des chameaux ».

Li Yan ne fut pas introduit auprès de Gengis Khan. On lui permit seulement de se présenter devant sa tente. On en a conclu que l'empereur était mort et, comme le disent Djuvaini et Rachid al-Din, qu'on en avait caché la nouvelle avec soin. Je le croirais volontiers. Cependant, l'*Histoire secrète* raconte que Tolun Tcherbi, l'un des frères de Teb-Tenggeri, reçut du souverain l'ordre d'exécuter de sa main le prince si-hia. Mais on ne peut sur ce point se fier à cette source, car elle se soucie manifestement trop de montrer le rôle important tenu par la famille de l'ancien grand chaman Kökötchü, c'est-à-dire de prouver la sincérité de son ralliement. Vivant ou mort, Gengis Khan ne pouvait guère se trouver devant Ning-hia s'il commandait les forces opérant à Sin-ning et dans la région de Lan-tcheou.

On négocia. Ce devait être le mois de juin. Un protocole de paix accorda aux assiégés jusqu'à juillet pour ouvrir les portes de la ville.

MORT DE GENGIS KHAN

Selon le *Yuan-che*, Gengis Khan se serait éteint le 18 août 1227*, emporté par une hémorragie interne, non sous les murs de Ning-hia, mais à 300 kilomètres plus au sud, dans le Kan-sou oriental, et l'on aurait rapporté sa dépouille devant la capitale tangut le temps de la piller. Il avait soixante-douze ans si, comme nous l'avons accepté, il était né en 1155.

Sentant venir la mort, il avait mandé ses fils Ögödeï et Tului. Djaghataï était absent. Djötchi, qui n'était pas revenu en Mongolie avec l'armée engagée en Occident, avait péri peu avant, en février 1227, dans les steppes de l'Aral. Ce séjour prolongé du fils aîné aux confins de l'Empire a fait naître bien des suppositions. On l'a mis sur le compte de sa légitimité douteuse, de sa mésentente avec Djaghataï, du désir qu'il aurait eu d'échapper à l'autorité impériale. On a simplement oublié qu'il était dans la tradition des peuples de la steppe que l'aîné demeurât au loin et qu'il n'était pas inutile qu'un prince du sang surveillât des terres qui se trouvaient à une telle distance du centre de l'Empire. Certaines sources indiquent cependant que Gengis Khan l'aurait invité à venir le rejoindre quand il était encore en Mongolie, que Djötchi aurait refusé et que son père en aurait pris ombrage ; selon les plus radicales de ces sources, il aurait même envisagé d'aller châtier le prince rebelle. L'ordre de retour transmis par Gengis Khan est possible ; la colère du père, douteuse ; le châtiment envisagé, tout à fait impossible. Il est plus simple, et donc plus vrai, de penser que Djötchi, était alors en trop mauvaise santé pour entreprendre un très long voyage.

D'après, le *Yuan-che*, Gengis Khan aurait exposé à ses officiers le plan qu'il fallait adopter pour achever victorieusement la conquête du pays tangut. D'après Djuvaini et Rachid al-Din, il aurait dit à ses deux fils :

« Mes enfants, je touche au terme de ma carrière. Avec l'aide de Tengri, je vous ai conquis un empire si vaste que de son centre à son extrémité il y a une année de marche. Si vous voulez le conserver, restez unis, agissez de concert contre vos ennemis, soyez d'accord pour élever la fortune de vos fidèles. Il faut que l'un de vous occupe le trône. Ögödeï sera mon successeur. Respectez ce choix après ma mort. »

---

* Date incertaine. Rachid al-Din dit que, le 28 août, la dépouille de l'empereur était déjà en Mongolie. Il est probable que toute allusion à la mort de Gengis Khan ait été interdite et qu'on ait fini par en oublier la date et les circonstances exactes.

Gengis Khan aurait été conscient de s'être tué en menant la guerre contre les Si-hia dans le mauvais état de santé où il se trouvait, et il leur en faisait porter la responsabilité, dit l'*Histoire secrète*. Il aurait déclaré à Tolun, ce qui souligne la place qu'aurait occupée à ses côtés le frère de Teb-Tenggeri :

> « C'est toi qui, après ma chute de cheval, voulais que je me fasse soigner, toi qui te préoccupais de ma santé. Je ne t'ai pas écouté. Je suis venu ici pour châtier les Tangut [...]. Du moins l'Éternel Tengri les a livrés à ma puissance. Notre vengeance est accomplie. »

En hommage au souverain défunt, on fit une immense hécatombe des vaincus. Comme il l'avait demandé, on avertit solennellement son esprit, au cours du festin funéraire, qu'il était vengé : « Pendant mon repas, annoncez : jusqu'au dernier homme, ils sont exterminés. Le khan a anéanti leur peuple. » On chanta certainement son éloge funèbre *(agit)* : c'était d'usage depuis l'Antiquité chez les peuples de la steppe. Le texte s'en est perdu, ou plutôt n'a été conservé que par les chroniqueurs mongols tardifs. On n'a pas cru devoir leur accorder crédit. Pour le mot à mot, peut-être ne sont-ils pas fidèles, mais trop de phrases reproduisent presque sans changement celles des *agit* composés au cours du premier millénaire pour que Sagang Setchen ou l'*Altan Tobtchi* aient purement et simplement inventé. Dans un style plus noble, avec un discours plus ample, on trouve les mêmes évocations et les mêmes invocations, le rappel très exact de ceci même dont les anciens Turcs étaient censés déplorer la perte : « Ô Lion des hommes, né de l'Éternel Ciel bleu, ton pays natal, tes palais, tes tentes d'or, tes dignitaires, tes princes, tes nobles, ton étendard, ta femme Börte que tu as épousée dans ta jeunesse, ton pays béni, ton grand peuple, tes amis fidèles !... »

LES OBSÈQUES IMPÉRIALES

On transporta le corps en Mongolie. Selon les historiens persans, tous les gens que le convoi funèbre rencontra furent mis à mort, en partie pour que ne s'ébruitât pas la nouvelle du trépas, en partie parce que les malchanceux n'étaient pas aimés du Ciel (et qu'il fallait une grande malchance pour se trouver là où l'on passait), en partie pour rendre les obsèques plus grandioses. Le corps fut alors déposé successivement dans l'*ordu* des principales épouses du défunt, où tous les princes et les chefs furent admis à le voir – comme on le faisait déjà du temps d'Attila et comme on ne cessa jamais de le faire – et à participer aux lamentations et au deuil. On vint d'aussi loin que l'on put, parfois d'une distance de trois mois de marche. Les obsèques durèrent donc longtemps. Peut-être se déroulèrent-elles en deux temps, comme jadis, quand on attendait, pour y mettre fin, que les feuilles aient poussé ou soient tombées des arbres*. Il est impossible de dire si, selon l'antique usage, on s'égratigna, on se fit des entailles aux oreilles et de profondes blessures, « afin que le sang coulât avec les larmes ». On fit sans doute aussi courir des chevaux autour de la tente mortuaire pour introduire le mort dans le tournoiement du cosmos. Un grand festin clôtura le tout.

On enterra Gengis Khan dans un site qu'il avait choisi lui-même, un jour qu'il se reposait au cours d'une chasse sous le feuillage d'un grand arbre solitaire : c'était en altitude, près du Burqan Qaldun, au pays sacré des Turcs et des Mongols, non loin des sources de l'Onon, de la Tola et du Kerülen. Le lieu fut considéré comme particulièrement saint. Il fut mis en interdit, c'est-à-dire qu'on ne put s'y livrer à aucune action profane. On le nomma en mongol *yeke qoriq*, « haut lieu interdit », ou encore *qoriq-i buzurg*. On tua vraisemblablement les ouvriers qui avaient travaillé à la sépulture. On enterra avec lui ses armes, au moins un carquois, un arc et des flèches : « Pour un homme venu au monde, quand il meurt, n'est-il pas bon qu'avec son carquois et ses arcs il soit couché au même endroit que ses os ? » avait demandé un quidam dans l'*Histoire secrète*. On lui donna une coupe à boire, des chevaux et peut-être du bétail, des esclaves et des femmes. Assez bizarrement, Rachid al-Din dit que sa tombe fut gardée par mille hommes des Uriangit.

Le lieu resta longtemps connu. Son fils Tului et quelques autres vinrent plus tard le rejoindre, puis, la coutume de tenir secret l'emplacement des tombes impériales ayant prévalu, on l'oublia. On ne l'a pas retrouvé.

Son âme – l'une de ses âmes plutôt *(sü, sür)*, puisque l'homme en a plusieurs – s'incarna dans l'étendard *(tugh)* et devint le génie tutélaire des Mongols. On lui sacrifiait et, dressé au-dessus du camp, en tête des troupes en marche, il protégeait les siens, il dirigeait l'armée. On fit de lui des images devant lesquelles brûlèrent sans cesse des parfums. En 1229, son successeur, Ögödeï, lors de son intronisation, célébra une grande cérémonie en son honneur :

> « Il ordonna que, selon la coutume, des mets fussent offerts pendant trois jours aux mânes de son père. Il fit choisir dans la famille des *noyan* et des généraux les plus belles filles au nombre de quarante. Elles furent parées de riches vêtements, de joyaux de grand prix, et on les envoya servir le khan dans l'au-delà. »

---

* Si Gengis Khan est mort le 18 août, à la mi-novembre les feuilles étaient tombées, ce qui peut répondre au temps demandé par le transfert du corps, mais non à celui nécessaire à son exposition et à l'arrivée des délégations.

Il convient ici de s'arrêter. On ne peut pas traiter l'information à la légère, puisqu'elle est confirmée à d'autres propos pour d'autres personnages. On demeure pétrifié. A quoi bon être prince s'il fallait immoler ses enfants ? En un sens, cette exécution rituelle de la chair de sa chair est pire que les plus sauvages massacres. Quelle insensibilité ! Ou bien quelle abnégation et quelle foi ! Nous touchons là du doigt l'abîme qui sépare un Mongol du XIIIᵉ siècle et l'homme des Temps modernes.

Très sobre, l'*Histoire secrète* se contente de ces mots : « Dans l'année du porc, Gengis Khan monta au Ciel. »

UN PORTRAIT DE GENGIS KHAN

Nous n'avons pas de description physique de Gengis Khan et ce qu'en disent le général chinois Meng-hung, ambassadeur des Song près de lui en 1221, et Djuzdjani ne va pas loin. Le premier constate qu'il se distinguait des autres Mongols parce « qu'il était de grande taille, avec une face large et une longue barbe ». Le second, informé par des personnes qui le virent au Khorassan, le décrit comme doté d'une forte constitution, avec des yeux de chat et des cheveux gris.

Au moral, chacun loue son énergie, sa parfaite maîtrise de soi en toute circonstance, son inflexible rigueur, sa piété, son respect de la pensée d'autrui et son intérêt pour les choses religieuses. Plus d'un souligne sa superstition et sa sensibilité aux rêves. Ses réactions émotionnelles sont intenses, n'en doutons pas, mais il répugne à les laisser paraître et veut toujours présenter un visage égal, indéchiffrable. Il est susceptible d'avoir peur, et certainement la crainte l'habite souvent, mais, comme tous ses autres sentiments, il sait au moins la cacher et sans doute parfaitement la dominer.

On l'a vu interroger les musulmans à Bukhara ; on l'a vu porter la plus digne attention à Tch'ang-tch'ouen. Djuvaini et Maqrizi s'accordent à dire qu'il respecte les hommes instruits et les prêtres de chaque religion, les considérant comme des intercesseurs auprès de Dieu, et qu'il interdit de montrer plus d'inclination pour l'une que pour l'autre. Il se fait sûrement instruire du christianisme par les nombreux chrétiens de son entourage, de l'islam, du taoïsme et peut-être du bouddhisme. Cependant, il sait surmonter ses angoisses métaphysiques, sa crainte des puissances magico-religieuses. Il respecte les prêtres, mais les sacrifie si c'est utile à sa politique : l'exécution de Kökötchü en fournit une preuve absolue.

On ne loue pas moins son bon sens, sa capacité à écouter, son désir de comprendre, sa courtoisie envers ses hôtes, sa fidélité envers ses amis, sa droiture totale. Il enseigne, en châtiant ceux qui le trahissent, la vertu de la fidélité ainsi que l'honneur. Les Mongols ne sauront jamais ce qu'est la concussion et, s'ils se montrent avides et rapaces, jamais ils ne seront achetables. Il a, quant à lui, une générosité extrême, donnant facilement tout ce qu'il possède, mais exige que lui soit versée très exactement la part de butin qui lui revient.

Il est capable d'anéantir des peuples, mais non de cruautés inutiles et gratuites, bien que – nous allons le voir – les larmes de ses ennemis lui paraissent une des premières jouissances et que peut-être il fasse preuve d'un peu de sadisme envers les femmes. Il use de la destruction comme de la meilleure arme dissuasive et il est vrai que, dans bien des cas, elle se révèle efficace ; mais il convient de se demander, avec Barthold, pour lui comme pour ses successeurs, si les horreurs dont on accuse les Mongols ne sont pas souvent celles des civilisés qui les entourent. On commence à percevoir que, fréquemment, ils cherchent à délivrer les victimes des mains de leurs bourreaux, mains qui ne sont pas toujours les leurs. On ne répétera jamais assez que, dans la mesure où les Mongols tuèrent, ils le firent non pas vraiment par ignorance, comme le pensait Grousset, mais par suite de l'assimilation qu'ils faisaient entre le mal et la maladie, toutes manifestations nuisibles qu'il fallait éliminer.

Gengis Khan sait admirablement choisir ses hommes, reconnaître en eux leurs qualités et, quand ils en ont, leur génie. Il faut avouer que cette Mongolie fournit pléthore de personnages hors du commun : une Hö'elün et une Börte, et peut-être une Yesüi ; un Djötchi-Qasar et un Temüge, et un Belgüteï, un Muqali, un Djebe, un Süböteï et tant d'autres encore. Choisit-il les meilleurs ? Parvient-il à transmettre son génie à ses lieutenants, ou la race est-elle généreuse au-delà de tout ce que l'on peut attendre ? Il n'a même pas besoin d'être toujours là et, en son absence, tout demeure comme s'il était présent : l'action ne mollit pas, l'immense machine qu'il a mise en route continue à tourner sans à-coups. Il grandit encore par la grandeur des siens ; et on lui attribue les grands faits qu'accomplissent ses généraux sans qu'ils en soient vexés, car ils ne les accomplissent qu'en son nom.

Il sait se les attacher indissolublement, se faire aimer des petits et des grands. Jamais il n'est trahi, jamais abandonné. Les grands chefs militaires, un Alexandre, un Napoléon Bonaparte, nous ont habitués à ce que les soldats les vénèrent. Rarement ils ont réussi à se faire aimer des généraux, de ceux qu'ils ont sortis du rang pour les hisser au plus haut des honneurs et des responsabilités. Ils sont nombreux, dans la France impériale, les Murat, les Bernadotte, les Talleyrand, les Fouché ! Mais il n'y en a pas un chez les Mongols. La souveraineté de Gengis Khan, après le *quriltaï* de 1206, n'est jamais mise en question, ni sa supériorité. Le serment qui lie à lui, chacun se sent dans la stricte obligation de le respecter. Aucun de ses commandants en chef, malgré les succès qu'ils connaissent et qui sont parfois égaux ou supérieurs aux siens, n'a l'idée d'en tirer un avantage personnel, ni d'en conclure qu'ils sont son égal ou pourraient le devenir. Nul n'est sérieusement suspecté, alors que ses fils, que n'attachent à lui que des liens de sang, éveillent ses colères et, si l'on en croit certains, sa méfiance. Vraisemblablement se montre-t-il avec eux trop sourcilleux, trop exigeant, car il n'a en définitive à supporter d'eux ni ingratitude ni désobéissance grave. Ses frères lui sont absolument fidèles, tout comme les enfants qu'il a élevés. *Tu quoque Brute !* Plus heureux que Napoléon avec sa famille, il l'est également plus que César. On dirait qu'il ne peut pas vraiment y croire, qu'il en demeure stupéfait. Il lui arriva de douter, mais, à chaque fois, il eut à en rougir.

Sa générosité, sa bienveillance, l'attention constante qu'il porte aux autres quand ils ne sont pas ses ennemis, la spontanéité de ses élans (il se montre déjà si impétueux dans ses actions ou dans ses abattements) y sont certainement pour beaucoup. On a vu la délicatesse dont il fait preuve avec Tch'ang-tch'ouen. Elle est presque aussi grande avec un homme qui ne lui est rien, l'ambassadeur des Song, Meng-hung. Quand il le quitte, il ordonne à l'escorte qu'il lui fournit :

> « Faites halte plusieurs jours dans chaque ville importante. Qu'on lui serve les vins les plus généreux, le thé le plus parfumé [...]. Qu'en son honneur de beaux adolescents jouent de la flûte, tandis que des musiciennes aux frais visages feront résonner leurs instruments. »

Malgré l'affection qu'il porte à tel ou tel de ses compagnons, il ne leur donne pas des postes que d'autres auraient su mieux occuper, quitte à les combler par ailleurs de bienfaits. Quand il désigne Ögödeï pour lui succéder, il fait montre du même discernement, car si ce prince n'a sans doute pas les talents militaires de Tului, il possède plus que tous les autres le sens de la grandeur souveraine, cette modération, ce sens de la conciliation et ce caractère affable qui lui ont conquis tous les cœurs.

Tous ses généraux ne sont certes pas aussi heureux, mais ceux qui commandent en chef comptent parmi les plus grands capitaines de l'histoire : un Muqali peut-être, un Djebe et un Süböteï sûrement. Avec la même pertinence, il distingue parmi les étrangers les hommes qui tranchent sur les autres, s'en entoure et leur fait confiance, que ce soient le Khitan Ye-liu Tchou-tsai, l'Ouïghour T'a-ta T'ong-a ou les musulmans que sont Mahmud et Mas'ud Yalawatch. Comment cela se peut-il, alors qu'il ne parle même pas leur langue ? Il est naturellement illettré et ne pratique aucun idiome étranger, sauf peut-être le turc, si tout Mongol de l'époque le sait. Il connaît cependant la valeur de l'instruction et aime les intellectuels et les savants : il fait apprendre à ses enfants à lire et à écrire. Il doit avoir le goût de l'art, sinon pourquoi épargnerait-il les artisans, pourquoi les déporterait-il vers la

Mongolie, inaugurant ainsi une tradition qui se conservera au moins jusqu'à Tamerlan et la Renaissance timouride ?

Il aime tous les plaisirs et semble en faire un des objectifs de ses campagnes, mais il s'y adonne en sachant garder une certaine mesure. Il ne se détourne pas des distractions les plus simples – et je ne parle naturellement pas ici de la chasse, sa passion, mais de jeux familiers comme la balle au pied. Un jour, selon Meng-hung, Gengis Khan envoie chez l'ambassadeur chinois pour lui dire :

> « Nous avons joué au ballon aujourd'hui. Pourquoi n'es-tu pas venu ? – Je n'étais pas invité. – Chaque fois qu'il y aura festin, partie de jeu ou de ballon, j'entends que tu viennes te distraire avec nous. »

Il aime les femmes, apprécie leur beauté, et le même Meng-hung loue son goût :

> « Ses huit concubines [qui ce jour-là assistent au festin] ont un visage d'une blancheur éblouissante [...]. Elles sont fort belles et le khan leur porte beaucoup d'amour. »

On dit qu'il en possède cinq cents. On ne prête qu'aux riches... Quoique peut-être exagéré, ce nombre n'a rien d'irrecevable quand on songe que pendant vingt ans on ne cessa pas de lui apporter des filles, et qu'avant cette période il ne dut pas avoir de peine à s'en procurer par lui-même. Il montre nonobstant un vif attachement, un profond respect pour celles qu'il aime, qu'il a su conquérir : Börte d'abord, Yesüi ensuite.

Il boit, mais recommande de ne s'enivrer que trois fois par mois, ajoutant que mieux vaudrait ne jamais le faire s'il était possible d'atteindre un pareil idéal. Un jour, il demande à Bo'ortchu quel est à son avis le plus grand plaisir des hommes :

> « C'est d'aller à la chasse un jour de printemps, monté sur un beau cheval, tenant au poing un épervier et un faucon, et de voir abattre sa proie. – Non, dit Gengis Khan, la plus grande jouissance, c'est de vaincre ses ennemis, de les chasser devant soi, de leur ravir ce qu'ils possèdent, de voir les femmes qui leur sont chères le visage baigné de larmes, de monter leurs chevaux, de presser dans ses bras leurs filles et leurs épouses. »

Son indifférence, sa « jouissance » devant le décès et la souffrance de ses ennemis, qu'il avoue ici peut-être plus du bout des lèvres que du fond de son cœur, dénotent un manque de sensibilité et d'imagination, car il aime sincèrement les siens, souffre de leurs souffrances et se désespère de leur trépas. Il pleure quand Ögödeï est blessé au combat. Il ne se console pas de la mort de son petit-fils Mütügen.

Le pouvoir a de cruelles exigences. Il exclut la pitié. Gengis Khan sait parfaitement qu'il ne faut jamais menacer sans punir, se laisser aller à une vaine colère, humilier trop et pas assez. Celui qui se croit menacé aussi peu que ce soit non par des fautes à ne pas commettre, mais par une incertaine défaveur, peut trembler s'il est vil ; s'il est fier, il n'est plus un homme sûr. Celui qui a été blessé dans son orgueil risque de ne jamais l'oublier.

Gengis Khan a le sens de la grandeur impériale, exige un strict cérémonial et s'entoure de toute la pompe nécessaire, mais il est naturellement modeste et, on l'a vu, ne se soucie guère du luxe, des beaux vêtements ou des plats raffinés. Comme le feront aussi ses successeurs, il refuse tout titre glorieux. Malgré l'influence culturelle qu'exercent sur lui les Ouïghours, il n'adopte jamais les titres pompeux que ceux-ci se donnent. Un jour qu'un scribe iranien emploie la langue fleurie de l'Iran pour présenter Gengis Khan, celui-ci se fâche, trouve cela ridicule et odieux. Il est l'empereur universel : c'est tout. C'est suffisant.

Frapper les imaginations : voilà l'art de tous les grands politiques, surtout quand ils aspirent au pouvoir personnel. Gengis Khan y excelle, et pas seulement par le spectacle de ses destructions.

Il donne à ses différents corps d'armée les titres éclatants qu'il se refuse et dont les hommes sont fiers : les « vieux braves », les « grands archers ». Il ne ménage pas ses compliments et ses éloges aux officiers comme aux hommes de troupe. Sa garde, il la choie tout particulièrement :

> « Oh ! mes gardes de nuit, dignes de confiance, qui, parmi les ennemis turbulents, vous tenez debout près de ma porte ! Mes gardes de nuit alertes qui, au moindre bruit de carquois, vous tenez debout ! Mes gardes de nuit à la démarche rapide qui [...] n'arrivez jamais trop tard ! Mes bien-aimés gardes de nuit, que désormais l'on vous nomme "la Vieille Garde" ! »

Voilà des mots qui exaltent les hommes ! Et voici des phrases qui les touchent, eux qui paraissent des brutes inaccessibles aux sentiments, parce qu'elles témoignent de son amour pour eux :

> « Mes guerriers, je veux adoucir leur bouche avec du sucre doux, les couvrir de brocarts, les monter sur de beaux destriers, leur faire boire l'eau des fraîches rivières [...]. Je veux, mes guerriers, enlever de leur route tous les obstacles. »

La grande idée

Peut-on construire quelque chose de grand qui ne soit sous-tendu par quelque vaste projet ? L'homme, aussi matérialiste qu'il soit, a besoin de visions qui le transportent.

Une des causes essentielles du dynamisme qu'imposa Gengis Khan fut l'idéologie qu'il promut, qui l'avait profondément imprégné et dont il saura imprégner les autres – les siens d'abord, les étrangers ensuite et jusqu'aux plus lointains. Elle dormait, ensevelie en lui comme en tous ceux de sa race depuis la préhistoire, et ne demandait qu'un catalyseur pour se réveiller une fois encore comme se réveillent périodiquement les volcans. La contemplation du ciel, un dans sa diversité, ramenait Gengis Khan au monothéisme, à l'adoration de Tengri, éternel, élevé, tout-puissant et dont la bleuité grisâtre couvrait toute la terre. Les misérables conditions des tribus désunies et s'entre-déchirant lui faisaient concevoir qu'elles n'étaient, comme les astres du firmament, que des parcelles d'un tout. Si le ciel était harmonie, c'est parce que les corps qui s'y déplaçaient obéissaient à une loi ; dès qu'ils cessaient de le faire, dès qu'il y avait « bouleversement dans le firmament », tout sombrait dans le chaos. Il devait en aller de même sur la terre. Les Mongols, et peut-être tous les hommes si la vision de Gengis Khan était déjà devenue universelle, étaient comme les étoiles, mais des étoiles qui seraient entrées en folie. Si chaque tribu, chaque peuple retrouvait l'ordre et voulait reconnaître qu'il faisait partie d'un tout, il n'y aurait plus, comme on disait aussi, « bouleversement sur la terre ». Cela conduisait son esprit au concept de l'unité, c'est-à-dire de l'Empire. On avait toujours cru dans les steppes que la vie du ciel et celle de la terre se répondaient, qu'elles étaient en harmonie, que l'une reflétait l'autre. Si, au-delà de toutes les divinités, il y avait un Dieu suprême, au-delà de toutes les chefferies, il devait y avoir l'empereur. C'était l'idée forte des Turcs et des Mongols, celle qui sera répétée pendant quelque deux mille ans des Hiong-nou aux Ottomans. Avec quelques variantes dans la forme, dix fois, cent fois on relira cette phrase : « Comme il n'y a qu'un seul Dieu dans le ciel, il ne doit y avoir qu'un seul souverain sur la terre. » A lui, venu du ciel, comme le prouvaient les deux mythes d'origine (s'ils n'avaient pas existé, il les aurait inventés – mais ils existaient, n'en doutons pas) et comme l'avait proclamé le grand chaman, revenait la tâche de créer cette monarchie universelle, d'être, ainsi que l'écrivait le savant hongrois Kotwicz, « le promoteur de l'idée de paix universelle ».

Cela coûterait cher. Une génération serait sacrifiée. Mais le résultat en vaudrait la peine s'il n'y avait plus jamais de guerres, si l'on instaurait un ordre nouveau pour « dix mille fois dix mille années ». Que de fois a-t-on entendu cela depuis, et pour le pire ! Gengis Khan aurait été plus excusable que d'autres, en son temps et en son milieu, de tenir un tel raisonnement. Mais il ne le tint très probablement pas. C'est une démarche d'historien que de le lui prêter. Toutefois, sans qu'il soit à même de l'expliciter, inconsciemment, d'instinct, c'était bien cela qui le guidait. C'était cela aussi qui guiderait ses successeurs, comme ils ne cesseront de le répéter.

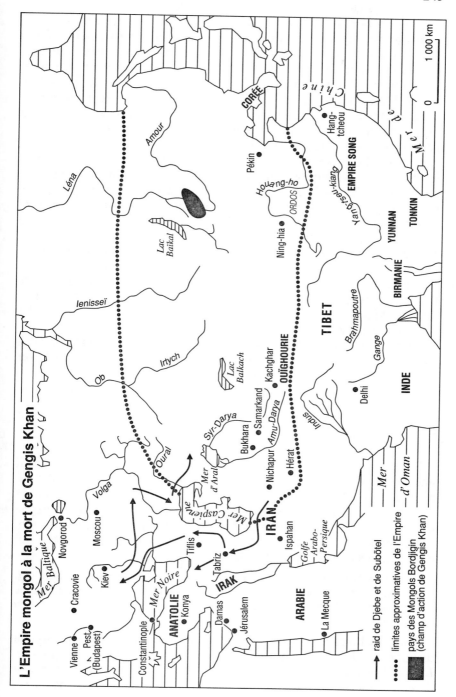

L'Empire mongol à la mort de Gengis Khan

→ raid de Djebe et de Subötel

••••• limites approximatives de l'Empire

▨ pays des Mongols Bordjigin
(champ d'action de Gengis Khan)

0   1 000 km

Que son horizon, au moins au début de sa carrière, ait été limité, c'est presque certain. Il ne pensait sûrement pas que le monde fût si vaste. Il n'imaginait pas qu'il fût si varié dans ses activités. Nomade, et trouvant son plein épanouissement dans le nomadisme, il ne concevait pour lui d'autre avenir que le retour à la vie pastorale. Mais, peu à peu, il vit mieux et plus loin. Il mesura plus exactement les dimensions de la terre. Il prit conscience de la valeur très relative de son propre mode de vie et comprit que, s'il était pour lui le meilleur, il ne l'était pas nécessairement pour les autres. Cette révolution dans sa vision des choses ne put que le remuer profondément, mais, en vertu de son habituelle impassibilité, il n'en laissa rien paraître, et peut-être ne changea-t-il rien à ses conceptions. Nous avons pourtant peine à ne pas croire que cet homme supérieurement intelligent ait fini par comprendre qu'il était impossible de réunir un monde plus vaste qu'il ne l'avait cru sous un seul sceptre et d'établir la paix universelle. Il est vrai que des succès inouïs n'étaient pas faits pour le démentir : lui et ses fils ne furent-ils pas près de réussir ? En un temps où l'on ne connaissait ni les Amériques, ni l'Océanie, ni même l'étendue de l'Afrique noire, que restait-il à conquérir ? L'Inde, l'Europe occidentale, le Maghreb et quelques petites îles comme le Japon et celles d'Indonésie : une misère !

Ses successeurs, nourris de sa pensée, croyant en lui comme on croit en un dieu, seront convaincus que la tâche leur revenait d'achever l'œuvre qu'il avait commencée. Ils y trouveront leur force.

LA GRANDE ARMÉE

Il les avait dotés d'un outil remarquable, sa grande armée. C'était une armée du peuple, une armée de volontaires qui, bien entendu, n'était pas payée : la solde arrivera très tard, sous l'influence des pays sédentaires. Même les plus grands officiers ne recevaient pas de gages. L'un d'eux, plus tard, au temps du souverain mongol d'Iran Ghazan, tombé prisonnier aux mains des Mamelouks d'Égypte, répondra à qui lui demandera quel était son salaire :

> « Le Mongol est esclave du souverain. Il n'est jamais libre. Son souverain est son bienfaiteur. Je ne le sers pas pour de l'argent. Bien que je sois le dernier des serviteurs de Ghazan, je n'ai besoin de rien d'autre. »

Tous les hommes étaient soldats. Il n'y a ni en turc ni en mongol un mot qui ne soit pas d'origine étrangère pour nommer le militaire. Loin d'être une horde indisciplinée – bien que notre « horde » vienne de *ordu*, le « camp » –, c'est une force bien structurée en corps de 10,

100, 1 000 et 10 000 hommes, le *tümen*, selon les traditions fort antiques de l'Asie centrale qui devaient remonter à l'Iran achéménide*. La cavalerie y est largement prépondérante, mais l'infanterie existe certainement, au moins à un stade avancé des opérations, peut-être levée chez les indigènes musulmans ou chinois. Les vieux prédécesseurs des Mongols en Mongolie employaient déjà la piétaille : on le sait notamment par le général Tonyuquq (VIIIe siècle) qui avait divisé ses troupes en trois divisions, deux montées et une à pied.

Un capitaine d'Occident disait que, pour faire la guerre, trois choses étaient nécessaires : premièrement de l'argent, deuxièmement de l'argent, troisièmement de l'argent. Cela valait pour l'Europe, mais non pour ici. Ce fut une grande force des Mongols que de n'avoir pas, dès le début, de problèmes financiers à résoudre. Pour se battre, il leur fallait des hommes, des chevaux, des arcs, et de tout cela ils disposaient en abondance. Pas de solde, pas d'équipement coûteux en dehors de quelques pièces de fer dont ils pouvaient à la rigueur se passer, pas ou peu de vivres : voilà d'énormes économies !

Les hommes se contentent de peu. Leur sobriété stupéfie les Latins, gros mangeurs et qui ont besoin d'un ravitaillement important. Aussi ne cessent-ils de s'étonner. Plan Carpin remarque : « S'ils jeûnent un ou deux jours sans rien manger du tout, ils ne paraissent guère en souffrir. » Marco Polo insiste :

> « Quand l'armée part pour la guerre ou pour toute autre nécessité, plus volontiers et bravement que le reste du monde, ils se soumettent aux labeurs et maintes fois s'il le faut l'homme ira ou demeurera tout un mois sans autre nourriture que le lait d'une jument et la chair des bêtes qu'il tire avec son arc [...]. Ce sont les gens du monde qui plus durement travaillent et supportent fatigue, font la plus faible dépense et se contentent d'un petit manger. »

Il y voit la cause essentielle de leur supériorité : « Voilà pourquoi mieux sont que d'autres pour conquérir cités, terres et royaumes. » Guillaume de Rubrouck déclare à Saint Louis :

> « Je dis en toute assurance que si vos paysans, et je ne parle pas des rois et des chevaliers, voulaient marcher comme le font les rois des Tartares et se contenter de la même nourriture, ils pourraient conquérir le monde entier. »

Leur sobriété et l'habitude qu'ils ont de vivre sur le pays – ne trouvent-ils pas quantité d'aliments sur les terres sédentaires ? – réduisent considérablement le train des équipages : avantage capital ! Une armée de 40 000 hommes en marche qui a besoin d'une intendance complète s'étire sur une distance de quelque 25 kilomètres et ne par-

---

* Voir Xénophon et la retraite des Dix Mille (Grecs au service de l'Iran).

court que 10 kilomètres par jour. On juge de ce que serait une armée mongole (qui peut être trois ou quatre fois supérieure) si elle traînait derrière elle, outre l'immense troupeau des chevaux de rechange, le ravitaillement nécessaire à tout peuple moins sobre. Il n'empêche que la distance peut être impressionnante entre ceux qui marchent en tête et ceux qui se trouvent en queue. Rubrouck, qui accompagne Batu en déplacement le long de la Volga et qui souffre de la faim, ne peut se rendre au marché qui « suit toujours la cour », parce qu'il est si loin « que nous ne pouvons pas y aller ». Il est vrai que Batu n'est pas alors en guerre.

Les Mongols sont des cavaliers admirables, montés sur des chevaux qui ne le sont pas moins. Ils ne paient pourtant pas de mine, ces chevaux qui ont fait la fortune des Turcs et des Mongols, et avant eux celle des Scythes. Nous les avons déjà évoqués : petits, certes, mais endurants, sobres, musclés, ardents, fougueux, ils sont aptes à supporter les excès de température, à trouver leur nourriture sous la neige, à traverser les cours d'eau les plus rapides et à marcher en montagne aussi bien que des mulets, à manger de petites branches, des écorces d'arbre ou d'autres substances végétales. Thomas de Spolète a remarqué qu'ils « courent sur les rochers et les pierres sans fer comme si c'étaient des chèvres sauvages ». Ils ne sont en effet pas ferrés, parce que les Mongols manquent de matière première : on a calculé que 30 tonnes de métal brut étaient nécessaires pour équiper une cavalerie de 20 000 hommes. On ménage les montures. On en prend soin. On les aime. Chacune a sa particularité et, quand il s'agit du cheval d'un chef, on n'oublie pas de la mentionner. Pour qu'ils soient toujours frais, on voyage au moins avec un cheval de main. A la guerre, si l'on en croit Marco Polo, chaque homme en possède 18 ; si l'on se fie à Thomas de Spolète, 20 ou 30 ! Ils exagèrent peut-être, mais trois par soldat paraît un strict minimum, presque toujours dépassé.

Les Mongols ne sont pas moins bons archers. Entre leurs mains, l'arc se révèle une arme infaillible. Il décoche une flèche plus longue que celle employée en Europe, terminée par une pointe d'os, de corne ou de métal, et marquée de signes ou de couleurs dénonçant son propriétaire. Il peut être lourd et robuste si l'on veut tirer de loin, à la chasse ou à la guerre, sur des hommes sans cuirasse ; ou bien léger et plus fragile, avec un fer large et très aiguisé qui pénètre dans les armures, si la cible est proche. Plusieurs informations concordent pour estimer que chaque archer dispose de 60 flèches. Ils visent remarquablement bien à l'arrêt, ce qui est à la portée de quiconque s'entraîne sérieusement ; mais ils sont les seuls au monde, ces archers de la steppe, à savoir tirer sans arrêter leur monture. Hérodote le signalait déjà. Frédéric II, qui était fort bien renseigné, les jugera « archers incomparables ». Et c'est par le nom commun « archers », devenu nom propre, que les Arméniens désigneront les Mongols.

Pour les Annales chinoises, les Mongols ont pris possession du monde grâce à leurs chevaux et à leurs arcs. Les autres armes, à côté, sont de moindre importance. Les seules qui semblent remarquables sont les haches et les masses d'armes. Le sabre – que les Latins, à notre grande stupeur, trouveront peu efficace, alors qu'il est appelé à une belle carrière tant en Asie qu'en Europe – est surtout porté par les riches. Le bouclier tressé, tenu à la main lors des combats à pied, attaché aux épaules pour protéger le dos lors des luttes équestres, est maniable, léger, peu fatigant, mais de faible utilité. La corde, qu'on utilise comme lasso en l'accrochant au bout d'une longue perche quand on veut attraper le bétail et que chaque soldat doit emporter avec lui – elle lui sert à désarçonner l'ennemi ou à construire des ouvrages de siège –, rend d'immenses services.

Le costume comprend un pantalon large, des bottes basses, une armure et un casque en cuir renforcé de lames de fer. Quelques grands portent une cotte de mailles. L'armure, revêtement épais de cuir de bœuf, faite de lamelles superposées et cousues ensemble, est légère et impénétrable. Elle ne descend pas jusqu'au bas du ventre ou aux cuisses, de telle sorte que le cavalier conserve une parfaite liberté de mouvement et n'accroît pas le poids que supporte la monture. L'équipement du cavalier mongol s'oppose radicalement à celui de l'Occidental, le chevalier franc du Moyen Age étant lourdement harnaché et, malgré la puissance de ses chevaux, éprouvant autant de difficultés à se mouvoir qu'à soutenir longtemps le galop.

Dans les premiers temps de la conquête, cependant, la pauvreté des moyens empêche que l'équipement soit aussi complet qu'on le voudrait. Simon de Saint-Quentin dit encore que l'armure n'est portée que par un combattant sur dix, et Guillaume de Rubrouck juge la tenue « mal ajustée et incommode ». On combat alors comme on vit, couvert de peaux de loup, de renard, de chien ou de chèvre qu'on porte contre la peau pour se tenir chaud.

Pour traverser les rivières quand elles ne sont pas prises par la glace, l'armée dispose de radeaux de cuir capables d'accueillir dix hommes, mais chaque soldat se charge de sacs de peau qui peuvent servir de nacelles. On en use quand les chevaux ne peuvent pas franchir l'obstacle à la nage, aidant leur cavalier qui s'agrippe à leur queue ou à leur croupe.

Lors des premières opérations contre la Chine, les Mongols ont dû piétiner devant les places fortes, faute d'engins de siège. Mais, dès 1217, Gengis Khan a constitué un corps d'artilleurs chinois plus que suffisant pour lui permettre de réduire les villes les mieux protégées, au moins au Proche-Orient, où l'on ne possède pas encore de moyens défensifs aussi perfectionnés. Depuis longtemps la Chine utilisait des pierriers bandés, plus puissants que les catapultes à torsion et à contrepoids de l'Occident. Quant à la poudre, que les Chinois

n'employaient pas pour lancer des projectiles, elle trouvait un redoutable usage dans les boulets incendiaires ou explosifs. Contrairement
à ce que prétend la légende, ils ne l'avaient pas inventée seulement
pour tirer des feux d'artifice.

La discipline qui règne dans l'armée fait l'admiration de tous, et en
premier lieu des Latins, qui ont l'habitude de marcher presque au
hasard, groupés autour des chevaliers qui portent bannière ou pennon.
Le franciscain Jean du Plan Carpin, habitué à la règle monastique,
disait : « Ils sont plus soumis à leur maître qu'aucun homme au
monde, fût-il religieux ou séculier. Ils le révèrent davantage et ne le
trahissent guère. » Et David d'Ashby écrivait :

> « Ils demeurent aussi paisibles de jour que de nuit, comme des moines
> dans leur cloître [...]. Si le chef veut lever le camp quand minuit est
> passé, il ordonne de battre le tambour [...]. Immédiatement, grands et
> petits préparent leurs chevaux. Au deuxième roulement de tambour, ils
> plient leur tente et se placent en rang ; au troisième, l'avant-garde se met
> en marche. Quand le camp est levé, quelques personnes cherchent par-
> tout les objets qui auraient pu être oubliés, d'autres des vêtements ou de
> l'équipement, et le gardent ou le portent et le rendent. »

Jamais et pour rien au monde, lorsque Gengis Khan a bien établi
la discipline, un Mongol ne se détournerait de la bataille pour se livrer
au pillage, prendre du butin ou satisfaire quelque instinct personnel.
La vie dans la steppe avait habitué à la solidarité du clan. L'empereur,
à la solidarité du clan, a substitué celle de la dizaine ou de la centaine.
Chaque soldat vit pour les neuf autres ; chaque dizaine, pour la centaine ; chaque centaine, pour le millier. Si, dans une dizaine, un
homme se met à fuir, tous sont punis comme lui de la peine capitale.

L'armée est immense et les ennemis la voient plus vaste encore
qu'elle n'est. Mais exagèrent-ils tellement ? Matthieu de Paris évoque
un « exercitus infinitus » ; le landgrave de Thuringe affirme que, lorsqu'elle envahit l'Europe, elle couvre une étendue correspondant à une
distance de vingt jours de marche en longueur et de quinze en largeur.
On en ignore les effectifs, mais on sait qu'au moment de la mort de
Gengis Khan ils se montent à 129 000 hommes, étant entendu qu'il ne
s'agit là que de Mongols et non d'auxiliaires et d'alliés, auxquels il
faut sans doute ajouter ceux qui sont engagés en Chine, de 25 à
50 000 hommes. Tului s'en voit confier 101 000. Des 28 000 qui restent, 5 000 sont donnés à chacun des fils du khan et au successeur de
Djötchi ; les autres sont répartis entre Temüge et les membres de la
famille impériale.

Une armée de 150 à 200 000 hommes est énorme – non à la mesure
de l'œuvre accomplie, mais de la population de la Mongolie. Si l'on
estime cette dernière à 1,8 million d'âmes (comme dans les années
1980), c'est environ une personne sur dix qui est enrôlée, un mâle sur

cinq, alors que les enfants, condamnés ou non à une mort prochaine, sont nombreux. Aucun pays moderne ne peut fournir un effort comparable, et surtout le soutenir pendant des décennies. Il est donc certain que jamais plus de 150 à 200 000 Mongols ne se sont trouvés à la fois sous les armes. C'est d'ailleurs, à peu de chose près, l'estimation qui a été faite pour les forces engagées antérieurement en Chine et en Iran.

A ces effectifs mongols – au sens étroit ou large du terme, puisque sont inclus parmi eux des turcophones – s'adjoignent naturellement, dès cette époque, des alliés et des auxiliaires, infiniment plus nombreux : on avance en effet que, dans les pays tributaires, Gengis Khan lève trois hommes sur dix. C'est la masse des Turcs des confins chinois, du Turkestan, de l'Ouïghourie, de Transoxiane, du Khorassan, de Sibérie, des Chinois ralliés, des Khitan, des Joutchen, des Iraniens et de tous ceux qui, esclaves ou non, servent dans les corps du génie. Plus tard, cette grande armée, déjà si internationale, s'accroîtra presque sans fin de Géorgiens, d'Arméniens, de Russes, d'Alains, de Qiptchaq, et même de mercenaires « francs » parce qu'ils « utilisent des arbalètes, armes qui leur étaient inconnues et dont ils admiraient l'efficacité ».

Plus d'un million d'hommes ? Certainement. On est stupéfait de leur fidélité. Plan Carpin estime que, s'ils le pouvaient, ils déserteraient. Voire ! Il y a des désertions, c'est vrai, mais qu'on en signale ne permet pas de dire qu'elles sont nombreuses. On en connaît quelques-unes qui ont fait du bruit. Pourtant, dans leur immense majorité, ils ne trahissent pas et, s'ils sont moins pugnaces, moins efficaces, ils servent avec loyauté et courage. Quant à ceux dont on doute, on les place en première ligne et au centre, de telle sorte qu'ils aient à supporter l'effort principal de l'ennemi, et que, s'ils se dérobent ou tentent de fuir, ils soient rejetés sur les contingents mongols dont ils n'ont nulle merci à attendre.

Ces auxiliaires, ces étrangers ne servent pas seulement à étoffer les forces des Mongols, à forger la grande armée dont les conquérants ont besoin. Ils démontrent que le projet est réussi, que ce n'est pas seulement un peuple qui domine les autres parce qu'il a été élu par Dieu. C'est l'univers entier qui s'unifie sous la monarchie déjà universelle pour la rendre plus universelle encore.

LES INTERPRÈTES

Un des problèmes majeurs qu'eut à affronter l'Empire mongol fut celui des langues. L'idiome des conquérants était peu parlé. Or il fallait se faire entendre non seulement des soldats que l'on commandait, mais des fonctionnaires – et d'abord pour lever l'impôt –, des chefs de communautés religieuses, des gouverneurs de provinces, des généraux, des ambassadeurs et des chefs d'État ennemis avec lesquels on traitait... Pas de propagande sans hommes capables de la diffuser ! Pas d'espionnage sans espions possédant à la perfection la langue du pays où ils espionnent ! Pas d'informations sans informateurs ! C'est là un spectacle étonnant que celui d'un petit peuple d'illettrés usant d'un idiome rare, inculte, et amené à diriger un empire sans mesure où l'on parle cent langues dont ils ne connaissent pas une seule...

Sur ce point pourtant essentiel des communications verbales ou écrites, nous sommes mal renseignés. Nous avons déjà soulevé le problème des relations entre Turcs et Mongols en haute Asie et nous n'y reviendrons pas. Mais ailleurs ? Les sources mentionnent parfois le nom ou la présence d'un truchement. Il y en eut deux, un Khitan et un Tangut, lors des conversations entre Gengis Khan et Tch'ang-tch'ouen. Guillaume de Rubrouck sera accompagné par un certain Homodei (peut-être sous ce vocable latin se cache-t-il un Abdallah arabe), si médiocre que le franciscain dira : « Voyant le danger que j'avais de parler par son intermédiaire, j'ai préféré me taire. » Plan Carpin aura comme interprète chez Batu un Ruthène, c'est-à-dire un Russe de Souzdal, chez Güyük un soldat du duc Iaroslav, certaine-ment un Qiptchaq. On devine dans ce dernier cas comment devaient se dérouler les entretiens. Le souverain parlait en turc au Qiptchaq (ou en mongol à un Turc bilingue) qui traduisait en russe, langue qu'entendait un peu le compagnon de Plan Carpin, Benoît de Pologne, lequel répétait à son tour le discours en latin. C'était impossible ! Il y avait heureusement des langues qui, comme l'anglais aujourd'hui, connaissaient une audience internationale en Asie. Dans les rapports des Mongols avec les Chinois, les Khitan bilingues jouèrent dès le début un rôle essentiel. Au Proche-Orient, l'arabe, très largement répandu et que maints croisés eux-mêmes avaient appris, semble avoir été beaucoup utilisé. Mais chinois et arabe n'étaient guère pratiqués hors de Chine et du monde arabe. Pour les relations internationales, il fallait recourir au persan, que certains ont appelé la *lingua franca* du Moyen Age asiatique, à l'arménien, lui aussi panasiatique grâce à son emploi par les commerçants, et au turc ouïghour. Ce dernier était parlé – ou au moins compris – de l'Asie Mineure à Pékin, et, dans les premières décennies de l'Empire, il occupa très probablement le pre-mier rang. Djuvaini constate que sa maîtrise était considérée comme le « sommet de la connaissance et de l'enseignement ». Les Chinois notèrent l'impertinence et la vénalité de ceux de leurs compatriotes qui en avaient acquis quelques rudiments.

Toutefois, ces langues n'étaient pas universelles. Russes et Latins ne les connaissaient pas mieux que Birmans ou Coréens. Les interprètes demeuraient indispensables dans la plupart des cas. On voit donc, dans l'Empire et autour des princes, graviter toutes sortes d'aventuriers qui, parfois, ne se recommandent que parce qu'ils sont polyglottes*. Julien de Hongrie dit avoir rencontré un Mongol qui savait, outre sa langue maternelle, le hongrois, le russe, le qiptchaq, l'allemand et le persan. Un déserteur anglais de la croisade qui n'était pas moins savant reçut des Mongols l'offre d'entrer à leur service : il fut espion et arrêté comme tel (1241). Les Latins eurent une conscience aiguë de l'intérêt qu'il y avait à apprendre les langues, et en premier lieu le turc. C'est que, dans les pays étrangers à l'Empire, si les besoins étaient moins pressants, ils n'étaient pas moins grands. Nous possédons un précieux témoignage de l'effort accompli en Occident avec le célèbre manuscrit connu sous le nom de *Codex Comanicus*, écrit vers 1330 et conservé dans la bibliothèque de Pétrarque. Il se compose d'un glossaire trilingue – latin, persan, turc –, d'éléments de grammaire et d'un recueil de morceaux choisis.

LA GUERRE MONGOLE

Il faut, au sujet de la guerre mongole, oser dire exactement le contraire de ce que l'on affirme le plus souvent : Gengis Khan ne mena pas de guerre-éclair et l'invasion ne fut pas un déferlement de barbares sur le monde. Ses campagnes furent longues, même si les principaux succès furent parfois obtenus d'emblée ; ce qui prouve qu'il ne se contentait pas du spectaculaire, du superficiel, mais travaillait en profondeur. La campagne de Chine, contre la seule Chine du Nord, commencée en 1211, était loin d'être achevée quand il mourut seize ans plus tard : guerre-éclair ? Celle du Kharezm débuta en 1219 et finit en 1225 : elle dura donc plus de cinq ans, même si l'essentiel du résultat fut acquis en deux ans, et, mis à part le raid de Djebe et de Sübötei d'une part, l'expédition sur l'Indus d'autre part, elle se limita à l'Iran oriental, c'est-à-dire à la Transoxiane, au Khorassan et à l'Afghanistan : guerre-éclair ? Et je ne rappellerai pas les inlassables campagnes pour unifier la Mongolie, les deux expéditions contre les Tatars, celles contre les Si-hia ou encore celles, sans résultat décisif à sa mort, contre la Corée.

Gengis Khan le sait : à la guerre, toute opération doit être accomplie avec réflexion, en réduisant au minimum les risques d'imprévu. Aussi préfère-t-il renoncer à un succès probable quand il dépend tant soit peu de la chance. Il prépare avec soin ses campagnes, faisant

---

* On n'entend guère alors parler des juifs, dont pourtant les Arabes disent qu'ils possèdent l'arabe, le persan, le « romain », le français, l'espagnol, le slave.

naître les occasions ou profitant de celles qui s'offrent. Il prend parfois des risques, mais des risques calculés, jamais étourdis. Et, quelque audace qu'il puisse avoir, il réussit toujours, car il ne commet jamais d'erreur de jugement et ne se lance pas à l'aveuglette.

Il est maître tacticien. Cette création incessante de thèmes stratégiques, cette fécondité de mouvements, ce calcul toujours lucide qui ne laisse au hasard que ce qu'il est impossible de lui refuser – cette qualité, qui étonnerait déjà chez un chef à haute formation intellectuelle, stupéfie littéralement chez ce primitif –, cette précision d'esprit qui se manifeste devant chaque événement inattendu, ce sang-froid imperturbable en face des rares échecs, voilà ce qui caractérise au plus haut point le génie militaire de Temüdjin.

Il a compris, le premier sans doute, que le chef doit résister au désir de s'exposer, que son rôle n'est pas de donner de brillants coups d'épée, mais de diriger la bataille, c'est-à-dire d'en avoir toujours une vision d'ensemble, et s'il l'oublie à Bamiyan, c'est sous le coup du désespoir qui l'envahit parce que le petit-fils qu'il aimait est mort. Jean de Plan Carpin remarquera cette attitude de vrai commandement : « Pour vaincre les Mongols, dit-il, il faut comme eux que les grands chefs ne prennent jamais part aux combats, de même que leurs grands chefs n'y participent pas pour [pouvoir] surveiller et organiser les troupes. »

Quand le lieu où il va livrer bataille est choisi, il lance en avant-garde des coureurs (tamadji). Quand il y en a à proximité, il fait occuper les hauteurs, à la fois pour qu'elles servent de postes d'observation et pour éviter que les fuyards ne s'y réfugient. La masse de ses forces semble placée au centre, mais c'est une masse peu sûre, faite de captifs, d'auxiliaires qu'on oblige à combattre, et cela trompe l'adversaire. Car ce qui dans son armée est le plus solide, ce qui compte, il le dispose sur les ailes afin de pouvoir effectuer un mouvement tournant. On en avertira aussi les Européens : « Ils cherchent toujours à tourner leurs adversaires en les refoulant vers le centre. » Ils pratiquent le harcèlement, surgissant et repartant, jamais attendus et toujours présents. Simon de Saint-Quentin évoque les vagues successives d'archers à cheval qui viennent accabler l'ennemi de flèches. Ils n'acceptent pas volontiers le combat. S'ils le font, c'est qu'ils y sont forcés. Ils préfèrent alors avoir la supériorité numérique, mais ils l'ont rarement. Ils compensent leur infériorité en s'arrangeant pour jouir de quelques avantages évidents.

Tout compte fait, dans l'épopée gengiskhanide, les grandes batailles sont assez peu nombreuses : hors de Mongolie, il n'en est que trois ou quatre, dont deux vraiment importantes ou décisives, sur la Kalka et sur l'Indus. Ils ne craignent pas de fuir et sont irrattrapables, car ils disposent de chevaux de main toujours frais. Ils tirent en arrière, en plein galop, ce que l'on a nommé la « flèche du Scythe » ou la « flèche du Parthe ». Ils prennent toujours soin de maintenir leurs liaisons. C'est encore le moine latin qui dira : « Si les Tatars simulent la fuite, qu'on n'aille pas bien loin derrière eux, à moins qu'on ne puisse encore voir si l'on n'est pas entraîné dans un piège comme c'est leur habitude. » C'est là leur ruse la plus usuelle. Mais ce n'est pas la seule. Tout est bon pour tromper l'ennemi, surtout pour lui donner l'impression qu'on est plus nombreux encore qu'il paraît : employer des femmes soldats (uniquement dans cette intention, affirme Plan Carpin contre d'autres qui soutiennent que des femmes prennent part à la guerre), multiplier les feux de bivouac, jucher des mannequins de paille sur les chevaux. Ils se servent de tout ce qu'ils trouvent ou inventent, du feu grégeois, du détournement des rivières, voire de la graisse humaine dont ils usent au besoin pour huiler leurs catapultes. Ils visent avant tout à répandre la terreur, comme si leur seule présence, leur seul aspect n'y suffisaient pas. Ils chargent en poussant des cris épouvantables. Notre « hurrah » naîtra – plus tard vraisemblablement – du cri de guerre des Turcs de la steppe : *Ur ah !* – « Ah ! frappe ! ». Ils jouent sur leur réputation d'invincibilité, sur leur sauvagerie absolue qu'ils exagèrent à dessein pour frapper les esprits, et qui ne manque jamais son effet. Leurs avant-gardes brûlent, tuent, sans perdre beaucoup de temps, à seule fin de semer la panique.

Pour plusieurs raisons, ils préfèrent les campagnes hivernales : gelés, les cours d'eau non seulement ne constituent pas d'obstacles, mais servent de larges voies de pénétration ; la neige et la glace que l'on fait fondre procurent une boisson saine et abondante, même dans les déserts ; la viande congelée se conserve. De plus, et c'est là une raison plus importante encore, les chevaux se sont refaits dans les pâturages de la belle saison. Dans la première moitié du XIIIe siècle, un Chinois pouvait écrire : « Au commencement du printemps, ils arrêtent les combats et laissent leurs chevaux libres de manger et de boire. »

Ils aiment mieux voir leurs ennemis s'enfermer dans les villes ou dans les forts que de les combattre en rase campagne, car toute bataille fait des morts et Gengis Khan est extrêmement ménager de ses hommes. Ils disent alors que « leurs pourceaux sont enfermés dans un parc ». Les voit-on souvent livrer des assauts ? Si oui, c'est que les travaux d'approche, les mines, les sapes ont été exécutés par les prisonniers, et que ceux-ci sont souvent lancés en première ligne. S'ils ne peuvent en user, ils préfèrent attendre, sauf absolue nécessité. Ils savent que, tôt ou tard, les cités encerclées céderont, privées de toute ressource parce qu'ils ont dévasté les campagnes.

Chinois, iraniens, russes, latins, aux quatre coins de la terre, les observateurs seront unanimes : quelle armée pourrait égaler celle des Mongols ? Parmi d'autres, Thomas de Spoleto, affirmera : « Il n'y a pas un peuple au monde aussi expérimenté à la guerre. »

TROISIÈME PARTIE

Les successeurs

Vous devez dire d'un cœur sincère : nous serons vos sujets, nous vous donnerons notre force.

GÜYÜK, Grand Khan, lettre à Innocent IV, pape.

L'Empire a bien été conquis à cheval, mais ne peut pas être gouverné à cheval.

ÖGÖDEÏ, Grand Khan, d'après une source chinoise.

CHAPITRE XI

Ögödeï

A la mort de Gengis Khan, l'Empire aurait pu s'écrouler, mourir aussi vite qu'il était né ou se replier sur lui-même, demeurer un royaume centré sur la Mongolie et ne dépassant pas les bornes de la haute Asie. Ainsi en avait-il été, dans les steppes, de ceux – trop grands et trop hâtivement bâtis – des Huns ou des Jouan-jouan, et, ailleurs, de ceux d'un Alexandre ou d'un Hannibal ; ainsi en sera-t-il également de celui de Tamerlan. Or, contre toute attente, il n'en fut rien. Non seulement l'Empire ne fut pas ébranlé, mais il continua à s'étendre d'une façon prodigieuse, très au-delà des limites où son fondateur l'avait conduit. Il fut, par le génie de ses fils succédant au sien, en quelque sorte transfiguré. C'était encore, du temps de Gengis Khan, un empire des steppes, un empire de l'Asie centrale qui n'avait fait que mordre sur les régions avoisinantes. Il deviendra vraiment universel.

La succession

Gengis Khan avait désigné pour lui succéder son troisième fils, Ögödeï. Toutefois, il n'était pas dans les usages mongols que le pouvoir fût seulement héréditaire. Il était aussi électif, étant entendu qu'on élisait le successeur d'un khan en le choisissant au sein de sa famille, mais pas forcément parmi ses descendants. Il fallait désigner le plus digne, celui que l'on jugeait le plus apte. Alors même que le système héréditaire était en principe respecté, la consécration des grands demeurait nécessaire. Plus qu'une allégeance, elle constituait une cérémonie quasi religieuse : sans investiture, il ne pouvait pas y avoir de légitimité. La succession n'était pas automatique. Les Mongols eussent été bien surpris d'entendre crier : « Le roi est mort, vive le roi ! »

Djötchi était décédé quelques mois avant son père, mais sa mort n'avait aboli ni l'autorité ni les droits de sa famille (il laissait de nombreux enfants). Ses fils en avaient pleine jouissance. C'est le second, Batu, qui détint son autorité et dirigea à sa place l'*ulus*, sa « nation », son « peuple » – on dirait usuellement son khanat, mais il eût mieux valu dire son apanage. L'*ulus* de Djötchi, qui sera ultérieurement connu sous le nom de Horde d'Or ou khanat de Qiptchaq, était situé dans la région la plus occidentale de l'Empire, là où le prince, conformément à la tradition, avait résidé. En ces années 1220, il comprenait tous les territoires conquis ou à conquérir en direction de l'Europe et dans les steppes de l'Ouest. Ses frères étaient apanagés, mais reconnaissaient sa suprématie et gouvernaient sous son autorité. Orda, l'aîné, semble avoir régné sur les steppes de l'actuel Kazakhstan, celles de l'Irtych, au nord du Syr-Darya et jusqu'au septentrion, dans une zone dont les populations seront connues sous le nom de Horde Blanche. A son côté, Chaïban, cinquième fils de Djötchi, avait reçu les districts de l'est et du sud-est de l'Oural méridional qui étaient au nord des terres d'Ordu, entre l'Ili et le Syr-Darya.

L'*ulus* de Djaghataï, le deuxième fils de Gengis Khan, comprenait les districts de l'Ili, de l'Isiq Kôl, du Tchou et du Talas, ce qui correspondait à peu près à l'ancien royaume des Qara Khitaï.

Ögödeï possédait les régions de l'Irtych et de l'Imil, entre le lac Balkach et l'Altaï.

Quant à Tului, le cadet, en tant qu'*otchigin*, il assumait la tâche de garder le foyer paternel, le pays mongol. Son prestige était immense. Du vivant de son père, il portait, et lui seul, le titre de *Yeke Noyan* (ou, avec l'adjectif turc, celui d'*Ulug Noyan*), « Grand Prince », par référence, dit-on, à son génie militaire.

Les bâtards de Gengis Khan n'avaient rien reçu en partage, mais ses frères avaient leurs propres apanages, notamment Temüge, qui gouvernait dans une partie de la Mandchourie.

Pour que les princes impériaux et les grands feudataires, ceux qui avaient conservé leur principauté et qu'on nommait les *malik*, les « rois » (ils étaient nombreux dans le Djaghataï et l'Iran, alors qu'il n'en existait pas dans la Horde d'Or), tous si dispersés, fussent avertis de la mort de Gengis Khan et vinssent en Mongolie afin de participer à l'assemblée plénière, au *quriltaï* qui devait élire son successeur, il fallait du temps. Conformément à la coutume, Tului fut chargé d'assurer l'intérim et devint ce que nous appellerions régent. Il le resta assez longtemps, puisqu'il s'écoula presque deux ans, de l'été de 1227 à l'été de 1229, avant que le *quriltaï* pût s'ouvrir. En fallait-il tant pour se rendre de la Mandchourie ou de la Caspienne en Mongolie ? Chercha-t-on à différer le congrès ? Eut-on même l'espérance, en réalisant une sorte de coup d'État, de pouvoir s'en dispenser ? Il ne manque pas d'informations qui laissent à penser que l'élection n'était pas désirée, que Tului – profitant de son prestige, du nombre de ses partisans et de sa haute main sur l'essentiel des forces mongoles (rappelons que Gengis Khan lui avait laissé 101 000 hommes sur les 129 000 dont il disposait) – espérait garder le pouvoir pour lui, se faire élire « Grand Khan », et qu'il aurait fallu l'intervention habile et insistante du conseiller khitan de Gengis Khan, Ye-liu Tchou-tsai, pour l'obliger à se rallier à ce qui avait été la volonté de son père, c'est-à-dire à l'élection d'Ögödeï.

Une telle hypothèse est possible, mais loin d'être certaine. Il convient de ne pas oublier, à notre époque où tout va si vite, que procéder aux obsèques de Gengis Khan, prévenir les membres de sa famille et organiser un congrès en Mongolie ne pouvait pas se faire rapidement, d'autant plus que les Mongols étaient en guerre, dans l'impossibilité de tout abandonner du jour au lendemain pour se rendre à une convocation. Ils devaient prendre les mesures qu'imposait leur absence, qu'il fallait prévoir longue. Par ailleurs, ne peut-on pas penser que la destinée des enfants de l'*otchigin* a pu inciter les sources, presque toutes d'origine tuluide, à accorder à Tului, dès l'époque de la régence, un rôle qu'il n'avait pas encore ?

L'ÉLECTION D'ÖGÖDEÏ

Le *quriltaï* enfin réuni retint longtemps les princes et les grands, pendant quarante jours, dit-on, parce que Ögödeï, pour se conformer à l'usage, aurait d'abord refusé l'honneur qu'on lui faisait. Ce refus est certainement vrai, mais on a peine à croire qu'il se répéta pendant quatre décades, d'autant plus que le nombre quarante, sacré de façon générale et chez les Mongols en particulier, doit être de convention.

Quelle qu'ait pu être sa durée, le congrès était pour les participants une occasion qui se faisait trop rare de se revoir, de s'entretenir de la situation de l'Empire, des intérêts particuliers de chacun, et l'on comprend qu'il ne fut pas pressé de se mettre en vacances. Il convenait d'ailleurs de faire étalage de sa gloire et de célébrer avec somptuosité ses succès. Les semaines qui s'écoulèrent durent être occupées par bien des choses que nous ignorons, peut-être par des tractations de dernière minute, en tout cas par des fêtes. Ce serait finalement le 11 ou le 13 octobre 1229 que, tout étant enfin réglé, Ögödeï aurait été solennellement proclamé empereur – *qaghan*. Il sera le *Qaghan* par excellence, le seul prince gengiskhanide qu'on n'appellera jamais plus autrement, au point que son nom tombera presque dans l'oubli.

Son oncle Temüge tenant sa main gauche, son frère Djaghataï sa main droite et Tului sa ceinture le conduisirent au trône. Le régent lui offrit à boire la coupe rituelle ; les assistants ôtèrent leur bonnet, dénouèrent leur ceinture et fléchirent neuf fois le genou.

La succession de Gengis Khan n'avait pas été automatique. Elle avait dû demander bien des efforts à chacun ; elle ne s'était pas faite du jour au lendemain. Mais, tout compte fait, elle avait eu lieu aussi paisiblement que possible, au prix sans doute d'engagements et de promesses, de concessions et de reculades, mais sans heurts ni déchirements. Elle assurait la survie de l'Empire.

Quel qu'ait été le rôle de Tului dans l'élection – et, si l'on en juge par la cérémonie d'investiture, il dut être important –, celui de Ye-liu Tchou-tsai, le Khitan, ne fait pas de doute. Les honneurs qu'il reçut, le rôle qu'il fut amené à jouer, notamment dans le développement du système administratif dont Gengis Khan avait posé les fondements, témoignent de tout ce qu'Ögödeï lui devait. Il avait d'ailleurs une haute idée de sa tâche, et plus généralement de celle des fonctionnaires. Une source chinoise lui fait dire : « L'Empire a bien été conquis à cheval, mais il ne peut pas être gouverné à cheval. »

Ögödeï était une personnalité plus sérieuse que brillante. Ivrogne certainement, comme tous les Gengiskhanides, il était généreux, prodigue au point de gaspiller le trésor. Un jour qu'il chevauchait avec l'une de ses femmes, il rencontra un mendiant. Il n'avait rien sur lui qu'il pût lui donner et il pria son épouse de lui offrir ses boucles d'oreilles. Elle protesta, suggérant que le pauvre vînt le lendemain se présenter au camp. Alors il dit : « Crois-tu qu'un pauvre puisse attendre jusqu'à demain ? »

De telles anecdotes, peut-être douteuses, abondent à son propos pour mettre en évidence sa bonhomie et sa mansuétude. Elles plaident en faveur de sa bonté foncière.

Il était brave, certes, et il l'avait montré en prenant part aux campagnes de Chine et du Turkestan, mais il n'avait pas l'âme guerrière et commanda rarement ses troupes. Un peu casanier, attiré par la vie sédentaire – si du moins la construction d'une ville le prouve –, il s'illustra surtout par l'esprit et la morale. Son règne fit l'unanimité tant des hommes de son temps que des chroniqueurs postérieurs et il reçut des louanges exclusives. On se battit pourtant, mais si l'on vit sous son règne des massacres sauvages, il n'y eut que rarement des exterminations systématiques, et l'on put dire qu'elles ne vinrent pas de lui, voire peut-être pas même des Mongols. L'*Histoire secrète* lui prête ces mots : « Notre souverain Gengis Khan fonda la maison royale au prix d'un grand travail. Maintenant, le temps est venu d'apporter la paix et la prospérité aux peuples. » Hélas ! comme on le verra, le temps n'était nullement venu...

Il choisit comme chancelier, premier secrétaire et maître des cérémonies le nestorien kereyit Tchinqaï, que Gengis Khan avait déjà remarqué et que Plan Carpin connaîtra, et il s'entoura d'autres personnages, comme Qadaq et Bala, qui demeureront fidèles à sa dynastie au péril de leur vie.

REPRISE DE LA GUERRE

Bien que l'Empire ne connût pas de graves problèmes, la situation militaire n'était pas brillante. La Corée, soumise à l'impôt, ne le payait qu'épisodiquement et agissait en toute indépendance. En Chine, l'empire des Kin, loin de disparaître de lui-même, avait recouvré une certaine vitalité et profité de la dure campagne contre les Si-hia, de la mort de Muqali et du désintérêt au moins apparent des Mongols pour reprendre presque tout le bassin de la Weï, au centre du Chen-si (Shaanxi), et la grande place forte de T'ong-kouan (Tongguan), au confluent de la Weï et du Houang-ho, qui commandait l'accès au Hou-nan (Hunan). Les Mongols n'avaient que trop tardé à réagir.

En Iran, le Kharezm s'était reconstitué. Les fils de Gengis Khan payaient les demi-mesures des campagnes de leur père à l'ouest. L'héritier de Muhammad Chah, Djalal al-Din Manguberti, qui s'était enfui en Inde devant les Mongols en traversant l'Indus, s'était brouillé avec l'empereur de Delhi, dont il était pourtant devenu le gendre, et avait fait retour dans son pays (1224). Il y avait aussitôt été reconnu comme souverain légitime du Khorassan et du Fars : on était las de l'anarchie. Fort de cet indiscutable succès, il avait pu enlever Ispahan, que Muhammad n'avait jamais possédée, et ne songeait qu'à conquérir d'autres places.

C'était un homme extrêmement brillant et, malgré sa cruauté, un paladin, l'un des plus prestigieux du monde musulman – et il avait totalement oublié les Mongols. S'il avait eu un service de renseignements, ou s'il l'avait écouté, il n'aurait pas cru que leur terrible raid, pourtant récent, n'était qu'un de ces événements fortuits et malheureux comme il en survient souvent quand on a pour voisins des nomades. Il se serait au moins préparé à la guerre.

Ce n'était pas un politique. C'était un orgueilleux que le succès enflait comme un crapaud qui veut devenir un bœuf. C'était un chevalier qui ne rêvait que d'aventures. C'était peut-être un imbécile qui ne savait que se faire des ennemis. Il se brouilla avec tous les États qui entouraient le sien, musulmans ou chrétiens. Il alla livrer bataille à la célèbre reine de Géorgie, Rousoudan (1223-1247), vainquit à Karni, en août 1225, son armée qui avait naguère été si cruellement éprouvée par le raid de Djebe et de Süböteï, puis à nouveau en mars 1226, après quoi il put entrer à Tiflis, où, en bon musulman, il détruisit « toutes les églises ». Dans le même temps, il faisait peser sur le calife de Bagdad une menace d'invasion (1224) et attaquait le sultan ayyubide

de Damas, auquel il enlevait Khilat, au nord-ouest du lac de Van
(avril 1230). Bref, il fit tant et si bien qu'il dressa tout le monde contre
lui et eut bientôt à affronter une coalition formée par l'Abbasside,
l'Ayyubide et le sultan turc de Konya, le Seldjoukide de Rum, Ala
al-Din Kaï Kubad Ier, un grand prince. Il fut vaincu près d'Erzindjan
en août 1230, au cours d'une rencontre dont il sortit exsangue. Sans
doute – et cela peut constituer pour lui une excuse – avait-il voulu, en
reconstruisant sa maison, s'étendre vers l'ouest pour compenser ce
qu'il avait perdu à l'est. Mais il s'y était épuisé. Sans lui laisser le
temps de se refaire, le Mongol allait revenir.

En Orient comme en Occident, on s'en rendait bien compte, Gengis
Khan n'avait pas achevé son œuvre. De la renaissance des Kharezmiens et de la résistance chinoise, les Mongols tiraient vexation ; et, à
la limite, ils pouvaient se sentir menacés. Ils reprirent l'offensive dans
les deux directions à la fois.

LA SOUMISSION DE L'IRAN

Ögödeï envoya en Iran une armée de 30 000 hommes commandée
par Tchormagan. Au cours de l'hiver 1230-1231, celle-ci envahit subitement l'empire du Kharezm par la grande voie du nord conduisant
à Reï, avec ordre d'atteindre l'Azerbaïdjan, résidence habituelle de
Djalal al-Din. Celui-ci n'avait pas eu le temps de rassembler ses forces.
Il s'attendait peut-être à tout, mais pas à cela. La bataille d'Erzindjan,
dont il était sorti brisé, ne datait que de quelques mois : le retour des
Mongols, pour lui, ne pouvait plus mal tomber. Serait-il d'ailleurs
survenu à un autre moment qu'il ne l'aurait sans doute pas mieux
supporté. Des souvenirs qu'il avait crus à jamais enfouis dans sa
mémoire se réveillèrent et devinrent cauchemar. Il perdit la tête.
Comme l'avait jadis fait son père, avec la même inconséquence, avec
la même hâte, il prit la fuite. Tous les morts de la première invasion
mongole semblaient se lever comme des spectres pour rappeler les
ruines et les dévastations. Fallait-il qu'ils fussent nombreux, ces fan-
tômes, pour qu'un homme qu'on croyait courageux et qui avait
montré qu'il pouvait l'être fût saisi d'une telle panique ! Poursuivi par
des escadrons rapides, il gagna le Diyarbakir. Il y fut assassiné le
15 août 1231.

Il n'y avait plus rien en Iran qui pût résister aux armées d'Ögödeï.
Celles-ci se répandirent dans un pays déjà dévasté, démuni de toutes
ressources, désemparé, affolé, terrifié. Maragha tomba. Tabriz se
rendit. Tout le Nord fut emporté d'un coup. Les Mongols n'étaient
pourtant pas très nombreux et, prudents, ils progressaient lentement.
Les campagnes étaient difficiles à contrôler. Des villes résistaient avec

l'énergie du désespoir ; d'autres n'étaient peut-être même pas attaquées. Pour bien des places, les documents manquent ou sont contradictoires. Au sujet d'une métropole comme Ispahan, l'ancienne capitale des Grands Seldjoukides, on hésite à croire Djuvaini quand il affirme qu'elle « occupe les infidèles pendant sept ans pour ne tomber finalement qu'à la fin de l'automne ou au début de l'hiver 1237 ». On peut admettre qu'il y eut devant ses murs une bataille indécise le 25 août 1228, avant que l'armée mongole ne repartît en Transoxiane, et qu'elle ne fut enlevée par Tchormagan que bien plus tard. Le grand poète Saadi dira : « Nul homme de notre armée ne quitta le champ de bataille sans que sa tunique ne fût souillée de sang. » La ville s'était montrée digne de son passé en se défendant bien.

Installé sur le cours supérieur de la Kura et de l'Araxe, Tchormagan demeura pendant dix ans à la tête de l'armée gengiskhanide (1231-1241). De là, il lança des raids un peu partout, vers Ispahan, comme nous venons de le voir, vers le Diyarbakir et le pays d'Irbil, vers la province de Bagdad d'où il fut repoussé, vers l'Arménie où il prit Ani (1239) – qu'il détruisit, dit-on, de fond en comble (ce que démentent notamment les nombreuses églises qui y demeurent encore –, et il opéra dans les régions de Bitlis et d'Arditch.

L'Iran ne tremblait plus : le pays était littéralement paralysé. Les Mongols se moquaient. La campagne ressemblait plus à une partie de plaisir qu'à la guerre. Ils riaient. Ils chantaient. Ils raillaient les musulmans en criant « *Ala lahi* », déformation du début de la profession de foi : « *La ilaha illa Allah* ». « On a peine à y croire », dit Ibn al-Athir, qui se fait le chantre de la passion iranienne, « et pourtant il était bien total, l'effroi qu'Allah avait mis dans tous les cœurs ». On ne résistait plus. On s'inclinait. On s'offrait, on se laissait tuer. On allait au-devant de la mort comme si périr était le seul moyen d'échapper à un sort plus terrible encore, ou plutôt parce qu'on préférait la mort à la crainte de la mort. Ibn al-Athir donne des exemples de cette résignation au destin, de cette passivité, qui pourraient se rapporter à l'époque de la première invasion :

> « Un jour, dit-il, un cavalier tatar seul entra dans un village et se mit à occire tous les habitants les uns après les autres sans que nul ne songeât à se défendre. Un autre jour, un Tatar désarmé fit coucher par terre un individu qui s'était rendu à lui, lui interdit de bouger, alla chercher un sabre et le tua. »

Il raconte aussi, en mettant le récit dans sa bouche, l'incroyable aventure qui arriva à l'un de ses amis :

> « Nous étions, aurait dit celui-ci, dix-sept personnes à cheminer ensemble quand arriva un Tatar. Il nous ordonna de nous lier les uns aux autres, les mains derrière le dos. Mes compagnons se mirent en

devoir de lui obéir. Je leur dis : "Cet homme est seul. Il faut le tuer et nous enfuir. – Nous avons trop peur, répondirent-ils. – Mais cet homme va nous tuer. Tuons-le. Peut-être Allah nous viendra-t-il en aide." Nul n'osa le faire. Alors je pris un couteau et, m'approchant du Tatar trop confiant, je lui donnai la mort, et nous nous sauvâmes. »

GUERRE EN CORÉE ET EN CHINE

Pendant qu'ils remportaient ces succès en Iran, les Mongols attaquaient en Corée et en Chine.

Le roi de Corée, après la mort du collecteur d'impôts que les Mongols, comme chaque année, lui avaient envoyé (1225), n'ignorait pas qu'on l'accuserait d'assassinat et qu'on ne tarderait pas à en tirer vengeance. Il se mit sur le pied de guerre. Son royaume avait une longue et solide tradition militaire : il l'avait démontré au temps des invasions khitan en mettant en ligne quelque 300 000 soldats levés par l'institution du service militaire obligatoire pour tous les hommes âgés de seize à soixante ans. Mais il ne présentait plus l'homogénéité qu'il avait pu connaître naguère ; des factions rivales se disputaient le pouvoir et les paysans se soulevaient à toute occasion contre l'autorité centrale. Le royaume était dans ces conditions incapable de résister à une attaque en force. En 1231, le général mongol Sarta-Qortchi n'eut pas grande difficulté à vaincre son armée et, en décembre, à s'emparer de sa capitale, Song-do, aujourd'hui Kai-syeng (Kaesong). L'affaire réglée, les Mongols s'étaient retirés en laissant sur place 72 *darugatchi* : le pays était purement et simplement annexé. Il ne l'accepta pas.

En 1232, un soulèvement populaire éclata. Plusieurs *darugatchi* furent tués, et même tous sans exception selon d'autres sources. Sarta fit aussitôt retour. Sachant qu'il ne pouvait pas l'emporter, le roi abandonna Song-do et alla établir son gouvernement dans l'île de Kang-hua (Kanghwa), à l'ouest de Séoul, où les Mongols, ne disposant pas encore de flotte, étaient incapables de l'atteindre (juillet 1232). Sarta-Qortchi traversa toute la presqu'île en vainqueur pour aller se faire tuer à l'extrême sud, là où se situe aujourd'hui Suwan, ce qui démoralisa ses hommes et les incita à se replier.

Un an après, les Mongols revenaient sous un autre chef. Cependant, le pays montagneux se prêtait admirablement à la guérilla, et les Coréens, au cours de leurs continuelles révoltes, s'étaient entraînés à ce genre de combat. Ils contraignirent les conquérants à une lutte inlassable, épuisante et stérile. Ceux-ci, pour essayer d'y mettre fin, se livrèrent à ces exactions et à ces massacres dont, pour des raisons mystérieuses, ils semblaient jusqu'alors s'être à peu près abstenus.

En Chine, les Mongols entament au même moment la reconquête de la vallée de la Weï (1231), puis, en 1232, ne pouvant forcer ni le Hou-nan ni T'ong-kouan (Tongguan) qui le couvre, ils mettent à exécution un plan grandiose que Gengis Khan aurait conçu lui-même sur son lit de mort. Il est à sa mesure. Il ne s'agit en effet de rien de moins que d'effectuer le mouvement tournant par lequel on enferme dans un cercle, à la chasse le gibier, à la guerre une armée, mais en l'élargissant à la taille de plusieurs provinces. Ögödeï, avec le centre, où sont rassemblées ses forces principales, s'empare de Ho-tchong (Wou-tchang) en y mettant le prix, ce qui lui permet de franchir le fleuve Jaune dans son cours moyen ; Tului, assisté de deux généraux de son grand-père, descend vers le sud-ouest, viole la frontière de l'Empire song, traverse le Sseu-tch'ouan (Sichuan), puis remonte vers le nord-est, rentre en territoire kin et surgit soudain là où on l'attend le moins, au cœur du Hou-nan, dans la région du Nan-yang. Commencé dans le courant de janvier 1232, le mouvement est achevé un mois plus tard. Tului a fait diligence, non sans employer la pierre à pluie *(yada tach)* « quand il est durement pressé par l'ennemi ». Il fait alors marche vers le nord à la rencontre de l'empereur, détruit à quelque distance de Kiun-tcheou, l'actuelle Yu-tcheou, une armée qui s'est portée contre lui, et fait sa jonction dans cette dernière ville avec les forces venues du nord. Peu après, T'ong-kouan se rend (mars). La situation des Chinois est alors désespérée. Il ne reste plus qu'à s'emparer de leur capitale, K'ai-fong (Kaifeng).

Ögödeï en charge Süböteï. La ville offre une sublime résistance. Le siège est long, pénible, bien que le souverain l'ait quittée pour faire une ultime tentative en rase campagne. Elle tombe en mai 1223, peut-être usée par la famine, ravagée par la peste, fléaux qui d'ailleurs n'épargnent pas l'armée mongole elle-même. On parle de cas d'anthropophagie. On dit que l'épidémie fit plus de 900 000 morts. Il restera nonobstant plus d'un million d'âmes dans la cité quand elle ouvrira ses portes. On a peine à y croire. Toute cette fin d'empire est décrite avec des couleurs d'une rare violence qui sentent plus l'épopée que l'histoire. On peut affirmer que l'histoire fut épique.

Süböteï veut raser la ville. Ye-liu Tchou-tsai obtient d'Ögödeï qu'elle soit épargnée, puisqu'elle fait désormais partie de l'Empire. Cependant, généraux et soldats résistent encore. Pendant près d'un an, sourds à tous les appels, inflexibles devant les menaces, voire les supplices, les serviteurs des Kin continuent une lutte qui n'a plus de raison d'être. Enfin, en mars 1234, le dernier empereur se donne la mort au moment où les Mongols lancent l'assaut final.

Les Song avaient donc laissé Tului passer sur leur territoire ! C'était insensé, mais ils haïssaient cette dynastie barbare qui s'était installée dans le Nord. Plus tard, ils en étaient même venus à engager aux côtés des Mongols plusieurs bataillons d'infanterie. Pour prix de leur collaboration, ils reçurent quelques districts dans les régions sud-est du

Hou-nan. Ils s'estimèrent mal récompensés. C'était vrai, mais ils ne méritaient pas plus. Leur dépit devait les perdre.

MORT DE TULUI

Peu après que Tului eut opéré sa jonction avec Ögödeï, les deux hommes étaient retournés en Mongolie. Tului tomba malade et ne tarda pas à mourir, très probablement d'alcoolisme, le 9 octobre 1232. Il avait trente-neuf ans. Il y eut un grand deuil. Le prince fut regretté de tous. C'était incontestablement un grand homme. De ce jour, il fut interdit de prononcer son nom. Jean de Plan Carpin le confirme indirectement : il connaît le nom des autres fils de Gengis Khan, mais avoue ignorer celui de son dernier-né. Le tabou linguistique était coutumier chez les Turco-Mongols, qui usaient d'euphémismes pour remplacer le terme proscrit (par exemple en disant « ver de terre » quand ils voulaient nommer le loup), et, s'il demeurait longtemps en vigueur, il advenait que des mots du vocabulaire tombassent dans l'oubli et cédassent la place à d'autres. Autant qu'on le sache, un tel tabou frappait surtout les animaux et nous ne disposons d'aucun autre exemple concernant des personnages historiques. C'est donc que la personne de Tului, ou plus vraisemblablement sa mort, furent tout à fait singulières.

De ce décès, Rachid al-Din et l'*Histoire secrète* donnent une version qui s'éloigne beaucoup de celle que la science admet, mais qui a peut-être l'avantage de justifier le tabou. Selon Rachid al-Din, Ögödeï serait tombé malade à Lang-yen, au nord de Pékin. On aurait fait venir des *qam* (chamans) pour le soigner. Ils auraient, selon leur habitude, prononcé des incantations et lavé sa maladie dans l'eau d'une coupe en bois, mais leur art se serait révélé impuissant. Alors Tului serait venu à lui, aurait pris le vase et aurait fait au Ciel cette prière :

> « "Ô Grand Dieu Éternel, si tu sévis à cause des péchés commis, tu sais que je suis plus coupable que lui, car j'ai tué plus de monde à la guerre, j'ai enlevé plus de femmes et d'enfants, j'ai fait couler les larmes de plus de pères et de mères. Mais, au contraire, si tu veux appeler à toi un de tes serviteurs à cause de sa beauté et de son mérite, j'en suis plus digne. Prends-moi au lieu d'Ögödeï. Délivre-le de cette maladie. Fais-la passer en moi." Et, poursuit Rachid al-Din, il but l'eau avec laquelle ils avaient lavé la maladie. Ögödeï recouvra la santé, mais, quelques jours plus tard, Tului mourut. »

Et il conclut : « Cette histoire est bien connue. »
Il est évident que l'historien persan n'a pas bien compris de quoi il

s'agissait et, forcé d'expliquer ce qui lui était inconnu par ce qu'il connaissait, il a mis l'accent sur le thème de l'eau de vie qui, avec l'ambiguïté du sacré, devient le poison qui fait mourir Tului.

L'*Histoire secrète* est bien plus explicite, car son auteur vit, contrairement à Rachid al-Din, des croyances et des représentations religieuses qui imprègnent l'événement. Selon elle, anxieux de la maladie du Qaghan provoquée par le ressentiment « des génies de la terre et des eaux de la Chine », divers chamans et devins déclarèrent :

> « Les seigneurs et souverains de la terre et des eaux du peuple kitat, en ce moment où leurs populations sont pillées et leurs villes détruites, sévissent vivement [contre le Qaghan]. Quand nous disons : "Nous donnerons n'importe quoi à titre de substitut, de l'or, de l'argent, des têtes de bétail et des comestibles", [la maladie] ne diminue pas d'intensité et ils [ces seigneurs et souverains] sévissent plus encore avec une fureur redoublée [...]. Lorsque nous disons : "Une personne de la famille [impériale] pourra-t-elle servir [de substitut]", le Qaghan ouvre les yeux, demande de l'eau, boit [et s'enquiert de ce qui se passe]. »

La personne de la famille impériale qui s'offrit en sacrifice volontaire *(dolig)* fut donc Tului. Il prit la maladie, demanda à son frère de s'occuper de sa femme et de ses enfants jusqu'à ce qu'ils pussent se suffire à eux-mêmes et mourut. Ögödeï en eut un si profond regret, raconte Djuvaini, que pour se consoler il se remit à boire. Et « chaque fois qu'il était ivre, il versait quelques larmes en souvenir de son frère ».

Cette histoire, l'une des plus célèbres et des plus caractéristiques de l'univers mental des Mongols au XIIIᵉ siècle, peut être étudiée sous divers angles et se justifier de plusieurs façons. On peut d'abord la considérer comme vraie. La raison ne l'admet pas, mais la raison ne tient pas compte de la puissance de l'imagination chez les peuples dits primitifs ou archaïques, imagination capable aussi bien de guérir que de provoquer la mort. On peut ensuite envisager que la propagande tuluide, qui aurait déjà prouvé au moment du *quriltaï* de 1235 le dévouement de Tului à la cause d'Ögödeï, se serait contentée de renchérir en inventant son auto-sacrifice. Il s'agissait là d'une telle preuve d'amour – il n'en est pas de plus grande que de donner sa vie pour ceux qu'on aime – qu'il devenait impossible d'accuser le plus jeune fils de Gengis Khan et sa descendance de détourner à leur profit, par ambition personnelle, la succession d'Ögödeï et de faire passer la couronne de ses enfants aux leurs. Ce détournement, qui aura effectivement lieu et qui soulèvera tant de problèmes, devait naturellement être justifié, légitimé, mais il n'est pas évident que cette immolation volontaire ait pu y suffire, surtout si elle ne reposait sur rien et avait été inventée après coup. La troisième interprétation peut satisfaire la raison sans trop maltraiter le mythe (si mythe il y a), mais doit faire appel à une supposition que rien n'étaie. Ögödeï et Tului seraient revenus de Chine tous deux malades, peut-être d'un mal contagieux que l'un aurait passé à l'autre ou qui se serait manifesté plus tôt chez le souverain. Ögödeï, plus robuste, aurait survécu. Tului, rongé par l'alcoolisme, serait mort. Ainsi pourrait-on concilier les informations divergentes sur les causes du décès du prince. On aurait pu affirmer : l'alcool l'a tué – ce qui devait être vrai –, si l'on n'était pas favorable à Tului. Et ses partisans auraient pu répondre : il est mort alors que c'est Ögödeï, plus malade, qui aurait dû mourir.

Quelle qu'ait été la réalité, nous ne pouvons pas douter un seul instant que l'on ait cru à un auto-sacrifice de Tului, ou du moins qu'on ait pu le faire accréditer, parce que l'on savait que de telles substitutions étaient possibles. Cette croyance est attestée par ailleurs, non seulement à propos de la mort de Babur en 1525 – qui offre de très grandes analogies avec celle de Tului et qui pourrait en être une réminiscence –, mais aussi dans d'autres secteurs du monde turc et notamment en Anatolie orientale. La grande épopée de Dede Qorqut, qui a pris naissance dans cette province, raconte comment un héros qu'Azraïl, l'ange de la mort, vient chercher demande à son père et à sa mère de mourir à sa place, puis, devant leur refus, s'adresse à son épouse, qui, par amour, accepte de s'immoler pour qu'il vive. On a voulu mettre ce récit en rapport avec le mythe grec d'Admète l'Argonaute, par rapport auquel il présente similitudes et différences, mais il appartient au fonds culturel des steppes.

Ce qu'on nomme *dolig*, « auto-sacrifice », désigne d'une façon générale « un équivalent donné en échange », le « substitut », la « rançon », mais définit plus singulièrement l'opération par laquelle on offre à un malade, censé attaqué par un esprit avide, un être, homme ou animal, pour qu'il soit « mangé à sa place ». Naturellement, les candidats humains, les plus prisés et souvent les seuls agréés par l'esprit cannibale, ne sont pas foule et c'est une affaire délicate que de les choisir à leur insu parmi les proches du condamné situés en état de dépendance, fût-ce ses propres enfants. Il revient au patient non de les nommer en clair, mais de les décrire de façon éloquente au chaman, presque toujours présent et tenu au secret le plus absolu. Aussi, lors d'une maladie grave, sa famille craint-elle toujours ces conciliabules, même quand ils n'ont pas lieu, puisqu'ils sont toujours possibles et font peser un danger de mort sur tous ceux qui peuvent être désignés ou choisis.

Les terres et les eaux

La mort de Tului, dans le récit de l'*Histoire secrète*, met en évidence ce que l'on traduit par « les génies de la terre et des eaux du peuple chinois ». Cette traduction est approximative, car on ne peut pas affirmer qu'il faille employer le pluriel plutôt que le singulier, et encore moins le terme « génie » pour définir ce qui est une grande figure mythologique. L'ensemble « terres et eaux », composé de parcelles de terres et d'eaux pour former un être collectif, diffère de la Terre, une grande déesse, peut-être personnifiée par la montagne et plus ou moins associée au Ciel, et diffère aussi de l'Eau, purificatrice et fécondatrice, symbole de la sagesse et de l'intelligence. Il s'agit soit de l'ensemble du sol national – disons, en langue de pastoralisme, de l'aire de nomadisme –, soit de certaines régions de ce sol nommément désignées et visant à exprimer le tout par la partie. Il n'est pas impossible qu'il s'agisse à la fois de l'un et de l'autre.

L'expression « terres et eaux » apparaît à date ancienne dans le monde altaïque et déjà dans les premières inscriptions turques de Mongolie (début du VIIIe siècle). Ces deux éléments sont alors qualifiés par l'adjectif *iduq*, que nous traduisons par « sacré », mais qui signifie en propre « laissé libre ». Ils définissent des lieux, ou la collectivité des lieux, sur lesquels il est interdit de chasser, de pêcher, de couper les herbes, de planter, bref, de se livrer à toute activité profane, soit par tradition, soit parce qu'un jour, à la suite de quelque événement remarquable, il a été décidé qu'il en serait ainsi. Tout porte à croire qu'au XIIIe siècle les représentations étaient les mêmes qu'au VIIIe. L'*Histoire secrète* parle incidemment d'un « territoire riche en zibelines, en écureuils et en bêtes sauvages » qu'on « avait mis en interdit », et on a l'impression qu'alors comme auparavant l'expression désigne un être puissant, unique, maître et protecteur de tous les territoires sacrés. Toutefois, la masse des informations ultérieures nous oblige à envisager qu'à cette époque ancienne avait pu commencer l'évolution qui conduira à donner aux divers lieux saints ce que l'ethnographie nommera des « maîtres-possesseurs » ou des « esprits-maîtres » multiples, les *idhi, izik, ezen, edjen*. Ces esprits-maîtres, s'ils existaient déjà, ou la terre et l'eau conçues comme relevant d'une seule divinité, étaient de toute façon les protecteurs de ceux qui vivaient sur eux ou autour d'eux et qui leur rendaient un culte. Comme on imaginait que tous les pays étrangers étaient organisés comme le sien (même s'ils n'étaient pas toujours situés « sous le ciel »), les Chinois devaient avoir leurs propres « terres et eaux » et celles-ci ne pouvaient en effet qu'être irritées des déprédations que les Mongols y causaient.

QARAQORUM

Un des faits importants du règne d'Ögödeï est la décision qu'il prit de fonder une ville pour que l'Empire, désormais immense, ait, à l'image des pays d'Orient et d'Occident, une capitale. C'est vraisemblablement en 1235 qu'il choisit en Mongolie le site propice à son érection et qu'il y fit commencer les travaux. Elle est passée à l'histoire sous le nom de Qaraqorum. Le nom laisse songeur, d'abord parce qu'il est purement turc, ensuite parce que son sens, « éboulis noir », « pierre noire », est peu glorieux, enfin parce que c'est celui d'une haute montagne située à 2 500 kilomètres au sud-ouest de la Mongolie. On est autorisé à penser que c'est celui d'un lieu-dit qui avait retenu l'attention des Ouïghours au temps où ils formaient un empire.

Qaraqorum est située sur la rive gauche de l'Orkhon, affluent de la Selenga, en cet endroit qui avait de tout temps constitué le centre des grands empires nomades, à quelque 25 kilomètres au sud de Qara Balgassun, qui avait été capitale des Ouïghours aux VIIIe et IXe siècles, et à quelque 45 kilomètres des stèles de Kotcho Tsaïdam qui dressent encore au zénith, avec leurs inscriptions, les noms des deux princes t'ou-kiue du VIIIe siècle, Bilge Qaghan et Köl Tekin. Le berceau des Bordjigin, donc des Mongols, n'en était pas tellement éloigné, mais ils n'y avaient aucun souvenir ; du temps de Temüdjin, c'étaient sans doute les Naïman qui y vivaient, et peut-être un moment les Kereyit. Mais le choix se justifiait parce que c'était d'une part une place stratégique essentielle, d'autre part le moyen de s'inscrire dans la continuité des Empires des steppes. Gengis Khan lui-même, à la fin de sa vie, vers 1220, y avait installé son camp de base, une sorte de ville de tentes où il aimait à séjourner et où, pendant ses campagnes, il laissait ses femmes et leur suite, son administration centrale et peut-être une partie du butin amassé. Il n'est pas impossible que déjà, de son vivant, au milieu ou à l'écart des yourtes, il y ait eu quelques constructions en dur – pour tous ceux qui n'étaient pas nomades d'origine, pour des fonctionnaires chinois, ouïghours ou musulmans, pour des déportés – et, comme on a pu l'envisager, un embryon de château.

Ögödeï fit élever un mur, non qu'il en eût besoin (on ne craignait guère d'être attaqué), mais parce qu'il n'y avait alors, ni à l'ouest ni à l'est, de ville qui ne fût pas murée. Ce n'était certes pas une enceinte altière, mais, d'après Marco Polo, un simple remblai de terre ou, plutôt, selon Guillaume de Rubrouck, qui le vit, un mur de briques, semblable à ceux qui clôturent les prieurés d'Europe. Les fouilles, en tout cas, ont confirmé qu'il ne constituait pas un vrai système défensif. Quatre portes où se trouvaient sans doute les bureaux de l'octroi, ouvertes en direction des quatre points cardinaux, devaient y donner accès et il n'est pas exclu qu'elles seules aient justifié la muraille. Des

postes de garde, chauffés par air, que l'on a mis au jour, commandaient un corridor ouvert. *Extra muros*, près de l'entrée orientale d'où
partait la route pour la Chine, on a retrouvé les restes d'un faubourg.
Deux énormes statues de tortues en granit devaient supporter des
stèles à inscriptions au style sinisant, faites dans le même esprit que
celles qu'érigeaient les anciens Turcs, également sur des tortues, et
qu'ils nommaient les « pierres éternelles ». Le symbolisme cosmique de
ces socles était évident, la carapace de l'animal représentant la voûte
céleste en sphère aplatie qui surmonte la terre.

Marco Polo, qui se fonde sur des ouï-dire, estime la circonférence de
la ville à trois milles. Rubrouck, qui la visita en 1254, n'en donne pas
les dimensions, mais ne se montre pas très enthousiaste à son sujet :
« Vous saurez, écrit-il au roi de France, que, hormis le palais du Chan
[Khan], elle ne vaut pas le faubourg Saint-Denis, et que le monastère
de Saint-Denis vaut dix fois plus que le palais. » Il signale ensuite, sans
davantage s'y attarder, qu'elle abritait douze temples d'idoles de
diverses nations, deux mosquées, une église. Il évoque deux quartiers :
celui des Sarrasins, c'est-à-dire des musulmans, et celui des habitants
du Cathay, la Chine, qui, ajoute-t-il, « sont tous des artisans ». On sait
en effet qu'Ögödeï avait fait venir de Chine des ouvriers qualifiés, des
artistes et des peintres pour travailler à la construction et à la décora-
tion de la cité : c'était là encore une tradition qui remontait aux vieux
Turcs. Rubrouck est donc parfaitement clair : les Mongols n'y habitaient pas. Ils aimaient trop leurs yourtes et le libre espace des camps.
Il ne faudrait toutefois pas trop vite conclure du rapport du franciscain que seuls deux quartiers étaient architecturés. Plusieurs indices
semblent en effet prouver que d'autres peuples avaient aussi des secteurs urbains dans lesquels ils vivaient, mais ils devaient être encore
moins vastes et moins impressionnants. Dans les quartiers chinois et
musulman au moins, on devait jouir d'un assez bon confort, comme
l'indique déjà le chauffage par air chaud des salles de garde et comme
le confirment les canaux d'irrigation et les adductions d'eau. L'activité
artisanale y était certainement intense. On a retrouvé de nombreux
dépôts archéologiques de métaux et d'innombrables tessons. Des fon-
deries, des fours, des socs de charrue que les archéologues ont également mis au jour attestent l'existence d'une vie agricole enfin renais-
sante dans les régions avoisinantes arrosées par les fleuves et par les
rivières. Plus abondants encore, et non moins significatifs, sont les
essieux de fort calibre destinés aux hauts chariots et les vastes chaudrons en fonte. Ces derniers constituent des pièces caractéristiques de
la civilisation des steppes depuis l'Antiquité scythique jusqu'à l'époque
ottomane. Chez les Turcs et les Mongols, outre leur utilité pratique
(préparer la nourriture pour les unités militaires), ils ont aussi un rôle
rituel et symbolique, notamment parce qu'ils sont les emblèmes des
divisions armées : il y a peu encore, les janissaires de l'Empire otto-

man, pour manifester leur mécontentement ou concrétiser leur révolte, « renversaient les chaudrons ».

L'activité agricole, sinon découverte absolue de la Mongolie du XIIIᵉ siècle puisqu'elle avait existé au temps des anciens empires, du moins réinventée par Ögödeï, voire déjà par Gengis Khan, demeurait toutefois rudimentaire. Les récoltes n'étaient jamais suffisantes, et Qaraqorum, pour son ravitaillement, semble avoir dépendu presque entièrement des convois venus de Chine. C'était une dure sujétion, mais elle ne posa pas de graves problèmes tant que tout alla bien entre la Chine et la Mongolie. Lors des crises survenues après l'élection de Khubilaï, elle se révéla au contraire catastrophique et porta en elle un des germes de la décadence de la ville.

Deux ans après le passage de Guillaume de Rubrouck, Mongka, le successeur d'Ögödeï, fera édifier un gigantesque stupa à cinq étages, haut de quelque 100 mètres, qui contribuera à la célébrité de la cité et sera témoin des faveurs que connut le bouddhisme (1256). Quant au monastère d'Erdene dzö (Erdeni-jü), lui aussi bouddhique et plus fameux encore, il ne fut construit qu'en 1585 à 6 kilomètres de ce qui était déjà devenu davantage un site archéologique qu'une ville. Il porte la lourde responsabilité, puisqu'on l'édifia en employant les matériaux des monuments de la cité, d'avoir largement contribué à sa disparition. Il est vrai qu'au XVIᵉ siècle finissant elle se trouvait déjà dans un état avancé de délabrement.

Le palais impérial, appelé simplement Qarchi (« château ») par les Mongols et Wan-an kung (des Mille Tranquillités) par les Chinois, était bâti sur un vaste terre-plein artificiel en couches alternées de sable et d'argile compactes et résistantes. Il s'élevait au centre d'une cour affectant une forme à peu près carrée, orientée vers les points cardinaux et entourée de murs concentriques qu'on estime avoir atteint la hauteur de 4 à 5 mètres. Celui de l'extérieur délimitait un espace de 200 mètres de long sur 225 de large. De part et d'autre, des esplanades plus petites devaient porter les magasins dont parle Rubrouck. On a des raisons de penser que le tertre de 28 mètres de diamètre placé dans la partie nord-ouest de l'enceinte avait été conçu pour recevoir la grande yourte impériale. Il est impossible de dire à quoi servaient plusieurs autres bâtiments annexes.

L'entrée s'ouvrait naturellement en direction du sud, orientation qu'adoptaient toujours les Mongols, « par respect pour l'endroit où le soleil passait au zénith », et peut-être aussi afin d'échapper aux mortels vents du nord. Elle avait la forme d'un pavillon élevé, haut de 30 mètres sous une toiture à étages à la chinoise, ornée de tuiles jaunes, blanches et rouges ainsi que de dragons de teintes verte et jaune. De faibles vestiges laissent à penser qu'il y avait plusieurs sculptures d'ours et, dit-on, de lions (?), et des figures humaines en haut relief ou en ronde bosse.

Le palais lui-même devait être composé de nefs, sans doute au nombre de cinq, séparées par sept piliers en bois placés sur des socles de granit d'un mètre carré, comme l'a bien vu Guillaume de Rubrouck quand il dit qu'il se présente « comme une église, avec une nef médiane et deux collatéraux » et s'ouvre « par trois portes au sud ».

« Le khan, ajoute-t-il, siège au chevet, à l'extrémité nord, en un lieu surélevé, si bien qu'il peut être vu de tous. Deux escaliers montent vers lui [...]. L'espace du milieu est libre [...]. Lui-même est assis là-haut comme un dieu. Du côté droit, c'est-à-dire à l'occident, sont les hommes, et à gauche les femmes [...]. Une seule femme est assise en haut près de lui, mais cependant sur un siège moins élevé que le sien. »

Le plan basilical laisse rêveur, car rien ne dénonce son origine. Parler d'une influence de la basilique romaine ou paléochrétienne, ou de celle d'un sanctuaire chrétien médiéval, semble une plaisanterie. Mais que proposer d'autre ? Il est un parallélisme saisissant dont on ne doit tirer encore aucune conclusion : à l'époque exacte où Ögödeï employait le plan basilical, les Turcs seldjoukides d'Anatolie s'en servaient pour construire leurs grands caravansérails.

Pauvre palais, en définitive, et pauvre ville pour des gens qui s'apprêtaient à devenir les maîtres du monde, qui avaient déjà édifié un empire démesuré et drainé d'innombrables richesses ! C'étaient les premiers pas d'enfants sur les voies de l'architecture, les premiers essais d'hommes qui détestaient la civilisation urbaine, dont l'art était de feutre, de tapis, de métal et de bois, pour se hisser au niveau de leurs vassaux. Peut-être cette médiocre carcasse de pisé, de briques et de branchages était-elle ornée d'or et de soieries. On ne le sait pas. Mais qu'importe le vêtement sur un corps indigent ! Les Mongols en avaient conscience : ils ne s'attachaient pas vraiment à leur ville, puisqu'ils aimaient vivre sous la tente et continuaient à y habiter. Et quand ils voulaient inviter, quand ils tenaient à éblouir et à s'impressionner eux-mêmes, ils se réunissaient dans leur yourte. Mais avaient-ils même ces intentions ? Ögödeï du moins ne semble guère s'en être soucié. Peut-être leur grandeur personnelle suffisait-elle à leur dignité. On n'a guère besoin de paraître lorsque l'on est. Il n'empêche ! Ce modeste château était celui du plus puissant souverain de la terre ; cette ville modeste, la capitale de l'univers. Humbles, les rois et les sultans ne tarderaient pas à y accourir des quatre coins du monde.

On comprend que Qaraqorum ait fini par paraître dérisoire aux Mongols quand ils furent vraiment pénétrés de leur réussite, quand, au contact répété de civilisations anciennes comme l'histoire, ils s'apprivoisèrent à la ville et commencèrent à y trouver du charme. Dès son avènement, en 1260, Khubilaï transportera sa capitale à Pékin-Khanbaliq, la « Ville du Khan ». Ce sera une tout autre cité. Qaraqorum ne disparaîtra pas sur-le-champ, mais elle réintégrera le rang de capitale provinciale, perdue au milieu des déserts. Elle n'aura réellement vécu en pleine gloire que pendant un quart de siècle. C'est peu pour naître, croître et devenir une métropole.

La poste

L'Empire s'étendait. Il allait maintenant de la Corée au Caucase, et l'on entendait qu'il allât beaucoup plus loin encore, qu'il recouvrît toute la terre. Déjà Gengis Khan s'était préoccupé des graves problèmes que soulevaient, pour un État centralisé, de si vastes dimensions, et il avait compris la nécessité de relier aussi étroitement que possible ses provinces les unes aux autres, seul moyen de les contrôler en permanence, de les bien tenir en main. Il n'y avait pas d'autre solution que de construire des voies de communication. Non pas des routes carrossables à la manière romaine, car les charrettes à hautes roues tirées par des bœufs cheminaient lentement et n'étaient adaptées qu'aux plaines à herbages et aux marais, mais des pistes dégagées que pourraient emprunter les chevaux quand il s'agirait d'envoyer des messages, et les chameaux quand il faudrait transporter des marchandises : ainsi les soucis commerciaux rejoignaient-ils les préoccupations politiques. Les fils de Gengis Khan, dont Ögödeï lui-même, avaient travaillé sous sa direction à ouvrir des chemins – notamment à travers les montagnes, qui constituaient un obstacle majeur – et à jeter des ponts, souvent de bateaux, parfois fixes, en bois, sur les rivières non guéables. Cette première infrastructure avait été réalisée à la hâte pour répondre à des besoins immédiats, sans grande vue d'ensemble, et demeurait précaire. Le temps était venu de s'en occuper plus systématiquement. L'Empire était plus vaste ; l'administration, mieux assurée et son personnel plus nombreux ; les troupes, engagées en même temps sur des fronts immensément éloignés les uns des autres. S'il voulait assumer pleinement son rôle, le Qaghan devait être au courant de tout, être vite et partout obéi. On ne pouvait courir le risque de voir les voies coupées par des intempéries trop fréquentes ou par des actions toujours possibles de hors-la-loi ou d'insurgés. Il était nécessaire, en quelque circonstance que ce fût, de pouvoir toujours passer.

Au très important *quriltaï* qui se tint en 1235 près de la capitale dont on venait de poser les premières pierres, il fut décidé d'établir tout un réseau de relais postaux *(djam* ou *yam,* « stations ») conduisant du nord de la Mongolie aux diverses provinces de l'Empire. Installés dans des zones inhabitées afin de ne pas gêner les populations – sur les territoires desquelles il n'était pas permis de passer sauf en cas de besoin pressant, qu'on ne devait pas molester et auxquelles on ne devait pas enlever de chevaux par réquisition –, les relais devaient être gardés par une force armée d'un millier de soldats que ravitaillaient tous les jours un convoi de cinq cents chariots tirés par six bœufs. Selon Djuvaini, un *tümen* sur deux devait fournir le contingent nécessaire à chacun d'eux. Au *yam* se trouvaient en permanence des coureurs *(djamtchi* ou *yamdji)*, vingt postillons *(ulaghatchi)*, toujours prêts à partir, des chevaux frais et dispos, un troupeau de moutons et tout ce qui, en matériel ou en provisions, pouvait se révéler nécessaire à la route. La distance d'un relais à l'autre devait être suffisamment réduite pour qu'un cavalier monté sur un cheval frais pût d'une traite atteindre le suivant. Sur la route conduisant de Qaraqorum à la Chine, il y en avait trente-sept, éloignés d'environ 35 à 40 kilomètres, ce qui suppose l'utilisation de 37 000 hommes de troupe, soit les effectifs d'une grande armée européenne de l'époque. Dans les steppes de l'Europe orientale, ils seraient encore plus rapprochés, du moins sur certains tronçons de routes. Plan Carpin relate qu'il change de monture trois ou quatre fois par jour, ce qui lui permet de voyager du matin au soir et même parfois la nuit. Chez les Qiptchaq, il a à sa disposition des chevaux frais cinq ou sept fois par jour, sauf quand il se trouve dans les déserts, ce qui s'explique parce que les relais ne peuvent être maintenus faute de pâturage.

En théorie, la poste *(ulagh)* ne devait fonctionner que pour le service impérial, mais les abus furent si fréquents (en même temps qu'étaient mal respectées les ordonnances prévoyant la protection des populations) que, pour tenter de les empêcher, il fallut prendre décret sur décret, puis des sanctions, mais sans jamais, autant qu'on le sache, parvenir à y mettre complètement fin. En vain le Grand Khan Mongka ordonna-t-il que la poste fût strictement réservée aux agents officiels, et interdit-il à qui que ce soit de prélever plus de quatorze chevaux à un même relais.

Les voies caravanières reçurent des soins aussi attentifs, mais qui, par suite de la nature même du commerce international, demandaient moins de minutie. Les caravanes, à leur rythme lent, vivaient sur la steppe, où les bêtes trouvaient leur nourriture, et elles étaient autorisées à franchir les ponts là où il y en avait et à suivre les sentes de montagne si quelque armée n'y passait pas. Pour elles, le problème essentiel était celui du ravitaillement en eau. Aussi Ögödeï nomma-t-il deux hauts fonctionnaires chargés de faire creuser des puits tout au long des principaux itinéraires.

Les voyages en furent grandement facilités. Au XIX⁺ siècle, l'Asie centrale n'aura pas encore retrouvé des conditions aussi favorables à leur accomplissement. N'imaginons tout de même pas que tout allait pour le mieux. La route demeurait dure, parfois terrible, pleine de dangers et de menaces. La parcourir n'était pas une affaire facile. Les moines franciscains, entre autres, en donnaient la preuve, qui, malgré leur admirable courage, gémissaient et pleuraient et criaient leur souffrance.

Toutes ces mesures prises dans le seul intérêt des courriers impériaux et des marchands se révélèrent en définitive parmi les plus riches en conséquences pour l'histoire du monde. En rendant possibles les communications directes auparavant inexistantes, elles ouvrirent des portes, elles firent tomber des barrières. Elles permirent à la Chine et à l'Iran de se rapprocher comme jamais encore ces pays ne l'avaient fait, à l'Extrême-Orient et à l'Occident extrême d'entrer en relations suivies.

LA FISCALITÉ ET L'ADMINISTRATION

Ögödeï était, nous l'avons dit, d'une folle prodigalité. On raconte qu'au *quriltaï* de 1235 il avait fait ouvrir les caisses du trésor et avait distribué leur contenu jusqu'à la dernière pièce de monnaie. Sous tout autre régime, dans toute autre circonstance, c'eût été folie et crime. Ce ne l'était pas dans la Mongolie du XIIIe siècle. Les ressources semblaient inépuisables, et les besoins de l'État étaient petits. Encore fallait-il un minimum d'argent pour régler les dépenses dans les pays conquis, et, par suite, trouver les moyens de se le procurer. Le butin ne pouvait suffire à tout et l'on savait qu'un jour on n'en ferait plus. Gouverner, en l'occurrence, c'était organiser ou réorganiser l'impôt en prévision des jours où il serait utile.

Le Qaghan avait divisé l'Empire kin en dix provinces qu'il avait confiées à des princes du sang, malgré les mises en garde répétées de Ye-liu Tchou-tsai, véritable Premier ministre. Ils se révélèrent plus tard aussi peu sûrs et aussi peu fidèles que l'étaient sans réserve les généraux. Pour pallier les dangers que représentait aux yeux du conseiller khitan un gouvernement qui pouvait devenir de type féodal, l'empereur accepta toutefois d'adjoindre à chaque prince un fonctionnaire *(tangmachi* ou *busqaq*)* qui dépendait uniquement du trône, qui recevait d'assez larges pouvoirs – parfois celui de diriger la politique et l'armée, toujours celui de lever l'impôt à l'exclusion de toute autre personne – et qu'assistait naturellement un bureau.

Le montant de l'impôt fut fixé par Ögödeï lui-même, pour les éleveurs, au centième du bétail ; pour les agriculteurs, à un dixième de la récolte. Il institua aussi une taxe foncière, variable selon la nature du sol. En revanche, il abolit celle qui frappait les marchandises, à

---

* Le *tangmachi* (mieux : *tamachi*) est le commandant mongol d'un *tama*, corps de soldats non mongols. Le *busqaq* serait plutôt un représentant du khan. Ce que recouvrent ces deux mots demeure un peu incertain.

l'exception des produits de luxe, assujettis à payer le trentième de leur valeur. La pression fiscale parut ce qu'elle était, extrêmement légère, et fut d'autant mieux acceptée que la plupart des revenus de l'État furent affectés à l'aide aux nécessiteux. Les Mongols, quant à eux, malgré leur avidité, se trouvaient comblés par les prises de guerre, les pillages, les rançons payées par les captifs pour recouvrer leur liberté ou leur vente sur les marchés d'esclaves. A les voir, à les entendre mendier, rapiner – si l'on en croit les voyageurs occidentaux du milieu du xiiie siècle –, ils n'en paraissaient pas moins pauvres.

Naturellement, il y eut vite un décalage entre le texte de la loi et la façon dont elle était appliquée. Dans bien des provinces, on ne tint guère compte des dispositions légales ; dans d'autres, des impôts locaux s'ajoutèrent à ceux de l'État ; plus souvent, les percepteurs firent montre d'une rapacité féroce. Si les Mongols étaient incorruptibles, leurs sujets d'Orient ou d'Occident, hélas ! ne l'étaient guère. Ces Mongols, simples, droits, naïfs, témoignaient de l'effarement devant le comportement du personnel qu'ils employaient, des civilisés rompus aux subtilités, aux intrigues et à la concussion. Ils ne pouvaient malheureusement ni leur faire entendre raison ni se passer d'eux. Croyant habile de soustraire les Chinois à l'autorité des lettrés et des mandarins, ils affermèrent l'impôt (déjà du vivant d'Ögödeï, ou peu après sa mort) au musulman Abd al-Rahman, homme certes compétent, mais surtout soucieux de tirer le maximum de revenus de la population ainsi livrée à sa tyrannie.

L'ISLAM ET LES MONGOLS

La nomination d'Abd al-Rahman à un poste qui correspondait à celui de ministre des Finances en Chine est un indice de la faveur dont jouissaient les musulmans. On a beaucoup insisté sur ce point, non sans l'exagérer et en tirer trop de conséquences, notamment en affirmant que les musulmans obtinrent très vite des Mongols tous les postes clés et en profitèrent sans scrupules. Que leur rôle ait été important et souvent néfaste, du moins sous certains rapports, ne doit pas conduire à leur faire endosser tous les abus de pouvoir ni à faire oublier que, sous le règne d'Ögödeï comme plus tard, les Ouïghours et les Khitan conservèrent leurs fonctions. Il y eut même en pays musulman des postes élevés qui échurent à des Mongols et à des Chinois. Parmi les Chinois, plusieurs s'illustreront en Transoxiane, tel ce Ching Sang Tai-fu qui fut gouverneur de Samarkand ; parmi les Mongols, on doit mentionner au moins un homme de la tribu des Barulas, deux de celle des Djalaïr, d'autres encore de diverses formations, dont ce Qichliq des Süldeï, l'un des deux bergers qui avaient dénoncé à Gengis Khan les perfides projets d'Ong Khan.

Les historiens persans rapportent maintes anecdotes auxquelles il semble possible d'accorder un certain crédit, même si elles ont été enjolivées, et qui montrent sinon l'estime dans laquelle Ögödeï tenait les musulmans, du moins l'idée que ceux-ci se faisaient de cette estime. Ainsi racontent-ils par exemple comment un certain Chinois vint un jour dire à Ögödeï que Gengis Khan lui était apparu en rêve et lui avait demandé d'exterminer immédiatement tous les musulmans. Ögödeï questionna le rêveur : « En quelle langue t'a-t-il parlé ? – En chinois. – C'est impossible, car mon père ne savait que le mongol. » Et il fit mettre à mort le soi-disant visionnaire.

Un autre jour, alors que des acteurs chinois jouaient une farce au cours de laquelle un vieil Iranien était tiré par les cheveux, Ögödeï fit arrêter la représentation : « Les Iraniens, dit-il aux acteurs, valent mieux que vous, car ils ont beaucoup d'esclaves chinois et je n'ai jamais vu un Persan au service d'un Chinois. »

D'une portée bien plus grande se révèle une autre historiette qui souligne un grave problème de civilisation. On avait arrêté un musulman surpris en train de procéder à ses ablutions rituelles dans une rivière (le *yasaq* interdisait en effet de souiller l'eau courante). Aux termes de la loi, l'homme méritait la mort. Ögödeï, pour le sauver, lui conseilla de déclarer qu'il ne se lavait pas, mais cherchait une pièce d'or tombée dans le cours d'eau.

Malgré l'ascension – toute provisoire – des musulmans aux sommets de l'Empire mongol, et jusqu'en Chine, les attitudes diamétralement opposées de la *chariat* et du *yasaq* sur plusieurs points essentiels (celui que nous venons de mettre en évidence et d'autres, comme la question de l'immolation des animaux) constituaient des obstacles majeurs au rapprochement durable des deux cultures, et notamment à l'islamisation des Mongols. Comment devenir musulman et rester Mongol si l'on accepte les ablutions rituelles ? Si l'on égorge les animaux en leur ouvrant la gorge et en faisant couler leur sang, alors que le *yasaq* exige que la mise à mort ait lieu sans épanchement de la sève des corps ? De la solidité de la loi gengiskhanide, Khwandamir se plaindra encore quand il rappellera que le deuxième fils de Gengis Khan, Djaghataï, dans son *ulus* « ne permettait pas d'entrer dans l'eau courante en plein jour ni d'égorger les moutons conformément aux prescriptions de la *chariat* ».

Finalement, l'islam l'emportera partout où il sera majoritaire ; le *yasaq*, c'est-à-dire la coutume millénaire enfin codifiée, cédera. Mais il n'est pas indifférent de voir encore de nos jours, en cette fin du XXᵉ siècle, des « musulmans » qui continuent à refuser de se baigner (mais se douchent) sous prétexte que le bain souille l'eau, et d'autres qui sous aucun prétexte ne se laveraient – comme l'exige la *chariat* – après avoir satisfait leurs besoins naturels. La loi de Gengis Khan résiste, dira-t-on. Sans doute. Mais je crois surtout que résiste, et farouchement, la fidélité à ses racines sans lesquelles un homme n'est plus soi.

CHAPITRE XII

La grande offensive d'Ögödeï

On pouvait croire à la paix. On organisait les routes, les impôts, l'administration. On fondait une capitale. On restaurait l'économie ruinée. Les vengeances que Gengis Khan avait voulu tirer de ceux qui lui avaient manqué étaient assouvies. La chute de Djalal al-Din clôturait la guerre contre le Kharezm (1231) ; celle de l'Empire kin (jin) mettait fin à la campagne d'Extrême-Orient (1234). Oui, on pouvait croire à la paix. Mais si l'on y avait cru, on se serait trompé. Les Mongols allaient continuer à se battre sur tous les fronts et accomplir en quelques décennies leurs plus brillantes conquêtes.

DÉCLARATION DE GUERRE AUX SONG

La chose paraît incroyable, mais elle est vraie : c'est l'empire des Song, le vieil empire national chinois qui, dans le Sud, avait toujours tenu tête aux barbares du Nord, c'est la Chine des petits hommes innombrables, de la chaleur et de la culture intensive qui déclara la guerre aux Mongols – ou, pour être plus exact, qui commença les hostilités, puisqu'il n'y eut aucune sommation, aucune ambassade, aucune notification officielle de l'état de belligérance.

Les Song, nous l'avons vu, avaient laissé passer sur leurs territoires les troupes de Tului, avaient envoyé un contingent pour porter le coup de grâce aux Kin qu'ils haïssaient, et en avaient été remerciés par quelques districts que les Mongols leur avaient abandonnés. Ils estimèrent avoir reçu un salaire insuffisant pour leur concours et crurent pouvoir s'octroyer eux-mêmes ce qu'on ne leur avait pas donné. Un dignitaire des Song avait bien dit :

« La raison pour laquelle nos ennemis du nord et de l'ouest sont capables de vaincre la Chine est justement que leurs chevaux sont si nombreux, et leurs hommes habiles à chevaucher ; c'est leur force. Les Chinois ont peu de chevaux et ne sont pas habitués à chevaucher ; c'est là leur faiblesse. »

A cela, il n'y avait pas de remède parce que la Chine du Sud ne possédait pas de pâturages. Mais ce défaut même nuisait aux barbares qui, à peine engagés sur son territoire, se trouvaient devant la même pénurie et perdaient leur avantage essentiel. C'est pour cela que la Chine du Nord avait été si souvent occupée, et jamais celle du Sud. Les Song pouvaient donc nourrir quelque optimisme.

En juillet ou en août 1234, ils prirent l'offensive. Comme on ne les attendait pas, ils obtinrent des succès. Ils occupèrent sans combat K'ai-fong (Kaifeng) et Lo-yang (Luoyang). Les optimistes semblaient avoir raison. Mais ce n'était qu'illusion : une contre-attaque mongole les délogea rapidement des villes qu'ils avaient conquises.

Ögödeï profita du *quriltaï* de 1235 pour convaincre son entourage de la nécessité d'entreprendre la conquête de l'Empire song, que l'on considérait comme un allié et qui venait de se comporter de la façon la plus indigne. La guerre fut décidée. Les Mongols la préparèrent avec ce même soin dont faisait preuve Gengis Khan avant de commencer ses campagnes. Un an plus tard, en 1236, une puissante armée se mit en branle, en trois colonnes respectivement commandées par des fils du Qaghan, Godan et Kütchü, et par le général Tchaghan. L'une se dirigea vers le Sseu-tchouan (Sichuan) et entra à Tch'ang-tou (Chengdu) en octobre ; l'autre, sur le Hou-pei (Hubei) et prit Siang-yang (Xianxiang) en mars ; la troisième, sur Han-keou (Hankou), alors nommée Houang-tch'eou. C'était un début prometteur, mais ce n'était qu'un début.

Les affaires ne tardèrent pas à tourner mal. Les chevaux ne savaient plus où paître sur un sol où ils ne pouvaient pas même prendre leurs ébats. Les soldats, pour qui pourtant tout faisait bouche, ne trouvaient pas de nourriture qui leur convînt. Il était impossible d'organiser les villes et les provinces conquises, car on ne comprenait rien à leur complexité et à leurs traditions. On était submergé, non par la masse urbaine, mais par les foules paysannes.

Les Mongols, qui ne savaient que vaincre, ne vainquaient plus. Pire encore, partout ils battaient en retraite, incapables de conserver les positions acquises, subissant de lourdes pertes, voyant tomber au combat Kütchü, un homme dit-on plein de mérite, le fils du Qaghan en qui celui-ci plaçait ses complaisances et dont il souhaitait faire son héritier. En 1239, de toutes les grandes villes qui avaient été prises dans les premiers mois de la guerre, il ne restait plus aux envahisseurs que Tch'ang-tou (Chengdu). Les Song pouvaient triompher. Ils l'avaient bien dit, qu'ils n'étaient pas les Kin et que leur royaume était insaisissable. Pour les Mongols, c'était un échec complet.

Manifestement, l'armée d'Ögödeï n'était pas préparée aux conditions dans lesquelles elle devait combattre. Ni en Chine du Nord, ni en Corée, ni en Mandchourie, ni en Transoxiane, ni en Iran, elle n'avait jamais rien connu de tel. Partout, dans ces régions que les Mongols avaient parcourues victorieusement, là même où les villes se pressaient nombreuses et puissantes, là même où l'irrigation multipliait les vergers et les potagers, si ce n'était pas la steppe, c'était quelque paysage qui, de plus ou moins près, y ressemblait. En Chine du Sud, il n'y avait plus rien qui la rappelât, et plus rien non plus qui rappelât les gens que l'on connaissait. Comme elle n'avait été conquise ni par les Khitan ni par les Joutchen, on manquait d'informations à son sujet. La multiplicité des villages, les rizières, les arbres et les buissons, la chaleur et ces pluies soudaines, abondantes, torrentielles, désorientaient les rudes hommes du Nord.

Ögödeï comprit qu'il avait bien préparé la guerre, mais pas celle qu'il livrait. On ne pouvait continuer ainsi. Il fallait renoncer ou tout recommencer sur une base nouvelle. La guerre des cavaliers, la guerre mongole s'arrêtait aux frontières de la Chine du Sud, comme elle s'arrêterait à celles de l'Inde et à celles de l'Occident extrême. Il fallait recruter en Chine même une armée chinoise, rallier les populations pour les faire participer à l'effort militaire, se doter d'un vaste personnel capable d'assurer l'encadrement du pays, bref, se faire Chinois pour conquérir la Chine. C'était là une tâche qui paraissait impossible et nul encore, dans l'histoire, ne l'avait entreprise. Ce n'est pas le moindre trait du génie mongol de s'y être attelé et de l'avoir finalement menée à bien. Le *Cheng-wou T'sin Tcheng Lou* montre le Qaghan occupé à recenser puis à embaucher tous les lettrés pour leur donner des fonctions administratives au lieu même de leur résidence, ce géant transformé en abeille pour le travail d'une ruche. Cet effort se révélera payant. En attendant, il était inutile de continuer l'offensive.

LE FRONT INDIEN

Les mêmes causes produisant les mêmes effets, les affaires n'allaient pas mieux, c'est le moins que l'on puisse dire, sur le front indien. Pourtant, la porte du sous-continent avait été grande ouverte aux envahisseurs. Mais seule une prodigieuse volonté avait permis qu'on se fît Chinois en Chine. Une telle opération ne pouvait se reproduire. Il n'était pas possible que l'on devînt Indien en Inde et Latin en Europe. Disons tout de suite que, malgré des tentatives répétées, les Mongols n'arriveront jamais ni à s'emparer des Indes, ni même à y obtenir des succès durables.

C'était une vieille tradition des peuples vivant entre l'Amu-Darya et l'Indus que de faire des incursions au Sind et au Pendjab comme au Cachemire, et d'y opérer de fructueuses razzias, notamment pour capturer des esclaves dont le trafic « était, dit Aubin, depuis longtemps un des facteurs économiques de la vie de la région ». Au début du XIV⁰ siècle, les descendants de ces captifs seront nombreux dans les villages royaux de l'Iran, et l'union des indigènes avec des femmes hindoues aura créé un important métissage dont allait sortir ce groupe longtemps mystérieux des Qaraunas, les « sang-mêlé », appelés à jouer un rôle non négligeable dans la suite des temps. Les Mongols trouvaient donc sur place des guides connaissant les routes en direction des Indes et des renseignements très précis, au moins sur les régions ouest du sous-continent.

C'est en 1236 que les circonstances devinrent favorables à l'intervention des Gengiskhanides. Le puissant souverain de l'Empire mamelouk de Delhi, El Tutmich, était mort en désignant sa fille Raziya (1236-1240) pour lui succéder. Que la couronne passât à une femme pouvait à la rigueur convenir à la dynastie régnante, qui était turque, mais non aux musulmans ni même aux hindous. Il s'ensuivit des troubles, dont nous n'avons pas à rendre compte ici. Ce qui nous importe, c'est que le gouverneur de Binban (Banyon) et de ce que nous nommons aujourd'hui le Salt Range se révolta et se plaça sous la protection des Mongols. Il fut bientôt suivi par ceux de Lahore, de Multan, de Djallundar et de tout le haut Sind. Il est presque certain qu'Ögödeï intervint aussitôt, mais on ne peut rien avancer de bien précis sur le moment de cette intervention et sur ses modalités. On voit bien le gouverneur de l'Afghanistan oriental, un homme d'origine tatare, Sali Noyan, opérer dans la plaine de l'Indus, mais on ne peut déterminer, faute de dates sûres, s'il y avait été dépêché déjà du vivant de Gengis Khan ou seulement après que son fils eut accédé au pouvoir, ni s'il se livrait aux razzias traditionnelles ou menait une campagne d'envergure. Quoi qu'il en soit, la guerre était conduite avec vigueur en 1241 quand les Mongols atteignirent enfin (après plusieurs mois d'efforts ?) la ville de Lahore. Cette même année, une grande armée envoyée par Ögödeï achevait la conquête du Cachemire commencée l'année précédente, enlevait Srinagar et « la pillait pendant six mois ». En la quittant, elle y laissait, pour la contrôler, comme les Mongols le faisaient partout, un gouverneur appuyé par de faibles effectifs. On prétend que celui-ci exerça réellement son autorité pendant sept ans, mais rien ne le prouve de façon péremptoire.

On a parfois mis en doute la volonté des Mongols de conquérir les Indes, parce qu'ils n'y parvinrent pas et qu'on n'est pas habitué à leurs échecs. C'est là une pétition de principe que démentent à la fois les prétentions à l'hégémonie universelle, la présence dans le pays de Turcs – c'est-à-dire de gens alors considérés comme des vassaux naturels des Mongols –, les efforts longs et répétés consentis pour s'en emparer, et enfin un fait qui n'admet pas d'objections : à chaque grande expédition qui avait pour objectif d'annexer un nouveau pays devaient obligatoirement figurer des représentants de chacun des grands *ulus*. Or, dans l'armée des Indes, il n'en manqua aucun.

Tout camouflé qu'il fût par les victoires, ce qui constitua bien un échec d'Ögödeï ne mit pas fin aux tentatives mongoles en vue de conquérir au moins la plaine indo-gangétique, et l'on put souvent croire qu'elles allaient réussir, notamment en 1253 quand le fils de l'empereur de Delhi révolté contre son père se rendra à Qaraqorum, où il sera bien reçu*. Toutefois, à des nuances près, les relations entre les Indes et les Mongols ne consisteront plus qu'en razzias, souvent profondes et meurtrières, sous-tendues ou non par ce qui pouvait rester d'un espoir de conquête.

A NOUVEAU LA CORÉE

Au moment même où Ögödeï envahissait l'Empire song, il était obligé d'intervenir à nouveau en Corée, où la situation ne cessait de se détériorer par suite de la résistance acharnée des paysans et de la guérilla qu'ils menaient contre ses forces. Nous connaissons mal l'histoire de cette campagne, commencée en 1235 et dont tout semble indiquer qu'elle fut longue, difficile, coûteuse. En 1238, les Coréens, réduits aux abois, manquant de ressources et d'hommes, se virent cependant forcés de demander l'arrêt des hostilités, sans pour autant accepter de baisser les bras. Les Mongols étaient contraints de négocier, alors qu'ils avaient pris l'habitude qu'on capitulât devant eux. C'était décidément pour eux, en ces années-là, une remise en question de toutes les affaires d'Orient. On entama les pourparlers. Ils ne furent ni moins longs ni moins ardus que la guerre qu'on venait de soutenir. Durant deux ans, missions et ambassades se succédèrent entre la cour coréenne et Qaraqorum. Elles aboutirent en 1241 à la signature d'un traité de paix qui n'était qu'un compromis. Le roi de Corée se reconnaissait vassal des Mongols et envoyait en otage à leur capitale ce qu'il présentait comme son fils, mais qui n'était qu'un de ses lointains cousins. On a peine à croire qu'Ögödeï se montra à la fois dupe d'une vassalité qui n'en était pas une et d'un prince impérial qui n'en était pas plus un. On sauvait la face, faute de pouvoir mieux faire. Il en résulta tout de même, jusqu'en 1247, des années de paix qui permirent à la Corée de se remettre de ses épreuves, ainsi que l'établissement de relations qui furent bonnes, et l'on pourrait presque dire cordiales,

* Voir *infra*, p. 328.

même si les Mongols prirent l'habitude d'utiliser leur nouveau protectorat comme une source de main-d'œuvre.

ATTAQUES A L'OUEST

Indes, Chine, et même Corée : on y était en attente. Ögödeï faisait porter son effort principal sur l'Occident : peut-être pour complaire aux Djötchides, auxquels Gengis Khan, rappelons-le, avait donné en apanage tous les territoires conquis et à conquérir vers l'Occident chrétien ; peut-être parce qu'il considérait que le raid de Djebe et de Süböteï avait ouvert la voie ; peut-être pour une autre raison qui nous échappe encore.

L'Iran n'était pas entièrement pacifié, et à ses pieds s'étendait la longue et verte plaine de la Mésopotamie, cœur du monde musulman, où, à Bagdad, les califes régnaient sans beaucoup de puissance temporelle, mais parés d'un prestige inouï – proie qu'on aurait pu croire tentante, et qui l'était, mais que les fauves affamés gardaient en réserve pour un autre jour de faim. Remettant à plus tard les assauts contre l'Islam, les Mongols cantonnés en Iran sous le commandement de Tchormagan attaquaient au Caucase, dans les monts du Kurdistan et de l'Arménie. En 1236, ils déferlaient sur la Géorgie, obligeant la reine Rousoudan à s'enfuir de Tiflis et contraignant son peuple à accepter la vassalité. Trois ans plus tard, l'Arménie, qui avait déjà perdu Kars et Ani, était à son tour subjuguée. Ces deux États chrétiens allaient se donner à leur nouveau maître, le premier en lui fournissant de gré ou de force des effectifs militaires qui ne seraient pas négligeables, et le second en s'engageant plus franchement, avec un réel enthousiasme, car il voyait en son vainqueur le libérateur tant attendu du joug musulman et la grande chance dont rêvait la chrétienté. Les Alains offrirent plus de résistance, mais ils finirent par capituler dans l'hiver 1239-1240, sans doute en décembre. Comme les Géorgiens et les Arméniens, ils rallièrent les Mongols et s'enrôlèrent en nombre dans leurs rangs, où leur valeur militaire et leur fidélité les signalèrent à l'attention et leur permirent de figurer dans les troupes d'élite et jusque dans la garde impériale.

Malgré l'importance considérable de ces résultats qui donnaient aux Mongols des positions stratégiques remarquables en leur assurant la possession des monts dominant les vallées du Tigre et de l'Euphrate, le plateau anatolien et les plaines de l'Ukraine orientale, la grande affaire devait se dérouler plus au nord, dans les steppes.

En 1236 encore – quelle année ! –, à l'automne, une immense armée forte de 150 000 hommes, composée pour un tiers de Mongols et pour deux tiers de Turcs, attaquait l'Europe orientale. Elle était placée sous le commandement au moins nominal de Batu, deuxième fils de Djötchi, à qui revenait cet honneur puisque la concentration des troupes s'était effectuée dans son *ulus* et qu'il avait reçu en apanage les terres à conquérir à l'ouest. Une pléiade de princes du sang l'entouraient : son frère aîné Orda, ses cadets Berke et Chaïban ; ses cousins et petits-cousins Güyük, Qada'an, Qaïdu, fils et petit-fils du Qaghan ; Mongka, un des fils de Tului ; Baïdar et Büri, respectivement fils et petit-fils de Djaghataï. Cet aréopage montre l'importance que l'empereur accordait à l'affaire. Le chef réel était un vieux héros des guerres mongoles, le général Süböteï, alors âgé de quelque soixante-dix ans, celui-là même qui s'était illustré en Chine et qui avait jadis, avec Djebe, dirigé le fantastique raid autour de la Caspienne. Son expérience, sa connaissance des lieux et des peuples, ses liens anciens avec Gengis Khan et peut-être aussi le rôle d'arbitre et de modérateur qu'il pouvait jouer entre les princes lui valaient sa situation – et non, contrairement à ce qu'on a voulu dire, les capacités insuffisantes de Batu.

Le fils de Djötchi était certes encore jeune, mais c'était une forte personnalité. Quant à l'accuser de modération excessive, d'une sorte de faiblesse devant des exigences militaires qui eussent été trop pénibles pour lui, cela semble relever de la fable et découle plutôt du titre *Sayin*, « Bon », que lui donnent les sources. Bon, il ne l'était pas plus que les autres, et les chroniques russes le peignent tout au contraire comme un homme extrêmement cruel. Comme l'ont suggéré le père Antoine Mostaert et F. W. Cleaves, le mot *sayin* devait être employé pour parler des membres défunts de la famille impériale. Il passa à la postérité comme nom posthume de Batu, soit par suite de la stature de celui-ci, soit parce qu'avait cessé la coutume d'utiliser le mot pour désigner les feus princes.

Les préparatifs de la guerre avaient comme toujours été très minutieux, au point de vue militaire et diplomatique. Le voyageur Julien de Hongrie, qui parcourait les steppes de l'Europe orientale, transmet dans sa célèbre missive le texte d'une lettre que Batu avait envoyée au roi de Hongrie et dans laquelle le khan se présente comme « l'envoyé du Dieu très haut pour châtier les nations rebelles » (1237). C'est que les projets étaient particulièrement ambitieux. En 1236, Batu avait reçu l'ordre d'attaquer l'Europe. Il devait soumettre définitivement les Turcs Qangli qui vivaient dans les steppes à l'est de l'Oural, les Qiptchaq, les Bulgares de la Kama, leurs voisins les Bachkirs, les Magyars (Hongrois) de ce qu'on nommait la Grande Hongrie, les Russes et, plus au sud, les Alains, les Géorgiens et les Tcherkesses (Circassiens) – mais le sort des Caucasiens avait été réglé par Tchormagan.

Le premier objectif était la Volga. Il fut très vite atteint. Les Qiptchaq qui s'y trouvaient furent balayés. Un de leurs principaux chefs,

Batchman, réfugié dans une île du cours inférieur du fleuve, tenta de résister. Il fut capturé pendant l'hiver 1236-1237, dit-on, grâce à une baisse subite des eaux, très probablement plutôt parce que le froid avait fait geler la Volga. A peu près au même moment, si l'on en croit Rachid al-Din et les chroniques russes, soit en 1237, fut détruit le prospère et puissant royaume des Turcs Bulgares de la Kama, dont les hommes avaient naguère assailli Djebe et Süböteï. On se vengea. La capitale Bolghar, une assez grande ville située à quelque 110 kilomètres de l'actuelle Kazan et qui n'avait sans doute pas eu à souffrir en 1222-1223 (parce que les Mongols n'avaient pas dû monter si haut vers le nord), fut prise et saccagée. La chronique laurentine, sous cette date, note :

> « Cet automne [...] les païens tartares se sont emparés de la grande et
> glorieuse capitale bulgare et par le fer ils ont massacré depuis les vieux
> jusqu'aux jeunes et aux nouveau-nés [...]. Ils ont réduit tout le pays en
> servitude. »

Des masses de réfugiés allèrent chercher asile dans la principauté de Vladimir. Néanmoins, le royaume des Bulgares se relèvera vite et sa capitale sera sous la domination mongole, pendant quelques décennies, le seul centre urbain de l'Empire dans le Nord-Ouest. On y parlait encore une vieille langue turque assez éloignée du turc commun et dont les Tchouvaches contemporains gardent les derniers vestiges.

Les chroniqueurs russes affirment que Batu fit hiverner ses troupes en 1236-1237 dans les plaines situées à l'est du cours moyen et inférieur de la Volga, non sans se livrer à des incursions dans la province de Riazan. Cet hivernage est suspect, et nous pensons que la mauvaise saison fut essentiellement consacrée à abattre les Qiptchaq. Il est de fait, en tout cas, que les tribus relevant d'eux commencèrent à se soumettre au printemps de 1237, et cessèrent toute résistance en 1238. Elles rallièrent les Mongols, s'attachèrent à eux et firent si bien qu'elles se fondirent en eux, ou plutôt finirent par les assimiler. En Europe orientale, l'Empire mongol devint un Empire turc, ne parlant bientôt plus que le turc. L'*ulus* de Djötchi, appelé à une longue carrière dans les steppes du nord de la mer Noire, sera tout aussi bien connu sous le nom de khanat de Qiptchaq que sous celui de Horde d'Or *(Altin Ordu)*.

Il y eut cependant des mouvements éperdus de fuite devant les envahisseurs, une foule de réfugiés qui déferlèrent jusqu'en Europe centrale. Des tribus qiptchaq entières, quelque 40 000 familles, sous la direction d'un chef nommé Qutan, allèrent s'installer en Hongrie où elles se christianisèrent.

LES PRINCIPAUTÉS RUSSES

La conquête du pays qiptchaq faisait des Russes les voisins des Mongols et, selon le programme du Qaghan, leurs prochains adversaires.

Au XIIIᵉ siècle, la Russie ne présentait pas le visage qu'elle a de nos jours et auquel quelques siècles d'une brillante histoire nous ont accoutumés. Malgré l'aire assez vaste qu'elle couvrait alors, elle était loin d'avoir atteint les frontières que nous lui connaissons. Au nord, elle s'ouvrait sur le golfe de Finlande par la grande principauté de Novgorod. Au sud, elle touchait à la mer Noire par l'étroite bande de terres de la Galicie, entre les embouchures du Danube et du Dniestr. Si, à l'ouest, elle avait poussé sur quelques points jusqu'à la Vistule, à l'est elle se tenait encore loin des rives du Don et du Donetz, alors en pays qiptchaq, et plus loin encore du cours moyen et inférieur de la Volga, dont elle était séparée, à partir de l'Oka, par les Tchérémisses, les Mordves et les Bachkirs. Dans ces régions, les places les plus avancées vers l'Orient étaient celles de Iaroslav, de Rostov, de Souzdal, de Vladimir et de Moscou – celle-ci, encore à l'aube de son histoire, est mentionnée pour la première fois dans les textes en 1147 –, et, plus au sud, celles de Riazan et de Pronsk. Sentait-on déjà que c'étaient ces cités-là qui étaient grosses de l'avenir ? Les trois grands centres politiques, économiques et culturels étaient Kiev au sud-ouest, Vladimir au nord-ouest et Novgorod au nord ; mais Kiev déclinait et les deux autres villes, la seconde surtout, étaient menacées par la puissance lituanienne qui s'appuyait sur Minsk et Vilno, et à laquelle nul prince ne semblait en mesure de s'opposer durablement.

Dès le règne de Vladimir Iᵉʳ (980-1015), la Russie – on devrait dire les Russies – était un pays agricole fondé sur la grande propriété féodale des princes, des boyards et plus tard de l'Église, et où les villes – des bourgs – se développaient sous l'impulsion des marchands et des artisans. De ces villes, Kiev n'avait pas tardé à prendre la tête. Ayant asservi les tribus et mené des luttes victorieuses contre les principautés voisines, elle constitua un véritable État, organisé et relativement puissant, dynamique, qui exerça une attraction sur l'ensemble des peuples slaves. Mais, en 1169, la Russie kiévienne avait été attaquée par une coalition d'une douzaine de princes que dirigeait André Bogolioubiski : la capitale, Kiev, avait été prise et le centre de gravité s'était déplacé vers Novgorod, déjà en plein essor vers 1015, puis vers Iaroslav et Vladimir, d'autant plus aisément que de vastes forêts protégeaient ces villes des incessantes incursions des nomades. Après une période assez brève d'aspirations à l'unité – au moins partielle – au début du XIIᵉ siècle, les révoltes se multiplièrent, les principautés recommencèrent à se morceler et l'État tomba en décrépitude. C'est ainsi qu'entre 1120 et 1160 la principauté de Tchernikov donna nais-sance à une vingtaine de petites baronnies indépendantes. En même temps, certains souverains qui se sentaient limités par les boyards s'appuyaient sur le peuple pour mener une lutte contre eux, ajoutant des conflits sociaux aux querelles politiques.

Au milieu du XIIIe siècle, au moment où les Mongols se préparaient à l'assaillir, la Russie, loin de présenter contre eux un front uni, devait aller au combat en ordre dispersé et se révélerait incapable de résister à leurs coups.

LA CAMPAGNE DE RUSSIE

Les Mongols n'attendirent pas la capitulation des Qiptchaq et des Alains pour attaquer les Russes. Dès 1237, ils envahirent les régions septentrionales, prirent Pronsk, Bielgorod et Yeslavetz. Devant ce torrent dévastateur des cavaliers tartares, les deux princes de Riazan, Youri et Roman, s'enfermèrent l'un dans Riazan, l'autre dans Kolomna. Le 21 décembre, après six jours seulement de siège, Riazan fut enlevée, Youri tué, la moitié de la population égorgée et l'autre brûlée vive. Les Tartares « profanèrent la sainteté des temples en y violant les jeunes religieuses, les femmes et les filles de distinction [...]. Ils brûlèrent les serviteurs de Jésus-Christ ou ils arrosaient de leur sang les autels ».

Les Mongols mirent le siège devant Kolomna. Le plus puissant de tous les princes russes, Youri II Vsévolodovitch, duc de Souzdal, envoya en vain des renforts pour dégager la ville. Il fut écrasé, et Roman tué. Kolomna tomba, puis ce fut Moscou, Vladimir et Souzdal (prises toutes deux le 3 février), Iourev, Dimitrov, Gordetz, Periaslav, Rostov, Iaroslav. On aurait dit des châteaux de cartes. Alors qu'il était si difficile de s'emparer des cités chinoises ou iraniennes, les bourgs russes ne présentaient aucun obstacle. Les sévices n'y furent pas moindres qu'à Riazan, mais les Mongols mirent le plus grand soin à éviter le massacre des gens qu'habituellement ils protégeaient : arti-sans, religieux et, quand ils en avaient envie, femmes et enfants. « Ils exterminèrent toute la population [de Souzdal], écrit Karamzine, à l'exception des jeunes moines, des religieuses et des serviteurs de l'Église qu'ils avaient fait prisonniers. » De façon assez surprenante, les chroniques de Kostrowa et de Pouchkevr notent au contraire : « Ils pillent les couvents, tuent les moines, les religieux et les prêtres âgés, mais les moines, les religieux, les prêtres et diacres qui étaient jeunes et en santé [...] ils les emmènent dans leur camp. »

Le duc de Souzdal voulut obliger les Mongols à livrer bataille. Il n'avait peut-être pas tort, puisqu'il fallait bien tenter quelque chose,

La campagne de Russie

OCÉAN GLACIAL

Finlande

Terres dites de Novgorod

Mer Baltique

Novgorod

Mologa

Térjok

Iaroslav

Tver

Souzdal

LITUANIE

Rostov

Vladimir

Kazan

Kama

Moscou

Kolomna

Bolghâr

Vilno

Smolensk

Riazan

Minsk

Vistule

PRNCIPAUTÉS RUSSES

Koulikovo

Pronsk

Cracovie

Tchernikov

Voronej

Volga

Oural

Kiev

Oka

Galitch

Pereiaslav

STEPPES QIPTCHAQ

Saraï

Dniepr

Boug

Dniestr

Galicie

Kalka

Donetz

Don

HONGRIE

Astrakhan

Danube

Crimée

Câffa

La Tana-
Azaq

Terek

Mer Caspienne

Mer Noire

Caucase

Derbent

Constantinople

Tiflis

Anatolie

━━━ limites approximatives des principautés russes
••••• limites approximatives du royaume des Bulgares de la Kama
---▶ route probable des Mongols contre le nord de la Russie
━━▶ direction principale des attaques mongoles contre Kiev

0   50 km

mais s'il parvint à les contraindre à se mesurer avec lui, il n'en tira pas bénéfice. Il fut vaincu et tué sur la Sit, un affluent de la Mologa, le 4 mars. Tver et Torjok tombèrent, et peut-être quelques-unes de ces villes nommées ci-dessus et qui auraient pu ne pas succomber en février, mais en mai. Batu s'avança jusqu'à 200 kilomètres de Novgorod, en mars ou en avril, mais fut arrêté par le dégel qui transformait les sols en bourbiers dans lesquels s'enlisait sa cavalerie. La métropole du Nord échappa ainsi à la destruction, mais elle dut faire acte de vassalité et payer l'impôt.

Il restait aux Mongols à conquérir le Sud, la vieille Russie kiévienne. Elle avait assisté à l'holocauste, terrifiée, mais immobile. Elle fut à son tour attaquée en 1239, pendant l'hiver selon toute vraisemblance. Sur la route qui y menait, rien ne résista aux Mongols. Pereïaslav, Tchernikov furent prises et rasées. Le prince Michel préféra fuir en Hongrie, confiant la défense de sa capitale au boyard Dimitri. Mongka, qui commandait le corps d'armée en marche vers la ville, ne voulait sans doute pas la détruire. « Il s'emmerveillait de sa beauté et de sa grandeur », dit un peu naïvement la chronique hypatienne. Il envoya des ambassadeurs pour négocier sa reddition. On les tua. Pourtant, la population avait peur, tremblait « au bruit des chariots des Tartares, des beuglements des bœufs, des cris des chameaux, des hennissements des chevaux et plus encore au cri de guerre des hommes ».

Batu arriva en personne. Un prisonnier, juché sur les murailles de Kiev, nommait au fur et à mesure qu'il les apercevait les princes ennemis campant devant la ville. Elle résista, mais les Mongols finirent par la prendre d'assaut le 6 décembre (ou le 19 novembre) 1240. Il avait fallu trois ans pour s'emparer de toutes les Russies.

Ils sont rares, dans l'histoire, les succès aussi durables acquis en si peu de temps. On aurait pu croire les Mongols pleinement satisfaits. Ils l'auraient été sans les querelles des princes. Ils étaient trop nombreux, ceux qui pouvaient s'enorgueillir d'appartenir au sang impérial. Dans une société où chacun devait tenir très exactement son rang, le protocole avait une tâche impossible. Il y avait là trop de hauts personnages, trop d'orgueil, trop de susceptibilités et peut-être déjà trop d'ambitions. Mongka, pour des raisons inconnues, quitta l'armée. Batu et son cousin Böri se brouillèrent pour ce qui nous paraît une broutille, mais qui chez les Mongols revêtait beaucoup d'importance. Au cours d'un festin, on avait présenté à Batu la première coupe, et il l'avait bue. Böri s'écria qu'il était l'égal de son cousin et le traita de vieille femme barbare. Güyük, prenant parti pour ce dernier, affirma qu'il ferait donner la bastonnade à Batu. Une telle insulte faite au général en chef n'était pas acceptable, même et surtout venant du fils du Qaghan. Ögödeï se montra furieux, et aurait sans doute sévèrement puni le coupable si l'on n'avait pas imploré sa clémence. Tout rentra dans l'ordre, mais la brouille entre Güyük et Batu ne sera pas sans conséquences.

La grande terreur de l'Occident

Pendant trente ans, l'Occident ne sut rien des fantastiques événements qui se déroulaient en Asie. Le raid sur la Crimée, la bataille de la Kalka elle-même furent considérés comme tous ces autres accidents que les nomades occasionnaient périodiquement, qui donnaient pour un temps des frayeurs et que l'on oubliait aussitôt que passés. Les premières nouvelles de l'irruption des Tartares en pays russe, arrivées bien tardivement, n'en suscitèrent que plus d'épouvante. Aussitôt et partout, ce fut la terreur.

On ne savait rien, du moins rien de sûr. Il y avait bien des bruits qui couraient, mais ils étaient soit inconsistants, soit déformés, amplifiés, enjolivés. L'Islam avait été secoué. On en avait eu des échos, mais ceux-ci n'étaient pas faits pour causer de la peine. Bien avant que les Mongols n'attaquent l'Iran, l'Europe faisait un songe aux couleurs enchanteresses et qui naquit peut-être de la création du royaume bouddhique des Qara Khitaï, en qui, puisqu'on ne pouvait imaginer qu'il y eût de par le monde d'autres religions que celles que l'on connaissait, on devait voir un royaume chrétien – peut-être en confondant le Gur Khan avec les chefs des Kereyit ou des Naïman. Ainsi, peu à peu, on en était arrivé à croire à l'existence, quelque part en Asie, au-delà du monde de l'islam, d'un Roi David et surtout d'un Prêtre Jean, descendant des Rois Mages, immensément riche et puissant, « au sceptre d'émeraude », qui fondait un empire chrétien pour prendre le monde musulman à revers. Si, par hasard, on avait entendu quelque chose de Gengis Khan, on l'avait certainement mis sur le compte du merveilleux prélat, et d'autant plus facilement que son armée comptait des chrétiens dans ses rangs et que sa propagande visait à persuader tout un chacun que les Mongols partageaient sa foi. Qui pouvait donc venir du soleil levant, si ce n'était lui ? On comprend la désillusion qui s'ensuivit. Le mythe cependant survivra longtemps, des siècles et des siècles. Pour l'instant, il tenait au cœur de ceux que la croisade épuisait et qui ne voyaient pas le bout de la Via Dolorosa qui montait à Jérusalem.

Les Hongrois furent naturellement les premiers avertis. Leurs missionnaires étaient actifs dans ce que l'on nommait la Comanie, le pays des Comans, c'est-à-dire des Qiptchaq. Ils exerçaient sur ce pays une sorte de protectorat spirituel, en passe de devenir économique et politique malgré le pape Grégoire IX qui, en 1229, venait de prendre la communauté chrétienne de l'Europe du Sud-Est sous son autorité

personnelle. Visant plus loin, ils lançaient des voyages vers la Volga –
leur ancienne patrie, pensaient-ils –, la Grande Hongrie, le pays des
Mordves et des Bulgares, des bassins de l'Oural et de la Volga.

Dans une lettre adressée en 1237 au légat pontifical, l'évêque de
Pérouse, un certain frère Julien qui avait poussé plus loin que les
autres, met brusquement au jour l'existence des Mongols. Il transmet
l'ultimatum que ceux-ci ont envoyé au roi de Hongrie et où ils exigent
sa soumission, et décrit leurs armées en position devant Souzdal,
Riazan et Voronej. Un an plus tard, en 1238, c'est un prince
musulman d'Asie Mineure qui écrit au roi de France pour le mettre
en garde contre « une race d'hommes monstrueux et cruels descendus
des montagnes du nord [...] qui se nourrit de chair crue et même de
chair humaine ». Lettre étonnante, qui préfigure si bien toutes celles
qui vont bientôt suivre ! Tout y est déjà, ou du moins l'essentiel. Le
décor est planté. Après, il ne s'agira plus que de broder sur le canevas.
Nous n'entendrons pas avant longtemps d'autre son de cloche ; celui-ci
sera seulement amplifié comme par de gigantesques baffles.

A partir de 1238, les messages se multiplient. Ce sont ceux du
connétable Sempad d'Arménie au roi de Chypre, d'Henri de Lorraine
au duc de Brabant, de Hyon de Narbonne à l'archevêque de Bordeaux, de Gérard de Malemort, et de bien d'autres encore. La campagne de 1237 avait fait affluer en Occident des masses de réfugiés,
Qiptchaq et Russes, que celle de 1241 jettera plus à l'ouest pêle-mêle
avec des Polonais, des Hongrois, des Bohémiens... Des prisonniers
sont faits, qui ne sont pas les moins intéressants. L'empereur Frédéric II, tout empêtré dans les affaires italiennes, lancera cette année-là
un grand cri pour appeler au secours, et le pape prêchera la croisade.
Quatre ans plus tard (janvier 1245), mais le péril sera passé, le nouveau souverain pontife, Innocent IV, inscrira au programme du
concile de Lyon le remède à trouver contre les maudits agresseurs.

Nul doute que l'on ait peur. Nul doute que l'on ait conscience qu'il
faille faire quelque chose. Mais la peur demeure en quelque sorte
abstraite et la volonté d'agir ne parvient pas à se concrétiser. Devant
une calamité qui semble surnaturelle, on préfère mettre sa tête sous
son aile. On tend un voile, comme on en tendra un devant les succès
des Mongols, non point par désir de les minimiser, mais de les oublier,
de faire comme s'ils n'existaient pas puisqu'on ne peut rien faire pour
les empêcher. La pauvreté relative des documents ne répond pas à
l'immensité de l'événement, pas plus d'ailleurs que le silence, plus
grand encore, des historiens contemporains. Si l'on ne voyait pas là
une volonté d'étouffer l'affaire, on ne comprendrait pas qu'un homme
de la stature d'Innocent IV se souciât moins de la « cruauté des
Tartares » que du dérèglement du clergé et des peuples, de l'insolence
des Sarrasins et du schisme grec.

La peur transpire cependant de toutes les lettres, de tous les rapports. Et elle s'exprime toujours par les mêmes phrases, celles-là mêmes qu'employa le prince musulman d'Asie Mineure. Dans la missive qu'il envoie à son beau-frère Henri II d'Angleterre, Frédéric II exalte l'union des chrétiens contre « cette nation sortie des extrémités de la terre [...] qui aspire à dominer et à régner seule sur toute la surface du monde ». L'empereur parle de « cohortes de Satan », de « fils de l'enfer qui surgissent tout à coup comme la colère divine ou l'éclair ». Se fondant sur le jeu de mots de Saint Louis qui transforme « Tatar » en « Tartare », il évoque le fleuve infernal de l'Antiquité, le mythe des peuples de Gog et de Magog enfermés par les murailles d'Alexandre loin des nations civilisées. L'empereur est une forte tête : il sait, dans une certaine mesure, raison garder. Les autres délirent. De leurs propos ne ressort aucune vue sereine, aucune information objective. Les affirmations sont à l'emporte-pièce ; les images, brutales. On se convainc que l'intrusion des Mongols est le signe de la colère divine, un châtiment pour les péchés des chrétiens. On a le sentiment d'en être revenu à l'époque des grandes invasions barbares qui ont jeté bas l'Empire romain. Et, comme à la fin de Rome, comme aux IVᵉ et Vᵉ siècles, on trouve, dirait-on, tout naturellement les mêmes mots, les mêmes clichés que ceux dont on usait alors pour décrire les Huns.

Pour Ammien Marcellin, les Huns constituaient une « nation sauvage [...] d'une férocité qui dépasse l'imagination [...] aux habitudes voisines de la brute, répondant à leur extérieur repoussant ». Jordanès, lui, les avait peints comme « la plus féroce de toutes les nations [...] appartenant à peine à l'espèce humaine », et avait affirmé que « ceux-là mêmes qui auraient pu leur résister par les armes ne pouvaient soutenir la vue de leurs effroyables visages »...

Même vocabulaire, mêmes représentations. Henri de Lorraine met en garde son correspondant contre « une nation cruelle et indomptable, une race farouche et sans lois ». Hyon de Narbonne écrit à l'archevêque de Bordeaux :

« Leurs chefs se nourrissent de cadavres comme si c'était du pain et ne laissent aux vautours rien d'autre que les os [...]. Les femmes vieilles et laides étaient données à ces anthropophages [...] pour leur servir de nourriture pendant la journée. Quant à celles qui étaient belles, ils s'abstenaient de les manger, mais, malgré leurs cris et leurs lamentations, ils les étouffaient sous les multitudes de viols qu'ils leur faisaient subir [...]. Ils souillaient les vierges jusqu'à leur faire rendre l'âme, puis, coupant leurs mamelles qu'ils réservaient pour leurs chefs comme manger délicieux, ils s'en repaissaient avec gloutonnerie. »

Un autre déclare :

« Ce sont des êtres inhumains et ressemblant à des bêtes que l'on doit nommer plutôt des monstres que des hommes, qui ont soif de sang et qui en boivent, qui cherchent et qui dévorent la chair des chiens et même la chair humaine [...] qui sont vêtus de peaux non tannées et défendus par des cuirs de bœuf. »

Qu'on n'aille pas croire que l'on puise dans les souvenirs de l'Antiquité des expressions que l'on ressortirait sans même les accommoder aux modes du jour. Les musulmans, qui n'ont aucune raison de recourir à des clichés (qu'ils doivent d'ailleurs ignorer), ne donnent pas, comme nous l'avons déjà vu, un tableau différent. Ce sont plutôt les mêmes causes qui produisent les mêmes effets à sept siècles d'intervalle, et peut-être la même propagande dont usaient les Huns et dont usent les Mongols pour accroître l'effroi. Les termes sont excessifs, certes, mais comment ne l'eussent-ils pas été ? Le désastre était inouï, les ruines innombrables, les réfugiés horrifiés. Quant au physique des Mongols, à leur habillement, à leurs mœurs, ils étaient si nouveaux, si étranges qu'ils ne pouvaient que surprendre. Ne passons pas trop vite sur ces phrases qui ne recèlent pas que des mensonges et qui surtout, à côté de quelques vérités, reflètent ce que l'on ressentait alors : elles sont indispensables pour comprendre la relative facilité des victoires mongoles. Du temps sera passé quand l'auteur anonyme de la *Chronique des archers*, un Arménien (et les Arméniens, ne l'oublions pas, sont de fidèles alliés des Mongols), jugera encore les Mongols indescriptibles et, non sans prudence, soulignera que les premiers au moins qu'aperçurent les Arméniens « n'étaient pas comme des hommes », mais « terribles à regarder et indescriptibles avec leurs larges têtes comme celle d'un buffle, leurs yeux étroits comme un jeune oison, leur nez camus comme celui d'un chat [...] avec des voix plus perçantes que celles d'un aigle [...] et [qui] mangeaient comme des loups ». Plus tard encore, un demi-siècle après, le Florentin Ricold de Monte Croce, un homme qui connaît bien les Mongols, en une époque où l'on a eu le temps de s'habituer à eux, brossera encore à peu près le même tableau, affirmant que la plupart d'entre eux « vivent comme des bêtes sans loi de nature ni de volonté ». Il est dur de revenir sur le jugement qu'on s'est formé. Il est dur d'accepter l'étranger, le tout autre.

J'ai parlé de vérités contenues dans ces « descriptions ». Il y en a. Caricaturés, les traits physiques se reconnaissent ; l'essentiel de l'habillement est bien décrit. On doit remarquer que presque chaque informateur fait allusion à la légende de l'Erkene Qon : « Ils descendent des montagnes du nord », « Ils ont franchi une barrière de rochers », « ils sont sortis des monts dans lesquels ils étaient enfermés », « Ils ont percé le roc solide [...] pour sortir des monts ». On rappelle à satiété qu'ils se proposent de soumettre le monde entier – ce qui est vrai. Certains, comme l'archevêque russe Peter, qui a fui l'invasion et témoigne en 1245 au concile de Lyon, connaissent « le Dieu unique des Tartares », la prétendue « filiation divine de leur chef », les prières quotidiennes qu'ils adressent au Créateur, les offrandes de prémices, les festins qu'ils célèbrent à la nouvelle lune, bref, l'essentiel de leur foi.

En fait, la grande question qui demeure en suspens est celle de leur cannibalisme. Remarquons d'abord que les Latins comme les Slaves, les Arméniens ou les musulmans sont d'une manière générale effrayés par la nourriture des Mongols : ils les accusent de manger du chien, des rats et du cheval. De là à les faire manger de la chair humaine il n'y a qu'un pas, vite franchi par l'intermédiaire du « sang qu'ils boivent », du « sang dont ils sont assoiffés », ce qui peut être pris aussi bien au sens propre que figuré. Nous avons vu que les Mongols eux-mêmes — rappelons-nous les descriptions exaltées de Djamuqa — ne manquent pas de se dire anthropophages et ils doivent s'être donné bien du mal pour le faire accréditer, quoiqu'ils ne le soient pas — ou du moins pas habituellement, car il peut y avoir eu chez eux des cas de cannibalisme dicté par la faim, voire, ce qui serait plus intéressant, des cas de cannibalisme rituel. Que ces derniers aient existé ou non, ce n'est pas à eux que les informateurs peuvent se référer. S'ils étaient pratiqués dans le contexte mystico-religieux du chamanisme, ce qui n'est pas rigoureusement impossible, ils devaient en effet avoir lieu dans le plus grand secret, dans un secret si grand qu'aujourd'hui encore nous ne sommes pas à même de le percer. Ajoutons que ces accusations d'anthropophagie n'étaient pas nouvelles et, sans remonter bien haut dans le temps, qu'elles coururent au Xe siècle à propos des Hongrois (à l'origine de nos « ogres », qui ne doivent sans doute rien à l'*orcus* latin).

LA CAMPAGNE EN EUROPE CENTRALE

Au XIIe siècle, la grande puissance en Europe centrale est indiscutablement la Hongrie. Le roi Bela III (1172-1196), à défaut de pouvoir devenir basileus, s'est tourné vers ses voisins de l'ouest. Avec l'appui du clergé, du pape et de l'aristocratie, il a repris la Dalmatie, conquis la Galicie et repoussé les attaques vénitiennes. Au moment de son mariage avec Marguerite de France, une Capétienne, il est l'un des souverains les plus riches et les plus écoutés d'Occident. Son royaume, que baigne l'Adriatique, exerce une autorité presque sans partage sur la péninsule balkanique. On comprend ses ambitions orientales : n'était-ce pas un devoir pour la première puissance chrétienne que de conquérir à la fois les âmes et les terres de ceux que l'on nommait Comans, Polovtses ou Qiptchaq selon que l'on parlait latin, russe ou turc ? À la fin du XIIe siècle, peut-être au début du XIIIe, ils en eurent au moins la conviction et commencèrent à s'en donner les moyens. C'est, nous n'en doutons pas, en tant que protecteurs des Qiptchaq,

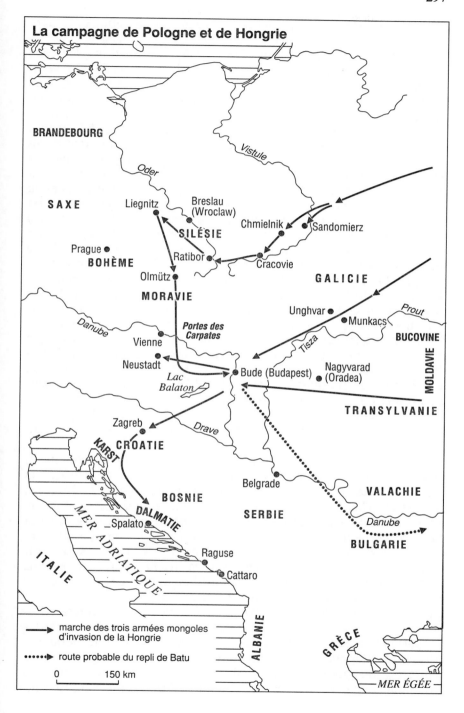

La campagne de Pologne et de Hongrie

marche des trois armées mongoles
d'invasion de la Hongrie

route probable du repli de Batu

0   150 km

pour venger l'honneur turc – un bon prétexte –, que Batu leur déclara la guerre.

Au début de 1241, en plein hiver, les Mongols lancent leur aile droite, commandée par Qaïdu et Baïdar, sur la Pologne. Le 13 février, ils franchissent la Vistule sur la glace, saccagent Sandomierz, et leurs avant-gardes apparaissent aux abords de Cracovie. Le gros des forces ne tarde pas à suivre. L'armée polonaise qui veut leur barrer la route est battue à Chmielnik le 18 mars 1241. Plus rien ne protège Cracovie. Le roi Boleslas IV s'enfuit pour chercher refuge en Moravie et les Mongols entrent dans la ville – une petite ville : il n'y aura que des bourgades dans cette partie du monde –, l'incendient, puis pénètrent en Silésie, passent l'Oder à Ratibor et ravagent la région de Breslau (Wroclaw). La Silésie, à cette époque, ce n'est pas l'Allemagne ; c'est la Pologne, et l'une de ses régions les plus peuplées et les plus riches. Cependant, les Allemands s'alarment. Pour aider les Polonais et tenter d'arrêter la vague de sauvages qui déferle, ils envoient une armée de secours composée de croisés allemands et de chevaliers teutoniques, quelque 30 ou 40 000 hommes placés sous les ordres d'Henri de Silésie – une force comme on en voit peu en Europe. Le 9 avril, près de Liegnitz, à Wahlstadt, elle se heurte aux Mongols – à peu près deux fois supérieurs en nombre – et se fait écraser. On promène au bout d'une lance la tête du duc Henri de Silésie. On raconta par la suite que cinq cents sacs d'oreilles furent envoyés à Batu. Par un étrange paradoxe (et nous retrouvons là ce désir d'apaiser les frayeurs populaires), le désastre de Liegnitz a laissé en Allemagne un tel souvenir d'héroïsme qu'il demeura dans la mémoire comme une retentissante victoire. Goethe confessera sa surprise quand il lira dans les premiers ouvrages savants comment s'était déroulée la bataille et quelle en avait été l'issue.

Dans la Silésie livrée au chaos, les cavaliers se déchaînent, tuent, pillent. En trois semaines, ils dévastent tout, tant et si bien que la province entière semble avoir perdu toute vie. Au centre de l'Europe, cette terre riche, fertile et peuplée devient une sorte de désert dont on dirait que Dieu a détourné ses regards. Ensemencée du sang et de la chair de ses habitants immolés, ce sera un grand champ qui attendra des ouvriers pour une moisson nouvelle. Ils viendront. Non point d'une Pologne épuisée, consacrant ses dernières forces à survivre, mais d'une Allemagne voisine miraculeusement épargnée. Les Mongols ont été la cause du premier recul des Slaves en Europe.

Les vainqueurs entrent en Moravie. Ils investissent Olmütz (Olomauc) que défend Iaroslav de Sternberg, puis, se glissant par les Portes Carpates et passant à l'est de ces villages qui deviendront glorieux – Austerlitz, Wagram –, vont rejoindre en Hongrie l'aile gauche et le centre des troupes d'invasion qu'ils avaient mission de couvrir, sans être inquiétés par le roi de Bohême, dont l'armée est pourtant rassemblée, mais qui n'ose pas intervenir. Une habile propagande fera croire que les Mongols n'ont pas eu l'audace de l'attaquer. Il n'était pas dans leurs consignes de le faire.

Malgré tous les avertissements – et Dieu sait s'ils avaient été nombreux ! –, les Hongrois ne s'étaient pas préparés à la guerre. Le *Yuan-che* croit savoir qu'ils furent assaillis simultanément par cinq colonnes progressant par cinq voies différentes, mais il apparaît plus vraisemblable que les Mongols étaient divisés en trois corps d'armée, l'un constituant l'aile droite – celui-là même qui avait triomphé en Pologne –, l'autre le centre, le troisième l'aile gauche. Le premier, placé sous le Djötchide Chaïban, venait donc de Silésie et coupait la Hongrie de l'Autriche. Le deuxième, emmené par Batu, formait le centre et se dirigeait vers le sud-ouest à partir de la Galicie, à travers les défilés des Carpates que l'on nomme les Portes des Magyars, entre Unghvar (Ungvar) et Munkacz (Moukatchevo). Le troisième, en aile gauche, commandé par Qada'an, fils d'Ögödeï, avait été concentré en Bessarabie et débouchait de Moldavie en direction de l'ouest. Le général en chef se heurta aux forces hongroises chargées de défendre l'étroit passage et les bouscula le 12 mars 1241. Sur les autres fronts, il n'y eut guère de résistance. Tandis que les villes tombaient (prise de Belgrade à une date incertaine) et que des détachements recevaient mission de parcourir les campagnes, le gros des troupes d'invasion se rejoignit entre le 2 et le 5 avril devant la capitale du royaume, Bude, l'actuelle Budapest, où Bela IV avait regroupé ses forces, environ 100 000 hommes.

Le roi ne voulut pas laisser à ses ennemis le temps d'investir la ville. Le 7, il passa à l'attaque. Pendant quatre jours, les Mongols firent retraite, vite mais en bon ordre, sur quelque 150 kilomètres, jusqu'au confluent du Sayo et de la Tisza (Theiss). Puis ils firent front. La bataille eut lieu à Mohi, le 11. Ce fut, pour les conquérants du monde, une de leurs plus brillantes victoires.

Avant d'engager l'action, Batu, comme le faisait son aïeul, s'était retiré sur une hauteur pendant vingt-quatre heures pour invoquer le Ciel. Il avait ordonné aux musulmans qui servaient sous lui de prier aussi. Cependant, il ne semblait pas sûr de lui. On peut supposer qu'il aurait voulu entraîner les Hongrois plus avant à sa suite, les épuiser par une marche forcée, peut-être les scinder en plusieurs groupes. Le lieu choisi pour la bataille était bon, mais les effectifs qu'il fallait affronter étaient considérables et au mieux de leur condition, n'ayant eu à pâtir ni d'actions antérieures ni d'une longue progression. Le cours du Sayo séparait les deux armées. Au cours de la nuit, Sübötei fit franchir la rivière en amont et en aval du camp hongrois, sans que l'ennemi en fût averti. Au jour, Bela IV attaqua. Les chevaliers avaient du panache et un immense courage. Batu reçut leur choc alors qu'il se trouvait en de très mauvaises dispositions morales, déjà vaincu avant que de combattre. Bien que ses pertes fussent infimes, il voulut décrocher. Süböteï, qui de son côté ne doutait pas de la victoire, qui déjà la tenait, l'en dissuada et parvint à lui insuffler la foi. Batu se battit. Il n'eut pas à le faire longtemps. Les hommes qui avaient traversé la rivière ne tardèrent pas à se jeter sur les deux flancs de l'armée hongroise, l'encerclant, la prenant en tenailles entre eux et le cours d'eau. Le combat changea d'âme. Les Mongols, qui savaient de longue expérience que leur tactique d'encerclement était infaillible, comprirent qu'ils allaient vaincre cette fois encore. Les Hongrois, qui s'attendaient à tout sauf à cela, se virent perdus. Démoralisés, ils furent en effet écrasés.

Les Mongols remportèrent là une victoire comme jamais encore ils n'en avaient remporté, rapide, nette, absolue, sans éprouver de lourdes pertes et sans laisser aux vaincus la moindre rémission. L'armée hongroise, qui une année plus tôt avait acquis une réputation d'invincibilité, n'avait rien pu faire que de mourir. Cela lui permettait de sauver l'honneur, mais elle n'existait plus.

Les hordes se déversèrent dans la puszta, y semant selon leur habitude la dévastation et la ruine. Il fallait des femmes à ces soldats vainqueurs qui venaient de si loin et qui en étaient privés depuis si longtemps. On promit la vie sauve aux Hongroises qui se livreraient sans faire d'histoires. Celles qui se donnèrent furent tuées, comme les autres. Il fallait, plus encore, du ravitaillement pour les mois à venir. On incita les paysans à faire la moisson et à engranger la récolte afin, leur disait-on, qu'ils ne mourussent pas de faim. Ils s'acquittèrent de leur tâche, puis, comme on n'avait pas besoin de bouches inutiles, on les passa au fil de l'épée. On dit que la moitié de la population périt en quelques mois − plus d'un million d'hommes. Allez savoir ! Du moins quelques citadelles résistèrent-elles avec l'énergie du désespoir, repoussant tous les assauts. Les malheurs du royaume furent pleurés par Roger, l'archidiacre de Nagyvarad (aujourd'hui Oradea), dans son *Carmen miserabile*.

Malgré la jalousie qu'il éprouvait envers le vieux héros des guerres gengiskhanides, Batu dut reconnaître que la victoire lui revenait. Ce fut le dernier exploit de Süböteï. Il retourna en Mongolie pour y prendre sa retraite. Il mourut dans sa yourte natale, sur les rives de la Tola, en 1246.

De toutes les campagnes mongoles, il n'y en eut ni de plus brillante ni de plus rapide que celle de l'Europe centrale. En quatre ans, tout un monde avait sombré, avec ses rois chevaliers et ses armées immenses. La Corée, le royaume des Si-hia, l'Iran, la Chine des Kin avaient autrement résisté. Quelle gloire et quelle vanité ! Rien n'avait été ni ne serait plus éclatant, mais rien n'avait été ni ne serait plus inutile.

Le 25 décembre 1241, Batu traversa le Danube gelé. Il envahit la

Croatie et prit Zagreb. Bela IV s'était enfui en Dalmatie, où il s'était réfugié dans une île de l'Adriatique, comme l'avait jadis fait en Caspienne le malheureux roi du Kharezm, Muhammad Chah. En mars 1242, Qada'an, lancé à sa poursuite, atteignit la mer. On vit les cavaliers tartares à Spalato (Split), à Cattaro, à Raguse. Ils n'étaient pas nombreux. Le prince n'avait plus avec lui, dit l'archidiacre Thomas, qu'une partie de ses troupes, « car il n'y avait pas assez d'herbages pour tous les cavaliers : c'était tôt en mars et il y avait de fortes gelées ». Le froid n'entrait certes pas en ligne de compte, mais bien l'aridité des monts de Karst, au nord-ouest de la Croatie. Très vite, les poursuivants durent se replier sur la plaine hongroise. Il en alla de même avec les forces que Batu avait envoyées plus avant vers l'Occident, qui avaient fait leur apparition à Neustadt, en vue de Vienne. Quand tous les escadrons revinrent dans la puszta, Batu était déjà parti.

MORT D'ÖGÖDEÏ

Ögödeï était mort. Il s'était éteint le 11 décembre 1241, au moment où sur le front hongrois ses troupes achevaient leur conquête. Comme pour Tului, ce fut sans doute l'alcool qui vint à bout de sa robuste constitution. Plan Carpin recueillit pourtant une légende selon laquelle il aurait été assassiné par une femme. On avait déjà inventé pareille histoire à propos de Gengis Khan, et elle ne semble pas mieux fondée dans un cas que dans l'autre. Selon la coutume, il fut enterré dans son *ordu*, près du haut Irtych, sur une montagne neigeuse située à une distance de deux jours de marche.

Un étrange petit fait que rapporte Rachid al-Din précéda sa mort. Il se trouvait qu'un loup ravageant les troupeaux d'un certain Mongol avait été capturé et apporté au Qaghan pour être jugé sur ses méfaits. Celui-ci l'avait relâché « pour qu'il informât ses amis de ce qui était arrivé et qu'ils pussent quitter la région ». Mais des chiens avaient attaqué et tué le loup au moment de sa fuite. Alors le Qaghan, furieux, avait ordonné qu'on mît à mort les chiens et avait déclaré à ses ministres : « J'ai libéré le loup parce que j'ai senti en moi une faiblesse et je pensais que, si je sauvais une créature vivante de la destruction, l'Éternel m'épargnerait. » Très affecté dès lors, il se laissa entièrement aller à son destin.

Le récit est malaisé à expliquer, mais il doit se référer à des croyances relatives à l'animal « totem » des Mongols et aux liens particuliers de celui-ci avec leur souverain.

LE REPLI

A voir comment Russes, Polonais, Allemands, Hongrois ont été vaincus, à voir arriver sur l'Adriatique, aux portes de Vienne, à quelques centaines de kilomètres de Venise et du Rhin une armée qui paraît venir du bout du monde, et qui en vient, on a toute raison de croire que l'Europe occidentale est perdue. Déjà, Batu a envoyé à l'empereur Frédéric II l'ordre de se soumettre. Alors, soudain, sans que rien ne le laisse prévoir, l'immense vague levée au fin fond des steppes semble perdre force, et le flux, qui montait irrésistiblement, se retire.

On attribue unanimement le départ des troupes mongoles d'Europe centrale à la mort du Grand Khan Ögödeï. Le décès de l'empereur ouvre en effet la succession au trône : maints princes qui prennent part à la guerre peuvent y prétendre ; ils ont du moins à participer au *quriltaï*, où ils ont leur mot à dire. L'explication du repli est toute trouvée ; on n'a pas à chercher plus loin. Elle me paraît cependant tout à fait invraisemblable.

La nouvelle, dit-on, parvint en Hongrie au printemps de 1242, quelque trois mois après la disparition du souverain. C'est acceptable en théorie, irrecevable en pratique. Malgré l'efficacité de la poste mongole, il semble qu'une telle rapidité ne soit pas possible, et elle est sans exemple historique connu*. Là où un diplomate peut parcourir 30 ou 40 kilomètres par jour, un courrier peut aller trois ou quatre fois plus vite, en plaine et à la condition de ne rencontrer sur sa route aucune difficulté majeure (voie coupée par la tempête, pont enlevé, relais paralysé par une épizootie...). Mais il y a des montagnes à franchir, des déserts à traverser sur les quelque 4 000 kilomètres qui, à vol d'oiseau, séparent Qaraqorum de la Volga, et bien peu de chances qu'aucun incident ne se produise, surtout en plein hiver. De la Volga à la Hongrie, dans des pays qui viennent d'être ravagés par la guerre, les relais et les routes n'ont certainement pas encore été organisés, et ce qui était déjà difficile dans les terres de l'Empire paraît là devenir impossible. Il faudrait d'ailleurs admettre que l'on n'ait rien eu de plus pressé que de prévenir l'armée des princes. Or ce n'est pas dans la coutume. On préfère tenir la mort secrète pendant le temps nécessaire à la mise en place de la régence. Je doute que le courrier soit parti le 12 décembre. Je ne crois pas qu'il ait parcouru de 10 à 15 000 kilomètres de pistes en cent jours.

Admettons cependant que les choses se soient passées comme on

---

* Voir *infra*, p. 331, le temps qu'il faudra, en Chine, pour que Khubilaï apprenne la mort de son frère Mongka.

l'imagine et que, quelque part dans la plaine hongroise, Batu ait été averti en mars, à la veille d'envoyer ses cavaliers en Dalmatie et de partir en personne pour la Bulgarie. Aurait-il pu décamper sur-le-champ ? Un repli non prévu tourne toujours au désastre. On ne peut le préparer en quelques journées, surtout dans un pays exsangue. Le généralissime devait rassembler ses hommes, prévoir tout ce dont ils auraient besoin pour une longue marche estivale, assurer ses arrières, donner des instructions à l'administration que, ici comme dans tous les autres pays conquis, il avait installée. Or que fait Batu ? Se hâte-t-il ? Abandonne-t-il tout pour gagner au plus vite des régions où il pourra être en contact plus étroit avec ses parents, où il sera plus près des événements ? Nullement. Il emmène avec lui une masse de captifs que l'on retrouvera plus tard jusqu'en Mongolie. Tout laisse supposer que, dès le commencement de l'hiver, il a prévu et organisé son départ, et qu'il l'a fixé au début du printemps. On est à peu près certain qu'au plus tard en mai, peut-être en avril, voire en mars, il campe en personne dans l'actuelle Bulgarie des Balkans.

Que va-t-il faire là ? Rien d'évident ne l'incite à s'y rendre. Même si tous les Balkans sont plongés dans la stupeur, il ne peut y pénétrer sans livrer quelques combats, au moins sans prendre d'élémentaires précautions. La résistance tenace des citadelles hongroises prouve qu'il se trouve toujours des hommes au grand cœur, prêts à mourir les armes à la main. Et pour quelle raison faire ce détour par le sud, s'il est pressé de rentrer, plutôt que de prendre la route directe en retraversant d'est en ouest la Hongrie et les Carpates ?

Enfin, et cela est un argument si lourd pour enlever la décision qu'on s'étonne que nul n'y ait pensé, si Batu avait mis un terme à son offensive victorieuse et abandonné les terres conquises dans le seul propos de se rendre au *qurïltaï*, pourquoi n'y serait-il pas allé ? Pourquoi, sur le chemin du retour, n'aurait-il pas manifesté au moins son impatience d'y parvenir ? Or il paraît cheminer en toute quiétude, très lentement, pendant tout l'hiver 1242-1243, à travers la Valachie et la Moldavie, puis l'Ukraine, en direction de la Volga.

Il doit y avoir une autre cause au repli. Elle saute aux yeux.

Les Mongols ont marché et combattu en Pologne et en Hongrie de janvier à avril 1241, puis se sont pratiquement arrêtés sans poursuivre leur avantage, sans même se lancer sur les traces de Bela. Ils sont manifestement fatigués et doivent se reposer – ou laisser reposer leurs montures, ce qui revient au même. Ce n'est que sept ou huit mois plus tard, en décembre, qu'ils reprennent l'offensive, même pour un court moment et sans grande envergure. Pourquoi ? Évidemment parce qu'ils ne peuvent pas la mener plus avant ou lui donner l'ampleur qu'ils voudraient. Au printemps de 1241, ils sont à court de provisions. Ils forcent les paysans à récolter, puis ils les tuent pour ne pas avoir à partager avec eux les récoltes. Les chevaux manquent d'herbages : il faut voir si la puszta sera capable de les nourrir pendant l'été. Batu constate, l'hiver venu, qu'elle est insuffisante et qu'il lui faut donc la quitter. Comme en Inde, comme en Chine, la guerre en Europe exige des moyens qu'il n'a pas.

Il aurait pu rester cantonné dans la vallée du Danube et, de là, lancer des raids en Italie, en Allemagne, en France même. C'est ce qu'avait jadis fait Attila, sans espoir de conquête, mais il aurait dû pour cela congédier une partie importante de ses forces. La plaine hongroise à herbages constitue le plus riche pâturage de l'Europe centrale et occidentale, mais elle n'est pas sans limites. Elle couvre quelque 100 000 kilomètres carrés, soit une surface douze à treize fois moindre que la Mongolie, et, au XIIIᵉ siècle, forêts et champs cultivés en occupaient une partie. Elle pouvait au maximum nourrir 320 000 unités animales, et 206 000 selon les évaluations moins théoriques des savants hongrois – une unité animale étant, rappelons-le, constituée par cinq moutons ou cinq chèvres, un cheval ou un bovidé* –, soit, en comptant les trois montures dont chaque homme doit au moins disposer**, 68 000 cavaliers, en admettant qu'on n'y élevât ni moutons ni bovidés, pourtant indispensables à l'alimentation.

Batu préféra donc se retirer et il prépara avec soin son repli. Il n'abandonnait rien. Il comptait revenir. L'administration qu'il laissait sur place en était un garant. En attendant, il s'installait dans la steppe qiptchaq. Il allait en faire son *ulus*, le khanat de la Horde d'Or.

---

* Calcul établi tant en Amérique qu'en Asie.
** Mais, justement, Thomas de Spoleto dit que chaque homme a besoin de vingt ou trente chevaux.

CHAPITRE XIII

Güyük et les régences

RÉGENCE DE TÖREGENE

A la mort d'Ögödeï (1241), la régence fut confiée à sa veuve, Töregene. C'était probablement une Naïman qui avait été mariée en premières noces à un fils du vieil ennemi de Gengis Khan, le Merkit Toqto'a-beki, et qu'Ögödeï avait trouvée dans le butin fait sur les Merkit avant que ceux-ci ne fussent incorporés au peuple mongol.

Une femme accédait donc au pouvoir suprême, même si celui-ci devait être limité dans le temps et contrôlé par les grands. Le fait est en lui-même remarquable, et il l'est plus encore par suite des traditions qui attachaient les époux l'un à l'autre dans la vie et dans la mort. On se mariait pour l'éternité. Les Mongols pratiquaient le *yangaliq*, mot dérivé de *yanga*, « tante par mariage », « femme d'un frère aîné », et par lequel on désigne le remariage de la veuve avec l'un des jeunes frères ou l'un des fils de son époux décédé, à condition que ce fils ne soit pas né d'elle, non point comme dans le lévirat mosaïque afin d'assurer sa descendance, mais afin que ce nouvel époux la conservât à l'ancien pour la vie future où il la retrouverait, puisque dans le ciel – où l'on continuait à exister – on était « comme parmi les vivants ». Cette coutume déjà ancienne succédait à une autre plus cruelle, tombée en désuétude, qui impliquait que la veuve accompagnât son mari dans la tombe. On réservait désormais ce sort aux concubines et aux esclaves que l'on immolait aux obsèques et aux fêtes anniversaires.

Töregene était bien veuve, et elle le resterait. Pour elle comme pour tant d'autres, pas question de secondes noces ! Les attestations historiques de remariages de hautes personnes sont plus que rares, presque inexistantes. C'est une exception insigne que la velléité que l'on eut de remarier la femme de Tului avec un fils de Güyük, et elle se heurta au refus hautain de la princesse, déterminée à ne pas se montrer infidèle à celui dont elle avait partagé la couche. On a conclu que le *yangaliq* n'était plus pratiqué chez les Mongols du XIIIe siècle, bien que plusieurs informateurs soutiennent le contraire, tel Hethum selon qui le nouvel époux fait lit avec elle – ce dont je ne suis pas certain, le remariage ne devant à mon sens pas être consommé. Tout laisse à penser que la loi s'appliquait aux gens du commun, mais que les grandes dames étaient de trop haute qualité pour qu'on pût mettre leur honneur en doute et, si j'ose dire, pour qu'on ne doutât pas qu'elles se gardaient toutes seules.

Le problème de la succession se posait après la mort d'Ögödeï comme après celle de Gengis Khan, mais en termes plus aigus. Le Qaghan avait souhaité que son fils Kütchü lui succédât, mais le jeune prince avait été tué au combat en Chine (1226), et l'empereur aurait alors porté son choix sur son petit-fils Chiremon.

Chiremon ne faisait pas l'unanimité et la régente, notamment, lui préférait son propre fils Güyük. Elle avait eu l'appui de Djaghataï, le second fils de Gengis Khan, le gardien du *yasaq*. Il avait été le principal artisan de son élévation et il aurait certainement soutenu avec fermeté le candidat qu'elle présentait. Mais Djaghataï était mort quelques mois après l'empereur, au début de l'année 1242, bien que les médecins les plus habiles aient été appelés à son chevet. Leur impuissance, au reste, leur avait coûté cher : ils avaient été accusés d'avoir empoisonné leur patient, et mis à mort. Il était dangereux, alors, d'exercer la médecine.

Ce décès remit tout en question. Le pouvoir de Töregene, qui n'était déjà pas très assuré, s'en trouva ébranlé. Djaghataï disparu, les Djötchides pesaient lourd. Or ils étaient hostiles à la régente, et plus franchement encore à Güyük. Batu ne s'était pas réconcilié avec ce dernier depuis leur altercation pendant la campagne d'Europe, et la querelle entraînait à sa suite tous les princes de sa famille et leur clientèle.

Töregene était une femme énergique. Elle prit aussitôt des mesures pour annihiler toute résistance à ses volontés et pour tenter de faire accréditer son choix. Elle ne recula devant rien ni personne, et fit preuve d'une audace inouïe. Elle fit exécuter l'Ouïghour Körgöz, gouverneur de l'Iran oriental, et mit à sa place un Oïrat, Arghun Aka. Le choix se révéla d'ailleurs assez heureux, car l'homme était lettré et avait servi dans la chancellerie impériale. Pendant tout le temps de son gouvernement (1243-1255), il s'efforça de protéger les populations indigènes contre les abus de la fiscalité et les brutalités des nomades. Töregene osa s'en prendre aux plus hauts dignitaires de l'Empire, à ceux-là mêmes qui avaient eu la confiance de Gengis Khan et qui eussent dû être intouchables. Elle disgracia le vieux ministre khitan Ye-liu Tchou-tsai, ce qui lui aurait causé tant de peine qu'il en serait mort de chagrin (juin 1242) ; le chancelier nestorien Tchinqaï, qui, inquiet pour ses jours, jugea prudent de prendre la fuite ; Mahmud Yalawatch, qui conservait encore à cette époque son gouvernement en

Transoxiane et au Turkestan ; et bien d'autres personnages de moindre importance. C'était là bien mal récompenser la fidélité. C'était porter un premier coup bas à l'Empire.

Outré, le vieil *otchigin* Temüge, le dernier survivant des frères de Gengis Khan (qui devait être octogénaire), aurait dit-on quitté son apanage des confins de la Mongolie orientale et de la Mandchourie, dans la région de Kirin, pour marcher sur Qaraqorum, non sans intentions équivoques. Mais, soit que Güyük fût arrivé, soit qu'il eût pris conscience du danger qu'il aurait fait courir à l'Empire en provoquant une guerre civile, il aurait renoncé à son projet et se serait arrêté en chemin. Güyük, après son avènement, fit effectuer une enquête sur son comportement et punit sévèrement plusieurs membres de son entourage.

CAMPAGNE D'ANATOLIE

Le commandant de l'armée mongole d'Iran, Tchormagan, devenu infirme, fut remplacé par le *noyan* Baïdju, sans doute du vivant d'Ögödeï, mais il ne parvint qu'en 1242 dans les plaines de l'Araxe et de la Koura, où se tenait le quartier général des forces impériales. Il y restera, muni de pouvoirs fort étendus, jusqu'en 1256. La stabilité constitue l'un des traits remarquables de l'administration mongole. L'État avait compris qu'il ne fallait pas à tout bout de champ changer les hommes de place : la durée est nécessaire à l'accomplissement d'une tâche.

Baïdju trouva une situation favorable. Les Mongols n'avaient plus à se battre au Caucase ou en Arménie. Ils étaient en revanche en contact direct avec les souverains de l'Asie Mineure.

Les territoires de ce qui forme aujourd'hui la Turquie d'Asie, l'Anatolie au sens large du terme, appartenaient pour la majeure partie aux Seldjoukides que, pour les distinguer des anciens Grands Seldjoukides d'Iran, on nommait – d'après le nom de leur capitale – les Seldjoukides de Konya ou – d'après celui du pays où ils étaient installés : le pays grec, c'est-à-dire, dans l'optique musulmane, le pays romain – les Seldjoukides de Rum (de « Rome »). Au début du XIII⁰ siècle, ils s'étaient donné accès à la mer Méditerranée en prenant aux Vénitiens Adalia (Antalya) et aux Arméniens de Cilicie (Petite Arménie) Alaiyya (Alanya)*, et ils s'étaient assuré une place de choix sur un des débouchés de la route commerciale ves l'Iran, l'Inde et la Chine en occupant Erzindjan et Erzurum (1231). La grande révolte socio-religieuse de

---

* Ils se ménagèrent plus tard un accès à la mer Noire, en enlevant Sinope aux Grecs.

Baba Ishaq, qui avait embrasé le royaume dans sa totalité et avait exigé l'intervention de ses meilleures troupes, n'avait été qu'un signe sans conséquence de la crise de croissance. L'État ne s'en était pas trouvé affaibli. Il arrivait à son apogée. Le pays était prospère. Il pouvait apparaître comme l'un des plus favorisés du monde. Le commerce, appuyé sur tout un réseau de caravansérails *(han)* et sur des accords signés avec les Vénitiens, les Pisans, les Provençaux, les Génois, les Byzantins, était en pleine expansion. On exportait beaucoup et on importait peu, ce qui ne cessait d'accroître la richesse. L'industrie minière était active ; l'artisanat, au mieux de ses conditions ; l'élevage nomade n'avait pas disparu devant une agriculture de plus en plus efficace, grâce en partie aux moulins à vent – les « turquois », comme on les nommera chez nous. On frappait l'or. On entourait les villes de splendides murailles, décorées d'antiques. On érigeait des palais. On multipliait les écoles. L'avenir pouvait sourire aux Seldjoukides.

C'est alors que Baïdju attaqua. Il prit Erzurum pendant l'hiver 1242-1243 et, au printemps, s'avança vers l'Anatolie centrale. Les Seldjoukides appellèrent au secours Francs, Grecs de Nicée et de Trébizonde, et, sans attendre leur arrivée problématique, leur sultan Kaï Khusrau II (1237-1246) déploya ses forces vers Köse Dagh, un défilé de la province d'Erzindjan. Comme tant d'autres, l'orgueil l'aveuglait. Lors des échanges d'ambassades (des ultimatums, aux yeux des Mongols) qui avaient précédé la guerre, il avait répondu avec hauteur à Baïdju. Celui-ci s'était alors contenté de lui faire dire : « Vous avez parlé d'une manière bien fière. La victoire sera à qui Dieu l'accordera. »

Dieu ne devait pas être dans le camp des Seldjoukides. La position qu'ils occupaient était inattaquable. Baïdju, après en avoir tâté, usa de la vieille ruse qui consistait à simuler la fuite. Les Seldjoukides, encore proches des traditions nomades, n'auraient pas dû s'y laisser prendre. Ils se lancèrent à la poursuite des Mongols et, le 26 juin 1243, subirent une éclatante défaite. L'Asie Mineure était livrée à l'invasion. Baïdju arriva à Sivas – qui ouvrit aussitôt ses portes –, à Tokat, à Kayseri (Césarée de Cappadoce), qui voulurent résister et furent durement châtiées. Le sultan s'était enfui à Ankara. La politique souple et rapide du grand vizir, le Premier ministre, sauva le pays de la dévastation. Il alla voir Baïdju au sud de la Caspienne pour offrir sa soumission. Il céda à tout ce que le vainqueur exigeait, se reconnut vassal, accepta de payer un tribut en or, en argent, en chevaux et en chameaux, consentit que des garnisons mongoles fussent laissées dans diverses places fortes et que plusieurs princes reçussent des apanages.

Ce ne fut pas la fin du royaume seldjoukide, ni même sa complète déchéance. Il continua à vivre et, dans une certaine mesure, à prospérer jusqu'au début du XIVᵉ siècle, quoique sous l'étroite surveillance à laquelle est toujours astreint un protectorat, non point sans doute parce qu'il avait sauvé l'essentiel – la force de vivre –, mais parce que les Mongols ne voyaient rien qui fût susceptible de le remplacer. Par son intermédiaire, l'Empire gengiskhanide s'étendait désormais jusqu'aux abords de Constantinople. Manuel Ier, roi de Trébizonde (1235-1264), celui que l'on nommait le Grand Capitaine, s'empressa de se déclarer vassal. L'atabeg de Mossoul, Badr al-Din Lulu, en fit autant. Quant à la Petite Arménie, l'Arménie de Cilicie, elle vit là une raison supplémentaire pour resserrer ses liens avec ceux qui, ayant abattu une nouvelle grande puissance musulmane, apparaissaient de plus en plus comme des hérauts du christianisme. En cette fin de la première moitié du XIIIe siècle, l'étau se refermait sur le monde musulman. Par l'Anatolie et la Cilicie, les Mongols étaient presque voisins des États francs de Terre sainte. Les Arméniens entendaient faire des uns et des autres des alliés contre ce qui restait de la puissance de l'Islam. Sur celui-ci, on n'aurait pas osé parier gros.

ÉLECTION DE GÜYÜK

Töregene tenait-elle au pouvoir ? Les difficultés se révélèrent-elles particulièrement importantes entre les princes gengiskhanides ? Il fallut en tout cas quatre ans pour réunir le *quriltaï* destiné à désigner le successeur d'Ögödeï – et dire qu'on a voulu nous faire croire que Batu quitta la Hongrie parce qu'il était pressé ! Il se tint enfin au printemps et à l'été de 1246 près du lac Kökü (le Kökü nor), dans la région des sources de l'Orkhon. Tous y étaient, sauf Batu, qui gardait rancune à Güyük, qui avait dû s'opposer de toutes ses forces à son élection, qui se disait malade, et qui l'était peut-être. Ce fut une réunion grandiose. Il y avait, pour y assister, outre les princes du sang, les généraux, les grands seigneurs mongols et les grands commis de l'État, pléthore d'ambassadeurs et de souverains vassaux venus des quatre coins de l'Empire ou des royaumes voisins, le grand-duc de Russie Iaroslav, les deux prétendants au trône de Géorgie, le connétable Sempad d'Arménie, frère du roi, le futur sultan seldjoukide Kilitch Arslan IV (intronisé en 1249), des représentants du calife de Bagdad, de l'empereur des Indes, et, parmi tous ces gens, un humble envoyé du pape qui n'était pas venu pour l'intronisation, mais qui s'y trouvait par un heureux hasard, le franciscain Jean de Plan Carpin.

C'était une immense ville nomade que celle où se tenait le *quriltaï* : la *Sira Ordu*, comme on disait, le « Camp Jaune » c'est-à-dire d'Or. En son centre se dressait « une grande tente de toile pourpre qui, à notre avis, précise Plan Carpin, était assez vaste pour abriter 2 000 personnes » : la tente de la régente, où l'on se réunissait en assemblée plénière. Töregene avait fini par l'emporter : le fils qu'elle avait eu de l'empereur serait à son tour empereur. Il fut désigné, mais il n'accepta, après les simagrées d'usage, qu'à la condition que le trône restât héréditaire dans sa propre lignée : ambition personnelle ou conscience aiguë du danger que courait l'Empire à chaque vacance du trône et qui croissait au fur et à mesure que les princes du sang devenaient plus nombreux et plus distants les uns des autres – par l'éloignement des sentiments plus encore que par celui de leurs *ulus* respectifs ?

L'intronisation eut lieu le 24 août 1246, « à trois ou quatre lieues de là dans une belle plaine [...] où se trouvait dressée une autre tente [...] montée sur des poteaux couverts de lames d'or [...]. Le ciel et les parois en étaient revêtus de baldakin, mais l'extérieur était d'autres étoffes ». Il y avait « grande foule ».

> « Ils se tenaient face au midi, certains éloignés d'un jet de pierres, et ils s'éloignaient peu à peu en priant avec des génuflexions, tournés vers le midi. Pour nous, ne sachant pas s'ils faisaient des incantations ou fléchissaient le genou devant Dieu ou devant un autre, nous ne voulions pas faire de génuflexions. Après avoir fait cela longtemps, ils revinrent à la tente et placèrent Güyük sur le trône impérial et les chefs fléchirent le genou devant lui, puis tout le peuple, excepté nous qui n'étions pas ses sujets. Ensuite ils commencèrent à boire et, selon leur coutume, n'arrêtèrent pas jusqu'au soir. »

Plan Carpin n'a évidemment assisté qu'à la partie publique de la cérémonie, guère mieux que ne l'aurait fait un quelconque homme du peuple, et c'est pourquoi il ne décrit que ce qui était fait pour frapper l'imagination populaire. Et il s'y laisse prendre :

> « Il y eut là tant de cadeaux faits par les envoyés, en soieries, en tissus, en pourpre et en baldakin, en ceintures de soie brodées d'or, en fourrures ou en autres présents, que c'était merveille à voir. [...]. [La tente impériale] était merveilleuse [...]. On y avait dressé une estrade en planches assez élevée sur laquelle on avait placé le trône de l'empereur, fait d'ivoire et admirablement sculpté, garni d'or et de pierres précieuses et, si je me souviens bien, de perles [...]. Tout autour du siège étaient placés des bancs où les dames étaient assises à gauche sur des tabourets... »

Güyük, dit encore Plan Carpin, avait, quand il fut élu, « quarante ou quarante-cinq ou davantage » – en réalité quarante : il était né en 1206.

> « Il était de taille moyenne, très sage et extrêmement avisé, fort sérieux et grave dans ses mœurs. Personne ne l'a [...] vu rire facilement ou se laisser aller à quelque fantaisie. »

C'était en effet un prince sévère, hautain, n'admettant pas la familiarité, inspirant la terreur à son administration, et plus que tout autre souverain gengiskhanide imbu du sens de la grandeur impériale. Mais ce qu'on qualifiait de morgue et d'altière réserve résultait peut-être de la maladie qui le minait depuis longtemps.

Il eût sans doute été un grand prince s'il avait eu le temps de régner. Pendant le peu d'années qu'il demeura sur le trône, il fit du moins montre de son énergie en reprenant en main l'administration trop abandonnée aux caprices des administrateurs, en distribuant les trônes que d'aucuns commençaient à croire ne devoir qu'à eux-mêmes. Djaghataï avait laissé son *ulus* à son petit-fils Qara Hülegü, l'enfant de ce Mütügen qui avait péri au combat devant Bamiyan et que Gengis Khan avait tant pleuré. Il le destitua sous prétexte qu'un petit-fils ne pouvait pas régner tant qu'un fils demeurait en vie, et intronisa à sa place son oncle Yissu Mangu (1247). Il s'agissait là d'un effroyable ivrogne qui ne dessoûlait pas, de telle sorte que c'était son épouse qui organisait tout, y compris les chasses. En Iran, sans rien retirer de sa confiance à Baïdju, il dépêcha Eldjigideï, un de ces *missi dominici* qui faisaient fonction de commissaires politiques et qui étaient chargés de surveiller les commandants en chef. En Chine, il fit exécuter Abd al-Rahman, qui avait conquis les faveurs de sa mère en pressurant le peuple, et mit à sa place l'ancien gouverneur de la Transoxiane, Mahmud Yalawatch. Il réintégra le nestorien Tchinqaï au poste de chancelier et nomma à ses côtés un autre nestorien, Qadaq. A eux deux, ils tinrent pratiquement toute l'administration. En Géorgie, il partagea le pouvoir entre deux prétendants rivaux. En Anatolie, il remplaça le sultan Kai Kubad II par Kilitch Arslan IV, etc. D'aucuns pensent que sa rancune contre Batu et les velléités d'indépendance qu'on se plaît à déceler chez ce dernier faillirent l'entraîner à mener campagne contre lui. Nous en doutons.

La chrétienté se renseigne

Que faisait le franciscain Jean de Plan Carpin près de Qaraqorum lors de l'élection de Güyük en 1246 ? Nous avons laissé l'Europe assaillie par les Mongols jusqu'en son cœur, en proie à la terreur et ignorant les ressorts cachés de l'agression qu'elle venait de subir. Pendant des années, toujours plus nombreux, les rapports s'étaient entassés dans les chancelleries et, malgré quelques notes discordantes, ils faisaient entendre le même son de cloche. On se demandait pourtant si l'on pouvait entièrement s'y fier, et les informations demeuraient vagues, plus subjectives qu'objectives. On les triait sans être sûr que le tri fût bon. Quelle foi pouvait-on par exemple accorder à ces réfugiés qui avaient tout perdu, leurs amis, leurs parents, leurs biens ? Les Mongols avaient pénétré en Allemagne, en Croatie, puis s'étaient retirés. N'allaient-ils par revenir ? On disait qu'ils en avaient la volonté. On ordonna des prières et des jeûnes pour expier les fautes commises et implorer la clémence divine. On adressa des encouragements aux peuples pour qu'ils édifient des murailles, des fossés et toutes sortes d'autres ouvrages adaptés à la nature des lieux et permettant leur défense, en promettant que tous les pays chrétiens participeraient aux frais et aux efforts. Les esprits forts se gaussaient un peu. Les optimistes étaient convaincus qu'on priait et travaillait pour rien, et que les Tartares ne reviendraient pas. Beaucoup mettaient leur confiance dans leurs châteaux forts et dans le courage des chevaliers. En définitive, il en allait, au lendemain de l'invasion, comme à sa veille : on s'intéressait plus aux querelles de clochers qu'aux grandes affaires internationales. On oubliait vite au XIIIᵉ siècle, tout comme on le fait de nos jours, d'autant plus que ceux qui avaient pâti des Mongols n'étaient que des voisins, des Allemands, des Hongrois, des Polonais, des Russes. Pourtant, on finit par juger en haut lieu qu'il convenait de se renseigner et de prendre langue avec les Tartares.

Depuis leur fondation récente, au début du XIIIᵉ siècle, les ordres religieux mendiants dominicains (ou jacobins) et franciscains (ou cordeliers), créés respectivement par saint Dominique de Carlanego et saint François d'Assise, dépendaient directement de la paupauté et lui servaient d'agents dans tout le Proche-Orient. C'est parmi eux qu'avant même la première session du concile de Lyon, ouvert le 28 juin 1243, le pape Innocent IV choisit les membres de trois ou plus vraisemblablement quatre missions, deux franciscaines et deux dominicaines, pour les envoyer aux nouvelles. Il leur donna des ordres précis et formels : atteindre l'armée tartare dès qu'ils pourraient la rencontrer – le plus près serait le mieux –, remettre à leur commandant le pli qu'il leur confiait, obtenir le maximum de renseignements et enfin prendre contact avec les chrétiens d'Orient dont on parlait tant, surtout depuis qu'on avait imaginé l'existence du Prêtre Jean.

La première mission fut dirigée par un vieil habitué des terres d'Orient, le dominicain André de Longjumeau, qui naguère était allé chercher la couronne d'épines du Christ et qui parlait l'arabe et le « chaldéen », c'est-à-dire le persan ou le syriaque. Après avoir connu bien des difficultés pour traverser les États musulmans du Proche-Orient, la mission rallia Tabriz, capitale des Mongols en Iran.

La deuxième, conduite par un autre dominicain, Ascelin de Crémone, qu'accompagnait Simon de Saint-Quentin qui en serait le chroniqueur, se heurta en pays musulman aux mêmes obstacles qu'André de Longjumeau, mais finit par atteindre le camp de Baïdju dans la vallée de l'Araxe. Ascelin, qui ignorait les us et coutumes des Mongols, n'apportait naturellement aucun cadeau, ce qui était contraire à l'étiquette et, si l'on en croit Guillaume de Rubrouck, à leur cupidité, et il refusa de se plier aux génuflexions d'usage. Courageux sur ce point, comme le seront d'ailleurs toujours les chrétiens, il était par ailleurs pusillanime et craintif, ou simplement médiocre. Il jugeait sa mission accomplie et n'entendait pas répondre à l'invite qu'on lui faisait de continuer son voyage pour rencontrer plus à l'est les supérieurs du commandant des forces armées en Iran.

Les franciscains se montrèrent plus audacieux, et plus heureux. De leur première mission, confiée à Laurent de Portugal, on ne sait rien et il n'est pas impossible qu'elle ne partit jamais. La seconde, en revanche, dont Plan Carpin reçut la charge, prit les dimensions d'une épopée. Elle le conduisit jusqu'en Mongolie. Pour la première fois, un Européen pénétrait au cœur de l'Asie. Ainsi naissait dans la modestie ce qui eût pu être une grande affaire, une affaire qui, si elle avait abouti, eût changé tout le cours de l'histoire mondiale. Pour cela, et aussi pour les conséquences immenses qu'elles eurent par ailleurs et pour tout ce qu'elles révèlent de l'Empire mongol, nous accorderons aux relations que celui-ci entretint avec l'Europe une place qui pourrait à certains paraître trop importante.

JEAN DE PLAN CARPIN

Jean de Plan Carpin partit de Lyon le 16 avril 1245 en compagnie d'Étienne de Bohême, non par la voie si difficile de la Syrie musulmane, mais par celle des steppes que les Hongrois avaient inaugurée il n'y avait pas si longtemps. Il passa par l'Allemagne, la Pologne et Kiev, où il était le 3 février. Il prit contact avec les Mongols quelque part dans la steppe le 23 février et atteignit leur quartier général avancé quelques jours plus tard. Il offrit les pauvres cadeaux que le duc Vassili, mieux informé que les Latins, lui avait conseillé d'emporter et déclina sa qualité d'ambassadeur. Le pape, disait-il, invitait les Mongols à ne plus attaquer les autres nations et à se faire chrétiens.

Comme Baïdju l'avait demandé à Ascelin de Crémone, son hôte le convia à se rendre chez Batu. Plan Carpin crut devoir accepter. Il repartit donc et arriva sur la Volga chez le souverain djötchide le 4 avril. On le cantonna à « une bonne lieue de distance » de la demeure du prince, par crainte des mauvaises influences que, comme tout voyageur, il risquait d'apporter avec lui. Quand le moment fut venu de le conduire en présence du souverain, on lui dit qu'il devrait « passer entre deux feux ». Le rite était usuel et ancien, bien qu'il ne soit que rarement signalé à l'époque mongole, où, pourtant, il était de rigueur. Déjà au VIe siècle de notre ère, Zemarque, ambassadeur du basileus Justin II auprès des Turcs, avait dû s'y plier. Comme il protestait « pour certains mobiles », on lui expliqua qu'il n'avait rien

à craindre et qu'on ne le soumettait à cette épreuve que « pour le cas
où [il aurait] quelque mauvais dessein ou apporterait du poison : alors
le feu enlèverait tout mal ».

Ainsi purifié, Plan Carpin est reçu le 7 par Batu, non sans qu'on lui
recommande de bien veiller à ne pas fouler le seuil, où siège, nous le
savons, une divinité protectrice de la maison. Le prince se comporte, dit
notre franciscain, « avec une certaine magnificence ». « Il est assis en un
lieu plus élevé, comme sur un trône, avec une de ses épouses ; les autres,
ses frères ou ses fils et les autres de moindre rang [sont] assis plus bas, au
milieu, sur un banc : les autres personnes [sont] assises à terre derrière
eux, mais les hommes à droite et les femmes à gauche. » Introduit en sa
présence, le moine parle, puis est prié de s'asseoir à sa gauche. Tout
donne un air de fête. « Dans la tente se trouve une table sur laquelle sont
placées des boissons dans des vases d'or et d'argent. » Chanteurs et
musiciens déploient leurs talents, car, précise le moine, « jamais Batu ne
boit ni les princes des Tartares, surtout lorsqu'ils sont en public, à moins
d'écouter des chants et des instruments de musique ». On aime l'apparat
en cette circonstance, comme en d'autres. Plan Carpin le souligne
encore : « Quand il va à cheval, on porte toujours un parasol ou un
pavillon au-dessus de sa tête au bout d'une lance et ainsi font tous les
grands princes des Tartares et même leurs épouses. » Ces ombrelles resteront de tradition. Pouvoir marcher ou siéger sous elles constituait un
signe si distinctif de noblesse que les miniaturistes musulmans, notamment ceux de l'école moghole des Indes, manqueront rarement de les
faire tenir par un suivant quand ils représenteront des princes.

Batu ne se jugeait pas assez haut placé pour recevoir l'ambassadeur
du pape. Il voulut, comme on l'avait envoyé à lui, l'envoyer à la
régente. Plan Carpin accepta d'entreprendre le long voyage de Mongolie. Son compagnon Étienne de Bohême étant tombé malade, il le
laissa le cœur gros et se remit en marche le 8 avril, « en pleurant », ne
sachant pas s'il allait « à la mort ou à la vie ». En juillet, il était au
camp de Töregene, à une demi-journée de marche de Qaraqorum –
qu'il ne visitera pas –, là où précisément se tenait le *quriltaï* qui allait
un mois plus tard procéder à l'élection de Güyük. Il y séjourna près
de quatre mois.

Le 13 novembre, chargé de la réponse mongole, il prenait congé. Il
était revenu chez Batu le 9 mai 1247, et à Kiev un mois plus tard jour
pour jour. Il y fut reçu triomphalement. La foule, partout, joyeuse,
stupéfaite, l'acclamait. « Ils nous félicitaient comme si nous revenions
de chez les morts », dit-il. Il méritait ces ovations et il en eût mérité
plus encore. Il avait ouvert les portes du monde à l'Europe. Et si un
jour, lors de la chute de l'Empire mongol, elles devaient se refermer,
demeurerait la volonté tenace de retrouver les clés qui pourraient les
rouvrir. La vocation conquérante de l'Europe commence peut-être à
ce moment-là.

Güyük aurait souhaité que Plan Carpin partît accompagné de ses propres ambassadeurs. Le frère avait de bonnes raisons de ne pas le vouloir, et il les expose en toute franchise : la désunion de l'Europe, spectacle qu'il valait mieux ne pas montrer aux Mongols ; les dangers que couraient les délégués mongols, dont il savait la personne sacrée et dont la mort ne pouvait qu'amener des représailles sanglantes ; enfin, le risque d'espionnage. Le franciscain ne nous dit pas comment il fit entendre raison au Grand Khan.

LA LETTRE DE GÜYÜK AU PAPE

La lettre écrite en persan qu'il rapporta, datée du 11 novembre 1246 et que conservent les Archives vaticanes, est rien moins que hautaine et bien faite pour blesser l'orgueil d'Innocent IV, ce superbe. Peut-être cependant le surprend-elle moins qu'elle ne l'ahurit : pour des chrétiens convaincus, il devait paraître inouï que des inconnus, des barbares, prétendissent parler au nom de Dieu. Loin de s'éclairer comme on l'avait espéré en envoyant les missions, le mystère s'épaississait encore. Voici donc cette lettre, première d'une longue série dont nous gardons, d'une manière ou d'une autre, plus d'un spécimen :

« Dans la force du Ciel éternel, le qaghan océanique du grand peuple, notre parole.

Ceci est un ordre envoyé au grand pape pour qu'il le connaisse et le comprenne [...]. Vous nous avez envoyé une requête de soumission que nous avons entendue de vos ambassadeurs. Et si vous agissez selon vos propres paroles, toi, le grand pape, avec les rois, venez ensemble, en personne, pour nous rendre hommage et nous vous ferons entendre à ce moment-là les ordres du *yasaq* [...].

Dans la force de Dieu, depuis le levant jusqu'au ponant, tous les territoires nous ont été octroyés. Sauf par ordre de Dieu, comment quelqu'un pourrait-il rien faire ? A présent, vous devez dire d'un cœur sincère : nous serons vos sujets, nous vous donnerons notre force. Toi, en personne, à la tête des rois, tous ensemble et sans exception, venez nous offrir service et hommage. A ce moment-là, nous connaîtrons votre soumission. Et si vous n'observez pas l'ordre de Dieu et contrevenez à nos ordres, nous vous saurons nos ennemis. »

ACTIVITÉ DIPLOMATIQUE

Des ambassadeurs mongols faisaient cependant route vers la France. Ascelin de Crémone n'avait pas su refuser à Baïdju ce que

Plan Carpin n'avait pas accepté de Güyük, et il s'était laissé accompagner par deux diplomates, un turcophone chrétien, peut-être ouïghour, nommé Aïbeg (« Prince Lune »), et un nestorien, sans doute syrien, Sergis. Ils arrivèrent à Lyon dans le courant de l'été 1248. La lettre qu'ils apportaient, pour venir de moins haut, n'en était pas moins blessante :

> « Par la force du Qaghan, la parole de nous, Baïdju noyan. Vous pape, sachez que vos messagers sont venus vers nous et nous ont apporté vos lettres. Ils nous ont tenu d'étranges discours et nous ne savons pas si vous leur avez donné ordre de parler de la sorte ou si c'est d'eux-mêmes qu'ils l'ont fait... »

Elle mettait en évidence que les souverains mongols, de par la volonté de Dieu, étaient les maîtres de l'univers tout entier et que les chrétiens, en commençant par le pape, devaient se soumettre à eux. Sergis et Aïbeg furent finalement congédiés le 22 novembre 1248 avec une réponse, la lettre connue comme *Viam agnoscere veritatis*.

Ils n'étaient pas encore partis que d'autres arrivaient. Cette activité diplomatique intense entre Mongols et Latins – que, par chance, nous connaissons assez bien – éclaire celle, qui nous demeure obscure, entre les Mongols et les autres puissances. Autant les chrétiens étaient mal informés des affaires asiatiques (et les Mongols en étaient stupéfaits), autant eux-mêmes étaient au courant de celles de l'Europe. Ils savaient que Saint Louis préparait la croisade depuis 1242 et qu'il s'apprêtait à mettre à la voile. Il s'embarquerait en effet à Aigues-Mortes le 25 août 1248 et serait à Chypre le 17 septembre, où il séjournerait jusqu'au 30 mai 1249 pour achever ses préparatifs de débarquement en Égypte. Or, bien avant le départ de celui qu'ils allaient nommer le plus grand souverain d'Occident, ils lui envoyaient deux nouveaux émissaires, deux chrétiens encore, nommés David et Marc. Ils débarquèrent sur la côte nord de Chypre le 14 décembre et furent reçus à Nicosie le 20 du même mois par le roi et le légat pontifical, Eudes de Châteauroux. Ils lui remirent une lettre d'Eldjigideï, écrite en mongol, commençant ainsi : « Dans la force du Ciel éternel, par la fortune de l'empereur. Eldjigideï, notre parole au roi de France. »

Cette missive avait un ton bien différent des précédentes. Güyük y était toujours nommé *rex terrae*, mais Saint Louis était qualifié de *rex magnificus*, et, loin d'exiger sa soumission – la lettre ne portait pas cette référence habituelle –, on lui souhaitait la victoire sur ses ennemis. Pour le reste, on se piquait de donner à la chrétienté une leçon de tolérance et on peut y découvrir une malice de ce nestorien assez mal disposé envers les catholiques :

> « Le roi du monde ordonne qu'il ne doit y avoir, de par la volonté de Dieu, nulle différence entre Latin, Grec, Arménien, nestorien, jacobite et tous ceux qui honorent la Croix : ils ne font en effet qu'un à nos

yeux. Ainsi, nous demandons au roi magnifique qu'il ne fasse lui aussi aucune différence entre eux. »

Enfin, les ambassadeurs demandaient qu'on leur fît confiance. C'eût été la dernière chose à faire. Plus que des diplomates, c'étaient des agents de la formidable propagande mongole. Ils mentaient, soit de leur propre initiative, soit parce qu'ils en avaient reçu l'ordre. Mongka, indigné, le reconnaîtra plus tard avec franchise. On est en droit de penser que la lettre n'était qu'un prétexte pour dissimuler le désir qu'on avait de se renseigner sur le roi de France, sur ses projets, sur sa force – ce qui expliquerait le ton courtois et, oserait-on dire, déférent pour Louis IX.

Portés par leur mission, Marc et David brodèrent largement sur les bonnes intentions des Tartares et sur le rôle du christianisme dans l'Empire. L'effet de cette ambassade fut donc profond. Dans tout l'Orient, on répandait la fable que Güyük était chrétien. Bar Hebraeus, le très averti André de Longjumeau et tant d'autres s'y laissèrent prendre. Seul Plan Carpin s'était montré prudent et avait rapporté que quelques chrétiens à son service « supposaient qu'il était chrétien au fond du cœur ». Marc et David l'affirmaient bien haut, ajoutant qu'Eldjigideï l'était aussi et que si Baïdju avait assez mal reçu Ascelin de Crémone, c'est qu'il était païen et entouré de conseillers musulmans.

Eldjigideï se proposait de réaliser un ancien vœu des Mongols, vœu qu'ils n'avaient pas eu le temps d'accomplir : attaquer et abattre le califat abbasside de Bagdad. Il s'y préparait. Certes, il n'avait pour cela nul besoin des Francs : les Mongols n'étaient-ils pas invaincus et, par suite, invincibles ? Mais il était habile de faire croire aux Latins qu'on comptait sur eux pour les aider et pour contrer une éventuelle coalition de Bagdad et du Caire. N'avait-on pas de même parlé aux Qiptchaq quand on marchait contre les Alains, aux Russes quand on attaquait les Qiptchaq, aux Hongrois quand on assaillait les Russes ? Mais on pouvait y voir aussi un signe d'hésitation, de faiblesse. La tactique était à double tranchant. Toutefois, elle ne pouvait que combler d'aise ceux qui se préparaient à débarquer en Égypte, qui avaient toujours rêvé de rencontrer en Asie quelque puissance chrétienne disposée à prendre l'Islam à revers. Ainsi naquit ou renaquit un immense espoir, une grande illusion qui ne cessera jamais, mais qui, peut-être par suite de l'ambiguïté de ces premières relations, laissera toujours un doute dans l'esprit des Latins, même lorsque le temps sera venu où les Mongols, moins puissants, voudront vraiment bénéficier de leur aide et établir avec eux une alliance.

Eldjigideï jouait une carte jouable. La cour impériale, plus tard, ne sera pas de cet avis. Elle lui reprochera amèrement d'avoir paru céder sur un point essentiel : la proclamation, haut et fort, qu'il ne pouvait y avoir qu'un seul souverain sur la terre. Après la mort de Güyük, Mongka désavouera la régente et Eldjigideï. L'un et l'autre seront exécutés quelques années après.

Saint Louis, tout à sa joie, voulut répondre. Il confia à André de Longjumeau, qu'accompagnaient six ou sept personnes, une somptueuse tente-chapelle et, dit-on, des parcelles de la vraie Croix : ce dernier trait permet de mesurer l'ampleur des espérances. La mission partit à la fin de janvier 1247, débarqua à Antioche ou à Saint-Jean-d'Acre, passa près de Mossoul en marchant « bannière levée à travers la terre des mécréants », et arriva au camp d'Eldjigideï. Celui-ci lui donna ordre de continuer son chemin vers la Mongolie. Entre-temps, Güyük était mort et une nouvelle régence commençait. Les ambassadeurs atteignirent, quelque part à l'est du lac Balkach, celle à qui avait été confié le pouvoir. On dit qu'elle les reçut mal. Rien ne le prouve, mais la réponse qu'ils rapportèrent était si pénible qu'on conclut à un mauvais accueil. Elle fut remise en 1251 à Saint Louis, qui, confesse Joinville, « se repentit fort » d'avoir fait tant de frais. Ce n'était qu'une invite à se soumettre, une lettre qui avait retrouvé le ton de celles de Baïdju et de Güyük :

> « Bonne chose est de paix [...] mais tu ne peux avoir la paix si tu ne l'as de nous [...]. Si te mandons que tu nous envoies tant de ton or et de ton argent chaque an [...]. Si tu ne le fais pas, nous détruirons toi et ta gent comme nous avons fait [à tous les autres]. »

Tout ce qui pouvait consoler le roi, c'était qu'André de Longjumeau avait vu de nombreuses chrétientés indigènes en Asie centrale et confirmait la bonne disposition spirituelle des populations non chrétiennes. D'autre part, il avait rencontré à Talas, au pied des T'ien chan, un groupe d'Allemands déportés, ce qui émouvait plus la chrétienté que ne l'auraient fait des dizaines de milliers de Russes : Plan Carpin, sans troubler personne, avait signalé la présence de plusieurs de ces derniers en Mongolie.

Saint Louis s'ouvrit au pape de son idée de consacrer des évêques et des les envoyer auprès de ces lointains chrétiens. Il ne semble pas avoir été écouté, mais son projet sera repris plus tard. C'était en effet prématuré, car il était alors impossible que s'établît une coopération quelconque entre une Europe faible et divisée et un Empire mongol puissant, uni et convaincu qu'il était promis à la domination universelle. Il faudra attendre que les temps changent, et avec eux les mentalités et les moyens d'action, pour que puisse se renouer, en 1273, le dialogue.

GÜYÜK ET LES RELIGIONS

Güyük n'était pas mal disposé envers les chrétiens, bien au contraire. Le connétable d'Arménie, Sempad, qui se rendit en 1248 à Qaraqorum, affirme dans la lettre qu'il écrivit à son beau-frère le roi Henri Iᵉʳ de Chypre : « Les chrétiens d'Orient sont venus se placer sous la souveraineté du khan, qui les a reçus avec grand honneur, leur a accordé franchises et a fait interdire qu'on les molestât. » Plusieurs des ministres du Grand Khan étaient nestoriens, notamment Qadaq et Tchinqaï, les vrais maîtres de l'administration, et il avait montré sa faveur à un personnage important, Rabban Ata.

C'est un des événements essentiels de cette époque pour l'histoire religieuse, sur ce point sensible des relations entre l'islam et le christianisme, que la nomination par Ögödeï, confirmée par Güyük, d'un chrétien syriaque, vraisemblablement originaire d'Extrême-Orient, nommé Siméon et plus connu sous le nom de Rabban Ata. Il s'était présenté à Tchormagan muni de pouvoirs considérables et de privilèges exceptionnels pour faire appliquer en pays musulman le respect de la liberté de conscience et de culte au profit de ses coreligionnaires, ce qui prouve que, aux yeux des Mongols tout au moins, l'islam ne faisait pas montre de cette tolérance dont on le crédite souvent, du moins pour le Moyen Age. Il alla sans doute, par un inévitable effet de bascule, au-delà de ce qui lui était demandé et de ce qui répondait à la politique impériale, retirant peut-être autant aux musulmans qu'il donnait aux fidèles du Christ. Il fut d'autre part un interlocuteur privilégié des communautés chrétiennes orientales avec la papauté et le monde catholique, ne se privant pas – ce qui démontre à quel point les Églises orientales se trouvaient en position de force pour traiter avec l'Église romaine – de leur donner des conseils ou des invites, ainsi au pape pour qu'il fît la paix avec Frédéric II Hohenstaufen. Rabban Ata reçut, on s'en doute, les louanges unanimes des chrétiens de l'Empire.

« Il leur accorda, écrit Kiragos de Ganjak, beaucoup de soulagement, les sauvant de la mort et de la servitude. Il construisit des églises là où [auparavant] il était même interdit de prononcer le nom du Christ, notamment à Tauris [Tabriz] et Nakhitchevan [...] dressa des croix. Même les généraux lui offraient des présents. »

La sympathie manifestée par les Mongols à une religion ne signifiait ni désir de s'y convertir, ni attrait particulier pour elle, ni indulgence à son égard, ni surtout reconnaissance des prérogatives que pouvaient s'accorder des États indépendants relevant d'elle. Et cela, les Latins étaient incapables de le comprendre.

Qu'on témoignât de l'attention à cette religion n'empêchait pas qu'on la jugeât, et le jugement pouvait être sévère. Les mesures prises en sa faveur n'excluaient pas d'en prendre de semblables pour les autres. Le bouddhisme ou l'islam n'étaient pas plus mal traités par l'État et par les princes. Le frère de l'empereur, Godan (mort en 1251), par exemple, apanagé au Kan-sou (Gansu), protégeait les lamas du célèbre monastère tibétain de Suskyoa, et, en Chine même, les musulmans n'avaient perdu aucun des postes qu'ils détenaient. Ils se plaignaient cependant, et non sans certaines raisons car il semble que les grands ministres nestoriens se montraient peu tendres envers eux. On raconte même que, sur avis d'un *toyin* (prêtre bouddhique), l'empereur aurait pris un décret pour faire castrer tous les sectateurs de Mahomet et qu'il ne fut pas appliqué parce que le *toyin* fut déchiqueté par un chien féroce, ce qu'on interpréta comme une manifestation de la colère divine.

On se querellait donc beaucoup entre fidèles des diverses confessions et le souverain avait fort à faire pour que la tolérance régnât. Comme tout Turc et tout Mongol, les spéculations religieuses le passionnaient et il pensait qu'un débat d'idées était préférable à un pogrom, même si l'on avait pu avoir le désir d'en perpétrer. C'est du moins sous son règne qu'est signalée pour la première fois l'organisation d'une de ces controverses religieuses dont l'histoire donnera par la suite tant d'autres exemples, et qui s'inscrivaient dans la tradition des peuples altaïques, dans le goût des Mongols. Les idées échangées n'y sont ni très intéressantes ni très nouvelles, reprenant plutôt une argumentation répétée à satiété, mais le caractère quasi officiel que revêt cette controverse et la solennité qui l'entoure lui attribuent, jusqu'à plus ample informé, une valeur de prototype. Elle aurait été organisée à la demande des chrétiens pour qu'ils pussent débattre de façon contradictoire et en toute sécurité avec l'émir kharezmien Nur al-Din Kharezmi.

« Expliquez-nous quelle sorte d'homme fut Mahomet ? demandèrent les chrétiens.
– Mahomet était le dernier des prophètes, la tête des apôtres, l'envoyé du Seigneur du monde, répondirent les musulmans.
– Un prophète est un homme qui mène une vie purement spirituelle, qui n'éprouve pas de passion pour les femmes. Tel fut Jésus. Mais Mahomet avait neuf femmes et de nombreux enfants. Comment peux-tu expliquer cela ?
– Le prophète David avait quatre-vingt-dix-neuf femmes, Salomon trois cent soixante femmes et mille concubines.
– Ils n'étaient pas prophètes, ils n'étaient que des rois. »

Chacun, bien entendu resta sur ses positions. L'argumentation, avouons-le, était faible.

RÉGENCE D'OGHUL QAÏMICH

Güyük ne régna pas longtemps et n'eut pas le temps de donner la mesure de son génie. Il s'éteignit en avril 1248, pendant qu'il se rendait dans son *ulus* de l'Imil, proche des terres de Chaïban, frère de Batu. Il en naquit la légende que Chaïban l'avait assassiné.

Sa veuve Oghul Qaïmich assuma la régence. C'était une Merkit. Comme Töregene naguère, elle comptait user de ses fonctions pour faire élire le qaghan de son choix. Elle eût bien proposé aux suffrages son propre fils, Qutchap, mais il était beaucoup trop jeune. Elle porta donc son choix sur Chiremon, que son père Ögödeï avait de son vivant désigné pour le khanat, mais qui avait été écarté par l'élection de Güyük. Malheureusement pour les Ögödeïdes, elle n'eût pu réussir à le mettre sur le trône qu'en manifestant des qualités à la mesure de son ambition. Or, d'un caractère qui ne s'élevait pas au-dessus de la médiocrité, elle brillait surtout par sa cupidité, égale à celle de Töregene, mais que rien par ailleurs ne compensait, et par son engouement pour les chamans, qui l'avaient entièrement sous leur influence. Mongka, qui la détestait, dira à Guillaume de Rubrouck qu'elle était plus vile qu'une chienne.

Elle n'avait pour soutenir son candidat que des princes jeunes et assez effacés, ainsi toutefois qu'un atout plus précieux : le Djaghataïde Yissu Mengü, ancien ami personnel de Güyük qui avait été mis à la tête de l'*ulus* paternel à la place de son frère, et qui devait donc tout aux Ögödeïdes. Contre elle, surtout, se dressait une coalition puissante et bien plus efficace. Batu, qui n'avait rien pu faire contre Güyük malgré l'animosité qu'il nourrissait contre lui et qui, devenu doyen de la famille, s'était paré du prestige des victoires obtenues à l'ouest, voulait prendre sa revanche en écartant les Ögödeïdes. Les enfants de Tului, des hommes qui se nommaient Mongka, Khubilaï, Hülegü, tous éminents et peut-être géniaux, mettaient en avant, à tort ou à raison – plutôt à tort –, d'anciennes paroles attribuées à Gengis Khan selon lesquelles les Tuluides devaient remplacer les Ögödeïdes si ces derniers se montraient déficients. Batu se rallia aux enfants du dernier-né de Gengis Khan, sans doute en partie parce que sa mère, l'épouse de Djötchi, était sœur de la mère de Tului. Décidément, les femmes pesaient lourd dans cet Empire mongol !

Tout à l'opposé d'Oghul Qaïmich, la veuve de Tului, Soyurgatmich ou Sorgaqtani, était une femme exceptionnelle. Chrétienne nestorienne kereyit, elle était d'une intelligence remarquable et d'une absolue droiture. Pas plus que d'autres elle n'avait échappé à l'enquête minutieuse que Güyük avait menée après son intronisation sur les abus de pouvoir, les malversations, les injustices qui avaient été commis sous la régence de Töregene : elle en était sortie non seulement entièrement blanchie, mais avec la réputation de figurer parmi le petit nombre de celles qui avaient observé une conduite exemplaire et d'avoir largement contribué à tenir ses fils à l'écart de toutes les affaires plus ou moins louches qui avaient eu lieu. Rachid al-Din dira d'elle que ses enfants durent leurs qualités à l'admirable éducation qu'elle leur avait donnée, et les Chinois la nommeront « l'illustre, l'excellente, la majestueuse et sainte impératrice ».

ÉLECTION DE MONGKA

Elle n'eut pas de mal à rallier Batu et les plus hauts dignitaires de l'Empire à la candidature de son fils aîné.

Ce fils aîné, Mongka, né le 10 janvier 1209, et qui avait par conséquent quarante et un ans, était un homme silencieux, sévère, dédaigneux des plaisirs des sens, rigoureux, énergique et dur, plus cruel que ses deux prédécesseurs, mais profondément juste, économe, intelligent, relativement cultivé, intéressé par les choses de l'esprit, intellectuel si l'on ose employer ce mot. Il savait commander parce qu'il avait appris à obéir : il n'avait pas rougi de servir sous les ordres de Batu lors de la campagne de Russie de 1235, même s'il avait quitté l'armée un peu tôt. Quand on le verra recommander à son frère Hülegü, après l'avoir envoyé en Iran, de s'occuper de Nasir al-Din Tusi, le grand astronome, dont il avait entendu parler, et sans doute décider de la construction du célèbre observatoire de Maragha – l'institution scientifique la plus considérable du Moyen Age musulman d'où sortiront, en 1272, les Tables ilkhaniennes ; quand son frère Khubilaï, par respect pour un vœu qui lui était cher, fera édifier celui de Pékin ; quand il fera rédiger des glossaires dans les différentes langues de l'Empire, on aura mal à croire qu'il demeurait farouchement attaché au *yasaq*, qu'il n'avait rien perdu de son caractère mongol, qu'il restait le guerrier nomade qu'avait été son grand-père, et qu'il préférait la tente de feutre à tout autre logis.

En 1250, un *quriltaï* fut convoqué sur ordre de Batu à l'extrémité orientale de son *ulus*, au nord de l'Isiq Köl, c'est-à-dire très loin de la Mongolie septentrionale. Les Djötchides et les Tuluides s'y rendirent, mais les Ögödeïdes et les Djaghataïdes prétextèrent, non sans raisons, de l'excentricité du lieu de réunion pour ne pas y assister. Mongka fut élu sans opposition. Naturellement, les absents ne ratifièrent pas le choix qui avait été fait sans eux. Leur refus, ou, si l'on veut, l'élection qui s'était déroulée de façon si peu régulière, était lourd de menaces pour la cohésion de l'Empire. Batu prit donc sur lui de convoquer un second *quriltaï* sur le Kerülen pour entériner les décisions du premier, de telle sorte que les princes impériaux pussent y participer. Lui-même cependant ne s'y rendit pas, mais délégua ses pouvoirs à son frère Berke. Sachant qu'ils n'avaient aucune chance de faire élire leur candidat, Ögödeïdes et Djaghataïdes s'abstinrent encore d'y venir. Mais leur absence, cette fois, n'avait pas d'excuses : ils ne pouvaient pas prétendre que la loi avait été violée. Leur parti s'en trouva affaibli. Batu n'avait pas mal manœuvré. Le 1er juillet 1251, Mongka fut officiellement élu troisième successeur de Gengis Khan. Rien ne manqua au rituel, qui se déroula comme pour Ögödeï et Güyük. Plus encore qu'en 1246, cette immense réunion d'hommes et d'animaux dans la steppe dut être bien impressionnante. Chaque jour, on y mangeait 300 chevaux et bœufs, 5 000 moutons, et on buvait des vins et du *qumis* apportés dans 2 000 chariots.

Pour le parti malheureux, le choix était simple : il fallait se soumettre ou se révolter. L'héritage de la pensée gengiskhanide était encore trop contraignant, la conscience de l'Empire trop aiguë : on ne pouvait songer à un soulèvement, à la guerre civile des princes qui eût été celle des Mongols. C'eût été une sorte de retour à l'anarchie, la destruction probable de tout ce que l'on avait construit. Tel ou tel cependant put avoir l'idée de faire périr Mongka. On s'explique mal autrement la terrible réaction qu'eut le nouvel empereur. Quoi qu'il en soit, on publia très largement la nouvelle d'un complot éventé. Guillaume de Rubrouck en entendra des échos et ira jusqu'à apprendre qu'un bavardage étourdi de Chiremon avait fait découvrir la conjuration.

Acceptant le fait accompli ou, pour certains d'entre eux, faisant peut-être mine de l'accepter, les Djaghataïdes et les Ögödeïdes dédidèrent d'un commun accord d'aller faire acte d'obédience. Leur démarche tardive parut suspecte. Elle l'était ou ne l'était pas, et leur silence l'eût sans doute aurant paru. On craignit ou on feignit de craindre qu'ils ne préparassent un coup d'État ou ne vinssent à la cour pour livrer bataille. On alla à leur rencontre. On désarma leur escorte. Les princes protestèrent de leurs bonnes intentions et offrirent, par neuf, les cadeaux d'usage. Pendant deux jours, ils furent libres d'aller et de venir. Puis, soudain, on mit tout le monde en état d'arrestation.

Le complot, réel ou imaginaire, fut durement châtié. Djuvaini dit que Mongka hésitait à sévir et que ce fut le vieux Mahmud Yalawatch qui le décida. Les coupables furent traqués. Plus de trois cents chefs mongols furent mis à mort. Les plus grands ne furent pas épargnés. Le Kereyit Tchinqaï et Qadaq, qui avait été avec lui conseiller privé d'Ögödeï et de Güyük, furent exécutés. On rappela Eldjigideï d'Iran et on le fit périr. Yissu Mengü, chef de la maison de Djaghataï, une des principales têtes de l'opposition à Mongka, perdit son trône et la vie. On nomma cependant pour le remplacer un prince de sa famille, Qara Hülegü. Büri, un des fils de Mütügen, qui avait en Europe manqué de respect à Batu, fut aussi mis à mort. Chiremon, le candidat malheureux, fut provisoirement sauvé par Khubilaï, frère du Grand Khan, qui l'amena avec lui en Chine, mais celui-ci dut finalement l'abandonner à la sévérité de Mongka. Il fut noyé. Seuls échappèrent Sutchi, le plus jeune fils de Güyük, qui fut gardé à vue ; Qada'an, qui était très lié avec Khubilaï et allait devenir un de ses meilleurs généraux ; et Qaïdu, le petit-fils d'Ögödeï, qui conservera son commandement de l'Ili. Loin d'en savoir gré au bourreau de sa famille, ce dernier vouera une haine solide à ses cousins tuluides et elle coûtera fort cher à l'Empire. Quant aux femmes, « elles furent toutes fouettées avec des tisons ardents et quand elles eurent avoué [leur participation au complot] elles furent mises à mort ». Oghul Qaïmich et la mère de Chiremon, accusées d'avoir attenté par leurs sortilèges à la vie de Mongka, furent dépouillées de leurs vêtements pour être interrogées. Cette nudité semble sinon rituelle, du moins d'usage quand il s'agit de faire passer une femme à la question. La régente protesta en vain auprès du grand juge de « devoir dévoiler un corps qui n'avait été vu que par le souverain ». Reconnue coupable, elle fut cousue dans un sac et noyée au début de l'été 1252.

Mongka s'était montré féroce, impitoyable. En fait, il voulait rayer toute l'histoire qui s'était déroulée depuis la mort de Gengis Khan, et, par-delà Ögödeï, Güyük et les régentes, se relier directement à son grand-père. Il déclara nuls tous les décrets *(yarliq)* pris par ses prédécesseurs. L'Empire repartait du point où l'avait laissé son fondateur. On peut se demander si quelque chose justifiait cette annulation et cette incroyable sévérité. Elle ne présageait rien de bon pour l'Empire.

Le sort réservé à un autre personnage éclaire d'un jour assez intéressant et la mentalité mongole et l'attitude du Qaghan. Un certain Bala, mal connu mais qui dut tenir un poste important à côté de Tchinqaï et de Qadaq, et qui représentait au *quriltaï* les intérêts d'Oghul Qaïmich, s'était opposé de toutes ses forces à l'élection de Mongka. Il fut bien entendu condamné à mort et n'échappa à son destin que grâce à la maladie qui frappa la mère du nouveau Grand Khan, Sorgaqtani, et à l'amnistie qu'elle accorda pour obtenir sa guérison. Renvoyé au Sin-kiang, d'où il était issu, il se mêlera plus tard aux intrigues qui aboutiront à l'exécution du roi des Ouïghours et sera à nouveau condamné à mort. Il sera sauvé une seconde fois parce que Mongka ne voudra pas que soit exécuté un homme qu'il avait déjà amnistié pour un crime antérieur. On l'enverra se faire tuer sur le front.

CHAPITRE XIV

Mongka

Mongka, comme le dit Rachid al-Din, devait se révéler le plus remarquable de tous les souverains mongols. Né le 2 janvier 1209, il était, au moment de son intronisation, dans la force de l'âge, mais son règne, malheureusement pour l'Empire, n'allait durer que huit ans. À sa naissance, les chamans lui avaient prédit une grande fortune, et on l'avait pour cela nommé Mongka, « Éternel ». Il était arrivé au pouvoir non sans difficultés et avait pensé que, pour assurer son autorité, il lui fallait verser beaucoup de sang humain – un sang qui lui était très proche. Pour essayer de compenser cet holocauste, il prit, à l'issue de la cérémonie d'investiture, une mesure qui semble singulière : on ne l'avait, du moins à ma connaissance, jamais encore adoptée et on n'en entendra jamais reparler.

Il voulut, dit Rachid al-Din qui suit ici Djuvaini, que « toutes les créatures se réjouissent », et, pour ce faire, il édicta que « les eaux courantes ne fussent pas polluées par des décharges d'impureté, que les animaux ne fussent ni enchaînés, ni battus, ni immolés, ni chassés » – autrement dit, il les déclara *iduq*, « sacrés », « libres », étendant à leur totalité, mais pour un temps, les interdits qui frappaient habituellement, mais pour toujours, certains d'entre eux.

MORT DE BATU

La dette que Mongka avait contractée envers Batu, à qui il devait en partie le trône, l'obligea à lui laisser les mains libres, et on a pu dire que tant que ce dernier vécut les deux cousins exercèrent, de fait sinon de droit, une sorte de duumvirat, ce qui semble assez exagéré. A voir le comportement de l'empereur avec la famille des princes djötchides, on sent bien que c'est lui le maître – un maître bienveillant, certes, mais un maître. Batu avait envoyé en 1253 son deuxième fils Sartaq pour le représenter au *quriltaï* convoqué par Mongka. Ce prince était chrétien et, selon Bar Hebraeus, il avait même reçu le diaconat. Il restait cependant très profondément mongol et sa nouvelle religion n'avait guère changé ses mœurs. S'il avait fait construire une église sur la basse Volga, il n'en possédait pas moins cinq femmes, ce qui n'est pas recommandé par l'Écriture sainte. Quand Rubrouck passa chez lui, on lui signifia qu'il « ne devait pas dire qu'il était chrétien [car] il n'est pas chrétien, mais Moal [Mongol] ». Et le frère franciscain ajoute : « En effet, le nom de chrétien leur paraît être un nom de peuple et ils sont gonflés d'un tel orgueil que, même s'il leur arrive d'avoir quelque créance au Christ, ils refusent de se dire chrétiens. » On l'accusa d'avoir manifesté sa haine envers l'islam et d'être même allé jusqu'à insulter son frère Berke parce qu'il s'y était converti, mais les musulmans parlaient toujours de haine dès qu'un chrétien osait véritablement s'affranchir et prendre des mesures en faveur de ses coreligionnaires. Dans son apanage, la tolérance était en fait parfaitement respectée et l'islam était autant protégé que les autres religions.

Profitant de leur rencontre au *quriltaï*, Mongka désigna Sartaq comme successeur de son père, peut-être sur l'invitation de ce dernier, peut-être de sa propre initiative. Mais le prince mourut sur le chemin du retour. On soupçonna les musulmans de l'avoir assassiné, ce qui ne serait pas impossible, car Djuzdjani dit que sa mort fut le juste châtiment que Dieu lui infligea. Plus vraisemblablement, mais ceci n'exclut pas cela, il fut supprimé par son frère Berke, désireux d'accéder au pouvoir et n'ignorant pas que Sartaq constituait le seul obstacle qui l'en séparât. Sartaq avait, au témoignage de Guillaume de Rubrouck, au moins deux fils : ils disparurent sans laisser de trace, ainsi que leur mère. Le calcul du probable fratricide se révéla juste. Mongka essaya de le déjouer en désignant d'abord comme héritier Ulagtchi, mais, comme celui-ci mourut aussi peu après, il dut se décider à porter son choix sur Berke.

Batu, sur ces entrefaites, disparut à son tour, en 1255 – pour certains peut-être un peu plus tôt, pour d'autres un peu plus tard, en 1256-1257. On l'enterra conformément à la coutume mongole. Dans sa tombe on plaça des armes, des plats, des effets et tout ce dont il pouvait avoir besoin dans l'autre monde, sa « femme » (?) et ses esclaves mâles et femelles. Et Djuzdjani ajoute qu'à la nuit venue on nivela le sol en y faisant passer une manade, de façon qu'il ne demeurât aucune trace des travaux de terrassement. Par cette mesure, on entendait que le lieu de la sépulture fût tenu secret. Cela pose problème, puisque l'information de Djuzdjani, d'autant moins récusable qu'elle est confirmée par ailleurs, met en évidence un mode de funérailles qui n'était pas en usage dans les steppes qiptchaq (où les tumulus sont nombreux) et qui semble encore inconnu à cette date dans le monde mongol, ou du moins en opposition avec celui pratiqué pour d'autres princes. Craignait-on que la haine à l'égard de Batu (si haine il y avait) incitât à violer sa sépulture ? Pensait-on que les trésors enfouis dans le tombeau de princes devenus immensément riches pouvaient éveiller une cupidité plus forte que la crainte qu'inspiraient les sépultures ?

L'accession de Berke au trône djötchide, à la tête de l'*ulus* qiptchaq ou khanat de la Horde d'Or, fut un événement d'importance : il était musulman. Pour la première fois, un prince gengiskhanide accédait au pouvoir bien qu'ayant adhéré à une religion universelle et, qui plus était, à l'une de celles qui demeuraient étrangères à la Mongolie et affichaient des contradictions marquées avec le *yasaq*. Les conséquences en seront incalculables et, à long terme, désastreuses pour les Mongols.

On a de Berke un portrait assez détaillé, dû à la plume d'un ambassadeur d'Égypte près de lui, qui nous permet de connaître son apparence mieux que celle de tout autre prince mongol :

> « Il avait une longue figure jaune. Sa barbe était rare, ses cheveux ramenés derrière ses oreilles. A l'une d'elles pendait un anneau d'or orné d'une pierre précieuse. Il était coiffé du kalpak [bonnet] et portait un kaftan de soie serré par une ceinture de cuir de Bulgarie vert glacé d'or et garni de gemmes. Il était chaussé de babouches de chagrin rouge. Il ne portait point l'épée, mais des poignards à manche courbe, niellé noir et or, passaient dans sa ceinture. »

REPRISE DE LA GUERRE

Les Mongols étaient-ils devenus pacifiques ? Avaient-ils renoncé à étendre plus loin encore l'Empire ? Ils n'entreprenaient plus de grandes opérations et seule la brillante et rapide campagne d'Anatolie leur avait permis, sous le règne de Güyük, de placer de nouveaux territoires dans leur zone d'influence. En Extrême-Orient, la guerre de Chine n'en était pas une. En Inde, la situation était des plus confuses. On n'était pas retourné en Europe centrale, bien qu'on se fût promis de le faire. Au Proche-Orient, la présence du calife abbasside de Bagdad, dont l'autorité spirituelle n'était pas mise en doute par les musulmans sunnites, agaçait les Mongols et leur semblait un perpétuel défi. Et que de pays, proches ou lointains, demeuraient encore indépendants ! Il était nécessaire, partout, de reprendre l'offensive.

Au *quriltaï* tenu en 1253, Mongka fit décider qu'on allait s'occuper sérieusement des opérations militaires. Il commença par désigner son frère Hülegü comme gouverneur général en Iran : il y fonderait une dynastie qui serait connue sous le nom d'Ilkhans, les khans du pays, de l'Empire, peut-être plus simplement de la province, au sens que les Romains donnèrent à ce mot. Il nomma en même temps un autre de ses frères, Khubilaï, commandant en chef des opérations en Chine, en l'apanageant au Ho-nan, un Ho-nan élargi bien au-delà de ses actuelles limites : il y fonderait de son côté la dynastie des Yuan ou Mongols de Chine.

En Inde, la tentative pour mettre sur le trône de Delhi Djalal al-Din Mas'ud, le prince qui était venu en 1253 à Qaraqorum pour demander l'aide des Mongols, tourna court. Le général Sali ne fut pas capable de dépasser Japnir. En vain harcèlera-t-il, surtout dans le courant de l'hiver 1257-1258, les frontières de l'Empire indien et incendiera-t-il Multan. Sur ces actions, on est mal renseigné : les sources se contentent de dire qu'il envahit maints districts, ramassa un butin considérable et envoya beaucoup d'esclaves à Hülegü, sous l'autorité duquel il devait donc se trouver. Sans doute Sali mena-t-il une nouvelle expédition au Cachemire et y fit-il encore force captifs. La province himalayenne dut se reconnaître tributaire pendant de longues années, non sans remous puisque une autre intervention mongole dut avoir lieu après 1270, probablement en 1273.

En Corée, après la paix de 1241, les affaires s'étaient gâtées derechef. Bien que contrôlé par des garnisons mongoles et payant régulièrement le tribut, le royaume n'avait jamais pu recouvrer un calme total. Le roi, son ministre, le dernier représentant d'une dynastie de grands serviteurs de la Couronne depuis 1196, et le peuple menaient une opposition larvée contre les maîtres de l'heure.

La guerre de Corée reprit en 1247 pour des raisons qui ne sont pas encore très claires à mes yeux, sans doute parce que les Mongols voulaient se débarrasser d'une monarchie en laquelle ils n'avaient pas confiance et la chasser de l'île de Kanghwa pour la remplacer par leur administration directe. Elle ne fut pas plus facile que la précédente, les Coréens disposant d'une flotte puissante que les Mongols ne pouvaient pas saisir et qui effectuait un peu partout, surtout sur leurs arrières, des débarquements imprévisibles. On peut voir dans les changements fréquents de commandants en chef (Amuqan en 1247, Yekü noyan en 1253, Qortchi le Djalaïr en 1254) l'indice que le qaghan n'était pas satisfait des résultats que les uns et les autres obtenaient. Toutefois, comme s'il fallait que l'affaire, qui n'était pas simple, nous parût encore plus obscure, le gouvernement continuait, malgré les hostilités, à envoyer de lourdes caravanes de présents aux Mongols. Il finit par comprendre que cela ne servait à rien et, au début de 1257, il cessa de le faire. La résistance s'accrut. C'était le chant du cygne. En 1258, le vieux roi remit son fils en otage à Mongka – et cette fois c'était bien son fils ! La guerre cessa. La Corée ne pouvait pas la poursuivre. Elle lui avait demandé trop d'héroïsme et lui avait coûté trop cher. Ce petit pays d'à peine plus de 200 000 kilomètres carrés avait donné plus de mal à ses conquérants que la plupart des autres, infiniment plus grands

INTERVENTION DANS LE SUD-EST ASIATIQUE

En vue de lancer une attaque d'envergure contre les Song, Mongka ordonna à son frère Khubilaï de tourner la Chine par le sud. Assisté d'Uriangqataï, fils du glorieux Süböteï, Khubilaï partit au début de l'automne 1252 pour le Yun-nan.

Au XIIIᵉ siècle, le Yun-nan n'était pas encore sinisé et il ne faisait pas partie de l'Empire chinois. Peuplé de Thaï ou Lo-lo, il formait depuis le VIIIᵉ siècle le royaume de Nan-tchao, dit aussi de Ta-li, qui avait su maintenir son indépendance à l'abri de ses montagnes. On aurait pu croire qu'il offrirait une résistance acharnée à ceux qui voulaient l'annexer. Il n'en fut rien. Les succès mongols y furent rapides et éclatants. Dès 1253, la capitale du royaume, Ta-li, tombait en même temps qu'une autre grande cité que nous n'identifions pas. Ces victoires suffirent pour faire cesser toute résistance. La population se rallia aux Mongols. Le maharadjah put conserver son trône, mais sous la protection d'un gouverneur impérial, un Chinois, Lieou Che-tchong, et le pays fut divisé en plusieurs commanderies à la tête desquelles furent mis des princes de la maison gengiskhanide. Leur choix fut heureux et leurs qualités remarquables. Sans exception, notables et peuple furent conquis par leur magnanimité après l'avoir été par la force.

Ce ne devait pas figurer dans les plans impériaux, mais la tentation était grande et il ne pouvait déplaire à Mongka qu'on y cédât : le Tibet était voisin ; on l'entourait de toutes parts ; on entretenait depuis longtemps des relations avec lui et peut-être avait-il déjà reconnu de façon au moins théorique la domination mongole. On pouvait maintenant le vassaliser sans peine. Uriangqataï se retourna donc contre lui et n'eut aucune difficulté à le faire entrer dans l'Empire.

Pendant qu'Uriangqataï s'occupait du Yun-nan et du Tibet, Khubilaï envahissait l'Annam et le Tonkin. Hanoi fut prise et pillée en décembre 1257. Trois mois plus tard, en mars 1258, le souverain indochinois acceptait de se reconnaître vassal du Mongol. Avec le Yun-nan, le Tibet et une partie de l'Indochine, c'était d'environ 1,8 million de kilomètres carrés – trois fois la France ! – que l'Empire s'agrandissait.

LA CAMPAGNE DE CHINE

Au cours d'un nouveau *quriltaï* réuni en Mongolie à la fin de 1256 ou au début de 1257, un gendre de Gengis Khan s'étonna des lenteurs de la campagne de Chine. En fait, il ne se passait rien. Chacun restait à peu près sur ses positions et l'on pouvait se demander si l'on était en guerre. Mongka se décida à reprendre l'offensive et il se mit à la tête de l'armée qui allait s'y employer. Avant de partir, il présida à un grand sacrifice offert aux drapeaux et aux timbales de Gengis Khan.

Nous l'avons dit, mais il faut le répéter : le pays ne se prêtait pas aux opérations militaires des nomades. Les pâturages y étaient presque inexistants et tous les « barbares du Nord » s'étaient révélés impuissants à s'emparer d'un territoire qui, d'ailleurs, était trop éloigné de leur univers pour qu'il pût véritablement les tenter. Leur cavalerie était annihilée. Seule restait efficace leur archerie, à condition encore que l'humidité ne distendît pas les cordes et ne pourrît pas les bois. Et que pouvaient faire des archers à pied ? Le résultat n'en sera que plus remarquable. Il faudra pour l'obtenir une grande volonté chez Mongka, un grand amour de la Chine chez Khubilaï et, surtout, une rare ténacité, une énergie farouche.

Mongka, à la tête d'une force considérable qui prouvait sa détermination, et qui avait été concentrée au Chen-si (Shaanxi), pénétra au Sseu-tchouan (Si-chuan) en octobre 1258, enleva quelques villes d'importance secondaire avant la fin de l'année, puis fut bloqué devant Ho-tcheou, l'actuelle Ho-ts'iuan. Il allait y trouver la mort. Pendant ce temps, Khubilaï, descendu du Hopei (Hebei), se dirigeait vers le Yang-tseu Kiang (Yangzi Jiang) pour aller mettre le siège devant Wou-tcheou, que l'on nomme aujourd'hui Wou-tch'ang (Wuchang), et le fils de Temüge, Toghutchar, faisait marche en direction du Ngan-houei (Anhui) et du Kiang-sou (Jangsu) pour bloquer le cours inférieur du fleuve et menacer les grandes villes de la région. Enfin, Uriangqataï, qui était revenu du Tonkin au Yun-nan à la fin de 1257, attaquait dans le Kouang-si (Guangxi), avançait sans rencontrer d'obstacles majeurs jusqu'à Kouei-lin (Guilin), puis faisait marche vers le nord à travers le Hou-nan (Hunan) et assiégeait le grand centre de Tchang-tcha (Changsha). Il n'était plus qu'à quelques centaines de kilomètres du Yang-tseu Kiang. L'empire des Song était envahi à la fois au nord, à l'ouest et au sud. La Chine occidentale n'était plus reliée à la Chine orientale que par l'étroite bande de terres s'étendant de Tchang-tcha au fleuve Bleu. Partout les Mongols étaient victorieux. On pouvait s'attendre au pire. La mort de Mongka, emporté par la dysenterie le 11 avril 1259, donna un ultime répit à ceux qui commençaient à tout craindre.

Khubilaï apprit la mort de son frère le 19 septembre 1259*, alors qu'il se trouvait sur le cours moyen du Yang-tseu Kiang. Son entourage lui conseilla de regagner aussitôt la Mongolie pour poser sa candidature à la tête de l'Empire, mais il refusa : « J'ai reçu l'ordre de marcher vers le sud. Je ne peux pas de mon propre chef rebrousser chemin », dit-il.

La flotte des Song barrait le passage du fleuve. Il l'examina avec soin, puis l'attaqua et parvint à s'ouvrir la voie (3 octobre). Bientôt il fut devant Wou-tch'ang et ordonna à la ville de capituler. Elle refusa de se rendre. Il fut nécessaire de l'investir. Le siège s'éternisa. Les courriers apportaient des nouvelles inquiétantes de Mongolie. Chacun se préparait à l'élection du successeur de Mongka. Khubilaï ne pouvait pas demeurer absent par seule fidélité aux ordres d'un mort.

Le 6 décembre, faisant courir le bruit qu'il allait marcher sur Hang-tcheou (Hangzhou), il quitta subrepticement son camp. Loin d'entreprendre ailleurs une nouvelle action, il conclut un armistice avec les Song aux termes duquel le Yang-tseu Kiang formerait la frontière entre leurs territoires et celui des Mongols. Les problèmes successoraux étaient pour lui maintenant primordiaux. Il sentait qu'il devait s'en occuper de très près. Il était candidat au trône, mais savait pertinemment que sa candidature ne serait pas acceptée par tous. Il rentra au Ho-pei.

HÜLEGÜ EN IRAN

Hülegü, nommé au *quriltaï* de 1253 vice-roi d'Iran, Ilkhan, mit longtemps à gagner son gouvernement. Il avait beaucoup à faire. Il devait lever une armée, l'équiper et préparer les routes qu'elle suivrait à travers l'Asie centrale pour arriver en bon état au Proche-Orient. Cette dernière tâche était particulièrement astreignante. Dans des régions pauvres ou désertiques, il fallait absolument, sur la voie qu'on emprunterait, constituer des stocks de ravitaillement ainsi que faire entretenir et surveiller les herbages. On envoya des gens pour s'assurer des pâturages et des prairies entre Qaraqorum et Bechbaliq, et pour interdire à tout animal d'y paître.

Puisqu'il allait entreprendre de nouvelles conquêtes, Hülegü, conformément à la coutume, était accompagné par des membres des différentes lignées de la famille gengiskhanide, des Djötchides et des Djaghataïdes, des gendres impériaux et de grands *noyan*. Il franchit

---

* Cinq mois plus tard ! On peut à nouveau songer au temps mis, dit-on, pour prévenir l'armée de Hongrie à la mort d'Ögödeï.

l'Amu-Darya le 2 janvier 1256 et fut reçu de façon grandiose. Une kyrielle de vassaux l'attendaient, parmi lesquels Chams al-Din Kurt (ou Kert), le *malik* (roi) de Hérat, les deux Seldjoukides d'Asie Mineure, Kaï Kawus Ier et Kilitch Arslan IV...

Il avait pour mission, avant que de porter plus loin les armes, de débarrasser l'Empire des ismaéliens que l'on nommait Assassins, parce qu'ils s'enivraient de haschisch pour perpétrer les meurtres politiques dont ils avaient fait leur spécialité. C'était une secte chiite extrémiste qui avait été fondée en 1090 par Hasan Sabah – celui que l'Occident appellerait le « Vieux de la Montagne » – et qui avait acquis une grande puissance, due pour le principal au fanatisme dont elle imprégnait ses fidèles, et pour l'accessoire à des forteresses inaccessibles dont la plus considérable était Alamut, dans le nord de l'Iran, à l'ouest de l'actuelle ville de Téhéran, jadis Reï.

En vain les Seldjoukides avaient-ils essayé de les réduire à merci. Ils n'étaient même pas parvenus à les affaiblir, étaient souvent tombés sous leurs couteaux et n'avaient pas fait baisser d'un cran leur arrogance. Il n'était pas jusqu'aux croisés qui ne subissaient parfois leurs sévices. En 1191, Conrad de Montferrat avait péri de leurs mains au moment de se faire couronner roi de Jérusalem. Les Mongols, jusqu'alors, s'étaient assez peu souciés d'eux : les sectaires avaient dû faire le gros dos sous l'orage, mais ils redressaient la tête sous l'autorité du grand maître Rukn al-Din Kur Chah. Leur réputation demeurait immense. Tout le monde parlait du paradis sur terre qu'ils faisaient entrevoir aux jeunes hommes pour qu'ils ne désirent plus que de le retrouver, meilleur encore s'il se pouvait, dans la mort. C'était un lieu de délices, voire de déliquescence. Marco Polo dira de lui : « Là vivent dames et damoiselles les plus belles du monde », musiciennes, danseuses et « par-dessus tout bien instruites à faire toutes caresses et privautés imaginables » pour offrir « toutes délices et tous plaisirs aux jeunes hommes qu'on mettait là ».

L'existence des Assassins était intolérable à des gens habitués à ce que tout pliât devant eux. A peine installé, Hülegü se mit à les traquer, avec la ferme volonté d'en venir à bout. Il voulut commencer à les frapper à la tête en mettant le siège devant Meïmündüz, où le grand maître était enfermé. Le 24 novembre 1256, il l'obligea à se rendre. Rukn al-Din fut envoyé en Mongolie. Il n'y arriva pas : on le massacra en cours de route.

La capitulation du chef de l'ordre démoralisa, comme Hülegü l'avait prévu, la plupart de ses fidèles, et, le 20 décembre, le nid d'aigle que constituait la mystérieuse et quasi féerique citadelle d'Alamut se rendit à son tour. Ainsi disparaissait cette organisation qui avait fait trembler le Proche et le Moyen-Orient, et qui avait été une cause continuelle d'agitation et d'instabilité. En revanche, l'ismaélisme en tant que doctrine religieuse musulmane survécut. Il reviendra au jour, avec un visage bien différent, dans les temps modernes, sous la direction des Agha Khan.

GUILLAUME DE RUBROUCK

Saint Louis n'espérait plus grand-chose des Tartares, mais il n'oubliait pas l'existence des chrétientés d'Asie dont la découverte l'avait naguère soulagé de son immense déception. Parmi toutes les fausses nouvelles qui déferlaient sur l'Europe, il s'en trouva une exacte qui parvint à la cour du roi de France. Un clerc arménien se présenta à Agnani au milieu de l'an 1257 en se disant chapelain de Sartaq, fils de Batu, et en affirmant avoir reçu l'ordre de signifier au pape la conversion de son maître. Ce petit-fils de Gengis Khan, nous l'avons vu, avait en effet reçu le baptême en août 1250 ou 1251. L'arrivée de son ambassadeur fut, on peut le croire, le déclic qui décida à partir un homme que dévorait l'ardeur apostolique et qui songeait depuis longtemps déjà à ce voyage : Guillaume de Rubrouck.

C'était un personnage hors du commun, une personnalité exceptionnelle que ce franciscain des Flandres, sujet du roi de France et proche de lui, sinon son intime. Instruit, rayonnant de la joie intérieure que donne une foi profonde, entièrement voué à Dieu tout en sachant goûter aux plaisirs licites de cette terre, d'intelligence rapide, plein d'humour et de fantaisie, non dénué d'un goût certain pour la provocation, cultivé, prudent mais courageux, doué d'un sens prodigieux de l'observation et d'une entière liberté de jugement, il exerçait une irrésistible force de séduction. Nous la subissons encore.

Il partit. Pourquoi ? Une étonnante ambiguïté accompagne son voyage, que des aventures rocambolesques vont encore renforcer. Tout laisse à penser qu'il fut motivé par la volonté de porter au loin la parole du Christ et par la pitié qu'il ressentait pour ces malheureux chrétiens allemands déportés dont André de Longjumeau avait signalé la présence à Talas, et pour tous les autres − tant d'autres ! − dont on ne parlait pas. Pourtant, lorsqu'il s'ouvrit de son projet au roi, celui-ci vit tout l'intérêt que sa réalisation pouvait présenter pour sa politique et l'encouragea à se mettre en route. Puisqu'il ne pouvait envoyer un ambassadeur sans risquer que les Mongols n'interprétassent sa démarche comme un abaissement, il n'avait guère d'autre ressource pour reprendre contact avec eux que d'utiliser un missionnaire sans statut politique. C'était certes l'exposer davantage, mais aussi lui laisser plus de liberté d'action ainsi que la possibilité de parler et d'agir au mieux des circonstances sans engager la personne royale. Le roi lui fournit des fonds et une lettre de recommandation.

Rubrouck s'embarqua à Constantinople avec un frère, un clerc, un esclave et un interprète qui se révéla lamentable, et débarqua en Crimée le 21 mai 1253. Reparti le 3 juin, il arriva chez Sartaq le 31 juillet et lui remit la lettre de félicitations et de vœux de Saint Louis. C'est alors que commença la farce. Des traducteurs arméniens, par incompétence ou malignité, présentèrent la lettre du roi de France comme une proposition d'alliance entre les Mongols et les Latins contre l'Islam, ce dont il n'était aucunement question. Sartaq, jugeant que l'affaire n'était pas de son ressort, décida d'envoyer à Batu un Rubrouck bien embarrassé et n'osant pas démentir les interprètes. Batu, à son tour, s'estima incompétent et expédia à Mongka le franciscain, devenu malgré lui bien plus ambassadeur que missionnaire. Parti du camp de Batu le 15 septembre, il arriva à Qaraqorum le 27 décembre. Jamais voyage n'avait encore été aussi rapide. C'est dire toute l'importance qu'on accordait à l'affaire.

A Qaraqorum, la farce connut un rebondissement inattendu. On ne retrouva pas le message que Batu adressait à son impérial cousin et nul ne put expliquer pour quelle raison on avait acheminé avec diligence et à grands frais, comme un haut personnage, un individu qui déclarait n'avoir aucune mission officielle et ne représentait par conséquent que lui-même. On lui demandait sans cesse avec étonnement : « Mais qu'êtes-vous donc venu faire ? » Les Mongols firent alors mine de le considérer comme ce pour quoi ils l'avaient pris : un ambassadeur. Après l'avoir gardé six mois près d'eux, ils se décidèrent finalement à le renvoyer, non sans lui proposer de se faire accompagner par des ambassadeurs. Comme Plan Carpin, Rubrouck usa de toute son habile ténacité pour les refuser. Il repartit donc seulement avec une lettre adressée au roi de France qui l'invitait à se soumettre et désavouait formellement les ambassadeurs d'Eldjigideï qui étaient venus le trouver à Chypre.

Rubrouck quitta la Mongolie le 10 juillet 1254. Il arriva chez Batu le 15 septembre, un an jour pour jour après avoir pris congé de lui. Le 16 juin, il était à Nicosie. Son supérieur s'opposant à ce qu'il se rendît vers Saint Louis, il écrivit au roi un long rapport, une « lettre », qui demeure un des chefs-d'œuvre de la littérature médiévale et une précieuse source d'informations. Il avait sans doute l'impression d'avoir échoué, puisqu'il n'avait pu ni prêcher l'Évangile ni exercer sa charité. Il avait certes administré ici et là le baptême à quelques enfants abandonnés , et un baptême, pour un chrétien, vaut plus qu'un long voyage. Mais il n'avait pas fondé de mission ! Il n'avait pas retrouvé les Allemands dont on parlait tant ! Il était passé à côté de tant et tant de misères sans rien pouvoir faire pour les soulager !

LA LETTRE DE MONGKA

Quand on remit à Rubrouck la lettre de Mongka qu'il devait porter au roi, des interprètes la traduisirent. Il la nota, « pour autant qu'il pût la comprendre », et inséra dans son récit la version qu'on lui en avait faite :

> « Voici le précepte du Dieu éternel. Au ciel, il n'y a qu'un seul Dieu éternel et, sur la terre, il n'y a qu'un seul maître, Chingis Chan [...]. Voici l'ordre du fils de Dieu [Mongka] qui vous est dit : Qui que vous soyez [...] faites entendre et comprendre ceci : Par la force du Dieu éternel, par le peuple des Grands Mongols, commandement est fait par Mangu-chan au seigneur des Français, au roi Louis et à tous les autres seigneurs et prêtres et au grand peuple des Français qu'ils puissent comprendre ces paroles. Le commandement du Dieu éternel fait par Chingis Chan n'est parvenu à vous ni venant de Chingis Chan lui-même, ni venant d'autres après lui. Un homme nommé David est venu vers vous comme ambassadeur des Mongols, mais c'était un menteur [...]. Maintenant, pour que le monde entier ainsi que les prêtres et les moines soient tous en paix et se réjouissent dans leurs biens et afin qu'ils entendent tous les commandements de Dieu [...] nous vous avons envoyé par écrit le commandement du Dieu éternel [...]. Quand vous aurez entendu et que vous aurez cru, si vous voulez nous obéir, envoyez-nous vos ambassadeurs : ainsi nous saurons avec certitude si vous voulez la paix ou la guerre avec nous. Lorsque par la puissance du Ciel éternel, du lever du soleil jusqu'à son couchant, le monde entier sera uni dans la joie et la paix, alors apparaîtra ce que nous aurons à faire [...]. Si vous refusez d'y prêter attention et d'y croire [...] dites-vous bien que nous savons ce que nous pouvons. »

HETHUM D'ARMÉNIE

Sur son chemin de retour, Guillaume de Rubrouck aurait pu rencontrer le roi Hethum d'Arménie qui faisait route vers la Mongolie. Ce souverain chrétien, vassalisé par les Mongols, se rendait auprès du Grand Khan bien mieux instruit de leurs us et coutumes que ne l'avait été à son départ le franciscain, et dans des dispositions d'esprit fort différentes. Alors que le moine vivait dans la crainte permanente de provoquer par quelque maladresse la colère des Tartares et leur intervention contre la latinité, Hethum ne souhaitait qu'une seule chose : voir les Mongols repartir en guerre.

Il avait préparé son voyage de longue date en envoyant son propre frère Sempad, le connétable du royaume, faire sa cour à Güyük. Sur sa route, à Samarkand, « ce grand baron apparenté aux meilleurs lignages de l'Orient latin », comme le définit Jean Richard, avait écrit le 7 février 1248 au roi de Chypre une lettre dans laquelle il lui disait sa joie d'avoir parcouru le pays des Rois Mages et dévoilait, pour la deuxième fois, l'importance des communautés chrétiennes dans l'Empire mongol. C'était une surprise si totale qu'on avait peine à y croire. Hethum lui-même, bien que dûment averti, laissera éclater son émerveillement devant la vitalité des églises qu'il rencontrera.

Traversant les pays dévastés par l'invasion, Sempad ne put s'empêcher de les décrire, et la façon dont il le fit permet assez bien de comprendre comment l'Arménie réagira lors des victoires mongoles en Iraq et en Syrie. Dans trois des grandes villes par où il passa, Tus, Merv et peut-être Bukhara, « dont chacune représentait trois jours de marche », il dit avoir vu « plus de cent mille amoncellements prodigieux constitués par les os de ceux que les Tartares avaient fait périr », et il constate alors non sans satisfaction que « si les Tartares n'avaient pas ainsi massacré les païens [c'est-à-dire les musulmans] ceux-ci auraient été en mesure de conquérir toute la terre ».

Hethum quitta la Cilicie en 1254 pour rallier Kars, où campait alors Baïdju ; de là, il passa par les Portes de Fer pour rejoindre le camp de Batu sur la Volga, d'où il se rendit chez Mongka par la voie des steppes du nord de la Caspienne. Il y fut reçu le 13 septembre par l'empereur « siégeant dans la splendeur de sa gloire ». Le Grand Khan lui annonça son projet d'attaquer Bagdad. Il lui remit un édit *(yarliq)* portant défense absolue de rien entreprendre contre sa personne, ses biens et ses États, et affranchissant ses églises. C'était là une confirmation officielle de l'alliance qui s'était ébauchée entre les Arméniens et ses prédécesseurs. Tandis que les chrétiens d'Occident ne savaient sur quel pied danser, tremblant au souvenir de l'invasion et espérant toujours un peu, les chrétientés orientales jouaient franchement la carte mongole contre les musulmans.

Hethum quitta la cour de Mongka le 1er novembre 1254 et, par Bechbaliq, Almaliq, l'Amu-Darya et l'Iran, fut de retour chez lui dans le courant de juillet 1255.

Campagne d'Iraq

Il restait au Proche-Orient une autre puissance spirituelle que celle des ismaéliens, et qui pesait plus lourd : les califes abbassides de Bagdad. Le calife al-Mustasim (1242-1258) qui régnait alors, instruit par l'expérience séculaire de ses devanciers qui avaient eu à plier d'abord devant les Buyides, une dynastie iranienne chiite, puis devant les Turcs seldjoukides et leurs successeurs, était obligé d'accepter la

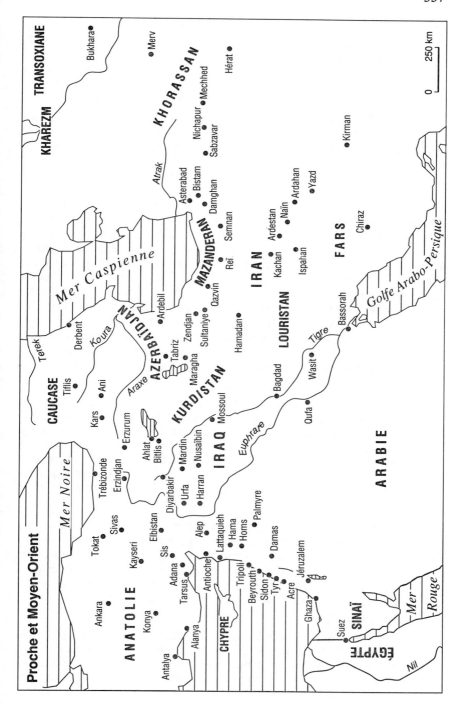

diminution de son pouvoir politique, mais demeurait intransigeant sur son autorité spirituelle – et, de fait, celle-ci n'était pas affaiblie. Il conservait d'ailleurs – ou avait recouvré – une certaine liberté d'action, mais dans un État qui aurait fait pitié à ses illustres prédécesseurs, un al-Mamun, un al-Mutawakkil, un Harun al-Rachid. Le conflit qui allait l'opposer aux Mongols était donc bien un conflit politique, puisque les Mongols voulaient annexer l'Iraq, mais c'était surtout un conflit religieux entre le champion intransigeant de l'islamisme et celui qui se disait le Fils du Ciel et qui entendait bien ne tolérer aucune autorité spirituelle au-dessus ou à côté de lui : c'était comme jadis, en Mongolie, au temps de Gengis Khan et de Teb-Tenggeri, une querelle du sacerdoce et de l'Empire.

La conquête de Bagdad était prévue depuis longtemps et on l'avait largement annoncée. Guillaume de Rubrouck et le roi Hethum en avaient entendu parler en Mongolie en 1254, soit trois ans avant qu'elle n'eût lieu. Cette même année, le calife avait envoyé à Qara-qorum un ambassadeur sur lequel avaient couru divers bruits. D'après Rubrouck, Mongka avait affirmé qu'il ne ferait pas la paix avec le successeur de Mahomet s'il ne détruisait pas toutes ses forteresses, mais l'ambassadeur avait répondu : « Quand vous enlèverez tous les sabots de vos chevaux, alors nous les détruirons toutes. »

Les campagnes mongoles ne commençaient pas sans préavis, sans ce que nous nommerions une déclaration de guerre et sans tentatives pour obtenir par la diplomatie ce qu'il faudrait sinon obtenir par les armes. Aussi échangea-t-on des lettres.

> « Tu as appris, disait Hülegü, le sort que, depuis Gengis Khan, ont fait subir au monde les armées mongoles, de quelle humiliation, par le secours du Ciel éternel, ont été frappées les dynasties du chah du Kharezm, des Seldjoukides, des rois [...] et des atabegs. Et cependant la porte de Bagdad n'avait jamais été fermée à aucune de ces races qui, toutes, y avaient établi leur domination. Comment donc l'entrée de cette ville nous serait-elle interdite, à nous qui possédons tant de forces et de pouvoir ? Garde-toi de lutter contre notre étendard. »

C'était là un avertissement, mais non pas une menace directe pour le calife : il pouvait en effet comprendre que, s'il se soumettait, il garderait son trône et ses prérogatives. Après tout, les chamans avaient bien conservé leur rang quand ils avaient accepté que celui-ci ne fût pas le plus haut. Et quel atout n'eût pas constitué pour les Mongols, dans le monde musulman, un calife à leur botte !

Al-Mustasim répondit avec hauteur :

> « Ô jeune homme à peine entré dans la carrière qui, dans l'ivresse d'une prospérité de dix jours, vous croyez supérieur au monde entier, ignorez-vous que depuis l'Orient jusqu'au Maghreb tous les adorateurs d'Allah, depuis les rois jusqu'aux mendiants, sont tous esclaves de notre cour et que je peux leur donner l'ordre de se réunir ? »

C'était vouloir affirmer à des gens qui n'en avaient nulle idée que la *djihad*, la guerre sainte, soulèverait tout le monde islamique si l'on touchait au calife. L'appel à la guerre sainte est une arme qui avait servi bien des fois et qui ne cesserait de servir jusqu'à nos jours, mais qui ne se révélait efficace que lorsque l'Islam était fort, prospère, uni et conquérant. Autrement, elle n'éveillait que peu d'échos. Or les sultans ayyubides de Syrie et d'Égypte se garderont de bouger. Quant aux gens du Maghreb...

Hülegü rit des menaces de l'Arabe : « Ma puissance est fondée sur l'appui du Créateur, et non sur l'or et sur l'argent. Si Dieu Éternel m'aime et me protège, que puis-je avoir à craindre du calife et de son armée ? » En effet, il ne les redoutait pas. Naguère, recevant ses ambassadeurs, il avait trouvé cet audacieux « aussi tortueux qu'un arc » et il s'était écrié : « Il faut que Dieu soit bien irrité contre cet homme-là pour qu'il lui inspire des pensées pareilles. »

En novembre 1257, les Mongols quittèrent le plateau iranien pour descendre en Mésopotamie. L'Ilkhan avait demandé à l'astronome musulman ce que prédisaient les astres. Ils n'étaient pas favorables : on courait, disaient-ils, au désastre. Mais les chamans émirent un avis contraire et les généraux les soutinrent. Baïdju, une de nos vieilles connaissances, prit la route de Mossoul ; Kitbuga, pour nous un nouveau venu, passa par le Luristan, et Hülegü concentra ses forces vers Hamadan pour attaquer par la route de Kermanchah. Comme à l'ordinaire, les deux ailes devaient éviter que le centre ne fût pris de flanc par une contre-attaque, et effectuer un mouvement tournant pour serrer en tenailles les armées du calife. A l'opération participaient au moins les Arméniens, et peut-être les Géorgiens : les premiers parce que cette campagne répondait à leurs vœux les plus chers, qu'ils l'attendaient depuis longtemps et qu'ils avaient tout fait pour y décider les Mongols ; les seconds, pour des raisons de moins haute politique. Leur prince Zacharie, que Rubrouck avait connu, était devenu un intime de Hülegü. Disons tout de suite que cette faveur dont il pouvait tout espérer se retournera contre lui. Près du cœur, les favoris perdent souvent la vie quand le cœur se détourne ou se lasse. Il sera accusé de trahison en 1260, exécuté, et son corps jeté aux chiens. Son père en mourra de chagrin.

Facilement victorieux des forces arabes, les trois corps d'armée firent leur jonction devant la capitale de l'Iraq le 17 janvier. Ils avaient mis longtemps pour l'atteindre, non que la route fût longue ou présentât des obstacles, mais parce qu'ils s'étaient avancés avec la plus extrême prudence. On livra bataille « à neuf parasanges* de la ville », le jour même. Les Mongols ouvrirent une digue et inondèrent toute la

---

* Mesure itinéraire de l'Iran ancien (déjà achéménide) valant 5 250 mètres.

région à l'arrière de leurs ennemis. Gênés dans leurs manœuvres, incapables de se replier, les Arabes se noyèrent en grand nombre ; 12 000 autres furent tués les armes à la main.

Du 18 au 22, l'Ilkhan franchit le Tigre, prit ses dispositions pour investir la ville et fit élever en une seule journée une palissade qui en faisait le tour. Il s'installa en personne devant l'une de ses grandes portes. Il fit envoyer un message piqué à la pointe d'une flèche pour faire savoir que les sayyid, les chaïkhs, les prêtres chrétiens et autres religieux qui ne combattraient pas auraient la vie sauve. Il lança l'attaque le 29 janvier. Pendant six jours et six nuits, sans interruption, les vagues d'assaut se brisèrent les unes après les autres sur les murailles avec le bruit que fait une grande tempête. Le 6 février, la partie centrale des fortifications était aux mains des assaillants. La garnison tenta une sortie. Elle perdit presque tout son monde en franchissant les lignes, et ceux qui purent passer furent rattrapés et tués. Ne voyant aucun moyen de desserrer l'étreinte, le calife envoya trois hommes aux Mongols : son vizir – un chiite zélé –, le catholicos nestorien et, à moins que ce ne fût lors d'une autre tentative de négociation, l'astronome Nasir al-Din Tusi. Ce n'était pas malhabile, mais trop tardif. La partie semblait jouée. Le 10 février, le calife sortit de sa capitale pour se rendre à l'Ilkhan. Il reçut l'ordre de regagner son palais pour organiser la remise des armes au vainqueur et l'évacuation de la population. Il fut raccompagné par quelques soldats mongols et par Nasir al-Din. L'on vit alors pauvres et riches se présenter en foule aux soldats qui aussitôt les tuaient. Certains, plus prudents, refusèrent de quitter leurs maisons. Ils n'échappèrent pas pour autant au massacre. Le 13, toute la cité était aux mains des attaquants. Ils y mirent le feu et tuèrent, dit-on, tous ceux qui s'y trouvaient – en réalité peut-être quelque 90 000 personnes, soit un peu plus du dixième de la population totale si elle comptait, comme on le pense, environ 800 000 âmes. Le pillage prit fin le 20.

D'après une source arménienne, Hülegü aurait prévenu le Grand Khan : « Nous sommes allés et avons pris la cité de Bagdad et sommes revenus avec beaucoup de butin, par la grâce de Dieu et la vôtre. »

MORT DU CALIFE

Le 15 février, Hülegü avait reçu le calife. La rencontre entre le vainqueur et le vaincu dut être pathétique. Al-Mustasim, de toute façon, était perdu. Il devait le savoir. Il fut condamné à mort.

Pour les chroniqueurs arméniens Kiragos et Vartan, il périt de la main de l'Ilkhan, ce qu'il ne convient pas de prendre à la lettre ; pour la chronique géorgienne, il fut abattu à coups d'épée par un général mongol, ce qui est très probablement faux. Quant à Djuvaini, qui était présent au siège, il ne dit mot de son destin. En revanche, un récit anecdotique de Nasir al-Din Tusi relate une étrange conversation entre le prince mongol et le Commandeur des croyants. D'après le savant astronome, Hülegü, étant entré dans la salle où se tenait le calife, prit un plat en argent et le lui présenta en disant :

« Mange !
– Ce n'est pas comestible, répondit le calife.
– Pourquoi le gardes-tu près de toi et ne l'as-tu pas donné à tes soldats ? »

De ce dialogue naquit une légende qui connut un grand succès, puisque Marco Polo, Joinville, Hethum, Mandeville, Ricold de Monte Croce, Guillaume de Nangis l'entendirent et la rapportèrent. Selon elle, le Commandeur des croyants fut enfermé avec son trésor et condamné à s'en nourrir, ce qui l'amena à mourir de faim en quatre ou cinq jours.

Presque tous les observateurs s'accordent à dire que l'exécution d'al-Mustasim eut lieu « à la mongole », c'est-à-dire sans épanchement sanglant, mais ils divergent sur la nature du supplice. Fakhr al-Din Razi se contente d'affirmer qu'il fut livré « à la rigueur du *yasaq* », ce qui sous-entend qu'on le respectait suffisamment pour juger prudent de ne pas faire couler son sang. Wassaf, Ibn al-Fuwati et Djuzdjani croient savoir qu'il fut roulé dans un tapis et foulé aux pieds. Ce dernier ajoute que, si les Mongols l'avaient tué en répandant son sang, ils auraient craint que ne se produisît un séisme là où la terre l'aurait bu. Cette information est singulière – je n'ai jamais rencontré quoi que ce soit qui la rappelle – et donc surprenante, mais peut-être pas sans signification, et j'aurais tendance à penser qu'elle fait écho à une autre, due à Kiragos et tout aussi isolée. Pour l'historien arménien, Hülegü aurait offert en sacrifice au Tigre l'un des fils du calife « parce que ce fleuve, loin d'avoir péché contre nous, a collaboré avec nous au châtiment des impies ». On peut, ici et là, envisager l'existence de quelques représentations mal comprises par les informateurs et dénotant une crainte des « génies de la terre et des eaux » de l'Iraq, aussi dangereux évidemment que ceux de la Chine qui s'étaient irrités auparavant contre Ögödeï et avaient incité Tului à s'offrir en auto-sacrifice.

APRÈS BAGDAD

La chute de Bagdad et la mort du calife firent sur toute la surface
de la terre un bruit retentissant et soulevèrent une vive émotion.
L'Islam put vraiment se croire arrivé à la fin du monde. Jamais, en
tout cas, il n'avait été si près de s'effondrer, de disparaître à tout
jamais qu'en ce jour qui était pour lui un grand jour de deuil, ainsi que
dans les mois et les années qui suivirent. Qu'il en réchappât put
paraître un miracle.

Il devait, en attendant d'improbables temps meilleurs, s'accommoder de la situation et essayer de sauver ce qui pouvait encore l'être.
On vit qu'il était capable de souplesse quand les nécessités l'y contrai-
gnaient. Un jour que Hülegü, ayant réuni les *ulema*, leur demandait
s'il valait mieux un souverain mécréant mais juste, ou un souverain
musulman mais injuste, ils se trouvaient dans un grand embarras
quand l'un d'eux écrivit : « L'infidèle qui est juste doit être préféré au
musulman qui est injuste. » Et tous avaient opiné.

L'époque, d'ailleurs, avait changé. On pouvait continuer à vivre.
Dès que le pillage de Bagdad eut pris fin, Hülegü ordonna de remettre
de l'ordre dans la cité, de rouvrir les bazars et de commencer aussitôt
la reconstruction de ce qui avait été démoli. Les Mongols n'avaient
pas encore appris à aimer les villes, mais ils savaient et leur utilité et
leur valeur. Hülegü en particulier en était hautement conscient. Djuvaini affirme que, pour sa part, il connaissait bien l'inclination du roi
pour la restauration de tout ce qui était en ruine, et il en donne comme
exemple les travaux qu'il avait fait entreprendre à Kuchan, près de
laquelle il était passé en allant combattre les ismaéliens et qui n'avait
pas été relevée depuis les premières invasions.

La chrétienté orientale poussa un immense cri de joie. Il ne manquait pas de nestoriens dans l'armée mongole et les contingents
d'Arméniens et de Géorgiens avaient pris une part non négligeable à
la conquête de l'Iraq. En outre, l'épouse de Hülegü, Doquz Qatun,
était elle aussi chrétienne et accordait sa protection au christianisme,
à ses prêtres, à ses édifices : on prétend qu'elle veilla particulièrement
aux uns et aux autres après la prise de Bagdad. Quant aux soldats
chrétiens, leur présence sous les armes, leurs interventions auprès des
chefs suprêmes en faveur de leurs coreligionnaires avaient eu pour
conséquence que ceux-ci avaient presque toujours été épargnés. En
compensation, on s'était davantage acharné contre l'Islam, qui semblait seul visé par la campagne. On put donc donner libre cours à son
allégresse :

« Il y avait cinq cent quinze ans*, dit Kiragos, que cette ville avait été

---

* Il n'y avait en réalité que quatre cent quatre-vingt-seize ans, Bagdad ayant été
fondée en 762.

fondée. Pendant tout le temps qu'elle conserva l'Empire, pareille à une sangsue insatiable, elle avait englouti le monde entier. Elle rendit alors tout ce qu'elle avait pris. Elle fut punie par le sang qu'elle avait versé, pour le mal qu'elle avait fait. »

Dans la stupeur qui paralysait l'Iraq, il n'y avait guère d'efforts à fournir pour achever sa soumission. Hülegü envoya son général Buqa Temür à Hilal et à Wasit. L'une se rendit ; l'autre résista, fut prise et pillée – 40 000 personnes trouvèrent la mort (deuxième quinzaine de février). Kufa et Bassorah s'empressèrent de se soumettre dès l'approche des Mongols. Plus au nord, l'Ayyubide de Hisn Kaïfa (Hasan Keïf), ayant rendu hommage, conserva sa couronne. Il en alla de même pour l'Artuqide de Mardin, qui avait combattu la volonté de résistance de son père. En revanche, le prince de Mayyafariqin (Silvan), qui s'était opposé aux Mongols, fut destitué et remplacé par un membre plus souple de sa famille.

La vallée du Tigre et de l'Euphrate une fois soumise, comme l'été approchait et qu'on ne disposait d'aucun pâturage dans ces régions basses et chaudes livrées à l'agriculture alors qu'il fallait laisser reposer hommes et bêtes, Hülegü retourna en Iran. Il passa quelque temps à Hamadan, puis alla s'installer dans la région de Tabriz et de Maragha, en Azerbaïdjan, où déjà, avant lui, Baïdju et Tchormagan avaient pris l'habitude de séjourner ; ces deux villes commençaient à faire figure de capitales régionales. Comme eux, l'Ilkhan affectionnait ces lieux. Décidément, les temps changeaient. Hülegü entreprit de faire construire un château fort dans un îlot du lac d'Urmiya pour y mettre à l'abri son trésor et son butin de guerre, et un palais dans les environs. Il continuera pourtant à passer l'hiver dans les plaines de l'Araxe et du Mogan, et à monter en été vers l'Ala Dag et les contreforts du mont Ararat.

Les princes du Proche-Orient venaient lui faire la cour. Le fameux Badr al-Din Lulu de Mossoul (1233-1259), âgé de plus de quatre-vingts ans et sur le point de mourir, ne fut pas le dernier à accourir. Il était, nous l'avons vu, depuis longtemps vassal des Mongols, et dans sa capitale résidait leur gouverneur pour toute la Djezireh, c'est-à-dire la haute Mésopotamie. Vinrent aussi le prince du Fars et les sultans seldjoukides d'Asie Mineure. Kilitch Arslan IV se montra particulièrement abject en offrant au khan des bottes sous les semelles desquelles il avait fait peindre son portrait : « Votre esclave ose espérer que son roi voudra bien honorer la tête de son serviteur en posant sur elle son auguste pied. » Jusqu'où les Seldjoukides n'étaient-ils pas descendus ? Jusqu'où ne descendraient-ils pas encore ?

Quant à Hülegü, il savait raison garder. L'immense succès qu'il avait remporté, bien qu'il revêtît plus d'importance symbolique et spirituelle que matérielle si on le mesurait à la taille des Mongols, ne le grisait pas davantage que l'encens qui de partout montait vers lui. Il demeurait lui-même, soit à peu près ce qu'il aurait été s'il avait gardé des troupeaux dans la steppe natale. Il faut être un grand homme pour savoir résister à toutes les gloires. Nous croyons qu'il l'était.

LA CAMPAGNE DE SYRIE

La Syrie – au sens antique du terme, qui ne distingue guère entre ce que nous nommons aujourd'hui Liban, Israël, Jordanie, Syrie – était partagée entre les sultans ayyubides, descendants de Saladin, et les Latins, dans une coexistence qui, après la violence des combats au début des croisades, était devenue presque pacifique et toute tournée vers les échanges commerciaux. Les croisés, ou les Francs, comme disaient les musulmans, possédaient le littoral, avec deux établissements distincts : au nord, la principauté d'Antioche et le comté de Tripoli appartenant à Bohémond VI (1251-1275) ; au sud, le royaume dit de Jérusalem, privé de sa capitale – la ville sainte, que les musulmans avaient reprise dès 1187 – et qui ne présentait plus qu'une succession de petits États de type féodal, le comté de Jaffa, la baronnie de Tyr, la commune d'Acre. Bohémond VI, gendre du roi Hethum d'Arménie, s'était comme son beau-père rallié aux Mongols, ou inclinait vers eux. Les seigneurs du royaume de Jérusalem leur étaient en revanche entièrement hostiles. Les uns pensaient aux conditions locales, les autres se souvenaient des invasions en Europe.

Les Ayyubides étaient entrés en décadence et touchaient à leur fin. Ils avaient connu gloire et puissance. Ils avaient disposé d'une armée considérable et bien entraînée, essentiellement composée de mercenaires – on disait esclaves, en arabe mamelouks –, en grande partie des turcophones originaires du pays qiptchaq. Or, au moment même où Saint Louis avait débarqué à Damiette dans le delta du Nil (le 6 juin 1249) pour capituler le 6 avril 1250, ces mercenaires s'étaient soulevés contre leur maître, l'avaient renversé et avaient installé à sa place l'un des leurs, Aïbek, le premier d'une dynastie dite mamelouke, appelée à une brillante destinée. Les Ayyubides n'avaient plus conservé que la Syrie, qui se trouvait de ce fait à nouveau séparée de l'Égypte, et encore ne la tenaient-ils plus que d'une main faible, d'une main que le coup de force des mercenaires avait cruellement blessée.

Quand Bagdad était tombée, le souverain ayyubide al-Nasir Yusuf (1236-1250) n'avait rien eu de plus pressé que de faire acte de vassalité et il avait envoyé à la cour de Hülegü son propre fils al-Aziz en otage. Il se croyait tranquille.

Un incident, une fois de plus, mit le feu aux poudres. L'émir de

Mayyafariqin (Silvan), un cadet de la famille ayyubide, malgré sa récente soumission à l'Ilkhan, avait fait mettre en croix un prêtre chrétien jacobite qui voyageait avec un sauf-conduit mongol. Un tel document était conçu pour assurer d'une manière absolue la sécurité de son détenteur, et les Mongols ne plaisantaient pas sur les soins qu'on devait accorder à leurs protégés. Hülegü dépêcha une armée constituée de contingents mongols, arméniens et géorgiens pour châtier le coupable.

La ville résista avec acharnement. Un prince arménien périt sous ses murs, ou, comme le dit Vartan, « gagna la couronne immortelle : toujours fidèle à Dieu et à l'Ilkhan, il sera associé à ceux qui versèrent leur sang pour le Christ ». En somme, les Arméniens faisaient des Mongols, et à leur corps défendant, des sortes de croisés et exploitaient largement les sympathies de Hülegü pour le christianisme, au point de lui donner un visage qui n'était pas le sien. Quand Mayyafariqin succomba d'épuisement, les Mongols, ou peut-être les chrétiens qui les entouraient (car les premiers tuaient sans raffinements de cruauté), se livrèrent à des actes odieux : ils supplicièrent le prince qui avait défendu son patrimoine avec tant de vaillance, lui arrachèrent des lambeaux de chair pour les lui faire manger, puis, après décollation, promenèrent sa tête à travers toute la Syrie dans une ignoble procession que précédaient joueurs de tambourin et chanteurs.

Selon son propre témoignage, Hethum aurait conçu en compagnie de Hülegü le plan de la campagne de Syrie, mais il se vante peut-être en s'accordant une audience plus grande qu'elle ne l'était. Il fut cependant informé des dispositions prises, et invité à se joindre à l'expédition.

L'Ilkhan quitta l'Azerbaïdjan en septembre 1259 avec trois armées : l'une en aile droite, l'autre en aile gauche, et lui-même, accompagné de son épouse chrétienne Doquz Qatun, marchait au centre, précédé d'une avant-garde commandée par le Naïman chrétien Kitbuga. Après avoir enlevé Nusaïbin et reçu la reddition d'Édesse (Urfa) et de Harran, il franchit l'Euphrate, dévasta au moins en partie les campagnes autour d'Alep et se présenta devant la ville, où le métropolitain jacobite, l'historien Bar Hebraeus, vint à sa rencontre et l'accueillit en libérateur. Le 18 janvier 1260, il commença à investir la place. L'assaut fut lancé le 24 et aussitôt couronné de succès, mais la citadelle, cette merveille de l'architecture militaire médiévale, tint pendant deux jours. Il n'avait pas fallu plus d'une semaine pour capturer ce qui constituait à la fois l'une des plus fortes positions qui fût au monde et une grande métropole. Les Mongols, selon leur habitude, se livrèrent à maintes exactions, mais ils trouvèrent dans les Arméniens de dignes compétiteurs en matière de violences et d'atrocités. Le roi mit lui-même le feu à la Grande Mosquée, l'une des plus belles et des plus anciennes de l'Islam oriental. Après six jours de pillage, Hülegü, d'un ordre sec, fit revenir le calme. Hethum fut largement récompensé de son concours : l'Ilkhan lui donna une partie du butin, quelques districts qui relevaient de la ville, et fit restituer à son parent Bohémond d'Antioche tous les territoires que les Alépins lui avaient enlevés, notamment Lattaquieh.

On connaissait maintenant la méthode des Mongols. On savait qu'il fallait capituler si l'on ne voulait pas périr, puisqu'on ne pouvait jamais vaincre. La Syrie, terrifiée, n'offrit pas de résistance. Le souverain ayyubide s'enfuit au Caire. Hama ouvrit ses portes. Homs l'avait déjà fait. Le 1er mars 1260, Damas dut laisser le général Kitbuga entrer dans ses murs. Il était accompagné du roi Hethum et du prince Bohémond. Seule la citadelle résista pendant plus d'un mois, jusqu'au 8 avril. La tenue des chrétiens, il faut le confesser, fut assez affligeante. Passe que Bohémond ait fait célébrer une messe solennelle en rite latin dans une mosquée convertie en église, ce qui d'ailleurs, mauvais prétexte, lui vaudra d'être excommunié : on ne lui pardonnait en fait ni sa soumission aux Mongols ni surtout son alliance avec le patriarcat grec. Passe aussi la joie délirante, le triomphalisme, les cloches qui sonnaient partout à haute volée. On comprend tout cela. On s'étonnerait que tout cela n'eût pas eu lieu. Mais était-il indispensable de faire couler à flots le vin jusque dans les sanctuaires musulmans, de profaner la Grande Mosquée des Omeyyades, d'obliger les musulmans à se lever devant les processions qui parcouraient les rues en chantant des psaumes et en portant la croix ? Stupéfaits, choqués, les Mongols regardaient sans y rien comprendre les manifestations du fanatisme, et, clairvoyants, se disaient qu'un jour ou l'autre elles se retourneraient contre ceux qui s'y livraient.

Après avoir pris Damas, les forces de Hülegü passèrent en Samarie, enlevèrent Naplouse, dont la garnison fut exécutée, et s'avancèrent jusqu'à Gaza. Naguère, les petits chevaux mongols avaient déjà atteint l'Adriatique, mais maintenant ils pouvaient rafraîchir leurs jambes dans les vagues de la Méditerranée. Jamais encore dans l'histoire cela ne s'était vu. Jamais cela ne se reverrait. Allait-on attaquer l'Égypte ?

L'ÉGYPTE NE SERA PAS CONQUISE

Les Latins hésitaient. Ils n'y comprenaient rien. Pour eux comme pour les Mongols, l'histoire allait trop vite. Ils ne pouvaient pas concevoir que ces gens qui étaient en passe d'anéantir l'Islam, qui étaient venus si facilement à bout de ces principautés syriennes contre lesquelles ils s'épuisaient depuis cent cinquante ans, fussent les mêmes que ceux qui avaient attaqué l'Europe.

Ils ne pouvaient pas avoir changé ! Ils devaient être, en ces jours-ci, les mêmes qu'en ces jours-là, qui n'étaient pas tellement anciens. Étaient-ils des alliés ? N'allaient-ils pas, demain, s'en prendre à eux ? Fallait-il profiter du présent en oubliant l'avenir ? Ne proclamaient-ils pas à qui voulait les entendre qu'ils se proposaient de conquérir le monde entier ? Les Latins ne pouvaient s'empêcher d'avoir peur, de sentir de la haine, de se souvenir des Polonais et des Hongrois, des Serbes et des Croates ! Certes, les Mongols se disaient chrétiens et tout montrait qu'ils l'étaient. Leur victoire, si elle devait se révéler définitive et répondre aux vœux qu'ils faisaient, serait peut-être le triomphe du christianisme, mais les Latins n'y perdraient-ils pas leur richesse et leur vie ? Et puis, si en bons chrétiens ils détestaient l'islam, ils ne haïssaient pas tellement les musulmans. Souhaitaient-ils vraiment leur ruine ? Ils avaient appris à connaître les Arabes, dans une certaine mesure à les estimer. Ils avaient noué avec eux des relations parfois courtoises. Ils avaient admiré leur civilisation et lui avaient beaucoup emprunté. Pouvait-on écouter un Hethum, entendre un Bohémond qui montrait tant d'amitié aux Grecs maudits ? Aider les Mongols ?

Ils ne voyaient pas clair, c'est vrai, mais on doit les excuser. Les Francs marchaient à petits pas. Dès l'entrée des Tartares en Syrie, le légat pontifical, Thomas Agni de Lentino, avait envoyé des dominicains à Hülegü. Celui-ci avait fini par promettre la restitution au royaume de Jérusalem des terres qu'il avait perdues et, en premier lieu, de Jérusalem, la ville sainte. C'était une immense promesse, une promesse qui les touchait dans leur cœur et dans leur chair. On pouvait, semblait-il, marcher d'un pas plus sûr, disons d'un pas moins hésitant. Il ne fallait peut-être plus grand-chose pour qu'on en arrivât à aller la main dans la main.

Hülegü allait-il attaquer l'Égypte ? Si l'été n'était pas arrivé, il l'eût sans doute fait et l'on peut penser que les Latins se seraient alors décidés à s'avancer dans le chemin plein d'embûches de la collaboration. Mais la chaleur venait ; l'armée était fatiguée, et les chevaux amaigris. Fallait-il exiger d'eux un ultime effort pour enlever les quelques places que les musulmans tenaient encore en Syrie ? C'était déjà beaucoup. C'eût été trop que de vouloir envahir l'Égypte. En fait, il ne fallait pas y songer. Il était impossible de le faire. C'était une puissance – la dernière puissance musulmane en Orient, certes, mais elle était redoutable, et un désert la protégeait. Une telle guerre se prépare. Hülegü, par défi, envoya un message au Caire : « Dieu a élevé la maison de Gengis Khan et lui a déféré l'empire de toute la terre. » Cela dit, il demandait au pays de se soumettre. Le nouveau sultan mamelouk Qutuz (1259-1260) refusa naturellement et fit mettre à mort les ambassadeurs des Mongols.

L'Ilkhan, pour échapper aux chaleurs estivales, commença son repli vers l'Iran, lentement selon toute apparence. Il était à Ahlat, sur le lac de Van, le 7 juin. Il n'avait laissé en Syrie qu'un contingent évalué, selon les sources, de 10 à 20 000 hommes, sous le commandement de Kitbuga, et l'administration qu'il avait mise en place, semblable à celle qui existait partout dans l'Empire, avec ses bureaux mixtes, composés ici d'Arabes et de Mongols : l'expédition n'avait pas été conçue comme une razzia, mais comme une véritable conquête qui entraînait une annexion pure et simple.

Ce repli, comme chacun de ceux qu'effectuaient les Mongols, a paru incompréhensible aux historiens et ils ont avancé pour l'expliquer des raisons qui n'en sont pas, notamment celle qui avait déjà été imaginée pour justifier le départ inespéré de Batu à la fin de la campagne victorieuse de Hongrie, à savoir la mort du Grand Khan et la volonté de participer au *quriltaï* chargé d'élire son successeur. Le décès de Mongka, survenu en août 1259 en Chine, aurait été connu par Hülegü, dit Rachid al-Din, au début de 1260, à peu près au moment de la prise de Damas, ce qui permet effectivement de lier entre eux les deux événements. Toutefois, cette explication n'est pas plus recevable pour le repli de 1260 qu'elle ne l'était pour celui de 1242, bien qu'on ne puisse cette fois lui opposer l'argument de l'impossibilité que la nouvelle funèbre ait été acheminée en si peu de temps. En s'appuyant sur les sources mameloukes, on a aussi pensé que Hülegü doutait des intentions de son cousin du Qiptchaq et craignait qu'il ne vînt l'attaquer. Berke, chef de la maison djötchide et souverain du khanat de Qiptchaq, converti depuis peu à l'islam, aurait en effet blâmé la prise de Bagdad et le sort réservé au calife. Mais Berke n'aurait pas rompu l'unité de l'Empire pour d'uniques questions religieuses, et si la rupture entre les deux hommes eut bien lieu sans tarder, ce fut pour d'autres raisons et c'est avancer sa date que de la faire remonter à 1260.

Nous n'avons plus à hésiter devant la répétition du même fait, et il n'est même pas besoin d'invoquer le précédent hongrois. Les Mongols avaient attaqué l'Iraq en novembre 1257 et l'avaient quitté au printemps 1258. Comme ils avaient assailli la Syrie en automne de 1259, ils devaient l'évacuer au printemps 1260. S'il devait y avoir une campagne d'Égypte, elle ne pouvait pas commencer avant le début de l'hiver de 1260 ou, mieux encore, avant celui de 1261. Les mêmes causes produisent toujours les mêmes effets. Hülegü lui-même, dans une lettre à Saint Louis, expose simplement la situation en précisant que les Mongols ont quitté la Syrie « à cause des chaleurs de l'été et de la disette ». Il ne l'eût pas dit que nous n'aurions pas pu en douter. Mais qu'il l'ai dit permet de clore définitivement ce dossier.

CHRISTIANISME ET ISLAM

Hethum raconte que Mongka recut le baptême en sa présence. Djuzdjani affirme qu'à la demande de Berke il récita la *shahadda* (profession de foi musulmane) qui, dite devant témoin, vaut acte d'adhésion à l'islamisme. C'était dans les habitudes des princes mongols que de faire croire à chacun de leurs interlocuteurs qu'ils avaient embrassé leur religion. Duplicité ? Si l'on veut, mais surtout indifférence profonde, bienveillance aussi et, plus que tout, souci de propagande : cela engageait si peu de se dire chrétien, musulman ou bouddhiste ! C'était si utile et cela faisait tellement plaisir à ceux qui désiraient l'entendre !

En fait, Mongka était le fils d'une princesse nestorienne, Sorgaqtani, et il traita toujours les chrétiens avec faveur, peut-être par respect et amour filial. Il avait pris pour conseiller un chrétien, le Kereyit Bolghaï. Il ne semble toutefois pas avoir témoigné de moins bonnes dispositions envers l'islam, bien que celui-ci l'agaçât parfois. Il avait reçu en 1252 la visite du grand cadi (juge) de Khodjent, s'était intéressé à lui et lui avait demandé de répéter à plusieurs reprises la profession de foi en arabe, comme s'il voulait l'apprendre. Il avait été indigné quand il avait su que l'*idi qut* ouïghour, exaspéré par l'intransigeance des musulmans, avait conçu le plan de les faire tous massacrer dans la Grande Mosquée de Bechbaliq lors de la prière du vendredi, et il n'avait pas hésité à le faire exécuter malgré les vieilles relations amicales de sa famille avec les princes ouïghours.

Son plus grand souci était d'éviter toute crise religieuse dans un empire pluriconfessionnel où – il ne pouvait que le déplorer – les passions étaient vives et les nerfs à fleur de peau dès qu'il était question de foi. Il avait la curiosité de tout ce qui touchait aux religions et, plus encore que les autres membres de sa famille, le goût des discussions théologiques. Guillaume de Rubrouck raconte en détail, et en rapportant les principaux arguments de chacun des intervenants, comment, à la Pentecôte, lui-même avait été amené à participer à un colloque entre chrétiens, musulmans et bouddhistes qui se tenait à sa cour et où l'empereur avait désigné comme arbitres trois personnalités relevant de chacune des trois confessions, avec ordre, « sous peine de mort », que « personne n'osât prononcer des paroles agressives ou injurieuses envers autrui ni susciter un tumulte qui empêcherait cette réunion ».

L'empereur était conscient des problèmes particuliers qui se posaient dans les différentes provinces de l'Empire, et savait qu'on ne pouvait les résoudre de la même façon partout. Aussi préférait-il que chacun pût les traiter au mieux des intérêts locaux. Au *quriltaï* de 1251, il aurait dit : « Il n'y a pas de doute que chacun de vous connaît mieux les besoins de ses sujets et de son *ulus* et comment il convient de redresser les imperfections qui y existent. » C'était, dans cet État si centralisé, parler de décentralisation, accroître – et pas seulement en matière religieuse – les pouvoirs des autorités locales, et, finalement, annoncer le futur éclatement de l'Empire.

Hülegü, tout en demeurant fortement attaché à ses traditions, penchait peut-être vers le bouddhisme, mais il avait une politique religieuse difficile à mener. D'un côté, il était souverain de populations en majorité musulmanes ; d'un autre, il menait la guerre contre des musulmans, et qui plus est contre leur chef suprême, le calife, avec l'aide indispensable de chrétiens – l'aide des indigènes était partout et toujours indispensable dans l'Empire. Il ne pouvait pas s'aliéner les musulmans et il devait satisfaire les chrétiens. S'il parut en définitive plus favorable aux uns qu'aux autres, cela tient peut-être aux éloges que lui décernèrent les chroniqueurs chrétiens orientaux, qui écrivaient beaucoup, et aux malédictions que prononcèrent contre lui les musulmans, qui n'écrivaient pas moins. Mais cette plus grande faveur peut aussi avoir été réelle, notamment parce qu'elle était stimulée par son épouse chrétienne, Doquz Qatun, une Kereyit, nièce de feu l'Ong Khan, femme de fort caractère comme le peuple de Mongolie en fournissait alors à profusion. Cette princesse, dit Rachid al-Din, « s'attacha à protéger les chrétiens, qui, durant toute sa vie, furent dans une situation florissante [...]. C'était au point que, dans toute l'étendue du royaume, on élevait journellement de nouvelles églises ». Ce que nous nommerions volontiers les sympathies chrétiennes de Hülegü firent naître le bruit infondé qu'il s'était converti. Il ne l'avait pas fait, mais il entretenait de bonnes relations avec le clergé arménien et aimait discuter avec ses représentants. Le prêtre Vartan raconte que, mandé par le khan, celui-ci lui avait dit : « Je t'ai fait venir pour te voir, faire connaissance avec toi et que tu pries pour moi de tout cœur. » La phrase appartient au répertoire usuel des Mongols et, de ce fait, ne peut guère être mise en doute. Mais Hülegü n'était cependant pas édifié par les chrétiens, non moins fanatiques que les musulmans, et leur intolérance lui paraissait une mauvaise référence pour se prétendre aimés de Dieu. Cet homme qui, en bon Gengiskhanide, voulait qu'on priât pour lui, aurait dit : « [Les chrétiens] ne sont pas dans la voie de Dieu. A quoi bon prient-ils pour nous ? Et, s'ils prient, est-ce que Dieu les exaucera ? Dites plutôt que ceux qui suivent la loi divine, ceux-là seuls prient vraiment. »

Dans le khanat de Qiptchaq, ou Horde d'Or, la situation était assez différente puisque, ainsi que nous l'avons dit, le souverain, Berke, s'était converti à l'islamisme vers 1240 sous l'influence – à en croire la tradition – d'un des disciples du célèbre mystique Nadjm al-Din Kubra qui vivait à Bukhara, un peu par attrait pour le soufisme, un peu par affirmation hautaine et courageuse de sa dignité. Cette conversion marque un tournant. Berke était le premier prince mongol à ne pas admettre comme seule référence valable le *yasaq* et à se partager entre lui et une loi religieuse, en l'occurrence la *chariat*. Cette conversion était grosse de l'avenir. Mais elle ne changea pas la structure même de la Horde, qui ne suivit pas son souverain. Et, sur le moment, elle n'altéra pas la personnalité profonde du nouveau converti. Ce ne fut, chez lui, qu'un islam superficiel : dans la mesure où son âme était touchée, elle ne devait l'être que par le mysticisme ; et l'on sait comment celui-ci se tient souvent éloigné de la loi. Toutefois, et cela est important, puisque Berke se disait musulman, il était obligé de porter un regard de sympathie sur ceux qui l'étaient comme lui. Quant à supposer que, pour se convertir, il se laissa guider, comme certains l'ont envisagé, par des considérations politiques, je n'en vois nullement les raisons.

BOUDDHISME ET TAOÏSME

L'imbroglio religieux n'était pas moindre en Extrême-Orient qu'au Proche-Orient. Aux doctrines traditionnelles et dominantes – taoïsme, bouddhisme, confucianisme – étaient venues s'en adjoindre d'autres, et notamment le christianisme et l'islam. L'un et l'autre jouirent des mêmes faveurs que dans les régions occidentales de l'Empire, bien que, rappelons-le, Sorgaqtani, la reine mère, eût été nestorienne. Blochet fait remarquer qu'elle se montra toujours très tolérante et favorisa autant les chamans auxquels son mari attribuait un pouvoir surnaturel que les mollas musulmans auxquels elle donnait de l'argent pour édifier des mosquées et des madrasa.

Les relations se révélaient plus délicates entre bouddhistes et taoïstes, et elles tournèrent au drame.

Gengis Khan, on s'en souvient, avait accordé au taoïste Tch'ang-tch'ouen maints privilèges par son édit de 1223 et lui avait confié l'autorité absolue sur tous les hommes sortis du monde, c'est-à-dire sur tous les religieux quelle que fût leur foi. Ses successeurs en usèrent pour acquérir une position des plus confortables, et en abusèrent bientôt. Dès 1235, l'empereur avait fait élever un temple taoïste à Qaraqorum en ordonnant que, sur toutes les voies par lesquelles passeraient les moines qui s'y rendraient, il se trouvât des provisions de route et des chevaux de poste, afin de faciliter leur voyage. Les bouddhistes se sentirent désavantagés, brimés, et sans doute l'étaient-ils. Gengis Khan n'avait pu prendre conscience de tout ce qui séparait leur doctrine de celle des taoïstes. Ses fils et ses petits-fils étaient évidemment mieux renseignés : autant qu'on puisse en juger, ils furent vite capables de distinguer les deux religions et n'entendirent pas laisser l'une exercer sa suprématie sur l'autre. Il leur fallait réagir.

Dès les premières années de son règne, Mongka mit les deux religions sur un pied d'égalité en donnant à l'une et à l'autre deux supérieurs généraux responsables. Les deux dignitaires ne tardèrent pas à en venir aux prises et à se livrer à des joutes oratoires qui se résumaient à des plaidoyers *pro domo*. La justice impériale était accablée de pétitions, de procès, et le gouvernement devait multiplier les démarches apaisantes. L'empereur ne pouvait en aucun cas refuser de confirmer le décret de son aïeul et les taoïstes continuaient à recevoir des édits de « tolérance », c'est-à-dire des exemptions de taxes et de corvées, à la condition de prier pour la longévité de l'empereur, voire, accessoirement, de se consacrer à quelque tâche particulière comme soigner les vignes (édit de 1252). Ces textes disaient toujours à peu près la même chose, par exemple que le supérieur du couvent exhortait « tous les taoïstes à réciter les livres sacrés aux époques voulues et à adresser au Ciel des prières pour prolonger la vie du Qaghan et sa bonne santé » (édit de 1252). C'est sur ces entrefaites que, pour rétablir l'équilibre et avoir des interlocuteurs uniques, Mongka nomma (1251-1252) un chef de l'Église bouddhique, un certain Na-mo, « lama des pays d'Occident », et un chef de l'Église taoïste, Li Tche-tchang.

Au fur et à mesure que les bouddhistes faisaient mieux entendre leur voix, les taoïstes, pour tenter de l'étouffer, répandirent des apocryphes qui dénaturaient la doctrine de leurs adversaires et la présentaient comme une sorte de secte venue se greffer sur leur religion. Ils se permirent de promulguer de faux édits consacrant leur prééminence. C'était aller trop loin. Mongka, exaspéré, en vint à reconnaître la supériorité du bouddhisme. Y croyait-il vraiment ? Ce n'est pas impossible. Un texte chinois, bouddhiste il est vrai, le *Pien-wei-lu*, lui prête un discours édifiant :

> « "Les taoïstes disent que leur doctrine est la plus élevée ; les lettrés [les confucianistes ?] que la doctrine des lettrés est la première ; les chrétiens servent le Messie et disent qu'ils obtiennent par Lui la vie céleste ; les musulmans invoquent l'espace et remercient le Ciel des dons qu'il leur a faits. Si on examine avec soin leurs principes, toutes ces doctrines ne sauraient égaler le bouddhisme." Il éleva alors la main et dit : "C'est comme les cinq doigts de la main qui sortent tous de la paume. La doctrine bouddhique est semblable à la paume, les autres religions sont semblables aux doigts." »

Or Mongka avait fait à Guillaume de Rubrouck une déclaration usant de la même comparaison, mais sans cependant conclure à la supériorité du bouddhisme – peut-être parce qu'il savait à qui il s'adressait, à un chrétien, et qu'il avait la délicatesse de ne pas vouloir le blesser, peut-être parce que le *Pien-wei-lu* a manipulé son texte :

« Nous autres Mongols, nous croyons qu'il n'y a qu'un seul Dieu par qui nous vivons et par qui nous mourons et nous avons envers lui un cœur droit [...]. Mais comme Dieu a donné à la main plusieurs doigts, de même il a donné aux hommes plusieurs voies. »

Ce qui peut encore confirmer la prédilection de Mongka pour le bouddhisme, c'est que, dès 1257, les bouddhistes avaient fait ériger une stèle en l'honneur du Qaghan portant un texte chinois assez long et trois lignes en mongol qui exprimaient ce souhait :

« Puisse Mongka qaghan vivre des milliers et des milliers d'années! Disant cela, Bars Tüge a fait élever cette stèle. Puisse le mérite *[punya]* de cet événement atteindre une multitude de générations parmi les descendants de ses descendants. »

Lassé des querelles entre les deux grandes doctrines de l'Extrême-Orient, Mongka, en 1258, chargea son frère cadet Khubilaï du soin de les régler. Celui-ci convoqua à Chang-tou une grande conférence réunissant 300 religieux bouddhistes et 200 taoïstes, les lettrés servant d'arbitres. Au moment où les débats allaient s'ouvrir, les bouddhistes proposèrent de stipuler que, suivant la coutume de l'Inde, les vainqueurs auraient le droit de couper la tête aux vaincus. Voilà, dirions-nous, qui s'inscrivait bien peu dans la ligne de la compassion bouddhique. Khubilaï repoussa cette clause, mais il décréta que, si les défenseurs du bouddhisme avaient le dessous, ils seraient aussitôt coiffés du bonnet des religieux taoïstes, et que, dans le cas contraire, les taoïstes auraient séance tenante le crâne rasé et deviendraient moines bouddhistes. Les taoïstes furent vaincus.

Il y avait dans l'assemblée un jeune lama tibétain, Phags-pa (né vers 1229), l'un des agents les plus efficaces de la propagande bouddhique auprès des Mongols, un homme qui de surcroît avait beaucoup œuvré pour assurer la mise en tutelle étroite du Tibet, et qui inventa pour la langue de ses maîtres un nouvel alphabet, dérivé de l'alphabet tibétain et connu sous son nom : le phags-pa, ou écriture carrée.

La défaite des taoïstes au congrès de Chang-tou eut des conséquences considérables. Khubilaï, au nom de son frère, promulgua immédiatement un édit par lequel toutes les propriétés foncières que les taoïstes avaient enlevées aux bouddhistes devaient leur être rendues (édit renouvelé en 1261, 1280, 1281). Le bouddhisme commença à occuper une position privilégiée dans l'Empire. Les taoïstes ne furent pas pour autant persécutés : la Chine continuera à connaître de nombreux autres édits émis en leur faveur et concernant tel ou tel monastère en particulier. Il faudra cependant attendre les édits de 1261 pour voir la situation redevenir calme. On n'entendra plus parler de querelles religieuses en Chine pendant vingt ans.

Les Mongols étaient revenus de Hongrie dans la steppe qiptchaq en 1243 et y avaient installé le centre de leur pouvoir. Mais ce n'est qu'en 1257 que Berke décida d'organiser de façon régulière et systématique le prélèvement de l'impôt et la levée des hommes dans l'ensemble de la terre russe. « Cette année-là, dit la chronique laurentine, un recensement a eu lieu et la terre russe a été dénombrée. » Selon une autre version, à la fois plus détaillée et moins précise :

> « Cet hiver-là, des recenseurs sont venus. Ils ont dénombré tout le pays de Souzdal, celui de Riazan et celui de Mouron, et ils ont établi des dizainiers, des centeniers, des chilarques et des chefs de *tümen*, puis ils sont retournés à la Horde. Mais ils n'ont pas fait entrer dans le dénombrement les igoumènes [abbés], ni les moines noirs [clergé régulier], ni les popes, ni les choristes, ni aucun de ceux qui servent la Vierge et le Seigneur. »

Novgorod, qui n'avait pas été conquise, fut priée de se plier à la règle commune. Pour réclamer ce qu'ils jugeaient leur être dû, des ambassadeurs tatars y vinrent, guidés par Alexandre Nevski, qu'en 1252 le khan avait fait grand prince de Vladimir, un des plus beaux héros de l'ancienne Russie, le vainqueur en 1240 et 1242 des Suédois et des chevaliers Porte-Glaives. Novgorod protesta et s'en tira en offrant des cadeaux au khan. Ce n'était pour elle que partie remise. En 1259 revinrent deux ambassadeurs mongols, appuyés par une escorte qu'avait fournie Alexandre Nevski. La population de la ville, celle des campagnes, « le peuple ne voulait pas payer le tribut ». Il y eut alors une grande sédition. « Mourons loyalement, disaient les gens, pour sainte Sophie et pour la demeure des anges. » Le peuple le paya cher, semble-t-il. Les boyards en revanche se soumirent, « se faisant la vie facile en la rendant difficile aux petits ». Alors « ont commencé les païens à chevaucher par les rues, recensant les demeures des chrétiens [...] et ils ne sont partis qu'après avoir levé l'impôt ».

On levait aussi les hommes. Le recrutement de soldats, indispensable à l'armée mongole, avait lieu partout. Un décret d'Özbeg Khan, donc d'une époque un peu plus tardive (1313), montre avec quel arbitraire agissait le prince :

> « Quand, pour notre intérêt, nous jugerons à propos de faire la guerre, nous ordonnerons qu'on lève une armée dans notre *ulus*. Mais qu'on se garde bien d'enrôler les gens de l'Église cathédrale, du métropolite Pierre et de tout son clergé. »

Le cas de Novgorod est typique, mais il n'est pas le seul à témoigner de la résistance ouverte ou sournoise aux Tartares, et il ne faut pas croire que, sans exception, tous les princes acceptaient sans murmurer de servir les nouveaux maîtres. Il leur était cependant plus difficile qu'au peuple de s'opposer ouvertement à la dictature mongole. Quand Daniel de Galicie tenta par exemple une offensive contre Berke, il n'y gagna qu'un renforcement de sa sujétion et l'ordre – qu'il dut exécuter – de démanteler la plupart des forteresses qu'il possédait encore. Il n'empêche : des relations privilégiées, bien que de vassaux à seigneurs, se nouèrent entre l'aristocratie mongole et la noblesse russe. De même, les privilèges accordés aux religieux rapprochèrent l'Église russe du régime impérial.

Il y a des raisons qui incitent à mettre en rapport les mesures prises en 1257-1259 pour réglementer l'impôt et le recrutement des soldats avec une grande offensive que Berke préparait en direction de l'Europe, où son père avait dit que les Mongols reviendraient. On peut croire que celle-ci commençait quand, en 1259 justement, les Mongols violèrent avec leurs auxiliaires russes les frontières lituaniennes, prirent et brûlèrent Sandomierz, massacrèrent sa population, puis, peu tentés de s'aventurer trop au nord, se retournèrent contre la Pologne, d'où le roi s'enfuit pour la Hongrie, se lancèrent à la poursuite de celui-ci, entrèrent à nouveau dans Cracovie, l'incendièrent et s'avancèrent jusque dans la région d'Uppeln. Il reste à savoir s'il ne s'agissait que d'un raid de reconnaissance, ou si une campagne de grande envergure était décidée à laquelle coupèrent court des problèmes de politique inter-mongole. Cette seconde hypothèse semble corroborée par l'ultimatum que les Mongols envoyèrent à Bela IV – et qui servit au pape pour demander des secours – et par les graves conflits qui opposèrent bientôt Hülegü et Berke.

A plusieurs reprises, les Tartares reviendront en Pologne au cours du XIIIe siècle, et, en 1285, on les verra même à nouveau en Hongrie. Mais jamais plus ils ne menaceront vraiment l'Europe centrale et occidentale.

CHAPITRE XV

Les ruptures

En apprenant la mort de Mongka, son frère Khubilaï, après avoir fait comme si de rien n'était et avoir continué la guerre de Chine, avait de lui-même conclu la paix et était revenu à Chang-tou. Il fallait songer à la succession.

Des fils de Tului, trois vivaient encore qui pouvaient y prétendre : Hülegü, Ariq Böke et lui-même. Le premier commandait en Iran, très loin, et ne semblait pas aspirer au rang suprême. Le deuxième, en sa qualité de dernier-né, portait le titre d'*otchigin*, gouvernait la Mongolie et était peut-être chaman ou lié aux milieux chamaniques, si son nom signifie « chaman fort », ou « lutteur fort », « lutteur pur », et même, comme c'est aussi possible, s'il faut lire *buqa*, « taureau [fort ou pur]* ». Il pouvait être un candidat sérieux. A côté des Tuluides, il y avait les descendants des branches aînées : Djötchides, Djaghataïdes et Ögödeïdes. Les Djaghataïdes paraissaient mal placés dans la course. Les Djötchides l'étaient mieux, avec Berke qui tenait la Horde d'Or et ses frères, nombreux et actifs, plus proches de la Mongolie puisque apanagés à l'est de la Volga, voire de l'Oural. Mais les rivaux les plus dangereux étaient les Ögödeïdes, qui pensaient avoir été écartés du pouvoir et que représentait une forte personnalité, Qaïdu, gouverneur des provinces du Tarbagataï et de l'Imil. La compétition s'annonçait rude.

La propagande khubilaïde, plus tard, fera croire que toutes les difficultés provinrent des problèmes urgents que posait la guerre, du trop grand éloignement des princes qui rendait impossible la convocation d'un *quriltaï* général en Mongolie, de la durée prévisible d'une éventuelle régence, alors même que les régences antérieures s'étaient révélées catastrophiques. Seul ce dernier point avait quelque valeur,

---

* *Buqa*, « taureau », succède à *buga*, « cerf », en usage chez les forestiers. Que le chaman soit assimilé au grand cervidé est au fondement même du chamanisme.

car les interrègnes n'avaient en effet pas été heureux et celui qui pouvait commencer risquait de l'être encore moins. Mais le *quriltaï* seul détenait le pouvoir d'élire un qaghan, et, que cela fût facile ou non, il était indispensable de le convoquer, afin qu'il se réunît et décidât conformément à la loi. Ce n'était d'ailleurs pas impossible. Malheureusement, la façon assez cavalière dont Mongka avait accédé au pouvoir, sans l'aveu des Djaghataïdes et des Ögödeïdes – pour ne pas dire contre leur volonté –, créait un fâcheux précédent.

Khubilaï, ou des gens de son entourage, décidèrent de précipiter les choses. On déclara urgente l'ouverture de l'assemblée, même au prix de n'y voir qu'un nombre infime des personnalités qui auraient dû y participer et sans la volonté desquelles l'élection serait légalement entachée de nullité.

LE COUP D'ÉTAT

Khubilaï arriva donc à K'ai-ping, alors nommée Chang-tou, le 12 avril 1260. La ville était située aux confins de la Chine et de la Mongolie, ce qui constituait à ses yeux un double avantage. Selon le *Yuan-che*, il organisa aussitôt un *quriltaï* avec les seules personnes qui se trouvaient présentes, parmi lesquelles aucun prince de sang, à l'exception de Qada'an – l'un des fils d'Ögödeï – et d'un petit-fils de Temüge. C'était ridicule, si l'on songe qu'il devait y avoir à l'époque des centaines de Gengiskhanides en vie !

On fit mine de se conformer au protocole, ou plutôt aux rites. Le débat eut lieu comme dans une vraie assemblée souveraine. Khubilaï refusa à trois reprises le trône qu'on lui offrait, puis finit par l'accepter, et l'on procéda à toutes les cérémonies de l'intronisation. Qui pouvait être dupe ? C'était le 16 mai 1260. Mongka était mort depuis neuf mois seulement. On avait fait vite. On était loin des deux et quatre ans qu'il avait respectivement fallu pour désigner Güyük ou Mongka.

Il fallait bien le reconnaître : ce n'était pas une élection, mais un coup d'État. Nul ne le dissimulait. Marco Polo lui-même en conviendra, malgré toute l'admiration qu'il aura pour l'empereur : « Il obtint la seigneurie, dit-il [...] bien que ses frères et ses parents ne voulussent pas de lui. » C'est donc en vain qu'on essaya de légitimer l'affaire, notamment en prêtant à Gengis Khan cette prophétie : « Faites bien attention aux paroles de l'enfant Khubilaï. Il me succédera un jour et il semblera qu'avec lui je sois encore en vie. »

Alors âgé de cinquante et un ans, Khubilaï avait de l'allure. Marco Polo nous le décrit :

« [...] de belle taille, ni petit ni grand, mais de moyenne grandeur. Sa charnure était bien répartie, ni trop grasse ni trop maigre. Il était bien constitué de tous ses membres. Il avait le visage blanc et vermeil comme son, ce qui lui donnait un air très plaisant, les yeux noirs et beaux, le nez bien fait et bien séant. »

On le nomma, ou il se nomma lui-même, Setchen, le « Sage ». C'était un titre usuel, mais on ne l'attribuait pas à n'importe qui. Khubilaï le méritait-il ? On peut le croire, bien qu'il se soit laissé aller à de nombreuses folies. Il avait du génie, c'est évident. Un grand génie ? Nous le verrons à l'œuvre.

L' ANTI-KHAN

Averti des projets de son frère, Ariq Böke, l'*otchigin*, avait lui aussi convoqué à la hâte un *quriltaï* en Mongolie. Celui-ci s'ouvrit à une date incertaine, entre le 12 mai et le 10 juin. Bien que le lieu où il se tenait et la présence de princes du sang plus nombreux eussent pu le faire paraître à la fois plus représentatif et moins illégal, il n'était réellement ni l'un ni l'autre puisque maints Gengiskhanides, dont les plus éloignés, notamment les Djötchides, n'y assistaient pas. Soutenu par la veuve de Mongka qui eût dû assumer la régence, par le puissant ministre Bolghaï et par quelques autres, des Djaghataïdes et des Ögödeïdes, Ariq Böke fut élu qaghan, sans doute quelques jours avant que Khubilaï le fût de son côté. Ainsi était-il investi quand arriva le pli que son frère lui avait adressé dès le lendemain de son élection, en termes très amicaux, pour lui demander de le reconnaître.

La situation était nouvelle et grave. Elle posait aux différents membres de la famille, aux grands dignitaires et aux généraux un problème difficile, puisqu'ils ne pouvaient donner à la fois leur allégeance aux deux frères, que rien de légal n'indiquait celui derrière lequel ils devaient se ranger et qu'il leur fallait faire un choix. L'Ögödeïde Qaïdu et le Djaghataïde Alghu rallièrent Ariq Böke. Berke penchait aussi pour lui. En revanche, Hülegü et Orghana Qatun (1252-1261), « sage et avisée personne » qui régnait sur l'*ulus* de Djaghataï, inclinaient en faveur de Khubilaï. Mais tous ces gens étaient loin ou très loin, et ne pesaient pas lourd dans l'immédiat. Plus dangereusement, au Kan-su, un général de Khubilaï se déclara pour Ariq Böke. Celui-ci lui envoya aussitôt des renforts. Khubilaï se trouvait directement menacé dans la région même où il pensait pouvoir appuyer son autorité. Il intervint très vite et, devant combattre contre ses propres troupes, il vainquit sans peine le général félon, en novembre. La Chine restait entre ses mains.

Le problème n'était pourtant pas résolu et, comme cela apparaissait clairement, il ne pouvait l'être que par les armes. Pour le conflit qui s'annonçait, Ariq Böke était coupé de la Chine, laquelle assurait le ravitaillement d'une ville et d'une province qui étaient habituées à en dépendre. Khubilaï manquait des chevaux des steppes mongoles, alors que son frère disposait des immenses réserves que celles-ci offraient. Il décréta qu'« à l'exception des montures pour les officiels en service militaire, les soldats et les personnes se rendant à la cour, tous les chevaux de selle devaient être recensés et réquisitionnés ». Il n'obtint cependant que 70 000 bêtes sur les 100 000 qu'il escomptait. Il devait donc agir vite, avant que ses montures fussent épuisées par une campagne trop longue.

Toute négociation était-elle impossible ? Fallait-il nécessairement se battre ? Ne voyait-on pas qu'on risquait d'entraîner l'Empire dans un abîme en rompant la cohésion que Gengis Khan avait su imposer ? Pouvait-on croire qu'on réglerait l'affaire assez rapidement pour qu'elle n'eût pas le temps de laisser des séquelles ? Et, si on l'espérait, comment pouvait-on penser qu'on ne créerait pas au moins un désastreux précédent ? On aimerait connaître dans leurs détails tous les dessous de l'affaire, peser la lourde responsabilité des uns et des autres. On aimerait les voir hésiter, tenter une ultime conciliation. Il faudrait se montrer très indulgent, ou bien mal renseigné, pour se persuader que les deux souverains ne se soient pas lancés dans l'aventure la tête baissée.

Khubilaï hésitait-il encore ? Il l'avait peut-être fait pendant les quelques mois où il avait continué à combattre. Il estimait sans doute maintenant que les dés en étaient jetés. Il marcha sur la Mongolie. Ses troupes étaient bien entraînées par la guerre de Chine : elles devaient vaincre.

Ariq Böke se replia sur l'Iénisseï, dans l'actuel Tannu Tuva, et vint établir son camp sur les rives de l'Ongin. Peut-être ne se jugeait-il pas prêt. Peut-être, nous voudrions le croire, ne pouvait-il se résoudre à accomplir l'irréparable. Rien d'autre ne peut expliquer sa dérobade. Y eut-il des pourparlers, des tractations ? Si oui, ce fut en vain ; et en novembre 1261, Ariq Böke, qui ne pouvait rester indéfiniment inactif, se décida à passer à l'action. Il quitta subitement son refuge pour affronter son frère. Une page était tournée. C'en était fait du grand Empire, même si nul ne le sentait, même s'il n'y parut pas avant longtemps. La bataille – la première bataille fratricide depuis Gengis Khan – se déroula en un lieu inconnu. Khubilaï fut vainqueur, mais, trop sûr de lui, il négligea de poursuivre celui qu'il venait de défaire et qu'il croyait hors de combat. Serein, il repartait vers la Chine quand il fut assailli par lui à l'improviste. Bien que surpris, il parvint sans grand mal à se sortir de l'affaire.

Pendant ce temps, Ariq Böke avait obtenu de grands avantages dans l'*ulus* de Djaghataï. C'était pour lui une affaire vitale, et pas seulement d'un point de vue stratégique, le Turkestan pouvant lui fournir les denrées qui ne venaient plus de Chine. Il avait accordé son soutien à un rival d'Orghana Qatun, un arrière-petit-fils de Gengis Khan, Alghu, et lui avait permis de chasser la princesse et du même coup d'accéder au pouvoir. Il lui avait donné son brevet d'investiture et le chargeait de surveiller l'Ilkhan Hülegü, partisan de Khubilaï. Il se sentait réconforté. Hélas ! à peine arrivé au pouvoir, Alghu fit volte-face et se déclara pour Khubilaï. Ariq Böke risquait d'être pris à revers. Le conflit s'étendait. Cette fois, il n'était plus permis d'en douter : la paix mongole s'effondrait, cette paix qui avait constitué un idéal par lequel on avait justifié tant de morts et de désolations. Profitant du retour en Chine de Khubilaï, Ariq Böke prit l'offensive contre celui qu'il avait porté au pouvoir et qui venait de le trahir. Alghu dut s'enfuir en Transoxiane. Ariq Böke ravagea la région de l'Ili avec une telle brutalité qu'une famine y éclata et que maints de ses officiers l'abandonnèrent. Il voulut faire la paix. Il prit langue avec Mas'ud Yalawatch et se réconcilia avec Orghana Qatun. Il chargea le premier de la réparation des dégâts qu'il avait causés, et la seconde de ses intérêts auprès d'Alghu en l'envoyant à cette fin à Samarkand. Là, la princesse surprit tout le monde en se raccommodant si bien avec son cousin qu'elle l'épousa. C'était pour le qaghan une complète déconfiture. De ce côté-là, il n'avait plus rien à espérer.

Les déboires de son rival rendaient très opportune une offensive de Khubilaï. Ariq Böke, qui n'était certainement ni un homme très remarquable ni un stratège, comprit le double désastre qu'avait provoqué son élection au khanat : désastre pour lui, désastre pour l'Empire. Découragé, sentant que son combat était vain, qu'il ne restait guère de chances de le voir se terminer à son avantage, il vint se rendre à son frère, à la fin du mois de juillet ou en août 1264. Khubilaï demeurait seul maître.

La rencontre des deux hommes ne manqua pas de noblesse. Ariq Böke pleurait. Ému par ce spectacle, Khubilaï versa lui aussi quelques larmes.

> « Eh bien ! mon frère, qui de nous deux avait de son côté le droit ?
> – Autrefois, c'était moi. Aujourd'hui, c'est toi. »

Un *noyan* déclara qu'il fallait oublier le passé et se mettre à boire. On but. Le lendemain, Khubilaï fit exécuter dix des principaux officiers d'Ariq Böke qui avaient pris parti contre lui, dont le ministre nestorien Bolghaï. Mais il fit grâce à son frère. Le qaghan déchu ne survécut pourtant pas très longtemps. Il mourut un mois après, de maladie ; selon d'autres, un peu plus tard, en 1266, dans une semi-captivité. Assassiné ou désespéré ?

Les Djaghataïdes s'étaient ralliés. Les Ilkhans étaient demeurés fidèles. Berke, indifférent ou prudent, n'était pas intervenu. Tout semblait fini. La crise avait été terrible, mais on pouvait croire la paix intérieure rétablie, l'unité refaite.

Khubilaï, qui aimait la Chine et qui savait en outre que la guerre qu'il menait contre les Song demandait un ultime effort, abandonna Qaraqorum et fixa sa capitale à l'emplacement de l'actuelle Pékin où il fonda une cité nouvelle, Khanbaliq, « la ville du Khan ». Il put dès lors se considérer comme un Fils du Ciel à la chinoise, comme un héritier des empereurs qui, depuis des temps immémoriaux, avaient régné sur la Chine, et inscrire, sous le nom de Yuan, sa dynastie dans la liste officielle des dynasties chinoises. Mais il s'agissait là d'une erreur qui n'était pas moins grave, si elle était moins scandaleuse, que celle qu'il avait commise en effectuant son coup d'État. Par là, en effet, l'Empire perdait un peu de ce qui lui donnait sa spécificité, à savoir le fait de constituer, avant tout et malgré l'immensité des terres sédentaires, un empire des steppes et, malgré la masse d'étrangers qui le servaient, un empire mongol. Non seulement son cœur ne pouvait plus battre, comme il le faisait en Mongolie, d'un rythme mongol, mais il s'éloignait considérablement des extrémités de son corps démesuré auquel il devait nonobstant envoyer son sang pour l'irriguer. Enfin, en Chine, les Mongols n'avaient pas d'autre alternative que de se dénationaliser ou de demeurer des étrangers. Ils auront bien du mal à suivre une voie moyenne.

Aïn Djalut

En cette même année 1260 qui voyait, en Chine et en Mongolie, avec l'élection simultanée de deux qaghan, le premier désastre moral de l'Empire, il allait en survenir un autre à son avancée extrême vers l'ouest, moins lourd, moins profondément affligeant, mais néanmoins grave et ô combien spectaculaire : la première défaite des Mongols.

Une des conséquences indirectes de la guerre fratricide que se livrèrent Ariq Böke et Khubilaï pour le khanat fut d'isoler de la Mongolie, pendant trois ou quatre ans, de 1261 à 1264, les deux *ulus* occidentaux, celui de Berke et celui de Hülegü. Les troupes qui étaient venues en 1257 pour la campagne d'Iraq étaient-elles reparties ? Rien ne nous le dit. Les informateurs manquent fâcheusement sur ce point important, mais il est vraisemblable que la plupart d'entre elles au moins avaient regagné leur patrie. Nostalgie, besoin de se ressourcer, de retrouver les siens ! Du moins ne vint-il pas de renforts. Il en viendra de moins en moins, et peut-être plus du tout. A chaque *ulus*, dès lors, de se débrouiller seul, avec ses propres ressources. Aussi considérables que celles-ci pussent être, les grands apanages souffraient de la faiblesse évidente des effectifs mongols, du vieillissement des cadres, du manque de sang neuf et fougueux. Le khan d'Iran, sous ce rapport, se trouvait encore moins favorisé que celui de la Horde d'Or, en contact plus direct avec les grandes steppes du centre de l'Asie et qui, en outre, pouvait s'appuyer sur une population qiptchaq proche des Mongols par le cœur et l'esprit. Pour lui, il n'y avait guère à compter que sur des chrétiens ou des musulmans, dont seule une fraction était turcophone, et sur les rares tribus mongolophones qui avaient émigré, comme les souverains, sans espoir de retour. Ici comme là, ce n'étaient plus vraiment des Mongols qui portaient le poids de l'Empire et son destin mais, dans un encadrement mongol, des Turcs d'un côté, de l'autre des Iraniens.

Hülegü avait laissé en Syrie le général Kitbuga avec une poignée d'hommes. Le pays était calme. Les Égyptiens étaient loin, et les principautés chrétiennes plus ou moins alliées des Mongols ou neutres. Des croisés, on n'attendait pas grand-chose de bon, mais rien de mal non plus : les intérêts des deux parties étaient les mêmes. C'est alors qu'on vit ce dont ces derniers étaient capables.

Le comte Julien de Sidon, qui aimait les coups et les bosses plus que les Mongols, eut un jour la fantaisie d'attaquer une de leurs patrouilles, et la malchance voulut qu'elle fût commandée par le propre neveu du général en chef de l'armée d'occupation. C'était inattendu et odieux. C'était surtout stupide. Les Mongols s'en vengèrent aussitôt en ravageant Sidon. L'accident était grave, mais non irréparable. C'est alors que survint le pire avec le baron d'Acre.

Les Mamelouks, nouveau maître de l'Égypte (depuis 1250) dont la superbe innée s'était encore accrue de l'éclatant succès remporté sur Saint Louis à Damiette, avaient été vexés par les prétentions hégémoniques des Mongols, vexés par leur victoire dans un pays qui ne dépendait plus d'eux, mais dont ils se croyaient les légitimes propriétaires, vexés parce que les Mongols, comme le disaient les musulmans, étaient de la même race qu'eux, « des Turcs », et qu'il ne pouvait y avoir – du moins le croyaient-ils – qu'un seul astre turc brillant au firmament. Ils décidèrent d'attaquer la Syrie.

Le 26 juillet 1260, l'avant-garde égyptienne conduite par l'émir Baïbars quitta Le Caire, et balaya le petit détachement mongol de Gaza commandé par Baïdar. La route de Damas était cependant verrouillée par les croisés. Le sultan mamelouk, l'ancien esclave Qutuz qui venait d'accéder au trône, demanda au baron de la ville de le laisser passer sur ses terres. C'était d'une rare audace, on devrait dire d'une rare impudence. Cela paya. Contre toute attente, insensé, dément, traître en quelque sorte au christianisme et à l'esprit croisé qui aurait dû l'animer, le baron accepta, et fit plus : il amena sous les murs de la ville le ravitaillement nécessaire à l'armée égyptienne. Le verrou était ouvert. Les Mamelouks pouvaient s'avancer en Syrie. Ils firent marche vers le Jourdain. Surpris, Kitbuga se porta contre eux avec sa cavalerie et quelques auxiliaires arméniens et géorgiens. La rencontre eut lieu le 3 septembre 1260 à Aïn Djalut, près de Zarin.

Là, l'histoire culbuta. Pour la première fois, les Mongols furent battus. Ils luttèrent bien, avec leur héroïsme habituel, mais ils ployèrent sous le nombre. En vain Kitbuga « courait à droite et à gauche, portant des coups terribles ». On voulut l'inciter à la retraite. On l'exhorta à se rendre. « Il faut absolument mourir ici », disait-il. Et il ajoutait pour celui qui irait prévenir son souverain :

> « Que le khan ne soit pas affligé par la perte d'une armée. Qu'il s'imagine seulement que pendant une année les femmes de ses soldats n'ont pas été enceintes et que les juments de ses haras n'ont pas pouliné. Longue vie au khan ! »

Il se défendit jusqu'à ce que son cheval s'abattît sous lui. Il fut fait prisonnier. On lui lia les mains. On le conduisit à Qutuz, qui l'insulta. Il resta impassible.

> « Si je péris de ta main, c'est Dieu et non toi qui en est la cause. Ne te laisse pas enivrer du succès d'un instant [...]. Depuis que j'existe, j'ai servi le khan. Je ne suis pas comme vous meurtrier de mon maître. »

On lui trancha la tête.

L'Islam, en grande partie grâce aux chrétiens, était sauvé. Ce fut aux musulmans de triompher et de crier leur joie. Qutuz fit à Damas une entrée triomphale. Les chrétiens de la ville payèrent cher leur amitié pour les Mongols. On les considéra comme traîtres, et pendant longtemps cette accusation pesa sur eux, non d'ailleurs sans quelque fondement. Ils auraient à en souffrir. Toute la Syrie musulmane jusqu'à l'Euphrate fut annexée par les Mamelouks. L'Égypte connut dès lors une gloire immense, et avec elle, dans une large mesure, le nom des Turcs, que les Seldjoukides avaient déjà tellement illustré, mais qui tombait dans un semi-oubli. Un historien damascène note : « C'est un fait remarquable que les Tatars fussent détruits par des hommes de leur propre race, par des Turcs. » On ne s'y trompa pas. Ce n'étaient pas les Arabes qui avaient triomphé à Aïn Djalut. Ce n'étaient pas même des Égyptiens : on nommait le royaume mamelouk, le royaume des Turcs, Dawlat al-Atrak*.

Kitbuga avait dit avant de mourir :

> « Dès que la nouvelle de ma mort parviendra à Hülegü Khan, sa colère bouillonnera comme une eau agitée. Depuis l'Azerbaïdjan jusqu'aux portes de l'Égypte, tout le pays sera foulé aux pieds des chevaux mongols. »

---

* *Atrak* est le pluriel arabe de « Turc ».

Il dut souffrir dans l'autre monde, si là-bas l'on songe encore aux choses terrestres. Aïn Djalut n'était pas un épisode. En l'occurrence, perdre une bataille, c'était bien perdre la guerre. Une grande province échappait définitivement à l'Empire. Jamais les Mongols ne parviendront à la recouvrer, malgré plusieurs tentatives. En Iran, comme ailleurs, la grande armée perdait de son efficacité. Les Mongols y étaient de moins en moins nombreux, et la part des auxiliaires – qui constituaient souvent un poids mort – ne cessait de croître. Les Mongols voulaient bien conquérir des terres, mais à condition de rentrer chez eux, comme l'avait fait Sübötëï, pour mourir dans leur yourte. Ils avaient un attachement passionné à leur sol. On ne les conduisait jamais trop loin, même si c'était au bout du monde, même si c'était dans des régions qu'ils détestaient parce que rien ne leur y rappelait la leur. Mais on pouvait les conduire trop longtemps : leur famille, leur mode de vie, le vent glacé de leur plateau et de leurs monts leur manquaient.

En vain, en décembre 1260, pour venger la défaite, Hülegü lança à nouveau ses forces en Syrie. Il parvint jusqu'à Alep, mais fut repoussé le 10 près de Homs. L'Islam ne mourait pas. Il ressuscitait. Les croisés eux-mêmes, maintenant, n'en avaient plus pour longtemps. Acre, la stupide Acre qui n'avait pas vu où résidait le danger, Acre qui était peut-être responsable de tout, la dernière ville franque en Terre sainte, sera reprise trente ans plus tard, en 1291.

L'échec de la contre-offensive de Hülegü, tout aussi surprenant qu'il paraisse, s'explique. L'Ilkhan n'avait pas eu le temps de préparer véritablement sa campagne et n'avait pu mettre en jeu que des forces minimes. La bataille d'Aïn Djalut avait été vivement ressentie en Iraq, en Iran et en Anatolie. De nombreux princes musulmans avaient cru le moment venu de secouer le joug mongol ; les populations s'étaient de leur côté agitées. Il fallait reprendre la situation en main avant que de repartir à l'assaut. Il fallait donc différer la vengeance – les Mongols étaient habitués à attendre parfois longtemps pour régler leurs dettes. L'Ilkhan croyait avoir le temps. Mais, dès la fin de 1262 peut-être, en tout cas en 1263, de nouveaux et graves problèmes se poseront à lui qui plus jamais ne lui laisseront vraiment les moyens d'agir.

Sur la route qui le ramenait victorieux au Caire, le sultan mamelouk Qutuz fut renversé par son général Baïbars. Ce sera l'un des plus grands souverains de l'Islam et un farouche adversaire des Mongols. Il était turc, un Turc du Qiptchaq qui avait naguère été vendu sur un marché d'esclaves, et, comme tout Turc, il gardait la nostalgie du pays natal. Il se souvenait des plaines de l'Ukraine. Comme tout Turc, ainsi que l'avait bien vu l'historien arabe al-Djahiz, il pouvait être bon musulman, mais il demeurait turc avant tout.

BAÏBARS ET BERKE

L'origine qiptchaq de Baïbars le disposait donc à regarder vers Berke, souverain du Qiptchaq, qui, nous l'avons dit, s'était converti à l'islam. Celui-ci n'aimait pas Hülegü, dont le séparaient non seulement des sentiments personnels, mais des intérêts humains, politiques et économiques. Berke était musulman dans un pays qui ne l'était pas, Hülegü ne l'était pas dans un pays qui l'était. L'un avait penché pour Ariq Böke, l'autre avait opté pour Khubilaï. Berke héritait du monde turc, qui, malgré tout ce qu'il leur avait emprunté, nourrissait un mépris traditionnel pour les Iraniens, que, bon gré mal gré, Hülegü représentait. Tous deux se disputaient l'Azerbaïdjan, dont l'appartenance n'avait jamais été bien établie par les Gengiskhanides. Cette province, à l'époque comme aujourd'hui, formait une entité ethnique, peuplée en majeure partie de Turcs azeris, et un ensemble géographique articulé de part et d'autre du Caucase, au sud autour de Tabriz, au nord autour de Derbent et de Baku. Enfin, et là gisait la principale pomme de discorde, la rivalité commerciale entre les deux *ulus* était vive. La route intercontinentale, celle de la soie et des épices, passait soit au nord de la mer Caspienne par l'*ulus* de Berke, soit au sud par celui de Hülegü. Les pays musulmans d'Asie occidentale préféraient celle du sud pour des raisons évidentes : elle traversait leurs terres et les enrichissait. Les Égyptiens, qui s'efforçaient de drainer les marchandises indiennes, indonésiennes et chinoises vers la mer Rouge et l'isthme de Suez, préféraient que la route terrestre passât par le nord, ce qui leur permettait de boycotter le commerce des Ilkhans, la seule puissance qui les menaçât véritablement. Quant aux Européens, gros clients, ils n'avaient aucune préférence et se fournissaient là où on leur offrait les meilleures conditions, du moins quand ils avaient la possibilité de choisir. Pour des hommes aussi intéressés par le commerce que l'étaient les Mongols, cette rivalité prenait une importance capitale.

Que ces problèmes commerciaux aient joué un rôle essentiel dans l'hostilité des deux princes, on peut en trouver la preuve dans des informations de Wassaf signalant les sévices que subirent des deux côtés les commerçants et les financiers – mais sans qu'on sache bien, comme il arrive dans ce genre d'affaires, qui avait commencé : exécution par les Hülegeïdes des marchands de la Horde d'Or installés à Tabriz, qui « possédaient d'énormes et incalculables fortunes », et confiscation par le Trésor « des biens trouvés chez eux » ; représailles (?) exercées par Berke, qui, à son tour, faisait tuer les marchands iraniens séjournant ou passant sur ses terres. Ce n'étaient que plaintes et pétitions adressées aux princes – une déplorable agitation.

Pour tout envenimer, soit par suite de cette rivalité, soit pour toute autre raison, plusieurs princes djötchides trouvèrent la mort en Iran, du moins le dit-on. On soupçonna qu'ils avaient été assassinés. Mongka aurait certainement calmé le jeu s'il n'était pas mort. La crise de succession et la fermeture provisoire des routes de l'Asie centrale ne firent qu'aggraver la situation. Berke dut ajourner son offensive en Europe, et Hülegü sa campagne en Syrie. On aimerait savoir si les princes étaient conscients de ce que coûtait leur querelle ; s'ils étaient entraînés par une fatalité qui les dépassait.

Baïbars vit tout l'intérêt qu'il avait à attiser le feu qui menaçait d'embraser les deux khanats d'Iran et de la Horde d'Or. En 1262, il prit officiellement langue avec Berke. Dans une lettre dont son secrétaire – qui l'aurait écrite sous sa dictée – dévoila la teneur, il lui fit observer que, puisqu'il avait embrassé l'islamisme, il devait entreprendre la guerre sainte contre les païens, fussent-ils de sa propre famille, « car l'islam ne tient pas seulement en mots : la *djihad* est l'une de ses bases essentielles ». Il joignit à son courrier d'innombrables cadeaux dont la liste occupe une page entière du chroniqueur : un coran écrit de la main d'Osman (le troisième calife), des étoffes précieuses, des armes, des selles, des machines de guerre, des lampes de mosquée, des esclaves noirs, des chevaux de course, des bêtes de somme, des singes, des perroquets, un éléphant et une girafe. Berke ne put faire moins que de répondre en envoyant aimablement une ambassade au Caire. L'activité diplomatique entre les deux souverains devint dès lors intense, et leur alliance constitua un des axes essentiels de leur politique.

Dès l'année 1260, Baïbars, pour compléter un plan d'encerclement de l'*ulus* de Hülegü qui ne faisait alors que s'esquisser par ses relations officieuses avec Berke, avait fait des ouvertures à la cour de Delhi. Balban, ancien esclave (mamelouk) d'El Tutmich qui allait accéder au trône indien en 1266 et détenait déjà tout le pouvoir, avait profité des troubles provoqués par la mort de Mongka pour libérer Lahore et Multan. Il s'efforçait de prévenir le retour des raids gengiskhanides qui avaient tant effrayé et lésé les populations, notamment peu avant les ouvertures des Égyptiens, en 1257-1258, et s'occupait à fortifier les rives de l'Indus. Il fut enchanté de trouver un allié et accepta d'enthousiasme toutes les propositions qui lui étaient faites. Hülegü comprit le danger. Il interdit aussitôt à ses troupes installées aux confins du sous-continent indien de recommencer les offensives, et même de violer les frontières pour la moindre razzia. Le résultat le plus concret de cette dernière démarche fut que les Djaghataïdes s'assurèrent, à la place des Ilkhans, des marches de l'Inde, les populations locales ne pouvant renoncer à des incursions traditionnelles et fort lucratives.

Hülegü était trop avisé pour ne pas comprendre qu'il ne pouvait s'engager dans une expédition de grande envergure tant que pesait sur son flanc la menace d'une intervention de son cousin. A quoi servait-il de regagner la Syrie s'il perdait l'Azerbaïdjan, région de ses meilleurs pâturages ? Il raisonnait déjà en termes nationaux et non plus dans une optique d'Empire. Il prit l'offensive en novembre 1262, franchit les passes de Derbend et déboucha sur le Terek. Peu après, sur la Koura, si l'opération date bien de cette année-là, il se heurta à l'armée de Berke conduite par un homme qui fera beaucoup parler de lui, une sorte de condottiere, le général Nogaï, neveu du souverain, et se vit forcé de se replier. Après la guerre qui avait éclaté en Asie centrale entre Ariq Böke et Khubilaï, celle qui commençait entre Berke et Hülegü sonnait bien la fin de l'unité mongole, la fin du Grand Empire. Et c'est Berke, quels que fussent ses torts, qui avait bien raison de dire, quand il aperçut le champ de bataille couvert de morts : « Qu'Allah couvre d'opprobre cet Hülegü qui a permis que des Mongols périssent sous le coup d'autres Mongols. Si nous étions restés unis, nous aurions conquis toute la terre. » La phrase, comme beaucoup de mots historiques, n'est peut-être pas authentique, mais elle est pertinente et montre les illusions perdues. Hier encore, c'était : « Nous allons conquérir. » Aujourd'hui : « Nous aurions conquis. » Déjà !

LIQUIDATION DES INSURRECTIONS

Les mouvements insurrectionnels et les tendances séparatistes qui éclatèrent après la bataille d'Aïn Djalut eurent pour conséquence tout à fait imprévue d'achever l'unification de l'Iran et de resserrer partout la mainmise mongole. La principauté de Mossoul, qui avait naguère appartenu à Badr al-Din Lulu, fut annexée après une brève résistance qui lui valut un massacre (juin ou juillet 1262). Le prince du Fars fut tué et son trône donné à une jeune femme que Hülegü maria à son quatrième fils, Mengü Temür. Un autre de ses fils, Abaga, le futur Ilkhan, épousa l'héritière de Kirman.

En 1261, les grands émirs de l'Asie Mineure s'étant mis d'accord pour demander aux Mongols de dépendre directement d'eux, sans passer par l'intermédiaire des sultans seldjoukides, et de leur envoyer à cette fin un drapeau, un chef de garnison et un diplôme d'investiture, Hülegü crut devoir accéder à leur vœu, mais il s'aperçut bien vite que cette solution n'était pas la bonne. Il fut donc obligé d'expédier ses forces en Anatolie pour les joindre à celle des Seldjoukides afin d'y rétablir l'ordre (1262). Les émirs furent battus dans la plaine de Dalaman et l'autorité mongole se trouva renforcée jusqu'aux extrémités occidentales du royaume de Konya, c'est-à-dire jusqu'aux frontières byzantines.

Hülegü mourut peu après ces divers événements, le 8 février 1265. Il fut enterré sur une colline dans une île du lac d'Urmiya. « On descendit toutes sortes d'objets dans sa tombe, des bijoux, des objets précieux et de belles vierges en atour de fêtes.» Son épouse ne lui survécut guère.

Ils furent tous deux pleurés par les chrétiens. « C'étaient un autre Constantin et une nouvelle Hélène », disait le Syriaque Bar Hebraeus. « C'étaient les deux grands astres de la foi chrétienne », lui répondait l'Arménien Kiragos. Le fils aîné du souverain, Abaga, lui succéda. Il demanda à son oncle Khubilaï l'investiture et la reçut de lui. Ainsi, malgré la sécession de fait, le mythe de l'unité mongole était-il respecté.

Un an après Hülegü, son adversaire Berke mourut à son tour (1266). Il fut remplacé par un petit-fils de Batu, Mengü Temür (« Fer Éternel »), qui régna jusqu'en 1280. Les deux souverains continuèrent la politique de leurs prédécesseurs, l'un cherchant l'alliance des Latins, l'autre celle des Égyptiens, et tous deux se disputant celle des Byzantins.

Réseaux d'alliances en Asie occidentale

Dès son avènement, pour se mettre dans les bonnes grâces des Grecs, Abaga demanda et obtint en mariage la fille du basileus Michel Paléologue, la despina Marie. Pour ne pas être en reste, Mengü Temür se lia avec l'évêque Théognaste pour s'en servir comme d'un ambassadeur à Constantinople. Alors que les sujets chrétiens d'Abaga étaient surtout de rite arménien, nestorien ou jacobite, ceux de Mengü Temür relevaient du rite grec, ce qui rendait ce prince plus intéressant aux yeux du patriarcat et de l'empereur byzantin. Les mesures qu'il prit en faveur de la chrétienté n'étaient d'ailleurs par pour leur déplaire. Dès 1267, Mengü Temür confirma par décret du 1er août *(yarliq)* adressé au métropolitain de l'Église russe les privilèges d'immunité du clergé : les territoires des églises et des monastères avec tous les gens qui y étaient employés furent exemptés de taxes, et tout le peuple ecclésiastique du service militaire. Les agents mongols se virent interdire, sous peine de mort, de saisir les terres de l'Église ou de requérir quelque service que ce soit des prêtres. La mort fut également décrétée contre toute personne coupable de diffamer ou de calomnier la foi orthodoxe. Bien entendu, le clergé recevait l'ordre de prier Dieu pour le khan et sa famille. On précisait que les prières et les vœux devaient être sincères : « Quiconque prierait avec des restrictions mentales commettrait un péché. » Rarement dans l'histoire prince musulman se montra aussi libéral ; c'est qu'en fait il était bien plus mongol que musulman.

Ce qui lia surtout les Djötchides avec les Byzantins, ce fut l'intervention des premiers dans les Balkans. En 1264, le tsar des Bulgares, Constantin Tech, fit appel à Mengü Temür pour l'aider contre le basileus. Le khan, probablement peu mécontent de nuire au beau-père de son cousin d'Iran, envoya dans les Balkans, au printemps de 1265, le général Nogaï à la tête de 20 000 cavaliers. Celui-ci passa le Danube. Michel Paléologue marcha contre lui, mais, à la seule vue des Tartares, les Grecs saisis de panique se débandèrent et, dans leur fuite, rencontrèrent presque partout une mort à laquelle ils eussent peut-être échappé s'ils avaient combattu. Les Mongols purent ainsi exercer un véritable protectorat sur la péninsule balkanique jusqu'en 1292. L'empereur byzantin comprit dès lors qu'il avait tout intérêt à se rapprocher de la Horde d'Or, quitte à mécontenter l'Iran. Il était pris entre l'un et l'autre, d'un côté en Europe, de l'autre en Asie, mais dans le second cas le royaume seldjoukide faisait en quelque sorte tampon entre lui et les Mongols. Il donna une de ses filles naturelles en mariage à Nogaï et le combla de cadeaux somptueux, reçus d'ailleurs avec dédain par un homme qui conservait toute la simplicité de mœurs des nomades. En 1281, un traité passé entre les Byzantins et les Mamelouks fit des premiers, par l'intermédiaire des seconds, des alliés indirects du khanat qiptchaq.

La paix mongole qui s'était révélée si favorable à l'essor du commerce intercontinental à travers l'Asie centrale avait été rompue, au moins momentanément, du fait du conflit entre Ariq Böke et Khubilaï, puis entre d'autres, et ne devait jamais se rétablir. Les caravanes ne jouissaient plus des mêmes facilités que naguère pour acheminer les marchandises, malgré les efforts de tous les princes ennemis pour assurer, en dépit de leur rivalité, leur libre circulation. Le plus souvent, sauf quand on se battait, elles passaient, chacun trouvant avantage à ce qu'elles passent, mais elles progressaient plus lentement, leurs risques s'accroissaient et les voies qu'elles empruntaient dépendaient beaucoup non seulement des circonstances, mais de la volonté de ceux qui les laissaient aller. Ceux-ci pouvaient presque à leur gré les diriger soit vers le khanat de la Horde d'Or, soit vers celui d'Iran. Il était donc nécessaire, pour l'économie de ces deux puissances, d'intervenir en Asie centrale, par la diplomatie ou par la force, afin que le courant commercial prît la direction de leurs terres respectives.

Pour drainer vers lui les marchandises, Mengü Temür crut habile de se lier étroitement avec l'Ögödeïde Qaïdu et le Djaghataïde Baraq. En 1269, les trois hommes décidèrent de se rencontrer pour fixer leur politique commune. Ils s'unirent par une fraternité de sang, jurèrent d'observer leur alliance en échangeant leurs vêtements et en buvant ensemble un breuvage dans lequel ils avaient fait couler de l'or. Ils étaient pourtant tous de la race gengiskhanide et encore parents proches, mais il leur paraissait plus important d'être liés par le rite que par la naissance.

Plus que ces alliances qui se nouaient et pouvaient trop facilement se rompre, les mesures prises par les princes pour créer de grands centres commerciaux bien organisés et attractifs se révélèrent efficaces. Sous ce rapport, l'Iran était équipé depuis longtemps et il suffisait d'y faciliter l'ouverture de comptoirs, la création de banques et l'établissement des étrangers. Dans la Horde d'Or, au contraire, tout ou presque était à faire. Batu avait fondé vers 1250 sur la basse Volga, ou plus exactement sur un bras du fleuve, à quelque 100 kilomètres de son embouchure, une ville dénommée « palais », Saraï, dite Saraï Batu. Berke avait repris son projet en en édifiant une autre, plus au nord, sur la rive occidentale du fleuve, près de l'actuelle Tsarev (Volgograd), que l'on appelait, pour la distinguer de l'autre, Saraï Berke. Mieux située que son aînée, au croisement des deux grandes voies – celle de la Volga qui venait du nord, des pays des fourrures et des terres à blé de la Bulgarie de la Kama, et celle de l'Inde et de la Chine –, promue au rang de capitale du khanat, elle jouera un rôle essentiel jusqu'en 1395, année où elle sera prise et détruite par Tamerlan. Le Marocain Ibn Battuta, qui la visita en 1335, alors que le khan Özbeg (1312-1340) l'avait conduite à son apogée, la décrit comme « l'une des plus belles villes qui existent » :

> « Sa grandeur est extraordinaire. Elle a de beaux bazars et de larges rues qui grouillent de monde [...]. Elle n'est qu'un amas compact de maisons [...]. Il y a treize mosquées du vendredi *(djami)* [...]. Toutes sortes de gens y vivent [...] chacun dans son quartier, autour de son bazar. »

En même temps, ou un peu plus tard, Berke posait les premières pierres d'autres villes appelées à un bel avenir, telles Kazan et Hadji Tarkhan (Astrakhan). Le pays des steppes, le pays des purs nomades s'urbanisait.

Au XIIIe siècle, l'Europe occidentale connaissait une révolution commerciale qui allait la transformer peut-être aussi radicalement que le ferait la révolution industrielle du XIXe siècle. Partout, marchands et banquiers, élargissant leur horizon, étaient en quête de nouveaux approvisionnements. De toutes les marchandises, malgré les épices, la soie était la plus précieuse, celle qui faisait prime – celle de Chine surtout, de moins bonne qualité mais moins coûteuse et plus abondante que celle du Proche-Orient. Dès 1257, et peut-être même avant – en un temps où n'étaient pas encore arrivés les Mongols qui allaient donner à ce commerce un essor fantastique –, Génois, Vénitiens, puis, dans une moindre mesure, Florentins, Siennois, Pisans, avaient entrepris d'aller la chercher en Asie antérieure pour la vendre sur les marchés champenois et italiens : Lucques finira par devenir la grande place des soyeux de l'Europe occidentale et absorbera pratiquement tout le commerce génois.

On ignore quand les premières colonies marchandes s'ouvrirent en Iran, mais on a trace de leur existence à Tabriz dès 1264, date où l'on a l'impression qu'elles ont déjà derrière elles un solide passé. On ne peut pas beaucoup mieux situer dans le temps la fondation des comptoirs génois de Crimée, mais on sait qu'en 1266 le khan de la Horde d'Or accorda pour la première fois, contre paiement de taxes, le droit d'installer à Caffa des entrepôts de marchandises et un consulat. Ainsi, jusqu'au travers des comptoirs européens se continuait la rivalité de la Horde d'Or et de l'*ulus* des Ilkhans ! Dans les deux empires, la cohabitation des Latins d'une part, des Mongols et de leurs sujets de l'autre, bien que profitable aux deux parties, n'alla pas sans heurts, et les crises furent à la fois multiples et souvent violentes. L'une d'elles éclata en 1295 quand un des petits-fils de Nogaï, qui était allé percevoir les taxes à Caffa, fut enivré et tué par les Génois. Nogaï, naturellement, se vengea, pilla le comptoir, et il s'ensuivit un long conflit avec les Italiens.

La guerre de Chine s'achève enfin

La reddition d'Ariq Böke ayant permis la restauration de l'unité mongole, Khubilaï put reprendre la campagne de Chine qu'il avait interrompue pour se faire introniser. L'arrêt des hostilités avait été mis à profit par les Song, qui avaient subi de sévères défaites, mais qui conservaient des ressources encore considérables et étaient moins exsangues qu'ils ne le donnaient à croire. Se fondant sur les succès des années 1257-1259, l'empereur pensait qu'il pourrait conclure rapidement la guerre. Il se trompait. Les Chinois lui opposèrent pendant toute une décennie une résistance tenace à laquelle il ne s'attendait pas et qui était d'autant plus méritoire que le Premier ministre du souverain song, contrairement aux généraux, montrait une grande mollesse dans la conduite des opérations comme dans celle de l'État.

En Occident, les Mongols eussent sans doute renoncé ; en Extrême-Orient ils gardaient encore leur esprit offensif, la foi en leur étoile, leur volonté de réussir, et leurs qualités militaires n'étaient en rien émoussées. Toutes ces vertus étaient servies par des commandants en chef de grand talent : un A-tchou, fils d'Uriangqataï et petit-fils de Süböteï, un Baïan le Ba'arin, un Ariq Qaya, l'Ouïghour, et quelques autres encore.

Les combats recommencèrent en 1268. Cette année-là, A-tchou investit les deux villes jumelles du Hou-pei (Hubei), Siang-yang (Xiangjiang) et Fan-tch'ang (Fanchang), situées sur les deux rives d'un affluent du Yang-tseu Kiang (bassin supérieur de la Han) et commandant l'accès au cours moyen du fleuve. Ce fut une grande affaire que ce siège, une affaire qui ne dura pas moins de cinq ans, marquée d'actions héroïques, d'exploits devenus légendaires, où les meilleurs

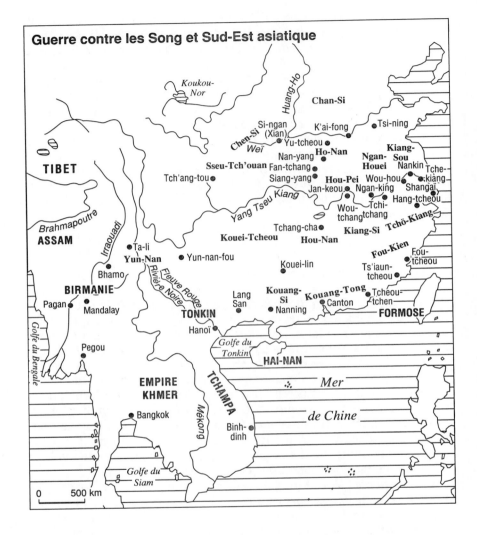

Guerre contre les Song et Sud-Est asiatique

généraux mongols s'essayèrent, où toutes les ressources de la technique furent mises en œuvre, où toutes les ruses, des plus subtiles aux plus grossières, furent tentées en vain, où tout le monde, un jour ou l'autre, se flatta d'avoir participé, d'avoir joué un rôle, souvent démesurément amplifié. Il n'est pas jusqu'à Marco Polo, emporté dans le courant épique de la grande aventure, qui ne racontera sans sourciller que ses parents inventèrent les merveilleuses machines qui, finalement, vinrent à bout des deux villes. Ces instruments de siège qui, dit-on, se révélèrent tellement efficaces furent en réalité les œuvres de deux ingénieurs musulmans, l'un originaire de Mossoul, l'autre de Hilla. On peut toutefois se demander si ce sont elles qui enlevèrent la décision, ou plutôt l'épuisement d'une population soumise à cinq ans d'héroïsme et d'épreuves. Quoi qu'il en soit, Fan-tch'ang fut prise en février 1273 et Siang-yang se rendit un mois plus tard, en mars.

En 1275, l'empereur de Chine Tou-tsong étant mort, le triste sire qu'était son ministre fit monter sur le trône un enfant de cinq ans, Ti-hien-ou, de son nom impérial Kong-ti. Il entendait gouverner à sa place. Les Song s'en trouvèrent affaiblis. A-tchou et Baïan le Ba'arin en profitèrent pour marcher sur la capitale. Ils descendirent le cours du Yang-tseu Kiang en soumettant sur leur passage toutes les villes – Wou-tch'ang (Wuchang), Han-keou (Hankou), Ngan King (Anqing), Wou-hou (Wuhu), Nankin, Tchen Kiang – et atteignirent, avec l'embouchure du fleuve, la mer de Chine orientale, au sud du Kiang-sou (Jiangsu). Plus grand-chose ne défendait la capitale, Hang-tcheou (Hangzou), la ville de toutes les splendeurs que les Européens, éblouis, nommeraient Quinsay. L'impératrice douairière, au début de 1276, rendit la place. Le petit empereur fut envoyé à Khubilaï, qui le traita avec humanité.

La chute de Hang-tcheou n'avait pas désarmé les Chinois. Ils entendaient défendre pied à pied les régions méridionales, la vieille Chine profonde, si farouchement accrochée à sa terre. C'eût peut-être été un jeu pour Khubilaï que de s'en emparer, s'il avait pu y consacrer toute son attention et toutes ses forces. Mais de nouveaux problèmes de famille étaient survenus en Asie centrale. Les querelles recommençaient à déchirer l'Empire et obligeaient le souverain à y accorder tous ses soins. Les Chinois eurent donc un ultime répit, dont ils profitèrent pour se fortifier sur les côtes du Fou-kien (Fujian) et du Kouang-tong (Guangdong). Néanmoins, si les Mongols mirent plus de temps pour en finir qu'il n'en eût apparemment fallu en de meilleures circonstances, ils se trouvaient dans des conditions militaires trop favorables pour ne pas obtenir un succès complet.

Pendant qu'Ariq Qaya faisait enfin tomber, en 1276, Tch'ang-tcha (Changcha), devant laquelle était jadis arrivé Uriangqataï, capitale et verrou de toute la province de Hou-nan (Hunan), Sögetü occupait toute la province du Fou-kien (Fujien) et enlevait ses grands ports, Fou-tcheou (Fuzhou), Ts'iuan-tcheou (Quanzhou), puis le Kouang-tong (Guangdong) avec Tchao-tcheou (Tcheou-tchen, Zhu Chen) et Canton.

La flotte des Song, la dernière force à pouvoir mener campagne et, comme l'avait naguère fait la flotte coréenne, capable encore de porter des coups sensibles à ses ennemis en débarquant là où on ne l'attendait pas, était privée de ses ports sur le continent. Elle demeurait cependant gênante. Elle fut attaquée le 3 avril 1279 par l'escadre mongole (évidemment une escadre sino-coréenne), près de l'île de Yai-chen, au large de Canton. Elle fut détruite, et avec elle sombra l'esprit de résistance. La guerre s'achevait sur une victoire totale. Pour la première fois dans l'histoire, la Chine tout entière était aux mains des barbares. Il avait fallu pour cela plus d'un demi-siècle, pendant lequel s'étaient affirmés le génie et la ténacité des Mongols. On ne pouvait pas dire que les Chinois ne s'étaient pas bien défendus.

EXPÉDITIONS AU JAPON

Un ancien moine bouddhique coréen qui, muni d'un fort bagage linguistique, était devenu interprète à la cour aurait été le premier à suggérer au Grand Khan de lancer une expédition contre le Japon. Il dut y avoir une ou plusieurs raisons à cette entreprise qui constituait une expérience entièrement nouvelle pour les Mongols, mais je les ignore. Toujours est-il que la conquête de la Chine n'était pas encore achevée que, par deux fois, en 1268 et en 1271, les Mongols adressaient au Japon un ultimatum pour exiger sa soumission.

Depuis 1200, le Japon était dirigé par une dynastie de régents *(shikken)*, la famille de Hôjô, et, sous eux, la doctrine intuitive de la contemplation, le zen, en plein essor, se transformait en école de stoïcisme militaire à l'usage des *samuraï*, la classe ou caste des guerriers, notamment avec la secte des *hokkashu*, fondée par Nichiren (1222-1280), sorte de mysticisme nationaliste galvanisant les énergies. Dans ces conditions, le pays ne représentait pas une faible proie offerte à la convoitise des grands fauves. Le régent Hôjô Takimune avait naturellement repoussé avec hauteur les ultimatums mongols. C'était un affront qu'un homme comme Khubilaï ne pouvait pas supporter. Il prit la décision d'obtenir par la force ce que ne voulait pas lui accorder la diplomatie.

Jamais encore le Japon n'avait été exposé à un tel danger. Il paraissait insensé de vouloir s'opposer aux invincibles conquérants. Quoi ! le petit Japon contre la grande Chine ! le tout petit Japon contre l'immense Empire ! C'était dérisoire. Mais jamais le Japon n'avait été conquis depuis qu'il existait, et jamais il ne le serait avant le XXe siècle et la bombe atomique.

Le gouvernement militaire, qu'on nommait *bakufu*, s'alarma. Il fit renforcer les défenses dans le nord de l'île de Kyushu et mobiliser tous les *samuraï*. Pendant ce temps, Khubilaï préparait son expédition avec le soin que les Mongols prenaient avant toutes leurs campagnes, et concentrait sur la côte sud-est de la Corée une flotte de 150 navires coréens et chinois – de grands navires, d'un tonnage supérieur à celui des bateaux européens de ce temps-là –, et un corps expéditionnaire de quelque 30 000 hommes. Les marins, reprenant la tactique des armées terrestres, commencèrent par ravager les côtes des îles de Tsushima et d'Ikishima, puis débarquèrent leur contingent dans l'île de Kyushu, à

la baie de Kakozaki (1274). N'attendaient-ils aucune résistance ?
Furent-ils surpris de la pugnacité des Japonais ? De façon inexplicable,
ils rembarquèrent dès la première nuit.

Il est vrai que les Mongols n'étaient pas des marins et qu'un débarquement dépend avant tout de l'efficacité de la flotte. Coréens et
Chinois devaient la fournir. On ne pouvait compter sur le génie d'un
amiral qui n'était qu'un vassal. Et puis, si l'on débarquait – ou plutôt
quand on aurait débarqué, puisqu'on n'envisageait pas l'échec –, ce ne
serait pas la cavalerie mongole qui combattrait – ou si peu –, mais
encore des auxiliaires, une piétaille d'Extrême-Orient. Tout au plus
pourrait-il y avoir un ou deux escadrons des hommes de la steppe.

En 1276, Khubilaï envoya un troisième ultimatum au *bakufu*, qui,
se jugeant en état de guerre, répondit en faisant exécuter les ambassadeurs. Le Japon sentait qu'il devait se préparer à la lutte et il doutait
de voir se renouveler ce qu'on pouvait considérer comme le miracle de
1274. Il s'était doté d'une marine puissante et avait fait construire un
long mur sur les côtes septentrionales de Kyushu. Khubilaï attendit
cependant cinq ans que la guerre contre la Chine fût finie et qu'il pût
disposer de forces nettement supérieures à celles qu'il avait engagées
lors de sa première tentative de débarquement. C'était montrer qu'il
estimait à sa juste valeur le peuple japonais.

En 1281, le qaghan fit partir quelque 45 000 Mongols et
120 000 Sino-Coréens, une armée d'invasion équivalant à celles que
Gengis Khan avait mises en ligne contre la Chine ou contre l'empire
du Kharezm. Elle toucha terre en deux points de Kyushu pour
prendre en tenailles les forces nippones et elle était sur le point de
vaincre quand, le 10 août, un typhon détruisit une partie de la flotte
sino-coréenne au mouillage. Craignant de se retrouver, même en cas
de victoire, prisonniers de leur conquête, les soldats rembarquèrent
comme ils purent sur les rares bateaux que la tempête avait épargnés.
Le plus grand nombre (?) demeurèrent coincés sur l'île et, sans ravitaillement, tombèrent sous les coups des Nippons ou durent capituler.
C'était un terrible désastre. Les Mongols se le tinrent pour dit. Ils ne
retournèrent plus au Japon.

QAÏDU

Quand Khubilaï avait vaincu son frère Ariq Böke, il avait cru régler
définitivement le conflit des princes et restaurer l'unité de l'Empire. Il
n'en avait rien été. Le feu couvait sous la cendre. Les querelles de
famille ne demandaient qu'à se réveiller. Elles allaient reprendre à
l'initiative d'une personnalité de beaucoup supérieure au malheureux

cadet des Tuluides : le prince ögödeïde Qaïdu, qui était apanagé dans la région de l'Imil.

Petit-fils d'Ögödeï, né d'un frère cadet de Güyük, Qachin, il se jugeait à double titre injustement écarté du pouvoir suprême : d'une part, le *quriltaï* s'était tenu de façon irrégulière, et, d'autre part, il représentait la légitimité gengiskhanide qui s'incarnait, d'après lui, chez les Ögödeïdes et non chez les Tuluides. Cependant, il devait rallier à lui, sinon les Djötchides trop éloignés, du moins les Djaghataïdes, en qui il voyait des princes tout autant victimes de Khubilaï que lui-même.

Dans le khanat de Djaghataï, à la mort d'Alghu (1266) – ce prince qui avait été intronisé par Ariq Böke et qui était ensuite passé à Khubilaï –, Orghana Qatun, celle qui avait été sa femme après avoir été sa rivale, était réapparue sur la scène pour faire élire le fils qu'elle avait eu de son premier mariage avec Qara Hülegü, Mubarak Chah. Cette élection ne fut pas confirmée par le Grand Khan, qui désigna à sa place pour occuper le trône un autre Djaghataïde, Baraq. C'est à ce Baraq que Qaïdu demanda de le reconnaître comme son supérieur et de lui rendre hommage.

Baraq refusa de plier. Qaïdu voulut l'y contraindre. Il l'attaqua vers 1267-1268 avec l'appui de contingents que lui avait fournis Mengü Temür, le khan de la Horde d'Or, quelque 50 000 hommes. Il le vainquit et le rejeta sur la Transoxiane. Pour préparer sa revanche, Baraq commença à saigner aux quatre veines les populations transoxianes au point de les dégoûter de lui, et ce malgré les efforts déployés par Mas'ud Yalawatch pour l'en empêcher. C'est alors (1269) qu'il reçut la proposition que lui faisaient conjointement Qaïdu et Mengü Temür de constituer une triplice en tenant un *quriltaï* commun sur les rives de la Talas et en se liant par une fraternité de sang*. En dépit du principe de l'égalité entre les trois princes qui y fut proclamé, il était clair que Qaïdu assurait son ascendant sur Baraq et plaçait la Transoxiane sous son semi-protectorat.

Khubilaï, trop occupé par la guerre de Chine et par sa première tentative contre le Japon, ne réagit pas aussitôt devant ces événements qui bafouaient pourtant son autorité. Ce n'est qu'en 1275 qu'il chargea son quatrième fils, Namo Khan, de rappeler Qaïdu à la discipline. Il envoya contre lui une armée. Celle-ci était arrivée à Almaliq quand ses officiers, inspirés par Chirki, fils de Mongka, se révoltèrent, s'emparèrent de Namo Khan et se déclarèrent en faveur de Qaïdu. Très embarrassés par la présence du prince impérial prisonnier dont ils ne savaient que faire, ils le donnèrent en otage au khan de la Horde d'Or, qui d'ailleurs le traitera fort bien et finira par le

---

* Voir *supra*, p. 369.

rendre à son père, en 1278, quand les choses auront tourné en faveur du Grand Khan. Fort de son succès et désireux de porter un grand coup, Qaïdu partit en direction de la Mongolie et atteignit sans encombre Qaraqorum (1277). Toute l'Asie centrale se trouvait en quelque sorte en insurrection contre le pouvoir suprême. Khubilaï rappela de Chine son meilleur général, Baïan le Ba'arin, défit Chirki sur l'Orkhon et l'obligea à se replier sur l'Irtych. La belle union des Ögödeïdes et des Djaghataïdes ne résista pas à l'échec. On se querella. On se trahit. Plusieurs princes se rallièrent à Khubilaï. Finalement, Chirki fut livré au Grand Khan, qui le relégua dans une île.

RIVALITÉS AU MOYEN-ORIENT

Quand Qaïdu eut vaincu Baraq et l'eut rejeté en Transoxiane, puis eut noué avec lui une fraternité de sang, il le poussa à aller attaquer le khanat d'Iran, fidèle à Khubilaï, ce qui était faire d'une pierre trois coups : affaiblir le Grand Khan, ne serait-ce qu'indirectement ; détourner Baraq d'un éventuel revirement ; et surtout prendre l'Ilkhan à revers, c'est-à-dire aider ses ennemis de la Horde d'Or. Baraq, grâce aux impôts écrasants qu'il avait exigés de la Transoxiane, put équiper une armée et passer à l'offensive. Il occupa sans grandes difficultés toute la province du Khorassan (vers mai 1270). Abaga arriva en hâte d'Azerbaïdjan et, grâce à la complicité de son habituel et talentueux vassal le prince kert, le *malik* de Hérat, il l'attira dans un piège. Un « astrologue » qui avait quitté le camp de Baraq pour se rendre près de l'Ilkhan lui prédit, d'après les examens qu'il avait faits d'une omoplate de mouton, une victoire certaine. Le 22 juillet 1270, comme l'avait annoncé le devin, Baraq fut complètement déconfit ; blessé, il ne tarda pas à mourir (1271). On dit qu'avant de trépasser il se convertit à l'islam, ce qui ne doit pas être exact : il fut enterré, dit Rachid al-Din, comme un Mongol, sur une haute montagne, et non comme un musulman.

En 1271, Abaga, qui avait une fois encore ajourné la reconquête de la Syrie, lança avec des forces réduites – quelque 10 000 cavaliers – une offensive contre Alep, dévasta sa province et se replia, n'étant nullement prêt à exploiter son succès. Peut-être la nouvelle de la mort de Baraq lui était-elle apparue comme une occasion à saisir pour se venger de l'attaque des Djaghataïdes et, sinon annexer leur *ulus*, du moins assurer sa tranquillité sur ses frontières orientales. Il était à peine revenu de Syrie, en 1272, qu'il fit route vers la Transoxiane, ravagea Urgendj, Khiva, et finit par entrer à Bukhara le 29 janvier 1273. Pendant une semaine il pilla la ville, y mit le feu et massacra sa population. Eût-il pu occuper la province, la rattacher à ses États ? Il n'en fit rien et préféra retourner en Iran, emmenant avec lui plus de 50 000 captifs.

A quel degré d'abaissement en étaient arrivés les Mongols qui ne pensaient plus qu'à se déchirer entre eux ! Pouvait-on encore les craindre ? Restait-il quelque possibilité pour eux de reprendre l'offensive et de menacer les rares peuples de la terre encore libres ? On se serait cru revenus aux jours précédant la conquête, au temps où les tribus se disputaient entre elles. Mais ce n'étaient plus des tribus qui se levaient les unes contre les autres, c'étaient de grands États. Par bonheur, sauf en quelques heures tragiques, les populations n'en souffraient guère et, à l'abri des querelles gengiskhanides, continuaient à vivre dans la paix mongole.

L' ALLIANCE FRANQUE

Au Proche-Orient, la situation avait bien changé. Ce n'étaient plus les Latins qui s'intéressaient aux Mongols, mais les Mongols qui ressentaient le besoin urgent de s'allier avec eux.

Pour la Horde d'Or, qui ne cessait de songer à l'envahir, l'Occident demeurait le principal ennemi potentiel. Pourtant, les intérêts commerciaux incitaient les khans à le ménager et à négocier avec lui. Là, le substrat chrétien des steppes qiptchaq faisait subsister une vive sympathie pour tous ceux qui se réclamaient du Christ. Les Latins, dans leur ensemble, n'étaient pas hostiles au khanat et à sa population. S'ils se méfiaient quelque peu de Berke, qui était musulman, ils estimaient Nogaï, qui l'était aussi, mais qui se montrait favorable au christianisme et avait une épouse chrétienne. Celle-ci s'était fait baptiser solennellement dans un couvent franciscain de Crimée et avait à cette occasion fait édifier un baptistère dans la première cité de la province, Solgat. Plusieurs notables avaient suivi son exemple. En conséquence, les résidences franciscaines sur les terres de la Horde d'Or s'étaient multipliées, à Soldaïa, Caffa, Solgat et sans doute Saraï, la capitale, et les missionnaires catholiques arrivaient en assez grand nombre. Les franciscains avaient obtenu, vraisemblablement de Mengü Temür, un *yarliq*, qui serait confirmé par la suite à deux reprises en 1312 et en 1314, et qui leur accordait les mêmes privilèges qu'aux orthodoxes. Les cloches des églises sonnaient à toute volée, ce qui avait toujours été interdit en pays musulman : c'était plus qu'un symbole. Un nouvel islam, un islam mongol fondé sur la tolérance et l'entière reconnaissance des droits de l'autre, était-il en train de naître, et pouvait-on risquer de l'indisposer ?

Dans le khanat d'Iran, on désirait non seulement une coopération économique avec les Européens, mais aussi une véritable alliance militaire. Les assauts contre la Syrie échouaient les uns après les autres et l'on n'espérait plus guère abattre l'Égypte par ses propres moyens. On était menacé à l'est et au nord par ses propres parents, par ceux qui auraient dû contribuer de toutes leurs forces à l'expansion et qui contribuaient au contraire à la rendre impossible. Les attaques de Baïbars contre l'Arménie, incessantes entre 1263 et 1272, mettaient en péril l'existence même du plus précieux allié de l'Empire. Les États latins s'effondraient. Il n'y avait plus qu'un seul espoir : que les Francs raniment chez eux l'esprit de croisade et entreprennent une nouvelle et vaste opération outre-mer. Depuis Hülegü, on leur avait promis qu'en cas de victoire Jérusalem leur serait rendue. Jusqu'au règne de Ghazan, on ne cessera de le leur répéter. On pensait que pour eux cette perspective constituait un attrait suffisant.

Abaga avait auprès de lui un envoyé du légat pontifical Thomas Agni de Lentino, le dominicain David d'Ashby qui était venu chez Hülegü lorsque celui-ci occupait la Syrie et qui était resté à son service. On lui attribue parfois le mérite d'avoir inspiré la politique de rapprochement des Ilkhans avec la plupart des souverains européens, ce qu'on a qualifié de retournement d'alliances, alors que cette politique n'était pas vraiment nouvelle et qu'elle s'inscrivait dans la logique des faits. Les échanges d'ambassades entre les Mongols et les Latins, qui au début avaient surtout été conçus par les conquérants comme une invite à se soumettre, avaient depuis longtemps changé de ton ; ils devenaient amicaux et se multipliaient. Abaga écrivit au pape en 1267 une lettre en mongol aujourd'hui perdue, mais dont nous pouvons avoir une idée par la réponse pontificale et, le 3 août 1268, par un texte célèbre, en latin, découvert par le cardinal Tisserand en 1922 ; à Jacques d'Aragon en 1269 ; à Édouard Ier d'Angleterre sans doute en 1273* ; au pape encore en 1273. On signale ses représentants à Lyon en 1274, en Italie en 1276, en Angleterre en 1277...

Deux ambassadeurs mongols, en fait des Latins – Jean et Jacques Vassili –, et des Géorgiens assistèrent au deuxième concile de Lyon en 1277. On y parla beaucoup de la conversion récente ou imminente du Grand Khan Khubilaï. Sur ce point, rien n'avait changé. Rome et les rois continuaient à rêver au baptême des princes mongols qui devait changer la face du monde, et les Mongols continuaient à faire courir le bruit qu'il aurait lieu sans tarder ou qu'il avait déjà eu lieu... On les croyait souvent, un peu parce que cela plaisait, un peu parce qu'il était vraiment difficile de s'y reconnaître avec ces gens qui se révélaient si tolérants, qui montraient tant de curiosité pour toutes les religions et

---

* Abaga avait pris langue avec le prince Édouard en 1271 quand il était en Asie. Il lui écrivit plus tard, quand il fut roi, mais nous ne connaissons que la réponse d'Édouard, datée de 1274.

qui comptaient bien, de fait, maints chrétiens parmi eux. Que pouvait-on penser par exemple d'un prince comme Abaga qui faisait frapper ses monnaies (on en conserve) avec des croix et, en arabe, l'inscription « Au nom du Père, du Fils et du Saint-Esprit, un seul Dieu » ? Quant à Khubilaï, il n'était pas chrétien et n'avait pas l'intention de le devenir. Mais ses sympathies pour les chrétiens étaient réelles, en partie par suite de l'influence de sa mère nestorienne et de son très influent ministre le Syrien chrétien Isa (Jésus), en partie par inclination naturelle. Pour les Latins, c'était plus qu'une promesse. Deux commerçants italiens qui, les tout premiers croyons-nous, entre 1261 et 1269, avaient fait le voyage de Chine, les Vénitiens Maffeo et Nicolo Polo, à leur retour par le Proche-Orient, avaient fait savoir au légat pontifical, qu'ils avaient rencontré à Acre, que Khubilaï s'était enquis auprès d'eux de la religion chrétienne et avait demandé que le pape lui envoyât cent hommes instruits. Le pape Nicolas III s'était laissé convaincre. Il décida donc de dépêcher en Chine une importante mission franciscaine comprenant de notables théologiens chargés de féliciter le Grand Khan pour son baptême (date incertaine). Il est probable qu'elle ne dépassa pas l'Iran, soit qu'Abaga l'eût poliment renvoyée, soit qu'elle eût appris que son oncle n'avait pas embrassé le christianisme, soit pour une autre raison que nous ignorons. Ce n'était pas aux hommes d'Église d'ouvrir la route de Chine, mais bien aux marchands, ce qui prouve une nouvelle fois que ce siècle, qui était pourtant un grand siècle de foi, était plus encore un siècle de commerce. En 1271, les deux frères Polo repartirent pour l'Extrême-Orient en emmenant avec eux le jeune Marco. Les dominicains qui les accompagnaient ne résistèrent pas à la frayeur que leur causait une possible action militaire de Baïbars, et prirent la fuite.

RABBAN ÇAUMA

Il y avait alors en Extrême-Orient un jeune homme nommé Rabban Çauma, fils d'un visiteur de l'Église nestorienne à Pékin, qui s'était fait moine et s'était retiré dans une montagne à quelque distance de la ville. Il y fit connaissance d'un certain Marcus, né en 1245, plus jeune que lui, et qui était venu comme lui faire retraite dans le monastère. Tous deux étaient des turcophones de la région frontière du Soueiyuan (Suiyuan) et du Chan-si ; l'un au moins d'entre eux, Marcus, appartenait aux Öngüt. Ils formèrent le projet de se rendre en pèlerinage à Jérusalem. Les deux princes öngüt qu'ils allèrent visiter avant de se mettre en route essayèrent de les détourner de leur projet : « Pourquoi partir pour l'Occident quand nous nous donnons tant de peine pour attirer évêques et moines venus de là-bas ? » Ils leur fournirent néanmoins tout ce qui était nécessaire à leur voyage (1275-1276). Quant à Khubilaï, il leur remit un sauf-conduit et des vêtements à rapporter après qu'ils les auraient plongés dans les eaux du Jourdain et fait toucher au tombeau du Christ.

Ils partirent. Leur route ne fut pas aisée. Ils trouvèrent Khotan en proie à la famine, Kachghar dépeuplée par la guerre civile, la voie de sortie du Sin-kiang fermée par les hostilités. Dans le Talas, ils furent reçus par Qaïdu, qui leur réserva le meilleur accueil. « Ils lui souhaitèrent longue vie et appelèrent sur son royaume la bénédiction du Ciel » : c'est ce que, en bon Mongol, Qaïdu attendait des religieux. Ils arrivèrent enfin en Iran, où ils se présentèrent au patriarche Mar Denha, très en faveur à la cour des Ilkhans. Celui-ci les envoya à Abaga, qui leur délivra des lettres patentes pour se rendre à Jérusalem. La ville sainte étant tombée aux mains des musulmans, il n'était pas question pour des sujets mongols d'y aller en pèlerinage. Déçus, et leur voyage n'ayant plus d'objet, les deux compagnons se préparèrent à retourner en Chine. Bien que Marcus fût encore jeune (il avait trente-cinq ans), Mar Denha ne voulut pas le laisser repartir avant de le consacrer métropolite du pays öngüt. Quand il l'eut fait, il mourut. Le concile qui suivit ce décès eut l'idée de porter le nouveau prélat öngüt au patriarcat, sous prétexte qu'il était « mongol » et relevait d'un peuple étroitement apparenté au Grand Khan. C'était bien raisonner. Il n'y avait personne qui connût aussi bien les mœurs des conquérants, leurs procédés, leur langue, et peu de gens qui eussent sa personnalité. Il fut élu le 2 novembre 1281 sous le nom usuel de Mar Yaballaha III (ou, mieux, Yahwa-laha, « Dieu-donné ») et reçut l'investiture d'Abaga, qui lui remit le grand sceau portant un texte de vingt lignes en turc et en caractères syriaques (il sera volé à Maragha en 1297 et refait avec le même texte par Ghazan) ainsi que le parasol d'honneur, privilège nobiliaire, quasi royal et des plus enviés.

LA CULTURE IRANIENNE

Très tôt la culture iranienne avait influencé les Mongols, et le persan, malgré la concurrence du turc et de l'arménien, était devenu un véhicule utilisé dans tout l'Empire. Dès 1241, on le vit employé pour la lettre que Güyük écrivit au pape, et, en Chine, il devait être d'usage courant à la cour et dans les milieux dirigeants, comme le prouve indirectement Marco Polo, qui ne paraît pas avoir connu d'autre langue orientale et qui s'en servit tant dans ses rapports avec l'administration qu'au cours de ses voyages en Extrême-Orient. Cela ne fit pas pour autant du persan, dans les *ulus* non iraniens, la langue officielle, ni celle de la culture, ainsi qu'il l'avait par exemple été chez les Seldjoukides de Rum.

La situation fut naturellement tout autre dans l'Empire ilkhanide, au moins à partir du règne d'Abaga. Un symptôme qui ne trompe pas : la date favorable pour l'intronisation de ce prince ne fut pas déterminée par des chamans, mais par un astronome musulman, en la circonstance le grand Nasir al-Din Tusi. Préparée par la faveur que connaissait dans tout l'Empire la langue persane et par l'attachement des Iraniens à leur culture, la renaissance de l'iranisme fut vivement accélérée par la confirmation dans son poste de premier vizir de Chams al-Din Djuvaini, auquel l'avait promu Hülegü, et par la nomination de son frère Ata Malik Djuvaini, ancien gouverneur de Bagdad, comme conseiller auprès du vice-roi de l'Iraq arabe et du Fars le 19 juin 1265. Avec eux arrivaient au pouvoir de grands lettrés persans.

La poétique fit le reste. Elle commença par assimiler les khans mongols aux souverains de l'Antiquité préislamique, puis à Mahmud de Ghazni (999-1030), le plus glorieux des rois de sang turc dans la tradition historique de l'Iran, et l'on prit des mesures concrètes pour mettre en évidence cette assimilation. Ainsi édifia-t-on pour l'Ilkhan un palais à Chir, en Azerbaïdjan, au lieu nommé Takht-i Sulaïman (« le trône de Salomon »), là où les sources iraniennes anciennes situent un temple du feu mazdéen associé aux rites de couronnement des empereurs sassanides. Les vers écrits sur des carreaux de faïence trouvés sur le site comparent tour à tour l'Ilkhan aux souverains des époques achéménide, sassanide et ghaznévide. Si l'on en croit Rachid al-Din, artisan convaincu de cette iranisation des Mongols (et qui de ce fait ne paraît pas crédible), très tôt les Grands Khans se seraient fait ériger un pavillon de chasse « à une journée de marche de Qaraqorum, en un lieu où avaient été jadis les oiseleurs d'Afrasiyab ».

Afrasiyab est un personnage mythique qui incarne l'image iranienne du grand roi turc (et donc du grand roi mongol) dont Firdusi s'est fait le principal chantre dans son *Chah-name (Livre des rois)*, chef-d'œuvre universel qui constitue le poème épique par excellence de la littérature persane. Dès lors, quoi de plus naturel que d'exploiter ce filon presque providentiel ? Avant Rachid al-Din, Djuvaini l'avait fait sans vergogne en mettant en parallèle les exploits héroïques du héros légendaire et ceux des Gengiskhanides. Plus tard, dans un souci plus exhaustif, l'Ilkhan Oldjaïtu sera considéré comme le second Alexandre ou comme le Khosroes de l'Iran. Ainsi la dynastie régnante ne faisait-elle plus figure de dynastie étrangère, mais s'inscrivait en quelque sorte dans la continuité nationale.

BAÏBARS EN ANATOLIE

Baïbars, le Mamelouk, le Qiptchaq, l'Égyptien, le premier prince musulman de son temps, ne cessait d'attaquer l'Arménie, fidèle alliée et vassale des Mongols. Son offensive d'avril 1275 en Cilicie, ou Petite Arménie, fut particulièrement sévère. Il pilla les principales villes du pays, Sis, Adana, Tarse, Lajazzo. Ce n'était pas sans danger pour l'Anatolie.

Pendant la minorité du jeune prince seldjoukide Kaï Khusrau III (1265-1283), l'Asie Mineure était administrée par Mu'in al-Din Sulaïman, qui portait le titre de *pervane* (« papillon »), une sorte de chancelier plutôt que de Premier ministre, homme tout-puissant et qui, pendant une vingtaine d'années, eut toute la confiance des Ilkhans. Soit qu'il les trahît et prît contact avec le souverain mamelouk, soit que ce dernier agît de sa propre initiative, au début de l'année 1277, Baïbars envahit soudain le protectorat mongol d'Asie Mineure et vainquit le 18 avril l'armée d'occupation à Elbistan. Le *pervane*, à la tête du contingent seldjoukide, avait pris la fuite, transformant la défaite en déroute. Baïbars entra à Césarée de Cappadoce (Kayseri) le 23 avril.

Il est certain que les émirs turcs, lassés de la tutelle mongole, escomptaient la victoire de Baïbars et étaient prêts à le soutenir de toutes leurs forces. Il était également permis de penser que les populations turques – à défaut des chrétiennes, grecques ou arméniennes, encore nombreuses –, par solidarité musulmane et plus encore par solidarité turque, se soulèveraient à l'arrivée du héros mamelouk. Or elles ne bougèrent pas. Déçu et peu désireux de rencontrer si loin de ses bases l'armée de secours d'Abaga qui progressait à marches forcées, Baïbars jugea prudent de se replier (juillet). L'Ilkhan châtia durement les émirs turcs et les Seldjoukides qu'il estimait, à tort ou à raison, responsables et de l'intervention des Égyptiens, et de la destruction de ses forces d'occupation, et du manque de combativité des troupes locales. Mu'in al-Din fut exécuté pour haute trahison le 2 août. La mainmise sur le sultanat fut renforcée et, dans bien des villes, l'administration directe remplaça le régime du protectorat. La décadence de l'Anatolie s'en trouva accrue, et bien plus diminué encore ce que les Seldjoukides gardaient de prestige. Ce furent en définitive les émirs qui, pourtant plus responsables que ces derniers, tirèrent à long terme le seul bénéfice de l'affaire. Ils perdirent l'habitude d'obéir à la dynastie et, quand celle-ci disparaîtra au tout début du XIVe siècle, ils seront les seuls capables de lui succéder.

Baïbars mourut peu après cette campagne, en 1277. Son héritier, le sultan Qala'un, quelque vertu qu'il pût avoir, ne bénéficiait pas du prestige qui avait entouré Baïbars et qui faisait de lui un pur héros. Abaga décida de tenter à nouveau sa chance.

Il lança d'abord une première campagne, à l'automne de 1280, qui peut apparaître comme un raid de reconnaissance et qui se limita, une fois encore, à la prise et à la destruction d'Alep : il mit le feu aux mosquées, mais ne put forcer la citadelle (20 octobre 1280). Abaga élabora ensuite une offensive de plus grande envergure en septembre 1281. Il confia à son frère Mengü Temür quelque 50 000 hommes pour envahir la Syrie et porter le coup de grâce aux Égyptiens, tandis que le roi d'Arménie, Léon III, fils de Hethum, amenait pour sa part « 30 000 Arméniens, Géorgiens et Francs ». On pouvait croire les grands jours revenus. Qala'un en personne décida de leur barrer la route. La rencontre eut lieu près de Homs, le 30 octobre 1281. Les chrétiens étaient placés sur les ailes, et Mengü Temür avec ses « Mongols » au centre. Cela voulait dire, puisqu'on continuait à pratiquer la tactique de l'encerclement et qu'on disposait les meilleurs éléments sur les flancs, qu'on mettait plus de confiance en ses alliés qu'en soi-même. On avait raison. Les Arméniens enfoncèrent les Mamelouks, mais Mengü Temür, blessé, se retira du champ de bataille, entraînant la défaite des siens. Que ne suivait-on plus, depuis qu'on était en contact avec les preux et les paladins, les prudents conseils de Gengis Khan selon lesquels les chefs ne devaient pas inutilement s'exposer ?

Vaincus sans l'héroïsme et sans l'excuse du petit nombre qui avaient caractérisé Aïn Djalut, les Mongols durent une fois de plus repasser l'Euphrate. Les grands jours n'étaient pas revenus. Ils appartenaient entièrement au passé.

Abaga ne survécut guère à ce cuisant échec. Il mourut peu après, le 1er avril 1282.

QUATRIÈME PARTIE

L'Empire à son zénith et à son déclin

Faire périr ses parents, c'est comme éteindre la flamme de son foyer.

Histoire secrète des Mongols.

Si nous étions restés unis, nous aurions conquis toute la terre.

BERKE, khan de la Horde d'Or.

CHAPITRE XVI

Le temps de Khubilaï

Qaïdu restait maître d'une partie de l'Asie centrale, mais ne menaçait plus le Grand Khan et, sur ses domaines assez resserrés, ne pouvait plus constituer un obstacle sérieux aux communications entre les divers *ulus* de l'Empire. En bon Mongol, il laissait notamment passer commerçants et voyageurs : il était ouvert aux relations internationales. Khubilaï en profita pour essayer d'asseoir sa domination sur le Sud-Est asiatique, pièce maîtresse de son économie.

Le commerce de la Chine dépendait assez largement de l'Indonésie, en particulier de Java, puis de Ceylan et de l'Inde d'où elle importait les pierres précieuses, le sucre et surtout les épices – qu'elle appréciait plus encore que l'Europe –, et vers où elle exportait en échange la soie brute et travaillée. Innombrables étaient les navires qui naviguaient entre la Chine, les îles de la Sonde et les côtes orientales et septentrionales du sous-continent. Ils longeaient d'abord les rives indochinoises et évitaient autant que possible de gagner la haute mer. Il était tentant de contrôler ces rives, puis d'installer des comptoirs dans les pays fournisseurs et clients, voire de les vassaliser.

CAMPAGNES DANS LE SUD-EST ASIATIQUE

La péninsule indochinoise était alors partagée entre quatre États : l'Annam, qui comprenait le Tonkin et le nord de l'actuel Vietnam ; le Tchampa, royaume essentiellement maritime qui s'étendait du Vietnam à la Cochinchine ; le royaume khmer du Cambodge ; l'Empire birman.

Dès 1257, les Mongols étaient intervenus en Annam et y avaient imposé leur protectorat, mais leur domination y était mal assurée. Fort cependant de ce résultat, tout aussi incertain fût-il, Khubilaï demanda en 1280 au maharadjah du Tchampa, Indravarman IV, de reconnaître sa souveraineté. Plutôt que de courir les risques d'un conflit, le maharadjah préféra céder aux menaces non dissimulées des ambassadeurs mongols. Il fut désavoué par son peuple. Il n'y avait pas un an que le traité de vassalité était signé qu'une insurrection éclata, dirigée à la fois contre les protecteurs et contre le prince assez lâche ou suffisamment prudent pour avoir accepté ce traité (1281). C'était une nouvelle guerre qui commençait, car Khubilaï se sentait obligé d'intervenir militairement, tant pour faire respecter ses propres droits que pour secourir son vassal. Il dépêcha une petite escadre qui s'empara de la capitale tcham, Vidaya (près de Binh-dinh), et tenta, en partant de la tête de pont qu'elle offrait, de pacifier le pays.

Il se heurta à une résistance qu'il n'attendait pas, si vive que, pour éviter un désastre comparable à ceux qu'il avait connus au Japon, il dut rapatrier ses troupes. Mais la situation n'était pas la même qu'au Japon, d'abord parce que les Tchams n'avaient pas de moyens comparables à ceux des Japonais, ensuite parce qu'ils pouvaient être attaqués par voie de terre. Tout ne reposait pas sur la flotte. En 1285, Khubilaï décida donc d'envoyer son fils Toghan Temür à la tête de forces plus importantes à travers l'Annam, pendant que le général Sögetü débarquait sur les côtes du Tchampa avec ordre de se diriger vers le nord à la rencontre de Toghan Temür. L'armée d'invasion passa par Lang-Son, vainquit le prince de Bao-minh et entra à Hanoi, mais, peu après, elle se faisait si bien écraser dans le delta du fleuve Rouge qu'elle dut, non sans peine, se replier en hâte sur la Chine. A peu près au même moment, Sögetü était surpris par les Annamites à Teykint et subissait une sévère défaite.

Il fallait soit abandonner l'affaire, comme on l'avait fait au Japon, soit consentir un nouvel effort. On ne pouvait pas toujours rester sur des échecs. On opta pour une reprise plus énergique de la guerre. En 1287, les Mongols débarquèrent à nouveau en Annam, prirent une fois encore Hanoi, mais ne purent pas davantage conserver les positions acquises. Couvert de gloire, follement acclamé, le roi d'Annam, Tran Tsan Nhon-ton (1278-1293), rentra dans sa capitale. Il avait conscience qu'il fallait traiter avec les ennemis. La guerre était ruineuse et, puisque les Mongols ne semblaient pas vouloir y renoncer, elle risquait de ne jamais finir. Il était en position de force pour obtenir une paix relativement avantageuse, et son peuple ne pouvait l'accuser ni de faiblesse ni de compromission. Il accepta de se reconnaître vassal de l'Empire et paya tribut (1288). Prudent, le maharadjah du Tchampa fit de même.

Plus à l'ouest, les Mongols s'étaient emparés en 1277 des défilés de Bhamo, proches de la frontière sud du Yun-nan, qui commandaient la vallée de l'Irrawaddy, une vaste plaine dépressionnaire, à l'issue d'une bataille mémorable où ils avaient arraché la victoire grâce à leur artillerie qui était venue à bout des éléphants birmans, mais ils n'avaient pas cherché à exploiter leur avantage en s'engageant plus avant dans le pays. C'était encore la cavalerie qui faisait défaut.

Les causes du conflit qui éclata en 1283-1284 entre les Mongols et les Birmans sont obscures : peut-être héritage du contentieux entre le Yun-nan et le royaume septentrional de Nantchao (Nan Zhao). Quoi qu'il en soit, au cours de la première phase des opérations, le roi Narasthakati (1254-1287), vaincu, dut s'enfuir jusque dans sa capitale, Pagan. On ignore pourquoi les Mongols ne poussèrent pas leur offensive. Trois ans plus tard, ils descendirent la vallée de l'Irrawaddy, semant la désolation sur leur passage, atteignirent la région de l'actuelle Mandalay, puis, plus au sud, celle de Pagan. Ils prirent et pillèrent la capitale. Pour sauver ce qui pouvait l'être encore, le nouveau souverain, Kuazwa, se résolut à négocier. En 1297, la Birmanie entrait comme vassale dans l'orbite de l'Empire. Les pays thaï et khmer, resserrés entre deux provinces sous domination mongole, ne conservèrent plus qu'une indépendance relative et, dès 1294, plusieurs princes préférèrent, à l'exemple de leurs plus puissants voisins, se placer sous le protectorat de Khubilaï. Il est très probable – mais non absolument certain – que plusieurs États indiens et indonésiens, sans être directement menacés, firent comme eux, à la demande instante des messages que leur adressait Pékin, d'autant plus que la reconnaissance d'une souveraineté mongole ne les engageait pas à grand-chose.

On le vit bien quand Khubilaï, maître des côtes de l'Indochine, crut le moment venu de prendre le contrôle de l'Indonésie et y envoya ses agents à cette fin. Le radjah de Malayou à Sumatra, impressionné, accepta aussitôt tout ce qu'on voulait de lui. Il en alla autrement à Java, le centre principal, hier comme aujourd'hui, de l'archipel. Si de petits seigneurs locaux accueillirent assez bien les ouvertures des Mongols, le roi de Kadiri, le plus puissant de tous, les repoussa avec une telle fermeté que Khubilaï ne put le tolérer et décida de lancer ses forces contre lui. En 1293, il arma une grosse flotte et la fit cingler vers l'île. Elle y arriva sans encombre, débarqua l'armée d'invasion sous le commandement de deux généraux chinois, vainquit les Javanais et s'empara de leur capitale, Kadiri ou Daha. Mais toute la population prit les armes et ceux-là mêmes qui s'étaient ralliés aux Mongols parce qu'ils étaient loin se dressèrent contre eux parce qu'ils étaient devenus proches, rendant la vie intenable aux troupes impériales.

Face à une hostilité générale, dans des terres si éloignées qu'on ne pouvait rallier que par mer, sous l'équateur, il était impossible de tenir. Les Mongols le comprirent et rembarquèrent, non sans laisser, débris épars, des unités chinoises appelées à faire souche dans le pays. Ainsi s'achevait la dernière offensive des hommes de la steppe, la conquête du monde qui avait commencé quatre-vingt-dix ans plus tôt.

LA LUTTE CONTRE QAÏDU REPREND

En 1287, l'Ögödeïde Qaïdu était parvenu à former une nouvelle coalition groupant des petits-neveux de Gengis Khan – Naïan, issu de Temüge ou de Belgüteï ; Chiktur, petit-fils de Djötchi-Qasar ; Qada'an, né dans la famille de Qatchi'un –, dont la plupart étaient apanagés en Mandchourie ou en Mongolie orientale. Non seulement Khubilaï voyait lui échapper une partie de ses possessions et pouvait se faire attaquer à la fois par le nord et par l'ouest, mais il était coupé de toute relation avec le reste de l'Empire, sauf par voie maritime, et risquait, s'il perdait la Mongolie, de ne plus être approvisionné en chevaux tandis que ses adversaires pourraient en mettre un grand nombre en ligne. Déjà, les montures manquaient. L'empereur prit un décret de réquisition, semblable à celui de 1262, mais plus sévère. Chose inouïe, les moines eux-mêmes y étaient assujettis : « Quel besoin ont-ils de chevaux alors qu'ils sont assis dans un temple ? » se serait écrié le souverain. On ne put malgré tout en trouver que 1 503 : c'est dire la pénurie !

Il est vrai que de la situation, que ce nombre fait apparaître assez sombre, Marco Polo transmet une vision différente. D'après lui, Khubilaï aurait pu rassembler quelque 360 000 cavaliers, auxquels il aurait adjoint environ 100 000 fantassins. Il doit exagérer, selon son habitude. Il semble toutefois que les forces en présence furent vraiment impressionnantes, de l'ordre de plusieurs centaines de milliers de cavaliers les deux camps confondus, sans compter l'infanterie, elle-même très importante.

Confiant à Baïan le Ba'arin la défense de Qaraqorum et du pays sacré berceau de la race, Khubilaï, malgré l'âge qui venait (il avait alors soixante-douze ans), partit en personne pour la Mandchourie, où il avait fait acheminer par voie de mer d'énormes provisions embarquées dans les ports chinois. Il était près du Leao-ho quand il rencontra l'armée de Naïan, qui, à la mode des nomades de la steppe quand ils étaient surpris, s'enferma dans un grand cercle de chariots. Toute ruse pour l'en déloger se révélerait inutile, on le savait bien : Naïan les connaissait toutes et ne s'y laisserait pas prendre. Il fallait combattre. Khubilaï, juché sur une tour que portait un éléphant, dirigea de loin le combat. Il fut rude. Longtemps le sort balança. Finalement, le qaghan demeura maître du champ de bataille, peut-être simplement parce qu'il avait l'avantage du nombre. Naïan fut fait prisonnier. On le condamna à mort comme rebelle et traître, et il fut étouffé dans un tapis de feutre. « Il fut si traîné et si secoué en tous sens qu'il en mourut », dit avec pittoresque Marco Polo. On fit alors de vastes sacrifices d'action de grâces (1288).

C'était le principal adversaire du Grand Khan dans cette région. Les autres ne faisaient pas le poids. Princes et généraux qui menaient encore campagne furent soumis sans peine par le prince héritier, Temür Oldjaïtu.

L'échec de l'insurrection mandchoue privait Qaïdu des alliés qu'à grand-peine il avait réussi à se faire et, par le même coup, des derniers espoirs qui lui restaient de réunir l'Empire sous son sceptre. Mais il pouvait encore espérer garder son indépendance et défendre ses territoires. Il n'était pas homme à cesser le combat tant qu'il se croyait une chance, aussi minime fût-elle, de l'emporter. Avec audace et détermination, pour prouver qu'il n'était pas abattu, il prit l'offensive en direction de la Mongolie. Il avait devant lui un petit-fils de Khubilaï, Namala. Il l'attaqua près de la Selenga, le vainquit, l'obligea à s'enfuir. Mais quand il apprit que Khubilaï, revenant victorieux de la Mandchourie, se portait contre lui avec une armée innombrable (juillet 1289), il jugea qu'il ne pouvait pas l'attendre, décrocha et disparut dans les steppes.

Le poursuivre? Comme il était impossible de savoir jusqu'où l'affaire pourrait l'entraîner, Khubilaï n'insista pas. En 1293, pour des raisons mal connues, il dépêchera cependant contre lui Baïan, juste avant d'en faire son Premier ministre. L'expédition sera sans conséquence. Promu à son nouveau poste, le général ne survivra guère : il mourra deux ans plus tard, peu après que l'empereur eut lui-même disparu.

On mesure là les limites de la puissance de Khubilaï. Il n'était pas parvenu à se débarrasser de Qaïdu – que nous retrouverons encore.

L'EMPEREUR DE CHINE

Le prestige de la Chine depuis toujours était si grand auprès des nomades de la haute Asie que Khubilaï voulut être un Fils du Ciel à la mode chinoise. Il y réussit pleinement. La dynastie dont il fut le fondateur – bien que, fictivement, on la considérât comme née avec Gengis Khan, voire avec Yesügeï – prit rang, sous le nom de Yuan, dans la série des dix-neuf dynasties qui l'avaient précédée. On en a conclu un peu vite que le Grand Khan se serait plus ou moins totalement sinisé, et avec lui les Mongols qui l'avaient accompagné et vivaient en Chine, au point qu'ils auraient renié leur origine et perdu leur identité. Rien n'est moins vrai. Loin de se faire assimiler, Khubilaï et les siens conservèrent leur personnalité, s'affirmèrent tels qu'ils étaient, ne renoncèrent pas à leurs traditions et apportèrent avec eux dans ce vieux pays peut-être autant qu'ils lui prirent.

Il ne faudrait cependant pas qu'en réagissant contre une opinion tout à fait outrancière on en arrivât à en formuler une autre qui le serait autant. Il va de soi que, dans une certaine mesure – et elle peut être large –, la cour mongole au moins et sans doute tous les immigrés subirent l'influence chinoise, furent séduits par la grande civilisation dans laquelle ils s'inséraient et, volontairement ou non, abandonnèrent une partie de leur patrimoine. Dire que les fils de Khubilaï furent les mêmes que ceux de Gengis Khan serait une absurdité, mais ils ne furent pas – le génie mis à part – totalement différents. Il n'est que trop évident qu'ils renoncèrent au nomadisme, qu'ils ne méprisèrent plus les villes, tout comme il est presque inutile de rappeler que de pauvres ils devinrent riches, que de chefs de tribus ils devinrent maîtres d'un empire.

Maints faits prouvent leur fidélité à leur race, à leur culture, mais l'illustration la plus éclatante – on s'étonne de ne pas le voir plus souvent souligné – en est leur expulsion finale. S'ils étaient devenus des Chinois comme les autres, les Yuan auraient été renversés, massacrés peut-être, mais non pas chassés jusque dans leur pays d'origine pour y retrouver les conditions d'existence de leurs pères. Avant eux, les Leao avaient connu le même sort, qui, une fois tombés du trône, étaient redevenus des Khitan.

Les Mongols furent toujours considérés en Chine comme des étrangers, de ces étrangers qui, depuis la nuit des temps et périodiquement, envahissaient le pays et exerçaient plus ou moins longtemps leur domination sur lui. Jusqu'à la fin, ils furent des occupants, même quand ils appliquèrent la plus stricte politique chinoise et contribuèrent à la grandeur de la Chine. Que la Mongolie fût en leur possession empêchait le relâchement des liens avec le berceau de leur race et permettait que, de la source d'où ils étaient issus, arrivent jusqu'à eux des eaux nouvelles et fraîches. La terre des aïeux constituait une réserve dans laquelle ils pouvaient puiser quand besoin était, et ils ne s'en privèrent sans doute pas tant qu'ils furent forts.

Sur ce point, ils se trouvaient dans une situation très différente de leurs compatriotes d'Iran ou de Russie, coupés de tout lien avec la terre natale – pour les premiers presque totalement, pour les seconds en grande partie – et en conséquence suffisamment isolés pour mieux se faire assimiler. Dans l'*ulus* de la Horde d'Or, les Mongols ne représentaient qu'une infime minorité dans une masse turque, et la parenté linguistique et idéologique des uns et des autres ne pouvait manquer d'amener une rapide et totale turquisation des premiers. Dans celui d'Iran, où les Mongols n'étaient guère plus nombreux, l'abîme culturel qui séparait les maîtres et les sujets ne laissait d'autres possibilités aux Mongols que l'inéluctable expulsion, l'iranisation et l'islamisation, ou bien la turquisation et encore l'islamisation. Le khanat de la Horde d'Or devint un empire turc et le khanat des Ilkhans un empire iranien. En Chine, c'est en tant que Mongols que les Yuan revendiquèrent l'autorité suprême sur tout l'Empire, même quand ils ne l'exercèrent plus de fait, mais les Chinois considéraient volontiers que c'était en tant que Chinois qu'ils le faisaient. Leurs successeurs, les Ming, purs Chinois, reprirent donc tout naturellement à leur compte les prétentions mongoles et continuèrent à considérer que la totalité des terres qui avaient été soumises aux Yuan leur revenait. On fut bien, dans une certaine mesure, obligé de les entendre, mais ceux qui croyaient devoir faire au moins semblant de les écouter, comme Tamerlan lui-même, en éprouvaient une vive irritation. La vassalité qu'ils acceptaient était d'ailleurs toute platonique, ou se limitait à l'envoi de comptes rendus et d'un tribut symbolique.

On a beaucoup parlé de l'acculturation chinoise des étrangers arrivés en Chine. Un ouvrage chinois lui a été consacré, qui donne notamment l'exemple de 178 Occidentaux immigrés dans l'empire se disant du Milieu et qui devinrent des lettrés confucéens, des moines bouddhiques ou taoïstes, des poètes, des calligraphes, des peintres ou des architectes selon la plus pure tradition chinoise. Or ce sont exclusivement des Persans, des Arabes, des Turcs, des Khotanais, des Kouchéens, des chrétiens syriaques... Parmi eux, on ne mentionne pas un seul Mongol.

Empire des Chinois? On fait remarquer que Khubilaï s'attacha à attirer à lui les cadres administratifs de l'ancienne dynastie song, à obtenir le ralliement des fonctionnaires et à conserver les institutions du pays : comment, avec une poignée de nomades plus ou moins incultes, aurait-il pu faire autrement? Il est plus remarquable de constater que l'empereur lui-même, malgré sa longévité, malgré le temps qu'il avait passé en milieu chinois, où il s'était immergé dès sa jeunesse, ne parvint jamais à parler convenablement la langue du pays. On le voit dans les grands débats utiliser des interprètes, quitte à les corriger. Il est tout aussi intéressant de noter que les plus hauts postes administratifs, à de rares exceptions près, ne furent pas confiés à des indigènes, mais à des personnalités venues d'Asie centrale ou occidentale, musulmans ou chrétiens (les généraux chinois furent en revanche assez nombreux, mais ils commandaient des troupes chinoises).

Le premier ministre des Finances de Khubilaï, sans doute le second personnage de l'État, fut le Bukhariote Sayyid Adjall, qui conserva son poste jusqu'à sa mort survenue en 1279. Il avait accédé à cette haute fonction après avoir été gouverneur du Yun-nan, province qui échut ensuite à son fils. Ce sont ces deux hommes qui y introduisirent l'islamisme et le soutinrent au prix de grands efforts, notamment par la construction de mosquées. D'eux et de leurs compagnons descendent les communautés musulmanes qui existent encore dans cette province, demeurée chinoise, et qui se prétendent aujourd'hui « de pure race arabe ».

A la mort de Sayyid Adjall, ce fut un autre Transoxianais, Ahmed Fenaketi, qui hérita de ses fonctions, puis, après son assassinat en

1282, l'Ouïghour Sanga (1288-1291). A un poste moins élevé, le Syrien chrétien Isa fit une belle carrière comme « directeur du bureau d'astronomie », ambassadeur auprès de l'Ilkhan Arghun, commissaire pour le culte chrétien et ministre (1297). Nous avons déjà parlé du rôle essentiel joué par le Tibétain Phags-pa, et l'on pourrait en évoquer maints autres. Contentons-nous de rappeler que la garde personnelle de Khubilaï comptait 30 000 Alains chrétiens amenés du Caucase.

POLITIQUE RELIGIEUSE DE KHUBILAÏ

De même qu'on a démesurément surestimé le degré de sinisation des Mongols, de même a-t-on exagéré leur bouddhisation, sans se rendre compte de la contradiction qu'impliquait ce double excès. Mettre l'accent sur le rôle de la grande religion indienne, c'est, par le fait même, minimiser celui de la Chine puisque dans ce pays le bouddhisme est largement ressenti comme exotique, et qu'effectivement son action se manifeste par le truchement des moines tibétains bien en cour depuis l'arrivée de Phags-pa Lama.

Quand les chroniqueurs mongols tardifs présentent Khubilaï et ses successeurs comme de bons bouddhistes, ils opèrent une conversion rétroactive. Ces chroniques ont en effet été composées en un temps où les Mongols s'étaient convertis au lamaïsme et où l'on souhaitait donner des lettres de noblesse à cette conversion encore de fraîche date : aussi disait-on que les khans gengiskhanides avaient été disciples de Bouddha. Quant à la réception en grande pompe par Khubilaï des reliques du Bouddha envoyées par le radjah de Ceylan – réception que Marco Polo signale et qui est vraisemblable –, elle ne prouve pas plus son adhésion au bouddhisme que les « révérences faites à la Croix » et les « bénédictions et encensements avec l'encensoir » de son successeur Yesün Temür, que se plaît à décrire Jean de Monte Corvino, ne démontrent vers 1328 l'adhésion au christianisme de ce dernier. Rien de tout cela ne résiste à l'examen.

La sévérité envers les taoïstes dont témoigna Khubilaï en 1281 ne découle en rien de sa prétendue conversion au bouddhisme ou de son inclination pour lui, mais des manigances des taoïstes et de l'irritation qu'elles lui causèrent. Après le jugement de 1261 qui voulait rétablir la paix religieuse entre les deux grandes religions extrême-orientales en rendant à l'une les droits que l'autre avait voulu lui retirer, la querelle née des faveurs accordées à Tch'ang-tch'ouen par Gengis Khan semblait apaisée. Elle ne tarda pas à se réveiller et, en 1281, le qaghan fut à nouveau obligé de sévir contre l'arrogance des taoïstes, les libertés qu'ils prenaient et leur propension à se remettre à divulguer des textes apocryphes souvent injurieux à l'égard des bouddhistes. Khubilaï promulgua des édits très durs qui exigeaient notamment la destruction de tous les livres saints, à l'exception du *Tao-tö-tsing*, que l'on ne pouvait accuser de falsification. A partir de ce jour, le taoïsme, qui comme toute religion demeura protégé, ne put plus prétendre à l'hégémonie, et le bouddhisme eut libre champ pour son irrésistible ascension. Ajoutons que les sectes (comme celles du Lotus blanc, du Nuage blanc) et les sociétés secrètes, très nombreuses en Chine et qui avaient été muselées par les Song, furent libérées par les Yuan, qui ne voyaient en elles que des mouvements religieux minoritaires, et qui peut-être les sentaient proches du chamanisme avec lequel elles partageaient parfois certaines techniques. Il n'est pas jusqu'au manichéisme, qui avait jadis connu une ère de prospérité en Chine avant d'y être persécuté, qui ne retrouvât, comme l'a démontré Paul Pelliot, un regain d'activité. De même le judaïsme, installé depuis l'époque des Han, continuait-il à y mener une vie obscure mais fertile*. Bien que l'islam fût appelé à conquérir à terme les Mongols occidentaux, ceux de la Horde d'Or, des khanats d'Iran et de Djaghataï, les relations entre les Gengiskhanides et lui furent – au début du moins, et plus longtemps en Chine et en Asie centrale – plus délicates, et ce pour deux raisons principales. D'une part, l'islam, ne pratiquant pas la séparation des pouvoirs – c'est-à-dire constituant à la fois une religion, une communauté *(Umma)* sociale et politique, et une civilisation –, considère que l'agression contre tout pays musulman est une agression contre lui-même et que le devoir de tout fidèle est de s'y opposer en décrétant la guerre sainte. La collaboration de nombreux musulmans avec les Mongols, pour bénéfique qu'elle finît par se révéler, était nécessairement perçue comme une trahison et, en quelque sorte, comme une demi-apostasie. D'autre part, il y avait des incompatibilités absolues entre la *chariat* et le *yasaq* qui éclataient aux yeux et qui concernaient la vie de tous les jours. Ainsi le *yasaq*, comme nous l'avons déjà dit, exigeait-il une mise à mort non sanglante des animaux, quand la *chariat* imposait qu'on les saignât ; le *yasaq* interdisait de souiller l'eau, notamment par des excréments, alors que la *chariat* prescrivait les ablutions après avoir uriné ou être allé à la selle.

Tout soucieux qu'ils fussent de faire respecter le *yasaq* par tous leurs sujets, les Mongols se trouvaient dans une situation embarrassante dans la mesure où ils percevaient que son application heurtait des convictions religieuses et, de ce fait, entrait en contradiction avec un autre précepte sinon du *yasaq*, du moins de leur éthique : l'absolu respect des croyances des autres. Les difficultés furent nombreuses, de même ordre que celles qui avaient accompagné l'expansion seldjoukide, mais plus aiguës parce que les Turcs n'avaient pas codifié leurs

---

* Une synagogue fondée à K'ai-fong en 1183 fut restaurée en 1355.

coutumes pour en faire des lois et ne jugeaient pas utile de les faire observer par les autres.

Puisque de toute façon l'application du *yasaq* aux musulmans mettait les Mongols en porte à faux, ils finirent par admettre que les membres de la communauté islamique pratiquent leurs coutumes. Il fallut surmonter bien des difficultés et laisser le temps s'écouler pour y arriver. L'histoire a retenu par dizaines les cas de conflits qui éclatèrent, mettant les uns et les autres dans des situations impossibles et ne trouvant de solution que dans les compromissions ou les reculades – le plus souvent du pouvoir –, ou encore dans l'humour dont les princes firent preuve après avoir montré de l'humeur. Mais il se produisit aussi des centaines, des milliers, une infinité de drames qui, au début du moins, durent se régler par des exécutions sommaires.

Quand Isa, le ministre de Khubilaï, si c'est bien lui qui en fut responsable, fit interdire aux musulmans de se circoncire, ils cessèrent de se rendre en Chine. Le qaghan, désireux de les y attirer, fut obligé de promulguer un édit leur permettant de le faire*. Khubilaï, qui appréciait certainement les musulmans puisqu'il en prit tant à son service et les fit accéder aux plus hautes fonctions de l'Empire, se révélait volontiers cassant avec eux – il est vrai que les musulmans, avec bien plus d'audace et de courage, ne l'étaient pas moins ; l'habileté n'était pas leur première vertu. Ils en donnaient souvent la preuve. En 1279, pendant le ministère de l'Ouïghour Sanga, un groupe de marchands musulmans arriva à la cour de Khanbaliq avec des cadeaux pour l'empereur. Khubilaï les reçut honorablement et leur fit distribuer de la nourriture de sa table, mais ils ne voulurent pas en manger. Il leur demanda pourquoi. Ils répondirent : « Ces bêtes ne sont pas pures pour nous. » Vexé – on le serait à moins –, le khan déclara : « Les musulmans ne devront plus dorénavant égorger les moutons, mais leur ouvrir la poitrine pour prendre le cœur à la manière mongole**, et ceux qui ne le feront pas seront égorgés avec leurs femmes et leurs enfants comme ils égorgent les moutons. »

Un autre jour, Khubilaï demanda à un certain Baha al-Din s'il était vrai que le Coran ordonnât de tuer les infidèles :

« Oui, répondit l'homme.
– Considérez-vous que le Coran soit la parole de Dieu ?
– Oui.
– Alors pourquoi ne nous tuez-vous pas ?
– Le temps n'est pas encore venu et nous n'en avons pas les moyens.

---

* La circoncision, pratique usuelle de l'islam, est à peine canonique ; sur ce point, les musulmans auraient facilement pu céder sans se montrer infidèles.

** On faisait une entaille dans la poitrine et on entrait sa main dans la blessure pour presser le cœur. On affirme qu'aucune goutte de sang ne se répandait hors du corps (récits multiples et concordants au XIIIᵉ siècle et après).

– Moi, j'ai les moyens de vous faire tuer, dit le qaghan. »

La prescription de la guerre sainte était une de celles qui pouvaient le plus déplaire aux Mongols, voire les exaspérer, non seulement parce qu'elle risquait de dresser contre eux tout un peuple, mais parce qu'elle heurtait la conception qu'ils se faisaient de la liberté de penser. Il fallut pour sauver Baha al-Din l'intervention pressante des hauts dignitaires musulmans de la cour.

D'autres étaient plus subtils. Un maître transoxianais répondit ainsi à la même question :

> « Il est vrai que Dieu nous commande de tuer les infidèles, mais on désigne par ce nom ceux qui ne connaissent pas un être supérieur, et, comme vous mettez le nom de Dieu en tête de vos ordonnances, vous ne pouvez pas être rangés parmi eux. »

Le christianisme ne souffrit pas, loin de là, du même ostracisme. La famille gengiskhanide était très étroitement liée avec celle de l'ancien prince des Ögüt chrétiens, Alagach Tegin, qui avait jadis, en 1204, rendu un signalé service à Gengis Khan et lui était depuis demeuré fidèle. Gengis Khan avait donné à son fils sa propre fille Alaghaï en mariage. Stérile, celle-ci avait élevé comme ses propres enfants les trois fils d'une concubine de son mari, dont deux épousèrent des princesses gengiskhanides : l'aîné, une fille de Güyük, et le deuxième une fille de Khubilaï, Yürek, dont il avait eu un fils, Körgüz (Georges), qui se maria lui-même en premières noces avec une petite-fille de Khubilaï, et en secondes noces avec une fille de son successeur, Temür Oldjaïtu, au service duquel il périt en 1290.

Georges, fervent chrétien et qui se ralliera au catholicisme vers la fin de sa vie, était puissant, jouissait d'une position enviée, et ses deux fils, Georges et Luc, occupèrent avec lui de hautes fonctions à la cour de Pékin. Khubilaï – dont, rappelons-le, la mère était chrétienne et avait exercé une influence si heureuse sur ses fils – était habitué à être entouré de chrétiens, et, sans partager leur foi, il les respectait et leur donnait à toute occasion des marques d'honneur. Il allait jusqu'à désirer recevoir des théologiens latins et fit demander au pape de les lui envoyer. Marco Polo relate comment, à l'exemple de ses prédécesseurs, il se faisait présenter les Évangiles par les prêtres attachés à la cour, les encensait et les baisait avec piété.

Comme la Couronne, le peuple mongol dans son ensemble était favorable aux chrétiens. Il avait entretenu des rapports constants avec les grandes tribus chrétiennes ou christianisées de Mongolie, dont les hommes étaient entrés en masse dans son armée. De ce fait, il considérait le christianisme comme une religion non pas étrangère, mais proche et sympathique, et, pourrait-on dire, comme la seconde religion nationale après le chamanisme. Si le bruit courait sans cesse que les princes gengiskhanides s'étaient fait baptiser ou étaient sur le point de le faire, c'était parce qu'il était vraisemblable, et il l'était par suite de la proximité des chrétiens et des chamanistes.

Ainsi introduit dans l'univers mongol, le nestorianisme suivit les nestoriens entraînés dans l'aventure gengiskhanide et s'implanta en Chine, où il avait déjà œuvré au haut Moyen Age avant d'être expulsé à la chute des T'ang. Il y était revenu dans la seconde moitié du XIIIᵉ siècle avec des forces assez importantes pour que le patriarcat nestorien de Bagdad fondât un évêché à Pékin, d'autant plus que plusieurs chrétiens occupaient des postes plus ou moins élevés et parfois très considérables à la cour et dans l'administration. A côté de Georges et de sa famille se trouvait le plus célèbre d'entre eux, l'arabophone syrien Isa, dont nous avons déjà parlé. En même temps, un peu partout, des églises étaient érigées, notamment en 1275 et 1281 à Tchen-kiang (la Cinghianfu de Marco Polo, près de Nankin), Yang-tcheou et Hang-tcheou. La place du christianisme, sans être prépondérante, se révélait assez solide pour que Khubilaï jugeât utile en 1279, dans le souci très altaïque qu'il avait d'organiser les Églises, de créer un bureau chargé de son administration dans tout l'Empire.

TRADITIONS RELIGIEUSES DE KHUBILAÏ

Khubilaï, fils d'une chrétienne et impressionné par le bouddhisme, n'est ni chrétien ni bouddhiste. Il est et demeure un chamaniste, c'est-à-dire un Mongol. Son souci – que nous venons d'évoquer – de tenir la balance égale entre les diverses confessions qui se partagent ses peuples, de les organiser, de les faire respecter et cohabiter en paix, ainsi que ses prétentions à la souveraineté universelle suffiraient à prouver qu'il garda intact l'héritage de sa race. On pourrait objecter que la préservation au sein d'une seule et même dynastie d'une idéologie directrice n'a jamais empêché ses membres successifs d'adopter des comportements susceptibles de s'en éloigner. Il n'est donc pas indifférent de constater que, loin de tourner le dos aux traditions ou de les laisser tomber dans l'oubli, Khubilaï, comme ses successeurs, s'est attaché à les conserver, au moins pour l'essentiel, et qu'il y est parvenu.

Il n'est évidemment pas possible, sans se livrer à un examen approfondi des représentations religieuses, des us et des coutumes des peuples altaïques, de repérer dans quelle mesure ceux-ci ont résisté et survécu à l'usure du temps, aux influences des civilisations plus avancées, et en revanche jusqu'à quel point ils ont pu s'altérer, voire s'oublier. Pour cela, il faudrait au reste que notre information fût plus complète qu'elle ne l'est. Mais les documents, quoique partiels, suffisent à nous donner une idée du très réel conservatisme de ceux dont on a tant dénoncé la sinisation et la bouddhisation.

Quelques exemples choisis dans un stock d'ailleurs limité de faits, dont nous avons déjà évoqué certains et qui nous paraîtront maintenant plus pertinents, illustreront assez notre propos.

Que Khubilaï ait à ses côtés nombre de chamans ne prouverait pas grand-chose, puisqu'il a aussi près de lui des moines bouddhistes, des derviches musulmans et des prêtres chrétiens, si ce n'était pas à eux qu'on faisait appel – malgré un certain scepticisme dont l'empereur fait montre à leur égard – quand il tombe malade, et ce malgré la réputation déjà enviable des médecins chinois. A sa mort, on continue à dire, suivant une tradition millénaire, qu'il « s'envole », et, plus tard encore, on emploie une autre formule usuelle, avec Yesun Temür (1323-1326) parlant de Suddhipala (1321-1323) : « L'empereur mon neveu est monté au Ciel. » Les enterrements se déroulent toujours selon les anciens usages. Rien d'essentiel ne change ni ne changera dans les rites funéraires. Les obsèques, répète-t-on tant à propos de celles de Khubilaï que de celles de ses successeurs, ont lieu « à la mode mongole ». La crainte du mort demeure aussi grande qu'elle l'a toujours été. Si nous ne pouvons affirmer que l'on purifie, ainsi que le disait Plan Carpin, les parents du défunt, tous ceux qui vivaient dans sa demeure et tout ce qui leur appartenait en les faisant passer entre deux feux, il n'en demeure pas moins que « nul Tartare ne toucherait à chose d'homme décédé », ce qui semble impliquer l'existence d'un rite de purification pour ces objets qui ne pouvaient pas tous être détruits.

Si la loi du *yangalik*, le remariage de la veuve avec son beau-fils ou son beau-frère, n'est plus appliquée pour les hautes princesses, elle reste en usage pour les autres femmes, comme l'a bien observé Marco Polo. « Si le père meurt, son fils aîné épouse la femme de son père pourvu qu'elle ne soit pas sa propre mère [...] il prend aussi la femme de son frère quand celui-ci est mort. »

Le voyageur vénitien décrit en outre, et d'abondance, une très curieuse cérémonie qui n'est attestée antérieurement que par des allusions – ainsi chez al-Mas'udi (vers 900-vers 956) –, mais dont nous pouvons, au moins pour l'essentiel, garantir la véracité :

> « Quand ils sont deux hommes dont l'un ait un garcon mort [...] et l'autre une fille morte aussi avant l'âge nubile, ils font mariage des deux trépassés quand le garçon aurait eu âge de prendre femme. Ils donnent pour femme au garçon mort la fille morte et font dresser l'acte. Puis un nécromancien* jette l'acte au feu, le brûle et, voyant monter la fumée, ils disent qu'elle va à leurs enfants en l'autre monde et leur annonce leur

---

* Le terme n'est certainement pas exact : ce doit être un chaman qui officie.

mariage et que dorénavant [...] ils se tiennent pour mari et femme. Alors ils font grande noce, font des peintures et des portraits [...] de tout ce que les parents conviennent de donner en dot [...] puis font brûler les images [...] et supplient les dieux de faire que cette union soit heureuse en l'autre monde. »

Nous avons souvent eu l'occasion de constater que l'on refusait de verser le sang des membres de la famille impériale, celui de tous les personnages spirituellement puissants et celui des animaux, et cette interdiction est encore bien attestée dans la Chine des Yuan. Nous avons vu aussi que, du cercle de chasse, quand les seigneurs avaient abattu presque tout le gibier, on laissait échapper les derniers animaux : c'est ce qu'observa encore le frère Odoric de Pordenone à l'issue des battues organisées par le Grand Khan Yesun Temür.

La foudre éveille toujours la même terreur, et pour les mêmes raisons. Il était d'usage d'éviter tout lieu où elle était tombée, de lever le camp pour s'installer plus loin, d'abandonner ce qu'elle avait frappé et de se purifier. Marco Polo le constate encore : « Nul Tartare, dit-il, ne toucherait chose frappée par la foudre », et il ajoute, à propos d'un foudroyé : « Dieu l'avait pris en haine et c'est la raison pour laquelle il l'a frappé de la foudre. »

Chez les Yuan, comme en Asie centrale, on continue à vénérer l'étendard et à lui sacrifier, selon le témoignage peu suspect du *Yuan-che* : « Les généraux [victorieux] dirent que, selon les anciens rites, quand quelqu'un était victorieux en armes, il devait sacrifier à la bannière dans la terre qui avait été soumise. »

Il n'est pas jusqu'au rituel de cour, pourtant très considérablement enrichi, qui ne conserve ce qu'on juge essentiel à la structure familiale et sociale. On ne saurait donc être surpris, à lire la description des merveilles du palais impérial par Odoric de Pordenone, de constater que dans la salle du trône les places respectives des membres de la famille impériale sont les mêmes que dans les grossières yourtes de feutre : à gauche du qaghan, un degré plus bas, siègent l'impératrice, puis les épouses secondaires ; à sa droite, son fils aîné et, plus bas, les autres princes du sang.

Le culte des *ongon* – ces idoles de feutre ou d'étoffe, voire de bois, exposées dans les yourtes et dans les charrettes, et que l'on disait « dispensatrices de lait et de croît », mais qui représentaient aussi quantité d'autres choses, étaient des « supports d'âmes », ou, comme le disait Rachid al-Din, des « signes heureux et bénis », et retenaient la dévotion populaire, celle des gens que ne touchaient guère les spéculations sur le Ciel, Dieu unique, impérial et lointain – semblait resté intact et comportait les mêmes offrandes de nourritures et de boissons, même fort avant dans le XIVᵉ siècle, puisque Odoric de Pordenone le signale encore. « Quand ils viennent à déjeuner ou à souper, note

Marco Polo, ils prennent un peu de chair grasse et oignent sa bouche. »

Populaire et impérial, mais dans ce second cas pratiqué à plus large échelle, le culte des animaux consacrés *(iduq)*, blancs et immaculés, que l'on retirait du troupeau et dont on ne pouvait alors plus faire usage, demeurait très important. C'est à lui que Polo fait référence quand il décrit :

> « [...] un haras de chevaux et de juments blancs comme neige [...] comprenant plus de 10 000 juments [...] et un grand nombre de vaches très blanches [...] dont nul homme au monde n'oserait boire le lait, fors le Grand Khan et ses descendants [...]. On les tient en si grande révérence que non seulement le peuple ordinaire, mais aussi un grand seigneur et baron n'oserait pour rien au monde passer au milieu du troupeau [...]. Tous leur cèdent le chemin et font tout leur possible pour leur plaire. »

LA POLITIQUE ÉCONOMIQUE ET SOCIALE

René Grousset a écrit avec beaucoup de bonheur que « le plus grand titre de gloire » de Khubilaï « n'est peut-être pas d'avoir, le premier de l'histoire, conquis la Chine entière, mais de l'avoir pacifiée ». C'est en effet une réussite inattendue et admirable qu'après tant d'années de guerres et de dévastations il soit parvenu non seulement à y rétablir l'ordre, mais encore à faire entrer le pays dans une ère de haute prospérité et de grandeur. Les Yuan, bien qu'éphémères, ne détonnent pas entre les Song et les Ming. Les idéaux mongols de paix, d'ordre, de tolérance, l'ouverture sans égale du pays sur le monde extérieur et l'émergence de traditions populaires qui n'avaient pas le droit de cité dans une société où les lettrés tenaient trop de place expliquent en partie ce succès, mais n'auraient pas suffi à ce qu'il fût complet si « après la conquête des sols n'avait pas réussi celle des esprits », ce qui ne veut pas dire – nous le verrons à un autre propos – qu'il n'y eut pas chez les élites une résistance au moins passive à la domination mongole. Novateur sur bien des points qui lui paraissaient essentiels l'empereur se montra également conservateur sur d'autres qui, pour les Chinois, ne l'étaient pas moins. Il ne voulut bousculer ni leurs habitudes, ni leur manière de vivre, ni leur particularisme, et s'il y est si bien arrivé, c'est certes parce qu'il était tolérant, mais plus encore parce qu'il laissa en place l'admirable administration qui gérait le pays, et qu'il sut s'attacher les fonctionnaires. Dans son ensemble, et compte tenu de la tâche de reconstruction qui s'imposait, l'œuvre administrative de Khubilaï fut bonne, sinon excellente, et elle porta ses fruits.

Un de ses principaux efforts porta sur l'organisation des communications tant à travers la Chine qu'à travers tout l'Empire, ce qui était encore un souci qu'il avait hérité de son grand-père et de son oncle. Les anciennes routes impériales furent restaurées, bordées d'arbres, équipées de relais et de gîtes d'étapes selon les principes de la poste mongole, et il affecta à leur service, dit-on, 200 000 chevaux. Le grand canal impérial reliant Pékin à Hang-tcheou (Hangzhou) par les deux grands fleuves, Jaune (Houangho) et Bleu (Yang-tseu Kiang) – une de ces œuvres titanesques que, comme la Grande Muraille, seuls les Chinois savent produire et qu'ils avaient commencé à creuser dès le Vᵉ siècle avant notre ère –, fut restauré, aménagé, élargi, complété, de telle sorte qu'il permît la communication directe entre le nord et le sud de la Chine, dont les richesses agricoles étaient nécessaires au ravitaillement de la métropole.

La politique économique reposa sur une législation étatique qui s'inscrivait depuis toujours dans les traditions chinoises et qui avait été renforcée ou perfectionnée sous les Song. L'État achetait tout l'excédent de la production agricole, l'emmagasinant dans des greniers publics soigneusement surveillés, afin que l'on pût disposer de vivres dans les années de disette et, si besoin était, enrayer la hausse des prix en inondant le marché de produits. Très vraisemblablement sous l'influence musulmane, et non comme l'a pensé René Grousset sous celle de la charité bouddhique, car il était de tradition en terre d'Islam de secourir les miséreux et de fonder des établissements d'assistance publique, Khubilaï prit toute une série de mesures pour empêcher la trop grande pauvreté et venir en aide aux défavorisés. En 1260 déjà il ordonna aux gouverneurs provinciaux de prendre les dispositions nécessaires pour subvenir aux besoins des lettrés âgés, des orphelins et des malades. En 1271, par décret, il fit ouvrir des hospices. Dans chaque ville et peut-être dans chaque bourgade, on organisa régulièrement des distributions de céréales aux nécessiteux. Marco Polo affirme que l'empereur nourrissait lui-même chaque jour 30 000 personnes indigentes. Ainsi fut finalement instituée ce qu'on pourrait appeler une sécurité sociale, en dépit de tout ce que ce terme peut avoir de moderne.

Le commerce connut un immense essor, dû tant à l'établissement des routes qu'à la paix mongole et à l'activité maritime des Yuan. Le courant d'échanges avec le Sud-Est asiatique ne cessa pas de croître en volume et les transactions entre l'Iran et la Chine atteignirent un niveau qu'elles n'avaient jamais connu et ne connaîtraient plus.

Les Mongols avaient trouvé en Chine l'usage du papier-monnaie *(tch'ao)* et ils le maintinrent, le généralisèrent peut-être – si ce n'était déjà fait – et appuyèrent sur lui leur politique financière. Le prix des principales marchandises était fixé par l'État et calculé en *tcha'o*. Au début, le système se révéla efficace, mais bientôt, dès 1282 et l'arrivée du ministre Ahmad Fenaketi, les Finances ne résistèrent plus à la tentation d'émettre des billets en nombre sans cesse croissant, ce qui les dévalua, provoqua une situation inflationniste et rendit l'impôt de plus en plus lourd. On accusa, non sans raison peut-être, Ahmad de se livrer à des malversations et à des tripotages, au point qu'il fut universellement exécré. Khubilaï eut le courage – ou la lâcheté – de le renier et, quand il fut mort, de le dégrader à titre posthume.

Le papier-monnaie, jusqu'alors inconnu hors des limites de l'Extrême-Orient, fut introduit en Iran en mai 1294 sous le règne de Ghaïkhatu, donc, en apparence au moins, après longue réflexion. Il y fut si mal reçu par les commerçants et suscita tant d'émeutes populaires qu'il fallut bientôt y renoncer. Il nous est maintenant trop familier pour que nous puissions aisément concevoir à quel point il paraissait révolutionnaire et éveillait la méfiance et la crainte de tous. La profonde stupéfaction dans laquelle il plongea les voyageurs occidentaux, tant chrétiens que musulmans, quand ils en découvrirent l'usage en Chine, permet de comprendre la violente réaction de la population d'Iran. Pour ceux qui venaient d'Europe ou de la Méditerranée, le papier-monnaie apparaissait comme une bizarrerie comparable à celle des « primitifs » (on n'avait pas encore trouvé ce mot stupide et abject pour désigner les peuples des civilisations archaïques) qui réglaient leurs dépenses avec des coquillages et du sel, ou comme l'une des ces innombrables merveilles de l'Asie, vraies ou fausses, telles que les pierres noires qui brûlaient en dégageant de la chaleur, les chiens qui traînaient des voitures sans roues, les pays où le soleil pouvait soit ne pas se lever, soit ne pas se coucher, les hommes à la tête de canidé ou l'oiseau de mer vaste comme une île. Tous y portèrent attention. Déjà Guillaume de Rubrouck le signale lors de son séjour en Mongolie : « La monnaie du Cathay est en papier [...] sur lequel ils impriment des lignes comme celles du sceau de Mangu [Mongka]. » Marco Polo et Ibn Battuta y consacrent de longs paragraphes, alors qu'ils sont en général fort brefs sur ce qu'ils voient. Le Marocain est précis, mais encore relativement peu disert : « Ils vendent et achètent au moyen de papiers dont chacun est aussi large que la paume de la main et porte la marque ou le sceau du souverain. » Le Vénitien est plus prolixe :

> « Ils prennent la peau mince qui est entre l'écorce extérieure et le bois [du mûrier] et qui est blanche. De cette peau mince, [ils font] des feuilles semblables à celles du papier de coton [...]. Le khan les leur fait couper de la manière suivante : la plus petite vaut environ une moitié de petit tournesol et la suivante, un peu plus grande, un tournesol [...] et ainsi de suite jusqu'à dix besants d'or. Toutes ces feuilles reçoivent le sceau du Grand Sire, faute de quoi elles ne vaudraient rien [...]. Si quelqu'un s'avisait de le contrefaire, il serait puni de la peine capitale jusqu'à la troisième génération. »

Khubilaï est jugé par Marco Polo comme le « plus puissant homme de gens, de terres et de trésors qui fut jamais au monde, du temps d'Adam jusqu'à aujourd'hui ». Il jouissait en effet d'une rare puissance et jamais encore le destin de tant d'hommes n'avait dépendu d'un seul et même sceptre. Ses ressources étaient pratiquement illimitées, ses États les plus prospères du monde et les plus avancés techniquement ; et la réputation d'invincibilité de ses armes, même si elle était battue en brèche, maintenait toujours dans une prudente expectative ceux qui auraient pu avoir à les affronter. L'Égypte, les Indes et le Japon lui-même ne désarmeront pas – ce qui, soit dit en passant, ne manquera pas d'influer sur l'évolution sociale, au moins dans le dernier de ces pays. Seuls l'Europe occidentale, le Maghreb et les pays noirs purent continuer à vivre à peu près comme si l'Empire n'existait pas.

Il régnait sur la Chine entière, la Mandchourie, la Sibérie méridionale, la Corée, la Mongolie dans sa plus grande partie ; il assurait un protectorat assez strict sur le Tibet, le nord et l'est de l'Indochine, la Birmanie, et exerçait son influence sur toute l'Asie du Sud-Est jusqu'aux côtes des Indes et de Ceylan. Les souverains d'Iran étaient à ses yeux de simples gouverneurs de régions lointaines, des khans de province, « Il-khans ». Il intervenait dans leurs affaires intérieures, les influençait directement ou non, comme on l'a vu lors de l'intronisation d'Arghun et avec l'essai d'introduction du papier-monnaie ; et ces lointains parents, indépendants de fait, ne discutaient pas, au moins jusqu'en 1291, sa suprématie et restaient autant que possible en contact avec lui. Bien que de façon plus théorique, les souverains de la Horde d'Or demeuraient sous sa souveraineté, et il consacra une grande partie de sa vie à se faire obéir par ses cousins djaghataïdes et ögödeïdes.

La renommée de Khubilaï fut immense, et elle l'est toujours dans les rêves. On lui attribua du génie. Il en eut probablement, quoique peut-être moins qu'on voulut le dire. Il eut de la chance : celle d'une grande longévité, celle d'hériter de Gengis Khan et de Mongka. Malgré tout, je me demande s'il s'éleva tant qu'on puisse le juger sans égal. Il acheva la conquête de la Chine, mais au point où elle en était arrivée, cela ne demandait pas un grand effort et il eût fallu être médiocre pour ne pas récolter ce que d'autres avaient semé. Il établit son protectorat sur l'Asie du Sud-Est, mais à quel prix ! Il échoua au Japon. Il échoua à Java. Il ne parvint pas à maîtriser Qaïdu. Nous l'avons dit et il faut le répéter, son principal titre de gloire – il est vrai qu'il fut de taille –, ce n'est pas tant d'avoir conquis la Chine que de lui avoir donné la vie, une vie nouvelle, si dense, si intense.

Pour le reste, il porte la grave responsabilité d'avoir, par son coup d'État, aboli le vrai système successoral de la dynastie, fondé à la fois sur l'hérédité et l'élection, d'avoir brisé l'unanimité gengiskhanide et conduit l'Empire – de son vivant peut-être, après sa mort sûrement –

à laisser place à des empires. Sans doute cette rupture aurait-elle eu lieu de toute façon un jour ou l'autre, mais elle eût été retardée. Elle n'aurait pas servi d'excuse aux rivalités d'un Hülegü et d'un Berke. Si les Mongols étaient restés unis, jusqu'où ne seraient-ils pas allés ?

L'INTERMÈDE DE TEKÜDER EN IRAN

Le deuxième Ilkhan, Abaga, mourut le 1er avril 1282, soit de fièvre, soit de poison, quelque temps après le retour de l'expédition malheureuse qu'il avait conduite au-delà du Caucase contre le khan de la Horde d'Or. Il fut inhumé, croit-on, sur le mont Peygambar, à une quarantaine de kilomètres au sud de Sultaniye. Sa disparition faillit provoquer une profonde révolution dans l'*ulus* d'Iran, et elle préfigure, des années à l'avance, son destin.

Le septième fils de Hülegü, Teküder (ou Taghudar), qui fut désigné pour lui succéder le 6 mai 1282 et intronisé le 21 juin, et qui était peut-être chrétien (il était fils d'une chrétienne qui, selon Hethum, l'aurait fait baptiser à sa naissance), avait été converti à l'islamisme par un chaïkh appelé Abd al-Rahman et avait pris le nom d'Ahmad.

Le chaïkh, ancien menuisier capturé à Bagdad et emmené comme esclave en Azerbaïdjan, était parvenu à s'imposer à l'attention d'Abaga par ses tours de magie et avait littéralement envoûté Teküder, qui le nommait « notre père » ou « bon parrain ». Dès le début de son règne, il le laissa acquérir un pouvoir fantastique et lui octroya le privilège du parasol, en principe réservé aux princes, mais dont jouissaient pourtant quelques autres personnages illustres, dont Mar Yaballaha.

De cette accession d'un musulman au trône d'Iran, les musulmans se réjouissaient, d'autant plus qu'Ahmad se livrait à une vive propagande en faveur de sa foi, « mettait tout son entendement à faire convertir les Tartares à la fausse loi de Mahomet », dit Hethum, mais les chrétiens s'en inquiétaient à juste titre et les Mongols voyaient d'un très mauvais œil leur souverain renoncer à la tradition gengiskhanide. Certes, Berke et les princes de la Horde d'Or avaient donné l'exemple. Mais c'était là d'autant moins une raison de les imiter qu'ils avaient dressé contre eux ceux qui demeuraient attachés à l'idéal mongol, et au premier chef les Ilkhans. C'était effectivement une sorte de trahison que de se convertir, et plus à l'islam (qui, contrairement au christianisme, n'avait jamais été une religion mongole) qu'à toute autre foi, y compris au bouddhisme, lequel proposait plus une philosophie qu'une loi.

Est-ce à dire que Teküder choisissait la mauvaise voie ? Toute la question était de savoir si l'on pouvait gouverner un pays à large majorité islamique sans être musulman, et en particulier en un temps où le fanatisme des masses se réveillait d'autant plus fortement qu'il avait été plus longtemps contenu. Un franciscain fut martyrisé à Selman, près d'Urmiya, pour avoir prêché contre l'islam.

Par sens de la fraternité musulmane ou par idéalisme – ce qui, tout compte fait, était à son honneur –, Ahmad Teküder, dès son avènement, considérant que la guerre contre les Mamelouks n'avait que trop duré, n'avait aucune chance de se terminer et ne mènerait à rien, ouvrit avec eux des pourparlers de paix et d'alliance. Ils devaient en toute logique aboutir. Ils échouèrent. Qala'un, le sultan d'Égypte, soupçonnait Ahmad d'affecter d'être musulman sans l'être, ou de ne l'être que par manœuvre. Il se trompait, mais on ne peut guère lui en faire procès : de leur côté, les chrétiens avaient été si souvent échaudés par les prétendues conversions, tandis que les seigneurs mongols faisaient tout ce qui était en leur pouvoir pour le fortifier dans ses soupçons. L'histoire de l'ambassade qu'Ahmad envoya à Qala'un semble une galéjade dans une conjoncture si grave.

Elle était confiée au chaïkh Abd al-Rahman, le « bon parrain ». Elle partit en juin 1293 avec ordre d'aller vite : Ahmad était pressé – il n'y avait qu'un mois qu'il était couronné : quelle hâte ! Le chaïkh alla lentement. Il lui fallut dix mois pour atteindre Damas. On aurait dit qu'il le faisait exprès. C'était vrai : il le faisait exprès. Il emportait avec lui 10 000 pièces d'or, des gemmes, des pierres, des perles, de belles étoffes lamées d'or. C'était lui, le petit menuisier, l'esclave, qui se montrait dans un tel appareil ! Il fallait qu'on le vît, que les populations fussent éblouies par lui ! La vanité l'emportait, l'enflait au point de lui faire oublier sa mission.

A la frontière, les Mamelouks le reçurent mal. Ils l'obligèrent à voyager de nuit, sans armes et sans le fameux parasol. Il protesta : « Je n'entrerai pas dans votre pays si je ne marche pas de jour et avec le parasol au-dessus de ma tête. » En vain. Il devait s'incliner ou repartir. Il en conçut une véritable haine.

On sut certainement en Iran les détails de cette lamentable ambassade où la méfiance d'un grand prince et la vanité d'un parvenu firent échouer un vaste projet. Cela acheva de déconsidérer Ahmad Teküder. Il n'avait pas besoin de dresser contre lui les siens. Il avait bien assez d'ennuis. Les Mongols avait dépêché à Khubilaï des messagers pour le mettre au courant de la situation causée en Iran par son élection. Le Grand Khan manifesta son mécontentement et menaça d'intervenir. Il ne pouvait guère le faire par les armes, mais il envoya à Arghun, fils d'Abaga, un diplôme d'investiture et le célèbre chrétien syrien Isa. C'était là un appui considérable, dont on peut mesurer le poids quand on voit Arghun en faire usage en s'adressant à la papauté.

Ahmad pensa que le recours au qaghan avait été inspiré par les nestoriens et il fit jeter en prison le patriarche Mar Yaballaha III. Celui-ci ne dut probablement son salut qu'à l'intervention de la reine mère, qui le fit relâcher. Tous les mécontents se groupèrent autour du chef que la cour impériale leur désignait et qui, de ce fait, incarnait la légitimité gengiskhanide. Arghun était alors gouverneur du Khorassan. Il rassembla ses troupes et fit route vers l'Iraq adjemi. Arrivé à Qazvin, il rencontra les forces d'Ahmad le 4 mai 1284, fut vaincu et contraint de se livrer au vainqueur. Il eût pu tout perdre. Il gagna tout. Les généraux, sentant que la situation risquait de devenir irréversible, organisèrent un coup d'État. Abandonné par ses soldats, bientôt captif à son tour, le malheureux khan fut condamné à mourir en ayant la colonne vertébrale brisée. Il fut exécuté le 10 août 1284, à la fleur de l'âge. Il n'avait que vingt-trois ans, dont à peine plus de deux de règne. Le lendemain, Arghun accédait au pouvoir. Les Mongols d'Iran ne voulaient pas de l'islam.

Règne d'Arghun

Arghun, qui, comme ses prédécesseurs, aurait plutôt penché en faveur du bouddhisme, était surtout un chamaniste convaincu et « accordait beaucoup de foi dans le pouvoir et la science des chamans ». Il continuait à observer avec scrupules les rites anciens. Une nuit, l'édifice dans lequel il dormait « fut détruit par le feu au cours d'un violent orage et plusieurs de ses parents furent tués ». Ses officiers lui dirent qu'il « devait se purifier [...] en passant entre deux brasiers ». Il le fit. On pense que ce fut l'un des derniers Mongols à le faire, ce système de purification étant tombé peu à peu en désuétude dans l'Empire.

Arghun reprit la politique traditionnelle de Hülegü et d'Abaga. Il confia la plupart des postes administratifs à des chrétiens, et les finances à des juifs. Le médecin israélite Sa'ad al-Daula devint ministre de l'Économie en 1288 et l'un des principaux conseillers du prince. C'était un homme doté d'une étonnante largeur de vue, cultivé, parlant bien le turc et le mongol, habile courtisan, savant praticien, tout dévoué à l'État et administrateur de talent, bref, un homme assez remarquable. Conscient de l'impossibilité de gouverner sans l'aveu des musulmans, il leur fit accorder quantité de franchises et osa même, avec une belle audace, les soustraire au *yasaq* pour les faire juger selon la *chariat* par des cadis. Il n'avait qu'un défaut : il pratiquait le népotisme et attribuait un trop grand nombre de postes à ses coreligionnaires sans même savoir s'ils en étaient dignes. Il s'attira ainsi beaucoup de haines, rendit les juifs impopulaires, alors même que les musulmans – qui auraient dû lui être reconnaissants – ne se consolaient pas d'avoir perdu Ahmad, un homme qui montrait son zèle pour l'islam et lui avait redonné la prééminence. Après avoir cru au rétablissement du régime musulman, ils voyaient, navrés, revenir un gouvernement en majeure partie judéo-chrétien.

En politique étrangère, Arghun inscrivit au premier plan de ses préoccupations la lutte contre l'État mamelouk, et, en conséquence, chercha comme ses prédécesseurs à stimuler le zèle des Latins. En 1285, il rouvrit les négociations avec les puissances occidentales en adressant au pape Honorius IV une lettre qui est conservée, dans une mauvaise traduction latine, aux Archives vaticanes. En 1289, il écrivit à Philippe IV le Bel ; en 1290, au pape Nicolas IV. Dans la première de ces lettres, il va jusqu'à proposer un véritable plan d'attaque combiné des Francs et des Mongols contre les musulmans, dont, dit-il, le résultat ne pourrait être moindre que de « chasser les sarrasins, avec l'aide de Dieu, du pape et du Grand Khan ».

Arghun ne put rien obtenir de ce qu'il espérait vraiment, mais il reçut en revanche beaucoup de compliments et de bonnes paroles dont il n'avait cure, et même, pour son édification, en 1288 et en 1289, des exposés de la foi chrétienne envoyés par Nicolas IV. Tout cela, on le comprend, l'agaça. Il se plaignit au pape :

« En disant que je ne me suis pas fait chrétien [il exprimait cela par les mots "entrer dans le silam"], tu t'offenses et tu te livres à des pensées de colère. Si l'on se contente de prier le Ciel éternel et si l'on pense comme il sied de le faire, n'est-ce pas comme si on était chrétien ? »

Le dialogue semblait se résumer à ceci : Fais-toi chrétien et je viendrai peut-être – Viens, et peut-être me ferai-je chrétien.

Arghun fit cependant baptiser l'un de ses fils, Khordabandah, le futur Oldjaïtu, et, en l'honneur du pape, alla jusqu'à lui donner le nom de Nicolas. On eût dû, à Rome, apprécier la démarche. La papauté se montra au moins intelligente et diplomate en félicitant Arghun du baptême, et surtout en recommandant à l'enfant de rester fidèle aux traditions mongoles. Pouvait-on faire plus ? C'eût été nécessaire pour les Mongols : Teküder avait été un intermède, mais il n'en demeurait pas moins vrai que la lutte contre l'Égypte ne pouvait pas continuer. Pour l'achever, on avait besoin des croisés.

L'AMBASSADE DE RABBAN ÇAUMA

Un des épisodes les plus intéressants des relations des Mongols avec la latinité fut l'ambassade menée en 1287-1288 par Rabban Çauma, ce moine nestorien né près de Pékin qui était venu en Iran avec Marcus, le futur patriarche Mar Yaballaha III, pour accomplir le pèlerinage à Jérusalem.

Accompagné « d'hommes honorables d'entre les prêtres et les diacres », Rabban Çauma s'embarqua sur la mer Noire, rallia Constantinople, où il fut reçu par le basileus Andronic II (1282-1328), doubla le Stromboli, débarqua à Naples près de Charles II et arriva à Rome peu après la mort du pape Honorius IV, au moment où s'ouvrait le conclave. Il dit aux cardinaux :

> « Beaucoup de nos pères sont entrés dans les contrées des Turcs, des Mongols et des Chinois, et les ont instruits. Aujourd'hui, nombre de Mongols sont chrétiens. Il y a parmi eux des enfants de rois et de reines qui ont été baptisés et qui confessent le Christ. Ils ont avec eux des églises dans leurs camps. Le roi Arghun est uni d'amitié avec Monseigneur le Patriarche. Il a l'intention de mener la guerre en Syrie et demande votre aide pour délivrer Jérusalem. »

Le ton était mesuré, exact : on était loin des fanfaronnades et des rodomontades de jadis, et on ne le devait pas seulement à la qualité humaine de l'ambassadeur.

La vacance du pouvoir pontifical permettait à Rabban Çauma d'aller en France. Il passa par Gênes et fut reçu à Paris par Philippe le Bel, auprès duquel il séjourna un mois et quelques jours, et qui lui fit visiter lui-même la Sainte Chapelle. Il se rendit ensuite quelque part en Guyenne à la cour d'Édouard Ier d'Angleterre, puis il acheva l'hiver à Gênes et regagna Rome au moment où Nicolas IV venait d'être élu souverain pontife, le 20 février 1288. Il s'approcha de lui avec révérence, lui baisa les mains et les pieds. Le pape « tressaillit de joie et d'allégresse », lui donna la communion de ses mains le jour des Rameaux et lui permit de l'accompagner dans tous ses offices de la semaine sainte. Ainsi, cette mission qui n'avait rien de religieux en soi aboutissait à l'union des Églises romaine et chaldéenne. Un des vœux les plus ardents de la papauté se trouvait réalisé. L'union ne devait pas, hélas ! se révéler bien solide et se heurterait aux sentiments profonds des nestoriens du Proche-Orient, attachés à leur spécificité dans le monde chrétien et à leur indépendance religieuse (tous traits qui étaient moins accentués chez ceux d'Extrême-Orient).

Muni des lettres pontificales, Rabban Çauma prit congé au début d'avril 1288 et arriva en Iran à la fin de l'été. Il rapportait la promesse que les rois d'Occident joindraient leurs forces à la prochaine offensive mongole contre l'Égypte. Cette promesse répétée et jamais tenue rendrait peu crédible l'Occident et ternirait sa réputation.

L'ambassade de Rabban Çauma n'a peut-être pas plus d'importance que les autres, mais ce qui lui donne un intérêt particulier, c'est qu'on en possède le récit sous une forme abrégée : il fait toucher du doigt et l'étonnante unité de la chrétienté médiévale qui s'impose par-delà le schisme nestorien, et l'activité des Mongols, et la manière dont pouvaient s'effectuer leurs missions diplomatiques.

BUSCAREL

Arghun répondit l'année suivante. Ennuyé par l'accueil incertain de ses précédentes ambassades, il espéra obtenir mieux en envoyant un Latin. Il avait à son service, d'abord comme officier de la garde (porte-carquois, *qortchi*), un Génois de bonne famille venu d'Europe, Buscarel (Buscarello), l'un des diplomates les plus actifs et les plus en vue parmi les ambassadeurs – une quinzaine, pense-t-on – qu'Arghun dépêcha en Occident.

C'était un de ces hommes – il y en avait des centaines – qui étaient allés chercher fortune en Orient comme aventuriers, marchands ou soldats, et qui étaient entrés au service des Mongols. Parmi eux se trouvaient des marins formant de vraies compagnies organisées – on les employait pour gérer la flotte mongole de la mer Rouge et du golfe d'Oman, engagée contre les navires égyptiens qui les fréquentaient pour se rendre en Inde –, des mercenaires, souvent arbalétriers, et toute sorte d'autres gens parfois sans aveu, mais qui demeuraient avant tout des chrétiens et sur lesquels on pouvait compter pour servir le christianisme. Certains traînaient une existence obscure et peut-être misérable, d'autres accédaient à des postes élevés, tel cet Isol le Pisan, assez renommé, qui fut probablement gouverneur de province.

A l'été de 1289, Buscarel, escorté des Mongols « Zagan » (Tchagan) et Kurdji, qui se feront d'ailleurs baptiser sans façon comme presque tous leurs compatriotes qui venaient en Occident sans appartenir à l'Église, arriva à Rome, d'où il se rendit à Paris pour remettre la lettre d'Arghun à Philippe le Bel que conservent les Archives nationales, puis en Angleterre, où il débarqua le 5 janvier 1290. Il devait accompagner plus tard d'autres missions et beaucoup voyager entre l'Europe et l'Asie. On le verra chez lui, à Gênes, en 1291 ; puis, de concert avec le Mongol Köködeï, il portera vers 1300 un message au pape Boniface VIII ; en mars 1303, il sera chargé, en compagnie de trois nobles mongols, de presser Édouard d'Angleterre, et disparaîtra de l'histoire en emportant les excuses que le roi présentera aux Ilkhans pour sa lenteur.

La lettre d'Arghun à Philippe IV le Bel est une pièce célèbre et importante pour l'histoire diplomatique, qui met en lumière l'impuissance reconnue des Mongols à obtenir un succès contre l'Égypte sans l'aide des Francs :

« Par la force du Ciel éternel, par la fortune du Qaghan, notre parole ! Roi de France, nous te proposons de partir en campagne le dernier mois de l'hiver de l'année de la panthère [janvier 1291] et de camper devant Damas vers le 15 du premier mois de printemps [vers le 20 février]. Si tu envoies de ton côté des troupes à l'époque fixée, nous reprendrons Jérusalem et nous te la donnerons. Mais il est inutile de faire marcher nos troupes si tu dois manquer au rendez-vous. »

On ne saurait se montrer plus précis en ce qui concerne les buts que l'on se propose et les conditions jugées nécessaires à leur accomplissement.

Dans un document annexe remis par Buscarel, Arghun s'engageait à fournir à la France le ravitaillement dont elle avait besoin et 30 000 chevaux. La France, on le sait, ne fit rien. Alors, comme il l'avait annoncé, Arghun n'ouvrit pas les hostilités contre les Mamelouks. Là-dessus, Acre tomba en 1291. La seule opération, bien modeste, fut l'armement d'une petite escadre génoise chargée d'opérer dans l'océan Indien.

Les quelques années du règne d'Arghun, qui devaient être consacrées à une grande guerre, comptèrent donc au nombre des plus pacifiques. L'Ilkhan n'eut qu'à mener une brève campagne pour défendre le Khorassan contre les Djaghataïdes, à réduire en 1289-1290, sans difficultés majeures, un soulèvement de l'émir oïrat Nauruz, qu'il obligea à se réfugier en Transoxiane, et à repousser une tentative de la Horde d'Or sur le front du Caucase (1290). Cette paix fut utile au royaume.

En 1289 arrivait à Mossoul un maître dominicain, Ricold de Montecroce, muni d'une bulle pontificale. Il y fut bien reçu, mais ne parvint pas à convaincre le gouverneur de la ville, qui était chrétien, de la nécessité de rallier le catholicisme. Il alla alors à Bagdad, où il eut la mauvaise idée de prêcher contre les nestoriens dans la cathédrale nestorienne. Cela, on s'en doute, fit scandale. Il fut expulsé de l'église et l'on jugea indispensable de purifier le sanctuaire qu'il avait, disait-on, souillé. Pour le calmer, par politique, presque par pure bienveillance, les autorités mongoles lui donnèrent une église, mais en lui interdisant de se livrer à l'art oratoire. Ricold, bavard par nature et qui, s'il ne l'avait pas été, eût de toute façon été affecté de ne pouvoir exercer son ministère, porta l'affaire devant le patriarche Mar Yaballaha. Celui-ci, plus que conciliant, reconnut formellement qu'il rejetait ce qui pouvait être hérétique dans la doctrine de Nestorius, à savoir la dualité de nature du Christ. Les nestoriens estimèrent qu'il n'engageait que lui-même, tout comme à Rome, pensaient-ils, Rabban Çauma n'avait engagé que lui-même. L'union des Églises était faite en théorie, mais non dans la pratique.

Ricold n'était pas le seul à se comporter avec un tel manque de retenue. Tous les pères prêchaient aux nestoriens, aux jacobites, aux

musulmans, aux juifs jusque dans les synagogues. Leur ardeur intem-
pestive nuisait en définitive à l'Église romaine qu'ils voulaient exalter,
tant auprès des chrétiens d'Orient dissidents qu'auprès des autorités
mongoles. On en avait conscience en haut lieu, mais que pouvait-on
faire contre des missionnaires qui risquaient chaque jour leur vie pour
leur foi ? C'était en vain qu'on ne cessait de recommander de se
dispenser non seulement de recourir à la force, mais même de se livrer
aux « disputations » tellement en vogue. Guillaume de Tripoli s'en est
fait l'écho en 1295 dans son *De statu Sarrachorum*. Un esprit aussi
élevé que celui de Ricold de Montecroce n'en avait pas besoin. Il était
pleinement conscient des erreurs qu'il commettait, mais, comme ses
condisciples, il était entraîné par sa fougue. Sa passion, dans l'action,
lui faisait oublier ce que sa sagesse lui conseillait dans le calme de la
méditation.

La Horde d'Or

Les Mongols n'avaient supporté dans le khanat de Qiptchaq la
conversion de Berke et de Mengü Temür à l'islam que parce que ces
princes conservaient sous l'habit du musulman l'âme du Mongol.
C'était cette dernière qui parlait quand ils comblaient de prévenances
les chrétiens. Si, quant à eux, ils essayaient de suivre la *chariat*, ils
laissaient au *yasaq* une autorité à laquelle ils n'auraient pu toucher
sans soulever une indignation générale, et ils ne manquaient pas de
veiller à ce que les musulmans ne provoquent pas de scandales par leur
comportement. Ils allaient jusqu'à dire aux ambassadeurs d'Égypte
qu'ils ne devaient pas laver leurs vêtements dans l'*ordu* et que, s'ils ne
pouvaient s'en dispenser, ils devaient les laver en cachette.
Il en alla autrement avec leur successeur, Tuda Mengu (1280-1287),
frère de Mengü Temür, qui, outre qu'il était incapable, vivait entouré
de chaïkhs et de derviches, et passait son temps dans la méditation et
dans les jeûnes. Il put nonobstant demeurer sept ans sur un trône sans
cesse ébranlé par le mécontentement. Quand finalement il fut contraint
d'abdiquer, les Mongols, par réaction, portèrent au pouvoir un pur
conservateur, Tula Buqa (1287-1290), bon chamaniste. Avec lui,
l'expansion musulmane fut stoppée net, et l'islam en quelque sorte
proscrit – il le restera jusqu'au début de la deuxième décennie du
XIV⁰ siècle.
Le condottiere Nogaï, petit-neveu de Berke, avait profité de la faiblesse des derniers khans pour accroître sa force et il apparaissait de
plus en plus dans son domaine du Don et du Donetz comme l'arbitre
de l'Empire. Depuis qu'il était intervenu dans les Balkans (1280) et
avait fait d'un boyard d'origine qiptchaq, Georges Terterii (1280-

1292), un roi de Bulgarie, son autorité était telle que Tula Buqa finit par en prendre ombrage et ne cacha pas ses intentions de se débarrasser de lui. Nogaï prit les devants. Il fit mine de se soumettre au khan, l'attira dans un piège et s'empara de lui. Il eût dû le supprimer. Ce ne sont pas les liens de parenté qu'il avait avec lui qui le retinrent, mais le respect inné de la personne impériale. Il remit son captif à un fils de Mengü Temür, Toqto'a, qui se chargea de le faire périr. Puis Nogaï plaça Toqto'a sur le trône.

Il se crut à l'abri de tout danger. Il n'était monté si haut que pour mieux tomber : l'orgueil l'aveuglait, à moins que ce ne fût l'âge qui venait et lui obscurcissait la vue. Toqto'a prenait autant ombrage que Tula Buqa de la personnalité du vieux chef et ne désirait pas plus que lui subir sa tutelle. Il brusqua les choses, leva une armée, la lança contre Nogaï (1281). Il ne s'était pas assez préparé et fut battu dans un premier temps. Mais Nogaï ne sut pas exploiter son succès. Il ne fallut pas deux ans pour que le khan remportât sur lui une totale victoire. Vaincu en rase campagne, Nogaï dut s'enfuir. Comme il errait au hasard des chemins, courbé, usé, « ses longs sourcils couvrant ses yeux », un soldat russe de l'armée impériale le reconnut et lui coupa la tête. Il la porta au khan. Et l'on vit ressusciter l'honneur mongol. Toqto'a, outré de cette trahison, comme aux beaux jours de Gengis Khan, fit exécuter l'assassin.

Les hordes nogaï furent fort mal traitées. « Leurs femmes et leurs enfants, en nombre incalculable, furent emmenés en captivité, vendus [...] dans des pays étrangers. En Égypte, le sultan et les émirs en achetèrent des quantités. » Ce commerce était depuis longtemps une habitude et les Mamelouks, quand ils n'avaient pas transité eux-mêmes par ces marchés, descendaient d'hommes et de femmes qui en provenaient. C'était la lèpre qui rongeait le pays qiptchaq, une continuelle et atroce hémorragie. Les tribus se razziaient entre elles, enlevant adolescents et adolescentes pour les conduire en foules aux négociants, notament à ceux des comptoirs italiens de Crimée. Les parents eux-mêmes ne craignaient pas d'y amener leurs propres enfants. « En période de sécheresse et de famine, note al-Umari, les Turcs du Qiptchaq vendent leurs fils. Dans les années d'abondance, ils cèdent leurs filles, mais non leurs fils. Ils ne se défont de leurs enfants mâles qu'en cas de nécessité absolue. »

TRANSITION EN IRAN

Arghun mourut le 7 mars 1291. Il fut inhumé sur une montagne et le lieu de sa sépulture fut tenu secret. Pendant trois jours, les dizainiers de sa garde envoyèrent des mets pour ses mânes. Ce devait être le dernier empereur d'Iran à être enterré secrètement, mais déjà sa fille, Oldjaï, convertie à l'islam, révéla l'emplacement de la sépulture, et un couvent *(khanqah)* y fut édifié.

Il avait été longtemps malade. Sa mort étonna. Selon Wassaf, dans les premiers jours de son règne, son successeur demanda aux chamans pourquoi il avait si peu joui de la vie et du trône, et ils lui répondirent : « Pour avoir fait mourir tant de princes du sang, d'officiers et de soldats. » Cette déclaration, qui rappelle les phrases prononcées à la mort de Tului, nous permet d'envisager que les chamans se montraient des plus circonspects devant le spectacle des grandes hécatombes mongoles.

Pendant sa maladie, on avait répandu d'abondantes aumônes et ouvert les portes des prisons. On avait fait venir des *bakhshi* – terme qui, à l'époque, peut déjà désigner des médecins bouddhistes, mais encore des chamans et d'autres personnages – qui, loin de le guérir, avaient aggravé son état. On avait alors appelé des « chamans », plus vraisemblablement des scapulomanciens. Ils avaient consulté des omoplates exposées au feu et l'un d'eux avait affirmé que la maladie était l'effet d'un sortilège. On en avait accusé l'une de ses épouses. Sous la torture, elle avait avoué avoir employé un de ces « charmes comme font les femmes qui consistent en quelques mots écrits pour s'attirer la tendresse ». Cela avait été considéré comme un crime suffisant et on l'avait noyée.

Pourtant, si dans son entourage on avait eu envie de le guérir, il ne manquait pas de gens pour souhaiter sa mort. Dès qu'il était entré dans le coma, le 30 février, son ministre juif Sa'ad al-Daula avait été arrêté et exécuté. C'était le signe qu'une réaction contre sa politique et son gouvernement ne tarderait pas. En effet, on élut pour lui succéder son frère Ghaïkhatu, un assez triste sire, amateur de femmes et de garçons, de vin et de bonne chère, follement prodigue et qui, tout en demeurant bien disposé envers les chrétiens, laissa son ministre musulman mener une politique si franchement islamique que ceux-là mêmes qui l'avaient porté au pouvoir – et qui, parce qu'ils étaient mongols, se trouvaient écartés et remplacés par des musulmans – le renversèrent et le firent étrangler avec une corde à arc, selon la tradition (21 avril 1295). La deuxième tentative de réaction islamique échouait comme la première, celle d'Ahmad, et se terminait comme elle par un régicide.

Les seigneurs élurent à sa place son cousin germain Baïdu, qui était très favorable au christianisme et se disait même chrétien, mais en cachette, pour ne pas déplaire à son entourage musulman. Bar Hebraeus confesse que « les chrétiens, sous son règne de peu de durée, obtinrent beaucoup d'emplois civils ». Comme toujours au Proche et au Moyen-Orient, le facteur religieux empoisonnait tout.

Ghazan, fils d'Arghun, qui depuis longtemps aspirait au trône, se révolta contre Baïdu avec l'appui de l'émir oïrat Nauruz qui s'était naguère soulevé contre Arghun, s'était enfui en Transoxiane et en était revenu depuis. Nauruz, musulman fervent, persuada Ghazan de se convertir à l'islam pour obtenir le concours de ses sujets. Le trop bon et naïf Baïdu fut arrêté et mis à mort le 5 octobre 1295. Ghazan accéda au trône, et, avec lui l'islam. Il se dispensa de demander l'investiture à Pékin. Une page d'histoire était tournée.

Marco Polo

En 1269, les deux frères Polo étaient revenus de Chine dans leur belle et bonne ville de Venise qu'ils avaient quittée en 1252, attirés par les mirages orientaux. Ils avaient promis de transmettre au pape l'invitation que lui faisait Khubilaï d'envoyer à la cour de Pékin « cent docteurs savants dans les sept arts ». Ils avaient bien l'intention d'y retourner.

Ils repartirent en 1271, avec leur fils et neveu, le jeune Marco, alors âgé de quinze ans. La route qu'ils choisirent fut celle de l'Asie centrale. Il leur fallut quatre ans pour la parcourir. Ils passèrent par le Khorassan, Bactres, le Badakchan, le Pamir qu'ils franchirent par la haute vallée du Wakhan avant de descendre sur Kachghar et le Sin-kiang, faisant étape à Yarkend, Khotan, Tchertchen, pour arriver au Lob-nor. Puis ils traversèrent le désert jusqu'à Cha-tcheou, plus connu sous le nom de T'ouen-houang (Dunhuang), le poste le plus avancé de la Chine. A Kan-tcheou (Ganzhiy), ils séjournèrent près d'un an, attendant les ordres impériaux. Ceux-ci parvenus, ils allèrent par Lan-tcheou (Langzhou) à Ning-hia (Ningxia), d'où ils gagnèrent la résidence impériale de Chang-tou (Shantou). Ils y pénétrèrent en mai 1275.

Marco Polo resta en Chine pendant plus de seize ans, exerçant si on l'en croit – mais il se vante d'abondance – de hautes fonctions. En réalité, entré au service des Mongols, il fut probablement d'abord employé à la gabelle du sel, puis il accomplit en sous-ordre des missions diplomatiques au Yun-nan et au Fou-kien (Fujian), et peut-être outre-mer, au Tchampa et à Ceylan, mais sans jamais être, comme il voudrait nous en persuader, un des hauts personnages de la cour des Yuan : l'historiographie chinoise ne le mentionne même pas. Cependant, il vit beaucoup, retint assez et fit appel à ses souvenirs quand il fut rentré chez lui pour dicter son *Livre des merveilles* à Rustichello de Pise, un livre qui passionna l'Occident, non sans susciter quelque peu d'ironie : il ne fallait pas en croire, pensait-on, le dixième. Les ironistes avaient tort. Certes, Marco Polo se trompe, exagère, affabule, ne sait pas toujours faire la part du merveilleux et du réel, et accepte aussi bien ce qu'il constate de lui-même que les pires racontars. Mais on peut l'excuser, tant il devait être difficile pour un Italien de s'y reconnaître dans l'étourdissement d'un tel voyage et la masse des informations qu'il recevait. On pourrait souhaiter que nos informateurs contemporains ne fussent pas pires que lui. Ils en sont loin.

Au printemps de 1291, une occasion se présenta pour les trois hommes de regagner l'Europe. Une ambassade d'Arghun arriva à Khanbaliq pour demander la main d'une princesse impériale. Khubilaï décida d'envoyer à son parent la très noble Kökedjin, que Polo nomme Cocacin. Elle partit sous escorte, mais on s'aperçut bien vite que la route de l'Iran était coupée. La princesse dut revenir pour être acheminée par la voie maritime. Les Polo l'apprirent et virent une occasion, en l'accompagnant, de retourner chez eux. Ils se firent agréer. Partis sans doute de Chine méridionale, ils firent peut-être escale au Tchampa avant de se diriger vers les détroits de la Sonde. Il leur fallut trois mois pour atteindre Sumatra. Ils y restèrent cinq mois, attendant des vents favorables. Puis ils cinglèrent vers les côtes de Ceylan et de l'Inde, où ils touchèrent terre plusieurs fois, à Trannevelly, à Thana de Salsette, près de l'actuelle Bombay, à Cambay et probablement à Quilon sur les côtes du Travancore, le grand marché aux épices. Ils débarquèrent finalement à Ormuz, au fond du golfe Arabo-Persique. Ils remontèrent alors vers le nord par Kirman et Yazd en direction de l'Azerbaïdjan.

Arghun était mort. Il fallait caser la femme. Ghaïkhatu en fit don à Ghazan. Les Polo se dirigèrent vers Constantinople, d'où ils regagnèrent Venise en 1295, après un quart de siècle d'absence. On ne les reconnut plus et ils eurent quelque mal à se réinsérer dans leur patrie. Marco s'y maria, eut trois filles, et mourut le 8 janvier 1325.

Sa gloire *post mortem* fut immense et si, comme homme et comme informateur, il est inférieur à un Plan Carpin et à un Rubrouck, il faut avouer que son livre – on lui donna le titre *Il Milione* – joua un rôle considérable dans l'imaginaire européen. Il reste, malgré ses défauts, une source importante pour la connaissance de la Chine de l'époque des Yuan.

MORT DE KHUBILAÏ

Khubilaï vieillissait. Il avait été très malade en 1292 et l'on avait dû faire appel à des femmes chamans de Corée, alors les plus célèbres de tous, pour le soigner des mains et des pieds. Elles effectuèrent leur exorcisme tandis que l'empereur riait. Il dut cependant guérir, malgré son manque de foi. Deux ans plus tard, le 18 février 1294, il mourait âgé de soixante-dix-neuf ans en laissant le trône à son petits-fils, Temür Oldjaïtu.

« Transporté au nord du désert, son corps fut enseveli dans la forêt [montagneuse] où reposaient ses ancêtres, à la mode mongole, sans que rien n'indiquât l'emplacement de sa tombe. »

CHAPITRE XVII

Les empires

Au début du XIVᵉ siècle, l'Empire mongol n'existe plus. Il n'y a plus que des empires. La restauration apparente et momentanée de l'unité en 1303 n'y change rien. Les liens ont été distendus et ne pourront plus se resserrer.

Ces empires successeurs sont au demeurant de réelles puissances, des entités colossales et qui, en toute autre époque, en toute autre circonstance, eussent éveillé l'admiration. Mais, en comparaison de ce qui a été, de ce géant qui se disloque, on tend à oublier ce qu'ils représentent encore. Et pourtant !

LES QUATRE *ULUS* GENGISKHANIDES

A l'est, c'est la Chine. La Chine enfin réunifiée qui n'a jamais été aussi grande et qui ne le sera jamais plus, la Chine qui commence la lente assimilation du Yun-nan, qui englobe toute la Mandchourie et la Corée, la Mongolie et une part du Sin-kiang, qui exerce son protectorat sur le Tibet et sur une fraction de l'Asie du Sud-Est, qui s'avance dans les forêts sibériennes – on ne sait pas jusqu'où –, qui est maîtresse des mers orientales.

A l'ouest, c'est d'un côté l'Iran, qui fait figure d'État souverain. Un Iran qui n'a pas retrouvé sa stature préislamique, celle qu'il avait au temps des Achéménides et des Sassanides, mais qui, depuis que l'islam est né, n'a jamais encore été aussi vaste, qui a non seulement recouvré presque partout les limites du Kharezm de Muhammad Chah, mais les a dépassée et se révèle autrement solide, qui s'étend de l'Oxus à l'Euphrate, du Caucase à l'Afghanistan, et qui contrôle, même si c'est de plus en plus lâchement, la majeure partie de l'Anatolie. Les *noyan* mongols y sont encore maîtres, mais l'administration est désormais

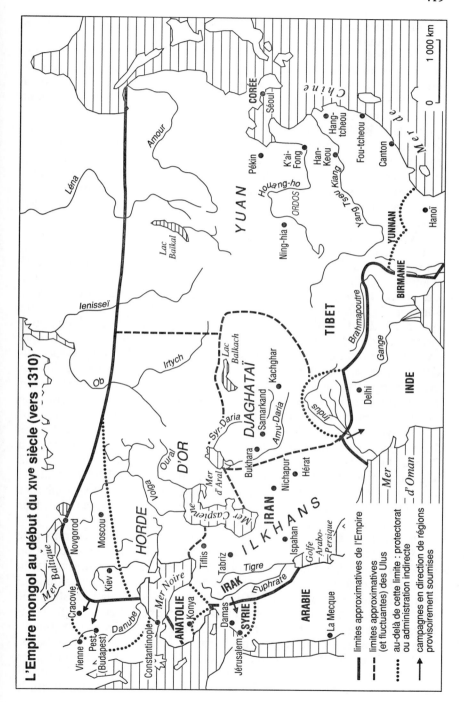

L'Empire mongol au début du XIVe siècle (vers 1310)

Légende :

— limites approximatives de l'Empire

– – limites approximatives (et fluctuantes) des Ulus

···· au-delà de cette limite : protectorat ou administration indirecte

→ campagnes en direction de régions provisoirement soumises

0 — 1 000 km

Régions et peuples : CORÉE, Chine, YUAN, TIBET, INDE, BIRMANIE, YUNNAN, DJAGHATAÏ, HORDE D'OR, ILKHANS, IRAN, IRAK, SYRIE, ARABIE, ANATOLIE

Villes : Séoul, Hang-tcheou, Han-Keou, Fou-tcheou, Canton, Hanoï, Pékin, K'ai-Fong, Ning-hia, Delhi, Kachghar, Samarkand, Bukhara, Hérat, Nichapur, Ispahan, Tabriz, Tiflis, Konya, Constantinople, Damas, Jérusalem, La Mecque, Pest (Budapest), Vienne, Cracovie, Kiev, Moscou, Novgorod

Fleuves et mers : Amour, Léna, Ienisseï, Ob, Irtych, Lac Baïkal, Lac Balkach, Houang-ho, ORDOS, Yang Tseu Kiang, Brahmapoutre, Gange, Indus, Syr-Daria, Amu-Daria, Mer d'Aral, Mer Caspienne, Oural, Volga, Danube, Mer Noire, Mer Baltique, Tigre, Euphrate, Golfe Arabo-Persique, Mer d'Oman, Mer de Chine

entièrement sous contrôle des musulmans et l'État, qu'il le veuille ou non, s'est inséré dans le monde de l'islam.

C'est, de l'autre côté, le khanat de la Horde d'Or, sans frontières précises, dont l'épine dorsale est l'axe de la Volga sur presque toute sa longueur, qui touche au nord au « pays des Ténèbres » et que baignent au sud la mer d'Aral, la Caspienne et la mer Noire. De lui dépendent toutes les principautés russes, y compris celle de Novgorod, les Bulgares de la Kama et tant d'autres peuples des forêts, des fleuves et des steppes. Lui aussi est islamisé, mais les traditions païennes y sont plus fortes. En revanche, malgré une source unique qui affirme qu'on y parle encore le mongol, le turc a partout remplacé l'idiome des conquérants : monnaies et documents en notre possession sont en turc, les titres sont turcs et des informateurs musulmans disent même que les offices sont célébrés en turc.

C'est enfin, au centre, enserré au sein des autres *ulus*, les séparant autant qu'il les unit, le khanat de Djaghataï. Encore déchiré pour un temps par les Ögödeïdes, il va bientôt retrouver sa pleine liberté d'action. Ses frontières sont fluctuantes, reculant ou avançant au gré des circonstances, mais il est fortement ancré sur les pays nomades de l'Irtych, de l'Ili, du Talas, et sur les terres de haute culture sédentaire que constituent la Transoxiane et la Kachgharie. Maître des régions orientales de l'actuel Afghanistan, il touche à l'Indus et contemple avec passion cette proie tentante, mais insaisissable, qui s'étend au-delà du fleuve. Comme dans la Horde d'Or, les nomades sont déjà en partie turquisés. Les khans eux-mêmes ont parfois oublié le mongol et ne parlent que le turc, ce turc oriental qui ne tardera pas à devenir une langue littéraire, précisément nommée le djaghataï et qu'illustreront des écrivains tels que Mir Ali Chi Neva'ï et Babur, le padichah des Indes. Rien ne permet de penser que des hommes comme Kebek ou Tarmachirin parlent encore la langue de leurs pères. Ibn Battuta signale que le premier s'exprime en turc, que le second lui souhaite la bienvenue et récite ses prières en turc. Des tribus mongolophones subsistent cependant dans les steppes septentrionales, ce qui leur vaudra de porter le nom de Mogholistan.

Quatre empires donc qui succèdent à l'Empire, qui se réclament de lui, qui entendent maintenir – souvent non sans hypocrisie – la fiction de l'unité, qui reconnaissent au moins formellement la suprématie du Grand Khan de Pékin et que celui-ci considère comme ses vassaux, qui entretiennent entre eux des relations diplomatiques aussi étroites que possible, mais qui suivent désormais leur propre chemin, affrontant leurs soucis particuliers, devant résoudre des problèmes spécifiques. Quatre colosses en apparence, mais qui déjà vacillent sur leurs bases, et dont deux au moins ne tarderont pas à mourir ! Quatre empires dont les visages sont aussi dissemblables que ceux de leurs habitants et qui pourtant, en toute légitimité, peuvent se dire mongols, et qui le sont, et qui, s'ils ne l'étaient pas, n'existeraient pas. C'est le génie mongol qui les a créés. Et s'ils sont en grande partie modelés sur de plus vieilles entités raciales ou linguistiques – chinoises, turques, iraniennes –, c'est, malgré tout ce qui les sépare, par le génie mongol qu'ils subsistent et subsisteront encore, pour les plus éphémères, pendant plusieurs décennies. Ils mourront de ce que ce génie s'affaiblit, se dissout, ici parce qu'ils y ont renoncé par nécessité ou par faiblesse, là parce qu'ils sont fatigués de l'employer à des fins qui ne les mobilisent plus – supporter un État qui ne répond plus à leur idéal et dont ils n'ont plus rien à tirer.

La grande armée n'existe plus. Ce ne sont plus que des armées nationales. Seule la Chine pourrait encore disposer de ceux qui ont été à l'origine même de la fortune mongole, à savoir les cavaliers et les archers. Mais, outre que ceux-ci se sont usés par un demi-siècle de guerres et qu'ils ont laissé bien des leurs sur le champ de bataille, ils ne s'intéressent plus aux combats que livrent des souverains en lesquels ils ne se reconnaissent plus, combats qui les engagent dans des luttes fratricides ou qui ont lieu sur des fronts infiniment éloignés, sous des climats et au milieu d'une végétation où ils ne savent que faire. Ils ne sont qu'une poignée en Chine, s'ils sont plus nombreux qu'en Iran. Et ceux de Mongolie ne veulent plus ou ne peuvent plus venir ; ou, s'ils viennent, c'est en vain.

Pour presque tous ces empires, la fin est proche. Le premier à disparaître sera celui des Ilkhans (1336). Trente-deux ans plus tard (1368), ce sera celui des Yuan, prolongé au-delà de toute espérance, malgré l'abrutissement des princes, par l'admirable organisation qui le régit. Ce sera enfin celui de Djaghataï, victime de Timur le Boiteux, Tamerlan (1370-1405), qui voulait le faire renaître ou du moins le prétendait. Seul subsistera, pendant deux siècles encore, l'*ulus* de la Horde d'Or, non sans avoir lui aussi failli périr de l'aventure timouride et non sans s'être morcelé entre 1430 et 1465.

C'est déjà le coucher du soleil, l'astre qui décline et dont les feux, sous les nuages, brillent de teintes plus douces. On se battra encore, mais peu en comparaison de ce qu'on s'était battu. Il n'y aura plus de marches en avant, de victoires, de conquêtes. Il n'y aura plus d'éclatants faits d'armes, plus d'épopées ; les pays panseront leurs plaies, les civilisations se redresseront, les hommes paralysés par la terreur et les deuils se remettront à respirer. On commencera pleinement à ressentir les bienfaits de la *pax Mongolorum*, alors même qu'elle approchera de son terme. « En vérité, que peut-il y avoir de meilleur que la concorde ? » demandait Oldjaïtu à Philippe le Bel. Ce sera le temps des arts, des échanges internationaux, peut-être de la douceur de la vie recouvrée et d'autant plus chérie qu'elle aura succédé à l'horreur.

Les peuples ne peuvent-ils vivre heureux ? Quand la furie guerrière aura cessé de les immoler, pourquoi faudra-t-il que s'abatte celle des dieux ? La Grande Peste de 1358, celle-là même qui viendra frapper si violemment l'Europe, fera tomber presque partout sur les empires un noir voile de mort.

TEMÜR OLDJAÏTU ET QAÏDU

Khubilaï avait laissé le trône à son petit-fils Temür Oldjaïtu. Il fut élu Grand Khan (1294). C'était un prince encore jeune, dont il semblait qu'on ne devait pas trop attendre. Il réalisa plus qu'il ne promettait. Il n'était pas ivrogne. Il n'était pas trop amateur de femmes et de garçons. Il n'était pas sectaire. Il avait même beaucoup de qualités. Bref, ce fut, en Chine, le dernier grand Gengiskhanide.

L'histoire aurait peut-être changé s'il était resté longtemps sur le trône, ou s'il avait eu des fils de sa trempe. Il régna à peine treize ans, et mourut sans postérité à l'âge de quarante-deux ans, le 10 février 1307. Après lui, tous ceux en qui coulait le sang de Khubilaï, le sang de Gengis Khan, furent des hommes dégénérés, misérables, indignes ; et lorsqu'ils avaient quelque talent – cela arrivait quelquefois, soyons juste –, ils l'étouffaient sous leurs vices. Khubilaï, en définitive – ne l'avions-nous pas pressenti –, n'avait pas été un aussi grand homme qu'on l'avait dit, il n'avait pas pleinement réussi sa vie, puisque sa postérité n'était pas digne de lui. Les actes d'une génération portent jugement sur celle dont elle est issue.

Temür Oldjaïtu n'avait pas hérité seulement de l'Empire. Son grand-père lui avait également laissé en legs la rébellion des Ögödeïdes et leur irréductible chef Qaïdu. Pourrait-il réussir là où le grand Khubilaï avait échoué ? La tâche paraissait impossible ; ou, plutôt, elle n'eût été possible qu'au prix d'une effusion de sang mongol à laquelle on peut croire que le petit-fils n'eût pas mieux pu se résoudre que le grand-père. Elle fut facilitée par Qaïdu lui-même et par les Djaghataïdes.

Qaïdu, malgré les échecs qu'il avait subis sous le règne de Khubilaï, tenait encore à sa mort une partie de l'Asie centrale, et notamment la région occidentale de la Mongolie, celle qui se trouvait à l'ouest du Khangaï. Pendant plusieurs années, échaudé par ses revers, il était resté tranquille, travaillant dans l'ombre à restaurer sa puissance. Il s'était fait un vassal, que dis-je ? un allié, voire un complice, du khan du Djaghataï, Duwa (1274-1306), le fils de Baraq mort en 1271, qu'il avait lui-même mis sur le trône pour clore plusieurs années d'anarchie au cours desquelles il avait changé les souverains au gré de sa fantaisie, ou peut-être de leur infidélité. Mais cet allié, ce complice n'était pas sûr. Il ne voyait aucune raison valable à sa sujétion et aurait aimé se débarrasser de son terrible maître. Plus que lui encore le souhaitaient ses ministres transoxianais : Mas'ud Yalawatch, mort en 1289, puis ses trois fils qui le remplacèrent les uns après les autres en 1289, 1298 et 1302. Mais souverain et ministres, réalistes et instruits par les mésaventures de ceux qui s'étaient hasardés à tenir tête à Qaïdu, demeuraient soumis et fidèles malgré leur haine.

En 1297-1298, pour le compte de Qaïdu, Duwa lança une brusque attaque contre la Mongolie. Il vainquit et captura le prince ögüt Körgüz, gendre du nouveau Grand Khan Temür Oldjaïtu, puis, fort de son succès, se prépara dans le plus grand secret à marcher sur les forces d'Ananda, l'un des petits-fils de Khubilaï, qui gouvernait le Kan-sou. Deviné, il n'eut pas le temps de mettre son plan à exécution. Alors qu'il croyait surprendre, il fut surpris et taillé en pièces. On l'avait trahi. Il se replia en hâte et, dans sa rage, se vengea sur son illustre captif, Körgüz, en le faisant exécuter. Pour comble de disgrâce, il fut au même moment menacé par Baïan, un prince de la famille djötchide, chef de la Horde Blanche – la horde qui, tout en reconnaissant sa souveraineté, s'était plus ou moins détachée du khanat de Qiptchaq et dominait à l'est de l'Oural jusqu'au nord de la mer d'Aral et du lac Balkach.

Trois ans plus tard, Duwa ayant surmonté la crise et reconstitué ses forces, Qaïdu décida d'employer celles-ci conjointement aux siennes pour s'emparer des régions septentrionales de la Mongolie. Il pensait qu'une fois maître de Qaraqorum et de la terre des ancêtres il retrouverait une autorité et une légitimité qui lui faisaient de plus en plus défaut. Il disposerait au moins des immenses ressources du pays en chevaux et en hommes, et comptait bien parvenir à électriser un peuple qui s'endormait, pour le lancer dans une nouvelle épopée.

Ce fut un désastre. Le neveu de l'empereur, Qaïchan, qui avait été nommé gouverneur de la Mongolie après la mort de Körgüz, le contraignit au combat en août 1301, non loin du Tamir, affluent de la rive gauche de l'Orkhon, et, après une dure bataille, l'obligea à se replier en désordre. Qaïdu périt au cours de la retraite.

Ainsi finit assez misérablement un prince qui n'avait pas été un misérable, mais qui, tout au contraire, et malgré les maux qu'il avait occasionnés aux Mongols, s'était révélé une personnalité remarquable. Il avait été un grand soldat et en avait déjà donné la preuve lors des campagnes en Europe auxquelles il avait participé. Devenu malheureux au combat, il avait montré sa force de caractère en se relevant après chaque échec, en refusant jusqu'au bout, jusqu'à la mort, de céder à l'adversité. Il avait eu la conviction de défendre la justice en défendant la maison d'Ögödeï. Il avait eu la certitude que le droit était pour lui parce qu'il n'avait accepté aucune compromission et qu'il n'avait en rien transigé sur ce qui, selon lui (et il voyait juste), avait fait la grandeur mongole. Il n'était ni sectaire ni enfermé dans un horizon court. Mongol et nomade, il avait été un des tout premiers à

essayer de marier, dans la mesure du possible, les droits des conquérants et ceux des sédentaires, et, si loin de tout grand centre culturel,
il avait su se hisser à un dessein international – comme le prouvent la
lettre que lui écrivit le pape Nicolas IV en 1289 et l'accueil chaleureux
qu'il réserva à Rabban Çauma et à celui qui allait devenir le patriarche
Mar Yaballaha. Il fut enterré sur une haute montagne entre l'Ili et le
Tchou.

Fin des Ögödeïdes

La mort de Qaïdu ne résolvait rien. Son fils Tchapar lui succéda et
annonça sa volonté de soutenir intégralement le droit au trône des
Ögödeïdes. C'était cependant pour lui un poids trop lourd à porter et
il voyait bien que son père s'y était usé pour rien. Duwa, qui se rendit
assez vite compte que l'héritier n'était pas à la mesure de l'héritage, et
que cette guerre intestine sans fin lassait – surtout parce qu'elle lassait
l'Empire –, persuada Tchapar de faire sa soumission à Temür Oldjaïtu. En août 1303, les ambassadeurs des deux princes arrivèrent à
Khanbaliq pour présenter les hommages de leurs maîtres.

C'était là une démarche essentielle, qui faisait à elle seule plus que
toute guerre et qui résolvait par la fatigue ce que la force n'avait pu
résoudre. L'unité était reconstituée. La maison d'Ögödeï renonçait à
ses prétentions, la paix régnait désormais entre Mongols ! Ce à quoi
n'avait pu parvenir le grand Khubilaï et qui avait occupé tant d'années
de sa vie, son petit-fils le réalisait. Mais, en fait, il était trop tard.
L'union n'était rétablie qu'en apparence, la paix laisserait bientôt la
place à de nouvelles guerres. On rêvait. Seule la chute des Ögödeïdes
n'était pas un rêve.

Duwa, en conseillant à Tchapar de se soumettre au Grand Khan,
avait trouvé un moyen de se rendre populaire et de se débarrasser
d'une tutelle humiliante et coûteuse, puisque les Ögödeïdes n'avaient
cessé de l'entraîner dans des opérations qui ne le concernaient pas. De
sa démarche à Pékin, il entendait tirer bénéfice et redorer le blason des
Djaghataïdes; fort des services qu'il avait rendus au Grand Khan et
assuré au moins de sa bienveillance, il ne tarda pas à rompre avec celui
dont il avait été vassal : Tchapar. La guerre civile qu'on avait crue
finie recommençait. On se battit. On fit semblant de négocier. On se
réconcilia, puis on lutta encore avec alternance d'échecs et de succès.
Mais on ne s'était pas placé en vain sous l'égide du Grand Khan.
Temür Oldjaïtu devait intervenir dans les querelles de ses vassaux. Il
opta pour Duwa : c'était la moindre des choses. Il envoya une armée
à son secours. Pris à revers, incapable de faire face sur deux fronts,
Tchapar décida de se rendre à Duwa. Il aurait dû se livrer à l'empe-

reur, mais il le craignait davantage. Pour sa sécurité, il avait raison. Pour son *ulus*, il avait peut-être tort. Duwa le traita honorablement, mais prit possession de ses terres et incorpora ses hommes dans son armée. Les Ögödeïdes disparaissaient de la scène politique (vers 1306).

L'*ULUS* DE DJAGHATAÏ

L'*ulus* de Djaghataï, reconstitué dans son intégralité, devenait donc un des quatre empires formés au sein de l'Empire. Duwa, à l'énergie et à la ruse duquel il devait cette restauration, n'en profita pas long-temps. Il mourut l'année même de sa victoire (fin de 1306). Son fils cadet n'occupa le trône que pendant quelque dix-huit mois. A sa mort, un petit-fils de Büri, Taliqu, un vieil homme converti à l'islam et ardent propagateur de sa foi, s'empara du pouvoir. Comme cela avait été le cas en Iran bien plus tôt, être musulman constituait un terrible handicap au Djaghataï, le pays qui avait pour mission de garder jalouse-ment le *yasaq* de Gengis Khan. Il n'était pas difficile de prévoir que Taliqu ne régnerait pas longtemps. Partout on grondait contre lui ; en maints endroits, on se révoltait, des conjurations se nouaient. Il fut assassiné en 1309 au cours d'un banquet. Un *quriltaï* – mais on disait alors un *toy*, usant du mot turc qui désignait à l'origine le festin funéraire – fut convoqué. Il tarda à se réunir, notamment parce que Tchapar tenta une dernière fois sa chance avant de disparaître à jamais de l'histoire. Pour faire face à la situation, on nomma provisoi-rement Kebek, fils cadet de Duwa (1309). C'était un événement heu-reux que les Mongols voulussent s'assembler pour s'entendre, car l'anarchie désolait le pays. L'historien persan Wassaf est peut-être trop restrictif quand il attribue à ces guerres qui ensanglantèrent pendant tant d'années l'Asie centrale la décadence complète de l'agriculture, du commerce et de l'artisanat en Transoxiane et surtout au Turkestan. Celle-ci avait en effet déjà été amorcée par la conquête, mais il est certain que ces guerres empêchèrent le pays de se relever et de parti-ciper au réveil de l'activité qui se manifestait partout ailleurs dans l'Empire. En Transoxiane, où la civilisation reposait sur des fonde-ments antiques et où Tamerlan concentrerait ses efforts constructeurs, la renaissance dite justement timouride permettrait au pays de retrouver son éclat. Mais dans les régions situées au nord du Syr-Darya, la ruine se révéla définitive, et la régression totale. Al-Umari, rapportant les paroles d'un visiteur du début du XIVᵉ siècle, en fera un tableau sinistre :

> « On ne trouve que des ruines plus ou moins bien conservées. De loin, on voit une colonie prospère, entourée d'une verdure florissante ; pour-

tant, quand on approche dans l'espoir d'y rencontrer des hommes, ce ne sont que maisons vides. Tous les habitants du pays sont nomades et ne s'adonnent aucunement à l'agriculture. »

La vie citadine était en pleine dégénérescence. Déjà, lors de l'invasion mongole, pour pouvoir utiliser les bons pâturages qui s'y trouvaient, on avait détruit plusieurs villes naguère prospères. Par la suite, les troubles, les guerres civiles, la prépondérance de l'élément nomade avaient achevé de les ruiner. Rubrouck, qui passa douze jours à Qayaliq, décrit encore la cité comme un marché très animé où vivent, à côté des musulmans, des bouddhistes ; mais il note aussi la décadence culturelle de la région, comme le fait à peu près au même moment le Chinois Tchang-tö, ambassadeur de Mongka près de Hülegü.

La réunion du *quriltaï* fut donc une bénédiction et tout s'y déroula remarquablement bien. L'assemblée ne ratifia pourtant pas le choix de Kebek comme souverain et lui préféra un de ses frères, Esen Buga (1310-1320), qui résidait à la cour de Pékin, mais Kebek lui céda aussitôt la place. Ce geste élégant et trop rare lui vaudra de revenir au pouvoir quand Esen Buga mourra, et d'y rester jusqu'en 1326.

Kebek, comme tous les Djaghataïdes, restait attaché aux traditions mongoles et avait une profonde répugnance pour la vie sédentaire et la ville. Lui et ses gens ignoraient et méprisaient à ce point la civilisation urbaine qu'ils n'étaient pas loin de considérer que les villes n'avaient d'autre utilité que de leur servir de proies : il leur arrivait de prendre d'assaut et de piller celles qui leur appartenaient. En marge de deux grandes civilisations, l'une tournée vers la Chine, l'autre vers le monde musulman, ils demeuraient en suspens, fidèles à eux-mêmes, soucieux de ne pas se laisser corrompre. Leur idéal, ils l'exprimaient ainsi : « Errer toujours, ne jamais se fixer. » La liberté des steppes était leur vie ; leur habitation favorite, la yourte : leur joie, de monter, de chasser, de guerroyer ; ils aimaient toujours le vin et les femmes, mais en nomades, en « primitifs », sans vices, sainement, et, si l'on peut dire, ils compensaient les excès du lit et de la table par ceux des exercices physiques.

Cela n'empêchait pas Kebek d'être parfaitement conscient qu'il tirait sa richesse au moins en partie des pays civilisés de son *ulus*, et que c'étaient eux qui avaient finalement permis à Duwa de triompher de Tchapar. Il leur devait. Il se devait à eux. Il lui fallait trouver un juste équilibre, celui-là même que Qaïdu avait tenté d'établir, entre les deux univers qui relevaient de lui et que tout séparait : celui du nord, le Mogholistan, et celui du sud, essentiellement formé par la Transoxiane. Le Nord, malgré quelques cités plus ou moins importantes – Pitchpek, Toqmaq, Qayaliq, Almaliq –, était terre de nomadisme où tribus turques et mongoles se déplaçaient dans les pâturages. Le Sud était région de vie agricole et urbaine où, depuis les premiers siècles de l'hégire, de grands foyers de civilisation s'étaient développés ; Urgendj, capitale du Kharezm que les Djötchides disputaient aux Djaghataïdes, Bukhara, Samarkand, Balkh (Bactres), Ghazni et quelques autres de moindre renommée. Les musulmans y tenaient l'administration depuis le temps où Gengis Khan avait installé à sa tête Mahmud Yalawatch, et la région, malgré les nombreux incidents que causaient les nomades, redevenait progressivement florissante. Bukhara, notamment, était si prospère qu'elle connut peut-être alors les heures les plus brillantes de sa longue histoire, en dépit des dégâts qu'y avaient occasionnés en 1273 les Ilkhans. Djuvaini affirme qu'elle n'avait point d'égale dans le monde, et Marco Polo y voit « la meilleure cité de toute la Perse ».

Déjà Qaïdu et Duwa, dans le seul intérêt des populations musulmanes, et non point poussés par le désir de se donner une capitale, avaient fondé une ville nouvelle au Ferghana, Andidjan, promise à un bel avenir. Kebek alla plus loin. Il abandonna la steppe et se fixa en Transoxiane. Quoique nomade dans l'âme, il y édifia un château à Nakhchab, sur la route menant de Bukhara à Balkh, qui était depuis 1220 le camp d'été des Mongols : on l'appela Qarchi (Karchi), et il fut l'amorce de la future ville homonyme. Kebek y frappa, en turc, une monnaie à son nom. Il s'engagea toutefois à se rendre chaque année sur l'Ili, dans le Mogholistan. Cette concession aux nomades, qui soulignait peut-être davantage encore que l'empire était en train de leur échapper, ne fit qu'accroître les tensions.

GUERRES EN INDE

En 1290, à la suite des désordres qu'avait entraînés en Inde la mort de Balban (1286), une nouvelle dynastie, celle des Khaldji, s'était emparée du pouvoir à Delhi. C'est à un souverain énergique et déterminé, Ala al-Din, que les Djaghataïdes eurent affaire au cours des deux plus grands assauts qu'ils lancèrent contre le pays, en 1296 et 1298. Les hordes de l'Asie centrale n'avaient jamais manqué d'envahir les Indes au fil des temps, et elles le feraient encore. Les Gengiskhanides eux-mêmes, comme nous l'avons vu, s'y étaient souvent essayés. Mais les invasions ne pouvaient réussir que si les Indes traversaient un moment de grande faiblesse, ce qui, pour leur malheur, n'arrivait que trop souvent. Quand au contraire le pays connaissait un pouvoir fort et décidé, c'était en vain que les envahisseurs s'épuisaient contre lui. C'était tout l'un ou tout l'autre : ou bien les Indes tombaient aux mains d'une poignée de cavaliers, ou bien elles demeuraient impénétrables à des armées immenses. Il n'était d'ailleurs guère possible d'y engager, faute de fourrages, plus de quelques dizaines de milliers de soldats.

Dès 1297, Duwa avait chargé un de ses fils, Qutlug Khodja, apanagé en Afghanistan oriental, dans les provinces de Ghazni et de Kabul, d'envahir le Pendjab. Pour qui voulait briller par les armes dans le khanat de Djaghataï, il n'y avait pas d'autre voie qui s'offrît. Malgré les tentatives pour les abattre, les Ilkhans n'avaient pas cédé. Quant aux Yuan, il n'était plus question maintenant de se mesurer à eux. A l'est, à l'ouest, au nord, toute possibilité d'expansion était exclue – et qui ne voyait de toute façon, dans ce khanat si profondément attaché au legs gengiskhanide, que c'eût été guerre impie ? La conquête des Indes était la seule possible, et, comme les Gengiskhanides n'avaient encore jamais pu la réaliser, de quelle gloire ne couvrirait-elle pas ceux qui la réussiraient !

Après cette première tentative infructueuse, qui n'eut pour résultat que de ravager le Pendjab, un autre raid de reconnaissance, en 1299-1300, poussa jusqu'aux portes de Delhi. Tout paraissait assez facile. L'invasion générale fut donc décidée pour 1303. Une grande armée de 120 000 hommes, sous le commandement du général Turghaï, descendit des montagnes afghanes et vint mettre le siège devant Delhi. Pendant deux mois, elle essaya vainement de la réduire par la famine ou par des attaques répétées. Les Mongols, de toute évidence, ne gagnaient rien à être trop nombreux, et l'importance de leurs effectifs ne leur occasionnait que d'insolubles problèmes d'intendance. Ils furent obligés, la chaleur venant, de se replier.

Une nouvelle campagne eut lieu en 1304, avec des forces moindres et plus mobiles, quatre *tümen* environ de cavalerie. Une nouvelle fois le Pendjab fut ravagé et les Mongols s'apprêtaient à isoler Delhi en tournant la ville par l'est quand ils tombèrent sur le général turc Tughlug, qui commandait l'armée indienne d'Ala al-Din et qui les vainquit sans appel. Les Mongols laissaient 9 000 prisonniers, que les Indiens firent fouler aux pieds des éléphants.

Qu'on ait pu traiter ainsi tant des leurs était pour les Mongols pire que la défaite : une humiliation intolérable, le signe qu'on les jugeait déchus.

Le *noyan* Kebek, le futur khan, revint l'année suivante pour se venger. Il saccagea la province de Multan, mais se laissa surprendre sur les rives de l'Indus par Tughlug et, cette fois encore, il dut abandonner de nombreux prisonniers que les vainqueurs jetèrent à nouveau sous les pachydermes.

Pour l'historien indien Barani, les Mongols gardèrent un souvenir si cuisant de leur échec qu'ils ne revinrent plus. Pour d'autres, ils lancèrent de nouveaux assauts vers 1320, mais, si tel est le cas, du moins ceux-ci furent-ils sans conséquences. Quelques années plus tard, le rapport des forces s'était tellement inversé que c'étaient les Indiens qui prenaient l'offensive. Le fils de celui qui avait à deux reprises infligé aux Mongols de si cruelles défaites, Muhammad Tughlug (1320-1345), devenu sultan de Delhi, pénétra en Afghanistan et s'assura le protectorat sur la province de Ghazni, couvrant ainsi ses frontières au nord-est (vers 1335).

Le prestige que l'Inde tira d'avoir victorieusement repoussé les attaques mongoles fut immense. Le sultanat de Delhi brilla, aux côtés de celui du Caire, au firmament des étoiles nouvelles. Son rayonnement éclairera les siècles à venir et sera peut-être aux racines de la gloire que la dynastie des Grands Moghols acquerra au xvi᷊ siècle. En attendant, bien qu'il fût loin de dominer tout le sous-continent, il se permettra de traiter d'égal à égal avec la Chine. Seules les querelles religieuses toujours endémiques, les famines qui se succédèrent et la Grande Peste de 1358 l'empêchèrent de prendre le meilleur : les Djaghataïdes y durent peut-être leur survie.

GHAZAN

En Iran, la venue au pouvoir avec Ghazan, fils d'Arghun, d'un musulman dont on peut mettre en doute la sincérité religieuse, mais non la liberté de son choix, représente un tournant capital dans l'histoire. Sans se tromper, l'Occident la ressentit comme un événement majeur pour le christianisme. Il pensait, comme le soutiendrait avec fermeté Jean de Montecorvino, que la christianisation des masses passait par celle de leurs souverains.

Ghazan était né le 4 décembre 1271* et avait vingt-quatre ans quand il fut intronisé le 6 novembre 1295. Porté au pouvoir par le parti islamique, qu'il le voulût ou non, il dut lui donner des gages, ou du moins le laisser agir à sa guise. Il y eut aussitôt, comme cela s'était déjà produit sous le règne d'Ahmad Teküder, une flambée de violence, mais elle fut plus vive et dura plus longtemps.

L'habit fait le moine : pour montrer leur appartenance officielle à l'islam, les Mongols furent obligés de porter le turban. C'était contraire à leurs bonnes mœurs et ils en furent irrités, mais que pouvaient-ils faire ? Dès son entrée dans sa capitale, le khan ordonna de détruire les églises, les synagogues, les temples du Feu et les pagodes. C'était aux yeux des Mongols une monstrueuse aberration à laquelle ils assistaient impuissants et dont ils souffraient personnellement quand ils étaient, comme maints d'entre eux, bouddhistes ou chrétiens. Le ministre Nauruz était déchaîné. On pilla les édifices religieux. On

---

* Date rectifiée par Louis Bazin.

fit avec les images saintes brisées des simulacres de processions dans les rues de Tabriz, puis on les jeta au feu. On força juifs et chrétiens à porter un costume distinct. On les obligea à abjurer sous peine de mort. On tua, semble-t-il, pas mal de prêtres et de moines bouddhiques. Les Mongols en auraient pleuré. Le vénérable patriarche Mar Yaballaha III, bien que « Mongol », fut arrêté, mis à la torture, et ne dut la vie qu'à une intervention du roi d'Arménie, Hethum II, qui se trouvait alors à Tabriz et qu'on n'osait tout de même par maltraiter, car les Arméniens étaient encore des alliés et formaient contre les Mamelouks un glacis protecteur. La haine visait surtout les chrétiens : ils s'étaient trop réjouis des défaites de l'Islam ; ils avaient trop profité des Mongols. C'était pour eux d'autant plus terrible que c'était inattendu, et que les Églises orientales avaient connu une extraordinaire prospérité de 1258 à 1295. De cette tourmente, les missions catholiques eurent elles-mêmes à souffrir, bien que la politique internationale exigeât qu'on leur témoignât des égards. Quoique éclaboussés par l'orage, les couvents échappèrent dans l'ensemble à la vindicte gouvernementale et populaire, et demeurèrent prospères. Les bouddhistes, de leur côté, eurent droit à certains ménagements. On permit à ceux qui le souhaitaient de quitter l'empire, « par mansuétude du souverain », dit Rachid al-Din, qui souligne ainsi sa politique modératrice.

Le bouddhisme iranien, qui, après une longue éclipse, avait tenté à nouveau sa chance avec l'afflux de moines émigrés du Sin-kiang, voire du Tibet et de la Chine, et qui avait édifié à Tabriz, Sultaniye et ailleurs « de nombreuses pagodes », sortit affaibli ou ruiné de l'affaire. Il ne disparut sans doute pas aussitôt, mais entra dans une période de profond déclin qui finit par le conduire à la mort.

Le judaïsme pâtit aussi profondément, d'autant plus que les juifs avaient obtenu des postes de commande sans commune mesure avec leur nombre. Leur népotisme habituel y avait aidé. Sous Arghun, son conseiller, le médecin Sa'ad al-Daula, était parvenu à tenir de 1281 à 1291 une partie du pouvoir et avait distribué avec une belle générosité places et honneurs à ses coreligionnaires. D'autres, comme Rachid al-Din, s'étaient convertis à l'islam*. Ils ne se montrèrent pas les moins sectaires envers ceux dont ils avaient renié la foi. Comme on traquait ceux qui auraient pu conserver leur religion tout en faisant semblant d'avoir adopté l'islamisme, Rachid al-Din imagina, pour s'assurer de l'authenticité de leur conversion, de leur faire « manger de la soupe faite avec de la viande de chameau bouillie dans du lait caillé », ce qu'interdit doublement la loi mosaïque. Malgré les persécutions dont ils furent victimes, les juifs conservèrent toutefois une position enviable en Iran jusqu'à la chute des Ilkhans et peut-être plus tard, sans doute

* Voir *infra*, p. 432.

parce qu'ils étaient polyglottes, excellents médecins, financiers avisés, et parce qu'ils détenaient, grâce à leurs relations internationales, plusieurs clés du grand commerce.

On pourra peut-être accuser Ghazan de lâcheté ou d'un excès d'opportunisme, mais non point d'une propension à laisser faire. Il demeurait, en dépit de sa conversion à l'islam, un pur Mongol et gardait son attachement au *yasaq* et à son premier précepte, la tolérance. C'était un homme énergique, rusé, patient, dissimulé, implacable et très intelligent. A peine plus grand qu'un nabot et doté d'un visage affreux, c'était un des meilleurs princes de la famille gengiskhanide. Mais il devait affronter cette tâche impossible qui consistait à faire vivre ensemble deux lois que tout opposait, la *chariat* et le *yasaq*. Il céda sur bien des points, mais il maintint tout ce qu'il pouvait maintenir sans trahir ceux qu'il avait ralliés par nécessité. On le verra par exemple pratiquer comme son aïeul Gengis Khan cette cérémonie de l'ensanglantement des doigts d'un adolescent lors de sa première chasse : l'islam n'avait rien à en dire.

Quand Ghazan se sentit assez fort, il décida de reconquérir la réalité du pouvoir, d'agir selon sa conscience et de renouer avec les traditions mongoles de tolérance. Ce retour au respect des convictions d'autrui eut peut-être davantage pour conséquence un arrêt des persécutions qu'une restauration de tous les droits des minoritaires. On en pénètre encore mal les ressorts, mais il n'est pas impossible que la tolérance ait alors été plus musulmane que mongole, bien que seule cette dernière méritât théoriquement ce nom de tolérance : elle seule admet en effet que la liberté de penser et de croire ce que l'on veut n'altère en rien l'égalité des droits, tandis que l'islam, quand il accepte le nonmusulman, en fait un protégé *(dhimmi)* doté d'un statut d'infériorité et l'oblige à payer un impôt spécial et à s'humilier.

Le rétablissement de Mar Yaballaha dans ses prérogatives et dans ses fonctions au printemps de 1296 donna le coup d'envoi à la nouvelle politique. Il ne devait plus y avoir de pogroms, les religieux devaient être respectés. Alors qu'aucun des édits de tolérance, si nombreux dans les autres *ulus*, n'a été retrouvé en Iran, est-ce un hasard si le seul que nous connaissions, par le truchement de Rachid al-Din, remonte à Ghazan ? Mais les Persans avaient été déchaînés et il n'était pas aisé de les remettre à l'attache. En mars 1297, la populace de Maragha se livra à une flambée de violences : les Kurdes se portèrent sur la place de sûreté des chrétiens, Irbil, et essayèrent de l'enlever.

Gendre d'Abaga, artisan de l'élévation de Ghazan, Nauruz pesait trop lourd. Il fallait soit l'accepter et le laisser agir, soit se débarrasser de lui, monter contre lui un véritable coup d'État. La vindicte populaire de 1297 révolta le khan. Brusquement, en mai de la même année, il fit arrêter puis exécuter les clients de Nauruz qui se trouvaient à sa cour, puis il marcha à la tête de ses troupes contre son ministre, qui commandait alors l'armée au Khorassan, le vainquit près de Nichapur et le mit en fuite. Nauruz crut pouvoir se réfugier auprès du *malik* de Hérat. Mais l'habile famille kurt, on le sait, s'arrangeait toujours pour être du côté du plus fort. Elle livra Nauruz, qui fut mis à mort sur-le-champ (13 août).

L'année suivante, Fadl Allah Rachid al-Din était nommé Premier ministre. Il était né à Hamadan en 1247 dans une famille qui professait vraisemblablement le judaïsme ; du moins, quand plus tard on fit son procès, lui reprocha-t-on une telle naissance et d'avoir beaucoup servi les juifs. Mais, que ce fût de naissance ou par conversion, il était musulman et avait même fait des études poussées de théologie. C'était, selon toute apparence, un assez triste sire, un homme sans pitié, machiavélique et rapace, si rapace que sa fortune immense le fit accuser de prévarication – alors même qu'il était si courant, dans cet Orient islamique, de piller l'État et de s'enrichir à ses dépens qu'on s'abstenait pudiquement d'en parler. Mais c'était un très grand administrateur et il se révéla écrivain de génie quand son souverain lui demanda de composer une histoire générale du monde, ce que nul encore n'avait jamais fait. Il tiendra le pouvoir pendant une vingtaine d'années, de 1298 à 1318, au milieu des intrigues des ministres musulmans, jaloux de lui, et des généraux mongols, qui ne l'aimaient pas. Il finira par y perdre son crédit et sa vie.

Le gouvernement de Ghazan se révéla en définitive excellent, digne de celui qui l'exerçait. Le khan était un homme de haute culture. Outre sa langue maternelle, il parlait plus ou moins bien l'arabe, le persan, l'« indien », le tibétain, le chinois et le « franc », probablement le latin. Il connaissait parfaitement les traditions et « mieux que personne », affirme Rachid al-Din, la généalogie de ses ancêtres. Il était conscient de son rang et de sa valeur. Bien qu'il ait joui d'une totale indépendance politique et que ses monnaies trilingues (mongol, arabe, tibétain) ne se soient référées qu'à la force du Ciel, et non à celle du qaghan *(su)*, il continua à rendre hommage au Grand Khan en lui envoyant des ambassadeurs. Il accorda tous ses soins à ses terres. « Les Mongols, qui jusque-là n'avaient fait que détruire, se mirent à construire », dit Rachid al-Din. Il restaura l'autorité centrale, les finances de l'État. Malgré la concussion, l'étroite surveillance qu'il exerça accrut les recettes de l'État de plus de 20 % sans augmentation des impôts. Il accorda une attention toute particulière aux populations rurales, dont avant lui on se préoccupait peu. Comme les nomades détruisaient systématiquement les terres et les récoltes, qui aurait pu avoir l'idée de sauvegarder la propriété et de se soucier qu'elle fructifiât ? Ghazan entendit que les paysans fussent physiquement protégés et que le bénéfice de leur travail servît en premier lieu à assurer leur subsistance. Quant aux terres abandonnées – elles étaient immenses –, il les fit attribuer à qui voulait les cultiver. Les Mongols ne voyaient pas l'utilité de ces réformes, et considéraient volontiers qu'elles portaient atteinte à leurs intérêts, qui étaient surtout des instincts de rapine. Un jour, le khan aurait dit à ses insupportables nomades : « Vous voulez que je vous laisse piller les Tadjiks. Mais que ferez-vous après avoir détruit les bœufs et les semences du laboureur ? Si vous venez alors me demander de quoi vivre, je vous châtierai sévèrement. »

Les débuts de la restauration musulmane

La conversion de Ghazan et, avec lui, l'adhésion définitive de la dynastie à l'islam allaient permettre que se préparât, dans les dernières décennies de la domination ilkhanide, la restauration musulmane de la seconde moitié du XIVe siècle. Il ne manquait pas en Iran de véritables conservatoires de la civilisation iranienne, ne serait-ce que le Fars et le royaume kurt de Hérat, qui, dès 1349, annoncerait sa volonté de restaurer l'islam : « Nous ordonnons qu'on abolisse toutes les nouveautés des infidèles [...] et qu'on ne tienne pour licites que les affaires réglées par la *chariat*. » Plusieurs historiens, à la suite du savant turc M. F. Köprülü, avaient pensé que cette restauration s'était effectuée contre le *yasaq*, mais cette hypothèse ne peut plus être retenue : on sait maintenant qu'elle n'aurait pas osé s'attaquer à lui, mais seulement au laxisme qu'il avait entraîné. Les courants politico-sociaux du chiisme révolutionnaire comme celui des Halvati – fondés au Kharezm par Muhammad Halvati, mort en 1350 – étaient, il est vrai, teintés de paganisme et aux limites de l'appartenance à l'islam. Depuis longtemps, certains chamans de l'Asie centrale s'étaient déguisés à l'islamique, et de médiocres musulmans s'étaient parés des manteaux des chamans pour séduire les frustes populations des champs. Un personnage comme Baraq Baba, tué en 1307 au Guilan ou à Damas comme ambassadeur d'Oldjaïtu, peut-être apparenté à la famille seldjoukide et qui avait vécu à Tabriz et à Sultaniye, où il avait exercé quelque influence sur les Ilkhans, faisait porter à ses derviches des cornes et des os, ornements chamaniques, dansait au son des tambours et prétendait chevaucher des tigres.

Le chiisme profita de la domination mongole, notamment parce que les Mongols s'appuyaient sur ceux qui avaient eu à se plaindre du régime antérieur et qui avaient été hostiles au califat abbasside. A côté de gens comme les Halvati ou Baraq Baba, il en était d'autres moins extrémistes, ce qui n'empêchait pas qu'on vît en eux des mystiques ou derviches de second ordre. On ne pouvait en dire autant des congrégations sunnites, parmi lesquelles se dintinguait celle, très puissante (et qui existe encore), des Nakchbandiya, fondée en Transoxiane par Nakchband (1317-1389) et dont l'objectif était le respect de la *chariat* dans son intégralité et de rien d'autre qu'elle. Armée d'une forte culture persane, littéraire et religieuse, elle œuvrait dans les milieux tadjiks, abandonnant l'apostolat populaire et villageois aux Yeseviye qui se rattachaient au mystique turc d'Asie centrale Ahmad Yesevi, mort en 1166 ou 1167.

CAMPAGNES AU PROCHE-ORIENT

Pour la politique étrangère du khanat mongol d'Iran, la conversion à l'islam de Ghazan ne changeait rien. Les objectifs et les alliances restaient les mêmes : contenir les ambitions des empires gengiskhanides voisins, ceux du Djaghataï et du Qiptchaq, abattre la puissance mamelouke, et, pour cela, susciter l'alliance franque.

L'interminable guerre contre les Mamelouks fut marquée par des campagnes en Syrie, brillantes mais nullement décisives. A la fin de l'année 1299, les Mongols franchirent l'Euphrate et, appuyés par l'armée arménienne, marchèrent sur Alep, qui constituait toujours leur première cible. Ils la prirent le 12 novembre, sans pouvoir réduire sa citadelle. Poursuivant leur avance, ils se heurtèrent le 22, près de Homs, à l'armée égyptienne. Ce fut une bataille héroïque où, comme on a pu l'affirmer, le courage de Ghazan, qui se battit pour ainsi dire seul alors que son armée lâchait pied de toutes part, emporta la décision. Puis ils entrèrent à Damas le 30 décembre.

On pouvait croire revenu le temps de Hülegü. Les Mongols, comme leur khan, n'avaient en effet rien perdu de leurs vertus militaires, mais ils étaient trop peu nombreux. Une anecdote met remarquablement en évidence leur endurance physique et morale. Quelque 5 000 hommes qui avaient été démontés durent marcher deux mois – eux, des cavaliers, des hommes qui ne savaient pas se déplacer à pied – pour rentrer chez eux. Arrivés dans leurs quartiers, ils avaient dit simplement : « S'il le faut, nous repartirons aujourd'hui même. » On comprend que de tels individus aient pu conquérir le monde.

Pourtant, les vainqueurs hésitaient à affronter l'été dans la chaleur syrienne. De surcroît, les Djaghataïdes, profitant de leur engagement au Proche-Orient arabe, avaient attaqué le Khorassan et obtenu des succès tels qu'ils pouvaient forcer les provinces de Kirman et du Fars, c'est-à-dire menacer tout l'est et tout le sud du pays. Dès février 1300, Ghazan décida de se replier sur l'Iran. Aussitôt après son départ, les Mamelouks réoccupèrent tout ce qu'ils avaient perdu. Une fois de plus, les Mongols se détruisaient eux-mêmes.

Ce nouvel échec, après une si belle campagne, encouragea certainement Ghazan à reprendre langue avec les Latins et à écrire, le 12 avril 1302, au pape Boniface VIII. Il voulait repartir pour la Syrie en automne, mais dut retarder sa campagne. Il ne se mit en route qu'au printemps de 1303. Les Mamelouks, instruits par l'expérience, avaient brûlé « tous les fourrages » et la cavalerie mongole ne trouvait rien à donner à ses chevaux. Hethum, amer, note que « les Tartares accordaient plus de soins à leurs animaux qu'à eux-mêmes ». Ils avaient raison de le faire. Avec des troupes en mauvaise condition, à une mauvaise époque et, on peut le penser, sous un mauvais général (Qutlug), l'armée impériale se fit battre le 21 avril à Mardj al-Saffar (bataille dite aussi de Chahqab). C'eût pu être une défaite sans importance. Elle fit date. Ce fut la dernière bataille que les Mongols livrèrent en pays arabe. Plus jamais ils ne revinrent en Syrie.

Regrets ? Remords ? Cet homme qui, en définitive, avait rompu avec les traditions em embrassant l'islam et ouvert la voie à la destruction du génie mongol alla, peu après la défaite de ses troupes devant Damas, rendre visite à Mar Yaballaha (juin 1303), le combla d'attentions, d'honneurs et de cadeaux. Il mourut un an plus tard, laissant le trône à son frère cadet Oldjaïtu Khordabandah, celui-là même que nous avons vu naître chrétien, baptisé sous le nom de Nicolas, et qui, depuis, avait lui aussi embrassé l'islamisme.

Aux soucis que lui avaient causés les Mamelouks et les Djaghataïdes, Ghazan avait vu s'ajouter ceux de l'Anatolie. Les émirs, que ne tenaient plus guère en main des Seldjoukides sans prestige, avaient de plus en plus tendance à s'émanciper. Ils anticipaient sur un avenir qui, désormais, n'était plus lointain. Ghazan nommait les sultans et les révoquait. Après s'être débarrassé de Mas'ud II en 1295, il destitua en 1300 Kaï Kubad, qu'il avait intronisé à sa place, pour réinvestir Mas'ud. Quand ce dernier mourut sans héritier en 1303, la dynastie disparut dans l'indifférence générale. Triste fin, quand on songe à la gloire qui avait été la sienne, quand on se souvient du bruit qu'avait fait dans l'histoire le nom des Seldjoukides.

L'Asie Mineure entrera dans la période que l'on nomme des beylicats ou des émirats, et qui s'achèvera avec le triomphe des Ottomans. Cependant, il y avait déjà longtemps que ces beys ou ces émirs tenaient une place majeure dans ce qu'on appelait encore le sultanat seldjoukide de Konya et contribuaient à accroître la force centrifuge qui le déchirait. Dans ce tourbillon d'une fin d'époque, les seigneurs mongols cherchaient souvent à se frayer un chemin, à s'installer à leur compte ou à consolider leurs positions. Les Ilkhans étaient alors obligés d'intervenir, et Ghazan, prince énergique, ne manquait pas de le faire. Il y fut notamment contraint par un descendant de Baïdju, ancien commandant en chef en Iran, et d'un émir turcoman, Mahmud Beg, véritable fondateur de la dynastie des Karamanides qui s'était un moment emparé de la capitale seldjoukide, Konya (1276). L'Anatolie s'embrasa. Les Mongols écrasèrent la révolte près d'Erzindjan le 27 avril 1299.

Oldjaïtu Khordabandah

Le successeurs de Ghazan, son frère Oldjaïtu Khordabandah, monté sur le trône en 1304, fit faire de rapides progrès à l'islamisation. Cependant, la tradition mongole ne s'en trouva pas sensiblement altérée et le *yasaq* ne fut pas aboli, presque sûrement parce qu'il restait en Iran, bien qu'en nombre sans cesse décroissant, des officiers supérieurs et de hauts dignitaires mongols qui veillaient sur eux. Ce sera par exemple l'un d'eux, Irandjin, d'origine kereyit, à la fois neveu de Doquz Qatun et oncle d'Oldjaïtu, qui jettera tout son poids dans la balance pour que la cathédrale de Tauris (Tabriz) ne fût pas transformée en mosquée. On doit au passage saluer avec respect cette fidélité des Mongols à leur loi et à la foi chrétienne, dans un milieu presque entièrement musulman et en dépit de l'obligation qui leur avait été faite de passer à l'islam. Toutefois, aucune des religions qui avaient joui autrefois des faveurs du trône ne put les reconquérir, et ce qui pouvait alors leur arriver de mieux était d'échapper à la persécution des musulmans.

Les chrétiens qui n'avaient pas succombé aux mouvements de fanatisme du début du règne de Ghazan vivotaient plus qu'ils ne vivaient, rassurés cependant par l'existence de leur place de sûreté, Irbil. Ils ne tardèrent pas à la perdre. Les Kurdes, dont toute l'histoire était de brigandages, de violences, et qui, farouchement nationalistes, avaient mal accepté la domination des Mongols et plus mal encore leur politique prochrétienne, parvinrent à convaincre le gouverneur provincial que le statut d'Irbil constituait un scandale pour l'Islam et qu'il convenait d'enlever cette place aux chrétiens. Malgré l'intervention de Mar Yaballaha, qui fit tout son possible pour calmer les passions, les musulmans décidèrent de s'en emparer. Les chrétiens, qui ne pouvaient croire que l'État les abandonnerait, voulurent leur résister. L'assaut eut lieu. Le gouvernement ne fit rien. Irbil tomba et tous ses défenseurs furent massacrés. Mar Yaballaha en ressentit une profonde amertume. Il avait compté bénéficier, pendant le règne d'Oldjaïtu, de cette faveur que lui avait accordée Ghazan et il n'avait reçu de lui qu'une protection distante, presque incertaine. Il survécut pourtant au drame. Il mourra le 23 novembre 1317 à Maragha, dans une superbe solitude. Avec lui ne disparaîtra pas seulement une grande figure du monde mongol, mais aussi toute une époque. Cet Öngüt se sentait profondément mongol, et il l'était sûrement. Il pouvait être désespéré : il avait bien servi les Mongols et n'en avait guère été récompensé.

Dès son arrivée au pouvoir, Oldjaïtu dépêcha en Europe une ambassade porteuse de lettres à Philippe le Bel, au pape Clément V et au roi d'Angleterre Édouard II pour annoncer son accession au trône ainsi que sa confirmation par le Grand Khan, et pour mentionner les témoignages d'amitié que lui avaient envoyés les autres princes de son sang. La lettre écrite le 13 mai 1305 au roi de France, conservée aux Archives nationales, témoigne d'une composition un peu plus moderne que celle des lettres antérieures, mais garde encore l'essentiel de leur phraséologie, et l'on pourrait croire qu'elle n'émane pas d'un musulman. La formule initiale n'est pas le *bismillah* et l'on n'y invoque pas Allah, mais le Ciel. C'est en pur Mongol qu'Oldjaïtu écrit :

> « Nous Oldjaïtu Sultan. Notre parole. Nous qui, par la force du Ciel, sommes monté sur le trône [...] nous, descendant de Gengis Khan [...]. En vérité, il ne peut y avoir meilleure chose que la concorde. Si quelqu'un n'était pas en concorde avec nous ou avec vous, alors nous nous défendrions en commun. Que le Ciel en décide ! »

L'Occident, qui, bien que ne faisant rien pour reprendre la croisade outre-mer, ne cessait d'y penser, se sentit réconforté après avoir craint que l'alliance mongole ne cessât avec la conversion des khans à l'islam. Pourtant, cette alliance ne pouvait guère cesser. Les Mamelouks, par leurs actions militaires répétées, devenaient un danger assez pressant pour contraindre l'Iran à maintenir des relations avec l'Europe. En 1303-1304 notamment, ils avaient attaqué à plusieurs reprises le royaume d'Arménie et il avait fallu l'énergique intervention des forces mongoles d'occupation en Asie Mineure pour les battre, assez sévèrement d'ailleurs. Mais un peu plus tard, en 1313, c'était Oldjaïtu qui subissait un revers devant Rahiba, place forte du moyen Euphrate qu'il était venu assiéger et d'où l'avaient chassé les chaleurs estivales.

Une décennie s'était écoulée depuis le dernier appel pressant aux souverains occidentaux, et ils n'avaient rien fait. Il était clair qu'on ne pouvait plus compter sur eux. Dans les deux camps, la lutte paraissait bien ce qu'elle était désormais : sans issue possible, épuisante et catastrophique pour le commerce international. La conclusion d'une trêve commerciale annonça la signature d'une paix définitive. Elle sera acquise en 1323.

La chute du sultanat seldjoukide en Asie Mineure n'avait pas arrangé les affaires des Mongols. Tant qu'il existait, il servait d'intermédiaire entre les Ilkhans et les émirs (begs). Dorénavant, il fallait se passer de lui et traiter directement avec une multitude de principautés, grandes ou petites, et leurs rivalités, voire leurs rébellions, déstabilisaient le pays. A plusieurs reprises, l'empereur Andronic II, las des attaques turques, avait demandé à Oldjaïtu de rappeler ses vassaux à la modération. Pour sceller son alliance avec lui, il lui avait même offert en mariage sa sœur. L'Ilkhan finit par se décider à accomplir l'effort qui s'imposait. Il envoya l'un de ses meilleurs généraux, Tchopan. En 1314, nombre d'émirs, y compris ceux qui se trouvaient le plus loin à l'ouest, vinrent lui faire hommage. Toutefois, on ne mentionne pas parmi eux la petite principauté des Ottomans, installée

à proximité immédiate de la mer de Marmara, où elle s'apprêtait à
creuser les fondements de sa future grandeur, soit parce qu'elle s'était
abstenue de venir, soit parce qu'elle était considérée comme quantité
négligeable. Du moins demeurait-elle vassale. Un registre de l'année
751 de l'hégire (1350-1351) donne encore son nom parmi ceux qui sont
assujettis au tribut, et tout laisse à penser qu'elle ne put pas se libérer
de toute sujétion avant le règne de Murad Ier (1362-1389), le premier
à porter le titre de sultan.

L'émir de Karaman, Mahmud Beg, que Ghazan avait châtié en
1299, ne s'était pas davantage présenté, soit par esprit d'indépendance,
soit parce qu'il avait déjà fait acte de soumission. C'était de tous le
plus puissant. Il avait réussi entre 1308 et 1314 à s'emparer de Konya
et l'on pouvait craindre qu'il ne fût à même de reconstituer à son
profit l'unité de l'Anatolie. Tchopan fut contraint de calmer ses
ardeurs. Il le défit, le mit en fuite et l'obligea à se soumettre (1319).
A cette dernière date, Oldjaïtu était mort et Tchopan était devenu
l'homme fort du khanat ilkhanide. En Anatolie, son fils Timurtach lui
avait succédé à la tête de l'administration et de l'armée. Il restera en
place de 1317 à 1327 (sauf en 1321-1322), exerçant directement le
pouvoir sur les régions orientales et centrales, et par l'intermédiaire des
begs dans l'ouest du pays, imposant une dictature presque absolue et
réprimant sans pitié tout mouvement visant à s'y opposer. Cette
énergie était nécessaire, car tout montrait que l'Asie Mineure était en
train d'échapper aux Mongols. Si leurs représentants locaux s'en sou-
ciaient, les autorités impériales étaient assaillies par trop de problèmes
pour que celui-ci figurât au premier rang de leurs préoccupations. Ce
n'était après tout qu'une terre lointaine dont, au cours des décennies,
on avait appris à se désintéresser. Chaque jour qui passait voyait le
khanat devenir plus iranien et privilégier davantage les affaires d'Iran.
Celles-ci n'étaient pas simples. Hérat, notamment, causait bien des
ennuis. La dynastie kurt (ou kert) qui y régnait en vassale jouait avec
une habileté consommée de toutes les opportunités. Tantôt soumise,
tantôt au bord de l'insurrection – il fallait parfois la menacer par
l'envoi de troupes (1306-1307) –, elle demeurait une pièce essentielle
sur l'échiquier mongol puisqu'elle gardait, contre les Djaghataïdes, les
marches orientales de l'empire.

La chance voulut qu'à un des moments les plus cruciaux elle restât
fidèle. En 1313, Oldjaïtu avait lancé une grande offensive contre le
frère du khan djaghataïde Esen Buga, gouverneur de l'Afghanistan
oriental, et avait réussi à conquérir ses terres. Furieux et bien décidé
à se venger, Esen Buga ne tarda pas à intervenir. Il vainquit Oldjaïtu
sur le Murghab et déferla sur le Khorassan (1315). C'eût pu être un
désastre si le *malik* de Hérat, Ghiyath al-Din, avait pris fait et cause
pour le Djaghataïde. Tout au contraire, il mit ses forces à la disposition de son maître légitime et ne lui mesura pas son concours. Toute-

fois, on ne sait comment l'affaire se serait terminée si Esen Buga n'avait pas eu la malheureuse idée d'assassiner l'ambassadeur du Grand Khan qui revenait d'Iran. Temür Oldjaïtu considérait toujours, comme ses ancêtres, qu'il s'agissait là d'un crime inexpiable. Il dépêcha aussitôt une armée pour châtier le coupable et fit occuper ses campements d'été et d'hiver sur le Talas et l'Isiq Köl. Esen Buga, obligé de courir au plus pressé, évacua l'Iran (1316).

Oldjaïtu mourut le 6 décembre 1316 à Sultaniye, la nouvelle capitale qu'il s'était choisie, et fut inhumé en prince musulman dans un magnifique mausolée. Ce serait, s'il n'était pas délabré, l'un des plus remarquables monuments de l'Islam. Ce qu'il en reste offre encore de grandes beautés.

ABU SAÏD

Abu Saïd succéda à Oldjaïtu Khordabandah au début de 1317 et se révéla aussi médiocre souverain que son père s'était montré brillant. Né en 1305, il était certes bien jeune. Incapable de gouverner son royaume, il laissa agir à sa place les *noyan* mongols, jaloux les uns des autres et plus préoccupés de leurs affaires personnelles que du sort de l'État. Bien que musulman convaincu, il semblait assez proche des milieux chamanistes et des magiciens qui conservaient les traditions de l'Asie centrale, et il acquit même la réputation de posséder en personne des pouvoirs divinatoires, notamment la science de « racler les os » – sans doute la scapulomancie.

Quoique à cette époque la chrétienté ne pût guère espérer voir le souverain mongol, quel qu'il fût, embrasser la foi chrétienne, et que, de leur côté, les Mongols n'eussent plus à nourrir d'illusions sur une intervention franque en Orient – intervention qu'ils ne désiraient même plus, puisqu'ils inclinaient plus à maintenir la paix avec les Mamelouks qu'à reprendre la guerre –, les missions catholiques connurent sous le règne d'Abu Saïd une assez grande prospérité, que nous attribuons tant à l'indifférence relative du khan pour l'islam qu'à un réveil des traditions mongoles, rendu possible par la faiblesse du pouvoir impérial.

Dans les années 1300, les couvents franciscains et dominicains étaient assez nombreux dans l'empire des Ilkhans. Il s'en trouvait au moins dans une dizaine de villes : à Tabriz, à Maragha, à Sultaniye, à Tifflis, à Erzurum et dans quelques autres. Pour coordonner leur action, la papauté établit un archevêché dans la nouvelle capitale, Sultaniye (en mongol Qungur-ölong) : il fut d'abord confié à François ou Francon de Pérouse (1318), assisté de six suffragants, puis en 1330 à Jean de Cor ou de Cori. Bien que le pape ne désespérât pas totalement de la conversion du souverain, comme le prouvent les lettres qu'il lui envoya en 1321 et 1322, il voyait surtout dans l'archevêque son ambassadeur permanent auprès de lui. Toutefois, l'œuvre d'évangélisation restait au nombre de ses préoccupations et de celles des six évêques nommés en 1318, et cela laisse songeur quant aux succès obtenus par l'islam auprès des gens de l'Asie centrale quand on sait qu'il était interdit de faire de l'apostolat auprès des musulmans : c'est probablement pour avoir passé outre à cette interdiction que le dominicain William Warden sera martyrisé en 1342. Les baptêmes, évalués par Jean de Sultaniye à 500 ou 600 dans la capitale, à un millier à Tabriz et autant à Maragha, ne pouvaient concerner que des Mongols ou des Turcs non encore islamisés.

Au début du règne d'Abu Saïd, le pouvoir appartint en fait à l'émir Tchopan, deux fois gendre d'Oldjaïtu, petit-fils d'un des meilleurs officiers de Hülegü, qui cumula les fonctions de vizir et de commandant en chef des forces armées. Il descendait de ce Sorqan-chira qui avait jadis aidé Gengis Khan à s'enfuir de chez les Tayidji'ut, et il ne l'oubliait pas plus qu'on ne l'oubliait. Ce bon musulman, qui fit édifier à La Mecque des fondations pieuses, donna à l'un de ses fils le nom de Sorqan et chercha manifestement à s'appuyer sur les *noyan* mongols contre les vizirs iraniens. C'est son nationalisme mongol, croyons-nous – et non les intrigues et les calomnies de ses adversaires –, qui l'incita à faire exécuter le grand Rachid al-Din le 18 juillet 1318 : il fut coupé en deux comme un bœuf. Les griefs qu'on nourrissait contre lui et les reproches qu'on lui adressa doivent avoir davantage servi à justifier l'acte qu'à le provoquer.

Tchopan était, certes, un homme énergique et dur que les sentiments n'étouffaient pas et qui entendait faire respecter son pouvoir. Il en donna la preuve quand, en 1322, il mata une révolte de son propre fils Timurtach, gouverneur de l'Anatolie ; quand il réprima sans pitié toutes les autres tentatives d'insurrection, notamment celles de l'Asie Mineure ; ou quand il repoussa un raid des Djaghataïdes sur le Khorassan (1326) et lança lui-même une offensive contre le khanat de Qiptchaq (1325). Sous ce chef à poigne, l'Iran faisait encore grande figure et il était loisible de croire à son avenir. Un observateur plus perspicace aurait pourtant deviné que les perpétuelles révoltes qui éclataient dans l'empire, les attaques tout aussi incessantes des Djaghataïdes et des Djötchides, dénotaient sa faiblesse. Tant à l'intérieur qu'à l'extérieur, les périls croissaient. On pouvait pressentir que la fin approchait.

Abu Saïd supporta-t-il mal d'être un roi fainéant ? Se laissa-t-il entraîner dans les aventures rocambolesques que raconte Hafiz-i Abru ? La maturité venant, se mit-il à piaffer comme un étalon ? Quoi qu'il en soit, il se détourna subitement de son tout-puissant ministre. Tchopan, disgracié, voulut confier son destin au sort des armes, et, à la tête de ses troupes qui opéraient au Khorassan, il se souleva contre le pouvoir impérial et fit marche vers l'ouest sans cacher qu'il cherchait à renverser son maître. Attaquer le khan, c'était indirectement attaquer Gengis Khan lui-même. Pour tout le parti vieux-mongol, son sang restait sacré ; pour tous, la dynastie était intouchable. On comprenait les révoltes des peuples vassaux, à la rigueur celle des généraux ou des ministres à condition qu'ils ne voulussent pas s'en prendre au souverain ; on acceptait les querelles des princes qui s'éliminaient les uns les autres. Mais on refusait qu'un Mongol entrât en insurrection et ne dissimulât même pas ses intentions régicides. Tchopan fut abandonné par ses hommes et contraint d'aller se réfugier à Hérat. C'était la dernière chose qu'il aurait dû faire. Les gens de Hérat se montrèrent égaux à eux-mêmes. Ils le mirent à mort par strangulation et envoyèrent sa tête à Abu Saïd – d'autres dirent son petit doigt. Effrayé, Timurtach s'enfuit au Caire chez les Mamelouks. Avec lui partait ce qu'il restait de la domination mongole en Asie Mineure. Le fils ne fut pas plus heureux que le père : comme lui, il fut assassiné par ceux à qui il venait demander asile. Il n'est pourtant pas dans la tradition égyptienne de manquer aux devoirs d'hospitalité, mais, dans la jeune paix recouvrée, on ne pouvait risquer de mécontenter l'Ilkhan. Ainsi finit par un double meurtre cette famille du peuple des Tayidji'ut qui avait dû sa faveur à un service rendu à Gengis Khan, et sa perte à une trahison envers l'un de ses descendants.

Abu Saïd n'avait plus de maître. Son trône ne subsistait que parce qu'il en avait un. Quant il mourut huit ans plus tard, à trente et un ans, empoisonné par son ministre Khwadja (1336), il ne se trouva personne qui fût apte à prendre sa succession.

LA HORDE D'OR AU DÉBUT DU XIVᵉ SIÈCLE

Dans la Horde d'Or, la mort de Nogaï en 1299 laissait les mains libres au khan Toqto'a, mais ne résolvait pas les difficultés. La situation politique était embrouillée, notamment parce que les fils de Nogaï aspiraient à lui succéder et qu'il fallait les abattre. Nous l'avons vu, la répression fut terrible. Les hordes furent traquées, poursuivies, démantelées ; les femmes et les enfants des tribus furent vendus en « nombre incalculable ».

Toqto'a était pourtant conscient de l'épuisement dans lequel la vente continuelle des plus jeunes parmi les Qiptchaq plongeait le pays, et du scandale qu'il causait dans tout le monde mongol. Ghazan, l'Ilkhan, en avait été si choqué qu'il avait essayé d'y mettre fin – sans y parvenir, bien entendu –, et lui-même s'y emploierait, sans plus de succès du reste. Pour l'instant, il recourait à une solution pratique, facile et lucrative – et il n'y voyait sans doute pas autre chose.

Par ailleurs, les descendants d'un des frères de Batu, Orda, à la tête de la Horde Blanche, avaient profité des désordres de la Horde d'Or pour se rendre pratiquement indépendants dans les régions steppiques du Sari-su et du Turghaï. Par suite, les relations des souverains du Qiptchaq avec l'Asie centrale s'en voyaient compromises ; et déjà naissait la possibilité pour les nomades de l'Asie d'intervenir dans les affaires des nomades de l'Europe, menace à laquelle on ne pensait probablement guère, mais qui n'allait pas tarder à se réaliser avec un homme d'une envergure exceptionnelle.

La situation économique n'était pas meilleure. La lutte contre Nogaï avait coûté cher et les ressources tant financières que militaires n'étaient pas loin d'être épuisées. Là-dessus était survenue une période de sécheresses désastreuses, puis une épizootie longue de trois ans (1300-1303) qui emportait chevaux et bétail. C'est seulement quand celle-ci prit fin que les conditions parurent redevenir normales et que le pays commença à se redresser. Il le fit avec une étonnante rapidité.

Il fallait reconsidérer la politique suivie depuis des décennies. L'alliance égyptienne sur laquelle elle reposait était compromise. Les Mamelouks, nous l'avons vu, ne visaient plus à abattre l'Iran, mais à établir avec lui les conditions d'une coexistence pacifique. En 1306, ils avaient refusé de participer à une action que la Horde entreprenait contre les Ilkhans. De ce côté, il fallait attendre des jours meilleurs.

Les relations avec les Latins connaissaient une mauvaise passe, et ce pour des raisons mal établies : peut-être parce que Toqto'a, qui avait essayé de limiter le commerce des esclaves, était lassé de voir les plus jeunes et les plus vigoureux de ses sujets achetés et exportés par les négociants italiens. Al-Nuwairi l'affirme : « En 1307-1308, la nouvelle parvint en Égypte que Toqto'a avait tiré vengeance des Génois établis en Crimée [...] à cause de divers actes qui lui avaient été dénoncés, au nombre desquels le rapt des enfants tartares et leur vente dans les pays musulmans. » Le souverain, dans son irritation, donnait l'impression de faire tout son possible pour nuire aux Génois. En réalité, le commerce italien était fort utile à la Horde d'Or et constituait pour lui une source essentielle de profits, mais c'était là une affaire bien délicate, chacun des deux partenaires entendant en tirer le principal bénéfice. Les Génois ne pouvaient garder leurs comptoirs en Crimée que si les Mongols, qui les leur avaient concédés en 1256 (à moins qu'ils ne leur aient alors confirmé un droit antérieur), le voulaient bien : ils pouvaient aisément s'en emparer. Mais les Italiens pouvaient de leur côté empêcher leurs navires d'arriver ou, s'ils étaient menacés, fermer leurs comptoirs, se rembarquer, fuir sur leurs bateaux et interrompre par là même tout commerce maritime.

En 1307, Toqto'a fit soudain emprisonner tous les marchands italiens de Saraï et mit le siège devant Caffa. Le 20 mai 1308, incapables de résister, les Génois mirent le feu à la ville et prirent la mer. Il fut difficile, après ce qui dépassait les limites d'un simple incident, de retrouver un *modus vivendi*. Quatre ans de réserves et de pourparlers ne furent pas de trop pour amener chacun à oublier son ressentiment et à ne considérer que ses intérêts.

RÈGNE D'ÖZBEG KHAN

Toqto'a n'était pas musulman. Son successeur, Özbeg, l'était, ou, selon certaines sources qui semblent peu crédibles, le devint en 1321. C'était, dit le chroniqueur, un prince intelligent, beau et d'élégante tournure. Monté sur le trône en 1312, il devait y rester longtemps, jusqu'en 1340, ce qui lui permit de mener sa politique avec cette efficacité que seule donne la durée. Sous son règne et sous ceux de ses successeurs, Djanibeg (1340-1357) et Berdibeg (1357-1359), le khanat de Qiptchaq entra dans son époque de grande prospérité et parvint à un niveau de civilisation que ces terres de nomadisme n'avaient pas encore connu. Les Mongols achevèrent de se diluer dans les masses indigènes, toutes turcophones, et la langue des conquérants tomba entièrement dans l'oubli. C'est en turc que les monnaies étaient frappées, avec à l'avers ce vœu : *qutlug olsun*, « qu'il soit heureux », ou, pour rendre l'esprit plus que la lettre : « qu'il possède le *qut* », c'est-à-dire le don du Ciel. C'est en turc que l'on priait, et notamment, comme on devait le faire, pour le souverain. La *Khutba* (le prône du vendredi) dans les mosquées était dite en arabe, mais, comme le précise Ibn Battuta, elle était ensuite traduite en turc, même à La Tana (Azaq).

Quand il était encore prince héritier et au début de son règne, Özbeg avait fait montre d'un prosélytisme musulman agressif qu'avaient mal ressenti ceux que l'on appelait encore des Mongols. Le continuateur de Rachid al-Din raconte que les *noyan* lui auraient répliqué : « Que t'importe notre religion ? Pourquoi abandonnerions-nous le *yasaq* de Gengis Khan pour la religion des Arabes ? » Au moment où s'était ouverte la succession, le trône avait failli lui échapper du fait de la franche opposition qu'ils lui avaient manifesté. Il avait dû prévenir par la fuite l'attentat qu'ils avaient préparé pour l'éliminer. Il s'était réfugié auprès de troupes fidèles, avec lesquelles il avait encerclé les conjurés ; il les avait capturés et fait mettre à mort, éliminant du même coup son seul vrai compétiteur, le fils de son oncle Toqto'a. L'alerte avait été chaude et, s'il était parvenu à se sortir d'affaire, c'était plus par la rapidité de son action que par suite d'un retournement de la situation. Il était assez intelligent pour comprendre que son coup de force ne l'aiderait pas à se rallier les populations, et qu'il devait tenir compte des réalités sociales et politiques s'il voulait durablement régner.

Il demeura donc musulman, un musulman d'ailleurs imprégné de traditions païennes, mais sut maîtriser toute la fougue religieuse dont il avait fait montre dans sa jeunesse, et s'en tint aux principes de la plus stricte tolérance. Il protégea les chamanistes et les chrétiens, renoua avec les Italiens et accorda sa faveur aux missions catholiques. Dès 1313, à la demande du métropolite de Moscou, il octroya de nouveaux privilèges à l'Église orthodoxe – on en trouve l'expression dans plusieurs *yarliq* parvenus jusqu'à nous en traduction russe – et, le 20 mai 1314, il confirma les privilèges comparables que ses prédécesseurs avaient concédés aux frères mineurs. En 1318, Jérôme de Catalogne put rebâtir l'église de Caffa et l'ériger en cathédrale, et dix ans plus tard, le 13 juillet 1328, le pape Jean XXII écrivait au khan pour le remercier de sa bienveillance envers les franciscains et les dominicains. Quand Jean de Marignoli passa sur ses terres en 1335, il le reçut fort bien, le laissa prêcher, baptiser et construire son église.

Toutes les tentatives visant à détourner Özbeg d'une politique que d'aucuns trouvaient trop favorable aux chrétiens tournèrent court. Elles étaient pourtant audacieuses. Vers 1339, un incendie, peut-être allumé par un groupe politique antimusulman dans l'intention de le faire périr, détruisit le palais impérial : on n'hésita pas à en accuser les chrétiens, mais le khan, comme à l'ordinaire, ne s'en laissa pas conter.

Son attitude libérale et volontiers prochrétienne n'empêchait pas Özbeg de s'employer à garder de bonnes relations avec l'Égypte, bien que ce ne fût pas là chose facile. Pour y parvenir, il dut consentir – non sans hésitations : les tractations durèrent plusieurs années – à donner en mariage une princesse gengiskhanide au sultan mamelouk al-Malik al-Nasir, non sans exiger de lui une dot colossale. C'était faire à ce dernier, sans qu'il s'en doutât, une faveur inouïe (1320). L'union ne fut pas heureuse et se termina par un divorce, qui n'arrangerait pas les affaires entre les deux États*.

En revanche, l'amélioration des liens politiques et commerciaux avec les Italiens fut sensible. Dès son avènement, Özbeg avait reçu les ambassadeurs de Gênes pour régler les problèmes qui demeuraient en suspens depuis la destruction de Caffa par Toqto'a et il leur avait donné l'autorisation de relever les murs de la cité et d'y rouvrir leurs entrepôts et leurs comptoirs, de telle sorte que dès 1316 l'activité y était à nouveau intense. Six ans plus tard, il permettait aux Vénitiens de s'installer à La Tana-Azaq, à l'embouchure du Don, où des mis-

---

* On parla aussi de la mort de la princesse mongole.

sionnaires franciscains œuvraient dès avant 1318. Ce nouveau comptoir deviendra vite une base commerciale de la plus haute importance.

Les Russes continuaient à subir la domination mongole et une fiscalité qui ne cessait de s'alourdir. Le khan n'avait en outre pas renoncé à se juger sinon le maître, du moins l'arbitre de l'Europe orientale et des Balkans. Mais, là encore, les crises ne manquaient pas. Il fallut – et ce fut la dernière fois qu'on le put – envoyer une armée en Thrace, et bien souvent intervenir directement contre les princes russes. L'affaire la plus grave, dont les conséquences seraient lourdes, éclata le 15 août 1327 quand la ville de Tver se révolta et massacra les commissaires de la Horde d'Or. Elle couvait depuis longtemps. Dès les débuts du xive siècle, Tver avait commencé à jouer un rôle de premier plan dans l'aréopage des petits États slaves et cherchait à les dominer. Contre elle, une nouvelle venue, Moscou, élevait des prétentions rivales et Novgorod accumulait les obstacles. Cette dernière crut devoir dénoncer l'ambitieuse, et parvint à la faire mettre en accusation à Saraï. Le prince de Tver, Mikhaïl, y fut convoqué et exécuté.

Pour réprimer la révolte qui suivit la mort du prince, Özbeg estima préférable de laisser les Russes faire la police chez les Russes et confia au prince Ivan Kalita de Moscou 50 000 hommes avec ordre de transformer en désert la province de Tver. Ainsi débuta la puissance de Moscou. C'est elle qui deviendra le noyau autour duquel se cristallisera la future Russie. Mais elle naissait dans une sorte d'abjection. Le fils d'Ivan, Siméon le Fier, n'ira pas moins de cinq fois s'humilier à la Horde pour en obtenir des faveurs.

Pendant que se déroulaient ces événements, une nouvelle puissance, la Lituanie, prenait son essor. Elle s'était non sans peine débarrassée des Allemands, des Polonais et des Russes, et, dans les premières années du xive siècle, Gedymin (1316-1341) avait fait de Vilno une solide base pour une expansion dont il voyait l'ampleur possible, tant par suite de la destruction des Polonais par les Mongols que par l'assujettissement des Russes, chez qui il pouvait espérer trouver des oreilles attentives au poème de la liberté qu'il n'omettait pas de chanter. A cet effet, bien que païen, il avait l'habileté de témoigner le plus grand respect à l'Église, toujours tentée de demeurer fidèle aux Mongols dont elle tirait tant d'avantages. A force de patience, de ruse et de travail, il parvint à dresser un véritable mur dont l'effet était de protéger l'Europe contre toute nouvelle poussée que les Tartares eussent pu vouloir exercer contre elle. Cependant, les principautés russes, et Moscou en tête, ne considéraient pas son action sans déplaisir. Elles redoutaient Gedymin plus encore que les Mongols, ou plutôt elles ne voyaient pas ce qu'elles pouvaient espérer de lui, alors qu'elles savaient ce qu'elles obtenaient des Mongols.

Dans toute cette affaire très septentrionale, Özbeg, mal renseigné semble-t-il, ne savait trop quelle attitude adopter, et sa politique tendait à se calquer sur celle de ses sujets russes qui le tiraient à hue et à dia, l'incitaient à demeurer passif ou au contraire à opérer contre la Lituanie : c'est ce qu'il fit notamment en 1322 et 1340 quand le prince de Smolensk se mit sous la protection de Gedymin. Ni ces opérations, somme toute anecdotiques et secondaires, ni la crise successorale qui secoua le pays à la mort de Gedymin, n'empêchèrent la Lituanie, avant même qu'Olgard ne succédât à son père, de prendre en main la vieille Russie kiévienne, achevant ainsi le glacis protecteur de l'Europe entre la Baltique et la mer Noire, et isolant le monde des steppes de toute influence occidentale.

Si Özbeg avait échappé aux attentats, son fils Tanibeg n'eut pas sa chance. Il périt avant même de pouvoir accéder au trône (1342). C'était un prince si proche des chrétiens qu'il avait choisi pour conseiller un franciscain. Son attitude effrayait les musulmans, comme l'exprima fort bien Ibn Battuta. Eût-il régné que, malgré le dynamisme musulman, le christianisme eût peut-être fini par l'emporter chez les Qiptchaq. Qu'on l'ait tué prouve peut-être que ce destin n'était déjà plus possible.

DJANIBEG ET LA GRANDE PESTE

La mort d'Özbeg et l'assassinat de Tanibeg ouvrirent la voie du trône à un autre fils du souverain, Djanibeg (1340-1357). Il sut moins bien que son père résister aux pressions du fanatisme musulman, quoiqu'il eût conscience de la nécessité pour la Horde de continuer à donner à ses vassaux chrétiens toutes les garanties qu'ils pouvaient désirer, et qu'il eût confirmé les privilèges du clergé par au moins trois *yarliq* que lui-même, ou sa mère (à moins que ce ne soit son épouse), promulgua et que nous connaissons. En trente ans, l'islamisation avait effectué dans le khanat des progrès considérables et l'islam sentait le moment venu d'emporter une victoire définitive sur les chrétiens.

Ce furent d'abord les comptoirs italiens qui firent les frais de la nouvelle politique. En 1343, des émeutes religieuses mirent aux prises Italiens et musulmans. Djanibeg chassa les Vénitiens de La Tana et vint à deux reprises assiéger Caffa, sans pouvoir s'en emparer (1343, 1345). Le volume des échanges commerciaux baissa si fortement, d'autant plus que les Latins faisaient le blocus des côtes de la mer Noire, que le khan fut finalement obligé en 1347 d'autoriser la réouverture des comptoirs et de cesser toute pression contre eux. Comme on ne pouvait s'en prendre ni aux catholiques, indispensables à l'économie, ni aux orthodoxes, sous peine de risquer une insurrection générale, on se contenta d'exercer son intransigeance religieuse à l'encontre des seuls « Mongols ».

Les desseins de Dieu sont impénétrables. Le rétablissement du commerce criméen fut un grand malheur. Il en résulta une des plus terribles catastrophes que la terre ait jamais connue, pire que celle causée par Gengis Khan, dont les effets les plus dramatiques avaient au moins été circonscrits à des régions précises de l'Eurasie, car celle-là ignora toute frontière et n'eut pas de contrepartie. « La face du monde habité changea », note le grand Ibn Khaldun. L'année même où les comptoirs se rouvraient, l'épidémie de peste faisait son apparition à la Horde et « dépeuplait villes et villages ». Des steppes, elle gagna la Crimée, « où elle faisait chaque jour mille victimes ». Des bateaux italiens l'emportèrent avec eux à Byzance, en Égypte, en Syrie, où la moitié de la population périt, en Afrique du Nord et en Europe occidentale, d'abord à Messine, Venise, Gêne, Marseille et Barcelone. Lâchée comme un fauve affamé sur les côtes et dans les ports, elle trouva vite les chemins conduisant au plus loin dans les terres, où elle pût assouvir sa faim. Au printemps de 1348, elle ravagea la Provence, le Languedoc, épargnant ici, frappant là sans pitié (8 survivants sur 140 frères dans un couvent dominicain de Montpellier). A l'été, elle avait submergé tout le pays et détruit environ le tiers de la population. Elle disparaîtra en 1349, mais effectuera de brusques retours les années suivantes.

L'épidémie obligea la Horde d'Or à renoncer à toute grande entreprise militaire. Tout au plus, alors qu'elle commençait à peine à émerger du cauchemar, en 1355, profita-t-elle de l'anarchie qui régnait en Iran pour occuper cette province d'Azerbaïdjan qu'elle n'avait jamais cessé de convoiter. Elle s'y maintiendra trois ans. En 1357, Berdibeg, qui y avait été laissé comme gouverneur, fut rappelé par la mort de son père, victime d'une révolution de palais. Le prince paya de sa conquête le prix de l'accession au trône. Il n'y restera que deux ans (1357-1359).

La scission du Djaghataï

Après la mort de Kebek en 1326 et le bref passage au pouvoir de ses deux premiers successeurs, le khanat de Djaghataï revint à Tamarchirin (1325-1333). Ce prince avait dû professer le bouddhisme, comme semble le prouver son nom dérivé du sanscrit *dharmaçri*, mais il avait eu la mauvaise idée de se convertir à l'islam sous le nom d'Ala al-Din. Bien que ce fût – selon Ibn Battuta, qui a laissé de lui un portrait flatteur – un pur Mongol, plus conservateur que tout autre chef demeuré chamaniste, au point que même en hiver il préférait vivre sous la tente plutôt que dans un palais, son adhésion à la religion musulmane causa un vif déplaisir parmi les populations nomades, et ce d'autant plus que, contrairement à ce qu'avait décidé Kebek, loin de se rendre chaque année dans les provinces du nord, il demeura quatre ans de suite dans les régions limitrophes du Khorassan. En revanche, sa personnalité et les preuves d'attachement qu'il donnait à la Transoxiane étaient appréciées par les populations sédentaires et agricoles, celles qui précisément professaient l'islamisme et vivaient dans le sud de l'empire. Auprès d'elles, il était sûr de trouver une oreille favorable et il tendait à la rendre plus bienveillante encore en encourageant la propagande musulmane et en faisant tous ses efforts pour que progressât l'islamisation des masses. Cela ne le rendait certes pas persan pour autant, et, quoiqu'il eût un guide spirituel iranien, il récitait chaque jour ses prières en turc. Cela ne changeait d'ailleurs pas non plus sa politique étrangère : il continuait à guerroyer contre d'autres États musulmans, notamment contre les Ilkhans, razziant le Khorassan ou pillant Ghazni.

La tension ne cessait de croître dans les tribus qui, ayant peu évolué depuis un siècle, ne toléraient pas qu'un prince se donnât des allures de roi et de sultan. En 1334, alors que la Transoxiane lui demeurait fidèle, elles se soulevèrent contre lui et le déclarèrent déchu. A sa place, elle proclamèrent khan un de ses neveux, Djenkchi (Tchenkchi), parfois présenté comme un petit-fils de Duwa, parfois aussi comme un fils de Kebek.

La scission du khanat de Djaghataï était accomplie. Il y avait deux souverains, et deux royaumes : l'un au nord, païen et mongol ; l'autre au sud, musulman et turco-iranien. Tous deux se prétendaient djaghataïdes, et ils l'étaient. Il s'ensuivit dans le premier une vive réaction contre l'islam, dont profitèrent les nestoriens, les missionnaires catholiques – très actifs dans le pays – et sans doute les bouddhistes. De Djenkchi, Ibn Battuta dit : « Il tourmenta les musulmans, traita injustement ses sujets et permit aux juifs et aux chrétiens de réparer leurs temples [un comble, en effet !]. Les musulmans s'en plaignaient. »

Ils ne firent pas que s'en plaindre. Leur exaspération fut telle que, faute de pouvoir s'en prendre aux Mongols, ils se livrèrent à un massacre de chrétiens occidentaux qui séjournaient à Almaliq (1339). Cinq religieux et quelques autres Latins périrent dans cette brève mais violente flambée de fanatisme. L'État reprit vite le contrôle de la situation et rétablit aussitôt les libertés religieuses. Mais si les chrétiens recouvrèrent leur liberté et leurs droits, les missions et l'Église d'Asie centrale eurent du mal à se relever du coup qui leur avait été porté, d'autant plus qu'au moment même où il aurait fallu recevoir des renforts d'Europe allait éclater la Grande Peste, qui, tuant les hommes, tua plus encore les vocations. Avant que ne survînt le fléau, un an après le massacre d'Almaliq, il passa néanmoins un missionnaire d'importance que nous retrouverons en Chine : Jean de Marignoli. Il témoigne qu'il put prêcher librement, construire une église et procéder à de nombreux baptêmes.

Les deux royaumes ne connurent guère de stabilité. Au sud, en Transoxiane, le khan chercha en vain à mater la noblesse turque, qui constituait pourtant le véritable support de son pouvoir. Il fut renversé par une alliance de grands seigneurs ayant à leur tête l'émir Qazghan, un des principaux champions de l'aristocratie, dont le fief se trouvait au nord de Kunduz (1346-1347). Celui-ci, maître du pays entre les deux fleuves, éleva au khanat un descendant d'Ögödeï : il rompait ainsi avec la légitimité djaghataïde, mais, malgré sa puissance, reconnaissait implicitement qu'il n'était pas possible d'établir un pouvoir turc, pas plus que tout autre pouvoir, qui ne reposât pas sur la légitimité gengiskhanide. Au reste, le khan qu'il s'était choisi ne fit pas son affaire. Il le destitua et revint aux Djaghataïdes en intronisant un petit-fils de Duwa, Buïan Quli. On voit où en étaient arrivés les descendants de Gengis Khan : les nobles d'entre les nobles n'étaient plus que des créatures aux mains de ceux qui avaient fait serment de les servir ! Leur famille n'avait rien perdu de son prestige ; leurs personnes n'en avaient rien conservé.

Qazghan fut donc le véritable maître. Il gouverna non sans mérites de 1347 à 1357, à un moment où tout allait basculer puisque rien ne semblait, en Transoxiane, s'opposer à une restauration iranienne. Il s'agissait de savoir si l'élément turc résisterait à l'élément iranien ou serait emporté par lui. Cet enjeu n'empêcha pas l'assassinat de l'homme fort de la Transoxiane. Son fils, Mir Abdallah, lui succéda. Il était incapable, et se montra stupide. Entraîné par sa passion amoureuse, il fit tuer le khan fainéant, Buïan Quli, pour s'emparer de sa femme (1358). L'indignation fut générale. Les nobles se réunirent pour chasser Mir Abdallah jusqu'au nord de l'Hindu Kuch. Il y trouva la mort. Parmi les membres du complot qui l'avait abattu figurait un certain Hadji Barlas, oncle vrai ou supposé du futur Tamerlan.

Au nord, dans ce qu'on nommait le Mogholistan, la situation était des plus confuses. Djenkchi, qui, dit-on, conférait sur tous les sujets avec les *bakhchi* – ce mot désignait à l'époque des chamans, et plus souvent des moines bouddhiques –, ne régna que quatre ans (1334-1338). A sa mort, le pays tomba dans l'anarchie jusqu'à ce qu'un des principaux clans, celui des Dughlat, prît l'initiative de faire rechercher un descendant de Djaghataï non inféodé aux Transoxianais – et donc à l'islam – pour lui confier la tâche de restaurer l'État. On le trouva en la personne de Tughluq Timur, un prince de dix-huit ans que l'on disait fils d'Esen Buga, mais qui était plus vraisemblablement son neveu. Le choix n'était pas mauvais. Il s'agissait d'un homme droit et énergique, doté d'une forte personnalité. On le reçut avec honneur et on le proclama khan en 1347.

LES DERNIERS EMPEREURS YUAN

En Chine, à la mort de Temür Oldjaïtu, le trône fut disputé entre deux descendants de Khubilaï : son petit-fils Ananda, gouverneur du pays tangut, et son arrière-petit-fils Qaïchan, apanagé en Mongolie. Ananda avait certes défendu avec vaillance ses domaines contre Duwa. Mais Khaïchan, par sa victoire de 1301, était l'artisan de la liquidation de Qaïdu et en avait tiré du prestige ; par ailleurs, il était à la tête de la meilleure armée mongole, celle des cavaliers de la steppe. Les jeux semblaient faits, et ils l'étaient.

Ananda, en dépit de son nom bouddhique, était musulman. Il en était d'autant plus mal vu qu'il ne cachait pas son vœu d'imposer l'islam dans son empire ; or ce qui avait pu à la longue arriver dans des pays au moins en partie islamisés n'avait aucune chance de se produire dans des contrées qui ne l'étaient pas. Il fallut se battre. Ananda fut vaincu et mis à mort. Qaïchan, bon guerrier bien qu'on le dît bouddhiste, aurait pu donner des espoirs si les plaisirs ne l'avaient prématurément usé. Les abus l'emportèrent à trente et un ans, le 27 janvier 1311. Son frère et successeur, Buïantu, doux, bienfaisant, pacifique, mourut presque aussi vite, à trente-cinq ans, le 1er mai 1320. Le fils qu'il laissa au pouvoir, Suddhipala, fut assassiné à vingt ans, après trois ans de règne (septembre 1323).

Yesün Temür, qui gouvernait la Mongolie, fut proclamé le 4 octobre 1313 dans ses campements, ce qui évoquait aux yeux des traditionalistes les anciens *quriltaï*, et couronné à Pékin le 11 décembre. Incapable, stupide, prisonnier d'une cour énorme et ruineuse, disent les Annales chinoises, et de surcroît miné par la débauche, il ne résista pas à des vices que rien ne freinait et disparut le 15 août 1328. Sur la dynastie semblait s'abattre une malédiction qui n'était que la rançon de ses excès. Ce n'étaient plus des princes, mais de pauvres corps que ravageaient les maux. Où était donc passée la force des Mongols ? On n'y pensait même plus. Après la mort de Yesün Temür et pendant cinq années, on eût dit que les souverains montaient sur le trône et en descendaient sans même avoir eu le temps de s'y asseoir, aussitôt engloutis dans l'oubli. Ce furent, en 1328, Togh Temür d'abord, puis Kusala ; en 1329, à nouveau Togh Temür ; en 1332, Rintchenpal, qui n'avait que six ans ; en 1339 enfin, Toghan Temür.

Toghan Temür, intronisé le 19 juillet 1333, eut un règne assez long, mais il fut le dernier des Yuan. Il ne valait guère mieux que ses prédécesseurs et ne les surclassa que par la longévité. Il acheva de ruiner le peu de prestige que conservait la dynastie, si elle en conservait encore. Veule, il partageait son temps entre les lamas tibétains et les mignons ; il s'abrutissait tour à tour de débauches et de dévotions, content de tout pourvu qu'on eût l'air de le traiter en dieu. Un Fils du Ciel à la chinoise, et non à la mongole ! La Chine n'a jamais détesté ces rites impériaux, et c'est peut-être pourquoi l'empire ne disparut pas plus vite. La nullité des souverains nous surprend alors moins que le fait que cette nullité ait tout de même laissé un demi-siècle de vie à la dynastie, qu'elle se soit suffisamment bien dissimulée pour ne pas donner une ride au visage qu'elle recouvrait.

L'Empire allait mourir. L'Empire se mourait. L'Empire, néanmoins, était dans toute sa gloire.

CHAPITRE XVIII

L'Empire dans sa gloire

Le XIIIᵉ siècle avait été le siècle des grandes conquêtes. Le XIVᵉ, au moins dans sa première moitié, est celui de la reconstruction et de l'essor. On se bat encore, souvent entre soi, moins avec les autres, mais, après l'effarante épopée, la guerre reprend un visage plus familier, presque banal. On aurait cru tout tué. Beaucoup, en effet, étaient morts. Bien plus étaient blessés, qui tentaient de guérir. Ce qui avait sauvé l'ancien monde eurasiatique et ce qui lui avait permis de franchir — non sans dommages, mais somme toute victorieusement — la terrible époque de l'expansion mongole, c'est avant tout, il faut bien le dire, les immenses réserves de civilisation qu'il avait amassées. C'est aussi que, au fur et à mesure que les conquérants détruisaient, ils se mettaient aussitot à reconstruire. On l'oublie trop facilement au spectacle des ruines, en ne songeant qu'à elles. Et que représentent après tout ces ruines étalées sur un grand nombre d'années, en comparaison de ce que fera la peste en un ou deux ans ? Gengis Khan n'était pas encore mort, l'édification de l'Empire était loin d'être achevée et le massacre loin de toucher à sa fin, qu'étaient déjà posés les fondements de ce qui allait caractériser l'Empire, et que partout ou presque la machine était remise sur ses rails, sans temps mort.

Dans les deux grandes terres où la civilisation était plus que millénaire, la Chine et l'Iran, la vie renaissait, tout comme après un incendie l'herbe repousse plus drue. On aurait dit un immense printemps. L'été ne viendra pas, les Mongols n'auront pas le temps de donner leur pleine mesure, mais ce qui fleurissait dans cette saison intermédiaire avait l'éclat que prend la nature quand l'hiver est fini, et préparait pour d'autres une belle saison.

La Chine, moins dévastée que l'Iran, n'avait pas été complètement conquise et unifiée avant 1279. Les Yuan en seront expulsés en 1365. L'activité économique et culturelle n'y fut donc intense que pendant trois quarts de siècle, ce qui est peu au regard de l'histoire. Et pourtant la dynastie des Yuan prendra une place honorable dans la liste des dynasties chinoises.

En Iran, où les plaies avaient été plus graves, les Ilkhans ne régnèrent pas davantage. Le pays avait été soumis un peu plus tôt, mais la dynastie mongole disparut en 1355. Aucune œuvre significative ne fut accomplie, ni même élaborée, avant les années 1280-1290, ce qui veut dire que la période créative ne dure guère qu'une cinquantaine d'années. Mais, tout comme les Yuan tiennent leur rang en Chine, les Mongols d'Iran tiennent le leur dans l'histoire de la civilisation musulmane.

Dans les deux autres grands *ulus*, celui de Djaghataï et celui de la Horde d'Or, où le temps fut moins compté, il n'y avait pas encore – sauf en Afghanistan, en Transoxiane et, dans une moindre mesure, chez les Bulgares de la Kama – de grands foyers de civilisation ; partant donc de plus bas, l'Empire y eut davantage à faire. Les terres de nomadisme restèrent ce qu'elles étaient ou peu s'en faut ; mais celles où la vie sédendaire était de tradition ou se développait connurent un vif essor. Nous le percevons moins parce que Tamerlan est passé par là : d'une part il accumula à son tour les destructions, et de l'autre il suscita la haute renaissance timouride qui brilla d'un tel éclat qu'elle estompa le reste.

Dans le fracas des armes, on oublie trop que l'histoire mongole ne fut pas seulement celle de la conquête du monde, mais aussi celle d'une véritable civilisation.

GENÈSE DE LA CIVILISATION MONGOLE

Maints faits concourent à donner aux empires mongols ce qu'il faut bien appeler leur splendeur, quoique ce terme, aux yeux des contemporains, n'ait vraiment été adéquat que pour parler de la Chine.

C'était donc d'abord la force que les peuples trouvaient en eux-mêmes, dans leur passé, dans leurs immenses traditions, qui devait constituer le moteur premier de leur redressement. Sans elle, aucune vie n'eût été possible. Une nation meurt quand on a coupé ses racines. C'était ensuite, nous l'avons dit, le fait que les Mongols avaient aussitôt creusé des fondations solides sur lesquelles ils allaient construire leur empire : une excellente administration, une absolue droiture morale, un ordre social nouveau fondé sur la tolérance absolue et sur la coexistence des croyances, des cultes et des ethnies, une égalité de tous – même des plus grands – devant la loi, pour ne rappeler ici que quelques-unes des vertus que nous avons déjà eu l'occasion de découvrir.

Cette infrastructure n'empêcha pas un long déclin consécutif aux guerres, une régression qui, en certains lieux, fut à la fois catastro-phique et peut-être définitive, mais elle permit que, dès les années 1280-1290, dans l'immense majorité des terres de l'Empire, la vie reprît ses droits et que renaquît la civilisation.

On parle ici d'art mongol, là de la culture des Yuan ou de la civilisation de la Horde d'Or, à la fois comme si chaque région de l'Empire avait présenté un visage différent – ce qui est vrai en grande partie – et comme si, malgré cette diversité, il y avait eu une expression purement et universellement mongole – ce qui est faux pour l'essentiel. Les Mongols, partout où ils s'installèrent, apportèrent peu ou prou ; non seulement ils fléchirent le cours normal des anciennes civilisations, mais ils l'altérèrent souvent. On le perçoit peut-être mieux en Extrême-Orient qu'au Moyen-Orient, parce que dans cette dernière région les Mongols n'innovèrent pas vraiment et ne firent que ranimer l'apport si novateur des Turcs, apport relativement récent (fin du XIe siècle) si l'on se réfère aux Seldjoukides, ou plus ancien (IXe siècle) si l'on pense aux mercenaires au service des califes abbassides. Mais on ne saurait parler sans abus de langage d'une civilisation mongole comparable par exemple aux civilisations romaine ou arabe. Celles-ci résultèrent d'une longue genèse. Pour n'évoquer que lui, l'Islam clas-sique, avec tout ce qui le caractérise, ne fut guère constitué qu'aux IIIe et IVe siècles de l'Hégire. Il n'y aurait pas eu de civilisation arabe si la domination des Arabes n'avait duré qu'un siècle. Le temps manqua de toute évidence pour qu'une fusion se réalisât, en admettant que celle-ci fût possible, dans l'Empire ou dans les empires mongols.

Malgré l'ampleur du brassage des populations, le génie des plus grands – Chinois, Iraniens, Turco-Mongols – était trop puissant et les masses humaines trop importantes pour qu'un creuset pût les fondre. Les rapports étroits entre la Chine et l'Iran permirent l'arrivée d'influences chinoises en Iran et iraniennes en Chine, mais il n'en naquit pas un art et une pensée irano-chinois. Le bouddhisme tibétain infléchit les tendances iconographiques dans la Chine du Nord, mais il ne se créa pas d'art sino-tibétain. Que dire alors de ce que purent apporter les Européens, Latins ou Slaves, et tous les autres ? Qu'un orfèvre parisien, Guillaume Buchier ou Boucher, dès le temps de Mongka, ait œuvré en Mongolie est intéressant, mais ne dut pas avoir de conséquence, ou si peu, sur l'artisanat des conquérants. Bien évi-demment, des sols moins favorisés par les Muses furent plus profon-dément transformés, mais par l'adoption quasiment en bloc de modèles étrangers, ainsi à la Horde d'Or, qui apparaît un peu comme une annexe culturelle du prestigieux Kharezm et de sa capitale, Urgendj.

Cela ne veut pas dire qu'il n'y eut pas de spécificité mongole, que sous les divers masques que présentent la Chine, la Corée, la Trans-oxiane, la vallée de la Volga ou l'Iran, on ne puisse pas deviner des traits communs puissants et originaux. Cette spécificité tient d'abord à la forte personnalité des Mongols et à leurs vertus déjà évoquées. Elle découle ensuite de facteurs plus particuliers, dépendant au reste les uns des autres ou s'enchaînant, sur lesquels nous avons moins insisté et qu'il convient d'autant plus d'examiner ici qu'ils constituent par eux-mêmes des manifestations éclatantes de la civilisation mongole. Ce sont, successivement : la création d'un remarquable réseau de communications ; l'essor du commerce international et des échanges culturels qui en résulta ; l'épanouissement artistique et intellectuel, conséquence de la richesse qui permit le mécénat.

LA ROUTE DE LA SOIE

Il est généralement admis que le souci des Mongols pour les voies de communication procéda de la nécessité dans laquelle ils se trouvaient de déplacer aussi vite que possible leurs forces armées, de transmettre leurs ordres et de recevoir des informations. C'est vrai, mais seulement en partie. Il ne faut pas oublier que ces voies de communication répondirent aux besoins du commerce, préoccupation majeure des conquérants dès le temps de Gengis Khan ainsi que suffirait à le prouver la guerre du Kharezm, déclarée – qu'il se soit agi ou non d'un prétexte – à la suite de la destruction d'une caravane. Il faut également se souvenir que par ces voies passèrent non seulement des soldats, des diplomates, des gouverneurs et des commerçants, mais aussi des missionnaires et des aventuriers. C'est grâce à elles et à elles seules que des civilisations séparées par la distance purent entrer en contact et s'influencer.

La grande voie intercontinentale qui porte le nom prestigieux de route de la Soie évoque à elle seule tout le commerce médiéval, mais il convient de garder en mémoire d'autres chemins, moins célèbres, qui avaient aussi toute leur importance : celui des épices de l'Inde et de l'Asie du Sud-Est, ou celui des fourrures du Nord, pour ne citer que les principaux. Pas plus que ces derniers, la route de la Soie n'est une création des Mongols. Elle existait plus d'un millénaire avant eux, mais on leur doit de l'avoir développée, de l'avoir rendue plus sûre, plus rapide, et de l'avoir transformée. Avant eux, les hommes qui l'empruntaient ne parcouraient en général que de courts trajets, allant d'un relais à un autre, plus rarement des confins chinois aux confins iraniens. Il n'était pas toujours possible de quitter sa province ; c'était parfois dangereux et jamais indispensable. Il suffisait de transmettre à son voisin, qui, à son tour, transmettait à un autre. Avec les Mongols, pour la première fois, sauf exceptions insignes, les mêmes hommes

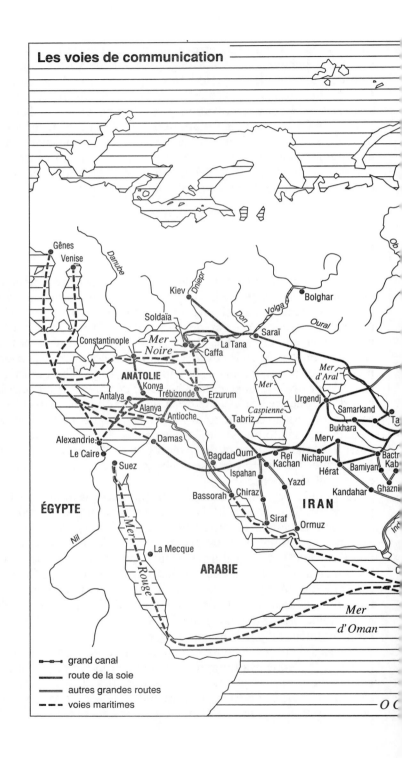

Les voies de communication

grand canal
route de la soie
autres grandes routes
voies maritimes

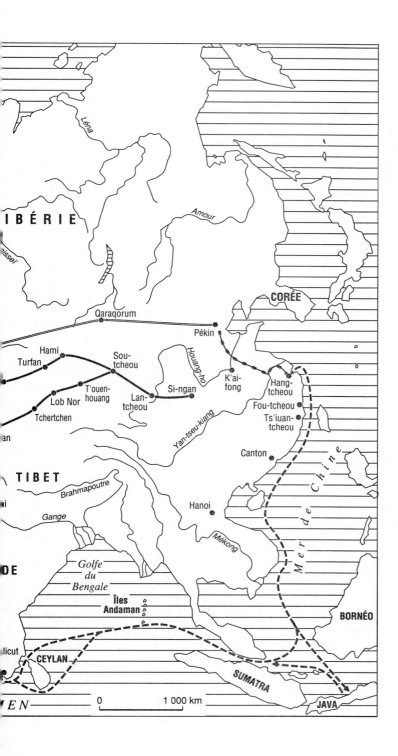

purent apporter eux-mêmes les marchandises à leurs destinataires, à tout le moins éliminer un grand nombre d'intermédiaires.

Le route de la Soie est connue dès le début de notre ère par les textes chinois et par des rapports, recueillis vers l'an 100 par Martin de Tyr et conservés par la *Géographie* de Ptolémée, postérieure d'un demi-siècle, mais elle existait certainement déjà depuis longtemps. C'est une légende qui prétend qu'elle a été inaugurée par un général de l'empereur Wou au IIe siècle avant notre ère. Elle avait pour fonction de relier l'Extrême-Orient au bassin de la Méditerranée en traversant l'Asie centrale et le Moyen-Orient, et d'acheminer les précieuses soieries dans les empires persan et romain. Pline raille les « belles dames » qui obligent « à traverser toute la terre de bout en bout » afin de pouvoir exhiber leurs charmes sous une gaze transparente.

Dans sa partie orientale et centrale, la route de la Soie suivait depuis toujours les mêmes itinéraires. Dans sa section occidentale, son tracé variait au contraire au gré des vicissitudes politiques. Dans l'Antiquité, après avoir atteint l'Iran, elle passait par le sud de la Caspienne, franchissait le Tigre et l'Euphrate, touchait Palmyre et aboutissait à Tyr ou à Sidon, sur la côte phénicienne. Encore n'est-il pas sûr qu'il en allât toujours ainsi, car de multiples possibilités s'offraient à elle.

A l'époque mongole, la route de la Soie partait de Si-ngan-fou (Xian) dans le Chen-si (Shaanxi), passait par Lan-tcheou (Lanzhou), Kan-tcheou (Ganzhou) et Sou-tcheou (Suzhou). Dans cette dernière ville, elle se divisait en deux pour contourner le désert du Takla Makan. Par le septentrion, elle gagnait Hami, au prix d'une dure étape parsemée de rares puits, puis Turfan, Kutcha, Aksu et Kachghar. Par le sud, elle longeait l'Altin Dag pour atteindre le Lob-nor, Tchertchen, Khotan, Yarkand et Kachghar. A Khotan ou à Kachghar, elle était rejointe par la piste, difficile et souvent obstruée par la neige, venant des Indes, qui commençait dans le Pendjab, passait par Gilgit (située sur le haut Indus), traversait la chaîne du Karakorum et débouchait au Turkestan chinois. Une transversale reliait Aksu à Khotan sur 600 kilomètres de déserts mal arrosés par les maigres affluents du Tarim. A Kachghar, la route de la Soie butait sur une immense masse de montagnes, dont elle venait à bout soit en se glissant entre le Pamir au sud et le T'ien chan au nord, soit en gravissant la haute pénéplaine du Wakhan ; dans les deux cas, elle franchissait des cols dépassant les 4 000 mètres d'altitude (col de Kizil Arik, 4 400 mètres ; col de Tahta Toru, 4 900 mètres), puis débouchait dans la vallée du haut Oxus (Amou-Darya) où elle rejoignait une seconde route venue des Indes. Cette dernière naissait à Peschawar, empruntait les passes de Khyber, traversait la province de Kabul, contournait le Koh-i Baba par le sud pour monter au célèbre gîte d'étape de Bamiyan – à 1 600 kilomètres de Kachghar, mais à peu près à mi-chemin entre Bactres et Peschawar –, d'où elle redescendait vers Bactres (Balkh) ou Kunduz.

A partir de la Bactriane et de la Transoxiane, l'itinéraire variait. On pouvait soit descendre le cours de l'Amou-Darya, ou passer par Samarkand et Bukhara, pour arriver au fertile delta du fleuve, le Kharezm proprement dit, et à Urgendj, sa capitale ; soit gagner le Khorassan et Hérat, et se diriger par le nord de l'Iran jusqu'à la mer Caspienne. On rejoignait dans ce cas une troisième route indienne qui traversait le Sulaïman Dag et passait par Kandahar.

De la Transoxiane, il était loisible de contourner par le nord ou par le sud la mer Caspienne. Par le nord, on franchissait l'Oural, la Volga et le Don pour marcher sur Kiev à travers le pays qiptchaq, ou bien l'on descendait le cours du fleuve pour atteindre la Crimée et la mer d'Azov où étaient installés les comptoirs italiens, La Tana-Azaq et Caffa, dont les navires se chargeaient de transporter les marchandises en mer Noire, à Byzance et en Méditerranée.

Par le sud de la mer Caspienne, on passait au pied des monts Elbourz par les villes de Damghan, Semnan, Reï, Qazvin, Sultaniye, Tabriz. De Tabriz, on gagnait Erzurum et Trébizonde, où l'on embarquait pour Constantinople. Plus rarement à l'époque où l'on avait à craindre les Mamelouks, on pouvait traverser l'Asie Mineure du nord-est au sud-ouest pour gagner les ports seldjoukides d'Alanya (alors Alaiyya) et d'Antalya, voire les terres byzantines. Le nombre des caravansérails du XIIIᵉ siècle qui parsèment encore l'Anatolie atteste que bien des marchands devaient transiter par le royaume seldjoukide pour atteindre Constantinople ou les ports du Midi.

La route du nord de la Caspienne était aussi celle qui conduisait à Qaraqorum. Rubrouck la suivra ; mais elle n'était que rarement utilisée pour aller en Chine. Après avoir dépassé la mer d'Aral et s'être éventuellement arrêtée à Urgendj, elle se dirigeait sur le lac Balkach dont elle longeait les rives septentrionales ou méridionales : dans le premier cas, pour toucher à l'Ala Köl et au pays des Naïman, au sud de l'Irtych noir ; dans le second, pour gagner l'Isiq Köl par la région de l'actuelle ville d'Alma-Ata et remonter vers le nord-est, où l'on rejoignait l'itinéraire précédent.

LA ROUTE MARITIME

Comme la route intercontinentale traversait inéluctablement les domaines des Ögödeïdes et des Djaghataïdes, elle se trouva parfois coupée – et plus souvent encore menacée de l'être – par suite des guerres intestines. Aussi la voie maritime prit-elle la première place dans les relations entre l'est et l'ouest dès la fin du XIIIᵉ siècle.

En théorie, la voie maritime n'exigeait pas que l'on passât le flambeau de port en port comme on le faisait de relais en relais sur la voie terrestre. Les mêmes personnes pouvaient aller d'Arabie en Chine et de Chine en Arabie. Des Arabes le firent et racontèrent leur voyage, et des Chinois aussi. Mais un tel exploit était rare, et, dans la pratique, on débarquait et rembarquait dans les ports marchandises et idées. La grande nouveauté sous la domination mongole fut que des gens d'Europe ou de Chine désireux d'aller en Extrême-Orient ou en Occident, du fait de la coupure de la route intercontinentale, aient voulu et pu emprunter la voie maritime.

La navigation entre l'Inde et les pays du Proche-Orient était ancienne et bien organisée. Il ne semblait pas question pour les Mongols d'en enlever le quasi-monopole aux Arabes et aux Indiens, mais ils comptaient bien en prendre leur part, et, à cette fin, faisaient opérer leur marine dans le golfe Arabo-Persique. La navigation entre l'Inde et la Chine avait les mêmes lettres de noblesse, mais les Chinois la pratiquaient depuis longtemps et il était plus aisé pour les Yuan d'en avoir sinon l'exclusivité, du moins la meilleure part. Des ports chinois − Canton, Fou-tcheou, Ts'iuan-tcheou et Quinsay (Hang-tcheou) en particulier − ne tardèrent pas à partir des bateaux qui effectuaient un trafic presque incessant avec le sous-continent indien, Ceylan et l'Indonésie. Les ports indiens − Cail sur la côte orientale en face de Ceylan, Quilon, Calicut, Thana de Salsette, près de l'actuelle Bombay, et Cambay, bien à l'abri de la presqu'île de Gudjerat − assuraient le transbordement des passagers et des marchandises venus d'Occident ou s'y rendant. Partout, en Inde comme en Chine, si l'on en croit les informateurs − et ils sont trop unanimes pour ne pas le croire −, les bateaux étaient innombrables et de très fort tonnage. Ibn Battuta voulant quitter Calicut en trouva treize, tous en partance, et il affirme que les grands ports abritaient jusqu'à 15 000 vaisseaux. Beaucoup étaient certes petits, mais il y en avait de très vastes, sans comparaison avec ceux des flottes occidentales. Les courriers de Chine à quatre ou cinq mâts, portant dix voiles, auraient jaugé jusqu'à 500 tonneaux et auraient pu recevoir jusqu'à 1 000 hommes, dont 600 marins et 400 guerriers ! Ibn Battuta exagère peut-être, mais Odoric de Pordenone, en Inde, embarquera à Coulam (Quilon) sur une jonque avec, dit-il, quelque 400 passagers dont un grand nombre de marchands ; quant à Jourdain Catalani de Séverac, qui décrira, émerveillé, les vaisseaux de haute mer, il parlera de « leurs cent petites chambres ou cabines, en chacune desquelles un marchand peut demeurer à l'aise ».

Des côtes orientales de l'Inde ou de Java, cette dernière grande base commerciale des Yuan, les bateaux devaient affronter soit la haute mer pour traverser le golfe du Bengale (route indienne) avec escale aux îles Andaman, soit la mer de Chine méridionale (route javanaise). Des côtes occidentales indiennes, la navigation s'effectuait en coupant la mer d'Oman en direction de l'Arabie méridionale, d'où l'on gagnait la mer Rouge pour débarquer dans le golfe de Suez ; de là, on gagnait Alexandrie, par voie de terre. C'était la route que les Mongols s'évertuaient à bloquer pour détourner le trafic vers la seconde voie maritime traditionnelle, celle qui aboutissait au golfe Arabo-Persique. Pour atteindre Bassorah, à l'embouchure du Tigre et de l'Euphrate, ou Ormuz et Siraf, à l'entrée du Golfe, la navigation était de cabotage le long des côtes indiennes, donc à moindre risque. Du Golfe, il ne restait plus qu'à remonter le cours des fleuves mésopotamiens quand leur vallée n'était pas menacée, ou à franchir le plateau iranien en direction du nord. Mais l'accès au Golfe était dangereux et l'on préférait débarquer avant d'y pénétrer. L'activité d'Ormuz (qui supplantait de plus en plus Siraf) était donc intense. « Là, raconte Marco Polo, les marchands viennent de l'Inde avec leurs nefs, apportant épiceries de toutes sortes, pierres précieuses, perles et draps [...] dents d'éléphants et maintes autres marchandises. Et en cette cité, ils les vendent aux autres hommes qui les apportent dans le monde entier. »

Pour traverser l'Iran sur une distance de quelque 1 500 kilomètres à vol d'oiseau, on se dirigeait d'abord vers le Fars (Chiraz), puis on remontait vers Ispahan et Kachan, ou sur Yazd, Ardestan, Naïn et encore Kachan. De Kachan, on allait à Qum, Saveh, Qazvin, Sultaniye et Tabriz, où l'on rejoignait la voie intercontinentale terrestre.

DURÉE DES VOYAGES

La voie terrestre était plus rapide, quand elle n'était pas coupée. Comme elle l'était fréquemment, et que les marines chinoise, indienne et arabe étaient remarquables, on empruntait plus souvent la route maritime en cherchant à profiter des vents favorables, et surtout du régime régulier des moussons. Elle demandait cependant du temps et présentait des aléas par suite des tempêtes et des pirates, nombreux en Inde occidentale, à Ceylan et dans le Sud-Est asiatique, et « qui font grand dommage aux bateaux ».

En théorie, pour relier les grands ports chinois à l'Iran ou à l'Égypte, il ne fallait pas plus de huit mois – on le disait déjà à l'époque romaine. En réalité, il semble que les voyages aient toujours été beaucoup plus longs, même quand on ne musait pas en Inde ou ailleurs, comme le firent souvent les missionnaires, nos principaux informateurs. Jean de Monte Corvino avoue « qu'il peut arriver que le voyage soit à peine fini en deux années ».

Le temps nécessaire à la traversée de l'Asie par voie terrestre pouvait lui aussi sensiblement varier – même quant tout allait bien, ce qui était rare –, selon que l'on voyageait seul ou avec des marchands, à titre privé ou en mission officielle, et selon les moyens de transport que l'on utilisait – toutes les descriptions s'accordant à montrer qu'un même voyageur en changeait fréquemment : bateaux sur les voies fluviales, chars à bœufs, chevaux, quand on n'allait pas à pied. Ainsi note-t-on que, pour parcourir les 800 à 900 kilomètres qui séparent Tabriz de Trébizonde, on mettait de dix à quinze jours en voiture à cheval, et de trente à trente-deux jours en voiture à bœufs. Pour un long trajet, parcourir quotidiennement 40 kilomètres semble dans la norme, mais ce rythme, somme toute rapide, exigeait des périodes de repos, souvent imposées d'ailleurs par des imprévus. Marchands et ambassadeurs ou grands vassaux se plaignaient d'aller si lentement en voyant les courriers impériaux aller si vite. « Les messagers mettent un jour là où il en faudrait dix », dit Marco Polo, toujours approximatif et largement optimiste quant à la célérité des envoyés du Grand Khan. Ce serait rêver que de croire la poste officielle capable de franchir 400 kilomètres par jour sur de longues distances. Une telle rapidité n'était à la rigueur concevable qu'en plaine, dans des régions parfaitement équipées de relais et à la condition qu'aucun incident ne survînt. Rien ne nous démontre qu'il était possible de faire passer un message de Chine en Iran, même aux meilleures périodes, en une quinzaine de jours. Tout nous laisse au contraire penser qu'il fallait un ou plusieurs mois. Quant aux voyageurs officiels ou semi-officiels qui bénéficiaient de la poste, ils mettaient entre cinq et sept mois pour relier Qaraqorum aux frontières de l'Europe et au Proche-Orient musulman. Il fallut sept mois à Plan Carpin pour se rendre de Lyon aux avant-postes mongols, et cinq à l'aller, six au retour pour traverser l'Asie. Guillaume de Rubrouck voyagea pendant sept mois, arrêts compris, de la Crimée à la Mongolie, mais revint en deux mois et dix jours de Qaraqorum à la cour de Batu, proche de la Volga. Le roi Hethum d'Arménie mit sept mois dans un sens et huit mois dans l'autre pour aller de Qaraqorum à la Cilicie ; Jean de Monte Corvino, de cinq à six mois. D'après les calculs autorisés de Balducci Pegolotti, en partant de Crimée, deux cent soixante-cinq jours étaient nécessaires pour atteindre le Grand Canal de Chine, au cœur du pays. Cette estimation montre que les informateurs anonymes de l'employé de la maison Bardi de Florence voyageaient à peu près au même rythme qu'un Plan Carpin, un Rubrouck ou un Hethum.

LES COMMUNICATIONS INTERNES

Le réseau intercontinental de communications s'appuie sur des réseaux locaux extrêmement développés. En Chine, un rôle essentiel échoit aux voies fluviales : surtout au Yang-tseu Kiang, sur lequel « vont et viennent plus de navires et plus de riches marchandises qu'il n'en va par toutes les mers et tous les fleuves de la chrétienté », où « chaque année, 200 000 nefs remontent le fleuve », mais aussi au Grand Canal, long de 1 794 kilomètres, restauré, élargi, réaménagé par Khubilaï, qui relie Pékin à Hang-tcheou par le Houang-ho, le Yang-tseu Kiang et les autres fleuves coulant d'ouest en est.

De l'Asie centrale partent d'immenses fleuves qui coulent vers le nord, fleuves gelés pendant de longs mois et qui se transforment alors en excellentes routes sur lesquelles peuvent courir les « voitures sans roues », attelées de chiens, une des grandes surprises des voyageurs occidentaux. Ils pénètrent au « pays de l'Obscurité », d'où proviennent les précieuses fourrures. Dans la Horde d'Or, la Volga constitue un axe essentiel par lequel descendent vers Saraï et la mer les blés et les produits manufacturés de la Bulgarie de la Kama. Al-Umari, à qui l'on doit une description assez détaillée de la vie du fleuve, parle « des grands navires qui [le] sillonnent, vont et viennent des pays russes et slaves ».

L'importance du trafic fluvial en Chine n'a pas empêché le développement spectaculaire d'une infrastructure routière. Les voies, fort larges, « plantées d'arbres grands et forts », ont été aménagées, souvent en pierre, avec des bas-côtés en terre battue pour les chevaux. On dit que dans l'Empire – mais sans doute seulement dans les terres sous contrôle des Yuan – on recense plus de 10 000 gîtes d'étape et plus de 200 000 montures postales. Chaque auberge « a son registre de tourisme » où « tous les voyageurs ont leur nom inscrit [...] et quel jour du mois ils ont logé, si bien que le Grand Khan peut savoir qui va et vient sur ses terres ». Tous les 25 milles dans les lieux désertiques, on trouve des relais avec 400 chevaux et des maisons d'hôtes « très riches et garnies de lits ornés de soie ». Entre les relais, de 3 milles en 3 milles, un hameau « permet aux messagers du khan de trouver repos ».

Au Moyen-Orient, le réseau de pistes caravanières existe depuis longtemps et il suffit aux Mongols de le remettre en état en restaurant les caravansérails et les ponts là où l'on ne peut pas passer à gué. Dans les pays où, comme en Anatolie, ils étaient construits en belle pierre, ils ont en partie survécu. On peut encore en voir une centaine en plus ou moins bon état de conservation, et n'offrant parfois plus que des vestiges.

L'ACTIVITÉ COMMERCIALE

Il ne suffisait pas à l'État d'avoir mis en place un système si complet de communications, de l'entretenir et de le surveiller pour qu'il se jugeât quitte de toute autre intervention dans les affaires des marchands. Ses diplomates facilitaient leur action en passant de véritables traités commerciaux avec les puissances étrangères ; nous en trouvons des exemples dans ceux, bien connus, conclus avec les radjahs du Travancore et de Carnath. Ses forces armées les protégeaient, prêtes à intervenir au-delà des frontières s'ils étaient menacés. Sa fiscalité, loin de les écraser, veillait à alléger leurs charges et à réduire les droits de douane pour que leurs entreprises puissent prospérer. Sa police contrôlait les poids et les mesures ainsi que le respect des prix.

Toutes ces interventions, nécessaires à l'essor commercial – notamment en Chine et peut-être dans une moindre mesure dans les autres provinces –, et surtout une volonté ferme de mener une politique économique d'échanges, permirent une prodigieuse activité mercantile et bancaire. Même quand les relations se détérioraient entre deux *ulus* mongols ou entre un *ulus* et un État voisin, les transactions n'étaient que momentanément interrompues et les guerres elles-mêmes, quoique fort nuisibles pour elles, ne parvenaient jamais à les faire cesser. Aussi belliqueux qu'ils fussent, les soldats devaient céder le pas aux financiers. Les comptoirs ne fermaient pas, ou rouvraient aussitôt que fermés, et les dépôts de fonds, souvent considérables, n'étaient que très rarement violés. Aux pires moments de leurs querelles, les Iraniens en avaient dans la Horde d'Or, et les gens du Qiptchaq en Iran. Il se trouvait partout des guildes marchandes qui intéressaient aux affaires les populations, et jusque dans les grandes villes italiennes qui commerçaient avec l'Empire mongol. Marco Polo, en bon fils de négociants vénitiens, et bien qu'il ne se soit pas lui-même occupé de commerce, reflète dans son récit l'intérêt que cette activité éveille en lui et décrit avec une sorte de passion les principaux marchés d'Extrême-Orient en une succession de petits tableaux qui paraissent bien brossés.

A Khanbaliq, dit-il, « il n'est pas de jour que n'entrent mille charrettes de soie avec laquelle on fabrique des vêtements et des draps ». A Quinsay, c'est-à-dire Hang-tcheou, la prestigieuse Quinsay dont nous reparlerons, se trouve le centre du commerce du sucre. A Fugiu (Fou-tcheou), « possédant d'incroyables stocks de gingembre et de gringal [...] il [se] vend une quantité très considérable de sucre, [il se] tient un grand marché de perles et de pierres précieuses, apportées jusque-là par des navires venus de l'Inde ». A Zaytun, (Ts'iuan-tcheou / Quanzhou), le premier port du pays, « deux fois étendu comme Rome » (ce qui, soit dit en passant, n'est pas grand-chose), « les navires de l'Inde arrivent si chargés d'épices, de pierres précieuses et de perles que c'en est merveilleux [...] affluent toutes les marchandises [...]. Et vous dis que pour un navire chargé de poivre qui va des Indes à Alexandrie ou dans tout autre port à destination du monde chrétien, il en vient plus de cent à Zaytun ».

LES GRANDS VOYAGES

Les routes incitent aux voyages. Elles répondent, par une heureuse circonstance historique, aux deux aspirations des Latins en ce XIII⁰ siècle finissant – s'enrichir par le commerce, répandre la foi chrétienne –, et peut-être à une troisième plus secrète : trouver, à défaut du paradis terrestre, le jardin de l'Éden, que l'on s'accordait alors à situer en Orient. Naguère encore trop nombreuses et impénétrables, les frontières interdisaient aux hommes de passer, sauf sans doute à des juifs que rien n'arrêtait, voire à des musulmans, mieux placés à mi-distance du Levant et du Couchant et qui, pour la plupart, se gardaient d'en rien dire ; mais jamais, que l'on sache, un Européen n'était encore allé en Chine, ni un Chinois en Europe. Les murs qui tenaient enfermés, au-delà desquels commençait l'inconnu, se sont maintenant presque tous écroulés. Et ils sont des dizaines, des centaines, probablement des milliers qui marchent sur les chemins allant de Rome ou de Paris à Qaraqorum ou à Pékin. Ne nourrissons toutefois pas trop d'illusions. Il faut à ces hommes un singulier courage. Traverser l'Eurasie est une immense aventure, une terrible épreuve. Ne parlons pas bien sûr des déportés, de ces Allemands qu'on envoie dans les mines de fer, de ces Hongrois, de ces Russes, de ces Alains, de ce Français, Guillaume Buchier, et de cette Française, Pâquette de Metz, capturés en Hongrie*, et que Rubrouck rencontre à Qaraqorum ! On court maints dangers durant ce voyage. On y endure, malgré tous les soins des Mongols, les souffrances de la faim, de la soif, de la fatigue, du chaud, du froid, de la poussière, du vent, de l'altitude. Même les plus héroïques, à un moment ou à un autre, se plaignent. Barthélemy de Crémone est si affamé qu'il pleure. Plan Carpin confesse que pendant un bon mois il souffrit sans cesse de la faim. Rubrouck consacre un chapitre entier à la soif, à la faim et aux autres misères qui l'accablèrent. Mais ils passent : pour les avides qu'ils sont comme pour nous et pour l'avenir du monde, c'est bien là l'essentiel.

Ils passent... mais qui passe ? Des milliers d'hommes, sans doute, avons-nous dit. Nous en connaissons peu ; et pour quelques-uns dont

---

* Pour le premier, à « Belegrave », sans doute Belgrade ; il fut capturé en même temps qu'un évêque normand de Belleville [sur-Mer].

nous savons l'histoire, combien y en a-t-il dont nous entendons à peine le nom ! Nous sommes mal renseignés sur ceux qui partirent et revinrent. Nous en savons moins sur les marchands – qui, sauf exception, n'écrivaient pas – que sur les religieux, les ambassadeurs et les missionnaires, qui avaient souvent vocation à le faire. Et que dire de ceux qui ne s'en retournèrent jamais, soit qu'ils eussent péri, soit qu'ils fussent restés là-bas ?

Les marchands n'écrivaient pas, ai-je dit. C'est vrai. Hormis Marco Polo, que d'autres mobiles animaient, nul n'a rien laissé, et le seul manuel que nous possédons, d'ailleurs précieux, celui de Balducci Pegolotti, n'est pas rédigé par un marchand, mais par un employé d'une maison de commerce florentine qui tenait ses renseignements de marchands indiscrets. Du côté musulman et juif prévaut le même silence, et peut-être plus épais encore, en dehors du prolixe Ibn Battuta. Les musulmans abondaient pourtant en Inde, et en Chine, et ailleurs. Ibn Battuta note à plusieurs reprises la présence de ses coreligionnaires dans les différentes villes du monde où l'a conduit son vagabondage, et nous savons par d'autres sources combien ils étaient nombreux à Quinsay, où ils formaient une véritable petite colonie. Quant aux juifs, dont l'activité était si remarquable en Iran, nous ne possédons guère sur eux que des informations fragmentaires, telles que celle, antérieure aux Mongols, qui nous apprend qu'au IXᵉ siècle les membres d'une de leurs importantes colonies à Narbonne étaient partis pour se répandre en Inde ou en Extrême-Orient, ou encore celle qui mentionne qu'une synagogue, édifiée à K'ai-fong (Kaifeng) sous les Song, fut restaurée en 1365.

Nous n'avons aucun témoignage de la présence de Latins en Chine avant l'arrivée des Polo en 1261. Mais l'expédition des deux frères suppose une solide implantation commerciale antérieure dans le Moyen-Orient. On connaît précisément, nous l'avons déjà dit, l'existence d'une colonie italienne à Tabriz au moins en 1264, et il est hors de doute qu'à cette date elle était déjà installée depuis plusieurs décennies, peut-être avant l'invasion mongole. Elle continuera à prospérer avec des hauts et des bas, et non sans se détériorer moralement jusqu'au moment de la destruction du khanat des Ilkhans.

Des marchands qui se rendirent en Chine, nous ne pouvons citer que quelques noms. Les Polo d'abord ; Petro de Lucalongo, qui quitta la capitale des Ilkhans en compagnie du frère Jean de Monte Corvino et qui fut à Khanbaliq en 1305 ; un chirurgien lombard arrivé dans la même ville en 1303 ; deux ou trois autres encore. Mais absence de noms ne signifie pas absence de personnes. André de Pérouse mentionne, en 1326, une petite colonie génoise à Zaytun. Elle ne devait pas être la seule, et le fait que Pegolotti donne en système génois les poids et les mesures prouve la suprématie du commerce de Gênes sur les routes allant du Proche-Orient à l'Extrême-Orient : c'était si bien admis que Boccace s'en fera l'écho. Le plus célèbre ressortissant de cette ville fut Andolo de Savignone, que le Grand Khan chargea en 1336 d'une ambassade près du pape et auquel il demanda de ramener d'Occident « cent chevaux et autres merveilles », parce que les lourds et grands destriers des chevaliers francs étaient un continuel sujet d'étonnement pour les Mongols. Pour la petite histoire, disons qu'Andolo fit bien la commission et qu'un ambassadeur recevra mission de porter à l'empereur le cadeau souhaité. Il arrivera en Chine non point avec cent chevaux, mais avec un seul, superbe. On a depuis belle lurette fait remarquer que l'animal intéressa la cour et les populations bien plus que l'ambassadeur. Le souverain chargera ses poètes d'en faire l'éloge et ses peintres de le dessiner. Des œuvres qui lui ont été consacrées sont parvenues jusqu'à nous.

Bien qu'ils fussent les plus nombreux, les Génois n'étaient pas les seuls en Extrême-Orient et ils côtoyaient au moins nombre de Vénitiens. C'est à l'un de ces derniers que Monte Corvino confia une lettre en 1305 pour qu'il la portât en Occident. C'est l'un deux qui mentionna dans son testament les fonds qu'il avait confiés à son frère pour les engager en Chine. En 1339, les chroniques notent le retour dans la Sérénissime de Giovanni Loredano et, en 1342, celui d'un de ses compatriotes. Une pierre tombale découverte en 1951 à Yang-tcheou (Yangzhou), la Jamcai des Latins médiévaux, nous livre le nom de Catherine de Villioni, fille de Dominici, qui y mourut en 1342 : émouvante rencontre !

Nous sommes bien mieux renseignés sur la présence des Européens en Iran – parce que ce pays est plus proche et qu'il était plus aisé de s'y rendre –, mais tout de même insuffisamment pour que nous puissions évaluer leur nombre et connaître le détail de leurs activités. Les archives commerciales, particulièrement abondantes pour les années 1289-1293, registres et chartes de commerce, permettent à la fois de nous faire une idée assez exacte de l'organisation des colonies (avec consul signalé par exemple à Tabriz en 1304) et d'entrevoir la complexité du réseau d'intérêts ainsi que les rivalités souvent féroces entre les Génois, Pisans, Vénitiens, Florentins, Siennois...

Cette même présence, ces mêmes rivalités, que venaient naturellement modérer des tragédies communes et le devoir de faire front devant les mêmes problèmes et les mêmes interlocuteurs, se retrouvent dans la Horde d'Or, voire dans le khanat de Djaghataï, où les Européens, qui ne se satisfaisaient pas de leurs comptoirs criméens, s'aventuraient aussi, souvent derrière les missionnaires. Mais là encore les informations font défaut et ce n'est que sporadiquement que ces hommes se manifestent à nous – ainsi à Almaliq, quand ils paient de leur vie leur audace.

Missionnaire latins en Chine

Les missionnaires, malgré tous les mystères qui entourent encore plusieurs d'entre eux, sont à la fois moins nombreux et mieux connus. Bien que leurs activités fussent particulièrement intenses dans l'*ulus* d'Iran et dans celui de la Horde d'Or, voire dans le khanat de Djaghataï, ils nous intéressent davantage quand leurs pas les portent vers la Chine et quand ils mettent en évidence cette aventure extraordinaire qu'est la naissance et la relative prospérité d'une Église catholique chinoise au XIVᵉ siècle.

Jean de Monte Corvino, le véritable fondateur de la mission de Chine, avait été envoyé en 1289 par le pape Nicolas IV près du Grand Khan. Il avait choisi de s'y rendre par mer, avait touché les Indes, où il avait effectué un assez long séjour, et était arrivé à Khanbaliq en 1293. Il avait été reçu au début de 1294 par le successeur de Khubilaï, Temür Oldjaïtu, tout juste intronisé. Fut-il déçu de constater qu'il n'était pas chrétien ? Il l'exhortait à « embrasser la foi en N.S. Jésus-Christ », sans grand espoir car, dit-il, « il est profondément enfoncé dans l'idolâtrie quoique témoignant bienveillance aux chrétiens ». De cette bonne volonté, il eut aussitôt la preuve : l'empereur lui accorda le droit de prêcher comme il l'entendait et de fonder une mission.

Les difficultés lui vinrent non des Mongols, mais des nestoriens : jaloux de lui, ils le calomnièrent auprès du pouvoir et cherchèrent à dresser devant lui tous les obstacles imaginables. Nonobstant, Jean de Monte Corvino parvint à faire une recrue de taille en la personne de Körgüz, qui se rallia à Rome. Il espérait attirer par son entremise tout le peuple des Öngüt, quand Körgüz fut tué*. En même temps, Monte Corvino entreprenait de traduire « en langue tartare tout le Nouveau Testament et le psautier, de bâtir une église à Khanbaliq [...] et [il] baptisa environ 6 000 personnes » – sans doute des Alains, des Turcs et des Mongols plutôt que des Chinois. Ces nouveaux convertis, avec les colons européens, les déportés, les soldats alains de la garde et leurs familles, lui faisaient une grosse paroisse, une paroisse trop lourde pour lui seul. Il demanda des renforts.

Il n'avait jusque-là reçu que deux franciscains allemands de la province de Cologne. Le pape Clément V, sensible au succès du christianisme chinois, lui envoya sept frères mineurs ayant rang d'évêques, avec charge de le sacrer archevêque de Khanbaliq. Trois moururent en cours de route, un quatrième fit demi-tour, trois seulement arrivèrent à Pékin en 1311 : André de Pérouse, Gérard Albuini et Peregrino de Castello. Par ces pertes et par cette désertion, on mesure mieux que

---

* Voir *supra*, p. 423.

par de longs discours ce que pouvait coûter à ceux qui l'entreprenaient le voyage de Chine. Moururent-ils aussi sur la route, les trois autres missionnaires que le Saint-Père aurait fait partir pour remplacer ceux qui avaient péri et dont personne n'entendit plus parler ?

Jean de Monte Corvino, un peu soulagé par la présence de ces trois auxiliaires, put ouvrir un évêché à Zaytun (Ts'iuan-tcheou), où une riche matrone arménienne avait fait élever une magnifique église. Il confia celle-ci à Gérard Albuini, puis, après la mort de ce dernier, à Peregrino, André de Pérouse l'ayant refusée (1313). De temps à autre, Rome songeait à la lointaine Église de Chine et lui envoyait des renforts. C'est ainsi qu'arriva un jour le bienheureux Odoric de Pordenone, un vieil habitué des voyages dans l'Empire mongol. Parti de Pérouse par la mer, il était à Khanbaliq en 1325. Il y resta trois ans et repartit avec ordre de recruter de nouveaux missionnaires. Il revint en Europe par le Chan-si, le Sseu-tchouan (Sichuan) et le Tibet. Il fut le premier Latin à visiter Lhassa. De retour à Avignon en 1330, il eut juste le temps, avant de mourir (1331), de rédiger ses souvenirs de voyage.

Jean de Monte Corvino décéda entre 1328 et 1333. Son successeur ne fut pas désigné sur-le-champ, et l'on ne sait même pas s'il atteignit la Chine. Les Alains s'en plaignirent. Ils écrivirent une lettre (11 juillet 1336) au pape, à laquelle le Grand Khan Toghan Temür tint à joindre une invitation personnelle. Ils confièrent ces plis à deux Génois qui retournaient en Italie et à un ambassadeur mongol, Toghaï, chargé de les accompagner et qui fit sensation dans le Comtat Venaissin. Benoît XII ne pouvait se dispenser de répondre. Il fit partir quatre missionnaires, dont Jean de Marignoli, futur archevêque de Pékin de 1342 à 1346 – date à laquelle il quitta la Chine pour revenir en Europe en passant par l'Inde. Il fut de retour en 1353 et peut-être le siège archiépiscopal demeura-t-il alors vacant jusqu'en 1370. Cette année-là, le pape désigna pour l'occuper un maître théologien de Paris, Guillaume du Pré ou de Prato, assisté de cinquante franciscains. Ils partirent. On n'eut plus jamais de leurs nouvelles. Martyrisés en cours de route ? On est en droit de le penser.

LES COURANTS DE PENSÉE EN CHINE AU XIVᵉ SIÈCLE

La conversion des Mongols à quelque grande religion universelle ne changeait que superficiellement leur personnalité. Ils demeuraient largement ce qu'ils étaient, prenant à leur nouvelle confession ce qu'ils pouvaient en prendre et conservant de la leur plus qu'ils n'auraient dû pour appartenir vraiment à une Église. Encore à la fin du XIVᵉ siècle, un prince musulman comme Tamerlan laissera affleurer en lui bien des substrats païens. Il ne convient donc pas de considérer que la conversion au bouddhisme des Yuan, dans la mesure où celle-ci est réelle (on doit en douter), a pu jouer un rôle considérable sur la situation religieuse en Extrême-Orient et profondément altérer ce qui était au fondement même de la personnalité des Mongols : leur absolue tolérance et la curiosité qu'ils portaient à toutes les confessions.

A l'extrémité occidentale de l'Empire, dans la Horde d'Or, où les princes avaient adhéré à une doctrine aussi jalouse et intransigeante que l'islam, ils n'en continuèrent pas moins à reconnaître l'Église orthodoxe et à lui accorder, conformément à la tradition, exemptions d'impôts et privilèges, comme en témoignent les six documents en russe que nous avons conservés et qui furent adressés entre 1367 et 1379 aux métropolites par Mongka Temür, Özbeg, Berdibeg, Tulubeg et Tudula.

La situation fut certes assez différent dans l'*ulus* ilkhanide, surtout après les persécutions dont se rendit coupable le ministre Nauruz, mais la détérioration de la paix religieuse fut provoquée par les vieux musulmans, en l'occurrence les Iraniens, et non par les souverains : encore le tableau fut-il considérablement noirci. Christianisme et bouddhisme perdirent la position privilégiée dont ils avaient joui, mais ne disparurent pas, du moins pas immédiatement. Il est significatif que nous possédions deux *soyurgal* (terme alors employé pour désigner les édits de tolérance, dits ailleurs *yarliq*) donnés en 1422 et 1428 à deux couvents bouddhiques situés en Afghanistan du Nord : leur formulation est encore très proche de celle utilisée à l'époque gengiskhanide. Les textes musulmans, à peu près à la même époque, parlent d'un ascète bouddhique qui aida un soufi (un mystique musulman) à surmonter les difficultés qu'il rencontrait sur le chemin le conduisant à l'union avec Dieu.

Les mesures prises en 1281 contre la tyrannie exercée par le taoïsme – et non directement contre lui – ne l'exclurent pas du paysage religieux de la Chine, comme nous l'avons vu. Il continua très régulièrement à bénéficier, au même titre que ses adversaires bouddhistes, des édits de tolérance, promulgués soit pour l'Église elle-même, soit pour tel ou tel de ses temples, ainsi en 1296, 1297, 1299, 1309, 1310, 1314, 1335 ou 1337. Si les édits visant les fondations bouddhiques semblent plus nombreux (1305, 1306, 1311, 1318, 1335, 1341...), c'est seulement parce que ces fondations se multiplièrent au cours du XIVe siècle.

Cet essor de la grande religion indienne, on ne saurait le nier, naquit de l'intérêt tout particulier que lui portèrent les princes. N'attachons toutefois pas trop d'importance aux appels eux-mêmes que la Couronne lança aux lamas tibétains. Ils ne sont pas plus pressants que ceux qu'ils adressèrent aux missionnaires latins et obéissent au même souci de curiosité. C'est bien plutôt l'écho rencontré par ces appels qui se révéla riche de conséquences : comme les lamas avaient évidemment plus de facilités pour se rendre en Chine que les Européens, ils vinrent nombreux, si nombreux même que, sous Yesün Temür, un ministre chinois protesta contre leur invasion.

On tend à considérer que les édits de tolérance sont émis au coup par coup pour répondre à une préoccupation du moment, à une requête, et s'adressent à des communautés religieuses précises, voire à des couvents déterminés. C'est souvent le cas, mais pas toujours. Il n'en manque pas qui rappellent un principe général et concernent en même temps plusieurs confessions, voire toutes – taoïsme, bouddhisme, christianisme et islam (par exemple édits de 1276, 1296, 1305, 1335). Ils s'inscrivent tous dans une tradition qu'ils tiennent à faire respecter, et le soulignent en se référant à des édits antérieurs qu'ils n'auraient pour propos que de confirmer : à ceux de Gengis Khan d'abord, puis à ceux d'Ögödeï, de Khubilaï, de Temür Oldjaïtu, et, si l'édit est fréquent, à ceux des autres princes, de Buyantu à Rintchenpal (par exemple l'édit de Toghan Temür émis en 1335). Écrits parfois en chinois, parfois en mongol et en chinois, de forme très stéréotypée et assez monotone, ils commencent régulièrement par la formule consacrée : « Par la force du Ciel éternel. Par la Fortune *(su)* de la protection bienheureuse [de Gengis Khan], l'empereur. Édit. » Ils rappellent ensuite les édits antérieurs, puis énoncent les titres et les faveurs qui sont accordés : « Aucune sorte de réquisition ne sera imposée », « les taxes foncières et commerciales ou n'importe quelle sorte de réquisition, qu'on ne les leur applique pas ». Ils exposent enfin les raisons de l'exemption : « Parce qu'ils [ou, plus rarement, "à condition qu'ils"] prient le Ciel et l'invoquent pour la longévité de l'empereur. »

Leur grand nombre pose question. Pourquoi revenir inlassablement sur les mêmes sujets si ceux-ci ont été traités une fois pour toutes ? Ces répétitions ne dénotent-elles pas un continuel conflit entre le pouvoir et les Églises ? Pourtant, rien ne permet de déceler l'existence de ce supposé conflit. En revanche, tout prouve que les diverses communautés religieuses ne cessaient de se déchirer entre elles, que les lettrés chinois et la masse populaire confucianiste étaient farouchement hostiles à des confessions jugées hétérogènes au génie chinois. Il n'était donc pas inutile de rappeler que, étrangères ou non, les religions jouissaient de la protection impériale et de prendre ses distances envers ce que l'on considérait volontiers comme une sorte d'athéisme. Il n'était peut-être pas très habile de le faire, mais on se souciait peu d'habileté quand il s'agissait de principes essentiels.

Le mécontentement des basses classes et de l'élite cultivée contre les faveurs dont bénéficiaient les religions importées comme le mécontentement des adeptes de ces dernières, qui jugeaient toujours ces faveurs insuffisantes et qui déploraient de ne pas être les seuls à en profiter, finirait par constituer un facteur non négligeable de la chute des Yuan, tant il est vrai que l'homme n'apprécie jamais aussi bien la liberté que lorsque les autres sont esclaves, et la réussite que lorsqu'elle élève au-dessus de la condition commune.

Les missionnaires latins dans la Chine des Yuan prouveraient, si besoin était, la permanence de l'idéal mongol en matière religieuse, puisque non seulement ils eurent toute liberté de prêcher, d'élever des églises et de baptiser, mais ils furent encore ardemment invités à venir. Les difficultés qu'ils rencontrèrent, nous l'avons vu avec Jean de Monte Corvino, ne provinrent pas du gouvernement, mais de leurs frères chrétiens, les nestoriens. D'eux, Guillaume de Rubrouck avait déjà eu à se plaindre. On continuait à le faire, bien que certains d'entre eux se fussent ralliés à Rome et que d'autres fissent passer la foi chrétienne avant les divisions idéologiques. Ils entendaient pour la plupart être les seuls dépositaires du christianisme en terre mongole et voyaient d'un mauvais œil des étrangers arrogants et sûrs d'eux venir leur tenir tête, leur disputer leurs ouailles et leur suggérer de se convertir. « Ils ont acquis une telle puissance en ce pays, dit Jean de Monte Corvino, qu'ils ne permettent à aucun chrétien d'une autre confession de posséder le moindre oratoire ni de prêcher une autre doctrine que la leur. » Ils répandirent le bruit que l'archevêque était « un espion, un magicien, un séducteur du peuple », et ils détruisirent même une église qu'il avait fait bâtir. L'archevêque fut traîné devant le tribunal et ne dut son salut et le droit de continuer à travailler qu'à la protection impériale.

Si l'on songe que le nestorianisme jouissait d'une position enviée due aux liens qui unissaient ses fidèles à la famille souveraine, celle que parvint à acquérir l'Église romaine, en comparaison si pauvrement représentée, nous paraît d'autant plus remarquable. Odoric de Porde-none, après avoir rappelé comment « à chaque voyage qu'il entre-prend, le Grand Khan [Toghan Temür] se fait bénir par l'archevêque de la cour [Jean de Monte Corvino] », met en scène, avec la naïveté qui le caractérise, la mansuétude dont témoigne le prince face aux manifestations un peu intempestives des pères latins. « Un jour que ce monarque rentrait à Pékin », le clergé catholique au grand complet « alla à sa rencontre à deux journées de la ville » :

> « Nous portions devant nous une croix fixée sur une haute hampe et nous chantons l'antienne *Veni Sancte Spiritu*. Lorsque nous fûmes arrivés près du char impérial, le Grand Khan ayant reconnu nos voix nous fit avancer jusqu'à lui. Et comme nous approchions, la croix haute, il se découvrit en enlevant sa coiffure [...] et fit révérence à la Croix. L'évêque lui donna sa bénédiction et le Grand Khan baisa la Croix très dévotement. Je mis alors de l'encens dans l'encensoir et notre évêque encensa le prince ».

Ne dirait-on pas d'un roi chrétien ?

L'ÉBLOUISSEMENT

Monde étrange en vérité que celui où un jeune homme débauché à mort, maître tout-puissant de la Chine et d'une partie de l'Asie, bouddhiste de surcroît ou prétendu tel, s'arrête en chemin et se décoiffe pour poser ses lèvres sur un crucifix !

Dans les documents qu'ils nous ont laissés, marchands et missionnaires n'ont pas cessé de crier leur immense admiration pour la Chine. Elle n'était pas imméritée. La civilisation chinoise était sous tous les rapports en avance sur celle de l'Occident, et la domination mongole, qui avait réunifié le pays et le couvrait d'or, lui donnait un extraordinaire éclat. Malgré la richesse incontestable du Proche-Orient qui avait si fortement impressionné les Latins au début des croisades, et à laquelle ils s'étaient habitués, nul n'avait encore foulé une contrée qui, de près ou de loin, pût égaler la Chine. C'était la terre de toutes les merveilles, de tous les rêves, une sorte de jardin d'Éden qui, pour eux, toujours plus ou moins en quête du paradis perdu, annonçait son évidente proximité. Comme, depuis des siècles, elle hantait les imaginations des musulmans, la Chine allait, pendant des siècles, hanter celles des Francs.

Ce qui devenait presque un mythe n'avait pas attendu l'arrivée des Européens en Chine pour commencer à se forger. Les on-dit avaient fait leur chemin. On répétait à l'envi : « Le royaume du Cathay est tenu pour le plus noble royaume et pour le plus riche qui soit au monde », et, emporté par un enthousiasme que rien ne freinait, on disait encore : « Les villes y sont ceintes de murs en argent et de remparts en or. » L'homme sage pensait que, a l'instar de tout objet trop vanté à l'avance, la Chine décevrait quand on la connaîtrait. Il avait tort. Bien au contraire, comme si la réalité dépassait les plus folles prévisions, tout y fut jugé vraiment incomparable. Tout y tenait du « merveilleux » – étant entendu que ce mot avait le sens du verbe latin *mirari*, qui exprime le différent, l'étonnant, le nouveau, l'inattendu, l'extraordinaire.

Laissons délirer les Latins, mal préparés à comprendre des traits de civilisation trop étrangers aux leurs, et volontiers enclins à admettre les plus invraisemblables récits au même titre que la circulation fiduciaire ou l'impôt sur le revenu, pour nous contenter de retenir de leurs écrits ce qui pouvait leur être compréhensible et qu'ils peignirent avec une plume naïve et neuve : il y a là un exceptionnel ensemble de témoignages qui constitue un tableau sinon d'une exactitude parfaite (il faut souvent le nuancer par des informations plus austères), du moins très indicatif de l'éclatante richesse de l'Extrême-Orient médiéval.

A l'époque où, en Occident, les villes commencent à prendre leur essor – Paris, la plus peuplée, ne compte que 200 000 habitants en

1328 –, le Moyen-Orient et plus encore la Chine abritent déjà des mégalopoles. Leur population ? Il est difficile de l'évaluer, car presque toutes sont décrites comme « les plus vastes, les plus prospères, les plus harmonieuses de la terre ». Il est vrai que le dépaysement contribue à leur donner du prestige : non sans nous amuser, le Turc de Pékin, Rabban Çauma, ne dira-t-il pas la même chose de la capitale de la France (par comparaison, évidemment, avec les autres cités occidentales) ? Mais il est d'autres critères que le lyrisme des voyageurs pour juger des masses humaines que ces villes regroupent. Les dénombrements nous effraient. Nous ne les trouvons pas crédibles. Et pourtant toutes les informations concordent. Même si l'on doit faire place à l'exagération, force nous est, en gros, de les prendre comme ils sont. Il y a, dit-on, 200 000 maisons à Tabriz, la capitale des Ilkhans, soit peut-être un million d'habitants. Est-ce impossible ? Cela répond en tout cas à ce qu'on déclare d'elle : « C'est la meilleure cité qui soit au monde en marchandises et elle vaut à son empereur plus que vaut au roi de France tout son royaume. »

Beaucoup portent encore, au début du XIVe siècle, les traces des dévastations causées par les Mongols et demeurent modestes, telle Bactres (Balkh) où il y avait jadis « de beaux palais et maintes belles maisons de marbre [qui] encore y sont, mais détruites et ruinées », dit Ibn Battuta. Mais, presque partout, les plaies sont pansées ; la reconstruction est achevée ou en voie de l'être, et l'activité redevenue intense. Ainsi peut-on écrire de Samarkand, malgré tout ce qu'elle a souffert, qu'elle est « l'une des plus belles, des plus grandes et des plus magnifiques cités du monde ».

Quelles que soient la grandeur et la beauté des villes du Proche-Orient, aucune ne peut rivaliser avec celles de Chine. Pour elles, les descriptions se font plus nombreuses, plus longues, plus enthousiastes, moins vagues. Pékin « a grande multitude de maisons et de gens tant en dedans qu'en dehors [en banlieue]. Les faubourgs sont si vastes [...] qu'il y vit bien plus de gens que dans la ville [...]. Les palais et leurs maisons y sont aussi beaux, si l'on excepte celui du khan ». Canton, « étendue comme trois fois Venise [...] a si grande manière que nul n'oserait y croire ». C'est toutefois Quinsay (Hang-tcheou) qui l'emporte : « C'est, dit Marco Polo, la plus grande ville qu'on peut trouver au monde et l'on y peut goûter tant de plaisirs que l'homme s'imagine être au paradis. » Odoric de Pordenone, après avoir usé de mots presque identiques, signale la diversité de sa population, qui en fait une métropole cosmopolite, et s'étonne : « Le fait que tant de races différentes puissent cohabiter paisiblement et être administrées par le même pouvoir me semble une des plus grandes merveilles du monde. » Elle « met au défi qui en voudrait écrire, car il en remplirait un gros livre ». On y recense 1,6 million de foyers, soit, en comptant seulement 5 personnes par foyer, une population de quelque 8 millions d'âmes. Si le chiffre est juste (on le récuse en général), dans quelle stupeur la ville ne devait-elle en effet pas plonger les visiteurs euro-péens ! Elle offre « un lac d'eau douce très claire [...] des places carrées et fort spacieuses [...] un énorme fleuve qui entre en maints petits canaux [...] 12 000 ponts, de pierre pour la plupart [...] de hautes maisons et, en bas, des boutiques où l'on travaille à toutes sortes de métiers, vend toutes sortes de marchandises [...] de grands palais avec jardins [...]. Dans les rues pavées de bout en bout [...] d'innombrables voitures couvertes munies de rideaux et de coussins de soie ». Et Marco Polo entre en extase : « Là, les esprits et les soucis ne s'appli-quent à rien d'autre qu'aux délices du corps et aux plaisirs de festoyer en compagnie. »

Les fêtes qu'on y donne sont d'une somptuosité telle qu'en compa-raison les plus fameux carnavals, les plus folles kermesses, les carrou-sels royaux, les fantasias arabes paraissent des réjouissances de village. Au cours de l'une d'elles qui se tient de nuit, Ibn Battuta raconte qu'une « foule de gens se réunirent dans le canal monté sur des vais-seaux. Ce n'était que voiles de couleurs, que parasols de soie. Les navires eux-mêmes étaient peints de façon admirable ». Les Chinois s'y montrent, comme partout ailleurs mais « plus que tous les autres, ornés de belles et de bonnes manières [...] parlent gracieusement, saluent aimablement avec un visage avenant et souriant, se conduisent avec dignité et propreté ». Les femmes sont « fort délicates et angéli-ques choses ». C'est la civilisation raffinée, un peu décadente, non sans vices – mais avec des vices qui plaisent, qui s'opposent à ce qu'il reste de rudesse et de grossièreté dans l'Europe médiévale. Est-on incapable de le comprendre ? On passe sur l'art : nul n'en dit mot. Dans les magnifiques paysages qui entourent la ville et dont on ne parle pas davantage, n'a-t-on pas vu la célèbre pagode des Six Harmonies (970), les grottes bouddhiques du Xe siècle ou les quelque 280 personnages sculptés sur les parois extérieures de la falaise de Feilafeng, dont les grottes naturelles constituent l'une des principales réalisations de l'art des Yuan et un témoignage presque unique de l'art rupestre ?

On flatte ses souvenirs et on souligne les contrastes, mais on observe bien ce qui intéresse : l'homme. Il n'y a rien à redire à la façon dont on remarque les lettrés qui « moult semblent bel d'avoir leurs ongles longs et les laissent tant croître qu'ils couvrent toutes leurs mains », ou bien les petits pieds des femmes « pour qui toute la beauté est de les avoir tels [...]. Les mères, quand elles ont filles, lient étroitement les pieds si que jamais après ne peuvent croître ».

LE PALAIS IMPÉRIAL ET LA COUR

N'accusons pas les voyageurs de faire de la littérature. Qaraqorum est décrite avec sévérité, et son palais « jugé valoir dix fois moins que le monastère de Saint-Denis ». Il est sans point commun avec celui de Pékin. Les « barbares du Nord » sont devenus des civilisés, ou font comme s'ils l'étaient et se servent des civilisés pour leur gloire. La résidence impériale de Khanbaliq a disparu avec l'avènement des Ming, mais c'est alors « la plus vaste et la plus merveilleuse qui fut jamais vue » :

> « Le toit est très élevé. Tout autour est un mur de marbre qui soutient une terrasse [...]. Les murs des chambres sont tout couverts à l'intérieur d'argent et d'or, et sont représentés en ciselure très fines des lions et des dragons, des bêtes et des oiseaux, de jolies histoires de dames et de chevaliers [...]. Les toits, en haut, vus du dehors, sont tout vermeil, azur, bleu paon et jaune [...]. Ils resplendissent comme cristal et on les voit luire de bien loin à la ronde. [...] Les murs ont au moins quatre milles de tour et renferment eux-mêmes plusieurs palais secondaires. La cité impériale est ainsi constituée de plusieurs enceintes concentriques toutes habitées et c'est dans la deuxième enceinte que vit le Grand Khan avec toute sa famille et tout le personnel de la cour. A l'intérieur s'élève une colline artificielle qui porte le palais. Elle est plantée de très beaux arbres et [...] entourée par un lac et un étang. Au milieu du lac est lancé un merveilleux pont, le plus beau que j'ai vu, par la qualité du marbre et la finesse de l'architecture [...]. Sur l'étang, on aperçoit une multitude d'oiseaux pêcheurs [...]. Ainsi, le Grand Khan n'a pas besoin de sortir de l'enceinte de ses palais pour se livrer aux plaisirs de la chasse. L'enceinte enferme aussi un vaste parc tout plein de bêtes sauvages. »

Ces enclos de chasse font songer aux *paradesion* de l'Antiquité iranienne, sans que je puisse dire s'ils en sont issus ou s'ils ont avec eux une commune origine. Nous connaissons bien, pour les avoir déjà rencontrées, les grandes chasses des Mongols ainsi que les réserves d'animaux consacrés aux divinités (l'empereur en est une). Ni les unes ni les autres n'ont disparu à l'époque yuan. Pendant les mois d'hiver, on pratique toujours les battues à grand renfort d'hommes – un *tümen* au moins – et de la même façon qu'auparavant, si ce n'est que le Grand Khan est monté sur un éléphant. On forme un cercle immense qui se referme sur le gibier. On le tire avec des flèches marquées de couleurs et on laisse échapper quelques survivants. Pour les réserves, on construit, dit Djuvaini, « des parcs clos de murs », et chacun d'eux se spécialise dans l'élevage d'une espèce particulière. Polo connaît et décrit le parc aux perdrix où, « lorsque le khan vient à chasser en ce pays, il y a oiseaux en grande abondance ».

Ce que nous appelons la Cité interdite s'étendait sur un kilomètre du sud au nord et sur 760 mètres d'est en ouest ; un mur de pisé l'entourait sous lequel passaient les canaux d'évacuation des eaux usées. Elle s'ouvrait au sud par la porte T'ien-ngan-men (Tien'anmen), la porte de la Paix céleste. A l'intérieur, cours et bâtiments se succédaient le long d'un axe conduisant des parties cérémonielles aux secteurs résidentiels. Le plan d'ensemble était en échiquier, parcouru d'un réseau de rivières s'évasant en lacs et en bassins.

Au palais, l'étiquette était stricte et les réceptions fastueuses. Jamais le souverain ne parlait à un étranger sans intermédiaire. Il était, dit-on, entouré de 12 000 dignitaires « ayant chacun treize robes de grande valeur et de couleurs différentes ». Cependant, l'économie générale de la salle du trône demeurait ce qu'elle avait été dans la yourte. Chacun y occupait la même place.

La vie urbaine

La splendeur de la cour incite les grands à l'imiter. « Les maîtres de métier qui étaient chefs d'entreprise ni leurs femmes ne touchaient rien de leurs mains, mais menaient une existence si riche et si élégante qu'on eût dit des rois », dit Marco Polo. Odoric relate qu'en Chine du Sud, dans le « Mangi », il vit le « palais d'un homme du commun qui n'était ni prince ni sire terrien, mais plébéien [...]. Il avait demoiselles vierges qui le servaient à table et lui apportaient tous les mets [...] en chantant et en jouant des diverses manières d'instruments de musique ».

Bien qu'à Quinsay on se plaise à souligner la moralité des femmes mariées, si respectées que « celui qui oserait leur tenir des paroles malhonnêtes serait jugé infâme », et qu'on loue de façon unanime la bonne tenue des femmes tartares, on constate en général une effrayante liberté des mœurs, liée à la prospérité, à la facilité de la vie, et peut-être à une réaction aux malheurs passés de la guerre. « On se délecte fort en luxure », dit-on souvent, et Odoric de Pordenone s'indigne de ce qu'il appelle « des bestialités et merveilles qui ne seraient point bonnes à raconter devant de bons chrétiens ».

Les Chinoises ont une solide réputation d'amoureuses et celles qui font commerce de leur corps sont célèbres. La prostitution est très générale, bien que le gouvernement essaie de la refréner, notamment en l'interdisant à Khanbaliq, ce qui n'a pour effet que de l'exacerber dans les faubourgs, où « elles sont bien 20 000, qui toutes servent les hommes pour argent ». L'État, qui se mêle de tout, à tort et à travers, et qui ne craint guère de se contredire, contrôle d'un côté la débauche sous prétexte de la restreindre, mais y voit de l'autre une source de profits, de telle sorte qu'il lui donne d'un côté ce qu'il lui retire de l'autre. Les prostituées sont assujetties à un impôt particulier et le souteneur que Marco Polo nomme joliment « le capitaine », doit fournir chaque nuit une fille nouvelle aux ambassadeurs et aux invités de marque. C'est naturellement à Quinsay, la ville de luxe et de plaisirs s'il en fut, qu'elles sont le plus abondantes, « en si grand nombre que je n'ose le dire », et le plus expertes : « Les étrangers qui ont pris une fois leur ébat avec elles en demeurent comme hors d'eux et sont tellement pris par leur douceur et par leurs charmes qu'ils ne peuvent jamais les oublier. De là vient qu'une fois rentrés chez eux ils racontent qu'ils ont été à Quinsay, c'est-à-dire dans la cité du ciel, et n'attendent que l'heure où ils pourront y retourner. »

Civilisation de la Horde d'Or

Iran, Chine : ce sont les deux pôles d'attraction de l'Empire, les deux grands centres de la civilisation mongole. Mais il ne faudrait pas, tant fut vif l'éclat de ces deux pays et des zones soumises à leur influence directe, imaginer que d'autres provinces soient restées en marge de l'essor culturel et des bienfaits de la paix. Ce serait une tâche longue et difficile, et peut-être encore irréalisable en l'état de nos connaissances, que d'établir un inventaire, aussi sommaire soit-il, de la situation dans les autres régions de l'Empire. Un bref regard sur la Horde d'Or, cet État qu'on se plaît à considérer comme essentiellement nomade et grossier, et qui l'est en effet dans une certaine mesure, permettra sans doute de remettre les choses à leur juste place.

Al-Umari, un des auteurs anciens qui s'est le plus intéressé à l'*ulus* djötchide, nous conduit d'emblée au cœur du sujet : « Le pays, écrit-il, est riche en villes bien construites et fort peuplées, et ses montagnes sont couvertes d'une végétation luxuriante. C'est une terre où pousse le blé et où coule le pis [le lait] ; des rivières l'arrosent et les fruits y poussent en abondance. » Lait, céréales, villes : voilà les trois éléments qui frappent notre auteur. Inutile de parler des troupeaux : ils font partie de la vie nomade. Mais le blé ? Les principautés russes du sud en produisaient et le nord du Caucase était réputé dans tout le monde musulman pour ses moissons. C'était pourtant la Bulgarie de la Kama qui était alors le grand grenier à blé, qui ravitaillait par la voie de la Volga les deux Saraï, et, au-delà, nourrissait une importante exportation.

Quant aux villes, certaines étaient anciennes, antérieures aux Mongols, comme Kertch et Azaq (Azov) en Crimée ou sur la mer Noire, Bolghar en Bulgarie et naturellement Urgendj au Kharezm ; d'autres étaient nouvelles, comme les deux Saraï, Astrakhan... Toutes connaissaient un essor considérable, dû surtout au commerce international. Les sources nous renseignent bien sur elles, et, s'il ne reste rien ou presque de leur architecture ancienne, nous connaissons celle-ci par les fouilles. Celles effectuées à Saraï, ainsi que les documents écrits, particulièrement nombreux à son propos – ce qu'explique son rôle de capitale –, nous rendent cette cité plus familière que les autres. C'était une vraie ville, une grande ville, que les plus sévères archéologues estiment peuplée de plus de 100 000 âmes. Al-Umari en donne une description assez détaillée et parle de ses bains, de ses marchés, de ses *madrasa* (écoles), des marchandises « qui y affluent ». Ibn Battuta évoque « sa grandeur extraordinaire », « son amas compact de maisons » dont « il faut une journée entière pour faire le tour », ses treize grandes mosquées *(djami)* et « sa population cosmopolite, composée de Mongols, d'Ases, de Qiptchaq, de Tcherkesses, de Russes, de Byzantins, de musulmans d'Égypte, d'Iraq et de Syrie », où « chaque nationalité vit dans son quartier et a son bazar » ; fidèle à sa façon de s'exprimer, il conclut que c'est « une des plus belles cités qui existent ». On y a trouvé quantité d'objets, fragments de vaisselle et de verres, peaux, plaques de cuir découpé, soieries, armes, outils, bassins, marmites de fonte, chandeliers, bijoux, ce qui prouve à quel point l'artisanat, et surtout le travail du métal, s'y était épanoui. Huit grands fourneaux furent mis au jour, dont l'un avait soixante-dix tuyères : usine métallurgique, ou du moins immense atelier comme on en connaît peu !

On a pu s'étonner qu'en un temps aussi court – entre les règnes de Berke et d'Özbeg, où la cité atteignit sa maturité – un tel artisanat ait pu se développer dans une ville nouvelle. Certes, les déportations massives furent à l'origine de cet essor, mais on ne peut pas tout leur attribuer. Très tôt, grâce à l'affranchissement, ou plutôt à l'attrait qu'exerça la présence d'une grande cour, des travailleurs libres se groupèrent en corporations de métiers semblables à celles que l'on connaît à la même époque dans tout le monde musulman. Il n'est pas difficile de deviner que la plupart étaient des émigrants d'Urgendj ou de sa province. L'art de la Horde d'Or, à Saraï comme ailleurs, porte en effet, combinée avec l'influence de l'art des steppes, la marque plus que visible des apports kharezmiens. La comparaison entre les faïences décoratives de Saraï et d'Urgendj ne laisse aucun doute sur leur étroite parenté. Les innombrables tessons retrouvés dans la capitale de la Horde sont proches des céramiques qui décorent le beau mausolée de Mubarak Khatun à Urgendj, bien qu'ils témoignent d'un certain esprit décoratif personnel. C'est le même jeu de couleurs dominantes, avec le bleu foncé ou turquoise, le blanc, le vert et le jaune jouant sur le rouge si caractéristique du Kharezm ; ce sont les mêmes ornements – végétaux surtout, comme le veut l'islam, mais aussi animaux, voire humains – et les mêmes techniques. A cette influence kharezmienne prépondérante et à celle sans doute secondaire de l'art des steppes (mais celui-ci n'était-il pas déjà caractéristique à Urgendj ?) viennent s'ajouter celle de l'Égypte, consécutive aux relations politiques et à l'envoi de cadeaux somptueux fabriqués dans la vallée du Nil (magnifique chandelier de marbre conservé au musée de l'Ermitage à Saint-Pétersbourg), et celle de la Chine, que mettent en évidence des miroirs de bronze soit importés, soit fabriqués sur place et des sphinx en ronde bosse également de bronze.

Malgré leur islamisation, les populations turcophones de la Horde d'Or ont conservé avec une fidélité à toute épreuve leurs coutumes, quand bien même elles étaient en contradiction avec la *chariat* ou avec les plus stricts principes de l'éthique et de la pensée islamiques. Aussi la société qu'elles ont organisée, quoique « musulmane », n'offre-t-elle que peu de ressemblances avec une société musulmane classique, notamment à cause du statut particulier de la femme, et se trouve-t-elle par conséquent presque inéluctablement appelée à disparaître. A une échelle plus petite, les sociétés turco-mongoles en Iran, en Iraq ou en Anatolie ne diffèrent d'ailleurs pas sensiblement de celle de la Horde d'Or, mais elles ont moins de relief car elles sont noyées, en ce qui concerne les deux premiers pays, dans la société islamique des Arabes et des Iraniens, et dans le dernier cas, déjà quelque peu perturbées par deux siècles de civilisation musulmane. Il n'empêche que le contraste apparaît saisissant, en Iran même, sous la plume d'un Ibn Battuta par exemple, notamment quand il met en parallèle la tenue et le comportement des femmes turques et des femmes iraniennes.

Les réactions indignées de ce grand bourgeois marocain qu'est Ibn Battuta devant le laxisme de cet islam « mongol » soulignent la spécificité de celui-ci. On pourrait certes les taxer d'étroitesse d'esprit si celles d'un homme à l'intelligence plus scientifique et plus froide, al-Umari, n'étaient pas les mêmes :

> « Les habitants de ce pays [le Qiptchaq], s'écrie al-Umari, ne suivent point les ordonnances des califes : leurs femmes prennent part à l'administration de l'État et [...] rendent des édits comme les hommes. En vérité, il est rare à notre époque que la femme soit investie de pouvoirs comparables à celui qu'elles détiennent là-bas. »

On peut dès lors accorder tout crédit aux observations du célèbre voyageur maghrébin, malgré tout ce qu'elles peuvent avoir de violent, de passionné ou parfois d'exagéré. « Les femmes des Turcs ne sont pas voilées », dit-il encore avec sévérité ; puis, à d'autres propos, pour se faire mieux entendre, il écrit : « Je fus témoins dans ces contrées d'une chose remarquable, c'est-à-dire de la considération dont les femmes jouissent chez les Turcs : elles y tiennent en effet un rang plus élevé que celui des hommes », « les femmes de trafiquants et de petis marchands [...] sont souvent accompagnées de leur mari, que quiconque voit prend pour leur serviteur ». Que dire alors de la haute société ? En la décrivant, Ibn Battuta brosse de remarquables petits tableaux de la vie de cour dont maint autre document nous permet d'affirmer l'exactitude : « Lorsque la princesse arrive [à l'audience publique], le khan se lève devant elle et la tient par la main jusqu'à ce qu'elle soit montée sur le trône » ; « la plus considérable des Qatun aux yeux d'Özbeg, il va au-devant d'elle jusqu'à la porte de la tente, lui donne le salut, la prend par la main et, quand elle est montée sur le trône et qu'elle est assise, alors seulement il s'assied. Tout cela se passe aux yeux des Turcs et sans aucun voile. »

L'ART DES YUAN

On a parfois parlé avec sévérité de la décadence de l'art chinois sous la domination mongole. Rien ne la manifeste. Rien ne la laisse entrevoir. Et c'est la sorte d'affaissement auquel on assiste au début de l'époque ming qui fait dire que la conquête mongole a freiné ou brisé le grand élan créateur, si remarquable sous les Song. Qu'est-ce qui nous prouve cependant que cette timidité, cette indécision, incitant davantage à conserver les acquis du passé qu'à s'ouvrir sur l'avenir, tiennent plus aux Yuan qu'à la seule frilosité des Ming, à leur double réaction contre l'étranger et contre un art trop populaire, à leur repliement sur eux-mêmes – lui aussi dénoncé, et non sans exagération là encore ?

On ne peut pas douter un seul instant que les empereurs mongols aient dans une très large mesure voulu perpétuer la culture chinoise, même s'ils faisaient appel à des éléments nationaux que méprisait la Chine officielle et s'ils laissaient s'introduire – parfois même en les encourageant – des éléments étrangers. Il est certain qu'ils furent de grands mécènes et qu'ils cherchèrent, comme nous le verrons avec les peintres, à se rallier les artistes. Il est non moins sûr que les apports populaires et étrangers enrichirent prodigieusement l'art chinois, même s'ils le détournèrent quelque peu de sa voie traditionnelle et même si, dans des cas extrêmes, ils furent parfois funestes. Jamais encore la Chine ne s'était ouverte aussi largement sur le monde : Népalais, Tibétains et autres jouèrent leur rôle, et les nomades mongols aussi, mais ce furent surtout les relations avec l'Iran qui se révélèrent le plus fructueuses.

Il est difficile de ne voir qu'un hasard dans le fait que la Chine et le Moyen-Orient musulman furent les deux régions du monde où la céramique se vit hissée au rang d'art majeur et que nulle part ailleurs les créations ne se montrèrent si continuelles, variées, riches et somptueuses. Nous ne voulons pas dire par là que la domination mongole fut responsable de cette identique vocation, puisqu'elle s'affirmait ici et là bien avant cette domination ; nous entendons seulement indiquer que les échanges irano-chinois devaient être plus nombreux en ce domaine qu'en d'autres. Depuis l'installation des Arabes dans l'Asie antérieure, l'exportation des céramiques chinoises par Canton et Yang-tcheou (Yangzhou) vers le monde musulman joua un rôle stimulant et peut-être primordial dans l'essor de l'art céramique de l'Islam.

On a reproché à juste titre aux Mongols la fermeture de la grande manufacture impériale de céramique de King-tö-tchen (Jingdezhen) – qui sera rouverte sous les Ming –, mais cette fermeture n'empêcha pas les fours de travailler et de livrer à la cour des pièces blanches et bleu-vert, décorées de dessins floraux. Dans d'autres ateliers, l'influence iranienne et sans doute la demande à l'exportation amenèrent la création d'une céramique bleu cobalt sous glaçure. La célèbre famille de « bleu et blanc » constitue un apport essentiel, qui sera exploité pendant des siècles.

Durant toute l'époque yuan, la peinture demeure l'art privilégié de la Chine et elle s'exprime avec une technique à peu près inchangée, toujours sur ces grands rouleaux verticaux que nous désignons par le mot japonais *kakemono* et où, nouveauté, le poème et la calligraphie apposés sur la peinture comptent autant que le lavis d'encre pour traduire l'état d'âme de l'artiste. Le goût continue à privilégier les paysages, mais des sujets jusqu'alors inconnus apparaissent : les chevaux, les scènes de chasse ou de guerre, les portraits. Ces derniers sont exécutés, autant qu'on en puisse juger, avec grande fidélité quand il s'agit de personnes officielles, notamment les khans, ou bien cherchent à reproduire le type ethnique quand les artistes font de l'exotisme, par exemple en peignant les disciples du Bouddha.

Les peintres boudent le pouvoir ou se rallient à lui. C'est à quoi se résolvent un maître comme Li-k'an, ou encore, en 1256, celui qui fut peut-être le plus grand artiste de sa génération, Tchao Tseu-nang (1254-1322), plus connu chez nous sous le nom de Mong-fou (Mengfu), et sa femme Khauan Tao-chang, peintre de bambous et d'orchidées. Tchao Tseu-nang, qui fut aussi un calligraphe hors pair, volontiers archaïque, peignit des paysages nobles et – remarquablement – des animaux, tout particulièrement des chevaux. Deux autres grands peintres, après avoir servi le nouveau pouvoir, finirent par reprendre leur liberté, peut-être parce qu'ils n'obtenaient pas de position officielle : l'un, Kao K'o hong, (Gao Kekong), originaire de l'Asie centrale, s'établit librement à Hang-tcheou, où il s'appliqua à rendre à la perfection l'atmosphère des régions humides où il s'était fixé ; l'autre, Tchou Tö, se retira dans la solitude pour y finir ses jours. A côté d'eux, il convient de citer encore une pléiade d'artistes qui tous, à un titre ou à un autre, appartiennent au panthéon de la peinture chinoise et, on doit le dire, à l'art universel : Wang Mong (Wangmeng), mort en 1385, au pinceau vigoureux, amoureux des montagnes et au style un peu chargé ; Houang Kong-wang (Houang Gungwang) [1269-1334], l'un des plus grands artistes de tous les temps, qui, par sa technique, pourrait faire songer au pointillisme et qui exerça une profonde influence ; Ni-Tsan (Ni Zan) [1301-1374], silencieux et dépouillé, dans l'œuvre duquel la lumière joue un rôle essentiel ; Wou Tchen (Wu Zhen) [1280-1354], dont les croquis expriment un profond sentiment humain.

Ce jaillissement continuel d'immenses talents picturaux dans l'empire des Yuan peut faire excuser l'évolution assez navrante que connut parfois la peinture dans le Nord, avec un répertoire compliqué et de plus en plus conventionnel, par suite de l'arrivée de lamas tibétains et népalais, et du souci qu'ils manifestèrent de respecter les règles iconographiques (picturales, mais aussi sculpturales) du bouddhisme, ce qui a nui à l'expression du sentiment religieux et au sens créatif. Mais ailleurs la sculpture sut pourtant donner encore de grandes et belles œuvres tels les reliefs de Fai-laifing (Feilafeng), près de Hang-tcheou.

C'est à l'Iran que furent empruntées la nouvelle technique des émaux cloisonnés et celle, nouvelle également, des incrustations de métaux précieux dans la laque, ainsi peut-être que, dans une moindre mesure, le décor des tissus de soie et des brocarts, au reste de grande beauté et qui acquièrent une réputation qui parvint jusqu'en Europe : bon nombre de pièces y furent importées qui servirent de vêtements sacerdotaux et influencèrent le textile du Moyen Age.

L'apport le plus considérable des Mongols en Chine fut certainement le tapis, création spécifique des nomades de la steppe, Iraniens ou Turco-Mongols, et appelé à connaître une brillante carrière. Dès le milieu du XIIIᵉ siècle, le gouvernement impérial fonda des ateliers destinés à tisser, pour la première fois en Chine, cet objet auparavant considéré comme exclusivement barbare. Il en sortit des œuvres aux dessins variés, proches de l'art des steppes, et en conséquence encore éloignées de ce qui deviendra le canon chinois en la matière. Hasard encore ? C'est en ce même XIIIᵉ siècle qu'est mentionnée pour la première fois en pays musulman, en Anatolie, la fabrication de tapis tissés dont nous conservons quelques rares et précieux témoignages.

Ce qui nuit peut-être le plus à la réputation des Yuan aux yeux de l'élite chinoise, c'est l'intérêt qu'ils portèrent au théâtre. Ils l'avaient découvert chez les Kin (Jin), qui eux-mêmes l'avaient emprunté aux Song, chez qui il revêtait un caractère très populaire, assez méprisé des lettrés. Les Mongols, eux, aimaient tout ce qui était divertissement plébéien et ne partageaient en rien le dédain des lettrés chinois pour les grossiers amusements des rues et pour les acteurs. Le théâtre leur plut. Ils l'encouragèrent. Dès qu'il put sortir de la semi-clandestinité dans laquelle il vivotait, il sut, sans rien perdre de son caractère et de ses modes d'expression, mi-parlé, mi-chanté, s'élever à un haut degré de perfection, à l'origine d'un genre poétique neuf : le *san-kiu (sanqu)*, qui chantera excellemment le vin, l'amour, l'amitié, la fuite du temps. Le premier grand auteur est Kouan Han-k'ing (Quan Hanqing), qui écrivit soixante-trois pièces, dont seize nous sont parvenues, dans un style sobre et direct, celui des petites gens qu'il met en scène avec un réalisme confinant à la crudité. A Wang Che Fou (Wang Shifu), on doit le chef-d'œuvre romantique qu'est *Le Pavillon de l'Ouest*, une belle et longue histoire d'amour, et à Po Jen-fou (Bo Ren-Fu) *La Pluie sous le tilleul*, drame sentimental survenu à la cour des souverains t'ang.

L'ART D'IRAN

Le cataclysme qui s'abattit sur le monde iranien le ruina profondément, au point qu'il reste peu de témoignages de l'architecture islamique des Xe-XIIIe siècles et pratiquement aucun des VIIIe et X^e. Les grands ateliers qui avaient tant contribué à la gloire des objets manufacturés furent dévastés ; les artisans fuirent ou furent déportés. Toutefois, la production artistique avait été assez florissante pour qu'il n'y eût pas de véritable solution de continuité entre l'art de l'époque seldjoukide et ce qu'on a nommé de façon simplificatrice l'art mongol.

Le renouveau de l'activité artistique dans le grand Iran est certes dû en partie au mécénat des Ilkhans et à leur volonté de restaurer la civilisation que leurs pères avaient détruite, mais aussi, et peut-être tout autant, au mécénat des grands dignitaires iraniens, très attachés à leur culture et qui s'employèrent, dès que la situation le permit, à la faire revivre, et peut-être enfin au véritable amour que les artisans portaient à leur métier et à l'admirable façon dont ils continuèrent à l'exercer aux jours sombres, dans les pires conditions.

Les céramistes de Kachan, justement célèbres au début du XIIIe siècle, en témoignent puisque le grand centre de fabrication fut bien détruit, mais que la production ne cessa jamais complètement (poteries lustrées) et reprit dès que ce fut possible, alors même que d'autres ateliers se créaient ailleurs. L'instauration de relations enfin étroites avec la Chine, qui permit à l'art chinois de se nourrir d'apports du Moyen-Orient, permit bien plus encore à l'Iran de s'ouvrir à la Chine, qui exerçait sur elle depuis des temps immémoriaux un attrait parfois avoué et souvent tu, et qui était déjà manifeste avec les Seldjoukides. Ce sont encore les céramiques qui dénoncent cet apport massif d'éléments extrême-orientaux dans l'art musulman. Leur présence se manifeste à la fois par le décor, avec des motifs de pivoines, des rubans de nuages *(tchi)*, des figures zoomorphes et des plantes, et par la technique, avec la céramique à reliefs et à glaçures monochromes (série dite de Sultanabad), à peinture blanche et gris-noir sous couverte.

On est quelquefois surpris de rencontrer dès les années 1260 des œuvres architecturales de qualité comme le mausolée de l'imam Yahia à Veramine, avec son beau *mihrab* en céramique, malheureusement pillé (la pierre tombale se trouve à l'Ermitage), alors qu'on est encore si près de la guerre : c'est oublier la sage administration de Yalawatch. Toutefois, il faut attendre le règne de Ghazan pour voir, vers 1290, une véritable reprise de l'activité architecturale. Il est vrai que Hülegü, ayant fixé sa capitale à Tabriz, dut y faire effectuer des travaux. La ville tendait déjà à devenir un des premiers foyers culturels du Moyen-Orient, et son choix comme capitale acheva de lui donner la place exceptionnelle qu'elle occupa dès lors et pour longtemps.

Fidèles aux leçons des monuments antérieurs, mosquées et *madrasa* perpétuent les traditions, mais l'art funéraire, comme si l'immense hécatombe l'avait propulsé au premier plan, prend une importance considérable et s'engage dans des voies nouvelles dont l'aboutissement sera, plus tard, les véritables palais des morts que l'on édifiera par exemple à Samarkand pour servir de tombeau à Tamerlan (Gur-e Mir, 1404 et années suivantes), et plus encore aux Indes sous la dynastie des Grands Moghols (tombe de Humayun à Delhi ou Tadj Mahal d'Agra). Les mausolées les plus remarquables sont alors, à Veramine encore, en 1289, le Gumbad d'Ala al-Din, tour circulaire haute de 26 mètres, qui reste dans la ligne de celles des Seldjoukides ; puis, en 1303, le grand chef-d'œuvre qu'est la tombe d'Oldjaïtu à Sultaniye, où la hardiesse des proportions le dispute à l'élégante sobriété, et qui serait considéré comme un des plus beaux monuments de l'islam médiéval s'il n'avait pas si gravement souffert du temps. Cette construction magnifique qui présente tant d'innovations grandioses éclipse ses rivales : un autre tombeau à Tus, dit à tort de Harun al-Rachid et qui semble contemporain du précédent, d'autres à Ispahan (mausolées de Djafar et de Baba Qasim, 1325) et à Ardebil (mausolée du chaïkh Safi al-Din, 1334). C'est pourtant dans une mosquée – celle-là même qui est la plus représentative du génie de l'islam iranien, puisqu'on y travailla pendant un millénaire et qu'elle force l'admiration en chacun de ses éléments –, la mosquée du Vendredi d'Ispahan, que l'on doit chercher l'œuvre la plus accomplie de l'époque mongole ou au moins du règne de Oldjaïtu : le *mihrab* qui porte son nom. La sculpture y mêle, avec une suprême harmonie et avec une finesse de ciseau qui évoque celle d'une dentellière, la flore, la géométrie et l'épigraphie.

On s'étonnerait, si le genre ne le voulait pas, à comparer l'extrême raffinement plein de goût de ce *mihrab* avec la citadelle *(Ark)* de Tabriz où s'affirme si franchement le sens du massif et du colossal. Cette opposition suffirait à montrer que l'art mongol en terre d'islam peut aller d'un extrême à l'autre, si nous n'avions pas, dans les provinces soumises aux Ilkhans, d'autres œuvres dotées d'une aussi forte personnalité. Il est navrant que la coupole que fit élever Oldjaïtu dans le sanctuaire de l'imam Riza à Mechhed ait été détruite par un séisme et reconstruite, même si la reconstruction est fidèle au modèle, car nous aurions eu là une troisième preuve du génie de l'époque. Mais nous pouvons, en partie du moins, nous consoler avec le *medrese* *(madrasa)* Yakutiye d'Erzurum (1308) qui rappelle, avec une compréhension moins grande du symbole, sa voisine la *medrese* « aux deux minarets », avec le Timar Hane d'Amasya (1308) ; ou encore, et peut-être mieux, avec les nombreuses grandes mosquées de l'époque, celles de Veramine (1322), celle de Tabriz (1310-1320), aujourd'hui en ruine, et surtout celle de Natanz (1304-1325), authentique chef-d'œuvre où le plan seldjoukide se transforme et annonce en quelque sorte l'architecture des temps ultérieurs. Ces monuments sont d'ailleurs loin de représenter la totalité des productions architecturales mongoles et il faudrait en citer beaucoup d'autres, souvent assez délabrées, à Tabriz, Sultaniye, Maragha, Yazd (mosquée du Temps et de l'Heure, sanctuaire de 1325 appartenant à un complexe comprenant hôpital et *madrasa*).

Dans ces œuvres, et même dans les plus belles, le souci de briller est évident et il conduit à négliger parfois les lois élémentaires de l'architecture pour accroître l'effet produit et laisser la première place au décor. Mais si de telles tendances dénotent une décadence, elles n'en sont pas moins pleines de séduction, et c'est en vain qu'on dénoncerait le trop grand élancement des minarets jumelés, l'utilisation systématique et sans raison des stalactites ou nids d'abeilles *(muqarnas)*, l'envahissement des céramiques qui fait des monuments de simples supports de décor.

Malgré la richesse de la céramique et la qualité des réalisations architecturales, c'est la peinture qui fait la gloire de l'époque mongole. L'invasion gengiskhanide avait signé l'arrêt de mort de la grande école de miniature « arabe » dite de Bagdad, à laquelle on devait tant d'œuvres fraîches, vivantes et – sous le pinceau des plus grands maîtres – savantes, et qui venait d'atteindre vers 1220 la pleine possession de ses moyens. Bien des peintres étaient morts, certains aussi avaient fui dans l'État mamelouk et avaient fait de l'Égypte l'héritière de l'Iraq ; d'autres cependant étaient sûrement restés sur place, et en vie, dont on retrouvera au moins l'influence dans cette école toute nouvelle qui n'allait pas tarder à voir le jour à Tabriz et qui sera vraiment le berceau de la grande miniature persane. La tradition de Bagdad est tellement évidente qu'un œil même averti pourrait se tromper sur l'origine d'un des manuscrits les plus anciens illustrant l'ouvrage d'Ibn Bakhtichu, *De l'utilité des animaux*, que l'on nomme « Bestiaire Morgan », conservé à New York (Pierpont Morgan Library) et peint sans doute à Maragha en 1294 : on la repère notamment dans la célèbre peinture des deux éléphants.

Mais, dès cette époque ancienne, se mêlent à l'héritage de l'école disparue les mêmes apports chinois que dans la céramique (nuages, rochers, troncs d'arbre tordus, souci de réalisme) et la sensibilité proprement iranienne qui finira par l'emporter. Dans les premières décennies du XIVᵉ siècle, les œuvres abondent et déjà plusieurs prennent rang parmi ce que l'Iran produira de meilleur : on peut se demander si, pendant quelque temps au moins, ne travaillèrent pas côte à côte des artistes venus de Chine, d'autres déportés de Bagdad et d'autres encore formés sur place. Il faudra naturellement un certain temps pour que les tendances – à l'origine si personnelles – de chacun se fondent ensemble pour créer un art nouveau. Mais la fusion se fait parfois vite. Elle paraît déjà réalisée dans la *Chronique des peuples anciens* de Biruni, peinte en 1307 (conservée à Édimbourg). Elle sera plus marquée dans les années 1320, où – peut-être la production est-elle alors stimulée par la grande bibliothèque que Rachid al-Din fonde à Tabriz – les manuscrits illustrés se multiplient et donnent une série de chefs-d'œuvre : le *Kitab Semah Ayahr* (1330-1340), les *Fables* de Bidpaï (1333), l'*Histoire universelle* de Rachid al-Din (1326, conservée à Édimbourg), l'un des plus beaux, et plusieurs *Chah-name (Livre des rois)* de Firdusi, dont celui dit *Chah-name Demotte* (1330-1336), le plus somptueux, morcellé et conservé dans plusieurs collections, ou encore les *Séances (Maqamat)*, de Hariri, de Vienne (1334) et d'Oxford (1336)*.

C'est en marge de l'Empire mongol que vivent les trois grands poètes iraniens de l'époque, qui figurent aussi parmi les plus grands poètes persans : Saadi, Djalal al-Din Rumi et Amir Khusrau. Le premier, Saadi (1213-1292), poète lyrique qui atteignit, avec sa verve extrême, son humour vif et son parfait sens de l'humain, à l'un des plus hauts sommets de l'expression littéraire, était né à Chiraz, avait fui l'invasion et avait profité de son exil pour beaucoup voyager. Il était revenu chez lui en 1256 pour y passer ses dernières années et y mourir. Le deuxième, Djalal al-Din Rumi (1207-1273), le fondateur de l'ordre des Derviches tourneurs ou Mevlevi, était né à Bactres, peut-être dans une famille turque, et, enfant, avait été emmené par ses parents en Anatolie, où ils cherchaient, avec des milliers d'autres réfugiés, à échapper aux Mongols. C'est dans la capitale seldjoukide, Konya, qu'il vécut, fonda son ordre religieux, écrivit et mourut entouré de la vénération de tout un peuple, chrétiens et musulmans confondus. Le troisième, Amir Khusrau (1253-1325), était tombé

---

* Bidpaï, fabuliste iranien semi-légendaire ; Firdusi, poète épique iranien, vers 982-1025 ; Hariri, écrivain arabe, 1054-1122.

captif des Mongols dans sa jeunesse, avait eu bien du mal à recouvrer sa liberté et était venu en Inde.

C'est en revanche à la cour des Ilkhans que l'on doit la naissance et le développement de la grande école historique iranienne qu'illustrent des maîtres aussi remarquables qu'Ata Malik Djuvaini et surtout Rachid al-Din, le premier à avoir eu l'ambition d'écrire l'histoire universelle et à y avoir réussi. Ils auront de nombreux émules, et pendant longtemps des continuateurs qui, malgré des talents souvent réels, ne parviendront pas à les égaler.

L'activité intellectuelle de l'époque mongole dont témoigne si brillamment l'histoire est peut-être plus éclatante encore avec l'astronomie, qui, comme celle-là, dut tout aux princes, sauf le génie des astronomes. C'est le souverain qui, très tôt, encouragea le maître exceptionnel que fut Nasir al-Din Tusi, l'un des plus authentiques savants de l'Islam ; c'est encore le souverain qui lui fit construire à Maragha en 1259 un observatoire modèle, pépinière de chercheurs et qui inspira directement l'observatoire d'Ulu Beg à Samarkand, un des plus célèbres qui aient jamais été édifiés sur terre, et, par contrecoup, ceux ultérieurs de Constantinople, de Delhi et de Jaunpur, voire les travaux de Tycho Brahé et de Kepler.

CHAPITRE XIX

La fin

C'est dans les pays de vieille civilisation sédentaire, ceux où les Mongols se mouvaient dans un milieu et parmi des populations qui leur étaient totalement étrangers par la langue, la culture et les traditions, que leur domination dura le moins longtemps. Ils y étaient au sommet de la gloire, quand, soudain, ils tombèrent. Dès 1336, leur puissance était anéantie en Iran, et, s'il subsista un soupçon de présence gengiskhanide, celle-ci fut bien illusoire et s'acheva à la fin du siècle. En 1368, ils étaient à tout jamais éliminés de Chine. Tout au contraire, dans les régions qui n'avaient pas un grand héritage culturel et dont le fonds humain était composé de turcophones, c'est-à-dire de gens proches des Mongols par la langue, la mentalité et la culture, les princes gengiskhanides, malgré leur affaiblissement continuel et leur déchéance, purent se maintenir très longtemps. On en verra en Europe orientale jusqu'en 1783 ; au Turkestan, dans ce qui avait été le khanat de Djaghataï, jusqu'en 1920, et il ne faudra rien de moins que la révolution communiste pour les faire disparaître.

Ce brutal effondrement, cette rapide éviction n'ont pas eu lieu sans un terrible désordre au sein duquel bien des actions furent entreprises et bien des hommes jouèrent un rôle qui, pour l'histoire mongole, importent peu : faits et personnages ne sont pas tournés vers le passé, mais vers l'avenir. Ils intéressent plus Tamerlan et les Ming que notre sujet. Quant à la longue survie de la Horde d'Or et des khanats qui naquirent sur ses ruines, quant aux soubresauts de l'Asie centrale qui prolongèrent l'agonie jusqu'au début du xxᵉ siècle, ils pourraient donner matière à un ou plusieurs autres livres. On comprendra sans doute pour quelles raisons nous avons décidé d'une part de clore ici notre enquête, d'autre part de raconter aussi brièvement que possible ce que sont devenus les fils et les petits-neveux de ceux qui furent nos héros.

1920 : exactement sept cents ans auparavant, Gengis Khan était entré dans cette ville de Bukhara d'où l'on chassait ses derniers descendants. Une telle durée impressionne. Bukhara n'est pas Paris, et son khanat n'est pas la France. Mais la longévité gengiskhanide y est presque aussi considérable que celle de la plus grande famille de l'Occident, nos Capétiens.

LES MONGOLS EXPULSÉS DE CHINE

Les Chinois, au moins ceux du Nord qui y étaient habitués de longue date, avaient toujours toléré la présence de dynasties étrangères, à condition qu'elles servissent bien la Chine et les intérêts de ses populations, à condition également qu'ils sentissent la poigne de l'État. On eût dit que ce peuple si créateur et si unificateur, le seul au monde qui soit parvenu à grouper dans un seul ensemble, avec une même civilisation et une même langue, d'aussi immenses masses humaines et des territoires aussi étendus et diversifiés, se souciait peu de qui le dirigeait et acceptait d'être guidé par des non-Chinois, comme si les Fils du Ciel devaient venir au monde sous d'autres cieux que ceux de l'empire du Milieu.

Les Yuan avaient bien servi la Chine. Mais ils ne le faisaient plus. Les souverains, dénués de tout prestige, se révélaient si dérisoires, si vils, qu'on ne pouvait plus croire qu'ils étaient des demi-dieux, qu'ils ne flattaient plus le terrible orgueil national. Les impôts ne cessaient de s'alourdir, alors même – comme cela ne manque pas d'arriver quand la pression fiscale s'accroît – qu'ils paraissaient de moins en moins bien employés. L'inflation, conséquence de l'usage trop facile de la planche à billets, prenait l'allure d'un cheval au galop que ne pouvaient plus suivre les plus démunis ou les moins habiles. Tandis que dans ce pays, au début du XIVᵉ siècle, comme le nota un voyageur européen, « il était plus dur de mendier que de travailler », les laissés-pour-compte, vingt ou trente ans plus tard, en étaient non seulement réduits à la mendicité, mais au vol. La Chine avait certes toujours connu une propension au brigandage, mais les Mongols y avaient mis bon ordre, et maintenant elle revenait en force : l'insécurité a toujours été un des premiers symptômes dénonçant une maladie grave de l'État.

L'État était malade, cela ne faisait pas de doute. Les Chinois n'avaient pas tort de s'en prendre à lui, puisqu'il était responsable de tout. Et comme l'État n'était pas national mais étranger, c'était aux étrangers et à tout ce qui relevait ou semblait relever d'eux qu'on s'en prenait : aux Mongols d'abord et à ceux qu'ils avaient amenés – Tibétains, musulmans, missionnaires –, aux faveurs accordées aux doctrines non indigènes, et au premier chef aux religions importées, qui étaient, on l'a vu, comblées de respect et de faveurs.

Il ne manquait pas de voix pour réclamer – tout bas d'abord, tout haut ensuite – la destitution des Yuan, et tous les nationalistes avaient beau jeu de joindre leurs suffrages à ceux des extrémistes. Les brigands qui battaient la campagne pouvaient – et ils le faisaient à chaque fois que l'occasion se présentait – se donner des airs de patriotes, ce qui eût pu rendre le patriotisme impopulaire, mais qui tout au contraire rendait populaire les brigands. Un peu partout, on s'émouvait, on bougeait, et les Mongols eux-mêmes étaient pris de cette frénésie qui agite toujours un régime à bout de souffle, qui lui fait commettre des maladresses ou des erreurs qu'un enfant ne ferait pas, et qui semble accumuler sur lui les malchances.

La véritable révolte partit, dans les années 1350, de la vieille Chine profonde, de la région de Canton et du bas Yang-tseu Kiang qui, si souvent dans l'histoire, entraîna le pays. Des chefs se levaient pour un jour ou pour un an, qui se disputaient entre eux autant qu'ils montaient des opérations contre les occupants, moitié avec de bonnes intentions, moitié avec de mauvaises. Ce n'étaient que bandes de voyous aux yeux des Mongols qui ne réagissaient pas, qui tout au plus discouraient – et l'on sait que quand on parle trop on n'agit pas assez. Ils n'avaient vraiment rien à craindre tant qu'un vrai chef n'apparaîtrait pas. Ils ne croyaient pas qu'il en apparaîtrait un. Ils se trompaient, non qu'il fût inéluctable qu'il s'en levât un, mais parce que les époques troublées sont favorables à l'émergence des hauts caractères. Pourtant, tout allait mal. Le vieux Mengi sombrait dans le chaos. Le pouvoir subissait échec sur échec, et ses revers étaient parfois graves. Ce n'était pas seulement la campagne qui se trouvait en insurrection armée : de grandes villes – Han-yang, Wou-tch'ong (Wucheng), Siang-yan (Xianxiang) – tombaient aux mains de ceux qu'il fallait bien nommer des insurgés. Pékin ne réagissait toujours pas. Des provinces entières échappaient à tout contrôle : le Kiang-si (Jiangxi) en 1359, le Hou-pei (Hubei) et le Hou-nan (Hunan). Tout au plus s'émut-on quand, en 1358, K'ai-fong (Kaifeng) fut perdue. Le général mongol Tchaghan Temür fut envoyé à la tête d'une armée pour reprendre la ville et y réussit sans difficultés majeures, ce qui prouve qu'on aurait pu redresser la situation au prix d'un effort soutenu.

Le chef attendu surgit enfin en la personne d'un bonze, Tchou Yuan-tchang (Zhu Yuanzhang), fils d'un laboureur du Ngan-houei (Anhui), qui avait pris les armes en 1355. Ce n'était pas, comme tant d'autres, une sorte de hors-la-loi, un simple entraîneur d'hommes, un personnage qui ne vivait que de rapines et ne réfléchissait pas plus loin que le bout de son nez. Il avait l'étoffe d'un maître. En 1356, il avait enlevé Nankin, dont il avait fait sa capitale et où il n'avait rien eu de plus pressé que de constituer un gouvernement régulier. C'était là une double initiative essentielle, une double mesure que nul encore n'avait prise. Solidement assis, il put ainsi commencer à entreprendre avec ordre et méthode la libération du pays. Il lui faudra douze ans pour en expulser les Mongols et installer à la place des Yuan sa propre dynastie, celle des Ming. Il en sera, sous le nom de Hong-wou, le premier souverain.

Pendant que le futur Hong-wou progressait irrésistiblement, les Mongols se déchiraient de plus en plus entre eux. Ils voyaient que tout allait mal et, comme l'empereur n'était plus apte non seulement à rétablir la situation, mais même à donner des ordres cohérents, les généraux agissaient de leur propre initiative, tirant à hue et à dia, se battant les uns contre les autres à l'occasion, alors même qu'un Ögödeïde prétendait profiter des circonstances pour venger les siens et faire revenir l'autorité suprême dans sa famille. Avant le milieu de 1368, tout l'ancien royaume des Song, la Chine du Sud, était aux mains des Ming. Le désastre était immense. On comprit qu'on pouvait le rendre total. La Chine avait repris le goût de l'unité et entendait la reconstituer pour son propre compte. En août, Tchou Yuan-tchang partit de Nankin pour le nord. Il n'y eut qu'une bataille. Les populations se donnaient. Les Mongols, vaincus en une seule fois, ne résistaient plus.

La seule chose qui eût pu les sauver était une levée en masse des cavaliers, le retour des hommes de la Mongolie. Mais ceux-ci n'étaient plus motivés. Ils n'avaient pas gagné grand-chose à conquérir le monde, ceux qui n'avaient pas voulu abandonner le pays. La faute, la grande faute des khans avait été de cesser de s'intéresser à cette province d'où ils étaient sortis et qui avait fait leur grandeur. Si seulement il s'y était trouvé une Mecque qui avait fait la chance des Arabes ! Qaraqorum était oubliée, et oublié peut-être déjà le lieu de sépulture de Gengis Khan. Les steppes natales étaient plus pauvres que jamais : elles avaient perdu, par l'émigration ou par la mort sous les armes, les meilleurs de leurs fils ; elles avaient été ravagées par la guerre entre les princes ; on les avait habituées à vivre – mal – du ravitaillement que Pékin leur envoyait et elles étaient devenues des terres assistées – on les avait privées de ce qui fait la dignité de l'homme. Pourquoi auraient-elles alors bougé ? Elles n'envoyèrent pas de secours. Peut-être ne leur en demanda-t-on même pas.

Le Grand Khan se résigna à partir. Il quitta Pékin le 10 septembre 1369 dans la nuit. Il n'avait pas fallu un mois aux Mongols pour perdre tout l'ancien royaume kin qu'ils avaient mis tant de temps à conquérir et qui leur avait coûté tant de peine. Le dernier khan pleura :

> « Ma grande ville de Daï-dou parée de tous les agréments ! Ma délicieuse et fraîche résidence d'été ! La plaine verdoyante de Shang-tou où ont vécu avec délices les saints empereurs des jours qui ne sont plus ! C'est par mes péchés que j'ai perdu mon empire [...]. Quand je me levais

le matin de ma couche et que je regardais en bas, des senteurs embaumées montaient vers moi, s'exhalant de la plaine. Partout où mon regard se portait [...] je ne voyais que splendeur et délices des yeux [...]. Mon nom d'empereur tout-puissant, tous mes plaisirs et toutes mes joies, ma chère capitale de Daï-dou que le saint empereur Khubilaï avait bâtie, variée et toujours nouvelle ! Tout est perdu pour moi. »

Il mourra sur le bas Mouren le 23 mai 1370, désespéré. On l'eût été à moins.

Les Mongols se replièrent sur la Mongolie, preuve s'il en était besoin qu'ils n'avaient pas été assimilés. Ils étaient rejetés de la Chine parce qu'ils constituaient un corps étranger, inassimilé et inassimilable. Ils retrouvèrent un pays appauvri, en partie dépeuplé, isolé de toute culture, de tout centre commercial, et pour cela condamné irrémédiablement à la décadence. Ils y revinrent au pastoralisme, à une anarchie endémique ; ils y eurent à subir les pressions des Ming et à supporter bien souvent leurs raids dits préventifs. Ils s'endormirent de façon presque incompréhensible sur cette terre qui, pendant plus d'un millénaire, s'était toujours montrée réfractaire au sommeil, comme s'ils se préparaient, longtemps à l'avance, à l'effet lénifiant du bouddhisme. Ils avaient enfoui en eux le souvenir de leur grandeur passée et l'extériorisait, ô honte ! en conservant des Grands Khans – des Grands Khans comme Ögödeï, comme Mongka, comme Khubilaï !

En vain y eut-il une tentative de restauration gengiskhanide sous le très long règne d'un homme assez exceptionnel, Dayan Khan, c'est-à-dire en chinois Ta Yuan, « le Grand Yuan » (1483-1543). Ultime et quasi miraculeuse résurgence, dans une race épuisée et stérile, d'un descendant de Khubilaï. Mais le temps avait passé : le cavalier des steppes, possédât-il du génie, ne pouvait plus accomplir de grandes choses. On pourrait dire de lui ce que l'on dit des héros dans les contes de fées : il vécut heureux et il eut beaucoup d'enfants. Heureux ? Qui le sait ? Beaucoup d'enfants ? Il en eut probablement trop, car à peine fut-il mort, ceux-ci se disputèrent son trône. En vain un de ses petits-fils, Altan Khan (1543-1582), assaillit-il à nouveau les frontières chinoises, menaçant même Pékin et obligeant les Chinois à restaurer la Grande Muraille. Une vingtaine d'années plus tard, les Mongols seront intégrés dans l'Empire mandchou, le futur Empire qing (ts'ing) qui revendiquera, en commençant à son tour la conquête de la Chine, de relever l'Empire de Gengis Khan.

LA SUCCESSION D'IRAN

Quand, à la fin de novembre 1335, Abu Saïd mourut assassiné, si jeune encore et sans postérité, laissant enceinte de trois mois une de ses femmes qui donnera naissance à une fille, ceux qui craignaient une longue minorité, et à leur tête le grand vizir, firent valoir aux *noyan* mongols qui le souhaitaient, espérant en tirer profit, que le défunt souverain avait prévu que lui succédât un descendant d'Ariq Böke : Arpa. Ils usèrent de tout leur pouvoir pour l'installer sur le trône. Arpa Khan, au reste intelligent et capable, se révéla un Mongol très traditionnel, soucieux de rétablir le *yasaq* en annulant les décrets de ses prédécesseurs. Pour y parvenir, il dut distribuer force argent du Trésor aux troupes et faire mettre à mort plusieurs princes hülegüides qui s'opposaient à lui.

C'était plus qu'il n'en fallait pour que les émirs se révoltent et que, dans la réserve des princes gengiskhanides, ils proposent d'autres candidats. Depuis longtemps, les *noyan* étaient devenus tout-puissants. Le gouverneur oïrat de Diyarbakir, poussé par la mère d'Abu Saïd, alla chercher un petit-fils de l'Ilkhan Baïdju, Musa, et, fort de son appui, se révolta ; le 15 mai 1336, il vainquit et tua Arpa ainsi que son ministre Giyath al-Din. Naturellement, d'autres princes refusèrent de reconnaître le nouveau venu et, parmi eux, la puissante tribu des Djalaïr, qui mit en avant un véritable Hülegüide, un certain Muhammad. Vainqueur, ce dernier s'établit a Tabriz (fin juillet 1336). Pendant ce temps, l'Iran oriental, après avoir observé sans réagir ces luttes pour le pouvoir, se décida à réunir un *quriltaï* (mais le mot est très fort en cette circonstance) au nord de Nichapur, au lieu dit Sultan Maïdan (fin de l'été 1336), qui n'eut pour résultat que de mettre en lumière la profonde crise qui secouait le pays. A ce moment-là, tout le monde se battait contre tout le monde et, quand Muhammad fut tué en 1338, l'anarchie devint totale. Il était clair que le khanat ne trouverait pas une personnalité capable de refaire l'union.

A Ispahan et à Chiraz, une famille ambitieuse chercha à profiter de l'anarchie pour se dégager de l'emprise ilkhanide, mais elle se heurta aussitôt à une autre dont la puissance commençait à s'affirmer dans la région semi-désertique de Yazd et de Kirman. Cette nouvelle venue était d'origine arabe, fortement iranisée, chargée jadis de contrôler la province de Kirman pour le compte des Ilkhans. Dirigée par un prince énergique et habile, Muzaffer, elle réussit, après maints combats et quelques vraies batailles livrées dans la plus complète confusion, à enlever Chiraz et Ispahan, et à se rendre maître du Fars. Les Muzafferides le resteront jusqu'à ce que Tamerlan les réduise.

Comme le Fars, et peut-être plus encore que lui, le Khorassan était un véritable conservatoire de la culture persane. Depuis longtemps, les rois *(malik)* de Hérat, la famille Kurt ou Kert, avaient acquis une certaine autonomie non seulement dans Hérat et dans ses environs, mais assez loin à l'est, où ils occupaient la majeure partie de l'Afghanistan en tant que défenseurs naturels des marches orientales de l'empire ilkhanide contre les empiétements des Djaghataïdes. Le souverain de Hérat, Muiz al-Din Pir Husaïn (1332-1370), s'était empressé, tout comme chacun, de reconnaître un khan gengiskhanide, Togaï Temür (1336-1353), mais il l'avait choisi lui-même et avait contracté avec lui des liens matrimoniaux en épousant une de ses filles. Il entretenait avec lui des relations amicales et étroites, à vrai dire en se servant de lui bien plus qu'il ne le servait. En août 1349, sous la pression d'un trio d'intellectuels issus de grandes familles, il prit le titre de sultan et annonça sa volonté de restaurer l'islam en le ramenant aux principes les plus fermes de la *chariat*. Cela provoqua une vive réaction des Mongols, qui considéraient que le *malik* sortait de la légitimité gengiskhanide, ce que nul encore n'avait osé faire. « Comment un Tadjik peut-il prétendre au sultanat ? » se serait écrié l'émir Qazghan, qui était alors maître de la Transoxiane, avec ce mépris traditionnel pour les Iraniens, dont on admirait cependant la culture. Qazghan chercha à châtier l'insolent, mais Hérat résista. Le *malik* fit la paix et conserva son royaume, tout en reconnaissant la suprématie djaghataïde. Il sera l'une des premières victimes de Tamerlan.

Tandis que le Khorassan oriental, avec Hérat, prenait ses distances avec le monde mongol et, pour parler franc, quittait son orbite, le Khorassan occidental faisait de même avec les Sardabars. L'activisme chiite rongeait son frein depuis l'élimination des ismaéliens ou Assassins. Il s'allia aux courants mystiques alors puissants et à un non moins vigoureux mouvement de revendications sociales pour constituer ce qu'on a pu appeler une « république de brigands », la « république » sardabar, dont le centre, la capitale, était à Sabzevar, à l'ouest de Nichapur. Les Sardabars étaient à l'origine de petits propriétaires iraniens, chiites modérés, unis pour défendre leurs intérêts communs contre les nobles et les chefs des tribus nomades turques ou mongoles, et qui avaient trouvé un porte-parole en la personne d'un collecteur d'impôts des Ilkhans. Ils étaient « républicains », parce que, chez eux, le pouvoir n'était pas héréditaire, mais disputé par les chefs des différents courants politiques. En butte à la haine des Kert (Kurt), tout aussi incapables qu'eux d'empêcher la naissance de fiefs, ils ne devaient leur survie qu'au fait qu'ils formaient un État tampon entre eux et l'émirat d'Astarabad, au Mazanderan, dans un Iran oriental déchiré ; sans quoi ils n'auraient certainement pas subsisté jusqu'à Tamerlan. Leur « président », le Khwadja Ali-i Muayyad, se donnera spontanément à ce dernier et le servira avec fidélité. Quant à l'émirat d'Astarabad, sous domination mongole, il songeait essentiellement à se fortifier dans les régions au sud de la Caspienne et se rendit bientôt maître des villes de Bistam, Damghan et Semnan.

Ce furent aussi des Mongols, les Djalaïrides, qui se proclamèrent indépendants à Bagdad en 1340 sous l'autorité du gouverneur de l'Asie Mineure, Buzurg Hasan, « Hasan le Long » (1336-1356). Après que la Horde d'Or eut évacué Tabriz, qu'elle avait momentanément occupée, un autre Hasan, dit « le Petit », Kütchük Hasan, ou le Tchopanien (1338-1343) – il était fils de Timurtach et petit-fils de l'émir Tchopan –, s'empara de la capitale de l'Azerbaïdjan (1338). Lui d'abord, puis son frère et successeur Achraf (1343-1355), s'y maintinrent jusqu'à ce que ce dernier fût tué et vaincu au cours d'une incursion des Qiptchaq conduite par Djanibeg.

Ce désastre profita aux Djalaïrides, qui n'avaient plus dès lors devant eux d'adversaires sérieux. En 1358, Uwais (1357-1374), fils de Buzurg Hasan, entra dans l'ancienne capitale des Ilkhans. Maîtres de deux cités prestigieuses, Bagdad et Tabriz, les Djalaïrides tinrent grand rang pendant quelques décennies. Ils ne purent cependant résister à Tamerlan, qui les défit à deux reprises, en 1393 et en 1401, et s'ils retrouvèrent leur trône après le passage du terrible conquérant (1405), ce ne fut que pour un court laps de temps. Ils furent balayés en 1410 par les Turcomans (Turcs nomades, Türkmènes) de la fédération des Qara Qoyunlu (« les Gens aux moutons noirs »), originaires de Much et dont l'activité s'était déjà manifestée avant le cataclysme timouride.

LES DJAGHATAÏDES

En Transoxiane, malgré l'importance de la partie qui se jouait entre Iraniens et Turcs, l'émir Qazghan, représentant de la noblesse, c'est-à-dire des Turcs, n'en mourut pas moins sous les coups de ceux dont il assurait la suprématie. Le pouvoir passa à son fils Mir Abdallah, un homme incapable, passionné et sot. On a vu comment Abdallah ne sut pas résister à ses pulsions amoureuses et, pour s'emparer de la femme du khan qu'il convoitait, le fit assassiner (1358) ; comment l'indignation fut générale et comment les nobles, d'une seule voix, décidèrent de l'expulser ; comment enfin il trouva une mort obscure. Sa disparition laissa cependant un vide, et ceux qui l'avaient chassé ne purent pas s'entendre. La querelle éclata entre deux chefs influents, mais médiocres, dont l'un était ou avait la réputation d'être l'oncle de Tamerlan, en qui nul ne se reconnaissait et que nul ne voulait reconnaître. Tout retournait à l'anarchie.

Au Mogholistan, dans la région steppique et chamanique du khanat, on avait porté au trône (1347) Tughlug Timur, un jeune noble, fils ou neveu d'Esen Buga, âgé de quelque dix-huit ans, droit, énergique et doué d'une forte personnalité, dans l'intention de maintenir les traditions mongoles à l'abri de l'islam qui, décidemment, devenait de plus en plus envahissant. A peine élu, Tughlug Timur estima cependant que la Transoxiane et la réunification du Djaghataï valaient bien qu'il se convertît « à la religion des Arabes ». Il le fit, entraînant, dit-on, nombre des siens.

La crise que connaissait la Transoxiane depuis la mort de Qazghan rendit son intervention aisée. En mai 1360, il franchit le Syr-Darya. Pris au dépourvu, les principaux chefs transoxianais hésitaient entre fuir et se rallier. D'aucuns adoptèrent la première solution, d'autres la seconde, et parmi eux Tamerlan. Ce sera comme serviteur des Mongols nomades et païens de l'Ili que ce Turc qui se disait musulman et se voulait sédentaire commença sa carrière. Plus tard, par nationalisme ou par intelligence – en pensant que l'avenir appartiendrait à ceux qui auraient résisté aux occupants –, il rompra avec eux et ne craindra pas de mener une vie assez aventureuse de demi-hors-la-loi. Il avait déjà relevé la tête quand Tughlug Timur mourut (1363). Son fils n'avait aucun génie. Il sera aisément battu par celui qui les avait tous (1365).

Bien que Tamerlan se posât en héritier de Djaghataï et peut-être de l'Empire mongol de Gengis Khan (ce fut au moins l'un des discours de sa propagande), et qu'il agît sous l'ombre imposante, mais très illusoire, de khans mongols fantoches nommés par lui et tout à sa botte, les vrais Djaghataïdes, ceux de l'Ili, ne cessèrent pas de s'opposer à lui et il lui fallut accomplir un effort militaire considérable et jamais vraiment concluant pour les amener à renoncer à leurs prétentions. Ce sont en définitive eux qui eurent le dernier mot puisque, quand le génial conquérant mourut, ils parvinrent à restaurer leur empire. Vaïs Khan (vers 1418-1428) et son fils Esen Buga II (1429-1462) régnèrent sur le bassin du Tarim et de l'Ili. Appuyé par un prince timouride, Yunus Khan (1462-1468), élevé à Chiraz et qui avait conservé l'élégance iranienne dans ce milieu nomade qui devenait de plus en plus grossier, avait pu accroître sa domination en annexant Kachghar, Yarkand, et Tachkent, non sans y accélérer la dégradation culturelle. A sa mort, ses deux fils se partagèrent son royaume, l'un s'arrogeant le pays ouïghour et le vieux Mogholistan, et l'autre Kachghar, Yarkand et Khotan, ce qui facilita leur éviction du Turkestan occidental, passé à de nouveaux venus, les Chaïbanides, dont nous allons bientôt parler. Ce revers ne les empêcha pas d'avoir l'outrecuidance d'attaquer la Chine dans les premières décennies du XVIᵉ siècle. Comme en Mongolie au même moment, on aurait pu croire revenus les beaux jours des nomades, mais, dans les deux cas, ce ne pouvait être qu'illusion. Le temps des cavaliers était passé.

Ce fut le dernier éclat de l'illustre famille, de cette maison qui, mieux que toute autre, comme à ses débuts, s'était faite la gardienne du yasaq et avait montré la plus grande fidélité à Gengis Khan. Peu après, des révoltes éclatèrent de toutes parts et le pays tomba dans la plus totale anarchie. Il n'en sortit qu'avec l'arrivée des Chinois dans le Turkestan oriental, le Turkestan « chinois », dont ils firent la Nouvelle Province, le Sin Kiang (vers 1573). Encore préservés, isolés, farouches, redevenus barbares comme au néolithique – si on l'était alors –, les habitants des régions de l'Ili et du Yildiz ne tarderaient pas à passer sous la férule des Russes.

LE DÉCLIN DE LA HORDE D'OR

L'assassinat de Djanibeg, en 1357 ou 1358, avait montré que la Horde d'Or était déchirée par les querelles qui mettaient aux prises princes et grands. Les tendances séparatistes s'accentuaient chaque jour davantage. En même temps, au nord, les principautés russes, surtout celles qui avaient le mieux servi les Mongols et qui avaient trouvé dans leur servitude, dans l'odieuse collaboration avec le maître haï, de quoi nourrir à la fois leurs forces et leur patriotisme, avaient acquis une solidité et une puissance réelles qui ne demandaient qu'une heureuse occasion pour se manifester. Il fallut qu'un nouveau condottiere, semblable à ce qu'avait naguère été Nogaï, sortît du rang pour rétablir l'unité, du moins en Europe orientale, dans les steppes ukrainiennes. Mamaï, gendre du dernier souverain, fit reconnaître comme khan Abdallah (1362) et gouverna dans son ombre. Cependant, l'opposition des princes demeura vive et ne cessa de susciter l'instabilité. En vingt ans, de 1360 à 1380, la Horde changea quatorze fois de souverain.

Devant cette impuissance qui paralyse la Horde d'Or, les Russes jugent que le temps est venu d'affirmer leur indépendance. En 1371, ils cessent d'aller rendre hommage à la cour et de payer l'impôt. Les Mongols ressentent le besoin de réagir. En 1373, ils lancent une vaste opération de représailles. Comme ils redoutent les Russes qu'ils ont si souvent employés pour faire leur police, comme ils se savent divisés et peu sûrs d'eux, ils prennent langue avec les Lituaniens afin qu'ils attaquent au nord pendant qu'ils attaqueront eux-mêmes au sud. La tête de la rébellion slave est le grand-duc de Moscou, Dimitri Donskoï, que l'on croyait l'auxiliaire le plus fidèle. Il n'entend pas attendre que ses adversaires aient achevé leurs préparatifs et les encerclent. Il frappera le premier, là où on ne l'a pas prévu, dans le fertile royaume des Bulgares de la Kama, à l'est. Et d'un coup tout bascule le 11 août 1378. Les Mongols sont vaincus sans restrictions à La Voja. Les Russes laissent éclater leur joie et leurs espérances plus encore. Tous ceux qui demeuraient dans l'expectative, stimulés par la victoire de Moscou, se soulèvent à leur tour : les gens de Vladimir, de Rostov, de Souzdal, de Iaroslav, tous ceux dont les villes ont jadis été pillées par les Mongols. Ne manquent à l'appel que Riazan et Novgorod, qui exècrent Moscou. La Russie entière part en croisade, non point pour Dieu, comme les Francs quand ils allaient en Terre sainte, mais pour la Sainte Russie. Il y a là, disent les chroniques, 150 000 hommes sur pied, en armes, décidés à faire payer tant de sang, tant d'argent et surtout tant d'humiliations.

Les forces de la Horde d'Or n'ont pas attendu les Lituaniens. Elles marchent vers le nord, voulant faire oublier leur défaite et venger leurs morts. Les Russes, qui ne peuvent plus reculer, qui n'ignorent pas ce que coûte une invasion des Mongols et ce qu'elle coûterait particulièrement cette fois-ci, se hâtent à leur rencontre avec la volonté de les empêcher d'entrer sur leurs terres. Le 6 septembre 1380, ils sont sur le Don, près de son confluent avec la Nepriavda, à Koulikovo. Pour que l'affaire soit bien claire, pour que les hommes sachent qu'ils doivent vaincre ou mourir, ils traversent le fleuve pour se battre adossés à lui dans la plaine de Koulikovo.

C'est le 8 septembre, encore l'été, un été déclinant mais beau. Un brouillard dense enveloppe le champ où doit avoir lieu la bataille, un brouillard qui, lentement, comme si le rideau se levait sur la scène, se dissipe pour faire place au soleil. Les Tartares n'apparaissent qu'à midi. Une heure après, la bataille commence. « Il n'y en eut jamais de pareille, chante la chronique. A dix kilomètres à la ronde, la plaine fourmille de combattants. Le sang ruisselle à torrents. » Un chant, un de ces chants qui ne disent pas la vérité, comme il en naît dans les rencontres mémorables et que l'on répète longtemps après. Mamaï tient la victoire, il contraint les Russes à reculer. Il lance toute ses forces en avant, sachant que l'ennemi n'ira pas loin, qu'il l'écrasera sur le fleuve. C'est alors que débouche la réserve que les princes chrétiens ont soigneusement tenue cachée. Elle prend les Mongols à revers. Elle poursuit les poursuivants et ce sont les Mongols qui se débandent, qui cherchent à échapper au carnage. Mamaï s'enfuit sans demander son reste.

Journée extraordinaire ! Journée sans pareille ! Une grande et belle victoire, il est vrai. Elle est finie la *tatartchina*, l'horrible et ruineuse et sanglante sujétion. La Russie respire, éclate d'allégresse. Elle est libre !

TOQTAMICH ET LA RÉSURRECTION DE LA HORDE D'OR

La Russie se trompe, du moins pour l'immédiat, même si elle a raison de croire que Koulikovo est plus qu'un heureux accident, qu'un mauvais moment pour les Mongols, et qu'il s'agit là d'un signe, d'une aube – celle des temps nouveaux dans les pâles pays du nord où le soleil semble mettre si longtemps à monter dans le ciel.

La Horde d'Or est usée, épuisée, exsangue, sans moyens pour réagir, pour arrêter un destin qui paraît inexorable. D'où pourrait-elle attendre des secours ? Où se trouverait-il quelqu'un pour la sauver ? Ne pense-t-elle pas à l'Asie, à cette réserve d'hommes de la Horde

Blanche que n'a pas encore touchée vraiment la civilisation, où les tribus demeurent païennes (les Kazaks ne seront convertis à l'islam qu'au XVIIe siècle, sous la pression des mollas envoyés de Kazan) et où gisent tant de forces inemployées ? C'est d'elle que viendra le salut – un salut provisoire.

La Horde Blanche était, jusqu'à la veille de Koulikovo, dirigée par Urus Khan (1361-1377), descendant d'Orda. Urus avait rencontré un rival inattendu en l'un de ses lointains petits-cousins, Toqtamich, issu lui aussi d'un frère de Batu. Plus fort que lui, il avait cru arriver à s'en débarrasser en l'obligeant à aller chercher fortune ailleurs. Mais sa mauvaise étoile avait voulu que Toqtamich se réfugiât en Transoxiane, où régnait alors Tamerlan, qu'il osât lui demander son aide et qu'il parvînt à le séduire (1376). Tamerlan s'était donc aussitôt employé, non sans arrière-pensée sans doute, à rétablir Toqtamich dans ce qu'il appelait ses droits. Il y avait éprouvé quelques difficultés, mais, comme rien ne lui résistait et qu'il ignorait ce qu'était un échec, il y avait finalement réussi. Dans l'hiver 1377-1378, après un dernier effort au cours duquel Tamerlan n'avait pas hésité à faire contribuer ses propres troupes, le fugitif avait renversé Urus et était devenu le maître de la Horde Blanche. C'était un prince intelligent, énergique, capable, très empli du sens de la dignité gengiskhanide.

Toqtamich se trouvait à peine au pouvoir dans la Horde Blanche que les forces de la Horde d'Or se faisaient écraser. Mamaï, désemparé, ne parvenait pas à regrouper une armée qui fût digne de ce nom. Tout allait à vau-l'eau. Toqtamich décida d'intervenir. Il se présenta dans le Sud européen comme le khan légitime, celui qui devait assurer la pérennité de l'Empire. Mamaï était trop faible pour lui résister. Il fut vaincu près de la mer d'Azov et dut aller chercher refuge dans les comptoirs génois, où, assez ignominieusement, il fut mis à mort par les Italiens. La Horde d'Or, d'un seul élan, se donna au jeune prince qui arrivait d'Asie.

Toqtamich, qui n'avait pas encore fait grande figure, montra de quoi il était capable. Sous sa houlette, la Horde ressuscita. En quelques mois, il l'eut réorganisée et, déjà, il pensait à venger son honneur. Il dépêcha une ambassade à Moscou pour prévenir Dimitri Donskoï de l'anéantissement de leur ennemi commun, de son accession au trône, et que ce serait dorénavant à lui que les Russes devraient payer leur tribut.

Dans l'ivresse de la victoire moscovite, cela sembla un peu fort. Quoi ! n'avait-on pas vaincu ? Quoi ! n'était-on pas libre et souverain ? La prétention de Toqtamich parut, à ceux qu'enivrait encore le succès, une énorme plaisanterie.

Quand Toqtamich eut bien reconstitué son armée, il se mit en route pour Moscou avec l'intention de prendre ce qu'on ne voulait pas lui donner (1382). Prudents, et peut-être – tant est grand l'aveuglement que cause la haine – assez contents de l'allure que prenait l'affaire, les princes de Riazan et de Novgorod se rangèrent à ses côtés et lui envoyèrent respectueusement des auxiliaires. Moscou résista bien. Elle avait des armes nouvelles, les arbalètes, et d'autres inconnues des nomades, les canons. Elle tomba cependant, par ruse, le 26 août 1382. On la brûla. On massacra ses habitants – 12 à 24 000 hommes selon les sources. La Russie avait rêvé trop tôt. Elle dut rentrer dans la vassalité. La *tatartchina* n'était pas finie.

TOQTAMICH ET TAMERLAN

Toqtamich commit alors la faute de reprendre à son compte les vieilles revendications du Qiptchaq sur l'Azerbaïdjan persan. Au printemps de 1387, il franchit les passes de Derbent. A cette époque, c'était Tamerlan qui était le maître de l'Iran. C'était donc lui qui était attaqué, et il l'était par un homme qu'il aimait, un homme qui, pensait-il non sans raison, lui devait tout. Étonné plus qu'outré, ce qui est un mystère de l'âme de ce prince à l'orgueil si chatouilleux, il se contenta de repousser son agressesur et de lui adresser des reproches assez doux, sur un ton presque paternel.

Tout aurait pu s'arrêter là. Mais Toqtamich, dont la vanité avait déjà bien souffert des services que lui avait rendus Tamerlan, se sentait ulcéré de son échec et peut-être de la condescendance avec laquelle ce dernier lui avait fait remarquer son ingratitude. Dans l'hiver 1398-1399, il revint à l'attaque, accompagné de ses vassaux, les Bulgares, les Russes, les Caucasiens, et de bien d'autres encore, non point sur le front du Caucase, mais en Transoxiane, dans le pays timouride et à un moment où le grand conquérant s'en trouvait éloigné de plusieurs milliers de kilomètres. Comment aurait-il pu imaginer que Tamerlan reviendrait si vite de si loin ? Il croyait ne rencontrer personne. Il trouva devant lui l'un des plus grands capitaines de tous les temps. Il eut bien de la peine à sauver son armée.

Tamerlan avait compris qu'il n'aurait pas de paix avec Toqtamich tant qu'il ne l'aurait pas éliminé. Il se lança à son tour dans la steppe, lui qui maintenant était presque devenu un homme des villes. Toqtamich se dérobait, fuyait, reprenant à son compte la vieille tactique consistant à entraîner son adversaire à l'aveuglette aussi loin que possible de ses bases pour le frapper au moment opportun. Ce fut une étonnante poursuite où le chasseur répondait ruse pour ruse au gibier, où la ténacité de l'un valait celle de l'autre. Toqtamich, en face de tout autre, aurait pu réussir. En présence de Tamerlan, il ne pouvait qu'échouer. Il fut rejoint du côté d'Orenbourg, sans doute à Koundouztcha, le 9 juin 1391, et mis en déroute. Tamerlan intronisa trois khans rivaux pour lui succéder et retourna chez lui.

C'était dans le génie de Tamerlan de toujours réussir, mais de ne jamais mener les choses jusqu'au bout. Toqtamich, quand son vainqueur s'en fut allé, n'eut aucun mal à renverser ses trois successeurs et à reprendre le pouvoir, soutenu comme il l'était par le grand-duc Vassili de Moscou. Que le Russe ait aidé dans un moment si difficile son ennemi, celui qui avait si peu de temps auparavant détruit sa capitale, nous plonge dans la stupéfaction. Vassili était-il un fou, un lâche, un traître à la Russie ? Il n'était rien de tout cela. Il avait réfléchi. Il avait compris qu'il était encore trop tôt pour que la Russie ressuscitât. Il avait en lui cette grande idée politique, qui avait déjà fait ses preuves : on ne pouvait espérer vaincre définitivement les Tartares que si la Russie formait un seul corps, ou à défaut une seule âme ; autrement dit, si elle était unie dans la plus grande mesure du possible autour du seul prince qui pouvait faire l'union, à savoir lui-même. Le calcul était juste. Il en vit aussitôt les premiers résultats. En récompense de son aide, il reçut villes et provinces qui jamais encore n'avaient relevé du grand-duché.

En 1393, Toqtamich était si sûr de lui qu'il pouvait écrire au roi de Pologne Jagellon pour lui rappeler qu'il devait payer l'impôt, et reprendre langue avec les Mamelouks alors sous la souveraineté du sultan Barquq. Après avoir été ennemis des Ilkhans, les Mamelouks l'étaient maintenant des Timourides, qu'ils considéraient comme leurs successeurs en Iran.

Où ne mène pas l'orgueil ? Pour la troisième fois, malgré la leçon qu'il avait subie, Toqtamich repartit à l'attaque contre Tamerlan. Il essuya une nouvelle défaite, un désastre, sur le Terek (février 1395). Ce fut pour lui si terrible qu'il s'enfuit sans s'arrêter jusque dans les lointaines forêts du nord. A quatre reprises, ce grand homme avait affronté un plus grand homme que lui. Pendant près de deux ans, Tamerlan parcourut l'Europe orientale, allant presque jusqu'à Kazan, presque jusqu'à Moscou, presque jusqu'à Kiev, rasant Astrakhan et Saraï, bref, portant à la Horde d'Or un coup dont, cette fois, elle ne se relèverait pas.

FIN DE LA HORDE D'OR

Toqtamich avait fini par se réfugier en Lituanie. Le prince Witowt essaya de l'aider à reconquérir son empire, mais fut vaincu par le nouveau khan Timur Qutluq, qui avait jugé prudent de se reconnaître vassal de Tamerlan.

La Horde d'Or connut encore quelques beaux jours sous Timur

Qutluq, qui battit les Lituaniens près de la Vorskla, sous Chadibeg (1400-1407), qui reprit les raids de représailles contre les Russes, et sous Pulad (1407-1412), bien que, sous ces deux derniers princes, le pouvoir appartînt de fait au chef de la horde nogaï (ou mengit). Ce troisième condottiere, en 1408, eut encore la force de réprimer un nouveau refus russe de payer le tribut : il incendia quelques villes, marcha sur Moscou, mais renonça à attaquer la ville sous de vagues promesses. Moscou, de ce jour, prit vraiment la tête du redressement national et se prépara à entrer dans la grande histoire sous la direction d'Ivan III le Grand (1462-1505).

L'irrémédiable décadence de la Horde d'Or commença sous le long règne de Kütchük Muhammad (1423-1459). Vers 1430, Hadji Gireï, descendant de Tuga Timur, fils de Djötchi, se sépara d'elle et fonda son propre royaume, connu sous le nom de khanat de Crimée (Krim), un État de vastes dimensions qui comprenait, outre la presqu'île homonyme, tous les territoires s'étendant jusqu'au Don supérieur, au bas Dniepr, à Telets et à Tambov. En 1445, Ulu Muhammad, petit-fils de Toqtamich, fit prisonnier le grand-prince de Moscou, Vassili II, et se déclara lui aussi indépendant dans la région de Kazan, une ville peu ancienne, au nom turc (qui signifie « chaudron »), entièrement isla-misée et appelée à devenir au XIXᵉ siècle et au début du XXᵉ siècle un des grands centres culturels de toutes les Russies. Le khanat qu'il fonda s'étendit sur le territoire de l'ancienne Bulgarie de la Kama et sur les peuples tatars, bachkirs et tchouvaches, des turcophones, ainsi que sur les Tchérémisses et les Mordves. En 1466, un certain Kasim constitua à son tour un petit royaume indépendant autour d'Astrakhan, entre la Volga et le Don, le Kouban et le Terek. Enfin, un autre prince de la race d'Ulu Muhammad qui portait lui aussi le nom de Kasim se rendit à Moscou pour obtenir, comme d'autres – pourquoi pas ? –, la principauté qu'il n'était pas capable de se créer lui-même. On lui donna le comté de Gorodets, qui porta désormais son nom, déjà russifié : Kasimov. Il se révéla agent et collaborateur dévoué des Russes. En 1573, un de ses descendants embrassa le chris-tianisme sous le nom de Siméon, annonçant la conversion forcée et la russification des années 1651-1656. Les grandes tribus nomades, qui avaient déjà peine à reconnaître l'autorité suprême des khans, se détachèrent aisément de ces multiples États et vécurent à leur guise : la plus puissante fut celle des Nogaï, qui pouvait encore se vanter de mettre en ligne 300 000 cavaliers en 1551. Au moment où les Russes s'unifiaient, les Mongols – ou plutôt les Tartares, ou mieux encore les Turcs du Qiptchaq – se dispersaient. Cela ne pouvait que les conduire à leur perte.

Le khanat de Kazan demeura redoutable jusqu'au début du XVIᵉ siècle, contint la pression russe et obtint parfois de beaux succès contre ceux que leurs aïeux avaient si longtemps vassalisés. Mais en

1518 une grande crise successorale s'ouvrit, et, pour le trône vacant, Russes et Criméens eurent chacun leur candidat. Les seconds l'emportèrent. Les premiers ne l'acceptèrent pas. On se fit la guerre. Muhammad Gireï écrasa les Moscovites en 1521, ravagea les districts de Moscou, de Nijni-Novgorod et de Riazan, imposa à nouveau le tribut et fit vendre « des centaines de milliers de captifs » sur les marchés d'esclaves. On pouvait envisager, sous la domination criméenne, une restauration de ce qui avait été la Horde d'Or. Mais les temps et les mœurs – je veux dire la technique – avaient changé. Il ne s'écoula que peu de temps avant que la cavalerie tartare ne se fît écraser par l'artillerie russe. Ce n'était pas un désastre : c'était un tournant de l'histoire. Les cavaliers venaient de démontrer que leur antique supériorité était désormais vaine devant les armes nouvelles. Il eût fallu que les Ottomans interviennent : ils ne le firent pas. Il eût fallu au moins que tous les peuples turcophones s'allient en une grande coalition antirusse : ils mirent trop longtemps à s'y résoudre. En quelques décennies, au milieu du XVI⁰ siècle, tout se décida.

En 1552, Ivan IV le Terrible pouvait en finir avec Kazan. Le 2 octobre, la ville fut prise d'assaut. Les Criméens, qui avaient tenté d'intervenir, furent repoussés avec de lourdes pertes. Le khanat fut annexé, colonisé, martyrisé. Ce fut ensuite un jeu que de réduire celui d'Astrakhan, entré dans une ère d'instabilité politique et sociale. Il fut annexé en 1555.

Le grand royaume des Tatars de Crimée restait en possession de la famille Gireï. Celle-ci, dès 1475, dut se reconnaître vassale de l'Empire ottoman, qui contrôla au moins indirectement à travers elle toutes les côtes de la mer Noire. En 1571, son khan se révélait encore suffisamment puissant pour pouvoir aller incendier Moscou. Ce fut le chant du cygne. Les Russes avançaient en partant, à l'ouest, de la vieille Russie kiévienne, dont les frontières suivaient à peu près les cours du Dniepr et de la Vorskla ; à l'est, de la Volga dont ils hérissaient le cours de forteresses. Le sort de la Crimée dépendait donc de l'issue des guerres entre la Porte et le Kremlin : le royaume pouvait survivre tant que l'Empire ottoman garantissait son existence, bien que celui-ci intervînt de moins en moins souvent, et laissât ses protégés se défendre seuls. En 1774, au traité de Kütchük Kaïnardji, il renonça à tous les droits qu'il avait sur le khanat et reconnut son indépendance. C'était livrer la Crimée aux Russes. En 1783, Potemkine s'en empara. Le dernier khan s'enfuit en Turquie, où il fut jugé pour haute trahison et passé par les armes.

LES CHAÏBANIDES

Chaïban, un petit-fils de Gengis Khan, avait reçu en apanage les terres situées au sud et au sud-est de l'Oural, dans la zone d'influence de la Horde Blanche et, par son intermédiaire, de la Horde d'Or. Les Chaïbanides, purs nomades, passaient les mois d'été sur les pentes de l'Oural, et ceux d'hiver sur la rivière Iliek, au sud d'Orenbourg. Quand Toqtamich s'était rendu maître de la Horde d'Or, il avait entraîné avec lui en Europe orientale les principales forces qui dominaient dans ces régions, et les Chaïbanides purent étendre leur pouvoir en remplissant le vide qui venait de se créer. Au milieu du XIVe siècle, pour des raisons dont on discute encore, ils prirent le nom d'Özbek ou Üzbek, sous lequel ils seront désormais connus. Abu'l Khaïr, intronisé en 1428 sur la Tura, en Sibérie, dans la région de Tobolsk, et qui devait régner jusqu'en 1468, fut à l'origine de leur pouvoir.

A cette époque, il y avait autour de Sibir, à 16 kilomètres de l'actuelle Tobolsk, un khanat indépendant de Mongols turquisés qui étaient ou non de sang gengiskhanide. Voisin des Chaïbanides, il était en lutte continuelle avec eux. Or, dans les années 1480, les Chaïbanides parvinrent à lui enlever Tioumen. Il fit appel aux Russes. Ivan le Terrible ne manqua pas d'intervenir. La résistance des indigènes fut longue et opiniâtre, et il fallut que le tsar menât plusieurs campagnes pour en venir à bout. Mais le résultat en valait la peine : la Sibérie s'ouvrait. Avec l'aide d'une famille de marchands, les Strogonov, les Russes installèrent alors des colonies de plus en plus loin vers l'est : Tioumen en 1586, Tobolsk en 1587, Tara en 1594. Devant cette invasion mi-pacifique, mi-militaire, Kutchum, le Chaïbanide qui avait remplacé le khan de Sibir, dut engager la lutte. En 1598, il fut vaincu et contraint à la fuite. Il périt misérablement.

Pendant que ces événements se déroulaient, Abu'l Khaïr s'emparait de toute la partie des anciennes possessions djaghataïdes situées à l'est du fleuve Oural et au nord du Syr-Darya. Il semblait irrésistible quand, pour des raisons diverses, des tribus entières renoncèrent à soutenir son effort, l'abandonnèrent et se firent « fugitifs » – en turc *kazak*, mot dont les Russes, en l'appliquant à d'autres, feront « Cosaque » (1465-1466). Refusant l'État organisé, ces « fugitifs » allèrent errer dans les steppes de cette région qui porte aujourd'hui leur nom, le Kazakhstan. Barbares, ils étaient orgueilleux, prospères et non sans forces. Babur, au début du XVIe siècle, affirme que leurs chefs auraient pu mettre en ligne 300 000 hommes, mais comme ils étaient par nature indisciplinés ils se révélèrent incapables de conserver leur unité et s'éparpillèrent en des hordes multiples.

Cette défection ne fut pas le seul malheur d'Abu'l Khaïr. Les Mongols orientaux, Oïrat ou Kalmouks, maîtres de vastes terres accrochées aux flancs de l'Altaï et du Khanghaï, vinrent ravager ses États, suivis trois ans plus tard par les Mongols du Mogholistan. Muhammad Chaïbani, petit-fils d'Abu'l Khaïr, releva la situation. C'était une personnalité de premier ordre qui, pour le malheur de sa mémoire, éveilla la haine d'une personnalité plus haute que la sienne : Babur, le fondateur de l'empire des Grands Moghols des Indes. Intervenant dans les querelles des descendants de Tamerlan, les princes timourides, si brillants dans les domaines des sciences et des arts, mais si médiocres politiques, il entra à Bukhara et à Samarkand, et occupa le Kharezm. Il se retourna alors contre ses anciens protecteurs, les khans du Mogholistan, défit les Mongols et les Ouïghours au Ferghana, leur enleva Kokand et Andidjan (1503). En 1506, il prit Khiva et Balkh (Bactres) ; en 1507, Hérat. Les Üzbek (Özbek) étaient devenus la première puissance de l'Asie centrale.

Cent ans plus tôt, rien n'eût pu les arrêter. Ils arrivaient trop tard. Comme en Russie, le temps des nomades était à jamais révolu. Muhammad Cheïbani fut écrasé et tué près de Merv le 2 octobre 1510 par le souverain d'Iran, le Séfévide Chah Ismaïl. La victoire des sédentaires sur les nomades, de l'Iran sur les Turcs, eut un retentissement énorme. On y vit la revanche non seulement des invasions mongoles, mais encore de mille ans de vexations et d'oppression des cavaliers d'Asie centrale.

LES DERNIERS PRINCES

Lors de la prise d'Astrakhan par les Russes en 1555, le khan Yar Muhammad et son fils Djan s'étaient réfugiés à Bukhara près des Chaïbanides. Alliés par mariage au souverain uzbek, ils héritèrent de lui (1599) et restèrent au pouvoir jusqu'en 1785 sous le nom dynastique d'Astrakhanides ou Djanides. Ce fut pour Bukhara et son royaume une époque encore relativement brillante et à peu près calme, avec comme seul événement vraiment marquant, en 1710, la sécession du Ferghana, désormais nommé khanat de Kokand. La décadence définitive commença en 1785 lorsque la famille astrakhanide s'éteignit et fut remplacée par celle des Mankides ou Nogaï. Comme toute maladie incurable, cette décadence conduisit à la mort. Le khanat supportait depuis plus de trente ans un tyran sanguinaire quand l'arrivée des troupes russes l'obligea à reconnaître la souveraineté des tsars (1866). Ce fut presque un soulagement. Dix ans plus tard, le khanat de Kokand acceptait de la même façon d'entrer sous le protectorat russe (1876). L'un et l'autre seront emportés par la révolution communiste (1920).

Le Kharezm, qui n'avait pas même pu retrouver l'ombre de sa

splendeur d'antan, s'était donné à un Chaïbanide. L'antique Urgendj, qui avait tant eu à souffrir des hommes – après Gengis Khan était passé Tamerlan –, souffrait maintenant des caprices du fleuve auquel elle devait sa richesse et dont le cours changait. Le Kharezm avait désormais Khiva comme centre. Dernier écho qu'il fit entendre de sa haute culture, il connut encore quelques belles heures avec Abu'l Ghazi Bahadur Khan (1644-1663), qui joignit à des talents incertains de souverain ceux plus évidents d'historien. Comme ceux de Bukhara et de Kokand, le khanat de Khiva disparut avec l'avènement du régime bolchevique. Mais il n'avait peut-être pas encore vécu le pire. Il se produit aujourd'hui sous nos yeux avec l'assassinat de la mer d'Aral.

CHAPITRE XX

Les conséquences

L'unification de toute la terre n'avait pas été réalisée. La paix universelle s'était révélée une utopie. La tolérance religieuse avait montré son impuissance devant les passions confessionnelles. La vertu – au sens que les révolutionnaires français de 1789 donnaient à ce mot – et l'incorruptibilité des Mongols, qui seules peuvent justifier la dictature, n'avaient pas résisté aux vices et à la corruption de leurs sujets. À peine levée, telle une immense tempête sur l'océan, la vague était retombée en même temps que le vent qui l'avait formée. Il ne restait plus que des rides sur l'eau où flottaient, innombrables, les épaves. Une génération avait été immolée pour rien. Une fois de plus, un beau rêve s'était transformé en cauchemar. Mais on avait déjà depuis longtemps oublié les affres de la nuit, les villes qui péniblement pansaient leurs plaies, les monceaux de cadavres, le deuil, les déchirements des âmes et des cœurs, l'horreur. On ne pensait plus qu'à l'ère de prospérité qui les avait suivis. On la regrettait. On aspirait à nouveau à la paix mongole.

Faudrait-il donc se borner à inscrire au bilan de l'Empire ce regret, cette nostalgie, ces souvenirs si vivement contrastés ? Si le moindre petit fait contribue à influer sur le monde, comment de si grands événements ne l'auraient-ils pas bouleversé ?

De cette profonde révolution, on est loin de mesurer l'ampleur. L'histoire s'est plus intéressée aux causes ou au développement de l'hégémonie mongole qu'aux conséquences, et il est vrai que celles-ci sont difficiles à cerner. Sans espérer être exhaustif sur un sujet qui n'admet pas l'exhaustivité, on peut néanmoins envisager des hypo-thèses et mettre en évidence plusieurs faits importants.

L'AVANCÉE DES PEUPLES DE LA STEPPE

On a beaucoup spéculé, pour tous les pays de l'Eurasie qui furent attaqués par les hordes mongoles, sur les conséquences des déprédations que celles-ci avaient causées. Le recul démographique est certain – il fut encore accentué par la Grande Peste de 1348 – mais une fantastique recrudescence des taux de natalité semble s'être manifestée après les deux fléaux, ramenant la densité de population à peu près à son niveau du début du XIIIe siècle. La ruine des villes est indéniable, et, à lire les voyageurs et géographes des XIVe et XVe siècles, on a bien l'impression que celles-ci n'ont pas encore pansé toutes leurs plaies ; toutefois, à part quelques-unes qui sont définitivement mortes, elles sont en voie de reprendre leur activité et de rétablir leur situation. Certaines régions, les premières à avoir subi les assauts, ou les plus fragiles, ont sans doute été plus touchées que d'autres, touchées au point de ne plus jamais pouvoir se relever – ce serait le cas de plusieurs provinces de Chine, en Afghanistan, au Kharezm, en Mésopotamie... Pourtant, sous Tamerlan, on y sent encore la vie, et il n'est pas toujours facile de rendre responsable de leur ruine agricole celui-ci ou Gengis Khan, ou encore une dégradation antérieure à l'un et à l'autre, due à des changements climatiques. En 1219, donc avant l'invasion mongole, le géographe Yaqut trouve par exemple tous les districts du nord de Hérat, jadis peuplés et fertiles, en plein syndrome de stérilité et de faillite.

Il est indéniable que les nomades à la recherche de pâturages ont, partout et toujours, tendance à faire reculer l'espace laissé aux cultures, et que l'idéal très largement prôné de la vie pastorale a encouragé les éleveurs à ne pas se fixer. Faut-il pour autant parler de désertification, de réduction de l'activité paysanne, et, si oui, faut-il attribuer ces phénomènes à l'intervention des seuls Gengiskhanides, puisqu'ils semblent déjà largement amorcés par les invasions seldjoukides des XIe-XIIe siècles ? Il serait imprudent de tirer des conclusions prématurées sous le seul prétexte que la chose va de soi et qu'elle se trouve confirmée par l'aveu des coupables, qui ne cachaient pas leur mépris pour la ville et leur désir de transformer les terres arables en steppes. Un aveu ne constitue pas nécessairement une preuve. On constate avec surprise que, dans l'Empire mongol, l'opposition entre pays nomades et pays sédentaires n'est pas aussi marquée qu'on le croyait. Symbiose et complémentarité économico-culturelles se manifestent presque partout, y compris dans les vastes espaces peu urbanisés de l'Asie centrale, voire, pour un temps, en Mongolie. Sortis de leurs herbages, les conquérants, tout en gardant leur quant-à-soi ont subi l'attrait fascinant de la cité, de son luxe, des facilités de vie qu'elle offrait. L'accumulation des richesses, les besoins du commerce et d'un artisanat stimulé par les demandes de matériel militaire ont suscité, jusque dans des régions où il n'en existait guère, la fondation de villes nouvelles : la Horde d'Or en fournit de remarquables exemples, et la Mongolie avec Qaraqorum. Mais il en est d'autres, comme Qarchi ou Andidjan, et d'autres encore qui n'ont connu qu'une existence éphémère et que révèlent les fouilles : Chang-tou (Shangdu), au sud du Gobi, fondée par Khubilaï au temps où il était prince impérial, ou bien Köndüi, la ville de Djötchi-Qasar, le frère de Gengis Khan, sur la rivière Ikhishku, en Sibérie méridionale. Même dans le khanat de Djaghataï, si conservateur, si ancré sur le passé qu'il résista mieux que tout autre à la turquisation – il y subsiste encore aujourd'hui des îlots mongolophones malgré les massacres organisés par les musulmans en 1771-1772 –, dans ce khanat où les populations haïssaient les villes et où les princes n'avaient jamais eu l'idée d'avoir une capitale, il existait des cités de plus ou moins grande importance : Pitchpek, Toqmaq, Qayaliq, Almaliq...

Un peu partout, en Extrême-Orient peut-être, au Proche-Orient sûrement, l'influence de la culture steppique se renforça au moment où elle commençait à décliner – on le voit nettement dans l'Anatolie seldjoukide, après l'élan que lui avaient donné les invasions turques du XIIe siècle. C'est tout un ouvrage qu'il faudrait consacrer à cette résurgence.

Un seul exemple, mais probant, suffira sans doute à la mettre en évidence. Alors que le calendrier musulman est partout respecté et continue à rythmer la vie des fidèles, celui des Douze Animaux, emprunté depuis des siècles par les Turcs à la Chine, et tardivement par les Mongols, chez lesquels il devint officiel, connaît un double succès : succès pour le comput civil dans les milieux dirigeants turco-mongols ; succès pour la vie populaire qui ne se démentira pas jusqu'au XXe siècle dans la quasi-totalité du monde turco-mongol à l'exception de l'Empire ottoman, c'est-à-dire dans toutes les régions turcophones et mongolophones qui furent incluses dans l'Empire, et uniquement chez elles.

LES MONGOLS APRÈS L'EMPIRE

Avec beaucoup d'insistance, et non sans force de conviction, les mêmes personnes ont mis en lumière la formation au temps des Gengiskhanides du peuple mongol et de sa patrie, la Mongolie, au point d'y voir parfois le résultat essentiel de l'œuvre entreprise par Gengis Khan.

Selon eux, un pays qui n'existait pas encore était né, un peuple s'était formé. Gengis Khan, de toutes pièces, l'avait forgé. Il avait brisé l'ancien système des tribus et des clans. Il lui avait donné conscience de son existence, et en même temps la fierté, l'idée qu'il était supérieur à tous les autres peuples, une aspiration à l'unité. Il lui avait imposé un code éthique sévère dont le principe essentiel, le respect de l'autorité des aînés et des chefs, a gardé sa valeur jusqu'à nos jours. Il avait posé les fondements d'une civilisation admirablement homogène qui survivra à l'usure des temps, et uni ses diverses familles à travers le temps et l'espace. Il l'avait ancrée sur de grands souvenirs. Il lui avait donné un pays, celui où il aimait tant vivre, que bien peu avaient quitté et où la plupart étaient revenus, des terres qui, depuis un millénaire ou presque, étaient celles des Turcs enfin éliminés – sans génocide, seulement parce que, répondant à l'antique appel de l'Occident, ils avaient émigré sans désir de retour, avec leur armée, dans le flux de la conquête ; un pays qui devenait enfin et vraiment la Mongolie. Mongols et mongolistes ont surtout considéré l'Empire gengiskhanide de l'intérieur. Ils ont par conséquent cherché à établir son bilan en fonction de lui, bien plus que par rapport à l'univers, ce qui eût pourtant présenté plus d'intérêt. Ils ont ainsi inscrit au crédit de Gengis Khan les transformations de l'art militaire. Mais ces transformations sont-elles si impressionnantes ? Hormis son génie personnel, inimitable, ou, si l'on veut, la science qu'il avait acquise – ou qui était innée chez lui – dans le métier des armes, ni la discipline qu'il sut imposer, ni les manœuvres d'encerclement dans lesquelles il était passé maître, ni les tactiques qu'il mit au point, ni l'utilisation des vaincus comme remparts humains devant ses propres troupes, ni même celle de la propagande, fort étonnante pour l'époque, n'étaient vraiment nouvelles chez les nomades de la steppe ; il paraît excessif d'affirmer qu'elles ont marqué de leur empreinte toutes les guerres du continent asiatique jusqu'au jour où les armes à feu acquirent la suprématie.

Ce bilan contient, nous semble-t-il, du vrai et du faux, ou du moins, sur plusieurs points, un certain à-peu-près. Il est conforme à la vérité de dire que les Mongols avant Gengis Khan n'avaient guère conscience d'être Mongols et qu'ils n'intervenaient dans l'histoire – mais avec quel brio parfois ! – que sous d'autres noms et sans personnalité bien définie. Il l'est aussi de constater que la Mongolie, comme pays des Mongols, fut enfin créée et que les Turcs en disparurent par émigration, voire par mongolisation. Mais il faut émettre bien des réserves avant que d'évoquer la conscience d'une supériorité mongole puisqu'il n'en existe aucune trace et que les Turcs ont été considérés comme s'ils étaient des Mongols, au point que maints Mongols se sont turquisés. On ne peut guère enfin parler de la volonté de fonder une nation mongole, puisque, en admettant même qu'elle ait existé, elle n'a jamais été réalisée. Malgré Gengis Khan, pendant des siècles, les Mongols se sont trouvés divisés, en lutte les uns contre les autres. Aujourd'hui encore, il n'y a pas d'État mongol regroupant tous les mongolophones, ni même la plus grande partie d'entre eux. On dira que ceux-ci n'en sont pas responsables, mais plutôt les Russes et les Chinois ; c'est vrai, mais cela ne change rien.

Il y eut certes une exaltation de l'ethnie mongole, des tentatives répétées et insistantes pour lui donner une noblesse à laquelle on peut penser qu'elle n'aspirait pas elle-même. On la dit « grande », « bleue », c'est-à-dire « céleste », et on essaya de l'ancrer sur toute une mythologie cosmogonique. Rien de tout cela ne l'intéressait vraiment, pas plus que ne l'intéressaient les trônes qui lui étaient offerts. Elle avait remis son destin à Gengis Khan et à ses successeurs ; elle se reconnaissait en eux et leur abandonnait grandeur, divinité et mythes. De toute l'aventure, ce sont les descendants de Gengis Khan qui sortirent magnifiés. Plus les Mongols s'enfonçaient dans la médiocrité, plus le fondateur de l'Empire s'élevait au zénith. En définitive, lui seul comptait vraiment. Ainsi, pendant de longs siècles, ici et là, jusqu'aux Temps modernes, des princes même faibles ou médiocres ne durent le trône qu'à leur appartenance à son sang. Même les plus grands, malgré toute leur puissance, un Tamerlan par exemple, n'osèrent régner qu'à l'ombre des fantoches qui étaient des Gengiskhanides. Nous avons évoqué les khans de Crimée, les émirs de Bukhara ou de Khiva. Mais, en Mongolie même, à partir de la fin du XIVᵉ siècle et des tentatives d'hégémonie oïrat (Mongols dits occidentaux), sur 135 maisons princières, 106 étaient issues de Gengis Khan, 25 de ses frères, et 4 seulement tiraient leur origine de Djelme, ce qui, par le souvenir des liens d'amitié, ramène encore indirectement au grand aïeul.

La « mongolité », contrairement au « gengiskhanisme », n'a vraisemblablement jamais eu le moindre poids. Personne ne s'y est franchement référé. Nulle part, hors de Mongolie, dans les pays qu'ils ont conquis, les Mongols n'ont imposé leur langue. Corps étranger en Chine, ils en ont été expulsés et il n'en reste rien – sauf, au Yun-nan, une petite communauté qui n'est même plus mongolophone. A l'ouest de ce qui est aujourd'hui la Mongolie, les conquérants, tout en demeurant attachés à leurs traditions et au culte de la généalogie gengiskhanide, se sont en quelques générations turquisés et ont été absorbés par le milieu turc, numériquement supérieur, que ce soit en Iran, dans les terres de la Horde d'Or ou dans le khanat de Djaghataï. Les îlots mongolophones, au Turkestan, sont infimes ; en Afghanistan, les Hazara ne sont peut-être pas des résidus de l'invasion gengiskhanide, puisqu'on suppose que ce sont des Mongols installés bien plus tardivement. Quant aux Kalmoucks qui forment une république autonome en Russie, à l'ouest de la basse Volga, ils n'y ont immigré qu'en 1643.

La langue mongole et cette conscience « nationale » ne se sont définitivement implantées que dans la partie centrale de l'Empire, dans ce qui avait constitué le berceau des Gengiskhanides, sur les sols qui forment aujourd'hui la République indépendante de Mongolie, la

Mongolie chinoise, dite « intérieure », et l'ex-République socialiste soviétique des Bouriates, en Sibérie méridionale, près des rives du lac Baïkal. Mongolisation ? Quelle différence entre les Mongols et les Arabes, lesquels ont su imposer leur langue de l'Espagne à l'Iraq à toutes les populations, même quand celles-ci n'adoptaient pas l'islam, et qui l'ont donnée à l'Iran comme outil de culture pendant plusieurs siècles ! Quelle différence avec les Turcs, dont on parle la langue non seulement en Turquie, mais dans les deux Turkestan, en Azerbaïdjan russe ou iranien, dans une partie du Caucase, sur la Volga et jusqu'en Sibérie orientale !

Gengis Khan avait certes laissé de grands souvenirs, mais sans pouvoir promettre à son peuple un avenir qui correspondît à son passé : quel pauvre rôle il jouerait désormais dans l'histoire !

Après leur expulsion de Chine, nous l'avons vu, les Grands Khans régnèrent en Mongolie sans prestige, dans un pays affaibli, coupé des centres culturels, sans autres ressources que l'élevage, livré à l'anarchie et soumis aux attaques répétées des Ming. Il fallut attendre le long règne de Dayan Khan (1488-1543), descendant de Khubilaï, pour assister à un certain redressement politique et socio-économique ainsi qu'à l'élimination presque totale des princes qui n'étaient pas de sang impérial. Mais à quel prix ! Loin de s'unir en un peuple, les Mongols se groupèrent en « ethnies » séparées, celles qui existent encore : Khalkha en Mongolie extérieure ; Tchakhar dans la région de Kalgan et du Dolon-nor ; Ordos dans la boucle du fleuve Jaune, résultat pour ces derniers d'une migration et d'une occupation de la province au cours du XVIᵉ siècle ; Tümet au sud du Gobi et au nord de l'Ordos, pour ne pas parler des Kalmoucks, des Hazara et de quelques autres. Le seul fait qui les signale vraiment à l'attention – car on peut compter comme secondaires les raids contre la Chine – et leur donne une importance aux yeux de l'histoire culturelle, c'est, au XVIᵉ siècle, leur conversion au bouddhisme. Celui-ci, qui allait altérer profondément leur personnalité en adoucissant les mœurs, en dégradant les traditions guerrières, en réduisant par la règle du célibat monastique l'essor démographique, mais en stimulant un renouveau culturel et artistique dirigé dans une voie encore inexplorée, se fit par une alliance étrange et en apparence contre nature entre le lamaïsme tibétain et le culte gengiskhanide.

Vers 1576, Altan Khan (1543-1582) invita à sa cour le troisième successeur (la troisième « réincarnation ») de Tsong Khapa (1356-1419), réformateur du bouddhisme tibétain – devenu le lamaïsme ou Église jaune (par opposition à l'Église rouge, non réformée) –, et lui octroya, pour se faire reconnaître par lui, en échange, comme réincarnation de Khubilaï, le titre mongol de Dalaï lama, « lama océanique » – écho en quelque sorte du « khan océanique » qu'avait été Gengis Khan. Des liens étroits s'établirent et durèrent entre l'Église jaune et ses « protecteurs » mongols. En 1639, un nouveau Bouddha vivant se révélera même dans la descendance des khans Abdaï et Abataï, dont les sept successeurs régneront à Urga, capitale de la Mongolie (aujourd'hui Ulan Bator), jusqu'à l'avènement du régime « démocratique » en 1924.

Lamaïsme ; sommeil que secouent quelques songes ; affaiblissement politique, économique, culturel ; isolement ; régression qui ramène presque à la préhistoire : tout cela ne constitue pas un tableau susceptible de faire pendant à celui qui a fait le sujet de ce livre. Si la création des Mongols et de la Mongolie avait été l'œuvre unique ou suprême de Gengis Khan, j'en demande pardon à ceux-ci, le fruit eût été bien pauvre, et amer pour l'arbre immense qui l'aurait mûri.

LA RECONSTRUCTION DE L'EMPIRE : LES MANDCHOUS

Les Mongols, malgré le désir ardent qu'ils en avaient, et quelques tentatives vite vouées à l'échec, se révélèrent incapables de reconstituer, même sur des bases plus modestes, l'édifice gengiskhanide. Cependant, au-dehors de chez eux, l'Empire demeurait une référence fondamentale, et sa restauration, l'objectif à atteindre, un stimulant et, à défaut, un prétexte ou une excuse pour bien des esprits aventureux.

Rien ne démontre mieux la pérennité du souvenir qu'il avait laissé que la fondation de l'Empire mandchou quatre siècles après l'élection de Temüdjin comme khan. Les Mandchous, un peuple d'origine toungouse demeuré barbare et qui habitait les forêts de l'Asie orientale, pouvaient légitimement revendiquer une parenté avec les Mongols et les Turcs : la linguistique les réunit au sein de la famille altaïque. Dans les premières années du XVIIe siècle, ils quittèrent le pays dans lequel ils étaient restés en marge des courants civilisateurs pour entreprendre la conquête de la Chine. Ils la menèrent à bien et fondèrent, en 1644, la dernière dynastie impériale chinoise, celle des Ts'ing (Qing), appelée à régner jusqu'en 1911.

Les Mandchous avaient commencé leur conquête en ralliant à eux en 1627 les principales tribus de la Mongolie méridionale, puis en écrasant en 1634-1635 leurs parentes septentrionales et occidentales. Ils s'étaient alors posés en continuateurs de Gengis Khan et s'étaient approprié le sceau impérial, ce qui leur avait permis d'asseoir leurs prétentions et de légitimer leur usurpation. En quelque sorte, ils devaient leurs succès, sinon aux Mongols contemporains, du moins à ceux du passé. Il n'est pas certain qu'ils aient pu les obtenir sans la légitimité gengiskhanide qu'ils s'octroyaient. En effet, après avoir établi presque sans combat leur domination sur toute la Chine – c'était la seconde fois seulement dans l'histoire que cela arrivait –, bien qu'ils se fussent sans doute plus sinisés qu'aucun autre peuple barbare, ils menèrent une politique d'alliance très étroite avec les clans mongols, exigeant de leurs chefs un serment d'allégeance, leur conférant titres et dignités, et s'unissant à eux par des mariages croisés. Les nomades de la steppe, peu sensibles aux nuances, croyaient se donner aux leurs, et se donnaient à la Chine : celle-ci exerça sur eux une surveillance constante et refréna toutes leurs velléités d'indépendance. La même illusion fut partagée par tous les indigènes des provinces de l'Asie centrale, jusqu'au Tibet et au Sin-kiang, sur lesquels les Ts'ing parvinrent à étendre leur domination. Ainsi se réalisa après plus d'un millénaire et sous la grossière fiction du dernier Empire nomade, de l'Empire gengiskhanide restauré, le vieux rêve chinois d'hégémonie sur le centre de l'Asie.

LA RESTAURATION DE L'EMPIRE : TAMERLAN ET LES GRANDS MOGHOLS

Les Mandchous fondèrent largement leur aventure sur l'imposture. On ne peut en dire autant de Timur Leng, Timur le Boiteux, notre Tamerlan. Il n'est pas certain qu'il ait vraiment voulu reconstituer l'Empire mongol. Du moins ne put-il jamais échapper à l'ombre de son prédécesseur. Il chercha, en se donnant une généalogie fictive, à s'apparenter à lui. Il agit au nom de khans qui étaient ses authentiques descendants, et sous leur autorité théorique. Il montra un grand respect pour les princes de la famille impériale, allant jusqu'à pardonner sans cesse à l'un d'entre eux, Toqtamich, qu'il avait contribué à porter au trône de la Horde d'Or et qui l'en paya de la plus noire ingratitude. Enfin, il profita largement de l'idée admise – et que sa propagande exploita – que sa tâche consistait à refaire l'unité de l'Asie, c'est-à-dire à rétablir dans sa grandeur la domination mongole. Ce que certains (Grousset, Bouvat) ont pu appeler abusivement la « deuxième phase de l'Empire mongol » ou le « deuxième Empire mongol » ne peut s'expliquer que par le premier Empire mongol, le seul vrai.

Après une série de succès éclatants qui conduisirent ses armées, toujours invaincues, de Delhi à Smyrne (Izmir), du bassin de l'Ili au golfe Arabo-Persique et à Kiev, et alors qu'il partait pour conquérir la Chine, Tamerlan mourut sans avoir réussi à constituer un empire stable et durable. Le « second Empire mongol » se réduisit à un royaume turco-iranien ayant son centre à Samarkand, puis à Hérat. Royaume au demeurant prospère et brillant : en son sein prit naissance et se développa ce qu'on désigne du nom de « Renaissance timouride » et qui fut un des plus séduisants moments de l'histoire du monde musulman.

Il était réservé à un descendant de Tamerlan à la cinquième génération, en qui coulait aussi, par sa mère, du sang gengiskhanide, le padichah Babur, de relever le flambeau tombé des mains de ses ancêtres. Dans l'incapacité de se maintenir en Transoxiane, berceau de la puissance timouride, et de régner en Asie centrale, où plongeaient ses racines, Babur, après s'être installé à Kabul, entreprit la conquête des Indes et se fit introniser à Delhi (1526). La puissance turco-musulmane qu'il y fonda, qui était timouride, qui par conséquent revendiquait l'héritage gengiskhanide, et que nous connaissons sous le nom d'empire des Grands Moghols, brilla d'un très vif éclat et parvint, pour la première fois depuis Asoka (vers 269-232 avant notre ère), à unifier presque entièrement le sous-continent. Elle accomplit dans quasiment tous les domaines une œuvre considérable, durable, une œuvre qui, dans la complexité sans égale de l'univers indien, semblait, au moins à certains égards, la plus efficace qu'on pût imaginer. Aussi, quand l'empire des Grands Moghols, usé, fut assailli par les Européens et s'écroula, il parut difficile, sinon de lui trouver un successeur – les Anglais étaient là –, du moins de l'organiser sur d'autres bases. C'est la couronne du padichah Babur que la reine Victoria d'Angleterre releva et posa sur sa tête (1876) ; et c'est la structure de l'Empire que, pour l'essentiel, son gouvernement laissa subsister. Malgré l'indépendance et la partition du Pakistan, il en demeure de nos jours plus qu'un souvenir dans l'Union indienne. Ainsi, par un paradoxe qui n'est pas mince, c'est dans une des rares terres d'Asie où Gengis Khan et ses fils n'avaient pas durablement pénétré que poussa leur dernier rejeton déclaré, reconnu et authentique.

LA CHINE APRÈS LES YUAN

La Chine sortit profondément modifiée de la domination mongole, mais il appartient au sinologue de disserter sur sa transformation. Tout ce que peut percevoir l'historien qui ne l'est pas, c'est la vision tout extérieure et pourtant extrêmement sensible qu'elle transmet.

La première chose qu'il remarque, c'est que son centre de gravité change du tout au tout. La capitale de l'empire du Milieu cesse d'être fixée dans les régions méridionales ou centrales pour s'établir sur les marches septentrionales, où elle demeurera jusqu'à nos jours. Aux Tch'ang-ngan (Chang'an), Lo-yang (Luoyang) et Si-ngan-fou (X'ian fou) des T'ang (VIᵉ-IXᵉ siècle), ou au Hang-tcheou (Hangzhou) des Song (IXᵉ-XIIᵉ siècle), succède désormais la ville des khans, Khanbaliq, c'est-à-dire Pékin.

Tout aussi évident apparaît à l'historien des civilisations le recul que subit alors le bouddhisme, au même titre que toute religion considérée comme étrangère, au même titre que le christianisme, mais de façon bien plus significative, car le christianisme était mal installé en Chine tandis que le bouddhisme l'était très bien. Il y était arrivé relativement tôt, s'était assez profondément enraciné dès le IVᵉ siècle, plus encore sous les Weï, et avait témoigné d'une grande vigueur sous les T'ang et les Song. On pourrait soutenir la thèse que ce ne sont pas ses doctrines ou ses excès qui furent visés, mais bien les faveurs qu'il avait reçues des Yuan. L'attaque que mena contre lui le confucianisme fut en tout cas très efficace : elle détourna de lui les classes dirigeantes et les élites intellectuelles pour ne plus lui laisser que le petit peuple ignorant et superstitieux. Ainsi fut définitivement brisé l'élan conquérant de la religion indienne, et renouvelé celui d'un confucianisme rajeuni et serein. Alors même qu'elle refusait de recevoir et se renfermait sur elle-même, glissant dans un sommeil qui durerait à peu près jusqu'à nos jours (mais le sommeil est réparateur, interrompu de réveils, plein de songes), alors même qu'elle s'assoupissait, la Chine distribuait comme un royal cadeau à travers le monde ce que les Mongols avaient fait connaître de ses secrets. Ce n'est certes pas un hasard si l'essor technique de l'Europe à la fin du Moyen Age commence au XIVᵉ siècle par l'adoption de la boussole, de la poudre explosive (toutes deux utilisées vers l'an 1000 en Chine), du papier de linge, en même temps que du caractère mobile d'imprimerie (découvert en Chine en 1041) dont un peu plus tard Gutenberg (1400-1468) fera l'usage que l'on sait. Si la chrétienté n'était pas à même de comprendre la pensée chinoise, qui ne lui était d'ailleurs présentée que de façon rudimentaire, elle était capable d'assimiler sa science, chose imitable, transportable et plus encore transformable. Les Arabes la lui auraient peut-être apportée, comme ils lui avaient apporté des Indes les chiffres qui portent leur nom et le zéro, mais ils l'auraient probablement fait plus tard. L'essor technique du XIVᵉ siècle, comme l'essor commercial du XIIIᵉ, sont pour l'Europe des conséquences difficilement niables de l'Empire mongol.

La Chine cependant s'élargit ; elle étend son empire. C'est d'abord le Yun-nan qu'elle annexe – cadeau des Yuan –, l'antique Nang-tchao (Nanzhao) qu'elle n'avait dominé qu'un moment sous les T'ang et dont elle entame au XIIIᵉ siècle la lente et patiente sinisation, tout juste à moitié achevée de nos jours. En même temps, elle revendique par la voix des Ming, qui se posent en successeurs des Yuan – et qui localement entendent l'être partout –, l'autorité sur toute l'Asie gengiskhanide, ce qui est pour elle une occasion à ne pas manquer de renouer avec sa très lointaine histoire, avec les temps où elle en avait commencé la conquête, fâcheusement interrompue par la victoire des Arabes en 751 à Talas. Certes, sa revendication, assez platonique, émet des prétentions qui ne reposent pas sur grand-chose de tangible. Mais celles-ci ne sont tout de même pas trop irréelles puisqu'un Tamerlan, malgré son orgueil et sa puissance, se croit obligé de rendre compte de ses conquêtes au souverain chinois, comme un vassal, et même, ô honte ! de lui payer un tribut, tout symbolique qu'il soit. Nous avons dit comment, après les Ming, les Ts'ing (Qing) ou Mandchous, au nom d'un autre, concrétiseront enfin ce qui relevait si largement de l'utopie.

Sort du christianisme

Les mêmes causes produisant les mêmes effets, le christianisme fut lui aussi victime de la bienveillance qu'il avait rencontrée chez les Mongols, non pas tant en Chine, où, nous venons de le dire, sa position n'était pas très solide, que dans le Moyen-Orient, où elle l'était autrement.

L'islam, qui avait été très près de sa perte et qui, en dépit de quelques persécutions, n'avait jamais mené depuis l'hégire une politique d'hostilité systématique contre les chrétiens – plus nombreux peut-être dans le monde arabe que les musulmans eux-mêmes –, avait été profondément affecté par leur attitude promongole et l'avait considérée comme une trahison d'autant plus manifeste que, dans le même moment, les croisés l'assaillaient. La période assez extraordinaire que vécut le christianisme oriental, entre 1258 et 1295 surtout, le triomphalisme chrétien, les exactions arméniennes contre les musulmans et leurs sanctuaires, voire leur intolérance, n'avaient fait qu'aggraver le ressentiment et ne pouvaient que susciter des vengeances d'autant plus cruelles que les chrétiens étaient les seuls à même de les subir, si jamais la situation se renversait, c'est-à-dire si les Mongols étaient chassés ou s'ils passaient à l'islam.

Quelle que fût la réaction musulmane contre les chrétiens au cours du xive siècle et des siècles suivants, il est certain que le christianisme que tant d'Arabes (coptes, maronites, jacobites...) conservaient jalousement et qui avait pu se maintenir en Iran, en Asie centrale et en Chine ne survécut guère à la chute de l'Empire mongol, sauf dans les pays arabes où il était, redisons-le, sans doute encore majoritaire. Les Églises les plus isolées disparurent les unes après les autres. Il n'est guère moins probable que, dans les pays arabes eux-mêmes, la position du christianisme se trouva sensiblement affaiblie par rapport à celle qu'il occupait au xie siècle, et que commença pour lui un recul qui s'accentuera dans la suite des temps et jusqu'à nos jours, où nous avons parfois la triste impression d'assister à ses derniers instants.

LE MONDE MUSULMAN

La conversion finale des Ilkhans et des khans de la Horde d'Or à l'islamisme renforça la position des musulmans dans le Moyen-Orient autant qu'elle affaiblit celle du christianisme. Les steppes qiptchaq, qui étaient en passe de devenir chrétiennes grâce au semi-protectorat hongrois et à l'activité des missionnaires, changèrent radicalement d'orientation et se référèrent au Coran en même temps qu'elles se turquisèrent. Il faudra attendre l'expansion russo-ukrainienne pour qu'elles retournent à leur vocation première par le truchement de l'orthodoxie, mais aussi du fait de l'élimination presque totale des populations autochtones. Par ailleurs, l'Asie centrale, qui jusque-là s'était montrée en partie réfractaire à la religion musulmane, en dépit des quelques succès que celle-ci y avait déjà remportés, ne tarda pas à l'adopter, du moins dans sa moitié occidentale, jusqu'aux monts Altaï exclus et jusqu'au sein de ce qu'on nommerait plus tard le Turkestan chinois ou Sin-kiang.

Le centre de gravité du monde musulman se déplaça vers l'ouest. Malgré la splendeur de Cordoue et de l'Espagne musulmane, le cœur de l'Empire arabe avait toujours battu en Asie. Les califes, après avoir gouverné pendant une courte période de Médine, en Arabie, puis avoir fixé leur capitale à Damas avec les Omeyyades, étaient venus s'installer en Mésopotamie, à Bagdad, avec les Abbassides. La prise de la prestigieuse capitale des Mille et Une Nuits par les Mongols et l'exécution du Commandeur des croyants, en 1258, donnèrent au Caire la place qu'il disputait en vain à Bagdad. L'héritier de la famille abbasside vint s'y fixer. Il y restera jusqu'à la conquête ottomane, au début du XVIe siècle.

La victoire des Mamelouks à Aïn Djalut et la barrière que ceux-ci dressèrent contre les envahisseurs accrurent le prestige de l'Égypte, qui fit dès lors figure de premier État musulman du monde. Bagdad, pourtant, ne disparut pas et connut encore une certaine gloire comme centre culturel. Mais affaiblie, mutilée, corps auquel on avait enlevé son âme, elle était déjà frappée de cette maladie qui aurait raison d'elle quand Tamerlan, en 1393, lui porterait un nouveau coup. Elle ne fut plus qu'une ville de province de médiocre importance, et l'Iraq, dont elle avait constitué le plus beau fleuron, qu'une région éloignée que se disputeraient les puissances jusqu'au jour, bien tardif, où Saddam Husaïn tenterait de redorer son prestige. Étrange coïncidence : au moment où l'une des trois grandes vallées de l'Orient, celle du Nil, semblait à nouveau capable de produire richesses et civilisation, les deux autres – celle du Tigre et de l'Euphrate, la Mésopotamie, et celle de l'Oxus (Amou-Darya), le Kharezm – disparaissaient à tout jamais dans les marécages. On les oubliera presque. De la prodigieuse fertilité dont elles avaient fait montre, il ne restera rien.

La vassalité que durent subir les Seldjoukides d'Asie Mineure leur fut à terme fatale. Ils avaient formé, au sein du monde de l'Islam, un État florissant et assez original, dont on pouvait sans doute attendre de grandes choses. Tout d'abord, ils avaient paru renforcés par l'invasion mongole. Des élites de toute l'Asie turco-iranienne affluaient chez eux, tel ce grand mystique Djalal al-Din Rumi, fondateur de l'ordre des Derviches tourneurs, qui s'y était fixé venant de Bactriane. Des masses de tribus, fuyant la guerre et le massacre, s'y étaient implantées, renforçant l'élément turc jusque-là encore assez réduit ; avec elles étaient arrivées des traditions d'Asie centrale, renforçant celles qui s'y usaient au contact de l'islam et contribuant à nourrir le génie turc de ce qu'il avait de plus puissant et de plus personnel. Puis tout avait culbuté. La dynastie n'avait pas résisté à sa perte de prestige ; les féodaux avaient redressé la tête. Au début du XIVe siècle, sur les ruines de ce qui avait été un beau royaume, il ne subsistait plus que des principautés rivales et orgueilleuses. Qui peut dire quel aurait été leur sort si le royaume des Seldjoukides n'avait pas été abattu ? Y aurait-il eu parmi elles la famille ottomane, immigrée récente comme tant d'autres, et aurait-elle alors pu trouver le moyen de relever le flambeau et de le porter plus avant en direction de l'Europe ? De bien loin, mais aussi sûrement que la lumière d'une étoile dévoile son existence, l'Empire ottoman est une conséquence de l'Empire mongol.

Aventurons-nous plus loin et demandons-nous si le Maghreb lui-même ne profita pas de la catastrophe asiatique. Quand on voit ses pays, et notamment le Maroc marinide, devenir d'actifs foyers culturels et développer leurs relations avec l'Orient, peut-on ne pas songer aux immenses besoins des terres ravagées ? L'Iran, on le sait, fit appel pour ses observatoires à des astronomes d'Afrique du Nord. Ce n'est pas un fait isolé. Et n'est-ce pas le prestige de l'Égypte et l'unification de l'Asie gengiskhanide qui amenèrent deux personnages dont le nom brille au zénith, Ibn Khaldun l'historien et Ibn Battuta le voyageur, à se rendre au Levant, le premier au Caire et en Syrie, le second jusqu'en Inde et à la Chine ?

LA RUSSIE

La Russie est un des pays qui furent le plus sensiblement marqués par l'Empire gengiskhanide. Vassalisée pendant environ deux siècles et demi – au moins de 1237-1238, date de sa défaite, à 1502, date à laquelle Saraï, la capitale de la Horde d'Or, fut détruite par le khan de Crimée Mengü Gireï Ier –, coupée de l'Europe, devenue en quelque sorte asiatique malgré elle, elle dut se soumettre aux dures conditions qui lui étaient faites et elle n'eut d'autre maître que les Mongols.

Faute de pouvoir faire autrement, noblesse et clergé plièrent l'échine et, bien plus encore, la firent plier au peuple. Les classes dirigeantes essayèrent de s'accommoder aussi bien que possible de la situation. Elles eussent certes préféré ne pas être soumises à l'islam et à des princes turcophones, mais elles ne jouirent pas d'une existence trop mauvaise : la noblesse parce qu'elle se montrait le plus souvent obéissante et dévouée, parce qu'elle tenait sa position des khans et ne la gardait que dans la mesure où ils le voulaient bien ; le clergé parce que, comme tous les religieux de l'Empire mongol, il était exempté de taxes et de réquisitions, à la condition qu'il priât et fît prier pour le souverain. Il y eut bien des tentatives d'insurrection, des velléités d'indépendance, des mouvements de libération nationale chez les nobles, quelques homélies vengeresses chez les prêtres, mais dans l'ensemble, forcés et contraints, les uns et les autres collaborèrent avec les vainqueurs – d'abord dans un pur esprit de survie, ensuite non sans connivences – et enseignèrent aux masses les nécessaires vertus d'obéissance et de soumission qu'elles ne connaissaient pas. Ils s'arrangeaient, cela va sans dire, pour que ce soient elles qui aient le plus à souffrir, notamment de l'impôt, mais en se gardant toutefois de rendre la souffrance insupportable afin d'éviter les rébellions. Il naquit ainsi peu à peu en Russie une résignation, un abandon, une sorte de fatalisme oriental. Le respect pour les chefs et pour les aînés que Gengis Khan avait enseigné aux Mongols, les Mongols l'avaient appris aux seigneurs russes. D'une manière plus subtile encore, les Russes, et cette fois quelle que fût leur classe sociale, se laissaient imprégner par les traditions et les modes de l'Asie steppique, créant une culture spécifique très influencée par celle-ci, dont il resterait plus que des traces quand ils secouaient le joug et qui n'a pas totalement disparu aujourd'hui.

Les principautés vassales singeaient – sans doute parce qu'on ne leur proposait pas d'autres modèles – l'organisation et l'idéologie politiques de la Horde. C'est à elle qu'elles empruntèrent le despotisme qui caractérisera le régime tsariste, l'instauration d'un pouvoir absolu qui ne se discute pas et que chacun respecte quel qu'il soit et quoi qu'il fasse, et bien des traits de son mode de fonctionnement. Certes, la haine des Tartares fut si forte, malgré l'admiration involontaire qu'ils éveillaient, la lutte contre eux demanda tant d'efforts – d'abord pour s'en débarrasser, ensuite pour les dominer –, la foi chrétienne incarna si bien, sous la tyrannie étrangère, la volonté de survie et de résistance passive puis active, qu'on ne saurait prétendre que les Russes invoquèrent une quelconque intention de reconstituer à leur profit l'Empire gengiskhanide. Mais, bien plus que les Mandchous, que Tamerlan, que les Turcs et que les Grand Moghols des Indes – on peut se le demander avec le plus grand sérieux –, ne furent-ils pas, dans la réalité des faits, leurs plus fidèles successeurs ?

Il n'est pas jusqu'au régime soviétique qui, par bien des traits et malgré la longue solution de continuité, ne renvoie à des images des XIIIe et XIVe siècles qui nous sont familières. On pourrait évoquer, presque au hasard, le mépris de l'opinion publique, de la liberté, de la vie et de la dignité humaines, les massacres gigantesques et les déportations, la formation d'un État supranational, le sacrifice d'une génération à la réalisation d'un idéal, l'aspiration à la domination universelle (par le triomphe final du communisme) ou encore ce prétendu régime collégial qui a permis aux membres du soviet suprême de déléguer ses pouvoirs à un homme seul exerçant une dictature à peu près absolue, régime collégial qui fait songer au système électif mongol tel qu'il s'exprime dans les *quriltaï* et qui a entraîné les mêmes rivalités, luttes d'influences, voire meurtres, à cette différence près que le choix se fixe non sur un membre de la famille impériale, mais sur un membre d'une famille spirituelle.

ET L'EUROPE ?

Il ne serait pas sans intérêt d'interroger l'histoire de l'Europe pour repérer ce qui fut en elle affligé, altéré, modifié par les brèves mais violentes invasions des Mongols. Polonais et Hongrois, Lituaniens et Allemands plus que les autres peuples eurent à en subir les conséquences. Pour ne citer qu'un exemple, rappelons comment la Silésie fut si dépeuplée qu'elle ne put s'opposer à la colonisation germanique. Que ne pourrait-on dire du sort de la Hongrie, en passe de devenir la grande puissance de l'Europe centrale et ramenée au rang de nation moyenne, ou encore des facilités qui s'offrirent à la Lituanie pour dominer la Pologne... Il serait intéressant aussi de se demander si les relations des Mongols avec la papauté et les princes chrétiens ont eu ou non des répercussions sur la politique pontificale ou sur celles des rois de France et d'Angleterre ainsi que sur celle des cités italiennes.

Ces questions ne sont pratiquement pas abordées par les historiens de l'Europe médiévale, qui pour la plupart traitent des croisades et – avec une extrême brièveté, en quelques pages parfois – des relations avec les souverains mongols, mais ne parlent pas des répercussions que le gigantesque embrasement oriental a pu avoir en Europe occidentale sur la vie de tous les jours, ni de l'éventuelle inflexion de la politique. Faute de guide autorisé, force nous est de laisser de côté ce domaine si mal exploité pour essayer de mieux en aborder un autre dont nous avons la conviction – et d'autres l'ont eue avant nous* – que, de toutes les conséquences de l'Empire mongol que nous avons pu évoquer ou que nous avons passées sous silence, il est une des plus riches et des plus grosses d'avenir.

Jusqu'au XIIIe siècle, l'Europe n'avait qu'une vision limitée du monde. Elle n'en soupçonnait ni l'ampleur ni la variété. La constitution de l'Empire gengiskhanide et la paix qu'il fit régner sur une grande partie de l'Eurasie lui ouvrirent brusquement les yeux. Missionnaires, ambassadeurs, marchands, aventuriers, après avoir découvert les routes de la Volga, puis celles de l'Asie centrale, n'avaient pas tardé à se répandre partout dans l'Empire, en Iran, en Mongolie, en Chine et, au-delà de l'Empire, en Inde, à Ceylan, en Indonésie. Ils avaient perdu beaucoup d'illusions et abandonné beaucoup de rêves, notamment celui de l'existence quelque part en Orient du royaume du Prêtre Jean et du paradis terrestre, une des quêtes les plus incessantes du Moyen Age. Ils y avaient aussi beaucoup glané de connaissances, d'idées, de richesses. Les voyages, entamés dans la pire des angoisses et non sans difficultés, s'étaient achevés dans l'euphorie, sinon toujours sans difficultés nouvelles. Les missionnaires étaient entrés en contact avec des chrétientés ignorées et schismatiques ; ils avaient pris conscience qu'ils étaient loin d'avoir obéi à l'ordre du Christ : « Allez ! Enseignez toutes les nations ! » Les diplomates avaient été reçus dans maintes cours, par bien des souverains, et ils avaient commencé à comprendre que la politique avait pour destin de dépasser les frontières de l'Europe et du bassin méditerranéen afin de devenir vraiment mondiale. Les aventuriers avaient vécu des aventures telles qu'ils n'auraient jamais pu en souhaiter de pareilles. Les commerçants, pour peu qu'ils fussent chanceux, avaient acquis des fortunes. Tous s'étaient étonnés d'abord, puis émerveillés. Ils avaient pénétré dans un monde insoupçonné, là où, comme le disait l'un d'eux, « toute chose était différente des autres et bien meilleure ». Aux rêves perdus ils en avaient substitué de nouveaux, tant se révèle indispensable le besoin de rêver,. Revenus vainqueurs ou vaincus, ils avaient abondamment parlé, abondamment écrit, et leurs récits avaient enchanté leurs auditeurs ou leurs lecteurs. Les manuscrits, des plus diserts ou des plus féeriques, s'étaient multipliés : nous en connaissons 70 d'Odoric de Pordenone, 143 de Marco Polo, 250 de Mandeville (1351), l'astucieux voyageur en chambre. Nul désormais ne pouvait se passer d'évoquer – Rabelais le fera encore – cet Orient qui abritait toutes les merveilles vraies ou fausses, mais auxquelles on croyait. Christine de Pisan, en 1402, n'hésitait pas à emmener ses lecteurs jusqu'à la terre fabuleuse

---

* Par exemple déjà sir Henry Howorth, que suit Boyle.

du Grand Khan, le Cathay, devenu – par licence ou confusion poétique avec Zipangu (le Japon) – la « Grande Ile ».

Les souvenirs avaient amplifié des faits magnifiques. La vision, l'une des plus folles que l'humanité ait jamais eues avant nos jours, avait à son tour élargi les souvenirs. C'est qu'il ne restait plus qu'eux. Il demeurait seulement la mémoire et les songes depuis que l'Empire mongol s'était écroulé. La porte qui s'était ouverte s'était brutalement refermée. Il fallait la rouvrir.

Pendant cent cinquante ans, on se nourrit d'espoirs. Le dernier voyageur dans l'Empire mongol était revenu en 1346. Après, on avait tenté ce qu'on avait pu. La Castille avait dépêché ses ambassadeurs à Tamerlan au tout début du xvᵉ siècle. Jean de Béthencourt avait atteint les Comores... La route de la Chine et des Indes, la vieille route terrestre de la soie et des épices, restait fermée ; la chrétienté d'Extrême-Orient, abandonnée à elle-même ; l'or, le « fabuleux métal », et les pierres précieuses « mûrissaient en vain dans des rives lointaines ». On rêvait. Lentement aussi, on se préparait. Lentement ? Est-ce vraiment long, un siècle et demi, pour une telle affaire ?

Puis, en 1492, Christophe Colomb partit. Il avait lu et médité Marco Polo. Puisque la Terre était ronde, il avait la conviction d'atteindre les Indes en se dirigeant vers l'ouest. Il découvrit l'Amérique et ses populations, que l'on nomma Indiens. Jusqu'en 1603, quand le jésuite portugais Benoît de Goes transcrivit « la conviction des pères que le royaume de Chine » n'était autre que le « Grand Cathay », on continua à chercher sa localisation.

Je ne dis pas que, sans Marco Polo, sans Odoric de Pordenone ou sans Jean de Mandeville, l'Europe ne se serait pas lancée un jour à la découverte du monde. Mais on peut affirmer que cette découverte fut imaginée, désirée, voulue grâce à ce que les grands voyageurs du Moyen Age avaient glané. Ce n'est pas un des plus minces paradoxes de l'histoire que les guerres les plus affreuses peut-être, les plus sanglantes probablement (avant les tueries du xxᵉ siècle), permirent d'inscrire au premier rang des grandes réussites de Gengis Khan la *pax Mongolorum* et les rencontres qu'elle suscita entre les hommes.

ANNEXES

Les sources

L'abondance et la diversité des sources relatives à l'Empire mongol sont telles que nul ne peut prétendre avoir accès à toutes, directement ou indirectement. Tous les peuples qui ont été asservis par Gengis Khan et ses successeurs, ceux qui avec eux ont croisé le fer ou entretenu des relations même lointaines, ont apporté leurs témoignages. Ainsi se trouve à notre disposition une masse énorme de documents qui relèvent, pour le principal, de langues aussi variées que le chinois, le turc, le mongol, le persan, l'arabe, le vieux russe ou slavon, le géorgien, l'arménien, le syriaque, le latin ; pour l'accessoire, peut-être, du grec, du français, de l'italien, du hongrois, du polonais, du japonais, du coréen, du tibétain, du birman et de bien d'autres idiomes encore.

Nombre de ces textes ont été publiés, traduits en langues européennes modernes, et étudiés ; d'autres ont été édités, mais non traduits, ce qui interdit par exemple au sinologue ne lisant pas le persan de consulter l'édition de manuscrits persans ; d'autres enfin ne sont même pas encore édités et il est plus que vraisemblable qu'il en est d'inconnus qui dorment dans des archives : des découvertes récentes de manuscrits jusqu'alors ignorés en laissent présager de futures. Une simple lettre, comme celle trouvée il y a peu par Meyvaert, dissipe des incertitudes et donne à certaines questions un éclairage nouveau. Toutefois, les étapes et les modalités de l'expansion gengiskhanide sont maintenant connues d'une façon à peu près satisfaisante, parce que tous les grands ouvrages en traitant ont été consultés. En revanche, il reste beaucoup à faire pour avoir une vision complète de la vie dans les provinces de l'Empire, de la décomposition de celui-ci et des principautés en lesquelles il se fragmente, parce que les multiples sources locales, indispensables alors, n'ont pas encore assez retenu l'attention, et parce qu'elles vont le plus souvent au cas singulier, en aucune manière généralisable par suite de la diversité des situations et de la rapidité des évolutions. Il est vrai que ces sujets, qui interdisent toute vue totalisante et obligent, pour ainsi dire, à travailler au microscope, sont, malgré leur importance, infiniment moins exaltants.

Parmi les documents qui intéressent les Mongols et leur Empire dans leur ensemble, que seuls nous évoquerons ici, certains sont contemporains des événements qu'ils relatent ; d'autres leur sont, de peu ou de beaucoup, postérieurs. Bien qu'*a priori* les seconds puissent paraître d'un intérêt inférieur aux premiers, il n'en va pas toujours ainsi. Et cela serait-il le cas qu'ils montreraient au moins de quelle façon maints faits qui nous semblent secondaires ont retenu l'attention, quels souvenirs a laissés l'Empire, comment les générations successives l'ont appréhendé et intégré à leur histoire politique et culturelle. Il arrive cependant à ce type de documents d'aller plus loin, quand il s'agit de compilations d'ouvrages antérieurs, parfois disparus, quand ils transcrivent des pièces d'archives ou rapportent des traditions orales qui peuvent être fidèles.

Dans l'exposé qui suit de nos principales sources, nous nous en tenons exclusivement à celles des Mongols, des musulmans, des Chinois et des chrétiens. La documentation japonaise et coréenne (qui nous paraît si importante) nous échappe, et bien plus encore celle des pays du Sud-Est asiatique. On en trouvera quelques échos dans les travaux historiques cités dans la bibliographie.

LES SOURCES MONGOLES

Les sources mongoles, qui auraient été si précieuses, sont des plus réduites, ce qui ne veut toutefois nullement dire que leur importance n'est pas capitale. Avant l'époque gengiskhanide, les Mongols n'avaient pas d'écriture. C'est au début du XIII\ siècle qu'ils ont adopté leur premier alphabet, celui des Turcs ouïghours du Sin-kiang (Turkestan chinois), difficile et mal adapté à leur idiome, comme il l'était aussi à la langue turque. Plus tard, sous le règne de Khubilaï, à la fin du XIII\ siècle, le souverain confia à Phags-pa Lama le soin de créer un nouvel alphabet plus pratique. Partant de la graphie tibétaine, ce dernier en imagina un de toutes pièces que l'on nomme « carré » ou encore « phags-pa », dont la très grande complexité empêcha le succès et qui tomba vite en désuétude.

La quasi-totalité des œuvres mongoles en écritures ouïghour et phags-pa a disparu. Le plus ancien témoignage de la langue mongole écrite serait la pierre dite de Gengis Khan, de 1225, conservée à Saint-Pétersbourg. Le plus considérable est l'*Histoire secrète des Mongols (Monghol-un Niuca Tobca'an)*, rédigée, selon l'avis de la plupart des spécialistes, en 1240 ou 1241, puis enrichie ultérieurement d'additions non négligeables ; pour quelques autres, elle serait plus récente. Le texte mongol ne nous est parvenu que par fragments, mais nous en possédons des transcriptions anciennes en chinois qui ont permis la reconstitution intégrale de l'original, et une traduction également chinoise nommée *Yuan tcha'o pi-che* et qui sert souvent à désigner l'*Histoire secrète*. On a parfois voulu considérer celle-ci comme un « chant épique », comme une sorte de chanson de geste, et non comme un ouvrage historique, sous prétexte qu'elle contient des traditions mythiques, qu'elle est riche en images et souvent lyrique ; mais la mythologie fait partie de l'histoire et les images transcrivent toujours, ici au moins, une réalité religieuse ou symbolique.

On suppose, non sans raison, que la première chronique chinoise sur les Mongols, le *Cheng-wou T'sin Tcheng Lou*, l'*Histoire des campagnes de Gengis Khan*, est aussi une traduction effectuée au XIII\ siècle, au plus tard en 1285, d'un texte mongol perdu, peut-être celui qui portait le titre d'*Altan debter*, le *Livre d'Or*. Elle est une des sources essentielles du *Yuan-che*, l'histoire officielle des Yuan ou Mongols de Chine, et sans doute de la source historique de l'Iranien Rachid al-Din*.

Pendant quatre siècles, les Mongols n'écriront plus rien de significatif sur les heures glorieuses de leur histoire. Puis, au XVII\ siècle, seront composées deux chroniques qui tenteront d'être un compromis entre les traditions païennes et les ornements du bouddhisme auquel ils auront adhéré entre 1570 et 1600. L'une,

---

* Voir *infra*, « Sources chinoises » et « Sources iraniennes ».

anonyme, est l'*Altan Tobtchi*, rédigée sans doute entre 1621 et 1628 ; l'autre, de quelques décennies plus récente, l'*Erdeni-yin Tobtchi*, est due au prince Sagang Setchen.

Tout un jeu de lettres écrites par les souverains mongols, surtout par ceux de l'Iran, les Ilkhans, est parvenu jusqu'à nous, soit en manuscrits originaux mongols ou dans des versions persanes et latines effectuées par les chancelleries, soit dans des récits de voyageurs (lettre de Mongka à Saint Louis dans Guillaume de Rubrouck, édit impérial transmis par Baïdju et Ascelin dans Simon de Saint-Quentin) ou chez des historiens contemporains (lettre d'Oldjaïtu à Saint Louis dans Joinville, lettre d'Eldjigideï au même dans la *Chronique* de Matthieu de Paris). Parmi les plus importantes, il faut citer, par ordre chronologique ; en 1246, la lettre de Güyük à Innocent IV dans sa traduction persane conservée au Vatican ; en 1262, celle de Hülegü à Saint Louis, en version latine (Nationalbibliothek de Vienne) ; en 1267 ou 1279, la lettre sauf-conduit à Clément IV ou Nicolas III (Vatican) ; en 1268, la missive d'Abaga à Clément IV, en mongol et latin ; en 1271, celle d'Abaga à Édouard d'Angleterre ; en 1289, celle d'Arghun à Philippe le Bel, en mongol (Archives nationales de France) ; en 1290, une lettre du même à Nicolas IV (Vatican) ; en 1302, celle de Ghazan à Boniface VIII (Vatican) ; en 1305, celle d'Oldjaïtu à Philippe le Bel, en mongol (Archives nationales de France).

A ces lettres peuvent être joints divers documents, dont trois sont conservés à Téhéran, et quelques textes fragmentaires comme les cinq lignes incluses dans un manuscrit arabe de la Bibliothèque nationale et extraites d'une lettre d'un gouverneur de Kerak (aujourd'hui en Jordanie), ou encore quatre vers d'un poème mongol de Muhammad al-Samarkandi insérés dans un manuscrit de Rachid al-Din.

Un dernier lot très important de sources mongoles est constitué par les sauf-conduits et les édits souverains, souvent dits « de tolérance » car ils visent le plus fréquemment à accorder des exemptions ou des facilités de culte aux diverses communautés religieuses, mais qui touchent aussi aux questions d'administration générale ou confèrent des titres (pour ce dernier point, en particulier les édits de 1299, 1310, 1316, 1331, 1340, etc.). Bien peu sont écrits en mongol dans l'alphabet phags-pa (édits de Mangala, fils de Khubilaï, de 1276 ; rescrit de Qaïchan, prince de Bouai-ning, de 1305, etc.). La plupart ne sont donnés qu'en chinois. Leurs prototypes sont les édits de Gengis Khan émis en faveur de Tch'ang-tch'ouen en mai 1219 et en avril 1223. Ils proviennent en majorité de Chine, où ils ont souvent été gravés sur des stèles de temples taoïstes (édits de 1257, 1261, 1275, 1276, 1280, 1296, 1299) et bouddhistes (édits de 1305, 1309, 1311, 1318, 1357), ou rassemblés dans des recueils *ad hoc*. Plusieurs relèvent de Mongka (édits de 1255, 1258), et davantage encore de Khubilaï, qui en promulgua déjà avant d'accéder au trône, au nom de son prédécesseur. Sans nul doute les autres provinces de l'Empire mongol en bénéficièrent-elles aussi, bien qu'on n'en ait pas retrouvé en Iran, à l'exception de celui émis par Abu Saïd et de celui au nom de Ghazan, transcrit par Rachid al-Din. La Horde d'Or (khanat de Qiptchaq) en a livré plusieurs sous le nom turc de *yarliq* (« ordre »), provenant de Mengü Temür, d'Özbeg, de Berdibeg, de Tulubeg et de Tudula, adressés aux métropolitains de l'Église russe, mais ils sont conservés seulement dans leur version slave. Mentionnons pour finir un vocabulaire mongol d'Istanbul, du XIVᵉ et du XVᵉ siècle.

LES SOURCES MUSULMANES

Les sources musulmanes sont les plus importantes de toutes, ou du moins le paraissent-elles peut-être parce que nous les connaissons mieux ou parce qu'elles s'intéressent davantage aux pays du Proche-Orient, qui nous sont en général plus familiers que ceux de l'Extrême-Orient.

Trois grands historiens vécurent au moment des conquêtes gengiskhanides : Ibn al-Athir, auteur du *Kamil fil-Tawarikh*, qui habitait l'Iraq et mourut en 1234 ; le Khorassanien Djuzdjani (1193-1260), qui écrivit juste avant de disparaître ses *Tables nasiriennes (Tabaqat-i Nasiri)* ; al-Nasawi, lui aussi né au Khorassan, auteur d'une *Histoire du sultan Djalal al-Din Manguberti*. L'éminent savant Nasir al-Din Tusi, mort à Bagdad en 1274, a donné une très brève histoire des Mongols en préface à son *Zidj-i Ilkhan (Tables astronomiques)*, qui, eu égard à sa personnalité, n'est pas dénuée d'intérêt. L'ouvrage, présenté au khan mongol d'Iran (Ilkhan), a été copié à Maragha trois ans après sa mort, en 1277.

Deux grands maîtres iraniens, tous deux un peu postérieurs, les surclassent. Le premier est Ata Malik Djuvaini (1226-1283), qui termina en 1260, l'année même où paraissait l'ouvrage de Djuzdjani, son *Histoire du conquérant du monde (Tarikh Djihan Kuchaï)*. Son récit s'achève avec les campagnes menées par Hülegü contre les ismaéliens ou Assassins, mais il fut augmenté par un rapport anonyme sur la prise de Bagdad. Animé d'un sens réel de l'histoire, Djuvaini a le double avantage de parler de ce qu'il a vu et vécu, notamment parce qu'il a voyagé dans l'Empire mongol et visité la Mongolie, et d'écrire en un temps où la souveraineté mongole, au faîte de sa puissance, est encore entièrement centralisée. Le second maître, véritable géant de la littérature historique et premier historien à tenter d'embrasser l'histoire universelle, est le célèbre ministre des Mongols d'Iran, Rachid al-Din (1247-1318), qui acheva en 1310-1311 son *Djami al-Tawarikh (Collection des chroniques)*. Son information correspond dans une si large mesure à celle du *Yuan-che*, l'histoire officielle des Mongols de Chine, qu'on a pu supposer que les deux ouvrages puisaient aux mêmes sources. Cependant, comme on doit s'y attendre, l'auteur iranien est plus riche sur les faits survenus au Proche-Orient que l'auteur chinois, davantage intéressé par ceux qui se sont déroulés en Extrême-Orient. Rachid al-Din, en revanche, n'est pas toujours d'accord avec son contemporain Wassaf (mort en 1317), qui, avant que le premier ait fait connaître son œuvre, commença à écrire, en un style très pompeux, son *Histoire des Mongols (Tarikh-i Wassaf*, pour citer son titre usuel). Wassaf, qui se pose en continuateur de Djuvaini, présenta les quatre premières parties de son travail à Oldjaïtu en 1312, puis lui ajouta ultérieurement une cinquième partie, de date incertaine.

Les événements du règne de l'Ilkhan Oldjaïtu ont donné matière, au XIVe siècle, à une *Tarikh-i Oldjaïtu (Histoire d'Oldjaïtu)* due à Abu'l Qasim al-Kachani. Un autre grand auteur, connu surtout comme géographe, al-Qazwini, a écrit en 1334-1335 une *Tarikh-i Guzida (Sélection historique)* et surtout, en 1339, son *Nuzhat al-Qulub (Délice des cœurs)*. Ce travail géographique intéresse l'histoire mongole, car il donne des notes de géographie sociale et politique, ainsi qu'un riche vocabulaire animalier trilingue (persan, turc, mongol). La dernière source musulmane très originale, surtout parce qu'elle a été rédigée hors du domaine de la souveraineté mongole, dans un pays qui tirait alors son prestige de lui avoir victorieusement résisté – l'Égypte –, est l'*Histoire des sultans mamelouks* de l'Arabe al-Maqrizi (1364-1441). Très supérieure à l'intéressante encyclopédie mamelouke de Nuwairi, c'est à elle notamment que nous devons les plus amples informations sur la loi mongole, le *yasaq* de Gengis Khan.

Parmi les autres maîtres, nous citerons le plus éminent des historiens musulmans, un Arabe maghrébin, Ibn Khaldun (1342-1406) et ses *Prolégomènes historiques*, bien qu'il se soit peu penché sur l'Asie centrale ; Amir Khusraw (1253-1325), le grand poète indien de langue persane qui avait été capturé par les Mongols en 1285 et dont le récit sur ses geôliers ne manque pas d'intérêt ; al-Umari (1301-1349), fonctionnaire arabe damasquin au service des Mamelouks, qui visita le Turkestan avant de mourir lors de la Grande Peste ; enfin le célèbre voyageur de l'Islam, le Marocain Ibn Battuta (1304-1368), émule de Marco Polo et témoin précieux pour connaître l'état des innombrables pays qu'il visita quelque cent ans après les ravages qu'avait provoqués la formation de l'Empire.

Les historiens ultérieurs ne sont pas tous à négliger. On ne saurait passer sous silence Mirkhwand (Mirkond), mort en 1498, et son *Rauzat al-Safa (Jardin de la pureté)* qui fut pendant longtemps la principale source utilisée par les historiens occidentaux ; son petit-fils Khwandamir (Khondemir), auteur du *Habib al-Siyar (L'Ami des biographes)*, qui cite en particulier l'ouvrage perdu du Timouride Ulu Beg sur les Mongols ; Hafiz-i Abru, qui, sur ordre d'un autre prince issu de Tamerlan, Chah Rukh, rédigea entre 1423 et 1427 son *Zubad al-Tawarikh (Abrégé des chroniques)* ; Cheref al-Din Yazdi, auteur du *Zafer-name (Livre des victoires)*, écrit en 1425-1426, dont le préambule est un résumé de l'histoire des Mongols ; le *Mu'izz al-Ansab* (1426), anonyme composé par Chah Rukh et qui continue un travail de Rachid al-Din, le *Sub-i Pandjane (Généalogie générale)*. La liste pourrait être plus longue, et l'on pourrait y compter, parmi d'autres, des géographes comme Yaqut, mort en 1229, des compilateurs arabes tels qu'Ibn Khallika, décédé en 1282, ou Abu'l Fida, disparu en 1331, ainsi que d'innombrables chroniques ou histoires régionales, comme celle de Saïfi, consacré à Hérat *(Livre d'histoire de Hérat)* et rédigée entre 1318 et 1322, celle d'al-Fuwati (1244-1323), écrivain de Bagdad, ou encore l'*Histoire des Seldjoukides* d'Ibn Bibi.

Bien plus tard, le souverain de Khiva, Abu'l Ghazi Bahadur Khan, qui régna de 1644 à 1663, donna en turc oriental deux ouvrages de qualité fondés sur une connaissance livresque et sur l'enquête menée au cours de voyages auprès des autorités turques, mongoles et persanes : le *Chedjere-i Türk*, et le *Chedjere-i Terakime*, respectivement généalogies des Turcs et des Turkmènes.

Un document assez particulier doit encore être évoqué. Il s'agit de l'*Oghuz name (Livre des Oghuz)*, conservé à la Bibliothèque nationale à Paris : il fut rédigé en ouïghour de Turfan vers 1300 et consacre de longs et précieux paragraphes aux mythes et aux croyances. Exaltant, dans une perspective non musulmane, les exploits du héros éponyme des Turcs occidentaux, Oghuz, il se veut spécifiquement turc, mais reflète les traditions à travers un miroir mongol, et les exploits d'Oghuz ne sont en réalité que ceux de Gengis Khan, déformés.

LES SOURCES CHINOISES

Nous n'avons pas compétence pour dresser un tableau complet des sources chinoises, et force nous est de passer sous silence celles qui n'ont été ni traduites ni étudiées. Le document majeur est sans contredit l'histoire officielle des Yuan, les Mongols de Chine : le *Yuan-che*, composé en un an à la chute de la dynastie, en 1369, par un comité d'historiens aux ordres des premiers empereurs ming.

Utilisé par les sinologues, il est accessible par un synopsis déjà ancien, mais seuls quelques-uns des 210 chapitres ont été traduits.

Antérieurs à cet ouvrage fondamental sont les récits des voyageurs chinois dans l'Empire mongol : celui de Tchao-hong, envoyé en 1221 par les souverains des Song pour conclure une alliance avec les Mongols, le *Mong Ta-pei-lu (Récit complet sur les Mongols)* ; celui de Ye-liu Tchou-tsai, le *Si-yeou-lu (Récit d'un voyage à l'Ouest)*, expédition effectuée en 1219 et relation composée en 1228 ; celui de Tchang Tö-houei, le *Si-che-ki (Note sur une ambassade à l'Ouest)*, de 1259. Le récit le plus intéressant est sans doute celui qui concerne le voyage accompli par le taoïste Tch'ang-tch'ouen en 1221-1223 à l'invitation de Gengis Khan, et que rédige l'un de ses compagnons, Li Tche-tch'eng : le *Si-yeou-ki (Notes sur un voyage dans l'Ouest)*.

Nous ne ferons que rappeler ici les recueils d'édits que nous avons mentionnés au paragraphe des sources mongoles et le célèbre *Cheng-wou T'sin Tcheng Lou (Histoire des campagnes de Gengis Khan)*, lui aussi traduction d'un texte mongol, comme nous l'avons dit.

Parmi d'autres ouvrages dont seul le sinologue peut mesurer la valeur, citons d'abord le *Hua-hi yi-yu* de 1384, dont l'audience est considérable ; le *Cho-keng-lei*, à peu près contemporain, qui, comme le *Yuan-che*, a été exploité par Bretschneider ; le *Mong-kou che pou* et le *He to chou Leao*, dont se sont occupés les mongolistes Hambis, Mostaert et Cleaves ; enfin le bref récit de deux diplomates song envoyés à Ögödeï, P'eng Ta-ya et Su T'ing, le *Hei Ya shih lüeh*.

LES SOURCES CHRÉTIENNES ORIENTALES

Les Arméniens, fidèles alliés et vassaux des Mongols, ont beaucoup écrit sur eux. Kiragos (Giragos) de Gandzak (1201-1272), capturé par les Mongols et qui les servit dans leur secrétariat, est un informateur précieux. Il écrivit après 1258 et relate notamment le voyage du roi Hethum d'Arménie en Mongolie. Son contemporain Vartan, né entre 1200 et 1210 et mort vers 1270, est moins riche. Le moine Hethum (Hayton), devenu prémontré, dicta vers 1307, en français, dans sa retraite de France, ses Mémoires à Me Nicolas Falcon : *La Flore des estoires de la terre d'Orient* (ouvrage ultérieurement traduit en latin). Enfin, Grigor d'Akantch composa en Cilicie, vers 1313, une *Histoire de la nation des Archers*.

Les chroniques géorgiennes sont en général trop peu exploitées, mais on en trouve, semble-t-il, au moins l'essentiel dans la vaste *Histoire de la Géorgie* de Brosset. La plus importante d'entre elles était naguère attribuée à Wakhtang : elle porte encore souvent son nom dans des études contemporaines, bien que cette attribution soit fausse.

Nous ne connaissons qu'en syriaque le récit, écrit en persan, du moine nestorien turc Rabban Çauma, né près de Pékin, qui fut envoyé par les Mongols auprès des princes européens en 1287 et qui s'attache en outre à raconter la vie de son coreligionnaire, le patriarche Mar Yaballaha III. C'est également en syriaque qu'a été composée la *Chronographie* de Bar Hebraeus, connu aussi sous le nom d'Abu'l Faradj (1226-1286) : il s'agit d'une histoire universelle allant de la création du monde à 1258. Michel le Syrien (1126-1199) et sa *Chronique universelle* sont utiles pour connaître la situation au Proche-Orient à la veille de l'invasion mongole.

Les chroniqueurs russes sont nombreux, mais inégaux (*Chroniques de Novgorod, laurentine, hypatienne*, etc.). Le célèbre *Dit du prince Igor*, épopée jadis datée du XIIIe siècle, est très postérieure, et, à ce titre, peut mériter quelque considération. Tous ces textes ont été exploités depuis longtemps par les historiens russes, et notamment par le grand écrivain et réformateur des lettres que fut N. M. Karamzine (1766-1826).

LES SOURCES OCCIDENTALES

Pour l'histoire événementielle, les sources occidentales sont pauvres, mais elles apportent en revanche, outre des documents fondamentaux sur les relations des Mongols avec l'Occident, de remarquables notations ethnographiques. Tandis que les Orientaux, Chinois ou musulmans, connaissaient depuis longtemps les nomades de l'Asie centrale dont ils avaient eu à subir les incursions millénaires et que visitaient leurs commerçants et missionnaires, les Occidentaux les ignoraient presque totalement – les souvenirs des invasions hunniques, hongroises ou avares étaient déjà lointains. Comme le dit Guillaume de Rubrouck, ils eurent donc, en entrant en contact avec eux, le sentiment d'aborder une *terra incognita.* Tout les surprit : les paysages, les modes de vie, les mœurs, les croyances. Parfois, stimulés d'ailleurs par les instructions qu'ils avaient reçues de se renseigner, ils notèrent d'abondance, et se révélèrent d'excellents observateurs. Ils ne relevèrent pas tout, mais beaucoup. Ils commirent toutefois des erreurs, moins de fait que d'appréciation, comme le démontrent des informations concordantes – mais moins riches – aux origines différentes, antérieures, contemporaines ou plus récentes.

L'immense *Chronique* de Matthieu Paris, ou de Paris (mort en 1259), la *Chronica majora*, insère de nombreux documents glanés en Europe orientale et donne un premier tableau des réactions latines devant la brusque irruption des Mongols. Roger, archidiacre de Nagyvared, relate les malheurs de la Hongrie dans son *Carmen miserabile*, comme Thomas de Spoleto et d'autres ceux de leur propre pays. On trouve également des documents et des notes dans Guillaume de Nangis (mort en 1300), dans Joinville (mort en 1317), dans l'*Opus major* de Roger Bacon (1266-1268), et plus que cela dans la grande encyclopédie de Vincent de Beauvais (mort en 1264), le *Speculum historiale*, en particulier le récit du voyage de Simon de Saint-Quentin (enfin édité, mais non traduit), intitulé *Historia Tartarorum*.

C'est surtout aux grands voyageurs du Moyen Age qu'on doit les meilleures informations d'origine européenne. Marco Polo est le plus connu, bien que son récit, *Le Devisement du monde* ou *Le Livre des merveilles*, soit relativement tardif et, malgré sa richesse, entaché de vantardises et d'inexactitudes. Le surpassent incontestablement, quant à l'apport objectif, les deux franciscains Jean de Plan Carpin (Plan Carpin) et Guillaume de Rubrouck. Le premier a laissé une relation brève mais précise de ce qu'il a appris lors de son voyage chez les Mongols effectué en 1246-1247, sous le nom d'*Histoire des Tartares*. Au second, nous devons un des plus beaux ouvrages du Moyen Age, la « lettre » qu'il adressa à son souverain, Louis IX, à son retour de Mongolie en 1254, véritable petit livre d'un observateur exceptionnel, doué non seulement de courage, mais de verve et de pénétration. David d'Ashby aurait pu prendre place à côté des deux précédents si son travail, *Les Faits des Tartares*, avait été mieux conservé : il n'en subsiste en effet qu'une partie.

Les autres voyageurs médiévaux ne sont pas aussi riches pour notre sujet. On trouve cependant à glaner dans Ricold de Monte Croce *(Liber perigrinationis)*, Odoric de Pordenone *(Voyage en Asie)*, Jean de Cor *(Le Livre de l'État du Grand*

Khan), Jourdain Catalani de Séverac *(Mirabilia descripta)* et Jean de Marignoli *(Lettres)*. La célébrité de Mandeville, qui n'a sans doute jamais voyagé, est usurpée – ce qui ne veut pas dire que son information, toute livresque, soit à repousser sans analyse. On doit à un employé de la maison Bardi de Florence – qui s'adonnait au commerce avec l'Orient –, Balducci Pegolotti, une *Pratica della mercatura*, écrite entre 1330 et 1340, qui constitue une description précise des routes et des étapes sur les chemins d'Asie. Ajoutons à cet inventaire sommaire, mais dont les dimensions permettent sans doute de mesurer l'ampleur de notre information, les registres des lettres papales des XIII⁰ et XIV⁰ siècles.

Bibliographie

Les travaux consacrés à certains secteurs géographiques de l'Empire mongol et à des points particuliers de son histoire, bien que comparativement peu nombreux, sont éparpillés et d'accès difficile, ce qui nous oblige à donner une bibliographie sélective. Nous citons les ouvrages généraux, même quand ils sont anciens, parce que leurs auteurs, en leur temps, n'avaient pas d'autre ressource que de consulter les sources orientales et que celles-ci n'ont pas toujours été traduites depuis ; des livres de divulgation qui font date et d'autres qui permettront au lecteur d'accroître ses connaissances sans aborder des études de spécialistes ; des articles hautement érudits qui font autorité et d'autres moins renommés, mais que nous avons utilisés. Sauf exception insigne, nous avons éliminé les publications en langues peu familières, par exemple celles en arabe, japonais, turc et même russe. Nous avons insisté davantage, sans être plus exhaustif, sur les rapports des Mongols et de l'Occident latin qui concernent plus directement notre histoire. Enfin nous avons pensé qu'il pouvait être utile d'insister aussi sur les sources et avons essayé de présenter un peu plus complètement les traductions qui en ont été faites et les principales études qu'elles ont inspirées. On voudra bien se souvenir que les grandes sommes du XVIIIᵉ-XIXᵉ siècle en font usage et que nous ne le redisons pas dans chacun de nos paragraphes.

Ouvrages collectifs et revues

Encyclopédie de l'Islam, 1ʳᵉ éd., Leyde, 1913-1943, 4 vol. et 1 vol. de supplément, 2ᵉ éd. en cours, Leyde, 1960 sq., 5 vol. parus, lettres A à M.
Études mongoles, 1-6, puis *Études mongoles et sibériennes*, publications de l'université de Nanterre, 1979 sq.
Mongolian Studies, Amsterdam, 1970.
The Cambridge History of China, sous la dir. de B. Hook, Cambridge, 1982.
The Cambridge History of Islam, Cambridge, 1970, 2 vol.
The Cambridge History of Iran, Cambridge, 1968, 7 vol., vol. V.
Encyclopaedia Universalis (articles divers, notamment « Mongolie » par F. Aubin).
Recueil des historiens des croisades. Documents arméniens, Paris, 1869 et 1906, 2 vol. *Historiens occidentaux*, Paris, 1872-1875, 5 vol. en 6 tomes.

Ouvrages du XVIIIe siècle et du début du XIXe siècle à tendances encyclopédiques

GAUBIL, *Histoire de Gentchiscan et de toute la dynastie des Mangous*, Paris, 1739.
GUIGNES (J. de), *Histoire générale des Huns, des Turcs, des Mongols et autres Tartares orientaux*, Paris, 1756, 4 vol.
HERBELOT (B. d'), *Bibliothèque orientale ou Dictionnaire universel*, Maestricht, 1776.
LANGLÈS (L.), *Notice de l'histoire de Djenguyz-Khan*, Paris, 1799.
KLAPROTH (J.), *Mémoires relatifs à l'Asie*, Paris, 1824-1828, 3 vol.
Magazin asiatique, Paris, 1825-1826, 2 vol.
Tableaux historiques de l'Asie, Paris-Londres, 1826.
« Aperçu des entreprises des Mongols en Géorgie et en Arménie dans le XIIIe siècle », in : *Journal asiatique*, 1833.
SCHMIDT (J.), *Geschichte der Ost-Mongolen*, St-Petersburg-Leipzig, 1829. Réimpression La Haye, 1961.
OHSSON (M. d'), *Histoire des Mongols depuis Tchinguiz-Khan jusqu'à Timour-Khan*, La Haye-Amsterdam, 1834-1835, 4 vol.
HAMMER-PURGSTALL (D. von), *Geschichte der Goldenen Horde in Kiptschak*, Pesth, 1840.
RÉMUSAT (A.), *Nouveaux Mélanges asiatiques*, Paris, 1829, 2 vol.

Sources mongoles

La totalité des pièces connues des XIIIe-XIVe siècles en mongol est relevée dans *Monumenta Linguae mongolica Collecta*, publié par L. Ligeti, Budapest, 1972.

L'*Histoire secrète des Mongols* a été plusieurs fois éditée et traduite en diverses langues. Voir Ligeti, Budapest, 1962 et 1971, Kozin, Moscou-Leningrad, 1941, Shiratori, Tokyo, 1942. Poucha, 1959, Haenisch (un classique), *Die Geheime Geschichte des Mongolen* Leipzig, 1937-1947, 2 vol. ; CLEAVES (F. W.), *The Secret History of the Mongols*, Harvard Univ. Press, 1982 ; RACHELWILTZ (Igor de), *The Secret History of the Mongols*, Papers on Far-eastern history, IV, XXXI, 1971-1983. Paul PELLIOT a donné une restitution du texte mongol d'après la transcription chinoise et la traduction des premiers chapitres du livre : *Histoire secrète des Mongols*, Paris, 1949 (œuvres posthumes de P. Pelliot). Voir aussi les interventions définitives du P. A. MOSTAERT, « Trois passages de l'Histoire secrète des Mongols » in : *Studia Orientalia*, 1950, XI-XIV. « Sur quelques passages de l'Histoire secrète des Mongols », in : *Harvard Journal of Asiatic Studies*, 1950-1952, XIII-XV. Kuo-yi Pao, *Studies on the Secret History of the Mongols*, Bloomington, Indiana Univ. La Haye, 1965.

L'*Altan Tobtchi* a été traduit par C. R. BAWDEN, *The Mongol Chronicle Altan Tobči*, Wiesbaden, 1956.

Sur les autres sources mongoles, voir :
BONAPARTE (R.), *Documents de l'époque mongole du XIIIe et XIVe siècle*, Paris, 1895.
CHAVANNES. Voir « sources chinoises », *infra*.
CLEAVES (F. W.), « The Mongolian Documents in the musée de Téhéran », in : *Harvard Journal of Asiatic Studies*, 1953, p. 1-107
« The Sino-Mongolian Inscription of 1362 in Memory of Prince Hindu », in : *Harvard Journ. As. Stud.*, 1949, XII, p. 2-133.
« The Sino-Mongolian Inscription of 1335... of 1338... of 1346 », in : *Harvard Journ. As. Stud.*, 1950, XIII, p. 1-131, 1951, XIV, p. 1-104, 1952, XV, p. 1-123.

DEVERIA, « Notes d'épigraphie mongole-chinoise », in : *Journal asiatique*, 1896.

GAZAGNADOV (D.), « La lettre du gouverneur de Karak », in : *Études mongoles et sib.*, 1987, XVIII, p. 129-132.

HAENISCH (E.), *Steuergerechsame der chinesischen Klöster unter der Mongolenherrschaft*, Leipzig, 1940.

—, « Zu den Briefender mongolisches II Khans Arguns und Oldjaitu an der König Philipp den Schönen von Frankreich » (1298 und 1300), in : *Oriens*, 1949, II, 3, p. 216-236.

HAMBIS (L.), « La lettre mongole du gouverneur de Karak », in : *Acta Orientalia Acad. Hungaricae*, Budapest, 1962, XV, p. 143-146.

—, « A propos de la pierre de Genghis Khan » in : *Mélanges*, Institut des Hautes Études chinoises, II, Paris, 1960, pp. 141-157.

KARA (G.), « L'inscription mongole d'Arug, prince du Yun-nan (1340) », in : *Acta Orientalia Acad. Hungaricae*, 1964, XVII, p. 145-173.

KOTWICZ (G.), « En marge des lettres des Il-khans de Perse », in : *Rocznick Orjentalisticzny*, Lemberg, Krakov, Varsovie, XVI, p. 369-404.

—, « Quelques mots encore sur les lettres des Il-khans de Perse », *Roc. Orj. oc.*, p. 404-427.

LEWICKI, « Inscription mongole en écriture carrée », in : *Collectanea Orientalia*, Wilno, 1937, XII.

LIGETI (L.), « Un vocabulaire mongol d'Istanbul », in : *Acta Orientalia Acad. Hungaricae*, 1962, XIV, p. 1-99.

MEYVAERT (P.), « An Unknown Letter of Hulagu Il-khan of Persia to King Louis IX of France », in : *Viator*, 1980, II, p. 245-269.

MOSTAERT (père A.), « Une phrase de la lettre de l'Ilkhan Arγun à Philippe le Bel », in : *Harvard Journ. Asiatic Studies*, 1965, p. 200-220.

—, et CLEAVES (F. W.), « Trois documents mongols des archives secrètes vaticanes » in : *Harvard Journ. Asiatic Studies*, 1952, XV, p. 420-506.

—, *Les Lettres de 1289 et 1305 des Ilkhan Arγun et Oljeitü à Philippe le Bel*, Cambridge (Massachusetts), 1962.

PELLIOT (P.), « Trois documents mongols du musée de Téhéran », in : *Athar e Iran*, 1956, I, p. 37-44.

—, « Un rescrit mongol en écriture "phags-pa" » », in : TUCCI (G.), *Tibetan Painted Scrolls*, I, p. 621-624.

POPE (N.), « Notes of the Monument in Honor of Mönke Khan », in : *Central Asiatic Journal*, 1961, VI, 1, p. 14-23.

—, « The Mongolian Documents in Ph'ags-pa Script », trad. et ed. KRUEGER (J. R.), *Göttingen Asiatische Forschungen*, 8, Wiesbaden, 1957.

RACHEWILTZ (Igor de), « The Mongolian Poem of Muhammad al-Samarqandi », in : *Central As. Journal*, 1969, XII, 4, p. 280-285.

RAMSTEDT (G. J.), « Mongolische Briefe aus Idiqut-Sohähri », in : *Sitzunggab. d. König preuss. Akad. d. Wissenschaft*, 1909, XXXII.

RINTCHEN (Y.), « L'inscription sino-mongole de la stèle en l'honneur de Möngke Qayan », in : *Central As. Journal*, 1959, p. 130-142.

—, *Les matériaux pour l'étude du chamanisme mongol. I, Les sources littéraires*, Wiesbaden, 1959.

SCHMIDT (J.), *Philologish-kritische Zugabe zu den zwei mongolischen Original Briefen der Könige von Persien Argun und Oldschaitu*, St-Petersburg, 1828.

TISSERANT (cardinal), « Une lettre de l'Ilkhan de Perse Abaga adressée en 1268 au pape Clément IV », in : *Le Muséon*, Louvain, 1946, LIX.

Sources extrêmes-orientales

BRETSCHNEIDER (E.), *Medieval Researches from Eastern Asiatic Sources*, Londres, 1888, 2 vol.

CHAVANNES (E.), « Inscriptions et pièces de chancellerie chinoises de l'époque mongole », in : *T'oung Pao*, 1904, p. 357-447, 1905, p. 1-48, 1908, p. 297-428.

CLEAVES (F. W.), « The Biography of Bayan of the Barin in the Yüenche », in : *Harvard Journal of Asiatic Studies*, 1956, p. 185-303.

COEDES (C.), « Les origines de la dynastie de Sukhodaya », in : *Journal asiatique*, 1920.

HAENISCH, « Sino-mongolische Glossar » ; I : « Das Hua-I-ih-yü », in : *Abhandlungen d. Deutsch. Academ. Wissenschaft*, 1965, 5.

– Voir « Sources mongoles », *supra*.

HAMBIS (Louis), *Documents sur l'histoire des Mongols à l'époque des Ming*, Paris, 1969.

–, Le chapitre CVII du *Yuan-che* avec des notes supplémentaires de P. PELLIOT, Supplément à *T'oung Pao*, 38, Leiden, 1945.

–, Le chapitre CVIII du *Yuan-che*, Leiden, 1954.

HUBER, « La fin de la dynastie de Pagan », in : *Bulletin de l'École française d'Extrême-Orient*, 1909, p. 633-680.

KRAUSE (F. E. R.), *Cingis Han. Die Geschichte seines Lebens nach den chinesischen Reichsannalen*, Heidelberg, 1922.

MASPERO (G.), « Histoire du Champa », in : *T'oung Pao*, 1991, p. 174-187.

OLBRICHT (Peter) et PINKS (E.), *Meng-tai pei-lu und Hei-ta-shih lüeh – chinesische Gesand berichte über die frühen Mongolen 1221 und 1237*, Wiesbaden, 1980.

PELLIOT (P.), « Mémoires sur les coutumes du Cambodge », in : *Bulletin de l'École française d'Extrême-Orient*, 1902.

PELLIOT et HAMBIS, *Histoire des campagnes de Gengis Khan. Cheng-wou Ts'in Tcheng Lou*, Leiden, 1951.

WALEAY (A.), *The Travels of an Alchimist*, Londres, 1968 (1ʳᵉ éd., 1931).

WIEGER, *Textes historiques chinois*, Hien hien, 1905, 3 vol.

YE-LIU TCHOU-TSAI, « The Hii-yü-lü », in : *Monumenta Serica*, 1962, XXI, p. 1-128.

Sources musulmanes

ABUL FIDA, *La Géographie d'Aboul Feda*, par Reinaud (M.), Paris, 1858..

ABU'L GHAZI Bahadur Khan, *Sedjere-i Türk*, trad. Desmaisons, *Histoire des Mongols et des Tartares*, St-Pétersbourg, 1871-1874, 2 vol.

–, *Sedjere-i Terakime*, Kononov, *Rosdoslovnaia Türkmen*, Moscou-Leningrad, 1958.

BABUR CHAH, *Le Livre de Babur*, traduit du turc par BACQUÉ-GRAMMONT (J. L.), Paris, 1980.

BOYLE (J. A.), « Juvaini and Rachid al-Din as Sources on Mongol History », in : *Historians of the Middle East*, Londres, 1962.

–, « Rashid al-Din, The First World Historian », in : *Iran*, Londres, 1971, IX.

– « The Significance of the Jami 'al-Tawarikh as a Source on Mongol History », in : *Iran-Shenasi 2*, Téhéran, 1970.

Voir RACHID AL-DIN, DJUVAINI.

BUKHARI (Abdul Karim), *Histoire de l'Asie centrale*, traduction de G. Schefer, Paris, 1876.

Chadajarat al-Atrak (Généalogie des Turcs) : ouvrage anonyme du XVIᵉ siècle, traduit en anglais par Milas.

DJUVAINI (Ata Malik), *The History of the World-Conqueror*, traduction J. A. Boyle, Manchester, 1956, 2 vol.

DJUZDJANI, *Tabakat-i Nasiri. A General History of the Muhammadan Dynasties of Asia*, translated by Major H. G. Raverty, Londres, 1881 et 1 vol. d'index, Calcutta, 1897, 2 vol.

ELIAS and ROSS, *Tarikh-i Rashidi. A History of the Moghuls of Central Asia*, Londres, 1895.

HAFIZ-I ABRU, *Chronique des rois mongols en Iran*, trad. de Bayani, Paris, 1936.

IBN BATTUTA, DEFREMERY et SANGUINETT, *Voyages d'Ibn Batouta*, Paris, 1853-1858, 5 vol., réimprimé, Paris, La Découverte, 1982, 3 vol.

IBN KHALDUN, *Prolégomènes historiques*, trad. de Slane, Paris, 1897.

— : FISCHEL (W. J.), « Sources for the History of Jenghis Khan », in : *Journ. American. Orient. Soc.*, LXXXVI, 1956.

JAHN, voir RACHID AL-DIN.

KHONDEMIR : DEFREMERY, *Histoire des Khans mongols du Turkestan et de la Transoxiane, extraits du Habib Esiir de Khondemir*, Paris, 1853.

LECH (K.), *Das mongolische Weltreich. Al'Umari Darstellung... Asiatische Forschungen*, 22, Wiesbaden, 1968.

MAKRIZI, *Histoire des sultans mamelouks du Caire*, trad. QUATREMÈRE (F.), Paris, 1837-1845, 2 vol.

MAQDISI (al-), *Le Livre de la création et de l'histoire*, trad. HUART (C.), Paris, 1899-1919, 6 vol.

MIRKHOND, *The Rauzat us-Safa or Garden of Purity*, trad. Rahatsek et Arbuthnot, Londres, 1892, 1894, 5 vol.

NASIR AL-DIN TUSI, « Minorsky et Minavi, Nasir al-Din Tusi on Finance », in : *Bull. School Oriental and African Studies*, X, 3, p, 755-789.

NESAWI : HOUDAS, *Histoire du sultan Djelal ed-Din Mankoberti*, Paris, 1895.

OGHUZ-NAME : Voir BANG et RAHMATI, *Die Legende von Oghuz Qaghan*, Berlin, 1932 ; Riza NOUR, *Oghouz-name, épopée turque*, Alexandrie, 1928 ; PELLIOT (P.), « Sur la légende d'Oghuz khan en écriture ouïghoure », in : *T'oung Pao*, 1930, p. 247-358.

QAZVINI, *Nuzhat al-Qulub, Geographical Section*, éd. et trad. LE STRANGE (G.), Londres, 1915-1918.

—, *Tarikh-i Guzidah*, ed. with an abridged translation by BROWN (E. G.), Londres.

— : J. STEPHENSON, *The Zoological Section of Nuzhatu'l Qulub of al-Mustaufi al-Qazwini*, Londres, 1928.

QUINN (S. A.), « The Mu'izz al Ansab and Shu'ab-i Panjgannah as Sources for the Chagatayid Period of History », in : *Central Asiatic Journal*, 1989, 33, 3-4, p. 229-253.

RACHID AL-DIN : BOYLE, *The Successors of Gengis Khan*, trad. du persan, Columbia Univ. Press, 1971.

— : JAHN, *Die Geschichte der Oguzen des Rašid ad-Din*, Vienne, 1969, *Tarikh-i Mubarak Qazani, Rachid al-Din Fadl Allah, Geschichte des Ilkhan Abaga bei Gaïkatu (1206-1293)*, Prague, 1941.

— : QUATREMÈRE, *Histoire des Mongols de la Perse*, traduit de RACHID AL-DIN, Paris, 1836.

Voir aussi : TOGAN (Z. V.), « The Composition of the History of the Mongols by Rashid al-Din », in : *Central Asiatic Journal*, 1962, VII, I, p. 60-72.

SACY (de), *Chrestomatie arabe*, Paris, 1806, 3 vol.

UMARI (al-), voir Lech.

Sources orientales chrétiennes

BACKER (de), *L'Extrême-Orient au Moyen Age d'après le manuscrit d'un Flamand de Belgique et d'un prince d'Arménie*, Paris, 1877.

BAR HEBRAEUS, *The Chronography of Gregory Abûl Faradj, Commonly Known as Bar Hebraeus*, trad. WALLIS BUDGE (E. A.), Londres, 1932.

BLAKE and FRYE, « History of the Nation of the Archers (The Mongols) » by Grigor d'Akanc, in : *Harvard Journ. Asiatic Studies*, 1949, XII.

BOYLE (J. A.), « Kiragos of Ganjak on the Mongols », in : *Central As. Journal*, 1963, VIII, 3, p. 201-214.

–, « The Journey of Het'um I, King of Little Armenia », in : *Central As. Journ.*, 1964, IX, p. 175-189.

BROSSET, *Histoire de la Géorgie*, St-Petersburg, 1849-1858, 5 vol.

CHABOT (J.-B.), *Histoire de Mar Jaballaha III et du moine Rabban Çauma* (trad. du syriaque), Paris, 1895.

DULAURIER, « Les Mongols d'après les historiens arméniens », fragments traduits in : *Journal asiatique*, 1858, p. 192-255, p. 426-473, p. 481-508.

HAMILTON (J. R.), « Le texte turc en écriture syriaque du grand sceau cruciforme de Mar Yaballaha III », in : *Journal asiatique*, 1972, CCLX, p. 155-170.

HAYTON, « La flore des Estoires de la terre d'Orient », in : *Recueil des historiens des croisades*, Paris, 1869.

KARAMZINE, *Histoire de l'Empire de Russie*, Paris, 1819-1826, 11 vol.

MICHEL LE SYRIEN, *Chronique*, éd. J.-B. Chabot, Paris, 1899-1904, 4 vol.

TAMURATI (M.), *L'Église géorgienne des origines à nos jours*, Rome, 1910.

Voir aussi le *Recueil des historiens des croisades, Historiens orientaux*, Paris, 1872-1876.

Sources européennes

Pour l'ensemble, voir Van den Wyngaert (P.), *Sinica Franciscana*, Quaracchi Florence, 1929 ; Yule (H.), *Cathay and the way thiter*, nlle éd. 1913-1916, 4 vol.

BACON (Roger), *The "Opus Majus" of Roger Bacon*, éd. par J. H. Bridges, London, 1900, 3 vol.

BRUNEL (C.), « David d'Ashby, auteur méconnu des "Faits des Tartares" », in : *Romania*, 1958, 84, p. 39-46.

DAWSON (C.), *The Mongol Mission. Narratives and Letters of the Franciscan Missionnaries*, Londres-New York, 1955.

GOMBOS (A. F.), *Catalogus Fontium Historiae Hungaricae*, Budapest, 1937-1938, I-IV.

GUILLAUME DE NANGIS, « Chronique », in : *Recueil des historiens des Gaules et de la France*, Paris, 1843, vol. 20.

GUILLAUME DE RUBROUCK, voir Rubrouck.

HUYGENS (R. B. C.), *Lettres de Jacques de Vitry*, éd. critique, Leiden, 1960.

JEAN DE CORI, « Le livre de l'Estat du Grand Kan », éd. Jacquet, in : *Journal asiatique*, 1830, VI, p. 59-71.

JEAN DE MARIGNOLI, VAN DEN BRINCKEN (A. D.), « Die universal historia... Vorstellungen des Johann von Marignola OFM », in : *Archiv für Kulturgeschichte*, 1969, II, p. 297-339. Voir aussi Van den Wyngaert, *Sinica franciscana*, o.c.

JOINVILLE, *Histoire de Saint Louis* (nous avons utilisé l'édition de La Pléiade, Paris, 1948).

JOURDAIN CATALANI DE SEVERAC, *Les Merveilles de l'Asie*, éd. et trad. H. Cordier, Paris, 1925.

MATTHIEU DE PARIS, *Grandes Chroniques*, trad. Huillard Breholles, Paris, 1840-1841, 9 vol. *Chronica Majora*, éd. Luard, Londres, 1872-1873, 7 vol.

ODORIC DE PORDENONE, HENRI CORDIER, *Les Voyages en Asie au XIVᵉ siècle du bienheureux frère Odoric de Pordenone*, Paris, 1891.

PEGOLOTTI (Francesco Balducci), *La pratica della Mercatura*, Alle Evans ed. Medieval Acad. of America, Cambridge, 1936.

PLAN CARPIN (Jean de), *Histoire des Mongols*, trad. et annotée par Dom Jean Becquet et Hambis (Louis), Paris, 1965.

POLO (Marco), *La Description du monde*, texte trad. par Louis Hambis, Paris, 1955. Voir aussi : Palladius, « Elucidations of Marco Polo Travels in North China », in : *Journal North China Branch of Royal Asiatic Society*, X, p. 1-54. Paul Pelliot, *Notes on Marco Polo*, ouvrage posthume, Paris, 1959, I, Paris, 1963, II, Paris, 1973, III.

Registres et lettres des papes du XIIIᵉ et XIVᵉ siècle, Bibliothèque de l'École française d'Athènes et de Rome.

RICOLD DE MONTE CROCE : Ugo Monneret de Villard, *Il libro della peregrinazione nelle parti d'Oriente di frate Ricoldo da Montecroce*, Rome, 1948.

RUBROUCK (Guillaume de), *Voyage dans l'Empire mongol*, traduction et commentaires de Kappler (C. et R.), Paris, 1985. Voir aussi W. W. Rockhill, *The Journey of William of Rubruck*, Londres, 1900.

SIMON DE SAINT-QUENTIN (Richard), éd., *Histoire des Tartares*, Paris, 1965.

SINOR (Denis), « Un voyageur du XIIIᵉ siècle : le dominicain Julien de Hongrie », in : *Bulletin School of Oriental and African Studies*, 1952, XIV, p. 589-602.

VINCENT DE BEAUVAIS, *Speculum doctrinale, historiale et naturale*.

Sur l'ensemble de ces voyages, voir aussi, entre autres :

BERGERON, *Voyages faits principalement en Asie dans les XIIᵉ, XIIIᵉ, XIVᵉ et XVᵉ siècles*, La Haye, 1735.

LETTS (M.), *Mandeville's Travels*, Londres, 1953, 2 vol.

RICHARD (Jean), « Sur les pas de Plancarpin et de Rubrouck », in : *Journal des Savants*, 1977, p. 49-62.

SINOR (D.), « John of Plan Carpin's Return from the Mongols », in : *Journal Royal Asiatic Society*, 1957, VI.

YULE (sir Henry), voir au début du paragraphe.

Études

AALTO (P.), « Der Name und das Seegel Cinggis Khans », in : *Acta Orientalia*, XXVIII, p. 132-148.

ADRAVATI (F.), *Gengis Khan*, Paris, Payot, 1987.

ALBUM (J.), « Studies in Ilkhanid History and Numismatic », in : *Studia iranica*, 1984, XIII, 1, p. 49-116, 1985, XIV, p. 43-76.

ALTANER (B.), *Die Dominikaner Missionen des 13 Jahrhunderts*, Haberschwerdt, 1939.

ALTUNIAN (C.), *Die Mongolen und ihre Eroberungen in Kleinasiatischen Ländern, im XIII Jahrhunderts*, Berlin, 1911.

AUBIN (Jean), « Le patronage culturel en Iran sous les Ilkhans. Une grande famille de Yazd », in : *Le monde iranien et l'Islam*, 1975, III, p. 107-118.

–, « Réseau pastoral et réseau caravanier. Les grandes routes du Khorassan à l'époque mongole », in : *Le monde iranien et l'Islam*, 1971, I.

–, « L'ethnogénèse des Qaraunas », in : *Turcica*, 1969, I, p. 65-94.

–, « Le khanat des Djaghataïdes et le Khorassan », in : *Turcica*, VIII, 2, p. 1660.

« Le quriltaï de Sultan Maydan (1336) », in : *Journal asiatique*, 1991, CCLXXIX, p. 175-197.

AUBIN (Françoise), « Anthropologie du nomadisme », in : *Cahiers de l'Institut de sociologie*, 1974, LVI, p. 79-90.

–, « Mongolie », in : *Encyclopedia Universalis*.

–, « L'art du cheval en Mongolie », in : *Production pastorale et société*, 1986, 19, p. 129-149.

AYALON (D.), « The Great Yasa of Chingiz Khan : a Re-examination », in : *Studia islamica*, 1971, 34, p. 151-180.

AZIZ (Ahmad), « Mongol Pressure in an Alien Land », in : *Central Asiatic Journal*, 1961, VI, 3, p. 182-193.

BARCKHAUSEN (J.), *L'Empire jaune de Gengis Khan*, Paris, Payot, 1942.

BARTHOLD (W.), **Histoire des Turcs d'Asie centrale* (trad. de M. Donskins), Paris, 1945.

–, **Four Studies on the History of Central Asia*, Leiden, 1962.

–, **Turkestan down to the Mongol Invasion*, 2ᵉ éd., Londres, 1968.

BAWDEN (C. R.), « Astrologie und Divination bei den Mongolen », in : *Zeitschrift der Deuts. Morgenländiche Gesellschaft*, 108, p. 317-337.

–, « On the practise of Scapulomancy », in : *Central Asiatic Journal*, 1958, IV, p. 317-337.

–, « Some "Shamanist" Hunting Rituals from Mongolia », in : *Central Asiatic Journal*, 1968, XII, 2, p. 101-143.

BAZIN (L.), « Affinités linguistiques et culturelles des peuples turco-mongols », in : *Études mongoles et sibériennes*, 1987, 18, p. 91-98.

–, *Les Systèmes chronologiques dans le monde turc ancien*, Budapest-Paris, 1991.

BERENDEI et VEINSTEIN (G.), « La Tana-Azaq de la présence italienne à l'Empire ottoman (fin XIIIᵉ-milieu XVIᵉ siècle) », in : *Turcica*, 1976, VIII, 2, p. 110-201.

BESE (L.), « Sur les anciens noms de personnes mongoles », in : *Études mongoles*, 1974, 5, p. 91-96.

BEZZOLA (G. A.), *Die Mongolen in Abendländischer Sicht (1220-1270)*, Bern-München, 1974.

BLOCHET, *Introduction à l'histoire des Mongols de Fade Allah Rachid al-Din*, Leiden-Londres, 1910.

BOYLE (J.-A.), **The Mongol World Empire, 1206-1370*, Londres, 1977. (Ce volume réimprime trente-deux articles antérieurs dont je ne donne pas la liste.)

–, « The Attitude of the Thirteenth Century Mongols towards Nature », in : *Central Asiatic Journal*, 1978, XXII, 3-4, p. 177-185.

---

* Je signale par un * les travaux magistraux et d'une importance capitale pour le sujet (maints articles sur des questions limitées en mériteraient aussi).

BRATIANU (G.), *La mer Noire des origines à la conquête ottomane, Munich, 1969.

BROWNE (E. G.), *A History of Persian Literature under Tatar Dominion, Cambridge, 1920-1924.

CAHEN (C.), « Contribution à l'histoire du Diyar Bakir au XIVᵉ siècle », in : Journal asiatique, 1955, CCXLIII, 1, p. 65-100.

–, « Notes sur l'histoire des Turcomans d'Asie Mineure au XIIIᵉ siècle », in : Journal asiatique, 1951, CCXXXIX, 3, p. 335-354.

CAHUN (L.), Histoire des Turcs et des Mongols, Paris, 1896.

CHABOT (J.-B.), « Notes sur les relations du roi Argoun avec l'Occident », in : Revue de l'Orient latin, 1894, II, p. 566-638.

CHIEN HSING KAI, CARRINGTON (L.), GOODRICH (L.), « Western and Central Asians in China under the Mongols », in : Monumenta Serica, Los Angeles, 1966, XV.

CLEAVES (F. W.), « The Mongolian Names and Terms in the History of the Nation of the Archers by Grigor of Akanc », in : Harvard Journal Asiatic Stud., 1949, XIII, p. 400-443.

–, « The Expression "Job ese bol" in the Secret History of the Mongols », in : Harvard Journ. As. Stud., 1948, XI, p. 311-320.

–, « A Medical Practise of the Mongols in the Thirteenth Century », in : Harvard Journ. As. Stud., 1954, XVII, p. 428-441.

–, « Teb Tenggeri », in : Ural-altaische Jahrbücher, 1967, 39, p. 248-260.

COMMEAUX (L.), La vie quotidienne chez les Mongols de la conquête (XIIIᵉ siècle), Paris, 1972.

CORDIER (H.), « Le christianisme en Chine et en Asie centrale sous les Mongols », in : T'oung Pao, 1917, XVI, p. 49-113.

CUTTIN (J.), A Journey in Southern Siberia. The Mongols, their Religion and their Myths, Londres, 1909.

DARS (S.), Mongolie, Paris, Le Seuil (« Petite Planète »), 1969.

–, « Architecture mongole ancienne », in : Études mongoles, 1972, 3, p. 159-223.

DAUVILLIER (J.), « Les Arméniens en Chine et en Asie centrale au Moyen Age », in : Mélanges de sinologie offerts à M. Paul Demiéville, Paris, 1974, II, p. 1-17

–, « Byzantins d'Asie centrale et d'Extrême-Orient », in : Revue des Études byzantines, 1958, XI, p. 62-87.

DESMOND-MARTIN (H.), The Rise of Chingis Khan and his Conquest of North China, Baltimore, 1950.

DIEN (A. E.), « A Possible Occurrence of Altaic Iduγan », in : Central Asiatic Journal, II, 1, p. 12-20.

DOERFER (G.), *Türkische und mongolische Elemente in Neupersischen, Wiesbaden, 1963-1967, I-III.

DORA EARTHY (E.), « The Religion of Gengis Khan », in : Numen, 1955, II,3, p. 228-232.

DUBY (G.) et MANTRAN (R.), L'Eurasie, XIᵉ-XIIIᵉ siècle, Paris, 1982.

EBERHARD (W.), Histoire de la Chine, Paris, Payot, 1952.

–, « Remarks on Siralγa », in : Oriens, 1948, I, 2, p. 220-221.

ELSWORTH HENTHORN (W.), Korea : the Mongol Invasion, Leiden, 1963.

FIEY (J.-M.), « Chrétiens syriaques entre croisés et Mongols », in : Orientalia christiana analecta, 1974, 97, p. 326-341.

–, Chrétiens syriaques sous les Mongols (Il-khanat de Perse XIIIᵉ-XIVᵉ siècle), Louvain, 1975.

–, « Pourquoi la tentative de rapprochement Mongols-Mamelouks échoua-t-elle sous Tegüder-Ahmed et Qalawun?», in : *Annales d'histoire et d'archéologie*, université St-Joseph, Beyrouth, 1984, III, p. 1-33.

FRANKE (H.), «Could the Mongol Emperors Read and Write Chinese?», in : *Asia Major*, 1952, III.

–, «Geld und Wirtschaft in China under der Mongolen Herrschaft», in : *Beiträge sur Wirtschaftgeschichte der Yüan Zeit*, Leipzig, 1949.

GREKOV et IABOULOVSKI, *La Horde d'Or et la Russie*, Paris, Payot, 1939 (éd. de 1961).

GRENARD (F.), *Gengis Khan*, Paris, 1935.

GROUSSET (R.), **L'Empire des steppes. Attila, Gengis Khan, Tamerlan*, Paris, Payot, 1939 (éd. de 1960).

–, *Le Conquérant du monde. Vie de Gengis Khan*, Paris, 1944 (éd. 1983).

–, **L'Empire mongol (première phase)*, Paris, 1941.

–, **Histoire des croisades*, Paris, 1936, III.

–, *Histoire de l'Extrême-Orient*, Paris, Geuthner, 1929, vol. II.

HAENISCH (E.), «Die letzten Feldzüge Cinggis Han's und sein Tod», in : *Asia Major*, 1933, IX, 19, p. 505-551.

HAIDAR (M.), «The Mongol Traditions and their Survival in Central Asia» (XIVᵉ-XVᵉ centuries), in : *Central Asiatic Journal*, 1984, XXVIII, 1-2, p. 57-79.

HAMAYON (R.), «L'os distinctif et la chair indifférente», in : *Études mongoles*, VI, p. 92-122.

–, «La triade de l'univers», in *Études mongoles*, III, p. 225-238.

–, «Des fards, des mœurs et des couleurs», in : *Voir et nommer les couleurs*, S. Tornay éd., Nanterre, 1978, p. 207-247.

HAMBIS (L.), *La Haute Asie*, Paris, 1953.

–, «Notes sur trois tribus de l'Yénissei supérieur», in : *Journal asiatique*, 1957, CCXLIV, 1, p. 25-36.

–, «Saint Louis et les Mongols», in : *Journal asiatique*, 1970, CCLVIII, 1-2, p. 25-34.

–, «Notes sur l'histoire de la Corée à l'époque mongole», in : *T'oung Pao*, 1957, XLV.

–, *Gengis Khan*, Paris, 1973.

HARVA (U.), *Les Représentations religieuses des peuples altaïques*, Paris, 1955 (éd. allemande de 1938).

HEISSIG (W.), *Les Mongols. Un peuple à la recherche de son histoire*, Paris, Lattès, 1982.

HERZFELD, «Alongqoa», in : *Der Islam*, 1916, VI, p. 317-327.

HEYDT (W.), **Histoire du commerce du Levant au Moyen Age*, Amsterdam, 1959.

HOANG (Michel), *Gengis Khan*, Paris, Fayard, 1988.

HOWORTH (sir Henry), **The History of the Mongols*, Londres, 1876-1927, 4 vol.

HSIAO CH'U-CHING, «The Military Establishment of the Yuan Dynasty», *Harvard East Asian Monographs*, 1978, 77.

JACKSON (P.), «The Mongols and the Delhi Sultanate in the Reign of Muhammad Tughlug (1325-1351)», in : *Central As. Journal*, 1975, XIX, 1-2, p. 118-157.

–, «The Dissolution of the Mongol-Empire», in : *Central As. Journal*, 1978, XXII, 3-4, p. 186-243.

JAHN (Karl), «A Note on Kashmir and the Mongols», in : *Central As. Journal*, II, 3, p. 176-180.

–, «Zum Problem der mongolischen Eroberungen in Indien», in : *Akten d. XXIV Orientalisten Kongresses (München 1957)*, Wiesbaden, 1959.

KLER (J.), « Cavaliers du désert mongol (Ordos), *Production pastorale et société*, n° 20, p. 35-39.

KÖPRÜLÜ (M. F.), « La proibizione di versare il sangue nell'esecuzioni d'un membro della dinastia... », in : *Annali Istituti Univ. Napoli*, Rome, 1940, p. 15-23.

—, « Influences du chamanisme turco-mongol sur les ordres mystiques musulmans », in : Mémoires Inst. de turcologie, Université d'Istanbul, Istanbul, 1920.

KOTWICZ, « Contributions à l'étude de l'Asie centrale », in : *Rocznick Ojentalisticzny*, XV, p. 159-195.

—, « Sur les modes d'orientation en Asie centrale », in : *Roc. Orjent.*, o.c. V, 68-91.

—, « Les Mongols promoteurs de l'idée de paix universelle », in : *Roc. Orj.*, XVI, p. 428-434.

KOWALEVSKY (P.), *Manuel d'histoire russe*, Paris, 1948.

KRADER (L.), *Social organization of the Mongol-Turk pastoral Nomads*, La Haye, 1963.

—, « Qan-qayan and the Begining of Mongol Kinship », in : *Central As. Journal*, I, 1, p. 17-35.

KWANTEN (L.), **Imperial Nomads : a History of Central Asia, 500-1500*, Leicester, 1979.

—, « Chingis Khan's Conquest of Tibet. Myth or Reality ? » in : *Journal of Asian Studies*, 1974, 8, 1, p. 1-20.

LAMBTON (A. K. S.), « Mongol Fiscal Administration in Persia », in : *Studia islamica*, LXIV, 1986.

LATTIMORE (Owan), « The Geographical Factor in Mongol History », in : *Geographical Journal*, Londres, janvier 1938.

LEDYARD (Gari), « The Mongol Campaigns in Korea and the Dating of the Secret History of the Mongols », in : *Central As. Journal*, IX, 1, p. 1-22.

LEMERCIER-QUELQUEJAY, *La Paix mongole*, Paris, 1970.

LEVI DELLA VIDA, « L'invasione dei Tartari in Siria nel ricordi di un testimone oculare », in : *Orientalia*, Rome, 1935, IV, 1, p. 353-376.

LEVINE, *La Mongolie historique, géographique et politique*, Paris, Payot, 1937.

LIGETI (L.), « Mots de civilisation de Haute Asie en transcriptions chinoises », in : *Acta Orientalia Ac. Hungaricae*, 1950, I, p. 141-188.

—, « Le sacrifice offert aux ancêtres dans l'Histoire secrète », in : *Acta Orient. Acad. Hungaricae*, 1973, p. 145-161.

LOT-FALCK (E.), « A propos d'Atügän, déesse mongole de la Terre », in : *Revue Histoire des Religions*, 1953, 149, p. 157-196.

MARTIN (H. D.), *The Rise of Chingis Khan and his Conquest of North China*, Taibei, 1950.

MECERIAN (J.), *Histoire et institutions de l'Église arménienne*, Beyrouth, 1965.

MINORSKY, « Caucasica III : the Alan Capital Magas and the Mongol Campaigns », in : *Bull. School of Oriental and African Studies*, 1952, XIV.

MELIKIAN-CHIRVANI (A. S.), « Le Shah-name, la gnose soufie et le pouvoir mongol », in : *Journal asiatique*, 1984, CLXXII, p. 249-377.

MOAVEN (N.), « Arcs, flèches, carquois », in : *Études mongoles*, 1970, I.

MORGAN (D.), *The Mongols*, New York, 1949, Oxford, 1986.

—, « The Great Mass of Chingiz Khan and Mongol Law », in : *Bull. School Or. and Af. Stud.*, Londres, 1986, 49, p. 163-170.

MOSTAERT (Père A.), « Le mot Natigay », in : *Oriente Poliano*, Roma, 1957, p. 95-101.

–, « A propos d'une prière au feu », in : *American Std. in Altaic Linguistics*, Blomington (Ind.), 1962.

PALLISEN (N.), « Die alte Religion der Mongolen und der Kultus Tshingis Chans », in : *Numen*, 1956, III, 3, p. 178-229.

–, *Die alte Religion der mongolischen Volkes*, Posieux Friburg, 1953.

PARKER, *A Thousand Years of the Tatars*, Shanghai, 1895 (Londres, 1924).

PELLIOT (Paul), *«* Les Mongols et la papauté », in : *Revue de l'Orient chrétien*, 1924, p. 225-235, 1931, p. 3-84.

–, « Tängrim Tarim », in : *T'oung Pao*, 1944, p. 165-185.

–, « Sur quelques mots d'Asie centrale attestés dans les textes chinois », in : *Journal asiatique*, 1913, p. 451-459.

–, « Le terme kereksür », in : *T'oung Pao*, 1944, p. 114-124.

–, *Notes sur l'histoire de la Horde d'Or*, Paris, 1950.

–, « Notes sur le Turkestan de M. W. Barthold », in : *T'oung Pao*, 1930, p. 12-56.

–, « Neuf notes sur des questions d'Asie centrale », in : *T'oung Pao*, 1929, p. .

–, *La Haute Asie*, Paris, sans date (1931).

–, « Sirolγa-Siralγa », in : *T'oung Pao*, p. 102-113.

–, « Sur yam ou jam, "relais postal", in : *T'oung Pao*, 1930, XXVII, p. 192-195.

–, « Les systèmes d'écritures en usage chez les anciens Mongols », in : *Asia Major*, 1925, II, 2 et *T'oung Pao*, 1930, 1.

–, « A propos des Comans », in : *Journal asiatique*, 1920, p. 125-185.

–, « Une tribu méconnue des Naïman : les Bätäkin », in : *T'oung Pao*, 1944, p. 35-72.

–, « Chrétiens d'Asie centrale et d'Extrême-Orient », in : *T'oung Pao*, 1914, XV, p. 623-644.

–, *Recherches sur les chrétiens d'Asie centrale et d'Extrême-Orient*, Paris, 1973 (Œuvres posthumes).

PERCHERON (M.), *Gengis Khan*, Paris, 1962.

–, *Les Conquérants d'Asie*, Paris, 1961.

PETECH (L.), « Les marchands italiens dans l'Empire mongol », in : *Journal asiatique*, 1962, 250, p. 549-574.

PFEIFFER (N.), *Die ungarische Dominikaner provinz*, Fribourg, 1913.

POOLE, *Catalogue of Oriental Coins in the British Museum*, VI. *The coins of the Mongols*, Londres, 1881.

POPPE (N.), « Zur Feuerkultus bei den Mongole », in : *Asia Major*, 1924, 2.

–, « The Turkic Loan Words in Middle Mongolian », in : *Central As. Journal*, 1, p. 36-42.

PRAWDIN (M.), *L'Empire mongol et Tamerlan*, Paris, 1937.

–, *Gengis Khan*, Paris, 1951.

PRITSAK (O.), « Stammesnamen und Titulaturen der altaischen Völker », in : *Ural-altaische Jahrbücher*, 1952, XXIV, p. 49-104.

RACHEWILTZ (I. de), *Papal Envoys to the Great Khans*, Londres, 1971.

RAHDER (J.), « Old Turkish and Mongolian "Burxba" (Burqan) », in : *Kanakura kabushi Koki Kinan*, Kyoto, 1966, p. 111-119.

RATCHNEVSKY (Paul), *Un code des Yüan*, Paris, 1937.

RÉMUSAT (A.), *Mémoires sur les relations des princes chrétiens [...] avec les Mongols*, Paris, 1822-1824.

RIASANOVSKY (V. A.), *Fundamental Principles of Mongol Law*, La Haye, 1965.

RICE (G. W.) éd. *Muslims and Mongols*, Christchurch, New Zeland, 1977.

RICHARD (J.), « Les causes des victoires mongoles d'après les historiens occidentaux du XIIIᵉ siècle », in : *Central As. Journal*, 1975, XXIII, 1-2, p. 100-117.

—, « Chrétiens et Mongols au concile », in : *1274, Année charnière*, Paris, 1977, p. 31-44.

—, « The Mongols and the Franks », in : *Journal of Asian History*, 1969, 3, 1, p. 45-57.

—, « Une ambassade mongole à Paris en 1262 », in : *Journal des savants*, 1979, p. 295-303.

—, « Isol de Pisan : un aventurier franc gouverneur d'une province mongole », in : *Central Asiatic Journal*, 1970, XIV, p. 104-117.

—, « L'Extrême-Orient légendaire au Moyen Age : roi David et Prêtre Jean », in : *Annales d'Éthiopie*, 1957, II, p. 225-242.

—, **La papauté et les missions d'Orient au Moyen Age (XIIIᵉ-XIVᵉ siècle)*, Rome, 1977.

—, « Le christianisme dans l'Asie centrale », in : *Journal Asian History*, 1982, 16, 2, p. 101-124.

RINTCHEN (Y.), « Explication du nom Burqan Qaldun », in : *Acta Orientalia Acad. Hungaricae*, 1960, 1, p. 189-190.

—, *Les matériaux pour l'étude du chamanisme mongol, I. Les sources littéraires*, Wiesbaden, 1959.

ROSTOVTZEFF, *Le Centre de l'Asie, la Russie, la Chine et le style animalier*, Prague, 1929.

ROUX (J.-P.), *La Religion des Turcs et des Mongols*, Paris, Payot, 1984.

—, *Les Explorateurs du Moyen Age*, Paris, Fayard, 1984.

—, *Histoire des Turcs*, Paris, Fayard, 1984.

—, « Le chaman gengiskhanide », in : *Anthropos*, 1959, p. 401-432.

—, « La veuve dans les sociétés turques et mongoles », in : *L'homme*, 1969, IX, p. 51-78.

—, « Quelques objets numineux des Turcs et des Mongols », I-IV, in : *Turcica*, 1975, VII, p. 50-64, 1970, VIII, p. 28-57, 1977, IX p. 7-28, 1980, XII, p. 40-65. Réimpression en livre (élargi), Louvain, 1982.

—, « A propos des osselets de Gengis Khan », in : *Festschrift Sinor*, Wiesbaden, 1976, p. 557-568.

—, « Tängri, essai sur le Ciel-Dieu des peuples altaïques », in : *Revue Histoire Religions*, CXLIX, p. 49-82 et 197-230, CL, p. 27-54 et 173-212.

—, « Les astres chez les Turcs et les Mongols », in : *Revue Histoire Religions*, 1979, pp. 153-192.

—, « Gengis Khan. Un seul Dieu, un seul roi », in : *Notre histoire*, fév. 1987, 3, p. 6-12.

SARKOZI (A.), « A Mongolian Hunting Ritual », in : *Acta Orient. Acad. Hungaricae*, 1972, XXV, p. 191-208.

SAUNDERS (J. J.), *The History of the Mongol Conquest*, Londres, 1971.

SHUBERT, *Ritt zum Burchan Qaldun*, Leipzig, 1963.

SCHURMANN (H.-F.), *Economic Structure of the Yuan Dynasty*, Cambridge, Mass., 1956.

—, « Mongolian Tributary Practises of the Thirteenth Century », in : *Harvard Journal Asiatic Studies*, 1956, XIX, p. 304-389.

SCHWARZ (H. G.), *Bibliotheca Mongolica*.

SERRUYS (H.), « Prisons and Prisoners in Traditional Mongolia », in : *Central As. Journal*, 1983, XXVII, 3-4, p. 279-287.

SHIRATORI (Kurakichi), « A Study on the Titles Kaghan and Katun », *Memoirs Tokyo Bunko*, Tokyo, 1926, I, p. 1-39.

SIDDIQUI (I. H.), « Politics and Conditions in the Territories under the Occupation

of Central Asian Rulers in North-Western India, 13th and 14th Centuries »,
in : *Central As. Journal*, 1983, xxvii, p. 288-306.

Sinor (D.), *Introduction à l'étude de l'Eurasie centrale*, Wiesbaden, 1983.

—, « Horse and Pasture in Inner Asian History », in : *Oriens Extremus*, 1972, 19,
i-2, p. 171-183.

—, « Some Remarks on the Economic Aspect of Hunting in Central Eurasia »,
in : *Die Jagd bei den Altaischen Völker*, viii, vol. 26 de *Asiatische Forschungen*, 1968, p. 119-128.

—, « Notes on the Equine Terminology of the Altaic People », in : *Central As.
Journal*, x, 3-4, p. 307-315.

—, « Interpreters in Mediaeval Inner Asia », in : *Asian and African Studies Journal of the Israel Oriental Society*, 1982, 16, 3, p. 293-320.

—, « On Water-Transport in Central Eurasia », in : *Ural-altaische Jahrbücher*,
1961, xxxiii, p. 156-179.

—, « Quelques passages relatifs aux Comans », in : *Silver Jubilae of the Zinbun
Kagoku Kenkyusyo*, Kyoto University, 1954, p. 370-375.

—, « The Legendary Origin of the Turks », in : *Folklorica, Festschrift für Felix
J. Oinos*, 1982, p. 232-257 (Indiana Univ. vol. 141 de *Ural and Altaic Series*).

—, « The Inner Asian Warriors », in : *Journal of American Oriental Sty.*, 1962,
101, 2, p. 133-144.

Sourdel (D. et J.), *La Civilisation de l'Islam classique*, Paris, 1968.

Spuler (B.), *Die Goldene Horde. Die Mongolen in Russland, 1223-1502*, Leipzig, 1943 (réimpression Wiesbaden, 1965).

—, *Les Mongols dans l'histoire*, Paris, 1961.

—, *Die Mongolen in Iran*, 3ᵉ éd., Wiesbaden, 1968.

Stein (R.), « L'habitat, le monde et le corps humain en Extrême-Orient et en
Haute Asie », in : *Journal asiatique*, 1957, ccxlv, p. 37-74.

Strekosak-Grassmann, *Das Einfall des Mongolen in Mitteleuropa in den Johren
1241 und 1242*, Insbruck, 1893.

Sykes (A.), *A History of Persia*, 3ᵉ éd., Londres, 1930.

Thevenet (J.), *Les Mongols de Gengis Khan et d'aujourd'hui*, Paris, A. Colin,
1986.

Tölder (L.), (éd.), *Viehwirtschaft und Hirtenkultur*, Budapest, 1969.

Tomka (P.), « Les termes de l'enterrement chez les peuples mongols », in : *Acta
Orientalia Acad. Hungaricae*, 1965.

Toynbee (A.J.), *A Study of History*, Londres, 1944-1954.

Traditions religieuses et para-religieuses des peuples altaïques (ouvrage collectif), Paris, 1972.

Tucci et Heissig, *La Religion du Tibet et de la Mongolie*, Paris, 1973.

Uray-Kühelmi (C.), « La périodisation de l'histoire des armements des nomades
des steppes », in : *Études mongoles*, 1974, v, p. 145-155.

—, « Das Pfeil bei den innerasiatischen Reiternomaden und ihren Nachbarn »,
in : *Acta Orientalia Acad. Hungaricae*, 1956, p. 109-159.

Vernadsky (G.), « Note on the Origin of the Word Tamga », in : *Journal American Oriental Sty.*, 1956, lxxvi, p. 188-189.

—, « The Scope and Contents of Chingis Khan's Yasa », in : *Harvard Journal of
Asiatic Sty.*, 1938, iii, p. 337-360.

—, *The Mongols and Russia*, Oxford, 1959.

Visdelou (C.), *Histoire de la Tartarie, supplément à la Bibliothèque orientale
d'Herbelot*, Paris, 1870.

VLADIMIRTSOV (B.), *Gengis Khan (traduit du russe publié en 1922), Paris, 1948.
–, *Le Régime social des Mongols, Paris, 1948.
VOEGELIN (E.), « The Mongol Orders of Submission to Europe Powers, 1245-1255 », in : Byzantion, xv, 1940-1941, p. 378-413.
WALDE (B. E.), La Formation de l'Empire russe, Paris, 1952-1953.
WILBER (D.), The Architecture of Islam in Iran : Il-khanid Period, Princeton, 1955.
YAMADA, The Mongol Invasion of Japan, Tokyo, 1916.

Généalogies

I

L'origine mythique de Gengis Khan

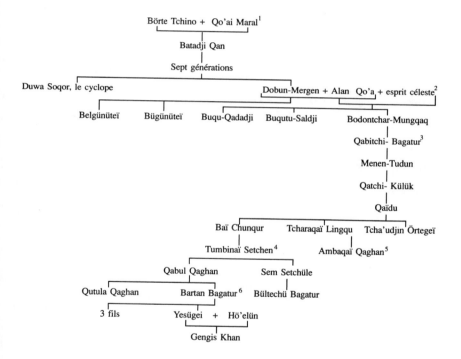

1. Börte Tchino, le loup bleu, céruléen, voire gris. Qo'ai Maral, la biche fauve.
2. Lumière, loup, chien, homme jaune brillant...
3. Ce nom et les suivants varient selon les traditions.
4. Nommé Tümenaï, il sera considéré par la tradition timouride comme l'ancêtre de Tamerlan.
5. Ni Ambaqaï, ni Qabul, ni Qutula n'ont porté le titre de *qaghan*, mais celui de *qan* ou *khan*.
6. *Bagatur* ou *Ba'atur* est parfois transcrit, selon le turc, *bahadur*. Le mot signifie « le preux », « le héros ».

II

La famille de Gengis Khan

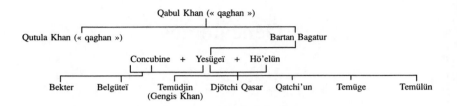

III

Les enfants et petits-enfants de Gengis Khan

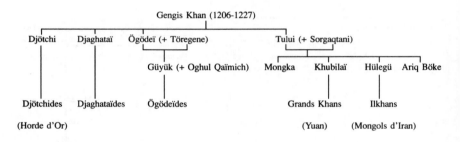

IV

Les Ilkhans ou Mongols d'Iran

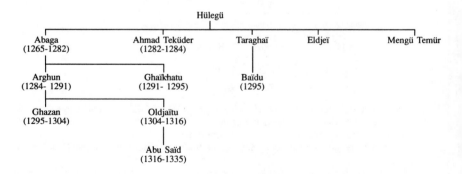

V
Les Ögödeïdes

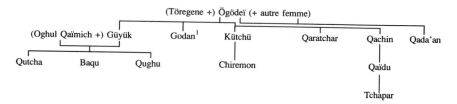

1. Aussi nommé Goslan.

VI
Les Tuluides

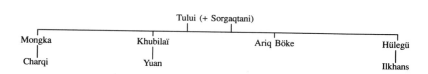

√IJ
Les Yuan, Mongols de Chine et Grands Khans (Qaghan)

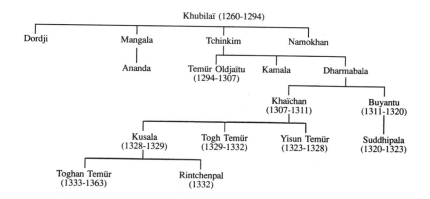

VIII

La Horde d'Or ou khanat de Qiptchaq

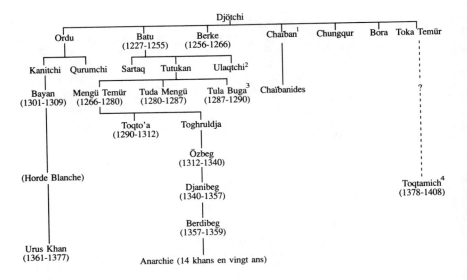

1. Djötchi aurait eu douze fils. Chaïban est aussi nommé Chiban.
2. Ulaqtchi est donné comme un fils de Sartaq par Djuvaini.
3. Tula Buga est aussi donné comme un neveu de Tuda Mengü et de Mengü Temür.
4. Descendant possible de Toka Temür, ou d'un autre prince djötchide.

IX

Les Djaghataïdes

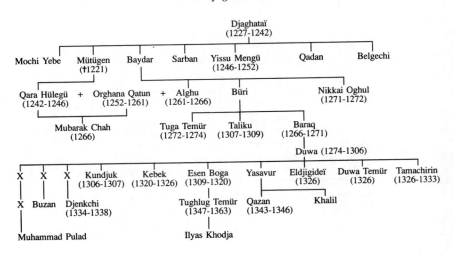

Chronologie

1207	Soumission des Kirghiz et autres peuples forestiers par Djötchi. Razzia en pays tangut.
1208	Naissance de Mongka, fils aîné de Tului.
1209	Ralliement des Ouïghours à Gengis Khan. Début de la guerre contre les Tangut (Si-hia).
1211	*Quriltaï*. Début de la campagne de Chine contre les Kin. Ouïghours et Qarluq viennent rendre hommage. Alliance avec les Öngüt nestoriens.
1212	Djebe, général mongol, prend Leao-yang (Liaoyang). Ralliement des Khitan à Gengis Khan.
1214	Siège de Pékin. Gengis Khan épouse une Joutchen.
1214-1215	Annexion de la Mandchourie.
1215	Prise de Pékin. Le Khitan Ye-liu Tchou-tsai devient conseiller de Gengis Khan.
1217	Gengis Khan quitte la Chine en laissant le commandement de ses forces à Muqali.
1218-1221	**Cinquième croisade.**
1218	Conquête de l'Empire qara khitaï par le Mongol Djebe. Le chah du Kharezm détruit une caravane mongole à Otrar. Les Mongols envahissent la Corée.
1219	Gengis Khan concentre ses forces contre le Kharezm. Il invite le taoïste Tch'ang-tch'ouen. En fin d'année, prise d'Otrar.
1220-1250	**Frédéric II, empereur.**
1220	Gengis Khan prend Bukhara et Samarkand et commence à réorganiser la Transoxiane ruinée. Djebe et Süböteï prennent Reï, Qazvin, Hamadan. Gengis Khan attaque Termez. Toqutchar, gendre de Gengis Khan, est tué devant Nichapur (novembre). Mort de Muhammad, chah du Kharezm (décembre). Muqali en Chine prend Ta-ming.
1221	Chute de Gurgendj (Urgendj). Djebe et Süböteï à Tiflis. Tului prend Merv. Gengis Khan occupe Bactres (Balkh). Tch'ang Tch'ouen arrive à Saïram. Mort de Mütügen, petit-fils de Gengis Khan, devant Bamiyan. Gengis Khan sur l'Indus.
1222	Un détachement mongol atteint Multan. Eldjigideï prend Hérat. Gengis Khan reçoit Tch'ang Tch'ouen au sud de l'Hindu Kuch. Discussion philosophique. A Bukhara, Gengis Khan se fait expliquer l'islam. Muqali prend Si-ngan (Xian). Les Russes sont écrasés à la Kalka.
1223	*Quriltaï* dans la région du Talas. Muqali meurt en Chine. Promulgation du premier édit de tolérance. Djebe et Süböteï, sur la route du retour, détruisent les Bulgares de la Kama. Gengis Khan fait une chute de cheval. Tch'ang Tch'ouen prend congé.
1224	Djalal al-Din restaure l'empire du Kharezm. Djebe et Süböteï rejoignent Gengis Khan sur l'Irtych. Grandes chasses.
1225	Gengis Khan est de retour en Mongolie.
1226	Gengis Khan attaque les Tangut (Si-hia), prend Kan-tcheou et Sou-tcheou. Seconde chute de cheval de Gengis Khan.
1226-1270	**Règne de Saint Louis.**
1227	Mort de Gengis Khan. Reddition de Ning-hia et des Tangut.
1227-1229	Régence de Tului.
1228	Bataille indécise pour Ispahan.

1229	Ögödeï est élu Qaghan (Grand Khan).
1230-1231	Les Mongols détruisent les forces du Kharezm. Le chah Djalal al-Din, en fuite, est assassiné à Diyarbakir. Occupation de l'Iran. Tchormagan installe son quartier général sur l'Araxe.
1232	Nouvelle campagne en Corée. Les Mongols prennent la capitale du royaume, Songda (aujourd'hui K'ai-syeng/Kaesong). Prise de T'ang-kouen au nord de la Chine. Mort de Tului.
1233	Süböteï prend K'ai-fong, capitale des Kin. Tchormagan assujettit l'Azerbaïdjan.
1234	Suicide du souverain Kin. Fin de la dynastie et de la guerre.
1235	Fondation de Qaraqorum, capitale des Mongols en Mongolie. Un *quriltaï* déclare la guerre aux Song (Chine du Sud). Annexion de l'Arménie.
1236	Prise de Tch'eng-tou. Troisième campagne en Corée. Invasion de la Géorgie. Début de la campagne d'Europe.
1236-1237	Julien de Hongrie en voyage sur la Volga. Vassalité de la Géorgie. Destruction des Bulgares de la Kama.
1237	Soumission du pays qiptchaq. Entrée des Mongols en Russie. Prise de Riazan et de Kolomna. Prise d'Ispahan.
1238	Prise de Moscou et de Vladimir. Les Mongols sont à quelques kilomètres de Novgorod. Incursions en Iraq.
1239	Soumission des Alains. Invasion du Tibet. Reculs en Chine.
1240	Prise de Kiev. Raid au Cachemire. Prise de Srinagar.
1241	Les Mongols franchissent la Vistule. Destruction de Cracovie. Prise de Pest (Budapest). Avant-gardes mongoles à Neustadt, près de Vienne. Paix avec la Corée. Mort du Grand Khan Ögödeï. Batu franchit le Danube et prend Gran et Zagreb.
1242	Les Mongols sur l'Adriatique. Batu évacue la Hongrie et s'installe au nord de la mer Noire. Mort de Djaghataï. Prise d'Erzurum (Anatolie orientale).
1242-1246	Régence de Töregene.
1243	Invasion de l'Anatolie. Défaite des Seldjoukides à Köse Dagh. Prise de Sivas, Tokat, Kayseri. Les Seldjoukides vassaux des Mongols.
1242-1254	**Innocent IV, pape.**
1244	Vassalité de la Petite Arménie (Cilicie). Hethum inaugure la politique de collaboration avec les Mongols. Mort de Ye-liu Tchou-tsai.
1245	Baïdju occupe Khilat et Diyarbakir. Lulu, atabeg de Mossoul, reconnaît la souveraineté mongole.
1246	Güyük Grand Khan.
1246-1247	Plan Carpin voyage jusqu'en Mongolie.
1247	Reprise des hostilités en Corée.
1248	Mort de Güyük. Ambassadeurs mongols à Lyon et à Chypre (près de Saint Louis).
1248-1251	Régence d'Oghul Qaïmich.
1249	Sempad, connétable d'Arménie, revient de Qaraqorum.
1250	Fondation de Saraï.
1251	Mongka est élu Grand Khan.
1252	Exécution d'Oghul Qaïmich. Élimination des Ögödeïdes. Orghana Qatun gouverne le Djaghataï.
1253-1254	Voyage de Rubrouck en Mongolie.
1253	Les Mongols occupent le Yun-nan.

1254-1255	Voyage du roi Hethum d'Arménie à Qaraqorum.
1255	Mort de Batu. Berke à la tête de la Horde d'Or.
1256	Un *qurilta*ï relance la guerre contre les Song. Hülegü, vice-roi d'Iran. Prise d'Alamut. Destruction des ismaéliens ou « Assassins ».
1257	Offensive mongole en Indochine. Hanoi pillée. Mongka part pour la Chine. Révolte de Daniel de Galicie. Capitulation de la Corée. Invasion de l'Iraq. Attaques en Inde.
1258	Prise de Bagdad. Exécution du calife abbasside. Annexion de l'Iraq. Conférence de Chang-tou entre taoïstes et bouddhistes.
1259	Invasion de la Syrie. Incursions en Pologne et en Lituanie. Mongka envahit l'Empire song. Siège de Wou-tch'ang. Mort de Mongka.
1260	Khubilaï proclamé Grand Khan à Chang-tou. Ariq Böke proclamé Grand Khan en Mongolie. Prise d'Alep et de Damas (printemps). Défaite des Mongols devant les Mamelouks égyptiens à Aïn Djalut (septembre). Khubilaï fixe sa résidence à Pékin (Khanbaliq). Le Mamelouk Baïbars prend le pouvoir en Égypte.
1261	**Fin de l'Empire latin de Constantinople.**
1262	Destruction de Mossoul. Premier conflit armé entre les Ilkhans d'Iran et la Horde d'Or au Caucase.
1263	Alliance de l'Égypte mamelouk et des Mongols de la Horde d'Or contre les Ilkhans.
1264	Ariq Böke se rend à son frère Khubilaï.
1265	Mort de Hülegü. Intervention des Mongols Nogaï dans les Balkans. Intronisation d'Abaga en Iran. Arrivée au pouvoir en Iran de grands lettrés iraniens.
1266	Mort de Berke.
1268	En Chine, prise de Siang-yang et de Fan-tch'eng. Lettre d'Abaga au pape.
1269	Alliance conclue entre Djötchides (Horde d'Or), Ögödeïdes et Djaghataïdes sur le Talas.
1271-1295	Voyage de Marco Polo en Chine.
1271	Raids mongols en Syrie.
1274	Tentative de débarquement mongol au Japon. Rébellion de Qaïdu.
1275	Guerre de Khubilaï contre Qaïdu. Conquête du Hou-pei oriental, du Ngan-houei et du K'iang-sou.
1276	Prise de Hang-tcheou. Qaïdu et Duwa envahissent le pays ouïghour.
1277	Prise de Fou-tcheou et de Canton. Khubilaï s'ouvre la route de Birmanie. Le Mamelouk Baïbars en Anatolie. Les Mamelouks vainquent les Mongols à Elbistan. Les Mongols renforcent leur contrôle sur l'Anatolie. Qaïdu en Mongolie menace Khubilaï.
1278	**Fondation de la Maison d'Autriche.**
1278	Prise de Tchao-tcheou.
1279	Mort du dernier empereur song. Destruction de la flotte chinoise.
1280	Les Mongols, maîtres de toute la Chine, prennent le nom de Yuan.
1281	Début de la guerre contre le Tchampa (Indochine). Seconde tentative de débarquement au Japon. Attaque des Ilkhans en Syrie. Défaite des Mongols devant le mamelouk Qala'un. Mar Yaballaha est élu patriarche nestorien.
1282	Mort de l'Ilkhan Abaga. Intermède d'Ahmad Teküder.

1283	Prise de la capitale tcham, Vidjaya. Première campagne en Birmanie. Fin de Nogaï à la Horde d'Or.
1284	Exécution pour islamisme d'Ahmad Teküder. Arghun intronisé Ilkhan.
1285-1314	**Philippe le Bel.**
1285	Prise de Hanoi et repli mongol.
1286-1287	Campagne mongole en Annam.
1287	Les Mongols pillent Pagan, capitale de la Birmanie. Ambassade du turc Rabban Çauma en Europe. Qaïdu parvient à former une coalition contre Khubilaï.
1288	L'Indochine vassalisée. Khubilaï vainc la coalition en Mandchourie.
1289	Khubilaï marche contre Qaïdu. Lettre d'Arghun à Philippe le Bel.
1291	Mort de l'Ilkhan Arghun : Ghaïkhatu lui succède.
1293	Expédition mongole contre Java. Campagne contre Qaïdu.
1294	Mort de Khubilaï. Règne de Temür Oldjaïtu. Vassalité au moins théorique des deux royaumes thaï (siamois). Jean de Monte Corvino à Pékin. Essai du papier-monnaie en Iran.
1296	Ghazan est élu Ilkhan. Attaques mongoles en Inde.
1297	Attaques en Inde. La Birmanie accepte sa vassalité.
1297-1298	Attaques, pour le compte de Qaïdu, du Djaghataïde Duwa en Mongolie. Défaite, capture et mise à mort du prince nestorien Körgüz.
1299	Attaque de Ghazan en Syrie. Prise d'Alep et de Damas, puis évacuation. Attaques en Inde.
1299	**Naissance de l'Empire ottoman.**
1300	Les Mongols à nouveau à Damas.
1301	Défaite et mort de Qaïdu.
1302	Fin du sultanat seldjoukide d'Anatolie.
1303	Le Djaghataïde Duwa et l'Ögödeïde Tchapar se soumettent à Pékin. Dernière intervention mongole en Syrie.
1304	Mort de Ghazan en Iran. Règne d'Oldjaïtu. Attaques mongoles en Inde.
1305	Invasions mongoles au Cachemire.
1307	Mort du Grand Khan Temür Oldjaïtu. Ananda tente de s'emparer du trône pour imposer l'islam en Chine. Khaïchan, Grand Khan. La Horde d'Or entre en conflit avec les Italiens.
1309	Fin des tentatives indépendantistes des Ögödeïdes.
1311	Mort du Grand Khan Khaïchan. Campagne d'Oldjaïtu contre les Djaghataïdes.
1312	Özbeg élu khan de la Horde d'Or.
1316	Mort de l'Ilkhan Oldjaïtu. Règne d'Abu Saïd.
1317	Mort du patriarche Mar Yaballaha.
1318	Mise à mort de Rachid al-Din.
1322 (vers)-1329	Odoric de Pordenone à Pékin.
1323	La paix est conclue entre les Ilkhans et les Mamelouks.
1326-1349	Voyage d'Ibn Battuta.
1327	Expédition mongole en Inde.
1328	Mort du Grand Khan Yisun Temür.
1333	Intronisation du dernier Grand Khan (yuan) Toghan Temür.
1334	Scission du khanat de Djaghataï.
1335	Mort d'Abu Saïd. Effondrement du pouvoir mongol en Iran.
1336	Fin des Mongols d'Iran (Ilkhans).

1337	**Début de la guerre de Cent ans.**
1340	Mort d'Özbeg, khan de la Horde d'Or.
1346	**Les Ottomans passent en Europe.**
1347	Tughluq Timur, khan du Djaghataï nord (Mogholistan).
1347-1357	L'émir turc Qazghan gouverne la Transoxiane.
1348-1349	Grande Peste.
1352-1356	Premiers succès de l'insurrection nationaliste chinoise.
1356	Tchou Yuan-tchang (le futur Hong-wou) prend Nankin.
1358	Les Mongols perdent K'ai-feng.
1359	La Horde d'Or entre en anarchie.
1360	Le khan djaghataïde Tughluq Timur envahit la Transoxiane.
1368	Les Mongols sont expulsés de Chine. Début de la dynastie des Ming.
1370	Tamerlan, Grand Émir à Samarkand.
1371	Les princes russes refusent de payer le tribut à la Horde d'Or.
1373	Dimitri Donskoï résiste à une attaque mongole de représailles.
1378	Les Mongols sont vaincus par les Russes à La Voja.
1380	Bataille de Koulikovo. Toqtamich, chef de la Horde Blanche, devient maître de la Horde d'Or.
1382	Toqtamich, à Moscou, oblige les Russes à rentrer dans la vassalité;
1389	Tamerlan détruit les forces de la Horde d'Or sur le Terek.
1398	Tamerlan abat l'empire musulman des Indes et entre à Delhi.
1402	Tamerlan vainc les Ottomans de Bayazid à Ankara.
1405	Mort de Tamerlan.
1430	Fondation du khanat de Crimée.
1445	Fondation du khanat de Kazan.
1456	Fondation du khanat d'Astrakhan.
1488-1543	Dayan Khan, descendant de Khubilaï, règne sur la Mongolie.
1502	Fin de la Horde d'Or.
1525	Babur fonde l'empire des Grands Moghols en Inde.
1543-1582	Altan Khan, souverain des Mongols tümet, menace la Chine.
1552	Prise de Kazan par les Russes.
1555	Prise d'Astrakhan par les Russes.
1571	Le Khan de Crimée incendie Moscou.
1576 (vers)	Conversion de la Mongolie au bouddhisme lamaïque.
1587	Les Russes fondent Tobolsk.
1600	Les Russes détruisent le khanat de Sibir (Sibérie).
1630	Les Russes en Sibérie orientale.
1644	Les Mandchous fondent, en Chine, la dynastie Qing.
1713	Protectorat russe sur les Kazak.
1757	La Chine annexe l'Ouïghourie (Sin-kiang).
1783	Les Russes annexent le khanat de Crimée.
1822-1844	Destruction et soumission des hordes kazak.
1858	Fin de l'empire des Grands Moghols en Inde.
1866	Le khanat de Bukhara est vassal des Russes.
1883	Les Russes annexent le khanat de Khiva.
1876	Les Russes annexent le khanat de Kokand.
1911	Chute de l'Empire mandchou en Chine.
1920	La révolution soviétique fait disparaître les derniers États héritiers de Gengis Khan.

Glossaire

Agit : éloge funèbre. Rituel et stéréotypé, il reprend les mêmes formules pendant des siècles, 235.

Anda : frère juré (de *ant,* « serment »). Les frères jurés n'ont « ensemble qu'une seule et même vie », se doivent fidélité et protection. Deux hommes se lient d'une « fraternité jurée » par échange de cadeaux significatifs et par serment, souvent en échangeant du sang. Voir *qan qardech,* 59, 86, 90, 96.

Arilgoxa : action par laquelle on se purifie, on détruit le mal, on repousse les influences pernicieuses et on se débarrasse de l'ennemi, 55.

Bagatur (Ba'atur) : « preux », « héros ». On sait mal qui portait ce titre, et pourquoi, 58.

Bakshi (bakhsi) : à l'origine, le mot désigne les chamans mongols, puis les religieux bouddhiques, enfin (déjà à l'époque mongole ?) les lettrés, les secrétaires, 414, 449.

Beg : seigneur, noble, en turc. Peu employé dans l'Empire, ce titre est parfois, surtout dans la Horde d'Or, ajouté au nom de souverains (Özbeg, Berdibeg...).

Beki : grand chaman, pontife chamanique, roi-chaman quand le titre est porté par des chamans qui atteignent au pouvoir politique dans leur tribu, 64, 98-99, 110, 150-152, 156.

Bismillah : « Au nom de Dieu ». Expression arabe, employée dans tout l'Islam, que l'on prononce et écrit en toute occasion, 437.

Boqtaq : coiffure spécifique des femmes mariées mongoles. Très haute, on la voit en général à l'origine de notre hennin du Moyen Age, 76.

Chah : roi, en persan, et plus généralement souverain.

Chariat : la loi musulmane qui règle toute la vie des fidèles aussi bien au religieux qu'au civil, 278-279, 395, 407, 494.

Dalladji : scapulomancien. Cette pratique divinatoire par « lecture » d'une omoplate de mouton torréfiée est très ancienne et très en faveur dans le monde mongol, 175.

Darugatchi : hauts fonctionnaires mongols chargés de surveiller l'administration et la fiscalité. Sortes de commissaires généraux du gouvernement, 207, 224, 264.

Djam : la poste. Le relais postal. On dit aussi *yam,* 274-275.

Djamtchi : postillon. Coureur. On dit aussi *yamdji.*

Djihad : la guerre sainte que les musulmans doivent mener contre les infidèles, les hérétiques, 180, 190, 338, 366, 395, 397.

Dolig : sacrifice volontaire. Autosacrifice, 267-268.

Edjen : esprit-maître, maître-possesseur d'un lieu, 268.

Emir (arabe classique *amir*) : « prince », chef de haut niveau, commandant d'armée.

Ger : la demeure ; la yourte et le lieu où elle est placée, 52.

Idhi : autre forme du mot *edjen*, 268.

Iduq : sacré, saint. Le sens étymologique est « laissé libre », employé pour les sols qu'on ne doit pas travailler, les animaux qui ne peuvent pas être utilisés. Le mot peut prendre à peu près le sens d'*edjen* ou d'*idhi*, 268, 324, 401.

Imam : en Islam, « guide ». Celui qui dirige la prière collective à la mosquée. Dans certains cas (islam chiite surtout), le directeur spirituel de la communauté, 189.

Khan : souverain. C'est sans doute une forme contractée de *qaghan*, « empereur ». En mongol ancien, on écrit *qan*, 13.

Köke : bleu. La couleur du ciel non voilé. Les Mongols, à l'imitation des anciens Turcs, mais moins nettement qu'eux, se diront « Mongols bleus », c'est-à-dire célestes (correspondant turc : *kök*). 148-149. Voir aussi 511.

Madrasa : école de théologie musulmane, et, par extension, tout établissement d'enseignement et de recherche (forme turque : *medrese*), 177, 484.

Malik : roi, en arabe. Le titre est porté notamment par le souverain de Hérat, 201, 258, 494.

Mongka (Möngke) : Éternel. Le principal qualificatif de Dieu (le Ciel) chez les Mongols, 242, 325.

Nöker : compagnon, homme lige, 130.

Noyan : prince, le plus haut titre nobiliaire chez les Mongols. Il semble surtout porté par les membres de la famille impériale, 102, 147.

Nutuq : pays, territoire, lieu où est dressé le camp. Correspondant au turc *yurt*, 52.

Obo : cairn. Amoncellement de pierres réalisé dans un lieu saint, un passage difficile, etc., 56.

Ongon : idoles, ou plus exactement supports d'âmes. En feutre, en bois, etc., les *ongon* peuvent représenter bien des choses. Ils concentrent une partie importante du culte familial, 52, 54, 400.

Ordu : camp, plus spécialement pour la guerre ou pour le souverain. Nous en avons fait le mot « horde », 211, 244-245.

Otchigin : prince du feu (du turc *ot*, « feu », et *tegin*, « prince »). Titre porté par le plus jeune fils de la famille qui hérite du foyer paternel et qui est chargé de le surveiller. Au XIIIᵉ siècle, les fonctions religieuses de l'*otchigin* paraissent réduites alors même que son rôle social et politique croît, 99, 182, 185-186, 259, 356.

Pay vermek : « donner le morceau ». Forme turque de *sauga* (voir ce mot), 109, 221.

Qaghan : empereur suprême, traduit par « Grand Khan » en Europe, 13, 42, 101.

Qam : chaman. Le terme est turc, le mongol préférant dire *bö, bö'ö, bögö*.

Qan : forme originale de « khan » (voir ce mot), 13.

Qan qardech : frère de sang. Les frères jurés *(anda)* sont ainsi nommés en turc par suite du rôle important de l'échange de sang dans le serment qui lie entre eux deux hommes, 59.

Qatun : dame, impératrice. Comme *qan* a donné *khan*, en pays musulman, *qatun* a donné *khatun*, puis *kadin*, 13, 75, 140, 145.

Qumis : lait de jument fermenté, boisson titrant 4 ou 5 degrés d'alcool et très prisée par tous les peuples des steppes, qui en font un usage constant. Le mot mongol, moins usuel que le mot turc, est *aïrak*, 48, 82, 225.

Quriltaï : assemblée plénière des chefs mongols, notamment convoquée pour l'élection du souverain dans la famille du khan décédé, mais aussi pour toute décision importante concernant la communauté, 100-101. Voir index thématique.

Qut : mot turc désignant à l'origine un don du Ciel à tout être vivant, une force spécifique, une sorte d'âme. On le traduit le plus souvent par « fortune ». Tardivement, *qut* a fini par signifier « bonheur », 63.

Sauga : rite qui oblige le chasseur heureux à donner un morceau de gibier qu'il a tué à un tiers, souvent à la première personne rencontrée, et qui a pour effet de lui faire partager avec autrui la responsabilité du meurtre : par évolution, « cadeau », 95, 98, 107-108.

Sayin : « bon ». Le mot a dû être employé pour désigner les princes défunts, 286.

Shahadda : profession de foi musulmane, 349.

Soyurgal : édit. Notamment texte exemptant d'impôts et de corvées les établissements religieux, 227, 469.

Su : équivalent mongol de *qut* (turc). Le *su* par excellence est celui de Gengis Khan, auquel on ne cesse de se référer, 63, 222, 236, 432, 470.

Sülde : le drapeau, l'étendard comme objet sacré, et l'âme de l'ancêtre qui s'y incarne pour guider et protéger les siens, 129.

Tamadji : coureurs. Avant-gardes, 252.

Tamga : signe de propriété. Marque au fer sur le cheptel, 48.

Tangmachi (ou *tamachi*) : commandant mongol d'un *tama*, corps de soldats non mongols recrutés par le souverain, 276.

Tarkhan : noble. Groupe de hauts personnages, inférieurs cependant aux *noyan*, mais qui jouissaient de privilèges inouïs, dont celui de ne pas payer l'impôt, 102, 146-147.

Tcherge : le cercle de chasse employé pour les grandes chasses collectives au cours desquelles les rabatteurs, marchant les uns vers les autres, enfermaient le gibier, 221.

Tenggeri : forme mongole du mot altaïque *tengri*, désignant le Ciel et en même temps le grand Dieu céleste, 46, 142.

Tengri : le Ciel bleu, éternel, élevé, doué de force. Le grand Dieu des Turcs et des Mongols, 46, 56, 65, 142.

Toï (toy) : le banquet, à l'origine funéraire ; d'où toute grande assemblée et, en turc djaghataï ainsi que dans la Horde d'Or, le *quriltaï*, 425.

Tölge : mantique. Techniques divinatoires, à l'exception du chamanisme et peut-être de quelques pratiques spécifiques, 176.

Tölgedji : devin, 176.

Toyin : moine bouddhique, 320.

Tugh : « drapeau, étendard ». Semble avoir été surtout une hampe garnie de queues de yacks ou de chevaux, 76, 1224, 132, 140, 236.

Tümen : unité militaire de 10 000 hommes, 93, 98, 147, 275.

Ulagh : la poste appuyée sur des relais (*djam* ou *yam*) et des postillons (*ulaghatchi*), 275, 326.

Ulus : pays, territoire bien déterminé et les gens qui y vivent. Le mot est employé pour désigner les « khanats » des Gengiskhanides, 183.

Umma : la communauté musulmane, au-delà de toute acception politique ou territoriale, 395.

Yada (yada tach) : pierre à pluie. Bézoard ou autre « pierre » qui, manipulée par un spécialiste, permet de produire pluies et orages, 111, 265.

Yadadji' : manipulateur de la pierre à pluie, 111.

Yaghlamich : cérémonie qui consiste à enduire de graisse (*yag*) les doigts d'un adolescent lors de sa première chasse, 220.

Yam : voir *djam*.

Yangalik (de *yanga*, « tante par mariage, femme d'un frère aîné ») : coutume qui oblige la veuve à épouser en secondes noces un fils de son mari qui n'est pas né d'elle ou un de ses jeunes beaux-frères, 305, 399.

Yarliq : décret. À l'origine, « ordre de Tengri », puis celui du souverain. Peut, dans certains cas, prendre le sens de *soyurgal*, 227, 324, 336, 444, 446, 469.

Yasaq : « interdit ». Loi mongole édictée par Gengis Khan sur la base des croyances et des coutumes des peuples turco-mongols qui existent depuis des temps immémoriaux, 21, 115.

Yeke noyan : le « grand prince ». Titre donné à Tului, 258.

Yeke qorig (qorig-i buzurq) : « haut lieu interdit. » Nom donné au lieu de sépulture de Gengis Khan.

Yog : en vieux turc, le festin funéraire, puis, par extension, les obsèques. Par la suite, les funérailles étant objets de grands rassemblements, toute réunion de foules.

Index thématique

Ablutions : 278, 395.
Administration : 161, 218, 274, 276, 277, 282, 304, 311, 319, 348, 393, 401, 418, 427, 454. Voir aussi glossaire : darugatchi.
Agriculture : 21, 50, 272, 425, 429, 432, 433.
Alcoolisme et beuveries : 240, 260, 266-268, 291, 301, 314, 323.
Ambassades : 179, 180, 212, 232, 315-318, 333, 334, 338, 339, 347, 379, 410, 415, 444, 464, 469.
Ame : 143, 155, 236. Voir aussi Étendard, Os incinérés, Sang.
Animal (monde) : 55, 67, 219. Voir aussi Chasse.
Anthropophagie : 129, 130, 265, 293, 294, 295.
Arbre (culte et symbole) : 46, 56.
Architecture : 22, 273, 479, 484. Voir aussi Qaraqorum.
Armée : 145-147, 157, 181, 244-249, 421.
Armes : 34, 246, 247.
Art : 34, 239, 455, 475, 479, 481-488. Voir aux divers arts (céramique, peinture, etc.).
Art des steppes : 50, 68, 480, 483.
Artisanat : 271, 308, 425, 455, 464.
Artisans épargnés et déplacés : 190, 204, 224, 239, 240, 271.
Astronomie : 22, 322, 339, 488, 520.
Au-delà : 155, 184, 305. Voir aussi Obsèques.
Auxiliaires (troupes) : 229, 238, 245, 248, 249, 354, 363.

Bannière : voir Etendard.
Bonnet et ceinture (symbole) : 89, 90, 140, 166, 186.
Bouddhisme : 20, 33, 35, 36, 160, 176, 177, 201, 210, 228, 237, 272, 292, 320, 351-353, 392, 394, 395, 398, 399, 402, 406, 426, 429, 430, 447-450, 455, 470-472, 475, 483, 493, 513, 516, 517.

Cadeaux : 91, 96, 232, 233, 312, 323.
Calendrier : 12, 61, 109, 219, 510.
Califat : 305, 317, 327, 348, 350.
Catholicisme : 22, 315, 378, 379, 397, 412, 446. Voir aussi Missions.
Céramique : 479, 482, 484, 487.
Cérémonial : 225, 400, 476, 477.
Chamanisme : 32, 39, 51, 64, 75, 76, 104, 120, 127, 142, 149, 150, 156, 176, 177, 184, 190, 216, 266-268, 338, 339, 356, 389, 397-399, 405, 412, 414, 415, 433, 444, 449, 496.

Chasse : 32, 38, 47, 50, 51, 60, 78, 109, 126-128, 148, 200, 218-222, 226, 227, 230, 240, 476.
Chasse (rites de) : Voir glossaire à Pay Vermek, Sauga, Yaghlamich.
Cheval : 34, 47-49, 79, 246, 247, 253, 280, 281, 303.
Chien (mythologie du) : 70, 127.
Chiisme : 22, 210, 437, 496. Voir aussi Islamisme.
Christianisme : 211, 216, 237, 285, 317-319, 336, 349-351, 368, 380, 381, 394, 397-399, 405, 407, 412, 414, 429, 426, 444, 446, 448, 470, 471, 473, 515-518. Voir aussi Catholicisme, Nestorianisme, Orthodoxie.
Ciel-Dieu : 46, 56, 65, 80, 96, 126, 139, 141-143, 151, 152, 156, 166, 186, 227, 234, 235, 242, 266, 315, 335, 400, 437, 471.
Ciel et Terre : 38, 68, 90, 98, 118, 234.
Climatologie : 45, 51.
Commerce : 35, 50, 52, 179, 180, 230, 308, 365, 369-371, 387, 396, 402, 413, 425, 442.
Controverses : voir Discussions théologiques.
Confucianisme : 351.
Couleurs (symbolique) : 149, 156.

Déportation : 51, 198, 204, 224, 318, 484. Voir aussi Artisans.
Dieu : voir Ciel-Dieu.
Diplomatie : voir Ambassades et Lettres.
Discussions théologiques : 216, 217, 226, 320.
Discipline : 145, 147, 178, 248, 511.
Divination : 151, 175, 414.

Eau (valeur religieuse) : 56, 62, 68, 145, 268, 395.
Économie : 393, 401-405.
Édits : 227, 351-353, 368, 378, 395, 396, 431, 444, 470, 471.
Effectifs militaires : 93, 122, 181, 200, 248, 390.
Élevage : 34, 47-49, 308. Voir aussi Cheval.
Empires des steppes : 19, 20, 208, 257, 270.
Étendard : 63, 76, 92, 124, 129, 139, 140.
Exode : 170, 173, 186, 287, 293, 484, 520.

Femmes (statut des) : 477, 478, 480, 481.
Fer (symbole) : 51, 63, 64.
Fêtes : 81, 97, 148, 475.
Feu (symbole) : 51, 53, 64, 145, 313, 382. Voir aussi glossaire à Otchigin.
Fils de Dieu (Fils du Ciel) : 65, 70, 142, 143, 295, 338, 391, 451.

Index des noms géographiques et ethniques

Ne figurent pas dans cet index les mots Mongolie, Mongols, Turcs, Gengishanides.

TRIPOLI (ville de Syrie, capitale d'un comté franc « latin ») : 344.
TSAREV (ville de la Volga) : 370.
TSARITSINE (ville de la Volga) : 214.
TS'ING (QING) : 493, 514, 515, 518.
TSI-NAN (KI-NAN, Jining, ville du Chan-tong) : 181.
TS'IUAN-TCHEOU (QUANZHOU, la Zaytun des Latins, ville de Chine) : 373, 459, 463, 468.
TSUHIMA (île du Japon) : 374.
TUBA (tribu sibérienne) : 150.
TULUIDES : 322, 356, 376. Voir YUAN.
TÜMET (TUMAT, peuple mongol contemporain) : 513.
TURCOMANS (peuple ou tribu de la Sibérie médiévale) : 40, 54, 150. Voir TURKMENES.
TURFAN (ville du Sin-kiang) : 458.
TURGHAÏ (fleuve et steppe d'Asie centrale) : 442.
TURKESTAN (ville) : 192.
TURKESTAN (région turcophone d'Asie centrale russe et chinoise) : 105, 260, 306, 360, 426, 458, 487, 497, 512, 513. Voir TRANSOXIANE, SIN-KIANG, MOGHOLISTAN.
TURKMÈNES (Turcs nomades) : 496.
TUS (ville d'Iran) : 336, 485.
TUVA (nom de l'ancien Tannu-Tuva, Tannou-Touva).
TVER (KALININE, ville de Russie) : 291, 445, 446.
TYR (port antique de Phénicie) : 344, 458.

UKRAINE : 54, 211, 285, 303, 364. Voir Qiptchaq, Russie, Kiev.
ULAN BATOR (capitale de la république de Mongolie) : 129, 514.
ULIASSUTAI (ville de Mongolie) : 224.
UNGHVAR (ville de Hongrie) : 299.
UPPELN (ville de Silésie) : 355.
URGA : voir ULAN BATOR.
URGENDJ (second nom de Gugendj, la Gurgendj mongole) : 12, 377, 428, 454, 459, 507.
URIANGGIT : 236.
URJANGQAI (tribu mongole) : 86, 98.
URMIYA (ville et lac d'Iran occidental) : 343, 367, 406.
URSUT (tribu sibérique) : 150.
ÜZBEK (ÖZBEK, ÖZBEG, peuple turc d'Uzbekistan) : 505, 506.

VALACHIE : 303.
VAN (ville et lac d'Anatolie orientale) : 347.
VENISE : 302, 416.
VÉNITIENS : 307, 308, 370, 446, 467.
VERAMINE (ville d'Iran) : 485, 486.
VIDAYA (capitale tcham) : 388.
VIENNE : 301, 302.
VIETNAM : 387.
VILNO (capitale de la Lituanie) : 288, 445.
VISTULE (fleuve de Pologne, 1 068 km) : 288.
VLADIMIR (ville de Russie) : 212, 287, 288, 354.
VOJA (victoire des Russes sur les Mongols) : 498.
VOLGA (fleuve, 3 690 km) : 213, 214, 246, 286-

288, 293, 302, 303, 313, 336, 356, 370, 420, 454, 459, 462, 512, 513, 521.
VOLGOGRAD : voir TSAREV.
VOLYNIE : 212.
VORONEJ (ville de Russie, proche du Don) : 293.
VORSKLA (rivière d'Ukraine, champ de bataille des Mongols contre les Lituaniens) : 503, 504.

WAHLSTADT (ville de Silésie) : 298.
WAKHAN (région d'Afganistan oriental) : 415, 458.
WASIT (ville d'Iraq) : 343.
WEI (rivière de Chine) : 173, 261, 265.
WEI (dynastie chinoise d'origine turque, Tabgatch) : 32, 516, 517.
WILNO : voir VILNO.
WOU-HOU (WUHU, ville de Chine dans le Nganhouei) : 373.
WOU-LA-HAI (WULAHAI, ville de Chine dans l'empire si-hia) : 162, 164.
WOU-TCH'ANG (WUCHANG, ville de Chine dans le Hubei) : 373, 491.
WOU-TCHEOU (WUZHOU, ville de Chine dans le Kouang-si) : 330, 331.
WROCLAW : voir BRESLAU.

X'IANG : voir SI-NGAN-FOU.
X'IANGJIANG : voir SIANGYANG.
XINING : voir SINING.
XINJIANG : voir SIN-KIANG.
XUAN-HUA : voir SIUAN-HOUA.

YAI-CHE (YAISHAN, île au sud de Canton) : 373.
YAKOUTES (peuple turc contemporain de Sibérie orientale) : 64.
YALU (fleuve formant frontière entre Corée et Mandchourie, 790 km) : 169, 230.
YANG-TCHE' (YANGZHOU, la Jamcaï des Latins, ville de Chine-l'embouchure du Yang-tseukiang) : 398, 467.
YANG-TSEU-KIANG (YANGZUJIANG, fleuve de Chine, 5 980 km) : 330, 331, 371, 373.
YENI KENT (ville de Transoxiane) : 192.
YARKEND (ville du Sin-kiang) : 415, 458, 497.
YAZD (ville d'Iran) : 416, 461.
YE HU LING (lieu-dit en Chine du Nord) : 167.
YESLAVETZ (ville de Russie) : 289.
YILDIZ (fleuve d'Asie centrale) : 498.
YUAN (dynastie mongole de Chine) : 15, 18, 62, 328, 391-393, 421, 429, 451, 452-454, 470, 481-484, 491, 512, 517.
YUN-NAN (royaume du Sud-Est asiatique, aujourd'hui province chinoise) : 22, 329, 330, 361, 388, 393, 415, 418.

ZAGREB : 301.
ZARIN (ville de Syrie) : 363.
ZARNUK (ville de Transoxiane) : 187.
ZENDJAN (ville de l'Iran occidental) : 193, 210.

Index des auteurs et des œuvres cités

Index des personnages

teur de la dynastie des Ming. Couronné sous le nom de Hong-wou) : 491, 492.

TEB-TENGGERI : voir Kökötchü.

TEKÜDER : voir Ahmad.

TEMÜDJIN (nom de naissance de Gengis Khan). Voir Gengis Khan.

TEMÜDJIN-ÜKE (tatar prisonnier de Yesügeï) : 43, 61.

TEMÜGE (le plus jeune frère de Gengis Khan, né en 1161. Gouverne, en tant qu'*otchigin*, la Mongolie pendant la campagne d'Iran. Apanagé plus tard en Mandchourie) : 61, 80, 87, 128, 153, 154, 156, 170, 182, 185, 186, 215, 223, 233, 238, 248, 258, 259, 307, 330, 357, 390.

TEMÜLÜN (petite sœur de Gengis Khan, née en 1163) : 61, 80, 87.

TEMÜR OLDJAÏTU (petit-fils de Khubilaï, deuxième empereur Yuan, 1294-1307) : 391, 397, 417, 422, 424, 439, 450, 468, 471.

THAMAR (reine de Géorgie, 1184-1213. Elle étendit sa domination sur tout le Caucase et occupa Trébizonde en 1204) : 210.

THEOGNASTE (évêque byzantin lié à la Horde d'Or et servant d'ambassadeur à Constantinople pour Mengü Temür) : 368.

THOMAS DE SPOLÈTE (chroniqueur de la campagne de Hongrie) : 246.

TI-HIEN-OU (empereur song de Chine, livré à Khubilaï en 1276). Voir Kong-ti : 373.

TIMUR LENG : voir Tamerlan.

TIMUR MALIK (héros turc de la guerre contre les Mongols en Transoxiane) : 194.

TIMUR QUTLUG (khan de la Horde d'Or, vassal de Tamerlan, 1396-1400) : 503.

TIMURTACH (fils de l'émir Tchopan, gouverneur d'Anatolie de 1317-1327) : 438, 440, 441, 495.

TISSERANT (cardinal, académicien et orientaliste français, 1884-1972) : 379.

TOGHAÏ (ambassadeur mongol de Chine en Avignon en 1336) : 469.

TOGHAÏ TEMÜR (khan fantoche reconnu à Hérat, 1336-1353) : 495.

TOGHAN TEMÜR (fils de Khubilaï chargé de la campagne d'Indochine en 1285) : 388, 469-471.

TOGH TEMÜR (Grand Khan, 1328-1329) : 450.

TOGHRIL (chef des Kereyit, frère de sang de Yesügeï et très lié à Gengis Khan qu'il aide à conquérir son autorité. Nommé par les Chinois *wang* [roi], il est désormais connu comme Ong Khan en 1198. Brouillé avec le khan mongol, il est finalement éliminé par lui. Sa tête est portée au Tayang Khan des Naïman en 1203) : 39, 58-60, 86, 90, 91, 93-95, 99, 102, 105, 106, 108, 111, 115, 118-126, 130, 142, 157, 165, 278, 350.

TOGHUTCHAR (neveu de Gengis Khan, fils de Temüge, commande en Chine sous Mongka) : 330.

TOLUN TCHERBI (frère de Kökötchü, devenu grand officier de Gengis Khan en Transoxiane, Iran et Chine. Essaie de le détourner de sa dernière campagne) : 156, 173, 231, 233, 235.

TONYUQUQ (général turc du début du VIII⁰ siècle) : 245.

TOQTAMICH (prince gengiskhanide rival d'Urus Khan à la tête de la Horde Blanche. Se réfugie près de Tamerlan qui l'aide à conquérir le pouvoir en 1377. S'empare de la Horde d'Or, prend Moscou en 1382 et oblige la Russie

soulevée à rentrer dans la vassalité. Vaincu à plusieurs reprises par Tamerlan, il se réfugie en Lituanie) : 500-503, 505, 515.

TOQTO'A (khan de la Horde d'Or, 1290-1312. Vainc Nogaï en 1299 et entre en conflit avec les Italiens) : 413, 441-444.

TOQTO'A-BEKI (chef tribal des Naïman. Adversaire décidé et tenace de Gengis Khan. Tué d'une flèche en 1205) : 59, 88, 92, 93, 106, 115, 127, 131-134, 305.

TOQUTCHAR (gendre de Gengis Khan, tué devant Hérat en 1220) : 194, 195, 200.

TÖREGENE (princesse naïman, épouse d'Ögödeï, mère du Grand Khan Güyük et régente de l'Empire mongol de 1241-1246) : 305-307, 310, 314, 321.

TOU-TSONG (empereur de Chine de la dynastie song mort en 1275) : 371, 373.

TRAN TSAN NHON TON (roi d'Annam, 1278-1293. Vainqueur des Mongols, il accepte cependant leur protectorat) : 388.

TSONG KHAPA (fondateur d'une secte bouddhique, dite Église Jaune, 1357-1419) : 513.

TUDA MANGU (khan de la Horde d'Or, converti à l'islam, de 1280-1287) : 412.

TUDULA (khan de la Horde d'Or au XIV⁰ siècle) : 470, 530.

TUGA TIMUR (fils de Djötchi, aïeul de la famille Gireï de Crimée) : 503.

TUGHLUG : voir Muhammad Tughlug.

TUGHLUG TIMUR (khan djaghataï régnant dans le Nord. Se convertit à l'islam et conquiert la Transoxiane, refaisant l'unité du khanat. Mort en 1363) : 449, 496, 497.

TULA BUQA (khan de la Horde d'Or, de 1287-1290) : 411, 413.

TULUBEG (khan éphémère de la Horde d'Or dans la seconde moitié du XIV⁰ siècle) : 470, 529.

TULUI (quatrième fils de Gengis Khan et de Börte. Né en 1193. Père des Grands Khans Mongka et Khubilaï et de l'Ilkhan Hülegü par sa femme la chrétienne Sorgaqtani. Sa mort, en 1232, est présentée comme un autosacrifice pour sauver Ögödeï. Son nom devient tabou. Il avait exercé la régence de 1227-1229) : 95, 108, 126, 170, 182-184, 187, 194, 200, 201, 234, 236, 239, 245, 258-260, 265-268, 280, 286, 301, 305, 321, 341, 356, 414.

TUMBINAÏ (personnage légendaire) : voir tableaux généalogiques.

TURGHAÏ (général mongol commandant en Inde au début du XIV⁰ siècle) : 428.

TURKHAN QATUN (reine du Kharezm, mère de Muhammad Chah) : 197.

TUSI : voir Nasir al-Din.

ULAGTCHI (fils de Batu décédé précocement) : 326.

ULU MUHAMMAD (petit-fils de Toqtamich, fondateur du khanat de Kazan en 1445) : 508.

ULU BEG (prince timouride et grand astronome. Règne de 1447-1449) : 488.

URIANGQATAÏ (fils de Süböteï. Conquérant du Yun-nan) : 329, 330, 371, 373.

URUS KHAN (chef de la Horde Blanche, 1361-1377) : 500.

USUN (grand chaman des Mongols, intronisé par Gengis Khan après l'exécution de Kökötchü) : 155.

UTUBU : voir Siuan-tsong.

Table des cartes

Table des matières

Impression réalisée sur CAMERON par
BRODARD ET TAUPIN
La Flèche

pour le compte des Éditions Fayard
en novembre 1999

Imprimé en France
Dépôt légal : novembre 1999
N° d'édition : 8762 – N° d'impression : 1128X
35-65-9122-03
ISBN : 2-213-03164-9

35.9122.9